# 杨坚

# 编辑文存

杨　坚/撰
朱树人/编

岳麓書社
·长沙·

# 序

李冰封

杨坚同志与我相识、相交逾三十载。我们相识，是在一九七九年春夏之交，我和他都刚到湖南人民出版社不久。那时，党的十一届三中全会刚刚开过，湖南的干部和知识分子，正在补火学习“实践是检验真理的唯一标准”的讨论，思想界热气腾腾，整个中国正处于历史大转折的关键时刻。我们在相互交谈中，对天下大事，坦诚地各抒己见，许多想法，不谋而合。这样，彼此就都有了知心的感觉。在此后不久，我们之间，又开始有了编辑工作上的联系，于是，交谈又多了一个内容：对整个编辑工作的各种设想和评价。到一九八九年下半年，我离开工作岗位，但这个交谈的内容却一直延续下来。根据这三十年我们之间零星的交谈，以及我对他编辑工作实践的零星了解，我以为，可以用十六个字，概括他的编辑工作的鲜明特色，那就是：人品高尚，专业精湛，一丝不苟，嫉“恶”如仇。其中内容，分述如下：

**人品高尚。**

他在编辑工作中表现出的人品，我以为，主要通过以下三个方面显示出来：

一、对国家、民族的前途和命运，具有强烈的责任感。

记得，在上世纪八十年代，在一次闲谈中，我们谈到过去的一些政治运动。他说：那些运动，把一些踏踏实实埋头做事、爱国爱民的知识分子都当做“贱民”；有一次在所谓“大批判”中，有人说：这些人，当年投奔革命，都是出于一种政治上的投机，他们都是在为改变自己的生活和地位，在找出路。这种对人轻蔑的歪曲和丑化，是最使人感到伤心、最使人感到受侮辱的事。他又说：作为一个人，有一种做人的“尊严”的底线，这种无聊的“大批判”，就侵犯了对人的不可侵犯的“尊严”的底线。就这样，这些闲谈，给了我深刻的印象。他又说：他从小受到的教育就是：顾炎武讲的“天下兴亡，匹夫有责”，以及孟子讲的“富贵不能淫，贫贱不能移，威武不能屈”。作为一个读书人，总要有一种责任感，一种对理想的坚持。这种责任感和坚持，才是我们搞好工作的最巨大力量的源泉。

当时，他没有说出的是：做编辑出版工作，这种责任感和对理想的坚持，也就在于：要去积累文化，启迪民智，要倡导民主，宣扬科学，要促进社会的和谐、文明、富裕和进步。做好了这些，也才是对国家和民族，尽了我们自己应尽的责任。

如今，写出这些话，在某些地方，也就像是在讲神话，许多人对此无法理解。但，我仍旧认为，讲杨坚同志在编辑工作中的人品高尚，首先就要强调的，还是这种高尚的责任感。

二、他讲究不断提高自己的职业道德水平，赞成在出版界倡导为繁荣中国出版事业而献身的高尚情操。

在一九八八年六月，湖南省有关部门，代表国家新闻出版署和全国版协，向湖南老出版工作者颁发荣誉证书。在这个颁发会上，我讲了话。开头，我说到：出版这个行业，是为社会的发展和人类走向文明修建道路的一种行业，我们出版工作者，既要做人类走向进步、走向文明和富裕的修路工，又要做铺垫道路的石子。这个行业的性质，要求我们要做默默无闻的工作，要求我们要甘于寂寞，不求闻达。此外，还讲到我们要善于发现、识别和培养人才，使各个学术和创作领域中的人才，能脱颖而出，为社会的进步，贡献力量；讲到要充分尊重他人的学术成果，绝对不允许利用职业的方便，占有他人的学术成果。除此之外，还讲到出版工作者要钻研业务，精通业务；讲到要开展出版理论的研究；要发挥老同志的余热；等等。这个讲话稿，后来以《我们是修路工和铺路的石子》为题，收入我的一本散文随笔集中。(此文见附录)

此后，有一次，我们见面闲谈时，他谈到了我的这次讲话。他说：他十分赞成我的观点，因为我的讲话，实际上讲了要提高我们出版工作者的职业道德水平和倡导献身精神。他认为，当前强调这个问题，十分必要。当他这样讲的时候，我就在想：多年以来，他实际上是用他兢兢业业、埋头苦干、不事张扬的令人钦佩的行动，显示了这种高尚的精神。

不过，在当时，他又对我坦率地说：你这个讲话也还存在着一个明显的缺点。在拥有众多的各类人才的湖南出版系统，讲这个问题时，最好要提到另一方面，即在出色完成自己担负的编辑出版任务的前提下，有些同志要努力发挥自己的专长，出版一些有价值的专著，这也是对社会作出的一种重要贡献。当时，他还举例说明：比如，像朱正同志，他对鲁迅研究的成绩，已经得到全国学术界的公认，他本身的编辑任务，又已出色完成——他主编的《骆驼丛书》等普遍反映良好，那么，他就应该继续他的鲁迅研究，继续出版这方面的有价值的著作。再比如，杨德豫同志，他在英诗汉译中，取得的成就，是前无古人的（杨译的英诗，能把英诗原有格律的神韵，用汉语表达出来，而且做到“信、达、雅”），在他主持编辑《诗苑译林》丛书获得巨大成绩的同时，继续他的英诗翻译工作，并逐渐使之出版，无疑也是对我们社会文化的发展，作出了一项巨大的贡献。我十分佩服他这个深刻的见解，同时，也十分佩服他还能坦率地当面向我提出了当时我自己看不到的缺点。

三、对学术研究有成就的前辈，对编辑和点校工作中卓越的先行者，总是表示出极端虔诚的景仰和尊敬。

他在一篇文章中写道：“任何学术或事功，总是后人站在前人肩膀上，才能看得更远，做得更好。”这句话，实在应该称之为“名言”。这句名言，也就深刻地表明他这种景仰和尊敬的根源。对王孝鱼先生的态度，就最好地说明了这个问题。

王孝鱼先生是近代船山著作的研究者。他从上世纪三十年代起，就专门研究王船山，到上世纪五十、六十、七十年代，为中华书局点校了数十种船山著作，出版这种点校、注释后的船山著作，是船山著作出版史上的一大革新。所以，王孝鱼先生算得上是普及船山学术的一大重要人物。杨坚同志每次提起这位默默无闻、毕生为研究船山学术而献身的先行者，总是提及他创业的艰难，总是表现出景仰和尊敬。但，有人为了显示他自己的“成就”和“高明”，而拉出王孝鱼先生作为陪衬，脱离了当时点校工作的实际条件，莫名其妙地指出王先生点校中的某一“讹误”。杨坚同志为此感到十分不平，就写出文章，明确反驳了作者，护卫了早已去世的王孝鱼先生的学术声誉。

在这样一场学术论辩中，实际上也就体现了一种崇高对立着一种渺小。

关于“人品高尚”，就写了这些。因为，此是“主导”方面，要说得明白，不免多写了一些。其他十二个字，可能只要较少的一些文字，就可以说清楚了。

**专业精湛。**

在书籍编辑工作中，要做到“专业精湛”，就必须具备渊博的知识修养，没有这些扎实的知识基础，你的编辑才能就无法表现出来，讲你人品如何如何高尚，那就是一句空话。这也就是评价干部标准中的“德才”之间的相互关系。有各种门类的书籍编辑，你除了要精通自己从事的那个门类的专业知识以外，还最好是个“杂家”，各行各业的知识，都能懂得一些。杨坚同志就是这样。他作为中国史学、中国哲学和中国古典文学的编辑，他通晓的英语，就在他的编辑工作中，起了很大的作用。关于这一点，一些同志在去年写的纪念文章中，都作了生动的阐述。在这部《编辑文存》中，许多文章和书信，也都在生动地说明他涉猎的各类知识的广度和深度，此处不赘。

**一丝不苟。**

这是说他的敬业精神和他对工作极端负责的态度。凡经过他编辑和审读过的稿件，连一个标点符号的差错，都不放过，都仔细地校改。（当然，由于各种客观原因，也还是出了一些差错，比如，初版《船山全书》，也就有少量差错，在出版后，还要重新校阅一次，并重印一次。但，国内一些知名的教授、学者，包括张舜徽先生、程千帆先生、任继愈先生等，对这套初版的版本，已明确肯定它是历史上已出版船山著作的必可传世的最好的版本。）他这种敬业精神和极端负责的态度，也推广到他生活的各个方面。比如，朋友们寄赠他的书，凡经他看过，他必定要看出其中的差错，并改正，且标明页数。这个“更正”，且要寄给赠书的朋友。现在，要再找出这样认真的书籍编辑，恐怕就像要在大海中捞针了。

**嫉“恶”如仇。**

这个“恶”字，是加上了引号，为了说明此字在此只代表有错误的书籍。古人指纠正书籍上的错误文字的工作为“校雠”，校字意为“考核”，“雠”字古义通“仇”，那么“校雠”可解为在查找书上的错误有如查找仇敌。在上述十六个字中最后的这四个字，是在说明杨坚同志在他的编辑工作中，处处体现了他对书籍中存在错误的不妥协的、坚决的态度。

我在这篇序言中，要写的话，大体上就是这些。写这些话的目的，无非是想推荐人们去细读这一部《文存》，从而从这部遗著中，去观察、了解在现代中国出版界的基层中，出现的这样一个求真务实、敬业自律、淡泊名利、矢志不渝地献身于出版事业、学术事业的典型形象。这个形象无疑又是庄严巨大、光彩照人，令人看了就会产生无比尊敬和钦佩的感情。如今，面对着浊流滚滚、铜臭熏天、浅薄浮躁、庸俗低俗的思想学术文化界，人们看到并了解了像杨坚同志这样罕见的具有典型性质的正面形象，不知能不能启发人们进一步去思考一些早就该深入思考的重要问题？

作为责任编辑，朱树人同志为编成这一部遗著，付出了艰辛的劳动。应该说，他为将来后人书写湖南当代出版史，做了一件十分重要的准备工作。

是为序。

二〇一二年六月十七日写毕

# 附录

## 我们是修路工和铺路的石子*

李冰封

我们所从事的出版这个行业，是为社会的发展和人类走向文明修建道路的一种行业。因为人类走向文明，走向富裕，走向进步，都离不开知识，离不开书籍，都需要我们这个行业在其中起它应起的作用。所以，我们出版工作者，既要做人类走向进步、走向文明和富裕的修路工，又要做铺垫道路的石子。我们默默无闻地为社会的进步在工作着。从事我们这个职业是再崇高不过了。在座的老出版工作者，为了这个崇高的职业，长期付出了艰辛的劳动，献出了宝贵的青春，是应该得到人民应有的尊重和敬爱的。

因为我们的行业做的是修路工和铺路的石子，这个行业的性质要求我们做默默无闻的工作，要求我们作自我牺牲。所以，从事我们这个行业要有很高的道德水平。用我们的行话来说，首先，要有"为他人作嫁衣裳"的精神，为了国家，为了社会，为了他人，而奉献自己，要甘于寂寞，不求闻达。其次，要善于在各个学术和创作的领域中识别人才，发现人才，培养人才，使各个领域学术和创作上的人才，能脱颖而出，为社会的进步，更好地贡献力量，当前要特别注意发现和培养中青年中优秀的学术

* 一九八八年六月七日，湖南省有关部门代表国家新闻出版署和全国版协向老出版工作者颁发荣誉证书，这是作者在颁发大会上的演说词。

和创作人才，使他们突出的研究成果和优秀的作品能够公之于世，在社会上发挥作用。那种不重视不爱护人才的思想和作风，是和我们的职业道德水火不相容的。再次，我们这个职业的性质，要求我们要充分尊重别人的学术观点，爱护他人的学术成果；利用职业的方便，占有他人学术成果的行为，在我们行业中，是绝对不允许的。我们许多老出版工作者，都有很高的职业道德水平，不久前去世的黄起衰同志，他的职业道德修养，在我们中间是突出的典范。我们应该在我们队伍中宣传黄起衰同志为事业勇于献身的精神。我们老出版工作者还要言传身教，大讲特讲职业道德。在开放和改革的新形势下，出版工作面临着许多新的问题。我们一定要把改革和开放搞好，逐步解决我们面临的一些问题。目前，有一些同志对出版改革的指导思想不明确，他们甚至把捞钱作为出版改革的主要目的，在这种情况下，就应该更强调职业道德，强调为社会主义、为人民服务的宗旨。在当前，我们还要反对某些同志利用职权，为了达到某种目的，而出版不合格的书稿以及出卖书号等违反职业道德的行为，乃至违纪的行为。

我们老出版工作者，绝大部分都热爱自己从事的职业，都努力钻研业务，精通业务。这是一种非常可贵的精神；现在，在我们队伍中，刻苦钻研业务的风气还没有牢固地树立。我们应该通过老出版工作者，带动全体出版工作者，特别是中青年出版工作者，深入学习业务知识，在掌握宏观的业务知识的同时，刻苦钻研自己所从事的那个专业的业务并力求有所创新，做出成就。这就使我们的事业能后继有人，代代相传。我想，这应该是我们老出版工作者的一种天然的职责。

当前，出版理论的研究（不论是宏观或微观的出版理论研究）还是我们的一个薄弱环节。前年起，我们开始做了一些这方面的工作，但还不尽如人意。我们老出版工作者，应该善于总结自己的正面和反面的工作经验或教训，并把它提高到理论的高度，使它深刻化，系统化，学术化。如果我们有一种正确的出版理论指导，那我们在业务上的思维状态就会是一种积极的主动的思维状态，这种思维发挥了优势，我们的工作就会做出更大的成绩。我想，这也应该是我们老出版工作者面临的一个重要的任务。我们应该去迎接这个任务，完成这个任务。

我们老出版工作者，有许多人已过退休年龄，已经从工作岗位上退了下来，有的由于工作需要，暂时还没有退下来；还有许多同志也已经接近退休年龄。我想，不论是暂时还留在工作岗位上的，或者是已经退下来的，他们身上都有许多余热需要发挥，这是一种非常可贵的余热。唐朝的刘禹锡有两句诗：“莫道桑榆晚，为霞尚满天。”这些老同志大部分都是老当益壮，积极进取的。我们系统的各个单位的领导，都应该在生活上，工作上，创造各种条件，让这些老同志能够发挥余热。这应该是我们的各单位面临的一个比较重要的问题。我想，我们系统各单位的领导一定能够很好地处理这个重要问题。

让我们进一步团结起来，把大家都为之倾注了全部心血的湖南出版工作，在改革开放的旗帜下，从繁荣推向更进一步的繁荣！

# 目　录

## 卷二 札记船山

## 卷三　重读船山

## 卷四 书前书后

# 卷一

# 千秋船山

# 《船山全书》序例

一　《船山全书》为明末清初思想家王夫之（1619—1692）之新编全集。

一　船山撰述共一百余种、四百余卷，其整理出版乃具有历史连续性之事业。三百年来，最早为清康熙年间，船山之子王敔，于船山殁后，在衡阳湘西草堂校刻遗书，约十余种，其书至今犹有存者。乾隆时，开《四库全书》馆，船山著作由湖南巡抚采进，经著录六种，存目二种。嘉庆中，有衡阳汇江书室之刊本，约十余种。道光之季，船山著作刻印渐多，先后出现者有守遗经书屋本、《昭代丛书》（壬、癸集）本、听雨轩本、衡阳学署本等，然所刻种数大都有限。其中最多者为湘潭守遗经书屋本，由邓显鹤主持、邹汉勋校雠，收船山经部著作十八种、一百五十卷，署曰《船山遗书》，卷首并附船山著述之总目，计五十二种，分别注明已见、未见。考其规模，实为系统编印船山著作之嚆矢。同治四年（1865），曾国藩所设金陵书局刻船山经、史、子、集四部著作，计五十六种、二百八十八卷，亦称《船山遗书》；其后复于光绪十三年由衡阳船山书院补刻增入六种、十卷，共计六十二种、二百九十八卷。是为历史上之第一种船山全集。清季以后，船山之学日益传播，各地书肆，类多取金陵本翻印。自光、宣至民初，时有前未刊行之船山佚著问世，如邵阳曾氏菜香山馆之刻《惜余鬒赋》，湖北藩署之刻《四书笺解》

等；尤以刘人熙搜辑较多，先后由潞河啖柘山房、涤尘馆，长沙船山学社、《船山学报》等处刊行十种，均金陵本所未收。民国二十二年（1933），上海太平洋书店复集印船山著作，仍依经、史、子、集四部编目，合计七十种、三百五十八卷，仍称《船山遗书》，是为历史上之第二种船山全集，然其于刘氏所刊，未能尽搜入集，亦未有其他辑佚之成绩。中华人民共和国成立后，中华书局、人民文学出版社等取船山著作之尤为重要者，从新校点，次第出版三十余种。船山著作之刊行，遂入一新时期。本书编辑伊始，中华书局复以其所有之二十四种船山著作校点稿相转让。按解放后新校点本最早之一种为1956年由古籍出版社、嗣复改由中华书局出版之《张子正蒙注》，其《出版者说明》末云："希望将来能够搜集未刻的旧稿，刊成全书。"荏苒迄今，逾三十年。时缘递嬗，其志事乃于今日由本版《船山全书》完成之。然则本书之出版，实前人事业之继续。惟勤惟慎，务精务善，斯历史之责任，亦同人之职志也。

一　本版《船山全书》较之金陵本、太平洋本全集，其所尤为着力之处凡四：一为广辑传世之船山著述及前未入集之遗佚书文，以期收录之全；二为据可信之旧抄、旧刻以至船山手稿，订正两本之白匡、墨格、窜改、删削，以还船山面目之真；三为力求搜齐船山著作之所有版本，取精用宏，以求校勘之善；四为概用新式标点符号，乃至编目、标题、分章、分段，皆汰旧从新，以利现代读者之用。凡兹四端，即本书所以自别于前两种船山全集之特色。以下四条，更析言之。

一　船山之书，更历世代始渐出渐备。太平洋本较之金陵本所收为多，本版全书又较太平洋本多收三类佚稿：第一类为已刊布之著作中，因各种原因而被删落之篇章，计有《礼记章句序》

一篇、《诗广传》四篇、《读通鉴论》五篇等；第二类为未经收录之成部著作，计有《四书笺解》十一卷、《箨史》一卷、《惜余鬒赋》一卷等；第三类为其他集外零星撰述，计有传、记、叙、跋、歌、辞、铭、联等五十余篇，新编为《拾遗》二卷。以上三类，合计恰逾二十万字。然船山著述有目无书者尚多。下至道、咸、同、光之际，民国之初，尚有衡阳刘氏家藏抄本目录之问世，有邓显鹤等亲见各书者之记载。社会动乱，纸墨同灾，然未敢遽信其皆归于泯灭也。本书于末册《附录》中备列其目。至如诗文小品，散见于谱志册籍者尤多。务续访而穷搜，是所望于来者矣。

一　船山著作在明、清易代之后，自《四库》著录，即遭窜改、删削。自守遗经本起，皆以大量白匡隐去真字，以避忌讳。金陵本有此类白匡及个别墨格凡九百九十处、二千二百三十二字。其窜改、删削之迹，亦不时可见。太平洋本之出版已入民国，而其翻印金陵本之部分，仍保留此类白匡、墨格，不加处理，更无论窜改、删削之订正矣。百余年来，研治船山之学者，所用惟此二书，其贻误读者，自非浅鲜。然欲求船山面目之真，固有极可信可靠之底本在。其一为手稿：虽传世绝少，然犹有发现，非惟博古之瑰宝，而亦版本之权威。其二为家刻：此专指船山之子王敔湘西草堂梓行之本，其忠实于原著，自不言而可喻。其三为旧抄：湖南向有衡阳刘氏、邵阳曾氏，颇藏船山著作之抄本，自清季以来，两家之书渐出，解放后部分归入湖南省博物馆。抄本有署名为嘉恺、嘉怡者，皆船山之五世从孙。其余未署名者，亦行格整齐，字体端正，并皆有曾、刘钤记。按二氏先世皆与船山为亲友，则其书之渊源固有自矣。此外湖南图书馆亦有清初抄本数种。又本书编辑期间亦搜访得旧抄数种，其中有直接出于船山裔孙者。以上三类，除零楮碎叶及复刻重抄不计外，所得亲见而加以利用者，尚有著作三十四种，合计二百六十三卷。以之与金陵本、太平洋本对校，则所有用白匡、墨格隐去之字，与夫窜改、删削之迹，皆洞烛无遗。其未有手稿、家刻、旧抄者，则比较众本而择其最可信者以为底本。解放后中华书局等所出船山著作，多以金陵本为底本，虽亦有据旧抄校正者，然所据皆他人之校记，非能目睹原抄，则其所校正之文字固未能落实，而所据之校记或有疏略，欲求所校之不漏不误，更非覆检原抄不可。然此犹指船山著作单行本而言。至就全集而论，则本书于保存船山著作之原貌，尤非金陵本、太平洋本所能同日而语矣。

一　船山著作虽淹没年久，而版本转多。每一著作，除手稿极少，姑置不论外，大都有抄本，有印本。抄本有不止一种者，彼此或难免异同；印本有多至十数者，其间且更多纷纭。以抄本与印本对校，抄本虽可信可靠，而亦有其舛误，由印本而知之；印本则除白匡墨格、刓劀失真外，其讹、夺、衍、倒，或为数更巨。盖船山原著或有初稿、改稿之分，抄本亦有直接录副与转手借抄之别，印本乃更从而歧异。年代愈久，歧异愈甚。所谓一源十流，讼者纷如，此之谓矣。前贤注意及此，遂多致力校勘。早期抄本及湘西草堂刻本均有校者或参校姓氏。自清中叶以后，则最早有顾广圻千里手校拜经楼吴氏自《四库》本传抄之诸经《稗疏》。其后金陵设局，刘毓崧著有《王船山丛书校勘记》，附刻于金陵本《船山遗书》之末，凡及著作二十种，校记共七十条。本世纪四十年代，马宗霍曾以所见衡阳刘氏、邵阳曾氏所藏抄本二十种与金陵本对照，录其异文，时加按语，著有《船山遗书校记》，凡二千八百余条。五十年代，周调阳亦以所见船山著作抄本二十种，与金陵本、太平洋本合校而记录异文三千余条，题曰《王船山遗书校勘记》。五、六十年代，王孝鱼校点船山著作时，曾采用顾、刘、周三氏校记，王氏本人亦时有订正。独马氏校记则除关于《读通鉴论》《宋论》之部分，曾由舒士彦采入中华版二书之校点本外，其余盖尚未及利用。此次编校《全书》始得遍览顾氏以下诸家之成绩而综览之。书中凡采自诸家之处，均予注明，不敢掠美。亦有抄本、印本共同之舛误，为诸家所未发见，而于此次编校时始予改正者，必注明所以校改之根据，仍保留各本原文，以俟方家之审定。按刘向校书秘阁，广备众本，择善而从，然后写成定本。然择善而从，谈何容易，不知其善，何择之有！船山之书，文字简奥，无论校、点，俱有学识水平之限制，故本书校记多备录异文以供研究，未尝轻下论断，更不敢妄加割弃。宁慎毋意，识者鉴诸。

一　船山著作，民国时始有句读本，解放后始有加标点之单行本，而本书所据以为底本之旧抄中，亦颇有施以圈点者。然以上三类，皆非全体。至本书而始为全集之标点，而三类皆所以供定稿之参考。其间异同，由本书编者斟酌决定。一部分船山著作，在本版《全书》中始为首次之标点。凡此皆错误难免，敬希读者指正。

一　以上广收辑、存原貌、精校勘、施标点，为本书作为船山全集而异于历史上已有之两种全集者。至就《全书》所收每一种著作而言，其书目、版本、校勘、标点、编目、标题、校记、附录以至终审定稿等，又各有其不同之特点，非可一概而论。本书于所收各著作正文之后均附有《编校后记》，备述此种具体情况，以供参考、研究。

一　本书于所收著作之分类编目，仍循金陵本、太平洋本之旧，依经、史、子、集四部排列。全书十六册，计经部九册，史部二册，子部二册，集部二册，末册为附录，收船山传记、年谱、各种有关船山生活、著述之杂录及《船山全书编辑纪事》。大概言之，各册内容均可自成一小结构，合十六册而为全体。详见后之《船山全书总目》。

一　本书所用之校勘符号凡有两种，即以圆括弧（　）载校勘前底本之原文，如讹字、衍文、倒文等，其字号较正文为小；以方括弧〔　〕载校勘后改订、增补之文字，其字号与正文同大。除应用方、圆括弧外，复于页末出校以说明之。

一　船山著述，用字宽广，且有专论字体之《说文》著作，古文奇字尤多。本书统一用繁体字排印，以免淆乱。

一　本书于1982年9月以《王船山全集》之名列入国务院批准《1982至1990年古籍整理出版规划》。同年12月，中共湖南省委办公厅经请示省委领导同志批复同意湖南省出版局《关于成立王船山全集编辑委员会的请示报告》，指定屈正中担任编委会主任委员，并同意报告所附副主任委员、委员及编委会顾问名单：副主任委员为车文仪、姜书阁、李楚凡；委员为羊春秋、马积高、宋祚胤、雷敢、颜克述、吴立民、杨坚；编委会顾问为张岱年、任继愈、侯外庐、萧萐父、周谷城、黎澍、张舜徽、杨伯峻、程千帆、周大璞。（以上姓名次序依原批复文件）时任岳麓书社负责人梁绍辉为本书的整理做了大量策划工作。1983年3月编委会举行第一次会议，确定书名为《船山全书》，并决定成立办公室，由杨坚、王兴国分任正副主任，发凡起例，搜访版本，辑集佚稿，组织校点，担任补校，并审读定稿；参加办公室工作者先后有李传书、刘柯、胡渐逵、徐荪铭、刘志盛、陈戍国、边仲仁、吴普生。

一　本书所收各种著作之校点者，可分如下三部分：（一）

解放以后，中华书局等所出校点本（本书编校时所曾参考）之校点者；（二）1983 年 3 月，本书编委会所约请、其后皆实际从事校点工作之校点者；（三）1983 年 8 月，中华书局所转让二十四种著作校点稿之校点者。然本书所收每一著作之定稿，皆综合众校，鲜有仅出于一人者，凡此皆于各著作之《编校后记》中备述之。兹更于此列举三部分校点者之总名单（去其重复）如下：章锡琛、王伯祥、王孝鱼、戴鸿森；雷敢、周示行、陶敏、吕锡琛、万里、周小一、陈良文、欧建鸿、陈植森、王晨牧、李传书、梅季坤、吴立民、王兴国、徐荪铭、叶幼明、陈书良、李中华；刘公纯、陈仲瑜、童第德、王星贤。然此名单实有遗漏，如戴鸿森《薑斋诗话笺注例言》谓船山此书有人民文学出版社 1961 年出版之夷之校点本，其标点实为戴《笺》所参考，然本书编校时未能觅得其书，名单中遂亦无夷之之名；又中华转让之校点稿中，有《诗经叶韵辨》《识小录》《搔首问》三种，均未著明校点者姓名，函询亦无结果，名单中亦只得暂缺矣。

（原载《船山全书》第一册）

# 《周易内传》附发例编校后记

《周易内传》六卷，附《发例》一卷，所见之版本凡四：其一为抄本，其三为印本。

抄本现藏湖南省博物馆。周调阳《王船山著述考略》云：1951 年湖南进行土地改革时，湖南省文物管理委员会派人在邵阳县东乡太平曾家收得船山遗著抄本十一种。其一即此。周文著录其书如下：“《周易内传》六卷，《发例》一卷，分装七册。每卷第一面二行有‘明王夫之撰’‘嘉恺录’字样；《发例》末页有‘丙寅仲秋月癸丑朔毕’等字；钤有‘皇考号余曰驺芷’朱印。嘉恺为船山五世从孙辈，驺芷为谁不可考。‘丙寅仲秋月癸丑朔’为康熙二十五年（1686）八月初一日，所谓‘毕’者，当是指这一著作最后修改的完毕；然则船山这一重要著作，直到他六十八岁时才作出最后的定稿。”按抄本每卷一册，封面无字；各卷页码自为起迄，计共三百五十二页、七百零四面。版心规格为每面九行、行二十六字。每页中缝，有书名、卷名、页码。全书三十余万字，笔迹出自一人之手，书法工整，抄写仔细，若将付梓之定稿（见卷首书影）。

印本分别见于三种《船山遗书》，即道光二十二年（1842）刻印之守遗经书屋本《船山遗书》、同治四年（1865）刻印之金陵书局本《船山遗书》，及民国二十二年（1933）铅字排印之太平洋书店本《船山遗书》。其版本情况分别如下：

守遗经书屋本《船山遗书》之底本，为船山六世孙承佺所提供。卷首邓显鹤《船山著述目录》云：“道光己亥寓长沙，时方辑《沅湘耆旧集》，征求先生遗诗。一日，先生裔孙有居湘潭名世全者，介其友欧阳君兆熊访余于城南旅寓，以先生诗集来，且具道先生六世孙承佺具藏先生各种遗书于家，世全将谋寿诸梨枣。余大喜过望。次年春，遂开雕于长沙，以校雠之役属吾邑人邹汉勋。”按此次刊成者凡十八种，都百五十卷，书牌镌“道光廿有二年湘潭王氏守遗经书屋刊”字样，总名《船山遗书》，实皆为经部著作，并无史、子、集部之书。《周易内传》附《发例》列为第一种。然邹氏于收入《遗书》之船山诸经《稗疏》颇多窜改，此事为船山著作出版史中一大公案，先后经刘毓崧、欧阳兆熊、周调阳诸人指证，已有定论。至《周易内传》是否亦遭此厄，则尚未有论及。今观《邹叔子遗书·敩艺斋文存》卷八《致左景乔舍人书》云：“重九前接奉手书并掷还覆校《周易内传》，极为详密，已如示督解。”则此书系由左宗植覆校。据此次对读，守遗经本视嘉恺抄本虽异文颇多，然大致均属修辞性质，且均限于个别字眼，而未有大段之增删或内容之歧异。以此知左氏之覆校，态度犹属审慎。惟书中白匡凡三十五处、八十五字（以匡匡相联而中无他字隔断者为一处，故一处有不止一字者），则皆因避讳而作，当亦出于左氏之手。

金陵书局本《船山遗书》由曾国藩主持刻印，刘毓崧、欧阳兆熊等编校，收船山经、史、子、集四部著作五十六种、二百八十八卷，实为第一部王夫之全集。其底本来源不一，除诸经《稗疏》申明据《四库》本及旧抄本外，余均未有具体交代。惟民国四年（1915）湖南出版之《船山学报》第一卷五期载有刘审吾所作《衡阳刘氏珍藏王船山先生遗稿记》一文，作者自述其先世有刘永侯字近鲁者与船山交游，两家终谐秦晋之好，船山恒著诵其家，因之家中藏船山遗稿甚夥。“同治初，湘乡曾氏搜刻先生遗稿，茫然莫得，时先父授徒常文节公家，因托常氏殷勤致询，始出遗稿相授。嗣后原本发还，仅得《诗广传》《读四书大全说》《张子正蒙注》《老子衍》《庄子解》《船山鼓棹》数册而已。而先生手批《周易内传》《外传》《礼记章句》及各文集扣未见覆。先父禄一公每诵邦正公藏书诗云：‘藏书有借忘非已，探罍恒空梦不圆’，服膺伤之。”文中具列“船山先生在吾家所著书目”四十八种，《周易内传》列为第一。据此，则金陵本《周易内传》之底本，似应为刘氏当时所提供。然金陵本于此既绝无交代，而吾人今日考察之结果，惟见其与守遗经本几乎完全一致，一若后者即其底本然。兹举一例说明如下：

卷三《夬》卦，船山《传》文有一段：

> “故三代以下，为王者不治夷狄之说，自以为道胜无忧，而永嘉、靖康，凭陵祸发，垂至于祥兴，海上之惨，今古同悲。野火之燎，一爝未灭，乘风而熺，岂在大乎！”

以上系据嘉恺抄本。守遗经本则作：

> “故三代以下，为王者□□□□□说，自以为道胜无忧，而永嘉、靖康，□□□□，垂直于祥兴，海上之惨，□古同悲。□火之□，一□未□，乘风而□，□在大□！”

金陵本此段，除“□古同悲”句作“千古同悲”，与守遗经本有一字之异外，其余悉同守遗经本。然观守遗经本所匡去者，除“夷狄”一词或为时代忌讳之所同，亦当被金陵本匡去外，其余各字之匡去与否，则初无定规，虚词“之”、“岂”、“乎”之被匡去，其随意性尤极明显。而金陵本乃与之相合如此，自非偶然。其余两本吻合之例，散见于本书之诸多校记中，兹不复赘。因此不得不认为：虽有上述刘氏之说，而金陵本《周易内传》之底本实乃守遗经本或其所据之左宗植校本原件（经作匡删改），否则即不能解释两本如此符合之现象。至其“千古同悲”一句，何以不同于守遗经本之“□古同悲”，而亦不同于抄本之“今古同悲”？此中原因，或当求之于金陵本对船山著作颇多任意点窜之事实。曾国藩《船山遗书序》、欧阳兆熊《重刊船山遗书凡例》、刘毓崧《王船山丛书校勘记自序》，于此固皆直言不讳也。

太平洋书店本《船山遗书》为金陵本以后之又一部王夫之全集。然其书除新添数种金陵本未收之著作外，其余凡金陵本所已收者，大抵即据以排印，而校对颇粗，徒增鲁鱼亥豕之讹，故鲜校勘价值。例如前所引用之一段，太平洋本即与金陵本毫无差别。盖守、金、太三印本之相合如此。其间或偶有小异，亦只属个别现象，非其底本之有所不同也。

三印本之缺点，除有白匡及窜改外，尚有其他讹、脱、衍、倒，亦可据抄本以发现、订正。兹再就此四端各举一例。（以下所引文字，守遗经本、金陵本、太平洋本同）

讹字如：《内传》卷四下《未济》卦，船山《传》文：“三躁进，五居尊，初乃治于下，不能相继以上升，阴之不利也。”句中“治”字，抄本作“滞”。按本卦《彖辞》：“濡其尾，无攸利，不续终也。”又《爻辞》：“初六，濡其尾，吝。”船山用“滞”字，云“初乃滞于下”，正所以释《经》文“濡其尾”。然则“治”为误字，可以无疑。

脱字如：《内传》卷三上《明夷》卦，船山《传》文："志节之与学问，合于一而事分为二。"抄本下句作"道合于一而事分为二"，有"道"字是，则印本脱一"道"字。

衍字如：《内传》卷一下《讼》卦，船山《传》文："自处忧危危之中，以求阳而安之。"抄本"危"下不重"危"字，是印本衍一"危"字。

倒字如：《发例》第十一则："卦各有主，或专主一爻行乎众爻之中，则卦象、卦名，卦德及爻之所占，皆依所主之爻而立义……非在此一卦而六爻皆其有一德也"。句末"皆其有一德也"，抄本作"皆有其一德也"。知印本"其有"二字倒。

综观全书，嘉恺抄本之优点实多于印本。然抄本亦有其讹、脱、衍、倒之误，可借印本而订正。因此本书之校勘遂以嘉恺抄本为底本，参看三印本，以辨舛误。又，本世纪四十年代，马宗霍曾以此抄本与金陵本对校，作有《校记》一百一十四条，于文字之异同取舍，时有论评；五十年代，周调阳亦曾以此抄本与金陵本、太平洋本互校，作有《校勘记》一百一十条，只录异文，不作说明；六十年代初，中华书局曾请王孝鱼就金陵本点校，未及付印，其稿虽未专注于校勘之事，然亦作有是正文字之批注多处。以上三家之材料，亦为此次编校之参考；其论评批注，皆于本书校记中尽量引用，而著明姓氏焉。（王孝鱼《周易内传》金陵本点校稿，原拟与船山《周易大象解》同时付印。后一书点校完毕后，王氏曾作有《编者识》一篇，除揭橥《大象解》精义外，并对《内传》思想及作法有所阐发。该文已附于本册所收《周易大象解》一书之后，见第七三五页）

本书校勘时，曾一一记录抄本与金陵本间之异文，包括白匡、墨钉在内，总计五百五十余处、一千余字（抄本与守遗经本间、抄本与太平洋本间，此数亦基本相同）其中借诸印本以订正抄本之讹、脱、衍、倒者一百二十余处、二百一十余字；又印本之异文可以存参者一百九十余处、五百四十余字：以上两项，每处均作有校记。至印本之误，亦有偶予存记，以供研究者，计六十余处、一百三十余字；又有抄本及三印本同属讹误，借此次整理而始予发现、订正者，计一十二处、一十三字；又有其他讨论文字异同及标点正误者若干处：以上三项亦各具校记。全书大共得校记四百零五条。

抄本之书法有不划一者，如彊强、爾尔、嚮向、無无、於于、草艸、舍捨、沮阻、説悦、惟唯、爲謂、知智、與与、歧岐、掩揜、繇由、放倣、繫係、耦偶、覆復之类，多有混用，甚或一段之中而前句作彊、后句作强等，今悉仍之，不改归一律。又抄本中亦全无避清帝名讳之书法，如康熙之“玄”、雍正之“胤”、乾隆之“历”，印本皆缺笔或易字，抄本则仍作原字也。

本书分卷，抄本于《内传》只作六卷，《内传》之后为《发例》。守遗经本则邓显鹤于卷首《船山著述目录》及其《书后》中俱写作《周易内传十二卷》，而于其正文中又只作六卷，惟每卷复分上、下，另以《发例》作为卷末。按其所谓十二卷者，盖即就六卷各分上、下而统言之。故应仍依抄本作六卷，而采取守遗经本卷分上、下之法，为其分析较细也；仍附《发例》作卷末，全书共为七卷。金陵本即如此编次。又抄本原无目录，守遗经本始依卷次制为目录，为金陵本所沿用。惟原目于《内传》上、下《经》之下不再开列诸卦之名，仍有过于简略之憾。今稍加改进：于上、下《经》下更益以六十四卦之子目，视原目当更便于检寻矣。

本书由边仲仁初校，由杨坚重校并补作校记、目录及撰写《后记》，最终定稿。

（原载《船山全书》第一册）

# 《周易大象解》编校后记

《周易大象解》一卷，曾被收入守遗经书屋本、金陵书局本、太平洋书店本三种《船山遗书》。此次整理时所得见者，亦惟此三种版本。民国四年至六年湖南出版之《船山学报》第一至八期，曾连载有《周易大象述义》一稿（未完），署“衡阳子王子解、桂阳彭政枢述义”，其中船山之《解》，系抄录本书及《周易内传》中《大象》部分之《传》，合并而成，并无异出或新增之船山文字，以此缺乏校勘价值。

《船山学报》第五期所载刘审吾《衡阳刘氏珍藏王船山先生遗稿记》一文，云其父于同治初，曾出家藏船山遗稿，供湘乡曾氏刊印；其家所藏船山遗稿凡四十八种，《周易大象解》列为其中之第三。然金陵本于此全无说明，不知其刊印时果曾利用刘氏遗稿否也。今刘氏抄本不可复见，而此次整理时发现三种版本之字句几乎完全相同，一似守遗经本即金陵本、太平洋本之所祖。

守遗经本亦略有错字，借金陵本而得以知之。盖后者刻印时，曾对其所据之本有所覆校及改正（此于欧阳兆熊《重刊船山遗书凡例》及刘毓崧《王船山丛书校勘记自序》中均曾述及），因此即使其果以守遗经本为底本，而少许有所不同，亦属可以理解。计两本相异之处凡七，其中六处均属守遗经本之讹脱衍倒，如《损·大象解》：“《艮》下二阳之溺，以上九之刚，静以止之”，句中“阳”字，金陵本作“阴”。按《损》（䷨）《兑》下《艮》上，而《艮》（䷳）下二爻实皆阴爻，则守遗经本“《艮》下二阳”之“阳”字为非是。又如书中两次述及蔡京“丰亨豫大”之说。守遗经本于《涣·大象解》作“丰亨豫大”，于《豫·大象解》则作“丰享豫大”。按：享、亨虽古通，然“丰亨豫大”系成句，不宜另作“丰享豫大”，且同一引文而前后歧异，亦属有乖体例。金陵本则统作“丰亨豫大”，是。又如守遗经本《困·大象解》：“岂与句曲弘景、种放豹林同其康豫乎?”句中句曲、豹林系地名，弘景、种放系人名。揆之句法，“种放豹林”应作“豹林种放”，方与“句曲弘景”对应成文。金陵本正作“豹林种放”。如是皆金陵本优于守遗经本者，不再缕述。其第七处异文属通假字：《噬嗑·大象解》“详刑”一词，金陵本作“祥刑”。按：详、祥通，此可不论。

至太平洋本虽似照金陵本排印，而手民误植，校对失察之处尤多，不足以为据也。

三种版本之情形如此，而以金陵本为佳。本世纪六十年代初，王孝鱼曾就金陵本点校，未及出版。此次遂取为底本，并与其他两本校读，然后定稿。王氏点校稿为本书采用新式标点之嚆矢，功不可没，然亦有略可改进者，如《渐·大象解》“教先以己德则渐成”一句，点校稿作“教先以己，德则渐成”。按：《渐》卦（䷴）乃《艮》下《巽》上；《艮》为山，《巽》为木、为风。其《大象》云：“山上有木，渐，君子以居贤德善俗。”故船山《解》云：“《艮》，所居也；《巽》，所善也；居之厚而后被于民，有本之教也。风生于山则渐高，木生于上则渐盛，教先以己德则渐成。”末句谓君子教必先以己德，则为有本而可渐成，即解《经》文“君子以居贤德善俗”之义，故其句后，船山又云："《渐》以居德为善俗之基。"如断作"教先以己，德则渐成"，则其义于《经》文无据，疑亦非船山之正解矣。

整理时，于各本异文不再出校。（守遗经本凡异文七处，前已列举其四。）而另有校记两条：一条谓本书卷首之《序》，其文字与《周易内传·发例》第十九则相同，盖作《内传》时移置于彼者；一条系注明书中有一处脱文，三印本相习未察，至是而始予校补。此二事，皆王孝鱼点校稿中首先指出。

王氏曾拟以本书与《周易内传》并为一册，同时付印，遂于本书点校完毕后，作有《编者识》一篇，于二书内容有所说明。今仍作为附录，印于正文之后。

又本书旧无目录。现目录系此次整理后所加，以便于读者之检索。

本书由边仲仁初校，由杨坚审定，并补作目录、校记，校订附录，撰写《编校后记》。

（原载《船山全书》第一册）

# 《周易稗疏》附考异编校后记

《周易稗疏》四卷，此次编校时所得之本凡六，即：文渊阁《四库全书》本、道光二十二年守遗经书屋《船山遗书》本（只作上下两卷）、道光二十四年《昭代丛书壬集》本（只作一卷）、同治四年金陵书局《船山遗书》本、光绪十四年南菁书院《皇清经解续编》本、民国二十二年太平洋书店《船山遗书》本。按《皇清经解续编》又有蜚英馆之石印本，此次未见。然南菁书院本系初刻，则蜚英馆本姑缺亦可。此外又有中华书局转来王孝鱼之金陵本点校稿，点校时曾参考拜经楼吴氏之抄本。王氏《识》谓："拜经楼吴氏抄本盖自《四库》传抄，但经顾千里先生手校，弥足珍贵。今以朱笔再校一过，颇有收获"云。思适斋主顾广圻千里之校本此次虽未能亲见，然其校改成果已为王氏所吸取，此则得以间接利用之版本也。此外本书版本见诸记载而此次未能亲见者，尚有邓显鹤《船山著述目录》中所称之"旧本三卷"，及衡阳刘氏家藏之抄本，题曰《易经稗疏》（见后）。故本书凡知有版本十种，此次亲见者六，得以间接利用者一，未见者三。

在此次亲见及得以间接利用之七个版本中，《昭代》本据其《例言》，拜经楼本据王氏《识》，皆系自《四库》本传抄。此于本书正文尤有一明证。《四库》本之卷首即为《括囊》一则，视守遗经本及金陵本，前阙《乾》《或跃在渊》《亲上亲下》

《西南得朋东北丧朋》等四则，而《昭代》本、拜经楼本亦均阙此四则。故知三本同源，可称之为《四库》本系统。惟《昭代》本更自有删节。拜经楼本则抄误颇多，虽经思适斋主校改，仍未逮原本远甚。王氏以为“弥足珍贵”，盖缘未见《四库》本之故。

《四库》本原稿为湖南巡抚所采进，其经过情形及缮写格式已无可考。然观此四则阙文，前三则属《乾》卦，后一则属《坤》卦，而与《括囊》一则内容相接，实全书之开卷四则。此四则中并无触碍清廷之处，自无庸毁弃删落。故《四库》本何以阙如，殊不可解。今略计其字数，如按一般写定之稿本或印本之例，以书名、作者、标题各占一行计算，加以正文，四则约共八百余字。版心规格大抵每面二百余字，则全部阙文恰占四面即两叶之篇幅。或者《四库》馆臣所见之《周易稗疏》原稿，即已失落此两叶乎？要之，《四库》本并不完整，自极显然。

除《四库》本外，守遗经本为现今所见刊刻最早之本，其底本出自船山六世孙承佺。然守遗经本《船山遗书》之校雠者邹汉勋，于收入《遗书》之船山诸经《稗疏》，多所窜改。金陵本卷首欧阳兆熊《重刊船山遗书凡例》云：“船山遗书著录于《四库》者，有《易》《书》《诗》《春秋》四种《稗疏》。前邹氏校本增删撺易，非复本真，或托言先生晚年改本，以掩其迹。兹据文渊阁本及旧抄本，悉行改正，不使鱼目混珠。”又，卷末刘毓崧《王船山丛书校勘记自序》云：“前此新化邹叔续绩汉勋校刻丛书，于经书《稗疏》五种多所点窜，就中能订抄本之讹者固宜择善而从，惟原稿间有引证颇疏，而邹改较密者，虽补苴罅漏，不为无功，然断鹤续凫，究非庐山真面。且有既经增改，转不及原本者；有另改他说，与原本迥异者；有设为问答之说，一似原本自难自解者；有别立一说，反指原本为或说者；有袭取诸儒之说，羼入原本者；有改从近时地名，为原本所不应有者：凡此之类，定从原稿，不参以邹氏之言。《校勘记》中亦不逐条声明，以省繁冗。”按刘《序》于上述诸种情况，一一举有例证，今不具引。又，周调阳《王船山著述考略》一文于记述邹氏窜改情形后，又谓：“以上所说，是就五种《稗疏》而言；其他各书，删改较少。邹氏之所以造成这一错误，就是没有照录原文，于原文后再附案语。他在致邓显鹤信中，原已见到这点，可惜没有照着做，他曾致函左景乔，谈到校阅五种《稗疏》，他说：‘半豀欲留勋度岁，延至明年三月以蒇其事，已求栗仲先生书签。勋意以《稗疏》援引颇广，此家无书可繙绎，惟有将书自随，既不受聘，自可详缓审定，或不至有金银车之诮。’可见他对五种《稗疏》的校勘，犹是采取审慎的态度。惟将自己的意见代替原著者的立论，那就很不应该了。”此又分析邹氏所以致误之故，衡情度理，作持平之论矣。

金陵本所谓“据文渊阁本及旧抄本悉行改正”，其“旧抄本”或即衡阳刘氏所提供，见刘审吾《衡阳刘氏珍藏王船山先生遗稿记》；文中开列其家所藏船山遗书四十八种，《易经稗疏》列为第四。今以金陵本与《四库》本对照，则不但阙文具在，且发现后者尚有任意窜改之迹象（参看本书第七九六页《数往者顺知来者逆是故易逆数也》条校记），而其他讹、脱、衍文亦达五十余字。是以金陵本虽亦“据文渊阁本”，而实已大不相同。以金陵本与守遗经本对照，则后者之增删搀易，尤历历可考。

此外尚有《经解》本与太平洋本，则皆以金陵本为祖本翻印，而多有刊误，可视为金陵本系统，而校勘价值不大。

据此情况，本书整理遂以金陵本为底本，用王孝鱼之点校稿，而参校以其他各本。计改正底本之讹、脱文字凡五处；另有异文可供讨论者十一处，各作校记，凡一十六条。

《周易考异》一卷，除《经解》本、《昭代》本均未收入外，各本均附《稗疏》以行。以《四库》本与《金陵》本对校，四库缺《丧羊于易》一条，又有误字。因仍以王孝鱼之金陵本点校稿为底本。校改后，得校记一条。

《四库全书总目提要》及《简明目录》中有关本书之著录，今亦附于书后。《提要》以船山为“汉阳”人，金陵本据刻时，径自改正为“衡阳”，其做法亦不可取。今仍依文渊阁本排印，而另作注，指出其误。

本书除守遗经本外，各本均无目录，而守遗经本目录又因正文之增删擀易而不可用。遂依此次整理后之卷次及内容，另制目录，以便翻检。

本书由边仲仁初校，由杨坚审定并作校记、目录及《编校后记》。

（原载《船山全书》第一册）

# 《周易外传》编校后记

《周易外传》七卷，此次所见之版本凡七：其一为抄本，其六为印本。

抄本即船山五世从孙嘉恺所手录之本，现藏湖南省博物馆，为1951年湖南进行土地改革时湖南省文物管理委员会在邵阳县东乡太平曾家所收船山遗著抄本十一种之一。全书依卷次分装七册，每册第一面第一行书《周易外传》卷之几，第二行书“明王夫之著”“嘉恺录”字样，其正文缮写款式及自始至终出于一人之笔迹，均与《周易内传》嘉恺抄本同。本世纪四十年代，马宗霍得见此抄本，以之与金陵书局《船山遗书》本对校，作有校勘记一百六十五条；五十年代，周调阳复以之与金陵本及太平洋书店《船山遗书》本对校，作有校记一百七十八条。马、周两《记》及金陵本卷末刘毓崧《王船山丛书校勘记》中关于《周易外传》之两条（内一条在《校勘记自序》中），皆前人辛劳之成果，亦此次整理之借鉴。

印本则属于清代者有守遗经书屋《船山遗书》本、金陵书局《船山遗书》本、上海环地福书局《王船山经史论八种》本；属于民国者有太平洋书店《船山遗书》本；属于解放以后者有中华书局1962年出版、由王孝鱼点校之繁体字本及1976年修订重排之简化字本。

守遗经本及金陵本刻印较早，且各有旧抄作为底本。（守遗经本之底本为船山六世孙承佺所提供，见邓显鹤《船山著述目录书后》；金陵本对其底本未有声明，惟据刘审吾《衡阳刘氏珍藏王船山先生遗稿记》一文所述，则当年湘乡曾氏刻印《船山遗书》之底本，大部分皆其家藏旧抄，由审吾之父禄一公所提供，《周易外传》亦其中之一。）然两本之文字几乎完全一致，尤以由避讳而作之白匡，其位置，数量皆若合符节。故颇疑承佺所提供之本亦即刘氏家藏之本，盖王氏族谱记承佺于道光时曾“网罗散失，搜刻船山祖遗书”，而王、刘先世本有戚谊，此本或即承佺所搜集诸本之一，授之邓显鹤，刻成守遗经书屋本，其后复于同治时由禄一公径授曾氏刻印，而前由邓氏付梓时所作之白匡及个别窜改，遂亦为金陵本所承袭。亦有可能曾氏知禄一公所授之本即当年守遗经书屋所用之本，遂径取守遗经本依样刻印。证以两本如此符合之情况，则以上推测，似亦不无理由也。

两本除有相同之白匡三十处、一百一十九字外，又有相同之窜改痕迹，如船山常以“禽”“狄”二字连用①，然两本每遇“禽狄”一词，辄改其中“狄”字为“兽”字。（见第九二九页卷三《姤》首段及一〇一一页卷五《系辞上传第七章》第二段之校记。）此皆借抄本而得以揭示之。此外尚有非政治性之讹、脱、衍、倒诸差错，则不絮述矣。

至环地福书局、太平洋书店两本，盖皆据金陵本翻印，而均未作独立校勘之工作。尤以太平洋本之出版，虽已入民国，而于金陵本之白匡及窜改字样则一切照旧，毫无更正，故鲜版本价值。

---

① 本书卷五《系辞上传第八章》，船山云：人之生莫不资始于天，有恩勤之者，而生气固焉；有君主之者，而生理宁焉。各有所本而不敢忘。然而有昧始者忘天，亦有二本者主天，“忘天者禽，主天者狄”。此即船山视禽、狄为同类之理据。

中华书局之繁体字本，据王孝鱼《点校说明》，系以金陵本为底本，参照周调阳《校记》及太平洋本进行校勘，“嘉恺抄本有许多胜过曾刻本的地方，均依抄本改正。曾刻本中为了避清廷的禁忌而作□□的缺字，也均按照抄本填补”。此外又有王氏自行校改者十余处，则于《点校说明》中一一记其页、行所在，以资识别。其简化字本不署点校者姓名，据编辑部《校点后记》，实系前本之修订重排，除保留原有依周《记》而作之校改外，“少数由我们根据上下文意义或与其他古籍对勘而改补的，在当页末出校记，说明改动原因”。按前中华本由王孝鱼自行校改之十余处，并未出校说明，至是后中华本乃一并出校而说明之。其书凡校记四十余条，皆用本校、他校及理校之法，改正未见于周《记》之文字差错。其中有属于抄本及各印本同误者七处，系第一次之校正，洵属可贵。（见第八五〇、八六五、八八四、九六五、九九三、一〇一九、一〇三五诸页校记。）而两中华本之分段及标点，亦系首创性之劳动，基本上为本书整理时所遵循。

周《记》所据，虽亦为嘉恺抄本，然其校颇有疏漏。两中华本所自行校改者，其中大部分实皆与抄本暗合。（见第八二三、九〇一、九三五、九七一、九九四、一〇五三、一〇八八等页校记。）甚且有关涉上下文之紧要字眼，因周《记》失记，而致引起中华本校改之混乱者，如卷二《贲》卦“无师而感”一句、《剥》卦“而卒以自利其所不利”一句，金陵本均有误字，周《记》并未校出，中华本据金陵之误字以行校改，遂致误上加误。（两例分别见本书第八七五页、八八〇页校记。）

各版本之情形如此。此次整理，遂决定以嘉恺抄本为底本，与各印本互校。嘉恺抄本亦有讹、脱、衍、倒之缺点，可借印本而发现改正之。校读结果，计共记录抄本与印本间之异文五百余处，内有抄本优于印本者，亦有印本优于抄本者，亦有可以两存以备研究参考者。就抄本而言，借印本以改正讹、脱、衍、倒者凡四十余处，印本之异文可资存参者凡一百一十余处，以上均在页末作出校记；亦有并不影响文义之虚词等，从印本改易者，则不再出校。前述刘毓崧、马宗霍、周调阳三家校记，刘、马于指出异文之同时均有简要之说明，或出考证，或加评骘，于是非、取舍有所论议，惟周《记》则只录异文，并无只字之分析议论。后中华本之校记，亦均提出校改之理据，作简要之说明。本书校记，对刘、马及后中华本之有关记文均尽量引用，其或编者有不同意见，亦同时提出（见第八九八、九二九、九六一、九九一、一〇四七、一〇五一等页校记）。至就印本而言，其用白匡隐去之原文及此次所发现之窜改讹误等，格于本书体例，未能一一指出，然亦偶予说明，以存当年刊刻之真相，并以供有心人之研究参考。如是，凡得校记一百八十九条。

本书嘉恺抄本原无目录。守遗经本、金陵本有目录而只列卷次，仍嫌疏略。两中华本始作更详之目录，在卷次之下复加细分，于是六十四卦及《系辞传》之二十四章亦均可迅速翻检得之。此目录为本书所沿用。

本书由边仲仁初校，由杨坚审定，并作校记及《编校后记》。

（原载《船山全书》第一册）

# 《尚书稗疏》编校后记

本书校勘时所得利用之版本凡八，其六亲见，其二系间接之利用。亲见者有：湖南省博物馆所藏、出于邵阳曾氏之抄本，《四库全书》文渊阁本（台湾缩影本），守遗经书屋《船山遗书》本（清道光二十二年），《昭代丛书》本（清道光二十二年），金陵书局《船山遗书》本（清同治四年。此本曾由中华书局于六十年代请王孝鱼校点，未出版），太平洋书店《船山遗书》本（民国二十二年）；间接利用者有：马宗霍所见、船山五世从孙嘉恺之抄本（经马氏与金陵本对校，作有《校记》），顾广圻校、拜经楼吴氏之传抄本（王孝鱼校点金陵本时曾加利用）。

以上八种版本，考其忠实于船山著作原貌之程度，可分三类：第一类为未经外界点污之家藏旧抄；第二类为已遭清朝官方窜改之《四库》本系统；第三类为对船山原著颇有删易之私家刻本。

属于第一类者，自以出于邵阳曾氏之抄本为首。其书分装两册，每册第一面第一行为书名，第二行署有“梼杌外史夫之而农甫纂”字样，为1951年湖南进行土地改革时，湖南省文物管理委员会在邵阳县东乡太平曾家所得船山遗著抄本十一种之一（见周调阳著《王船山著述考略》，收入中华书局1962年版《王船山学术讨论集》下册）。抄本之抄写年代无可考，书上亦无抄写者之名号钤记。惟曾氏先人曾与船山交往，船山次子王敔刻书衡阳湘西草堂时，曾氏族人亦颇有追随其事者。故历来传述船山著作，皆知有所谓邵阳曾氏之抄本，则其渊源固有自也。马宗霍所见之嘉恺抄本，此次虽未能亲见，然据马氏《校记》以窥知其文字，盖与曾氏抄本差异极少。此类抄本因未受外界影响而得以保存其原貌，虽亦有文字之讹脱，而其性质固与他人之删改者迥异。

属于第二类者，为《四库》文渊阁本，金陵本，拜经楼抄本，太平洋本。

本书于四库开馆时由湖南巡抚采进，因得著录。周调阳在《王船山著述考略》中，以为文渊阁本之文字与曾氏抄本原文相同，此乃未见文渊阁本因而失考之词。经以两本逐字对校，发现彼此互异之文字共五百四十余处、八百六十余字。其中因文渊阁本避讳删改，与讹、脱、衍、倒，以致影响文义者，凡八十四处、六百九十余字。举例如下：

其因讳而删者，如卷二《禹贡·昆仑》条，考证昆仑所在，抄本下段方括弧中之字全被删去："后人不察，乃指肃州玉门以西〔北狄〕之山为昆仑，〔胡元侈其境土之大，又以阿以伯站之赤耳麻卜莫剌山为昆仑，〕而昆仑之实愈晦。据《禹贡》之本文，守蔡氏之定说，〔以折妖妄之论，〕其尚求昆仑于河、洮之间哉！"以上一段八十字中，文渊阁本删去三十三字。

其因讳而改者，如卷四下《召诰·牛二》条，抄本"崇地以与天亢，阴敌阳，女夺男，夷乱华夏。"文渊阁本改末四字"夷乱华夏"为"下僭上"。

其脱文，如卷一《尧典·四岳》条，抄本批评苏辙、朱熹、蔡沈以四岳为一人之说，而论证其为四人时，历举五条证据，其文曰："帝王命官，法函三为一之义，而以一统三，则以四统十二，其证一也"，其下尚有证二、证三、证四、证五，并兼评孔氏《传》、皇甫谧《世纪》等大段议论，最后以尧"不适主于一人，则公天下之心亦于是而可见矣。"作结。文渊阁本脱去"其证一也"至"不适"，凡四百三十字。马宗霍《校记》以为脱字如此之多，"以致结语与上文不贯，全失原文之意，当据增。"极是。

其讹字，如卷四下《吕刑·锾》条论周时之罚金，抄本原文云："且此所罚者，不知何金。孔氏谓为黄铁。"文渊阁本误"金"为"经"。

金陵本之属于《四库》本系统，由其《重刊船山遗书凡例》可见（载金陵本《船山遗书》卷首，欧阳兆熊执笔。内云："船山遗书著录于《四库》者，有《易》《书》《诗》《春秋》四种《稗疏》。前邹氏校本增删擅易，非复本真，或托言先生晚年改本，以掩其迹。兹据文渊阁本及旧抄本，悉行改正，不使鱼目混珠。"）。经此次校读发现，凡《四库》本讳删、讳改之处，金陵本无不照旧（如上述前二例之删改，又第三例脱文亦同），则其属于《四库》系统，实无可疑。间或有个别异文，金陵本较《四库》本为优（如上述第四例"金"字，金陵本不误），殆由其亦兼参旧抄本之故。

至王孝鱼曾加利用之顾校拜经楼吴氏抄本，盖亦自《四库》本传抄。又太平洋本则系据金陵本翻印。两本亦皆属于同一系统。

《四库》本系统虽在忠实原著之可靠性上不如抄本，然亦具校勘价值。抄本文字或有疑惑之处，借以正定者亦复不少。

属于第三类者，有守遗经书屋本及《昭代丛书》本，前者即欧阳兆熊《重刊船山遗书凡例》中所指摘之“邹氏校本”。对于此本之批评，又见于刘毓崧《船山遗书校勘记自序》中之大段论证，兹不具引。周调阳在《王船山著述考略》中言其曾以守遗经书屋本与曾氏抄本对校而统计其结果：“全书凡一百六十三篇，其中被删去的竟有十六篇，窜改的有一百零一篇，与抄本相同一字未改的只有四十六篇。而在被窜改的一百零一篇中，有的是全部改掉无一句与原文相同，有的改了大半，有的增添几百字到几千字。”（见前举《王船山学术讨论集》下册第五二〇至五二一页，文中以一个条目为一篇。）

同属于此类者，尚有《昭代丛书》本（《癸集·萃编》卷第三），则其情况略异。其特点为删节而非窜改。《尚书稗疏》全书九万六千余字，《昭代》本之字数仅及其半而已。其书刊于清道光二十二年，其《尧典》五条之次序，与曾氏抄本及《四库》本均异，不知其何所据？然书中个别文字亦具校勘价值，可以择善而从。

综合以上情况，则三类版本，优劣较然。故此次整理，即以曾氏抄本为底本，而利用其他版本，主要为嘉恺抄本（通过马宗霍《校记》）、文渊阁本及王孝鱼之金陵本校点本，以校正底本之误，俾更完善。校勘结果，据他本以改正曾氏抄本之讹、脱、衍、倒者，计共八十余处、九十余字；又属于抄本及其他各本同误，而于此次始予改正者，亦有六处、六字。以上共校改抄本九十余处、约一百字。所有校改之处，均予出校说明，凡得校记九十余条。此外又有他本之异文可以存备参考者，亦出校九十余条。两共校记一百九十条。

曾氏抄本字体有不规范、不统一者，如“於”作“于”、“嶽”作“岳”、“同”作“仝”、“異”作“异”、“據”作

“据”、“棄”作“弃”等。甚至一篇而同字异体，如《四岳》篇前用“嶽”后又用“岳”，《王肇称殷礼至无远用戾》篇“敖”“傲”一字两写等，今悉仍之，不予改动。

本书书名，曾氏抄本作《尚书稗疏》。《四库》文渊阁本亦作《尚书稗疏》，然《四库总目及提要》及《四库简明目录》均作《书经稗疏》，《四库存目》中著录船山《尚书引义》一书、引述本书时，则仍作《尚书稗疏》。《昭代丛书》本亦作《尚书稗疏》。马宗霍所见之嘉恺抄本及王孝鱼所见之拜经楼抄本则均作《书经稗疏》；自守遗经书屋本、金陵本至太平洋本亦同。此次编校，仍依曾氏抄本作《尚书稗疏》。

本书卷次，曾氏抄本只作两卷；《四库》本以下，除《昭代》本不分卷外，统依虞、夏、商、周《书》篇目分为四卷，较为明晰，今遂仍之。又本书目录，两抄本、《四库》本、《昭代》本均告阙如。有目录自守遗经书屋本始，然其书窜易原著，不足为据。金陵本亦有目录，而其条目层次混乱（如《王若曰公明保予冲子至单文祖德》一条之后，又有《王若曰至罔不若时》《王曰公予小子其退至其世享》《周公拜手稽首至文祖德》等三条，实则此三条即前一条之组成部分，属于两个层次，不应平列），又其只列条目，而无条目所属之书、篇名，亦嫌不便。今特重加厘定补充，使书、篇、条目层次分明，庶几便于检阅。

守遗经书屋本、金陵本卷首均刊有《四库全书总目提要》及《四库全书简明目录》各一则，兹亦移置卷末，作为附录。

本书最初曾由雷敢据曾氏抄本并参看金陵本、太平洋本进行校点，后得中华书局转来王孝鱼之金陵本点校稿，由陈戍国会阅，并搜罗文渊阁本、守遗经书屋本及马、周两《校》，作逐字逐句之校勘，辨异正讹，厥功为多。最后由杨坚审读定稿（参校陈氏未见之《昭代丛书》本），并改订校记，确定书名、卷次、目录，补苴罅漏，毕其事焉。

（原载《船山全书》第二册）

# 《尚书引义》编校后记

本书校勘时所用之版本凡七：有船山五世从孙嘉恺之抄本；有清代出版之守遗经书屋《船山遗书》本（道光二十二年），金陵书局《船山遗书》本（同治四年），环地福书局《王船山经史论八种》本（光绪三十一年）；有民国时期出版之《船山学报》本（民四至五年），太平洋书店《船山遗书》本（民二十二年）；有解放后出版之中华书局本（1962 年初版，1982 年第三次印刷）。又有刘毓崧、马宗霍、周调阳三家所作校勘记（刘记三条，编校金陵本时作；马记一三三条，系以嘉恺本与金陵本对校；周记一三〇条，系以嘉恺本与金陵本、太平洋本对校），亦均逐一检查参照。

嘉恺本为 1951 年湖南进行土地改革时，湖南省文物管理委员会在邵阳县东乡太平曾家所得船山著作抄本十一种之一（见中华书局 1962 年版《王船山学术讨论集》下册所收周调阳《王船山著述考略》一文），今归湖南省博物馆收藏。其书分装五册，每册第一面第一行为书名及卷次，第二行有“明王夫之著　嘉恺录”字样，无收藏者之名号钤记，末册末页有“癸卯九月九日成，己巳四月下旬重定”小字一行。周调阳文云：“考癸卯为康熙二年（1663），己巳为康熙二十八年（1689），可见船山著《尚书引义》一书，初稿是在 1663 年已经完成，经过二十六年之后，到 1689 年，他年七十一岁时，才作出最后的定稿。”

守遗经书屋本之底本为船山六世孙承佺所提供（见邓显鹤《船山著述目录》）。金陵书局本之底本或出于衡阳刘氏（见刘审吾《衡阳刘氏珍藏王船山先生遗稿记》，内云：“同治初，湘乡曾氏搜刻先生遗稿，茫然莫得，时先父授徒常文节公家，因托常氏殷勤致询，始出遗稿相授。”文中备载其家所藏船山稿本四十八种，《尚书引义》列为第五。金陵本于此则并无说明）。然两相对照，则凡守遗经本所讳改及作匡之处，金陵本几无不相同。以嘉恺本校之，有改一字者，如《舜典二》“名异禽狄”句（见本书第二四八页倒数第四行），守、金两本“狄”均作“兽”；有改二字者，如《泰誓牧誓》“蒙古之不仁”句（见本书第三三三页倒数第一行），守、金两本“蒙古”均作“元顺”；有改至四、五字者，如《舜典三》“里巷之滛哇，夷狄之秽响”句（见本书第二五四页第五行），守、金两本“夷狄之秽响”均作“边塞之猛厉”。

除改字外，更多者为作白匡将真字隐去。如《禹贡》篇，守遗经本有：

> “夫中国之有河，犹其有□也。三代无□□之策而有□□之义，汉急□□之功而不贪□□之利，唐始用□，石晋遂用□，宋两□□而其祸乃大，概可覩矣。”

据嘉恺本，以上八处所隐去之字，依次为“狄”、“御狄”、“制狄”、“御狄”、“用狄”、“狄”、“狄”、“用狄”（其句见本书第二七九页第七、八行）。金陵本除第一处之“狄”字作“夷”外，其余各处均与守遗经本同。（然八处所讳均一“狄”字，而金陵本忽无端出一“夷”字，其擅改之迹遂亦显然矣。）

又如《泰誓牧誓》篇："率□□□□之，则□□□未有也。"其所隐去者，前为"天下而禽"四字，后为"亘古所"三字（其句见本书第三三四页第一行）；"又何至旋踵而□□□之祸哉！"其所隐去者为"蹈弱宋"三字（同上页倒数第二行）；"亦可伤也。□□□□□□□□□□□。"其所隐去者为"后之君子其亦有鉴于斯乎"十一字（同上页倒数第一行）。《毕命》篇："韩、苏起衰，人可为辞，□□□□□□□□□□□□□。"其所隐去者为"天丧斯文，二子其妖祥之征见与！"十三字（其句见本书第四一五页第八行）。以上诸处白匡，守遗经本、金陵本完全一致。

据此推断，金陵本付梓时所用之底本，虽有可能为衡阳刘氏提供之抄本，极有可能则为守遗经本，或曾取后者参考效尤，否则，其窜改与作匡之情况当不能吻合如此。对校之后，计守遗经本讳改之字凡五处、十三字，作白匡者凡三十八处、一二六字，二者合共四十三处、一三九字；金陵本讳改之字凡十二处、二十二字，作白匡者凡二十九处、一百零九字，二者合共四十一处、一三一字。金陵本之四十一处，即包含于守遗经本四十三处之中。而二本讳改、作匡之字颇有参差，盖缘金陵本于守遗经本作匡之处，亦间有不再作匡而擅改其字者，故其白匡之数较守遗经本少，而其改字之数则较守遗经本多。如前述《禹贡》篇之"夫中国之有河，犹其有狄也"句，守遗经本讳"狄"字而作匡隐去之，金陵本亦讳"狄"字，而并不作匡，只改之为"夷"字；又如同篇"则夷狄之害，夷狄受之"句（见本书第二八〇页第八行），守遗经本作"则□□□害，□□受之"，金陵本则作"则中国远害，而夷受之"。于以知守遗经本所讳者为"夷狄"二字，金陵本则不讳"夷"字而惟讳"狄"字。此二本之小异。就全体而观，则二本固极为一致者也。

又有环地福书局本、《船山学报》本（民国四至五年湖南出版之《船山学报》第一至第八期曾连载本书，至《微子》篇未完而止）及太平洋书店本，皆据金陵本翻印。三本校勘价值不大，惟偶供查阅参考。

解放后出版之中华书局本，系由王孝鱼点校。此本虽亦以金陵本为底本，然曾参照刘毓崧及周调阳两家《校勘记》与太平洋书店本，进行校勘，而周调阳《校勘记》则系以嘉恺抄本与金陵本、太平洋本对照而记录其异文者。金陵本虽有上述窜改与作匡之弊，然亦有可资以改正嘉恺本讹、脱、衍、倒之处，而其文字之整饬修饰，较嘉恺本为胜之处，亦不一而足。故中华本实已兼有嘉恺本与金陵本之长；其美中不足者，则为未能直接利用嘉恺之抄本，而仅依周《校》以为准，故于金陵本窜改、作匡之处，无法最终肯定落实，又周《校》于嘉恺本、金陵本两本间之异文实未能记录完全（两本间之异文凡四三五处，周校仅记录其一三〇处），遂亦使中华本之校勘受其影响。然中华本终为迄今最完善之本，其所加新式标点及分段亦均为创始之举。

此次整理，遂径以嘉恺抄本为底本，主要与中华本，其次与守遗经本、金陵本，并参照刘、马、周三家校记，进行校读。计抄本之讹、脱、衍、倒，借他本而得以改正者，凡五十余处、七十余字；又他本之异文可以存备参考者，凡三十五处、一百二十余字。除存参之异文于有关篇页一一注明外，所有抄本明显有误而已由中华本改正之处，即不再出校，如：

《舜典一》引《庄子》："其远而无所极邪？"（见本书第二四七页第一至二行）"其"，抄本原作"亦"。

同篇引同书："虫臂鼠肝"（同上页第九行）。抄本原作"虫肝鼠臂”。

《君奭》篇：“海隅出日以率俾。”（见本书第三八六页倒数第三行）“出日”，抄本原作“日出”。按《书·君奭》云：“海隅出日，罔不率俾。”是句中当作“出日”。

以上引用古籍诸例，抄本或有误字，或有倒字，而守遗经本、金陵本、中华本不误不倒，三本一致，遂亦径据改、乙，不再出校。又如：

《大禹谟一》：“无思而失，达天德而始知，介然仅觉之小人，告子、释氏。去其几希之庶民，所不得而见也。”（见本书第二六二页第一至二行）其小字夹注之“告子、释氏”，抄本惟作“告、释”二字，是不如四字全称之详明也。

《太甲二》：“而其卤莽灭裂，以得二殊五实之驳者，奚不日以成性之恶哉？”（见本书第三〇二页第四至五行）句中“二殊五实”，抄本作“五殊二实”。按“二殊五实”谓“二气之运，五行之实”，本篇前文屡有“二殊五实”之语，是“五殊二实”乃笔误也。

《顾命》：“是故丽于色而目之威仪著焉，丽于声而耳之威仪著焉，丽于味而口之威仪著焉。”（见本书第四〇九页第一行）第一句“目”字，抄本作“视”。按本篇首引《老子》“五色令人目盲，五声令人耳聋，五味令人口爽”之句，自后即据此申论，迭以色、声、味及目、耳、口排比为文，所引三句亦然。抄本以“视”代“目”，是句不整饬也。

以上文字疵漏诸例，均抄本之有欠检点、修饰，而守遗经本、金陵本、中华本较抄本为胜，遂亦径据修正，不再出校。

刘毓崧《校勘记》三条，已为中华本所采用，兹均于有关篇页作注说明。马宗霍之《校记》，于字句取舍每有论说，本书于有关校记加以引用时，亦为注明。又王孝鱼点校金陵本时，发现有讹脱之处，其所参照之周调阳《校勘记》并未提及，遂据己意校补，凡八处，九字，其目见于中华本王氏所作《点校说明》中。今据嘉恺抄本，则此八处、九字，其中有抄本及各印本均误或脱者，王氏之校，实为对本书之贡献；亦有抄本未误而周《校》疏漏，未将异文录出，而王氏之校补乃与抄本相合者；亦有个别字系属误纠。凡此自亦应加注说明。

以上为校勘结果表现于嘉恺抄本之一面。若就金陵本而论，则其较之嘉恺本，除窜改、作匡之字凡四十一处、一百三十一字，可以指证落实，已见前述外，其他讹、脱、衍、倒尚有一百九十余处、三百八十余字；两项合计，共二百三十余处、五百一十余字。中华本以金陵本为底本而据周《校》大加订正，然仍有小部份因周《校》之疏漏而未能改正。本书校记中，遂亦有若干条指出此一情况。

如是，全书凡得校记七十余条。

本书嘉恺抄本原无目录。守遗经书屋本始制为目录，为金陵本所因仍，而无页码，检阅不便。今之目录系就中华本沿用。其王孝鱼之《点校说明》原排卷首，兹仍保留，而移置卷末，作为附录，与该书原附之《四库全书总目经部书类存目》及刘毓崧《跋》，合为三件。

本书前五篇由陈成国补校，其后陈君离去，由杨坚续校竣事。

（原载《船山全书》第二册）

# 《礼记章句》编校后记

本书于此次整理时所得见之件，计有完整之版本五，内抄本一，印本四；又船山手稿二页，为《檀弓下》之第十七至二十一章；又前人校记三种。

抄本为1951年湖南进行土地改革时，湖南省文物管理委员会在邵阳县东乡太平曾家所收船山遗书抄本十一种之一，现藏湖南省博物馆。周调阳于《王船山著述考略》一文中著录如下：“《礼记章句》四十九卷，分装十册。每卷第一面一行下有‘王夫之章句’‘恺录’字样。卷首有船山自作的《礼记章句序》，长达七百余字，写作的时间是癸丑岁，即康熙十二年（1673），是时他年五十五岁。这篇序文，各种刻本均没有收入。”（见中华书局1962年版《王船山学术讨论集》下册第五三一页）按当时在曾家所收船山遗书抄本中，尚有《周易内、外传》《尚书引义》《诗广传》《春秋家说》《世论》等均署有“嘉恺录”字样，《礼记章句》抄本字迹与此数种同，故其所署“恺”即嘉恺，为船山五世从孙辈。

本书抄本似非一种，此外由文献可寻者至少尚有两处。清道光二十二年（1842）邓显鹤刻湘潭王氏守遗经书屋本《船山遗书》，收入《礼记章句》，是为本书之首次付梓，其底本出自船山六世孙承佺。邓氏《船山著述目录》云：“道光已亥寓长沙，时方辑《沅湘耆旧集》，征求先生遗诗。一日，先生裔孙有居湘潭名世全者，介其友欧阳君兆熊访余于城南旅寓，以先生诗集来，且具道先生六世孙承佺具藏先生各种遗书于家，世全将谋寿诸梨枣。余大喜过望。次年春遂开雕于长沙，以校雠之役属吾邑人邹汉勋。”（见守遗经书屋本《船山遗书》卷首）同治四年（1865）曾国藩刻《船山遗书》于金陵，亦收入《礼记章句》，是为本书之第二次付梓。当时亦曾得一抄本，见于民国四年衡阳刘审吾著《衡阳刘氏珍藏王船山先生遗稿记》一文。刘文述其先世与船山由学问相交而谊结秦晋，其小云山下之宅，实船山著诵之所，乃列举其家旧藏船山著作抄本四十八种，内第九种即《礼记章句》；文又云：“同治初，湘乡曾氏搜刻先生遗稿，茫然莫得，时先父授徒常文节公①家，因托常氏殷勤致询，始出遗稿相授。嗣后原本发还，仅得《诗广传》《读四书大全说》《张子正蒙注》《老子衍》《庄子解》《船山鼓棹》数册而已，而先生手批《周易内传》《外传》《礼记章句》及各文集扣未见覆。先父禄一公每诵邦正公藏书诗云：藏书有借忘非已，探矗恒空梦不圆，服膺伤之。”（见民国四年湖南出版之《船山学报》第一卷第五期）以上两处所言抄本，不知犹在人间否？又本世纪四十年代，马宗霍曾以一抄本与金陵本对校，作有《校记》，则即此嘉恺抄本；五十年代末，周调阳复以此本与金陵本、太平洋本对校，作有《校勘记》。

印本四，除守遗经本、金陵本外，尚有光绪二十三年（1897）之潞河涤尘馆单行本及民国二十二年（1933）之上海太平洋书店《船山遗书》本，然取各本对照，则金陵本与早出之

① “常文节公”：常大淳，衡阳人，道光进士，官至湖北巡抚。咸丰间，太平军围武昌，城陷，投井死，谥文节。

守遗经本似颇一致，即偶有字句之些微参差，亦可约略推知其故，盖或由金陵本编者之点窜；晚出之潞河本、太平洋本则又与金陵本完全一致，似皆据后者翻印，惟偶于明显之误字有所订正，故四本可谓同一系统。兹仅就守遗经本与金陵本之异同情况，析言之如下：

金陵本既有得自刘氏之旧抄，何以又与守遗经本如此一致？于此可有两种推测。或则金陵本虽以刘抄为底本，而刘抄与守遗经本初无二致，甚至承佺当年所出之底本即是刘抄，亦未可知，盖其家藏之船山著作如非完备，则由刘王姻亲之谊与湘潭衡阳相距之近，其转向刘氏求书付刻，俾船山著作得以流布，亦属情理中事。王氏族谱有承佺之子世熊于曾氏刻书时“即举家藏邮寄帷幄，而其所遗漏者更复遍觅于世家巨族，虽祁寒溽暑不少紏”之记载①，以此例彼，则承佺刻守遗经本时家藏之船山著作并不完备，与夫觅诸亲友以补阙佚，二者皆有可能，而非无根之猜测矣。另一种推测则为：金陵书局虽得刘抄，而并未据刻，虽或翻阅参考，而其所用为底本者实乃守遗经本，仅于其上略加点窜，即以付印。详审二本情况，此种可能性为尤大。

其最能说明二本之一致者，即金陵本所作白匡之位置、数目皆与守遗经本同；又较之嘉恺抄本而疑为印本之删改者，二本亦同。如卷四《檀弓下》第四十一章船山《章句》：“□□□□，恒以驱戾横行天下，及其数传，乃更假窃礼文，为从容巽愞之习，尽失其长，而终不能肖□□□□□□□□□□□□□□□□□□□□，若出一辙。”以上白匡二十四个，二本相同，抄本则均有其字。（见第二六七至二六八页及有关页注）又如卷三

① 见《邗江王氏五修族谱》第三册：《王翁梦祥先生序》。梦祥即承佺之子世熊。

《檀弓上》第七章船山《章句》:“子路之死，惑于灵公之命，而不能推之以天理之至极，固未为得矣。食焉不避其难，亦以殉其一曲之义也，以视诸董搏霄、余阙之死，固不同矣。”最末“董搏霄、余阙之死，固不同矣”，抄本凡十一字，守遗经本作白匡十五个，数不相符。金陵本同守遗经本。(见第一三八页及有关页注)

删改相同之例如：卷三十《坊记》第八章船山《章句》:“人之常情昵而骄，待养而期报，则唯知有子而忘其亲。〔《汉书》称匈奴虐老兽心，慈子嗜利。〕禽兽哺卫其子，生死以之，而不知有父母。是盖〔中国夷狄之分而〕人禽之界，不但君子野人之别也。……而近世盱江罗氏论《大学》‘如保赤子’之义，轻孝弟而重言慈，其灭裂天理，驱斯人于禽（兽）〔狄〕之行，可胜罪哉!”以上第一、二处方括弧中凡二十字，抄本有之，守遗经本删去，金陵本同守遗经本；第三处方括弧中“狄”字系抄本原文，守遗经本改为“兽”字，金陵本亦同守遗经本。(见第一二二八至一二二九页及有关页注）又如卷四十四《昏义》第一章船山《章句》:“专于所从则恩礼以正而笃，而父子之伦明，异乎（鄙人）〔禽狄〕之知母而不知〔孰为其〕父。”以上第一处方括弧中“禽狄”二字系抄本原文，守遗经本改为“鄙人”，金陵本同守遗经本；第二处方括弧中凡三字，抄本有之，守遗经本删去，金陵本亦同守遗经本。(见第一五一一页及有关页注)

至金陵本之白匡、文字，间亦有稍异于守遗经本者，则或由其于刊刻时更就守本加以点窜之故。兹亦各举一例如下：

卷二《曲礼下》第十四章船山释《经》文“东夷、北狄、西戎、南蛮”云：“‘夷’，羊也。‘狄’，犬也。‘戎’，狨也。

‘蛮’，蝨也。四夷无人理，故以兽名。”抄本文字如此，守遗经本同，金陵本则隐去羊、犬、狁、蝨、人、兽六字，俱作白匡。（见第一一〇至一一一页及有关页注）按守遗经本亦每匡去含有种族忌讳之字句，金陵本于此则更为戒慎耳。

又如卷五《王制》第十四章船山释《经》文“祭用数之仂”云：“‘仂’，十之一也。‘数’者，国用之数，通宾客、羞服而下用之式八用其九，而祭用其一也。”抄本文字如此，守遗经本同，金陵本则作：“‘仂’，十之一也。‘数’者，国用之数，用之式九，通宾客、羞服而下用其八，而祭用其一也。”按《周礼·天官·大宰》：“以九式均节财用：一曰祭祀之式，二曰宾客之式，三曰丧荒之式，四曰羞服之式，五曰工事之式，六曰币帛之式，七曰刍秣之式，八曰匪颁之式，九曰好用之式。”又郑玄注“祭用数之仂”云：“筭今年一岁经用之数，用其什一。”合而解之，即国用项目凡九，宾客、羞服等八项之开支份额占国用总数十之九，祭祀一项占十之一。此即抄本与守遗经本“通宾客、羞服而下——用之式八——用其九，而祭用其一也”一句之意，而其句微嫌拗涩（于此加二破折号以明之），金陵本改之为“用之式九，通宾客、羞服而下用其八，而祭用其一也”，虽句读顺畅，而以国用项目与开支份额牵合而混言之，遂大错。（见第三二一至三二二页及有关页注）

按金陵本《船山遗书》卷首载有曾国藩序云：“王船山先生遗书，同治四年十月刻竣，凡三百二十二卷。国藩校阅者《礼记章句》四十九卷，《张子正蒙注》九卷，《读通鉴论》三十卷，《宋论》十五卷，《四书》《易》《诗》《春秋》诸经《稗疏》《考异》十四卷，订正讹脱百七十余事。”又其卷末载有刘毓崧《校勘记自序》，述书局同人之校勘工作云：“若夫旧刻本有臆改之误，新抄本有传写之误，王氏原本有检阅之误，亦有记忆之误，初拟悉仍其旧而胪列于校勘记中，同人有谓词义显然，不必存疑者，于是刻本内此等遂多改易。惟误处须引证而后明，以及改之有碍于上下文者，则未尝改。”可见金陵本刊刻时颇有径自窜改之处，亦即其所以稍异于守本之故。

要之，二本实皆未能保存船山著述之原貌，而金陵本较之守遗经本为尤甚。马宗霍于其《船山遗书校记序》（未刊稿）中尝有一段论及抄本与印本之优劣，其举为例证之一即《礼记章句》，其用以对校者即嘉恺本与金陵本，引述如下：“方金陵设局刻遗书时，据刘毓崧《校勘记》，谓所访得者，有原稿本，有新抄本，有旧刻本，可谓备矣。但《礼记章句》余所见抄本卷首有自序一篇，长六百九十三言，而刻本无之。卷三十一《中庸》‘素富贵行乎富贵’一节，《校勘记》引钱塘汤裕曰：‘本文四层并列，船山衍释，断不遗去“贫贱”一层，“富贵无忧勤之心”下当有脱句。’而余所见抄本，注文‘心’字下正有‘贫贱而无贞固之守’一句。是则彼时所据之《礼记章句》不第非原本，即写本亦未尽善也。”

按马云自序六百九十三字，实未含序末“岁在癸丑日长至衡阳王夫之序”一句（见第十页），若含此句则字逾七百，即周调阳所谓“长达七百余字”者矣。其所云《中庸》衍释一节，《经》文原为：“素富贵行乎富贵，素贫贱行乎贫贱，素夷狄行乎夷狄，素患难行乎患难，君子无入而不自得焉。”船山衍释为：“若富贵而无忧勤之心，贫贱而无贞固之守，患难而无冰渊之戒，夷狄而无羞恶之志，小有补救，贪生持禄，忻然自得，则逐流丧已，小人而无忌惮矣。”抄本文字如此，而各印本皆作：“若富贵无忧勤之心，患难无冰渊之戒，夷狄无羞恶之志，忻然自得，则亦小人而无忌惮矣。”不仅脱“贫贱而无贞固之守”一句，且又略去其余三排句中各“而”字，又删去“小有补救，贪生持禄”及“逐流丧己”各句，并于末句添一“亦”字，遂与抄本大异。（又按：马氏所引钱塘汤裕之言，实刘毓崧《校勘记》中关于《礼记章句》仅有之一条校记，本宜作为页注，置于有关页末，以供参阅，而一时疏忽，于整理正文时未能写入，胶片已成，遂难追补，今特附志于此。所引《中庸》一节见第一二六八页。）

综上所述，本书四种印本属同一系统之情况似可论定。印本之缺点为未能忠实于船山著作之原貌，故虽曾经学者校勘，而于此次整理则仅供参阅，未敢以为据也。

又，此次所用之金陵本，系中华书局1983年转让之二十四种船山著作点校稿之一，原署刘公纯、陈仲瑜点校，王孝鱼阅定。此稿惟就金陵本而标点之，或因限于当时条件，并未参校他本。考六十年代后中华书局所出船山其他著作单行本，虽仍以金陵本为底本，而多有参照周调阳《校勘记》加以校改者。此种情况，亦未见于此稿。其书天头亦偶有点校或阅定时所作注记，于个别文字有所校正，而终以纯出悬揣，未足为改定之根据，如前述卷二《曲礼下》第十四章船山释《经》文“东夷、北狄、西戎、南蛮”之一段文字，金陵本作“夷，□也。狄，□也，戎，□也。蛮，□也。四夷无□理，故以□名。”点校稿天头注云：“四方空大约皆犬、羊、蛇等兽名。‘四夷无人理，故以兽名’，亦其极端民族主义精神之表现者。”言虽有中，然本书已获嘉恺抄本作底本，其字皆具，此类校记乃无存录之必要。点校稿上又间有阐述船山思想之批语，均王孝鱼所作，以其与本书之校勘无关，遂亦置之。

又，本书现存船山手稿两页，为《檀弓下》第十七至二十一章，包括船山章句十段，对照抄本，文字颇多参差，兹皆以页注形式存录于相应章节之后，以备研究。手稿影印本见岳麓书社1982年版《王船山手迹》。

关于《礼记》经文之句读标点，整理时亦多参考前贤著述，然如船山对经文之理解有异时，则一以《章句》为准。如卷一《曲礼上》第二章："若夫坐如尸，立如齐，礼从宜，使从俗。"阮刻《十三经·礼记正义》以"若夫"为句，郑玄注："言若欲为丈夫也。"黄侃手批《白文十三经》仍之。然船山《章句》云："此盖有阙文，详见《大戴记》。"按《大戴礼记·曾子事父母第五十三》："孝子无私乐，父母所忧忧之，父母所乐乐之。孝子唯巧变，故父母安之。若夫坐如尸，立如齐，弗讯不言，言必齐色，此成人之善者也，未得为人子之道也。"此以"若夫"为起句之词，乃船山所本。庄有可《礼记集说》："'若夫'犹'至于'也。"说尤明白。准此，则"若夫"当属下读，不当为句。（见第一四页）

又如卷六《月令》第十一章有一段经文，阮刻《十三经》《礼记正义》读为：

"是月也，命大史衅龟筴占兆审卦吉凶，是察阿党，则罪无有掩蔽。"

黄侃读为：

"是月也，命大史衅龟筴，占兆审卦，吉凶是察，阿党则罪，无有掩蔽。"

显较旧读为长，且上古察、蔽同在月部，筴在锡部，锡月通押，亦符“叶韵为短句”之例。

船山《章句》则云：“‘吉凶’，兼兆、卦而言”。似与黄读接近，但其分节仍以“吉凶”以上为一节，“是察”以下属另一节。因此，标点时不能不于“筴”下点断，以“占兆审卦吉凶”为句，余则皆同《正义》，如下：

> “是月也，命太史衅龟筴，占兆审卦吉凶。是察阿党，则罪无有掩蔽。”（见第四三四至四三五页）

又如卷一《曲礼上》第五章云：“夫唯禽兽无礼，故父子聚麀。是故圣人作为礼以教人，使人以有礼知自别于禽兽。”船山释：“‘作为’者，因人心自有之制而品节之为章程也。”（见第一七至一八页）则“作为”二字当连读。然阮刻《十三经·礼记正义》之圈点为：“是故圣人作，为礼以教人”，杨树达《古书句读释例》亦据陆佃、武亿等人之说，谓当以“是故圣人作，为礼以教人”为句。类似情况不一，标点时只能以船山对经文之理解为据，亦未一一作注说明也。

本版《礼记章句》之用字，皆据抄本。其有一字作两体写者，如廟庿、後后、恥耻、詠咏、圓圜、脩修、於于等，甚至如上句作“鼇”下句作“鼈”等，皆一仍其旧，不加改动。

以上缕述本书各种版本之情况，兼及标点、用字等琐节。此次整理，遂即以嘉恺抄本为底本，以守遗经本、金陵本等参校，并亦参阅刘、马、周三家之校记。计共记录抄本与各印本间之异文二千零一十余处，其校勘及写作注记之情况如下：

一、船山手稿二页，文字颇有与抄本相出入者，皆予存录，已见前述，此项凡作注十条。

二、抄本之写录出于嘉恺一人之手，难免疏虞，其可借印本以发现并确定之者，计有讹字凡三百二十余处，脱文凡一百四十余处，衍文凡二十余处，倒文凡二十余处，均予改正并出校说明所据。此项凡约五百条。

三、又有一类异文，其正误是非暂难判明，则均予存录备参。此项校记凡一百五十余条。

四、亦有抄本与各印本间文字悉同，而于此次整理始发现其有讹脱者，皆于页注中表而出之，以质高明，凡此共二十余条。

五、印本用白匡隐去之字，以及较之抄本而可证明其讳改、讳删，与夫讹、脱、衍、倒之处，亦择要存录，以略示当年刊刻之面貌，或以备他日之查考。凡此亦约一百二十余条。

六、此外又有关于研究文字、辨析句意、讨论标点、介绍版本、说明排印款式及指出引文来源等内容，皆属校勘时发生之问题，编者认为应予提出者，亦皆略加注记。此项共四十余条。

以上合计共得校记、页注八百六十余条。

本书校点工作由湘潭师范学院中文系及文化史研究室同人分担，其具体分工为：陶敏负责《曲礼上》至《月令》凡六卷，吕锡琛负责《曾子问》至《明堂位》凡八卷，万里负责《丧服小记》至《坊记》凡十六卷，周小一负责《中庸》《大学》二卷，陈良文负责《表记》至《儒行》、又《冠义》至《丧服四制》凡十七卷，并由陶敏负责统稿审订工作。再交边仲仁覆校。最后由杨坚审定。陶敏撰有后记，为本文所参考，前述有关经文标点之例证，全部取自该记。

（原载《船山全书》第四册）

# 《春秋稗疏》编校后记

本书编校时所见之本凡六，又得以间接利用者一。

所见之六本中，最早者为《四库全书》本（文渊阁本），其次有清道光二十二年（1842）之湘潭王氏守遗经书屋《船山遗书》本、道光二十四年（1844）之《昭代丛书壬集》本、同治四年（1865）之金陵节署《船山遗书》本、光绪十四年（1888）之江阴南菁书院《皇清经解续编》本、民国二十二年（1933）之上海太平洋书店《船山遗书》本。中华书局所转让之二十四种船山著作点校稿中亦有本书，系由王孝鱼在金陵本上径施标点，王氏工作时曾参考清代校勘学家顾广圻千里所校之海宁吴氏拜经楼抄本，所云得以间接利用者，即此吴抄顾校之本也。

然考之各本源流，则上述七种版本，可以分为三个系统：

其一为《四库》本系统，《昭代丛书》本及拜经楼传抄本属之。后两种虽云自《四库》抄出，而《昭代》本为节省版面，对原文时有精简。拜经楼本亦有多处文字异于文渊阁本，尤以有关种族忌讳之字句，往往较文渊阁本更多删改，如卷上《戎》篇，文渊阁本“春秋时戎狄内杂”，拜经楼本则后四字作“外蕃杂处”；同卷《荆》篇，文渊阁本“楚曰荆者，二《传》皆谓州举，狄之也”，拜经楼本，“狄”作“外”，下又有数“狄”字，亦皆作“外”（以上拜经楼异文均据王孝鱼在其金陵本点校稿上之批注）。似此类者，不一而足。岂拜经楼所抄之《四库》

本，与文渊阁本异耶？或者抄者畏祸，而复有所避忌耶？其故暂莫能明也。然本书之篇次，文渊阁本有不同于金陵本者，《昭代》本及拜经楼本则均同于文渊阁本；文渊阁本之讹脱，借金陵本而得以发现者，二本亦均同误，其因忌讳而故删之字句，二本亦均相同。如卷上《邓》篇，金陵本云：“巴人从夔州经郧阳，循邓州之南，繇襄入郢。”文渊阁本“郢”误“部”，《昭代》本、拜经楼本相沿而误。又如《山戎狄》篇，金陵本云：“要此戎狄皆非塞外之虏，秦汉以下为中国患者。”文渊阁本删去“之虏”以下十一字，《昭代》本、拜经楼本亦同，王孝鱼批注以为此乃“馆臣媚清者所为，益证其指拜经楼本为《四库》传抄本矣。”要之，二本与文渊阁本虽亦有少数文字之违异，而皆源出《四库》，视之为同一系统也可。

其二为金陵本系统，《皇清经解续编》本及太平洋书店本属之。对照篇次，二本皆同金陵本；对照文字，二本与金陵本亦无差异，故均系据后者翻印。而金陵本与《四库》本之间则差异颇大。按船山诸经《稗疏》被收入守遗经书屋本《船山遗书》时，均遭该书编者邹汉勋篡改。《全书》第一册《周易稗疏》、第二册《尚书稗疏》、第三册《诗经稗疏》各《编校后记》中曾述其事。故金陵本《重刊船山遗书凡例》欧阳兆熊作云：“船山遗书著录于《四库》者，有《易》《书》《诗》《春秋》四种《稗疏》。前邹氏校本增删擅易，非复本真，或托言先生晚年改本，以掩其迹。兹据文渊阁本及旧抄本，悉行改正，不使鱼目混珠。”金陵本虽据文渊阁本而颇多差异者，似即因其兼据旧抄而有所校改。考刘审吾《衡阳刘氏珍藏王船山先生遗稿记》（载民国四年湖南出版之《船山学报》第一卷第五期）备列其家所藏之四十八种船山遗稿，谓曾于金陵刻书时出以相授，《春秋稗疏》列为第十三种，金陵本或曾加以参考，故其文字时有不同于《四库》本者。书中于其重要之处，每于校记中列举之。

其三则守遗经书屋之《船山遗书》本。以之与金陵本比较，此本则差异极大。全书一二二篇，计被增删撺易凡一〇七篇之多，其中增字最多如《践土》，增四百九十二字，减字最多如《用田赋》，减三百一十三字，而增减字数之少并不意味其窜改程度之不大，如《缘陵》只增四十一字，《刑邱》只增十六字，而句意已与船山出入，甚或相反（见第四七页、七四页校记）；即使两本字数相同，如《翟泉》同为五百五十三字，《壬申公孙婴齐卒》同为一百二十三字，亦并不等于未有窜改，无非其所增与所删之字数恰恰相等而已。又《新筑》及《从祀先公》两篇不见于守遗经本，当是视为不足存而皆删去。其余十三篇中，《郭公》《洮》《季子仲孙高子》《陨霜不杀草李梅实》《有星孛入于北斗》《莒杀其君庶其》《六月癸卯日有食之》《三望》《九月辛酉天王崩》《己亥同盟于戏》《疆郓田》等十一篇应云两本相同，而仍有一、二、三字不等之出入，盖皆邹氏顺手修饰之结果，当时似未有"一字不动"之观念也；其真正一字不动者，仅《善道》及《盗杀卫侯之兄絷》两篇而已。

查守遗经本于上卷《濮》之末，有小字夹注云："按此刻悉从先生末年改本，故此条与阁本绝异。先生五种《稗疏》有原抄本，与旧刊本、阁本略同，其小违异处不过数字；别有改本，即就原本改之于眉上行间，尚未脱稿，故当时采进及后刊行皆依原本。今观改本特善于原本，故一依之。"按此即欧阳兆熊《重刊船山遗书凡例》中所谓"或托言先生晚年改本，以掩其迹"之实证矣。欧阳氏于道光间亦曾参与守遗经本之编校，盖尝目击邹氏之窜改，故其言如此。

今以《四库》本与金陵本对照，则后者实较前者为优，故此次编校，即以王孝鱼之金陵本点校稿为底本，用《四库》文渊阁本参校定稿，对后者之显误或删改，具见于书中校记，兹不赘引；但对其余不重要之异文则不一一出校，以避烦琐。属于《四库》本系统及金陵本系统之其他版本，或偶有不同于其祖本之个别异文，具有价值者，则于校记中择要存录之。又刘毓崧《校勘记》中有关本书者凡十条，亦皆附记于相应之页末。如是，凡得校记六十四条。

《四库提要》及《简明目录》中关于本书之著录，又民国三十八年（1949）旧湖南省文献委员会《湖南文献汇编》第二辑《省志艺文志初稿》栏中所收杨树达撰关于本书之提要一篇，亦均附录书末，以供参考。

本书原点校者为欧建鸿，覆校者为胡渐逵，由杨坚审定。

（原载《船山全书》第五册）

# 《春秋家说》编校后记

本书此次编校时所见之版本凡四：其一为抄本，其三为印本。

抄本即船山五世从孙嘉恺所手录之本，现藏湖南省博物馆，为1951年湖南进行土地改革时湖南省文物管理委员会在邵阳县东乡太平曾家所收船山遗著抄本十一种之一。周调阳《王船山著述考略》一文曾加著录云："《春秋家说》三卷，卷次作上、中、下，分装四册。每卷第一面二行有'明王夫之撰'按：据抄本，'撰'字原作'述'字。'嘉恺录'字样。钤有'邵阳曾祖植印'朱印。按邵阳太平曾氏（现属邵东县），世为望族，这些抄本，可能均经曾祖植家收藏过。他与刻刊船山《惜余鬒赋》之曾祖禧当为兄弟辈。"（见中华书局1962年版《王船山学术讨论集》下册）按本世纪四十年代，马宗霍亦曾获读此抄本，以之与金陵本对照，作有《校记》，凡三百一条；五十年代，周调阳复以之与金陵本及太平洋书店本对照，作有《校勘记》，凡一百八十条。马周两《记》及金陵本卷末刘毓崧《校勘记》中关于本书之五条，亦均为此次整理借鉴之资。

印本中属清代者有道光二十二年（1842）之湘潭王氏守遗经书屋《船山遗书》本、同治四年（1865）之金陵节署《船山遗书》本；入民国后有二十二年（1933）之上海太平洋书店《船山遗书》本。此外，又知有清光绪乙巳年（1905）上海环地福书局刊行之《王船山经史论八种》，内收本书，阙未之见，然所见八种中其余各种，则皆据金陵本翻印，度本书亦然，虽不见不足为憾。

按本书文字涉及春秋及后世华夷之辨者甚多，于清代均属忌讳。守遗经本计有隐去真字之白匡凡一百四十九处、六百一十五字。金陵本计有白匡一百三十四处、五百九十七字，此外尚有少量字句之删改。经与嘉恺抄本对校，知其作匡与删改皆与种族成见有关。守遗经本刊刻较金陵本为早，而两本作匡及删改之处每相一致。兹各举一例如下：

庄公第七论：“立人之道，仁智而已矣。仁显于礼，智贞乎义。故夫□□者，仁智之介然或存者有矣。介然之仁，弗能显诸礼；介然之智，弗能贞诸义，斯以为□心。□□□仁，视□广大矣；□□□智，视□通明矣，亦惟不义无礼，无以愈于禽也，斯□□□□。”（见第一四五页）以上一段中，作匡隐去者七处、十五字，守遗经本、金陵本完全相同。查抄本，知其依次为“禽兽”“禽”“夷狄之”“禽”“夷狄之”“禽”“以为狄道”诸字。其中“禽”“兽”“夷”“狄”诸实字，两本同讳作匡，或不足奇；而虚字若“之”“以”“为”，两本作匡情形亦绝无参差，似非偶然；尤可异者，“禽”字既属忌讳而在文中连连匡去，然至倒数第二句“无以愈于禽也”，其中“禽”字偏又不匡，亦两本相同，此则不得谓之纯属巧合矣。故颇疑守遗经本即金陵本付梓时所用之底本，此“禽”字系守遗经本编者邹汉勋作匡时所遗漏，而金陵本编者亦不再匡去，乃有如此一致之符合。

文公第十四论，嘉恺抄本有云：“又况夫人头畜鸣之脱脱，处兽蹄鸟迹之天下乎！”守遗经本、金陵本均只作“又况夫脱脱之处于元世乎!”（见第二一一页）马宗霍校记云：“按此亦刻本有所讳而删改。”今按：此删改当亦守遗经本著墨于先，金陵本沿袭于后，否则何能如此一致？由是观之，金陵本付刻时系用守遗经本为底本，殆无可疑。

然两本之间亦非一概吻合，其作匡情况及文字亦偶有个别之差异，则缘金陵本亦尝自行校勘，且其校勘中亦曾参考本书之另一抄本。其自行校勘之证，可见第一五八、一六三、一九七、二五四各页校记中转引刘毓崧《校勘记》各条；其参考另一抄本，《记》中亦有述及。阅刘毓崧《校勘记·自序》中“新抄本有传写之误”一条，其所举之例为本书襄公第二论中“童子之手抟秦”一句，谓句中“秦”当作“黍”云云。查嘉恺抄本此句作“童子之守抟黍”，“黍”不作“秦”，则刘毓崧所见者当为另一抄本。又据民国四年湖南出版之《船山学报》第一卷第五期刘审吾《衡阳刘氏珍藏王船山先生遗稿记》一文所述，其家所藏船山遗著抄本凡四十八种，同治初金陵刻书时曾出以相授，《春秋家说》于其书目中列为第十一种。则刘毓崧所见之“新抄本”，殆即此矣。此亦为金陵本异文由来之合理解释。（参看第二六八页及有关校记）要之，金陵本或以守遗经本为底本而付剞劂，然亦偶有自行点窜校订之处，以不同于守遗经本。本版于二本之相异，亦每于页注中加以存记焉。

至于太平洋书店本则系全据金陵本翻印，故鲜版本价值。其书之刊行已入民国，而于金陵本所有白匡及删改之处仍一一照排不误，知其惟以金陵本为法式，而无别本可以利用也。

据上，本书此次整理，遂以嘉恺抄本为底本，与守遗经本、金陵本参校定稿。计据两本以改字者凡八十六处，补字者四十六处，删字者三处，乙正倒文者一处，合计一百三十六处，均予出校说明，得校记如其数；此外又有存录异文者一百三十二条，指出白匡所隐之真字者一百二十四条，及其他附记等，共得校记四百〇三条。守遗经本、金陵本之讹脱衍倒，亦各逾百数，书中不再一一注记，仅偶择其似正而实误，易涉混淆者例举少数，以告旧本之读者。

本书嘉恺抄本只分上中下三卷。守遗经本则于卷一、二又各分上下，卷三分上中下。按邓显鹤《船山著述目录》（见守遗经本《船山遗书》卷首）云："《春秋家说》七卷"，似即据此分法而言。至同治末王闿运撰《衡阳县志》，记本书卷数仍同邓《目》。金陵本正文分卷法与守遗经本同，目录中则作三卷。惟太平洋本则正文各卷上中下均予取消，目录作三卷，实际上同于嘉恺抄本。本版之分卷法亦依嘉恺抄本。又全书共收论二百零四篇，分隶隐桓庄闵僖文宣成襄昭定哀十二公，旧本于各公之下，论与论间只以提行另起为隔，今悉标以序号，庶便检读，亦以便于各论自身之分段也。

本书于《四库》修书时曾经湖南巡抚采进，《总目提要》中列入《春秋类存目二》，有提要一篇，今亦附录见前。

本书曾由王晨牧点校，兹更由胡渐逵覆校，由杨坚审定。

（原载《船山全书》第五册）

# 《春秋世论》编校后记

本书编校时所见之版本凡七，内抄本一、印本六。

抄本系船山五世从孙嘉恺所手录，为 1951 年湖南进行土地改革时湖南省文物管理委员会在邵阳县东乡太平曾家所得船山著作抄本十一种之一，今藏湖南省博物馆。周调阳于其《王船山著述考略》一文（见中华书局 1962 年版《王船山学术讨论集》下册）曾有著录云："《春秋世论》二卷，卷次作上，下，与刻本作五卷分法不同。分装二册。每卷第一面二行有'明王夫之撰''嘉恺录'字样。"今按：其书上卷之末，尚钤有"皇考号余曰驺芷"阳文篆字印一方，全书字迹与所见其他嘉恺抄本无异。所谓"卷次作上、下"者，上卷含隐桓庄闵僖文六公,，下卷含宣成襄昭定哀六公；所谓"刻本作五卷"者，实为最早见于守遗经书屋本之分法，其后为所有印本所承袭；为其区分较细，本版亦沿用之。又按：本书主旨在于深析华夷之辨，在清代忌讳特甚；各印本作匡隐去之真字及其他点窜字样，赖有此抄始得洞悉而加以纠正，乃弥觉其可贵。

六印本为：清道光二十二年（1842）之湘潭王氏守遗经书屋《船山遗书》本；同治四年（1865）之金陵节署《船山遗书》本；光绪二十六年（1900）之湖南经元书局《船山史论》本与湖南澹雅书局《船山史论》本；光绪三十一年（1905）之上海环地福书局《王船山经史论八种》本；民国二十二年

（1933）之上海太平洋书店《船山遗书》本。自金陵本以下各本，经查均系据金陵本翻印，金陵本则以守遗经本为付梓之蓝本。

守遗经本虽为目前所见诸印本中之最早者，然考诸文献，则尚非本书梓行之滥觞。邹汉勋《邹叔子遗书·斆艺斋文存》收其道光廿年四月《致邓湘皋学博书》，追溯船山著作刊行之往史云："（王敔湘西草堂刻书后）乃有汇江书室之刻，即往岁衡阳马硕坡诒先生之本。此刻似有十余种，而此处惟有《春秋世论》及《四书稗疏》。"故湘西草堂之刻有无本书虽未能知，而汇江书室之刻则确有本书，惜此刻至今未睹一种，不知其面貌之何若也。然观守遗经本，则此书已白匡累累。按在《春秋家说》中，守遗经本凡作匡一四九处，隐去六一五字（参见第三七八页该书《编校后记》），平均每处不过四字，读者犹可从上下文揣知其意；在本书中作匡五十七处，隐去一一七九字，平均每处达二十字，其中匡数最多之一处竟达一二〇字，则泰过矣。此外书中又有字数相等之窜改替换，似均在校雠时随手所改，每处一二字、三四字不等，至少亦有二十余处。

金陵本对于守遗经本而言，其最大之改进，厥惟尽量恢复被后者隐去之文字，而使白匡减至极少数。例如前举隐去一二〇字之一段，出昭公第六论。全论不过二二七字（标点不计），兹为便于说明问题，转抄如下：

"猝起骤盛，威淫而祸发于中，疾以死亡者三：楚虔苻坚完颜亮，其归一也。虔之暴兴，北合晋而争其长，宋鲁之君忍愤以执玉其廷，迁许胡沈道而灭陈蔡，恶已壅而犹未亡也，迨乎兴师向徐而溃于一旦。其后坚败于淝，亮死于扬。

> 江淮之交数百里之间，三凶殒焉，而皆以内溃。故中国之大维，有天维，有地维，有人维。是三维者，持五帝三王文治之天下以不久于乱者也。天之所维，地维戒之；地之所维，人维纪之；人不能纪，则仰维于天，天资维于地。天地维之，而以绝淫乱大维者之命。故祸发乎中而应乎外，必于其地以应之：完颜氏之灭，歼于蔡州，蒙古之亡，泰州之兵先起，虽百世可知已。”（见第五〇三页及有关校记）

守遗经本作匡以隐去者，即第四行“中国之大维”以下至篇末一段。按本篇前半述，后半论，而即以“故中国之大维”句承转，隐去后半，则仅见所述而不知所论之为何矣。金陵本则只将末句“虽百世”三字作匡隐去，其余全予恢复。

又如隐公第三论，全篇四六八字（标点不计），守遗经本作匡七处，凡隐去一九六字，文意割裂，难以贯串。金陵本恢复原文，惟于“夷狄”“戎狄”（二处）“兽”“中国”“祸”“百世”“天下”八处作匡，隐去者只十四字。（见第三九〇页起隐公第三论及有关校记）

金陵本如此恢复之字，总数盖超过一千。其本身仍作匡六十五处，隐去一七一字，虽犹有憾，较之守遗经本固良愈已。其所恢复之文字，又皆与嘉恺抄本相符。考之文献，民初刘审吾所发表之《衡阳刘氏珍藏王船山先生遗稿记》一文（见民国四年湖南出版之《船山学报》第一卷第五期）谓其家曾于清同治初出家藏船山遗著抄本供湘乡曾氏梓印，文中列举其书目四十八种，《春秋世论》居于第十，金陵本所资殆即此也。而其所恢复之文字中偶有个别之字不同于嘉恺抄本者，则又适足证明确有此刘氏抄本而已。

然金陵本对刘氏抄本之利用，则又仅此而止。当时书局中人似仍以守遗经本读后付梓，见有太多之白匡则借刘抄填补之，见有明显之讹字则据己意改正之，而并不利用刘抄作逐字逐句之对校，故对守遗经本难断之误，乱真之讹，深藏之隐，每未能察知而皆予保留。以《叙》为例，嘉恺抄本句云："以世言变，世变，道不得执"，守遗经本误作"以世言道，世变，道不得垫"，金陵本同；马宗霍《校记》（以嘉恺抄本校金陵本）："抄本'言'下'道'字作'变'、'垫'字作'执'，皆是也。"又句云："王道之塞，得其意者通之也"，守遗经本"塞"误"基"，金陵本同；马《校》："抄本'基'作'塞'，是。"又句云："观诸天下，揆诸心，即今日以印合于春秋之世而不疑。"抄本"心"上有一空格未填字，守遗经本无空格而径以"揆诸心"连属成句，金陵本亦然。（马《校》无此条。）按刘氏抄本与嘉恺抄本之符合，由金陵本借以填补守遗经本之逾千白匡可以知之，已如前述。今《叙》中之误，金陵本均沿袭守遗经本而不改，故知其殆未据刘抄以与守遗经本对勘也。

是以本书版本凡七，重要者三，而以嘉恺抄本为最优；由守遗经本、金陵本则可勘正抄本讹脱衍倒之误。此次编校，遂以抄本为底本，与守遗经本、金陵本对校定稿。凡资二本以改正抄本之误者，均予出校说明，如是得校记六十五条；凡二本之撺易则一般列举之，讹误脱漏则择其易涉淆乱而骤难察知者例示之，义可两存之异文则并录备参，白匡隐去之文字则注记存照，如是又得校记一七〇条；此外金陵本所附刘毓崧《校勘记》中关于本书者亦有二条，并予转抄。以上共得校记二三七条。

本书就春秋十二公著论一一〇篇。守遗经本以文公之第五论、第六论误连而作一篇，以成公之第七论、第八论误连而作一篇，其目录中全书遂只得论一〇八篇。金陵本沿之而误。然嘉恺抄本于各论皆提行另起，区分显然，兹即据以改正，并加标序号，以醒眉目。

民国三十八年（1949）旧湖南省文献委员会刊行之《湖南文献汇编》第二辑《省志艺文志初稿》栏中收有杨树达撰关于本书者一篇，今亦附录如前。

本书由陈植森、喻同升点校，由胡渐逵覆校，由杨坚审定。

（原载《船山全书》第五册）

# 《续春秋左氏传博议》编校后记

本书此次编校所见之本凡六，均系印本。

清道光二十二年（1842）刊行之湘潭王氏守遗经书屋《船山遗书》本，为所见版本中之最早者。其余依次为：清同治四年（1865）之金陵节署《船山遗书》本，光绪二十六年（1900）之湖南经元书局《船山史论》本与湖南澹雅书局《船山史论》本，光绪三十一年（1905）之上海环地福书局《王船山经史论八种》本，民国二十二年（1933）之上海太平洋书店《船山遗书》本。然金陵本以下各本，经查均系据金陵本翻印。所可论者，惟守遗经本及金陵本而已。

守遗经本之底本，邓显鹤谓出于船山六世孙承佺（见邓氏所撰《船山著述目录》，原刊守遗经书屋本《船山遗书》卷首）。金陵本未言其底本何自，惟刘审吾言彼家尝出船山著作抄本若干供金陵刊刻（见刘氏所撰《衡阳刘氏珍藏王船山先生遗稿记》，该记列举其家所藏船山著作抄本凡四十八种，谓金陵刻书时曾出以相授，第十四为“《续博议》”），意者刘氏抄本乃金陵付梓之底本乎？然取守遗经本、金陵本对读，则除个别字之歧异外，金陵本犹守遗经本也。所谓个别字之歧异，乃二本皆有讹脱，然亦不过每本数例而已。金陵本盖亦如前述《春秋家说》《世论》二书之例，虽有刘氏之抄本，而取以作为底本者仍是守遗经本。所不同者，前述二书守遗经本作匡最多，金陵本则据抄本而填补之，本书无一白匡，遂亦不见金陵本利用抄本之迹。

二本既无甚不同，此次编校，乃选金陵本为底本，与守遗经本互校定稿。凡借守遗经本以改金陵本之错字者一处，补其脱文者一处，乙正其倒文者一处，又守遗经本之异文宜予存录者一处，皆予出校；此外，编者或偶有改正，或对某字有所商榷，或因同一引文而在篇内前后歧异，皆作记说明；又刘毓崧《校勘记》关于本书者只一条，亦予转抄备览：以上共得校记十条。

本书卷数，自邓显鹤《船山著述目录》起，各本皆作二卷，惟《清史稿·艺文志》著录本书作四卷，未知所据。按宋吕祖谦《左氏博议》仅含春秋隐桓庄闵僖文宣七公，本书所议为其后之成襄昭定哀五公，合为十二公而全，故曰《续博议》也。视本书内容，似无多达两卷之阙佚。岂本书尚有一四卷之本耶？抑《清史稿》著录之有误耶？姑志于此，以待后之考定。

本书目录，亦始见于守遗经本，系取各篇原题汇抄而成，而有一年代之误；金陵本亦用此目录，而亦有一年代之误。今依篇中原题改正，仍加沿用。

民国三十八年（1949）旧湖南省文献委员会刊行之《湖南文献汇编》第二辑《省志艺文志初稿》栏中收有杨树达关于本书之提要一篇，今亦附录如前。

本书由欧建鸿校点，由胡渐逵覆校，由杨坚审定。

（原载《船山全书》第五册）

# 《四书稗疏》《考异》编校后记

《四书稗疏》为船山诸经稗疏之一。其《易》《书》《诗》《春秋》四种均于清乾隆修书时由湖南巡抚采进，收入《四库》，而此独未见于采进书目，不知当时何以见遗？然而书在民间则梓行颇早。清道光年间湖南新化邓显鹤湘皋主持刻印湘潭王氏守遗经书屋本《船山遗书》时，“以校雠之役属吾邑人邹汉勋”，二人犹及见嘉庆时所刻之《四书稗疏》。邹氏有道光二十年四月《致邓湘皋学博书》，述守遗经本《遗书》之筹备工作云：“月之十七始到会城，即奉读手书，于校勘事宜惓惓启诲，惶感交并。一昨已尽出半谿所藏抄、刊诸种，遍为寻讨，知而农先生书于先生卒后未十年，虎止先生已刊行十余种于湘西草堂，后乃有汇江书室之刻，即往岁衡阳马硕坡诒先生之本。此刻似有十余种，而此处惟有《春秋世论》及《四书稗疏》。《四书稗疏》尚在先生行箧，闻卷耑有船山著述总目，多至七八十种，不知是何等名号，恳为掷下，以便勘阅细校。”（见《邹叔子遗书·敦艺斋文存》八）按书中所称马硕坡为邓之同年，汇江书室之书为硕坡诸父马倚元所刻，倚元系嘉庆七年翰林，则其刻书当在嘉庆年间。汇江书室之刻为王敔湘西草堂刻书后一大事，据邹书，则此刻之《四书稗疏》卷耑尚有船山著述总目，似即为后来邓作《船山著述目录》（见守遗经本《船山遗书》卷首）之所本。

此次整理，所见本书之版本凡五：除道光二十二年（1842）

刊印之守遗经书屋《船山遗书》本外，其余依时间先后为：同治四年（1865）之金陵书局《船山遗书》本，光绪十三年（1887）之潞河啖柘山房本，光绪十四年（1888）之南菁书院《皇清经解续编》本，民国二十二年（1933）之上海太平洋书店《船山遗书》本。五本分属两个系统：守遗经本、潞河本文字相同，金陵本及其余两本文字相同。两个系统之间则差异极大。

按守遗经本《船山遗书》于诸经《稗疏》多所点窜，在金陵本《船山遗书》中已有欧阳兆熊《重刊船山遗书凡例》及刘毓崧《校勘记自序》分别指出。《校勘记自序》且曾例举守遗经本《四书稗疏》窜改原本之三事，“有另改他说，与原本迥异者”；“有别立一说，反指原本为或说者”；“有袭取诸儒之说，羼入原本者”，今俱列为本书校记，见第三十九、五十八、七十九诸页。今以对勘结果作一完整之统计，则全书总凡一〇五条，经守遗经本全部删去者六条①，点窜改写者八十六条②一字未动者仅十三条而已③。

守遗经本之不可信如此，是以金陵本于《易》《书》《诗》《春秋》四种《稗疏》，俱以文渊阁本及旧抄本为据（见欧阳兆

---

① 删去之六条为：《以雍彻》《唐棣》《布》《填然鼓之》《刍荛》《且志》。

② 点窜改写各条之情况：增字者如《彻》，《蝇蚋姑嘬之》《君十卿录》增三百余字，《三以天下让》《葬于鲁》《箕山》《费惠公》增四百余字，《沧浪之水》增五百余字，《明堂》《夫里之布》增七百余字，《衅钟》增八百余字，《负夏》增千字；减字者如《左丘明》《兼金百镒》《五世》减三十余字，《公冶长》《百姓如丧考妣三年四海遏密八音》减四十余字，《洚水》减八十余字；更有字数相差无几而内容几乎全部改写者，如《辟草莱任土地》等条。

③ 一字未动之十三条为：《三年之丧》《祖庙宗庙》《礼仪威仪》《北辰》《子奚不为政、灌》《不撤薑食》《成覸》《饔飧》《今兹》《曹交》《血之流杵》《杀人父兄》；其中《不撤薑食》《曹交》两条，虽正文未改，而又分别加夹注七十余字与四十余字。

熊《凡例》）。《四书稗疏》未入《四库》，以何为据，未有交代。今按刘审吾《衡阳刘氏珍藏王船山先生遗稿记》（见民国四年湖南出版之《船山学报》第一卷第五期）开列其家所藏船山著作抄本四十八种，谓当湘乡曾氏刻书时，曾出以相授，《四书稗疏》为其第十二种，则金陵本所据者或即此本，然书成后底本亦不知所往。马宗霍、周调阳曾见多种船山著作之旧抄本，而《四书稗疏》未见。汇江书室之刻则自邹、邓后迄未有闻，殆已绝迹于人间矣。

据上，此次收入《全书》，遂以金陵本为据。中华书局所转让之二十四种船山著作点校稿中有此一种，为王孝鱼在金陵本上所点，即用为付印之底本。本书卷次，金陵本作一卷，守遗经本作二卷，《经解》本条目文字均同金陵本而作三卷；今仍依金陵本作一卷。本书目录，惟守遗经本有之，今亦依金陵本重新编定。全书定稿后，得校记四条。

《四书考异》一卷，凡八十七条。守遗经本以之作为《稗疏》之附录，今依金陵本，仍独立标记其书目。此书守遗经本删去《鸢飞戾天》一条（见第八十九页），又有个别文字之点窜，兹不具论。中华转让之点校稿中亦有此书，同为王孝鱼在金陵本上所点，亦用为付印之底本，有校记一条。

本书由杨坚审定，并作目录、校记及编校后记。

（原载《船山全书》第六册）

# 《四书笺解》编校后记

本书此次编校，所得之版本凡四，各本书名不一，字句亦时有参差。按：据王之春《四书笺解叙》，本书乃船山课督初学所作之笺释；据刘人熙《四书授义叙》，则为听者对船山讲述之笔录。书名不同，内容无异。兹略依各本之大致年代，分述其情况如次。

一为清光绪二十年（1894）王之春在湖北藩司任内所刻之本，书名页题“王船山公四书笺解”，书牌镌“光绪二十年秋七月刊于鄂藩官廨”，各卷首页均署“衡阳王夫之撰。八世从孙之春校刊”。分十一卷，即《大学》一卷，《中庸》一卷，《论语》二卷，《孟子》七卷。书首有王氏《叙》。此刻似为本书之最早版本。本世纪六十年代，中华书局曾请王孝鱼据抄件点校，其稿经转让与《全书》编委会。按王之春所刻原本，此次整理时亦未能亲见，所有者惟1981年衡阳市博物馆之重刻本。以上题款文字，系由此重刻本知之。此本虽云之春校刊，而舛误颇多，且其底稿失去末页，脱落达五十字。抄件误处更多。赖有重刻本，略可补正，而终难云佳善。

一为湖南图书馆所藏之抄本，名《四书授义》。其书无入藏记录，内无题识，抄者不详，惟有湖南省文物管理委员会收藏之章，盖系该会于解放初所搜集，其后乃转与图书馆。分十三卷，即仍以《学》《庸》各为一卷，《论语》则作四卷，《孟子》仍为七卷。每卷首页第一行顶格书“四书授义卷之”六字而未填卷次，下书“船山遗书”四字，第二行书“衡阳王夫之撰。”每面十行，行二十二字，版式与金陵本《船山遗书》相一致，或清末所抄，欲以付梓，以推广船山学术者。其写录虽工整而书法软熟，则或出于抄胥之手。此本与《笺解》同书异名，亦多异文，虽首尾完整，而舛误亦多。初拟以之为底本；审校一过，计其讹、脱、衍、倒及别本异文之须存参者，校记多达三百余条，因遂置之。

一为清末学者罗正钧所手抄之本。全文书于一部咸丰年间镌版之《翼经堂四书章句集注》之天头，依笺解各条所属章节，随文抄录，其书现藏湖南省社会科学院。按罗氏湘人，为研究船山之学者，曾补辑船山《年谱》，并撰有《船山师友记》，于光绪三十三年刊行。此《集注》本共六册，其上分别钤有“罗正钧印”、“顺循臧本”等印章，顺循即正钧字。所抄蝇头小楷，紧密整洁。揆时度情，当为罗氏手笔无疑。此本亦名《四书授义》，其文字与湖南图书馆之抄本同，亦偶有异文，可资参考。

按以上三本，湖南图书馆藏抄本与罗正钧抄本几乎同一，虽有十数异文，而视两者乃转抄过录，固无不可。二抄本与王之春本之间异文颇多，然多属脱误性质，或此有彼无，或此正彼讹，大抵产生于写刻之差忒，亦无妨视之为同一系统。

又一为民国四至六年湖南出版之《船山学报》一至八期连载本，则颇与以上三本异趣。其主要特点为文字之干净整饬。其书题曰《子王子四书授义》，《学报》主持者刘人熙为之作叙，谓稿本系当年亲炙船山者之笔录，而已又“校雠是书”，始以付印。盖其时受读于船山者非一，而此笔录复经刘氏之校雠，其面貌遂亦有异。其文字除精密通畅之处，可见于书中之校改，此不赘述外，尤对口语化词句多有删改，如《大学》《传》六章开首一段：“可笑数十年来，〔一班吃没事饭人〕争慎独在致知前在致知后，〔如两盲人争路，一个说东，一个说西，不知东西皆可走，但汝没眼，靠一边倒耳。〕若说在致知前，则已能诚意，何待致知！若说在致知后，则岂致知时任其意之恶而不慎，直待知致后方去慎独！”（见第一一四页）上段王之春本及抄本同。《学报》本则将两处方括弧中字均删去。又如同章“所谓诚其意”节有一段：

> “‘毋自欺也’连下‘如恶恶臭〔如好好色〕’十二字是一句，言其毋自欺必如此其至，然后可以自慊。也字与‘舜禹之有天下也’‘君子之事君也’也字同，乃起下之词。〔不知那一位盲人，将‘毋自欺也’连上出题，遂至狂惑。〕将‘也’字应‘者’字，以‘毋自欺’作‘诚意’注脚。〔若遇盲主司如此出题，没奈何依他。若全节则必依正解，不可割裂悖理。〕”（见第一一四页）

上段王之春本及抄本亦同，《学报》本则将三处方括弧中字尽删去，而于段末加“非是”二字，以完句意。此疑已非笔录之原句，亦非船山讲授之原貌。《学报》出至八期中辍，此本亦仅载《学》《庸》以至《论语·泰伯》“任重”章而止。虽非完本，且或有删削之过甚，而就其已发表者校勘他本之文字，则固自有其优长也。

各本情况如此，乃无一可称完善之本。考虑至再，仍只能以王之春之《笺解》为底本，择取其余三本之佳处而加以改进。前云曾以湖南图书馆所藏抄本为底本而审校一过，司其事者乃李传书同志。其工作细致认真，记录各本异文近千处，虽续校时底本更换，仍大有裨益。续校由杨坚负责竟事，底本即王孝鱼之《笺解》抄本，取衡阳重刻本互参改补，并校之以《学报》本及二抄本。所改正之讹、脱、衍、倒，在《论语·泰伯》“任重”章以前者凡四十七处、一百八十八字，几全据《学报》本。二抄本则半与《学报》本同属正确，为改动之依据，半亦错误，与底本同。在《论语·泰伯》“任重”章后之改正凡九十六处、二百一十六字，则多以二抄本为据，二抄本之间亦偶有相异者。极少数校改出于王孝鱼及此次续校中所见。以上凡改正底本之讹脱衍倒一百四十三处、涉及四百零四字，每处各出校记。此外又有记录及讨论异文错简之校记三十六条。合计共得校记一百七十九条。

旧本有王之春《叙》一篇，《船山学报》本有刘人熙《叙》两篇，中华点校稿有王孝鱼《编校后记》一篇，俱为有关之文献，今亦依其原题原文，作为本书之附录而存之。

（原载《船山全书》第六册）

# 《读四书大全说》编校后记

《读四书大全说》十卷，有中华书局1975年排印本。其先金陵本《船山遗书》及太平洋书店本《船山遗书》均曾收入。1983年又得衡阳王鹏发现之旧抄本一，为本书之第七卷，含《论语·季氏》《阳货》《微子》《子张》《尧曰》五篇。所见者，惟此四种版本而已。

中华排印本《校点后记》云：

“这次整理《读四书大全说》，是用1865年（清同治四年）金陵（今南京）刻《船山遗书》本为底本，加以校勘、标点、分段。

“金陵刻本对王夫之原著往往有窜改，在刊刻中又有一些文字错误。1933年上海太平洋书店排印本是以金陵刻本为依据，而错误更多。目前找不到其他更好的版本进行校勘，我们主要用本书前后互证等方法，根据上下文义作了一些校改。少数引文错误，则根据所引原书改正。凡认为是错字和应当删掉的字都加圆括号，改正和补入的字都加方括号。根据文义校改的，一般不说明理由。避讳字直接改为本字，不加括号。

“原书是用《四书》原有的篇章名称作为标题，每个标题下面都有若干篇论说，每篇论说之间不空行。为了阅读方便，我们在每篇论说前面按顺序加上了编号。”

此次编入本版《全书》，即以中华本为底本。定稿前曾与金陵本，太平洋本覆勘，并以衡阳残抄本参校。中华本有校记二十一条，兹均保留，并为署名。金陵本所附之刘毓崧《校勘记》，关于本书者凡有八条，亦分别为之署名转载于相应之页边（内一条与中华校记内容相同，即附于其后，不另独立）。此外，亦有中华误改原刻，宜予回改者；或沿袭原刻之讹，今据抄本得以察觉者；或太平洋本、抄本之异文可以存参者：凡此亦均予出校，盖亦有十三条。合计共得校记四十一条。

本书旧无目录，现目录系中华本所加，并此说明。

本书补校者为吴普生，由杨坚审定。

（原载《船山全书》第六册）

# 《四书训义》编校后记

本书为船山阐发孔孟学说之重要著作，系据朱熹《四书章句集注》而训释其义理，故名《四书训义》。其体裁为口授之讲章，其成文后之格式为前《集注》后《训义》，即逐章先录朱熹之章句、注释，即于章句下标出文字之古写及古音古训，然后阐述发挥经文义蕴，并于《集注》之说亦间有论议，故于每卷题下均有“宋朱熹集注、明衡阳王夫之训义”字样，学者前后翻阅，便于对照研习。然亦因此而篇幅特大，计《大学训义》一卷、《中庸训义》三卷、《论语训义》二十卷、《孟子训义》十四卷，凡三十八卷，校补标点后字数逾百万。按王敔《薑斋公行述》记船山各类著述云：“《四书》则有《读大全说》《详解》《授义》。”邓显鹤《船山著述目录》“《四书训义》”条下注：“又名《授诸生讲义》。”刘审吾《衡阳刘氏珍藏王船山先生遗稿记》载其家所藏船山著述稿本四十八种，第十六种为“《授诸生讲义》”。则“《授诸生讲义》”乃最初之题耑，“《授义》”为行文之简括，“《四书训义》”则正式之书名也。

本书编校时所得之版本凡六，其中印本五，抄本一。印本最早为清道光二十二年（1842）之守遗经书屋《船山遗书》本，其底稿为船山六世孙承佺所提供；其余为光绪十三年（1887）之潞河啖柘山房本、光绪十九年（1893）之湖南宏达书局本，入民国后则有湖南衡阳第三师范之讲义本及上海太平洋书店之

《船山遗书》本。清同治年间曾国藩主持刻印之金陵书局本《船山遗书》号称完备，然未收是书。检阅诸本后，知守遗经书屋本以后各本，实皆以守遗经本为据，内惟啖柘山房本在付梓前颇费精勤，于底本误字每予改正，余则大抵照版重印，罕见覆校之功。太平洋本用铅字排印，舛误尤多，如《康诰》作《唐诰》，言fontsize（即言偃，字子游，孔子弟子）作言於，范氏作茫氏，吕氏作吕民等，甚且有成行刊落及全行字粒颠倒错乱者。

抄本现存湖南图书馆，不知何时入藏，亦无有关之记载，据告来自衡阳，而卷帙已残，仅有《大学训义》一卷，《庸》《论》全缺，《孟子训义》则惟《梁惠王·上》《下》、《公孙丑·上》《下》、《离娄·上》《下》、《告子·上》《下》各两卷。凡九卷。其上未有抄写者或收藏者之姓氏，亦无时地落款，观其只讳“弘”字缺笔，而直书“宁”字，或当为乾嘉时所抄。以之与守遗经本对照，虽其字句亦间有脱误复沓，然其优点固极明显。略分数端，举例如下：

一、补足守遗经本之缺文：按《孟子》《公孙丑上》《孟子曰矢人岂不仁于函人哉》章，守遗经本于《训义》“夫智不智决于初念之明”句后，著以“以下阙”三字；于其后之《子路人告之以有过则喜》章及《伯夷非其君不事》章，则于经文及朱注后，均著以“训义阙”三字，明原稿之有残缺也。抄本恰有《公孙丑》篇，则三章之《训义》具在，用以补足此一残、二缺者，计共二千八百三十字。按抄本除《大学》一卷于各章《训义》前照录经文、未录朱注外，《孟子》各卷皆只录各章《训义》，不录经文及朱注，缘《四书集注》既另有专书，抄者乃只抄《训义》，以省笔墨。承佺所提供之守遗经书屋稿本，度亦如此；及付剞劂，则再以《集注》之相关部分，置于各章《训义》

之前而配成全书。本书最初之面貌不知何若，然至守遗经书屋稿本及此衡阳残抄本，则《集注》部分与《训义》部分实已分开。此或可解释以上三章何以《训义》残缺而《集注》章节犹完之原因。又此三章实为《公孙丑上》之最末三章，尤可推知该册《训义》所脱落者乃最末数页。又，《孟子·尽心上》“孟子自范至齐”章以下凡十一章，守遗经本亦只有《集注》之章节而缺《训义》，各章俱于经文及朱注后著以“训义阙”三字。按此十一章为《尽心上》最末之十一章，则可推知该册《训义》亦脱落最末之若干页，惜此衡阳残抄本无《尽心》篇，不能再予补齐耳。

二、填充守遗经本之白匡：以白匡或墨格隐去忌讳文字，为清季刻印船山著作者之通用手法。守遗经本之白匡概在《训义》部分，计有《论语·为政》篇一处、二字，《八佾》篇三处、十三字；《孟子·滕文公》篇三处、十七字，《离娄》篇二处、二十三字，《告子》篇五处、五十七字，《尽心》篇一处、十九字，总共一十五处、一百三十一字。内惟《离娄》《告子》两篇，赖有抄本，得以复睹所隐去之船山原文，如《离娄》“孟子曰王者之迹熄而诗亡”章，守遗经本有：“天下之大害有二：君臣之大分灭则篡弑兴，是人而禽兽也；□□□□□□□□□□□□□□□□。于是而《春秋》作焉，以匹夫而居二百四十二年南面之制，以定百王不易之法，□□□□□□□，以为天下万世存几希之异焉。”（其余各印本同。）检视抄本，始知前一处白匡为“夷夏之大防毁则戎狄进，是禽兽而人也”，后一处白匡为“严乱贼夷狄之辨”。两处字数均与匡数相合。本版书中，于此等处皆加注说明，并纳所填补之字于方括弧中，以资识别。

三、校正守遗经本之讹误：除以上两类外，更有一般性之讹、脱、衍、倒，属于实字，而影响及于文义之理解者。兹仅于《大学》之《训义》部分略摭数例如下：

其讹文如《传八章》释修身齐家："任其亲爱而辟于（邪）〔狎〕昵焉，任其畏敬而辟于怯葸焉。""邪"为守遗经本原文（其余各印本同），显属误字。抄本"狎"是。

其脱文如《传十章》释治国平天下："财既足，则〔酌〕所入以经常，而蓄有余以待变。""酌"字之脱落亦各印本同，因此乃使其点校者误点为："财既足，则所入以经常而蓄，有余以待变。"句涩而义晦矣。

其衍文如《传二章》释新民："是故君子知民之治必原于己也，治民之至可通于天（命）也，以天下人心善恶之几责之于己之心德，其不容苟有一德之善而遽望之民矣；以国运兴废之原慎之于民之顺逆，其不容姑听百姓之为而遂宽于己（明）矣。"两处圆括弧中小字，各印本同，而抄本无之。按此处《训义》承经文："《汤之盘铭》曰苟日新日日新又日新"及"《诗》曰周虽旧邦其命维新"而来，尊汤、周为仪型法式，其言皆以汤与文王先后并举。"知民之治必原于己"，谓汤之日新又新也；"治民之至可通于天"，谓文王之德教盛而兴周也。"以天下人心善恶之几责之于己之心德"云云，谓当法汤之新君德也；"以国运兴废之原慎之于民之顺逆"云云，谓当式文王之作新民也。语意清楚分明，其句法则分股排比，各股字数整齐划一。故"命"与"明"字均属赘余，当依抄本删去。

其倒文如《传十章》释治国平天下："乃（君人）〔人君〕为国家之长，而不知有义，惟以财用为务者，此则听用小人而导之以贪也。"守遗经等各印本之"君人"皆属误倒，抄本作"人君"，是。

按：如上讹误，在各印本为数不少，仅《大学训义》中，据抄本以改、补、删、乙者，即达一百余字。

四、改进守遗经本虚字删略不当或施用失宜之弊：按虚字虽非有具体事物可指，而亦为造句之必要成分，其误省或误用，皆有害于文义之理解与文气之条畅。守遗经本每有此类缺点，举例如下：

《大学·圣经·训义》："人之受吾治者民也，而其望吾之恩，待吾之教，从吾之好尚者，皆我所宜与以新之民也。但治之失宜，教之无本，则〔必且〕相习于染污。《大学》之道，则所以推斯民观化之原，革其非心而生其善气，而教日隆，治日美也。"守遗经等印本无方括弧中之"必且"二字，据抄本补。按"必且"谓事之必将然，于句中既作"治之失宜，教之无本"结果之推断，亦表"相习于染污"现象之强调，删之则无此两层意味矣。

《大学·传首章·训义》："夫圣人之德至矣，其德之及〔于〕天下而立帝王之隆治亦至矣。"各印本均无"于"字，据抄本补。按此"于"于句中为介词，兼缓语气，有之则气舒，无之则气促焉。

《孟子·梁惠王》篇"孟子见梁惠王"章《训义》："孟子曰：乃王今者而必曰利。王曰'何以利吾国'也，而国之大夫、士、庶人不当利乎？可利王者王谋之，则可以利大夫、士、庶人者，大夫、士、庶人谋之矣，亦必曰'何以利吾家与身'。言之无惭，求之无厌，讲〔其〕所以得，虑〔其〕所以失，止此土地之产，人民之力，群处而计之，何以利哉？上征之下，重为敛而已；下征之上，私为窃而已。如是而国之不危也，得乎哉？"各印本均无方括弧中"其"字，据抄本补。按无此二字虽亦可解，然句颇不文，语气亦迫蹙窒碍。

《孟子·梁惠王》篇“孟子见齐宣王曰所谓故国者”章《训义》：“孟子曰：夫亲臣何以无也？则进者进而亲臣退矣。王将以此进者为可托国乎？而顾念昔者之所进，言售则来，智穷则去；利禄可得，则相依而若将托命；权势或衰，则相背而唯恐不先。今日念之，其何以出亡而之于他国，王〔且〕不知其故，而并不复记忆其人矣。”各印本无“且”字，据抄本补。按此“且”犹《庄子·齐物论》句“谁独且无师乎”之“且”；杨树达案“且”字之如是用法云：“此疑‘将’。”（见岳麓书社本《经传释词》）“王且不知其故”可读若“王将不知其故”，犹“王乃不知其故”也。“且”“将”“乃”均句中语助，无之则其句直而且急，俭此一字，而入于陋矣。

此皆印本虚字删略不当之例。更有虚字施用失宜者，为数亦多。如：

“易牛之事，百姓皆以王为有吝心，爱牛之大而惜之也。臣(虽)〔则〕知夫一舍一易之间，皆不忍觳觫之心所斟酌以饱满其仁慈者也。臣知之而王亦知之。若但臣知之而百姓不知，王不知，则邪说起而仁心穷，所可为王虑者在此矣。”(《孟子·梁惠王》篇“齐宣王问齐桓晋文之事”章）印本之“虽”，似无着落；抄本之“则”是矣。又如：

“由此言之，则先千岁而为舜，舜以圣焉；后千岁而为文，文以圣（矣）〔焉〕。则前乎舜而为开天首出之圣，后乎舜而为继往开来之圣，道无不一也。”(《孟子·离娄》篇“孟子曰舜生于诸冯”章）印本“矣”，抄本作“焉”。按“矣”“焉”均为语已之词，其义略同，故亦可以互换。然在上文则其形式为排句，其用字自宜一致。“文以圣焉”之“焉”，抄本先亦作

“矣”，继复点去，而于其旁另写一“焉”字。然则“矣”乃初书如此，“焉”则所修改者也。

两例皆虚字之异文，其一有关文义之理解，其一有关句式之整齐，自当据抄本之正，以纠印本之误。凡非有关文义、句式者，则亦并不一一改换，以避烦琐，时或存其异文于校记中，以备参考。

以上四端，皆抄本优于守遗经本之处，惜乎其只九卷也。

此外，本书编校工作中所利用者，尚有中华书局所转让之太平洋本点校稿，署名为：王星贤点校、王孝鱼阅定。附有所书《校勘简例》一纸，照录如下：

“一、本书用太平洋书店排印本标点分段，以湘潭王氏守遗经书屋刊本校订。间有疑义，参考《通志堂经解·四书纂疏》《注疏校勘记》等本。

“二、文字显然错误者径加改正。稍有疑义大致可以断定者，用浮签标出，写‘当作某字’。在疑似之间者写‘疑当作某字’、‘似当作某字’。偶有两本同误而无从推测者，亦另标出以待参订。

“三、原有校语主要是用篆文改正通俗字体，不合现代需要，全予删去。注音、释义者存之。

“四、书中间用古体字，亦均改用现代通行字。”

末署1961年2月15日。

按此点校稿乃本书用他本参校并标点分段之嚆矢，亦本版初校时之重要参考。惟因限于当时条件，此稿未能获得更多版本进行校勘；太平洋本错误极多，以之为蓝本，亦不能不影响点校质量；尤以《简例》第三条所云“原有校语”之删去，本版《船山全书》有保存文献之性质，自不能删去船山之一句一字；至第四条谓古体字均改用现代通行字，似亦未便一律如此，当视行文情况而定。

基于上述之书目、版本情况，本书之编校，仍以守遗经书屋本为底本，为其最早而全也；其余各本，皆供参校。校勘结果，计改正底本之讹文共一百九十余字，增补其缺文共三千一百九十余字，删去其衍文共五十余字，乙正其倒文共四十余字；此外又有存备参考之异文共一百一十余字，以及产生于此次编校工作中之文字讨论共六十余处。以上均于当页之末，出以校记，凡四百九十余条。

对底本讹、脱、衍、倒之改正，一般均有参校各本作为依据。然亦有底本与参校本同属讹误，而于本版中始予指出与改正者，计共六十余字；此等指出与改正之出于王星贤、王孝鱼太平洋本点校稿者，亦于校记中同时说明之。

本书目录不见于抄本。守遗经等各印本之目录，皆只列卷次。今并列各卷章（节）次于下，以便检阅。啖柘山房本原有序、跋各一。其序亦曾转载于太平洋本之卷首，所署之年月日则已删略。今均依原本点定，作为本版之附录而存之。

本书由边仲仁初校，由杨坚覆校并撰写校记，整理定稿。

（原载《船山全书》第八册）

# 《说文广义》编校后记

《说文广义》三卷，今所见者惟两种版本，即清同治四年（1865）之金陵书局《船山遗书》本及民国二十二年（1933）之太平洋书店《船山遗书》本。然据船山之子王敔《大行府君行述》，则本书为四卷。按船山《发例》言：本书“一以《集韵》为序，始于东，终于甲”。而今本乃始于“巨”字，又书中字条排列，亦似有舛乱或漏失者。疑非完帙，而亦别无资料可供考索也。

本书于衡阳地方志中早有著录。清乾隆二十八年《清泉县志艺文志》中列之于经部，嘉庆二十五年《衡阳县志》卷三十七《典籍》中列之于子部，俱无卷数。度二《志》撰人均未亲见此书，其时或尚只家传之抄本，并无刊本行世。

道光二十二年，邓显鹤主持刻印守遗经书屋本《船山遗书》，由船山六世孙承佺提供各种著述之底本。《遗书》卷首，邓氏撰有《船山著述目录》，列“《说文广义》三卷”为其经部著述之殿。当时任此刻编校之邹汉勋氏作书与显鹤论全书体例，中有关于采用字体之一段云：“字体点画悉依《说文》，亦颇不宜。当依《广韵》《玉篇》。惟《训义》及《说文广义》则用《说文》耳。”（见邹氏《斅艺斋文存》卷八《致邓湘皋学博书》）然汉勋之任编校，于船山诸经《稗疏》颇多窜改，似于此书亦然。《遗书》初发议于湘潭。光绪十五年《湘潭县志》卷八

《王荣兰传》有云：“当夫之书未显时，先刻数十卷于湘潭，其校雠实荣兰、汉勋共之。”卷十《艺文》有云：“湖南言《尔雅》《说文》者，本朝首衡阳王夫之。道光时，其七世孙校刊其书于湘潭，事始于罗〔汝怀〕、欧阳〔兆熊〕氏，而王〔荣兰〕氏主其雠对。时新化邹汉勋颇有改定，王弗善也。然小学自是益明。”[①] 按船山言《说文》之书惟《说文广义》；据此，则邹汉勋于此书似亦有所窜改。然守遗经书屋本《船山遗书》凡收书十九种、一百五十一卷，均船山经部著作，而其中竟无《说文广义》，则又不知何故。

同治间，曾国藩刻船山全集于金陵，亦名《船山遗书》，其《说文广义》之底本来源，略可于文献一求踪迹。民国四年湖南出版之《船山学报》第一卷第五期载有刘审吾所作《衡阳刘氏珍藏王船山先生遗稿记》一文，开列其家所藏船山书稿之写本凡四十八种，“《许氏说文广义》”列为其中之第二十五。文云：“同治初，湘乡曾氏搜刻先生遗稿，茫然莫得。时先父授徒常文节公[②]家，因托常氏殷勤致询，始出遗稿相授。”据此，则曾刻《说文广义》之底本，当为衡阳刘氏所出之写本。然《邗江王氏五修族谱》[③] 中亦有为曾刻《遗书》提供底本之记载，其所收《王翁梦祥先生序》云：“岁壬戌，曾节相访求遗书，请旨行世。先生既举家藏邮寄帷幄，而其所遗漏者更复遍觅于世家巨族，虽祁寒溽暑不少紃。”（见《族谱》第三册，《序》作者刘经榜为梦祥之婿。）按梦祥即承佺之子世熊，船山七世孙也；壬戌为同治元年；曾节相则曾国藩。是承佺于道光中出书刻守遗经本，世

① 引文中之方括弧及其中文字，系引者所加。
② 常大淳。
③ 船山先世出于江苏邗江，族谱著其地望。

熊复于同治中出书刻金陵本，父子二世，俱以出版船山著作为职志。又按：守遗经本《船山遗书》卷首开列“校字姓氏”，其中即有世熊，则道光之刻，世熊亦尝与役，兹复“举家藏邮寄帷幄”，则其中当亦有《说文广义》一书，甚或即为当年邹汉勋“改定”而未刊之本子，亦未可知。要之，王敔谓本书四卷，而金陵本只得三卷，其非为完书，且疑经他人之点窜，皆非无因，而资料缺乏，遽难断言，读者知之可耳。

本书既无抄本及更早之刻本流传，后于金陵本之太平洋本，又似全据金陵本排印（惟亦偶有审订），此次收入《全书》，遂只得以金陵本为底本，而取太平洋本之异文以资参校。所用字体，亦概照金陵本，惟于其中点画小异，改用通行繁体字无碍于文义者，如省之于㿝、借之于偺、对之于對、然之于肰、微之于敚等，则亦改排通行繁体字，从手民之请以节其劳也。然于卷一之“敚”字条、卷二之“然”字条中，“敚微”、“然肰”之区别有其必要，则仍分别保留其不同之字形焉。

校点工作由梅季坤担任，其事粗毕，又得中华书局转来六十年代童第德之金陵本点校稿，亦经参阅，采其优长。梅季坤校点本曾请周大璞审阅，得以改进句读，解释疑难。凡童、周二氏所作注记，兹均照录，并为之著明姓氏。又据周先生来书，云船山《说文广义》所引《说文》，多与今日所见许书不同，此盖因其所据乃以《集韵》为序，始东终甲之宋李焘所编《说文解字五音韵谱》，与许氏原书颇有异同之故也。因此，今日校勘不能以中华书局影印本《说文》改船山原著，亦不当在校语中言王氏或另有所本。全书凡改正底本之讹、脱、衍、倒二十六处；又另有船山引文过于省略，或有所误记，或有所改易，或所引有版本之错误，或所论有学术上之疑义者，亦择尤加注，凡三十六处。

以上两类，合计作有校记六十一条。

童氏点校稿原有《点校说明》一篇，今亦附于书后。

本书原无目录。童第德点校后，曾就各个字条之下分别注以《集韵》韵部，编为目录。此次校点，周大璞建议于各字条下再加注大徐本《说文》部居，以便对照。于是梅季坤又附各条涉及之字于后，一并制为新目，乃较童目为更完密而便于检索矣。

本书由杨坚审读定稿。

（原载《船山全书》第九册）

# 《读通鉴论》编校后记

本书编校时所见之本凡十六，其一为抄本，余十五为印本。

抄本为湖南省博物馆所藏，系 1951 年湖南进行土地改革时湖南省文物管理委员会在邵阳东乡太平曾家所收船山著作抄本十一种之一。周调阳曾有著录云：“《读通鉴论》二十卷，与刻本作三十卷的分法不同。分装十四册。每卷第一面无撰者的姓名。钤有‘明王骁骑之裔’、‘石斋五世孙嘉怡’、‘容斋’、‘皇考号余曰驺芝’、‘邵阳曾祖植印’、‘清福’等朱印。按骁骑为一种军职名称，船山十世祖王仲一在元朝末年起兵，从明太祖平定中原，累功授此军职，所以他的后裔称他为骁骑公，自称为‘明王骁骑之裔’。石斋是王介之的别号，他是船山的伯兄。嘉怡既为王介之的五世孙，于船山当为五世从孙。容斋、清福不知为谁。”(《王船山著述考略》)

印本则按出版时间，可分三组：

（一）清季：有同治四年金陵书局《船山遗书》本；光绪二十六年湖南经元书局、湖南大文书局、湖南澹雅书局之《船山史论》本（以上均木刻线装）；光绪三十一年上海环地福书局之《王船山先生经史论八种》本（石印线装）。又见两种残本，俱与《宋论》合印：其一为三十二开大小之线装铅字排印本，小四号方仿宋字，每面十六行，每行三十六字；其二为六十四开大小之线装楷书石印本，蝇头细字，每面二十行，每行四十四字。

两种俱缺卷首，遂不知其刊印时地，或均清末之出版物也。

（二）民国时期：有民三上海会文堂书局《标目读通鉴论附宋论》本（石印线装）；民十稍后（?）上海商务印书馆《王船山读通鉴论附宋论》本（铅印线装）；以及民二十以后之各种铅字排印本：商务《万有文库》本、中华《四部备要》本、世界书局国学整理社本、太平洋书店《船山遗书》本。

（三）中华人民共和国成立以后：有1975年中华书局之新式标点繁体字本及据以改排之简化字本。

在清季及民国之印本中，经元、大文、澹雅本及两种残本均于书名下标明“《船山遗书》”，会文堂本标明“用《船山遗书》本”，中华《四部备要》本标明“据《船山遗书》本校刊”，其余均未著录底本。然检查各本之作匡及讳改情况，则全与金陵本一致，盖皆以金陵本为祖本者也。间有个别文字异出，则多属金陵本之讹误，由各本自行校改者，亦可作一定之参考。

至1975年中华繁体字本及简化字本，则虽据金陵本，而复加校补。两本刊有同一之前言，兹录其有关版本、校补之段落如下：

“现在出版的这部《读通鉴论》校点本，是用一八六五年金陵刊刻的《船山遗书》本为底本，根据衡阳刘氏、邵阳曾氏的两抄本所写的校记作了校补。原刻本上有一些地方留了不少空格，因而使有些句子无法读通；有若干地方还作了窜改和删节。经过校补，大体上恢复了原书本来的面目。这次出版的校点本，凡补足空格和改正的地方，加〔　〕表示；凡改正原刻本窜改的，窜改的地方仍保留原文用（　）小号字表示。明显的错字或避讳字，则径予改正。

“刻本比抄本少五论，可能是作者晚年定稿时删去的。为提供参考起见，现分别补在有关位置，并作附注加以说明。

“清人刘毓崧的《校勘记》，对史实作了若干订正，可供参考，所以也分别附在有关各论之后。”

按金陵本所用底本，或即衡阳刘氏所藏之抄本。民国四年湖南出版之《船山学报》第一卷第五期载有刘审吾所作《衡阳刘氏珍藏王船山先生遗稿记》一文，内云：“同治初，湘乡曾氏搜刻先生遗稿，茫然莫得，时先父授徒常文节公家，因托常氏殷勤致询，始出遗稿相授。”所云遗稿，即其先世所遗之船山著作抄本。文中附有抄本书目，凡四十八种，《读通鉴论》为其第三十六种。

惟金陵本之处理底本，颇为任意，上引中华本之前言亦已述及。其避清帝名讳，如玄作元（康熙）、胤作允（雍正）、弘作宏（乾隆）、宁作甯（道光）之类，固属格于功令；其改“违碍”字样为□□等，亦系为环境所限。然此特表面文章，此外尚有不少径改及径删之处，则并原文磨灭于无形，曾国藩《船山遗书序》，言其于诸书中亲自校阅八九种，“订正讹脱百七十余事”。《读通鉴论》即其所校阅之一种，而其所谓“订正”者，具体情况无从得知。其底本自当年一用后即匿不复出，究竟原文如何，已无可覆按矣。

今以邵阳曾氏所藏之嘉怡抄本与金陵本对校，则后者作匡、径改、径删之处，原文如何，皆昭然大白。其可靠性自毋庸言。然抄本于所论史事，其人名、纪年及所引书文等，多有舛误脱漏；字句亦多有毛糙欠修之处。金陵本于此两端，则往往较抄本为佳。意此抄本或是船山之初稿，而金陵本所据之底本则曾加审订，亦未可知。

中华本虽以金陵本为底本，然已大加校补；其校补之根据，则为据衡阳刘氏、邵阳曾氏二抄本所写之校记。但终因未能亲见抄本，致尚存在如下之缺点：一为补足空格及改正之处，未能落实；二为应予校补之处，仍有缺漏；三为或有异文疑义，未能据众本酌定。

根据上述情况，此次编定，遂决定以中华之繁体字标点本为底本，取嘉怡抄本逐字补校，仍取金陵本随时查照，并参阅其他各本。四十年代马宗霍曾以嘉怡抄本与金陵本互校，作有校记七百二十条，五十年代周调阳亦曾以嘉怡抄本与金陵本、太平洋本互校，作有校记四百五十一条，亦取为检查、参考之用。

补校时，凡中华本与抄本互异之处，均予记录，共得二千四百四十余条。因此而改正中华本者，有如下三项：

（一）金陵本之作匡、讳改、讳删之处，多数已为中华本所改正，然因中华未见原抄本，仅据他人校记改订，故仍保留（　）与〔　〕之记号；亦有少数为中华本所未改正者。此次皆据抄本核实、改正。此项计共二百二十余处、四百三十余字。（以文字相连者为一处。）如：

汉安帝第三论，金陵本原文：“故奖□贤者，非良史之辞也；事□□者，非□□之节也。”中华本据其所见校记，已将空格之字填补，而仍加〔　〕为记。补校落实后，删去〔　〕。（统计时作三处、五字。）又如：

汉文帝第十三论，抄本原文：“呜呼！秦政变法，而天下之士廉耻泯丧者五六矣。汉仅存之，唐宋仅延之，女直、蒙古主中国而尽丧之。”金陵本改“女直、蒙古主中国而尽丧之”为“而讫不能延之”。中华本据其所见校记，已恢复被窜改之原文，加〔 〕为记，而仍纳所改之句“而讫不能延之”于（ ）中。补校落实后，删去〔 〕，又删去（ ）及其中之句。（统计时作一处、十一字。）又如：

同上论，抄本原文：“夷风渐染，君臣道丧，斯则贾生所宜痛哭者也。”金陵本删去“夷风渐染，君臣道丧”两句。中华本亦无此两句。补校中恢复之。（统计时作一处、八字。）

（二）除作匡、讳改、讳删之改正外，中华本尚有其他讹、脱、衍、倒，其中有沿袭金陵本之误者，亦有金陵本不误而中华本自误者，亦据抄本得以改正。此类凡一百二十余处、一百三十余字。

前者如：

汉武帝第十二论，抄本：“黯之学术，专于黄老……为善而不欲近名，大白而欲若辱。”末句，金陵本作“大白而欲不辱。”按“大白若辱”见《老子》。金陵本误“若”为“不”，中华本沿之而误。又如：

唐玄宗第二十一论，抄本：“李萼说颜鲁公陈清河之富云：有布三十余万匹，帛八十余万匹，钱三十余万缗……”末句，金陵本作“钱二十余万缗”。据《通鉴》，知抄本是。金陵本误“三”为“二”，中华本亦沿之而误。

后者如：

汉武帝第三十一论，抄本：“则彧之为操谋也，亦未可深罪也。”金陵本刻“罪”为“辠”，是“罪”之古体，不误。中华本作“皐”，则误矣。又如：

唐武宗第二论，抄本：“驱中材之主入于其阱”。金陵本刻

“驱”为“敺”，即古“驱”字。中华本作“殴”，亦误。

（三）非属作匡、讳改、讳删及讹、脱、衍、倒两类性质，纯就文字完缺优劣而言，亦有抄本较之中华（金陵）本为善，可据以增、删、改、乙者。此类计共二百五十余处、三百八十余字。例如：

汉元帝第五论，中华本据金陵本：“邪说之行于天下，必托于君子之道。释氏之言心性，亦君子之言也；老氏之言道德，亦君子之言也；天下以其为君子之雅言，遂谓其有当于治与道而信之。”“天下以其为君子之雅言”句，抄本“其”下有“言”字，作“天下以其言为君子之雅言”。马宗霍《校记》云：“‘其’下有‘言’字是，当据增。”又如：

汉元帝第二论，中华本据金陵本：“宣帝曰：‘乱我国家者，必太子也。’”抄本无“国”字。按《汉书》《通鉴》均记宣帝此言曰：“乱我家者太子也。”抄本是，当据删，又如：

唐德宗第一论，中华本据金陵本：“（德宗）察常衮之私，速夺其相位，以授所斥责之崔祐甫。”抄本“责”作“谪”。按《通鉴·唐纪》代宗大历十四年载门下侍郎同平章事常衮与中书舍人崔祐甫以会议群臣丧服事争论，“衮不能堪，乃奏祐甫率情变礼，请贬潮州刺史……闰月壬申，贬祐甫为河南少尹”。既而德宗以衮为欺罔，乃贬衮为潮州刺史，以祐甫为门下侍郎同平章事。是德宗初加于祐甫者，以“谪”字为切，而“责”字太泛，乃据改。又如：

唐太宗第二十论，中华本据金陵本：“且周公不得已而致天讨也，《鸱鸮》之怨，《东山》之悲，有微辞，有隐痛，祸归于商、奄，而不著二叔诛窜之迹。”抄本“祸归”作“归祸”。按此段船山阐述周公之心迹，虽诛管、蔡而不忍显著其罪，惟归祸于商、奄耳。马宗霍《校记》云："抄本'祸归'二字互易，是也。"乃据乙。

以上三项合计，据抄本以改动中华本之文字，共五百九十余处、九百四十余字。

所有改动中华本之处，并未一一出校。仅就其改动较大者，或去取之际有所考证者，或异文而可以两存者，或抄本及各印本同误而于此次补校始予改正者，择要出校。刘毓崧之《校勘记》凡十七条，全属史事之考订，中华本《前言》云"分别附在有关各论之后"，实只附录九条。今亦将所漏诸条全部补录于本书校记中。金陵本之白匡及删、改之处，间亦记录，以资存照。如是，连同其他必须作注之事项，合计本书共作校注一百三十条。马宗霍之《校记》中，往往作有按语，兹亦于有关之新校记中尽量引用，并均予署名，以示所出。

另一方面，就抄本而论，其全无讳匡、讳改、讳删之现象，固属独具之优点而非各印本所得比拟，然其讹、脱、衍、倒，借中华本以勘得者，凡五百一十余处、六百七十余字；又有非属讹、脱、衍、倒性质，而文字之佳善不及中华本者，凡一千零四十余处、一千四百九十余字；又有异体、破体、俗写体字等，亦约三百处、三百字。三项合计一千八百五十余处、二千四百六十余字，不再举例。是以抄本之缺点亦极明显，故曰：此抄本或是船山之初稿而未及审订者也。

中华本亦偶有断句之误，如汉桓帝第七论："古之诏禄，下逮于府史胥徒，而皆浹曰以代耕。"（按："下逮于府史胥徒而皆浹"当作一句。）梁元帝第一论："圆正合众以受署，而因之岳阳，起兵而尽力以攻之。"（按：岳阳是人而非地，故当作"圆正合众以受署而因之，岳阳起兵而尽力以攻之。"）陈高祖第二论：“若夫赫然著一善之名而实无，非恶役于其名而取之，则受罔于非其道，为愚而已矣。”（按：前两句当作“若夫赫然著一善之名而实无非恶，役于其名而取之，”）陈文帝第三论：“华歆、贾充、刘穆之、谢晦、沈约、褚渊、崔季、舒胥，贪人也。”（按：崔季舒，人名；胥，副词，皆也。）若此者约十余处，亦均一一为之改正。

本书抄本及金陵本俱无目录。中华本之目录，仅以帝王为次第，而无其下之篇目。然湖南经元、大文、澹雅三本另有一共同之目录，系将每一帝王下之各论另标题目，较仅以帝王次第编目者为细致。上海会文堂本亦有一以论为次之目录，而其标目不如湖南三本之佳。故即取湖南三本之共同目录，作为本书之目录。原目欠抄本所有而刻本所无之五论（见前引中华本《前言》并参看有关校记），又漏去汉元帝第六论、汉献帝第二七论、晋安帝第九论未予标目，补校时亦俱增补插入。原目又缺卷末《叙论》各篇之标题，则取会文堂本之标题，移置而完足之。全书总共九百一十二论（中华本误以唐僖宗之第九、第十两论为一篇，致少一论。请参看该处有关校记），有此细目，则检读当更便易矣。

本书补校者为杨坚。

（原载《船山全书》第十册）

# 《宋论》编校后记

《宋论》十五卷，向与《读通鉴论》并称，皆为船山著名史论，其版本之多亦相仿，更有部分手稿流传，弥足珍贵。兹略依年代先后，胪述此次整理所见各本如下：

（一）手稿一卷：共十一叶，系卷十二光宗凡三论。此稿为解放后衡阳县人民政府所搜集，辗转移送至中央历史博物馆保存。1982 年岳麓书社出版之《王船山手迹》中有影印件，其边角间有糟朽，惟大体完整；圈改颇多，字句与今本出入，似系本书之初稿。兹取其首叶拍照，印于卷端，并抄录其文，附于今本各论之后，俾便参阅。

（二）船山五世从孙嘉怡之抄本：为 1951 年湖南进行土地改革时在邵阳县东乡太平曾家所得船山遗著抄本十一种之一。周调阳《王船山著述考略》一文中曾有著录云："《宋论》十五卷，分装四册。没有写撰者的姓名。钤有'明王骁骑之裔'、'石斋五世孙嘉怡'、'容斋'等朱印。末页有'辛未孟夏成'、'庚申嘉平月望六日录毕'等字句。考辛未孟夏为康熙三十年（1691）四月，船山卒于康熙三十一年正月初二，是他完成这一不朽著作时，距他逝世之日只有八个多月的光景了；这种勤勉著述的精神，不能不令人油然起敬。又从这时顺推下去，此后的庚申，为乾隆五年（1740），再迟一点，则为嘉庆五年（1800），因此知道这个抄本写完的时间，不是乾隆五年，便是嘉庆五年了。"

（见中华书局1962年版《王船山学术讨论集》下册）周氏曾以此抄本与金陵本、太平洋本对照，作有《校勘记》。又马宗霍《船山遗书校记序》记其四十年代曾获见衡阳刘氏、邵阳曾氏所藏船山遗书抄本多种，其中“嘉怡录者两种”，一即《宋论》，据马氏所述书中钤记，知其所见者即周调阳著录之本。马《校》系以抄本与金陵本对照，与周《校》同为此次整理参阅之件。

按本书旧抄之已知者，尚有衡阳莫氏所藏之一种，其写录源流与夫校勘之价值，迄尚未为世知。无缘拜读，只得阙疑。姑志于此，以待贤者之博采。

（三）清道光二十七年（1847）听雨轩刻本：此刻为迄今所见本书之最早印本。各卷首行顶格为书名、卷次，行末有“船山史论”四字；末页有“善化贺长龄、安化罗绕典同校刊”字样。审其字句，与嘉怡抄本颇有差异，而与金陵本相同。贺、罗均湖南著名学者，然此本刻校未见精善，讹字极多。如石敬瑭名数见，而瑭均作塘；陈抟之抟作搏之类，皆常见字而误。金陵本则均已改正。

（四）清同治四年（1865）湘乡曾氏所刻之《船山遗书》本，即金陵本。按民国四年（1915）湖南出版之《船山学报》报第一卷第五期刊有刘审吾所作《衡阳刘氏珍藏王船山先生遗稿记》一文，记其家于曾氏刻书时曾出家藏抄本相授。刘文具列“船山先生在吾家所著书目四十八种”，《宋论》列为第三十七。然审阅金陵本字句，则与听雨轩本初无二致，似二者所据为同一之底本，甚至有可能金陵本之底本即为听雨轩本。其可作为证据者，即二本讳隐讳改字之相同。按本书金陵本所讳之字凡两类，一与种族歧视有关，一与慈安慈禧两宫听政有关。其前一类，听雨轩本有一处用墨格隐去原字，有多处予以删改，而金陵本皆与之相同。隐云之字为理宗第六论之末："虔刘已极，更投命于异类，有王者起，其尚念之哉！"凡十九字，听雨轩本作十八墨格，金陵本作十八白匡。删改之字如太祖第十五论"一监于夷狄盗贼毒民侮士之习"句，"夷狄盗贼"四字删去；仁宗第三论"终宋之世迄于胡元"句，"胡"字删去；太祖第八论"踞燕山以掳北狄"、"举中夏投之夷狄"、"北狄阑入之祸"，第十二论"反授中国于北狄"四句，四狄字分别改作边、敌、边、敌；徽宗第一论"举国而授之非类"，"非类"改"它人"，钦宗第四论"举国臣民寄死生于异类之手"，"异类"改"他人"，以上均两本相同，殊不得谓之偶然。诸作匡及删改之字，皆借嘉怡抄本而知之。又金陵本于忌讳文字作匡隐去者数倍于听雨轩本，其删改则皆沿袭听雨轩本而未有新增。

此外在金陵本之后者，由清季以迄民国，尚有：

（五）清光绪二十六年（1900）湖南经元书局之《船山史论》本（与《读通鉴论》合刻）。

（六）清光绪二十六年（1900）湖南澹雅书局之《船山史论》本（与《读通鉴论》合刻）。

（七）清光绪三十一年（1905）上海环地福书局王船山经史论八种本。

（八）民国三年（1914）上海会文堂书局《标目读通鉴论附宋论》本。

（九）民十稍后（?）商务印书馆《王船山读通鉴论附宋论》（油光纸铅排线装十册）本。

（十）民国二十二年（1933）上海太平洋书店《船山遗书》本。

（十一）民国二十三年（1934）中华书局《四部备要》本。

（十二）民国二十五年（1936）商务印书馆《万有文库》（第二集）本。

按以上八种，如经元、澹雅、会文堂、商务油光纸本及中华《四部备要》本，俱标有"《船山遗书》"、"用《船山遗书》本"、"据《船山遗书》本校刊"等字样，其余三种虽无说明，而字句与金陵本无异，知其固同出一源也。中惟会文堂本于全书一百一十五论皆着标题，有别于他本，遂据以录入本版，以便读者。此外据所见书目，又有"清末顺德龙氏重刻朱印本"一种，则未之见。

（十三）解放后中华书局于1964年出版之舒士彦点校本：舒氏作有《点校例言》，篇末缀以中华书局哲学编辑组之短语，今均附录见前。按此点校本虽以金陵本为底本，然经舒氏吸收马宗霍《校记》之校勘成果，对金陵本讳隐、讳删、讳改及其他讹脱衍倒之处大加订正，对恢复船山著作之原貌贡献极大，又为首次之分段标点，实乃从来最佳之本。然经校读，则知其订正未尽，盖有应改而未改，仅以抄本异文作注备参，甚或并抄本异文而未予录存者，为数不少。此类多属文字区别较为精微，金陵本初读似亦可通，细审则殊未是，兹举数例如下：

仁宗第九论："才注于斯，学效于斯，喜怒循斯以发，量之所规不能度越乎斯，而欲以此概及乎规之所不至，则何如不足其所不足者，上怵心于天时，下增疑于物理，谨以待物之至，而治之以时，（使）〔为〕可受益于天人，而量固未尝不弘远也。"倒数第二句"使"字属金陵本，"为"字属嘉怡抄本。中华本沿金陵本以"使"字为正，未在页注中录存"为"字。马《校》云："抄本'使'作'为'。按此与上五句为一气相承，作'为'字是。当从抄本。"（见第一三〇页第三行起及有关页注）

神宗第六论："在昔继迁死，德明弱，(侻)〔谓〕从曹玮之请捕灭之，可以震詟契丹者，彼一时也。席太宗全盛之余，外无澶州纳赂之辱，宋无所屈于契丹，内无毕士安散甲归农之令，兵虽力未有余，而尚未自形其不足。且继迁肉袒称臣，与契丹为唇齿，则威伸于德明而契丹自震，固必然之势也。"第三句"侻"字属金陵本，"谓"字属嘉怡抄本。中华本沿金陵本以"侻"字为正，未在页注中录存"谓"字。马《校》云："抄本'侻'作'谓'。按就上下文势言，'谓'字是。'谓'者，盖其时有人为此说也。"（见第一六九页第七行起及有关页注）

同论："收蜀者栈道(剑)〔夔〕门夹攻之术也。""剑"字属金陵本，"夔"字属嘉怡抄本。中华本沿金陵本以"剑"字为正，未在页注中录存"夔"字。马《校》云："抄本'剑'作'夔'是。按陆从栈道，水从夔门，故曰'夹攻'。"（见第一六九页第三行及有关页注）

高宗第三论："议巡幸，决战守，急矣，而行(伍)〔在〕之凭借，孰为干城？彊敌之争趋，何从控御？刍粮何庤以不匮？器仗何取以求精？岂天子匹马以前，疲卒扶羸以进，遂足定百年之鼎，成三捷之功乎！"首行"伍"字属金陵本，"在"字属嘉怡抄本。中华本沿金陵本以"伍"字为正，未在页注中录存"在"字。马《校》云："抄本'伍'作'在'。按'在'字是，此'行在'谓高宗巡幸所在之地也。"（见第二二一页第六行起及有关页注）

神宗第四论："天有成象，春其春，秋其秋，人其人，物其物，秩然名定而无所推移，此其所昭示而可言者也。"中华本于"名"字出校云："校记'名'作'各'。"按所云"校记"即马宗霍《校记》，作"各"者嘉怡抄本。然马《校》云："抄本

‘名’作‘各’，是。”“名”字盖形似而误，“秩然名定”费解，自当据抄本改正。（见第一六一页第七行起及有关页注。）

同论：“知言者，‘穷理尽性以至于命’之谓也。明道早失之，而终得之。温公则一失已彰，而又再失焉；悔之于安石败露之余，而又与苏氏为缘。无他，在知其人之言，而不知古今先哲之言也。”中华本于末句“在知其人之言”之“在”字，出校云：“校记‘在’字作‘唯’字。”然马《校》云：“抄本‘在’作‘唯’，是。”按“唯”，独也；“唯知”犹言独知。《论》谓温公一失再失之故无他，独知王、苏之言而不知古今先哲之言而已。舍“唯”取“在”，则语气平弱而强调之意味全失，非原文之恉也。（见第一六二页十四行起及有关页注）

以上各例，其异文之是非取舍均见马《校》。按马氏《校记》之《宋论》部分凡四百五十五条，中华本所引者不及二分之一。此皆前贤之劳，允宜细检详读，俾免阙遗之过，以全校勘之功。

综前所述，此次《宋论》收入《全书》，决仍以中华之舒氏点校本为主而加以补校，对照嘉怡抄本，随时参阅其余各本，并充分利用马、周两《校》。周《校》惟录异文，不加评论；马《校》则多附有校者之意见，本书利用时皆予署名，以示所出。中华本原有校记二〇六条，依其内容可分三类：订正文字（包括订正讳隐讳删讳改及其他讹脱衍倒）者一三二条，录存异文者七三条，其他一条。补校后，删去原校记一〇六条（余剩各条则皆据本书体例改写其文字），新增校记一二〇条。全书现有校记共二二〇条，其中订正文字者一五二条，录存异文者六三条，其他五条。所删去之原校记，皆刻本讹脱显然，已无疑义，舒氏点校时既予改正，遂亦不再保存其讹脱原状，并有关校记一同删去。如点校本原校记之第一条属太祖第一论："是岂所望于兵权乍拥、(守)〔寸〕长莫著之都点检哉?"（见第二〇页第一〇行，中华本第二页第六行起）"寸"字校记："据《校记》改。"（按谓据马宗霍之《船山遗书校记》，下同。）原校记第二条属太祖第二论："于是众望丕属，幼君托命，魁柄在握，物莫与争，(会)〔贪〕附青云之众，已望绝于冲人，黄袍猝加，欲辞不得。"（见第二二页第四行起，中华本第三页第十四行起）"贪"字校记："据《校记》改。"原校记第三条属太祖第三论："以忠厚养前代之子孙，以宽大养士人之正气，以节制养百姓之生理，非求之彼也；捐其疑忌之私，忍其忿怒之发，戢其奢吝之情，皆求之心、求之身〔也〕。（见第二三页第一二行起，中华本第五页第二行起）末字"也"校记："'也'字据《校记》增。"似此者，删去度无大碍；其略可供日后参考者则仍存之。

盖经舒氏初校及此次补校，两共恢复金陵本讳隐作匡之字八十余，订正其删改及讹误之字一百九十，增补其脱文五十余字，删去其衍文二十余字，乙转其倒文两处、四字，并理顺其大段错简者一篇。此外抄本异文尚有六十余处、一百九十余字，皆存录备参。

本书由杨坚补校。

（原载《船山全书》第十一册）

# 《永历实录》编校后记

本书于编辑期间得船山后裔衡阳王中伟先生家藏之抄本两册，名《大行实录》，黄竹纸颇有糟朽，缺卷一卷二，其余卷八缺两叶，卷十之末及卷十一之首缺一叶，卷十一中间缺两叶，卷二十三缺一叶，凡六叶。尚存二百一十三叶。各卷首行顶格书《大行实录》卷几，第二行下半书“孤臣王夫之编”六字，无其他款识钤记。全书讳“胤”（清雍正帝名）作“徿”，而“弘”“历”（清乾隆帝名）字均不讳。

本书印本，以清同治四年（1865）湘乡曾氏所刻金陵本《船山遗书》中之《永历实录》为最早。其所据者或为另一名《大行录》之抄本。按民国四年（1915）湖南出版之《船山学报》第一卷第五期载有刘审吾《衡阳刘氏珍藏王船山先生遗稿记》一文，备列其家所藏船山遗著抄本四十八种之目，云同治初曾氏搜刻船山遗稿，茫然莫得，辗转访求于其家，“始出遗稿相授”。其书目之第三十八种为《大行录》。又刘毓崧为金陵本《永历实录》作跋有云：“此书稿本自署‘孤臣’，惓惓之心，不忘故国。”跋中虽未明言稿本来源，然“孤臣”之署，与《大行实录》抄本相同；由此或可假定，其稿本即刘审吾家“相授”之《大行录》也。但《大行实录》于“常”（明光宗名常洛）字皆写作“una”，“校”（明熹宗名由校）字皆写作“枍”，金陵本则于前者或作“凿”或作“嘗”，于后者概作“挍”，此外尚有其他异文，虽为数不多，然足以知金陵本之底本与《大行实录》尚有差异，而非即同一抄本。

至《永历实录》之书名，或确为金陵刻书时所改。考金陵本出世以前，湖南典籍包括衡阳地方志中，惟道光二十二年（1842）刊行之湘潭王氏守遗经书屋本《船山遗书》卷首附载之邓显鹤《船山著述目录》，列有《大行录》一种，注云：“未见。”金陵本出世以后，遂有陆续提及《永历实录》之名者。王闿运所撰同治十三年（1874）《衡阳县志》中记船山著作有《永历录》一种，注云：“夫之自题为《大行录》。”盖即据所改之名记载，而复注以原题。然自金陵本出而船山此书始显，《永历实录》之名已为人士所习用，此次编入《全书》，遂亦不再改回。

编校中，除抄本所缺之第一、二卷及其余各卷所缺之六叶，文字仍金陵本之旧外，余皆以抄本为底本。对照两本，虽异文之重要者不多，然金陵本作匡讳隐之字，则端赖抄本之存者得以恢复其原貌，总计凡三百一十二个。此类多属“清”“虏”“满”“辽”“夷”“异”“寇”“犯”等单字，不另注明。亦有稍长之词句，如卷四《何吾驺传》：“先是吾驺降清，思以文望动人，得复大用，乃撰□□□史，称述功德”，“□□□史”乃“顺治私史”；卷八《胡一青传》：“一青本名一清，隆武中，□□□□□，改名一青”，五白匡乃“诏革清旁水”五字；凡此或有裨考证，皆作注存照。此外有人地名、年月、谥号之异等，亦存录备考。总计作校记六十六条。（马宗霍、周调阳均未能见本书抄本，故两家《船山遗书》校勘记中亦未涉及本书。至刘毓崧《校勘记》中亦无关于本书之专条，则或因本书需校者多，语其大者则其《跋》已详，乃不再复出条示矣。）

附录四件，均取自故谢国桢前辈之《增订晚明史籍考》，内惟刘毓崧《永历实录跋》一件曾取《通义堂文集》卷五原文核对，余皆径据谢书转录。

本书于搜集版本时，又曾得中华书局所转让之金陵本点校稿一件，六十年代由王孝鱼点校。又岳麓书社 1982 年单行本，由欧建鸿、陈植森、王晨牧校注；及上海古籍出版社 1987 年单行本（与钱秉镫《所知录》合刊），由余行迈、吴奈夫、何荣昌点校：两本亦均以金陵本为底本。此皆前贤之劳，亦属取镜之资。1986 年获得王中伟家藏抄本后，复由徐苏铭以与金陵本对校一过，检出两本异文凡四百余处。此次编入《全书》，遂由杨坚续彼前绪，取诸本会校而定稿焉。

（原载《船山全书》第十一册）

# 《箨史》编校后记

《箨史》为船山所著明末抗清志士之传记。其书不见于民国以前之文献纪述，至民国三年（1914）始由船山八世孙廷赞以其家藏抄本交与长沙之船山学社。据云原有十传，因岁久坏毁，仅存完整者八传，残缺者一传。次年起，该社出版《船山学报》，前八传刊于《学报》第一至六期（民国四至五年，公元1915至1916年）；后一传刊于《学报》第八期（民国五年，公元1916年），因上部残缺，乃题为《箨史残篇》。《学报》编辑曹佐熙有序跋记其事，并及考证，见前附录。

《船山学报》流传不广，民国二十二年（1933）出版之上海太平洋书店本《船山遗书》遂未收入此书。解放后，湖南人民出版社出版之《湖南历史资料》1960年第一期（总第九期）始据《学报》重印，是为本书之第二次出版。1982年岳麓书社出版之《永历实录》收《箨史》作附录，则仅录入其前八篇，而遗其残缺之一篇，亦由未能遍觅《学报》各期，又未见《湖南历史资料》，至有此失。

本世纪四十年代，衡阳学者马宗霍居乡时，亦曾抄录此书，附于其所著《船山遗书校记》之后，惟未著明抄自何处。以之与《学报》本对校，则偶有异文，而瑕瑜互见。惟《学报》本“常”均作“尝”，“朝”均作“鼌”，皆船山避讳字，（明光宗名常洛，船山先君名朝聘。）而马抄均已改回。今即以《学报》

本为底本，与马氏抄本对校定稿，除“尝”“鼋”等字仍依通用字外，其余异文之取舍皆出校说明，凡得校记二十七条，其事则杨坚任之。

（原载《船山全书》第十一册）

# 《莲峰志》编校后记

本书惟见两种版本，其一为清同治四年（1865）金陵节署刻印之《船山遗书》本，其次为民国二十二年（1933）上海太平洋书店铅排之《船山遗书》本。后者文字除一二讹误外，与金陵本几无二致，似即据金陵本翻印，惟加一目录，为金陵本所无。

按清乾隆二十八年（1763）刊行之《衡州府志》载有《南岳莲花峰记》一篇，只一百一十六字，即本书卷二《形胜》篇之“凡入莲峰”一段，而去其末句“山胜盖备矣”五字（见第六一九页及有关页注），则似此书在衡地已早有流传，故能节录入志。同年刊行之《清泉县志》列有王夫之著述十八种，嘉庆二十五年（1820）刊行之《衡阳县志》列有王夫之著述三十三种，均无《莲峰志》之目。道光二十二年（1842）邓显鹤作《船山著述目录》，刊于守遗经书屋本《船山遗书》卷首，于书名下注明“未见”者凡若干种，《莲峰志》则并书名而无之。然则此书殆至金陵刻书时始被访得。而民初发表之刘审吾《衡阳刘氏珍藏王船山先生遗稿记》一文，备列其家所有船山著作抄本四十八种，称金陵刻书时曾出以相授，其中亦无《莲峰志》。故金陵本付刻时所用底本究自何来，已不可考。或者山寺中旧藏此书之抄、刻、手稿，至是乃搜求而得之与？

本书凡十二篇，末附《总序》，内云“作志十二卷，为言二万二千七百六十有奇”，盖以篇各为卷，故云十二。然金陵本只作五卷，篇目、字数无异，则卷数之压缩实自此始。

中华书局所转让之二十四种船山著作点校稿中亦有本书，系由王孝鱼在太平洋本上施以标点，而覆校以金陵本。然因人、地专名查考之困难，此稿于《形胜》《名迹》各篇均有大段未及标点，《附丽》全篇未标点，其他需补充、改正标点者尚有多处。此次编校，乃改以金陵本为底本，仍以王稿作参考，由杨坚任其事；有数处断句疑难，曾请吴立民先生为之一决。金陵本用字有不统一者，如“嶽”“岳”二字，尤多混用；又有几处作白匡者，殆原本缺损。今悉仍之，不别出校。但凡两本文字有异同疑惑之处，又有原书款式特殊须注明者，及其他值得存记之事项，亦辄于页边表而出之，得校记八条；又金陵本刘毓崧《校勘记》关于本书者三条，均经移录相应之页末。如是，凡得校记十一条云。

（原载《船山全书》第十一册）

# 《老子衍》编校后记

本书此次编校所见之版本凡五，即清康熙年间之湘西草堂《王船山先生书集》刻本，道光二十八年衡阳学署据草堂藏板之补镌本，同治四年之金陵节署《船山遗书》本，民国二十二年之上海太平洋书店《船山遗书》本及解放后中华书局点校本（1962 年初版）。又有校记二种，一为本世纪四十年代马宗霍据衡阳刘氏藏旧抄本以校金陵本之《校记》，凡二条；一为六十年代周调阳据衡阳学署本以校金陵本及太平洋本之《校勘记》，凡八条。

按王敔《大行府君行述》云："亡考慨明统之坠也，自正嘉以降，世教早衰，因以发明正学为己事，效设难作折，尤其于二氏之书，入其藏而探之，所著有《老子衍》《相宗》《论赞》，以为如彼之说，而彼之非自见也。"① 此段当为关于本书之最早著录。王敔所刻之湘西草堂本《王船山先生书集》凡收书五种，

① 王敔所作《行述》见于世者凡三本。金陵本《船山遗书》所收者其一，题曰《薑斋公行述》，二千二百余字。王之春《船山公年谱》所载者其二，题曰《行述》，小注："据家谱本"，一千六百余字。其三为船山八世孙德兰之手抄本，德兰有跋，云系于民国六年（1917）五修族谱时"于竹花园古篋内觅得老谱敔公所刊原牒"，"照抄无讹"；1982 年由船山十二世孙鹏复印公世，题曰《大行府君行述》，《中国哲学史研究》1983 年第三期曾有介绍，并予转载，凡四千一百余字，以与前二种对照，知原文之被删削点窜者多矣。此处所引一段，只见于德兰之抄本。

本书即其第一种①。其版式为每面九行，行二十一字。首叶第一行镌书名，二行镌“南岳王夫之衍，男敔纂注”十字，三行镌“同里后学王天泰较梓”字样，第四行起镌正文：顶格为《老子》本文，逐章后另段低一格为船山之《衍》，《注》则用双行小字置有关字句下。此后各本皆沿此格式。

衡阳学署本系取遗存于临蒸黉舍之上述湘西草堂本板片，于道光二十八年重刊者，封面改题为“船山遗书”“子集五种”，有桂东郭孔岚跋，谓系据藏板而复“购善本”“详校”补镌。草堂本确有讹字，或其板缺损，如《老子》本文第四十三章“天下之至柔驰骋天下之至坚”，草堂本“骋”作“聘”，学署本已改正；第十三章“何谓宠辱若惊”，今所见之草堂本“谓”字空格，学署本亦已补足。细审两字，皆笔致异趣，确系另手之所刻。然此类修补为数殊鲜。此次编校，发现草堂本之大部讹脱，学署本均未改正。即以《注》《衍》两项而言，其讹字如十六章《注》“万变可函”，“可”误作“阿”；二十七章《注》“孰能开之”，“孰”误作“执”；五十三章《衍》“阴阳之沴”，“沴”误作“诊”；五十九章《注》“韩非曰思虑静故德不去”，“思”误作“恩”；以上之误皆极明显，学署本均未改正。其脱文如二十三章《衍》“凡道皆道，凡德皆德，凡失皆〔失〕”，草堂本原脱下“失”字；按《老子》本文云“道者同于道，德者同于德，失者同于失”，故知其脱“失”字。二十七章《衍》“故善恶之意消，而言行闭结之所摄者，〔要〕妙不可窥矣”，草堂本原脱“要”字；按《老

① 湘西草堂本《王船山先生书集》现藏湖南省社会科学院，封面正中镌“王船山先生书集”粗笔大字，两边镌《老子衍》《庄子解》《楚辞通释》《张子正蒙注释》《俟解》五种书名及“湘西草堂藏板”六字，亦皆阔大。其书似刻于康熙四十六年（1707）前后。详见《全书》第十二册中之《张子正蒙注编校后记》。

子》本文云“不贵其师，不爱其资，虽知大迷，是为要妙”，故知其脱“要”字。三十八章《注》“为之于无曰无以为，为之〔于〕有曰有以为”，草堂本原脱后“于”字；按此系注《老子》本文“上德无为而无以为，下德为之而有以为”两句。“无为”，为之于无也；“为之”，为之于有也。草堂本“为之有”不通，故知原文必作“为之于有”。六十九章《衍》“而主不知客，〔客〕能知主”，草堂本原脱一“客”字；以原文重“客”字，致刊落其一。以上脱文皆确凿无疑，而学署本均未增补。此类《注》《衍》文之讹脱，全书不下二十处，二本皆同。又有一类破体字，如以“忒”为“忒”，以“豫”为“豫”，及所有“己”字皆刻为“已”等，学署本亦因仍未改，盖其校订实不能周也。学署本之最大功绩，厥惟卷首收有船山《自序》一篇又附记一段，借知此书写作之始末经过，为草堂本所未刊。

金陵本虽晚出，而对草堂本、学署本之讹脱多已订正。其所据底本何自，未有交底。按民国四年（1915）刘审吾发表《衡阳刘氏珍藏王船山先生遗稿记》一文（见是年湖南出版之《船山学报》第一卷第五期），列有其家所藏船山著作抄本四十八种之书目，云金陵刻书时曾“出遗稿相授”，《老子衍》在此目中为第十九种。然本世纪四十年代马宗霍曾见此抄本，其《船山遗书校记》（据所见邵阳曾氏、衡阳刘氏二家所藏旧抄校金陵本）中之《老子衍校记》即注明“据衡阳刘氏藏旧抄本校”，其校记凡两条，一即转录上述船山《自序》后之附记，一为举示一异文（见第二五页注）。金陵本若据刘氏抄本，当有此《记》，而竟无之，不知何故。而当时亦在金陵书局“专司覆校稿本”之刘毓崧，则于其所撰《王船山先生年谱》载有《记》中所言

“壬子稿有《后序》”数句，全引原文，只字无误[1]。此《记》刘毓崧见之，而金陵本竟未刊入，于以见其书局各部分工作之脱节，然金陵本所据底本为何则犹未能决也。

至太平洋本及中华点校本，则皆以金陵本为底本。前者照本翻印，一无更新，无足述者。

中华本《老子衍》系与船山另一著作《庄子通》合刊，书名即作《老子衍·庄子通》，由王孝鱼点校，有《点校后记》，附录如前。此本曾参考周调阳《校勘记》，据以补入船山《自序》后之附记，且已施标点，故此次编校，即以之为据，参阅其他各本定稿。全书凡得校记十六条，其中包括中华本原校记改正金陵本之误者三条，经此次编校改正中华本之误者四条。此外中华本偶有径改金陵本原字而不加说明者，今仍予改回，如《自序》中“苏子繇”，中华本已改“繇”为“由”，然其后“苏子繇”数见，中华本均未再改；金陵本又有“许繇”，中华本亦仍而未动。今仍从其底本，将《自序》中之“由”回改为“繇”，似此者不再出校。又中华本断句时嫌太碎，如《老子》本文第十二章“是以圣人：为腹，不为目”，二十二章“是以圣人抱一，为天下式”，今皆依常读改作整句；二十七章“善行，无辙迹；善言，无瑕谪；善计，不用筹策；善闭，无关楗而不可开；善结，无绳约而不可解”，二十九章“故物：或行，或随；或呴，或吹；或彊，或羸；或载，或隳”，今亦依常读，皆去逗号作句，“故物”后之冒号亦予删去。又四十一章本文“故《建

① 刘毓崧《王船山先生年谱》“康熙十一年壬子先生五十四岁”下记有：“又有《老子衍后序》一篇，逸去。”小字注：“《自序》云：‘壬子稿有《后序》，参魏伯阳张平叔之说，亡之矣。’”此所引即附记之文。又，刘氏“专司覆校稿本”一语，见其所撰《王船山丛书校勘记自序》。

言》有之”，中华本原无书名号，依张舜徽说[①]补：五十三章末注“疾周末文胜”，专名号亦此次所加。似此或改或补，随文而作，遂亦不再一一出校。

中华本《点校后记》中，以船山《自序》后之附记为王敔作（所谓“王敔的跋语”，见第七〇页第二段），似系误解。此《记》在衡阳学署本系以同大字体另行低一格接刊于《自序》末行“岁在旃蒙协洽壮月己未南岳王夫之序”之后，全文只八十四字，不妨引之如下：

> “阅十八年壬子，重定于观生居。明年，友人唐端笏须竹携归其家，会不戒于火，遂无副本。更五年戊午，男敔出所藏旧本施乙注者，不忍弃之，复录此编。壬子稿有《后序》，参魏伯阳张平叔之说，亡之矣。上巳日湘西草堂记。”

今按：此《记》实皆船山口气，绝非敔作。试先据《序》及记撰一《老子衍》著作年表（“旃蒙协洽”为乙未年）：

乙未（顺治十二年，公元1655年）船山三十七岁，时敔未生：《老子衍》书成作《序》。

壬子（康熙十一年，公元1672年）船山五十四岁，敔十七岁：重定于观生居。

癸丑（康熙十二年，公元1673年）船山五十五岁，敔十八岁：重定本为友人唐端笏须竹借去，会其家不戒于火，遂无副本。

① 张舜徽《老子疏证》（收入其所著《周秦道论发微》一书，中华书局1982年版）：“《建言》，乃所引古书名。”

戊午（康熙十七年，公元1678年）船山六十岁，敔二十三岁：敔出旧本施乙注者，不忍弃之，乃复录之。三月上巳，船山在《自序》后作《记》述其始末，末署：“上巳日湘西草堂记”。

《记》之开首云“阅十八年壬子，重定于观生居”，即紧接《序》末“岁在旃蒙协洽壮月己未南岳王夫之序”一句而言；自序之，自重定之，故无需主词，若敔言当不能如此措词。继云重定本借出而遭回禄，遂无副本，亦船山之追述；借出之年敔才十八龄，后虽长成，已无缘得见此本。继又云“更五年戊午，男敔出所藏旧本施乙注者，不忍弃之，复录此编”，此船山叙重定本被焚后此本之由来也。有以“男敔”云云为敔自称者，如联系上下文观之，应知此为船山称敔，非敔自称，“男敔”犹“儿子敔”耳。“壬子稿有《后序》，参魏伯阳张平叔之说，亡之矣”，此亦船山自言其事，既见旧本而忆《后序》，惜其亡也；“参魏伯阳张平叔之说”云云，似亦非壬子稿借出时年未弱冠之敔所了了，若系闻之乃父，则又焉能如此口气乎？至末署“上巳日湘西草堂记”，尤船山之习惯，如《六十自定稿·自叙》署“庚申上巳湘西草堂记”，《七十自定稿·序》署“戊辰岁杪戊辰日草堂自记”，类似者有“乙巳补天穿日茱萸塘记”（《和梅花百咏诗·序》）、“庚戌秋冬之际败叶庐记”（《题芦雁绝句·跋》），皆船山所筑之室、所居之地，乃不烦再署名号矣。综上观之，此《记》实船山自作，不当属之于敔。又马宗霍《校记》：“抄本及旧刻本后有船山自跋云（下抄附《记》全文，略）”，亦以此《记》为船山作，其所云“抄本”即刘氏家藏抄本，所云“旧刻本”则衡阳学署本也。

与《记》之所属有关者又有书中之《注》。本书草堂本于首叶书名下系有“南岳王夫之衍，男敔纂注”字样，其后各本皆同，遂有以书中之《注》皆敔所撰者。然《记》中明言“男敔出所藏旧本施乙注者，不忍弃之，复录此编”，则似旧本固自有注，未可以书中之《注》皆归之敔也。姑置其疑于此，以俟续考。

中华本本书正文前原有关锋《王夫之的老子衍》一文，格于全书体例，不再收入。

至船山此书之《老子》本文，与自来通行之王弼注本、河上公注本等文字或异，与1973年长沙出土之《帛书老子》甲乙本差异尤大，则因《老子》版本之夥，文字、章次，多有参差。（本书章次系中华本所加，其前各本皆无。）凡此，书中皆不再作注说明，读者谅之。

本书由夏剑钦据各本覆校一次，由杨坚审定。

（原载《船山全书》第十三册）

# 《庄子解》编校后记

本书与《庄子通》为船山所撰关于《庄子》之两种著作。王敔《大行府君行述》于历叙船山各种经史著述之后，有一段专述本书，以之与《楚辞通释》并提，并因本书而及《庄子通》。其言曰："又以文章之变化莫妙于《南华》，词赋之源流莫高于屈宋，《南华》去其《外篇》《杂篇》诃斥圣门之讹妄，其见道尚在狂简之列；屈子以哀怨沉湘，抱今古忠贞之恸，其隐情莫有传者。因俱为之注，名曰《庄子衍》《楚词通释》。更别作《庄子通》，以引漆园之旨于正。自作《九昭》以旌三闾之志。"① 此段文字，当为关于本书之最早著录。

本书版本与《老子衍》版本略相对应。此次编校，所见亦有五种，即清康熙年间之湘西草堂《王船山先生书集》本，道光二十八年衡阳学署据草堂藏板之补镌本，同治四年之金陵节署《船山遗书》本，民国二十二年之上海太平洋书店《船山遗书》本以及解放后之中华书局点校本（公元 1964 年初版）。又有校记两种，一为本世纪四十年代马宗霍据衡阳刘氏藏旧抄本以校金陵本之《校记》，凡十一条；一为六十年代周调阳据衡阳学署本

---

① 《行述》共三本，而以船山八世孙德兰手抄本《大行府君行述》为全（参见第七一页注㊀）此段引自该手抄本。其余金陵本所收《薑斋公行述》及王之春《船山公年谱》所收《行述》此段均有删节。《薑斋公行述》中本书名《庄子注》、王《谱・行述》中亦名《庄子衍》，与此本名《庄子解》者，一书而三异名也。

以校金陵本及太平洋本之《校勘记》，凡四十六条。

湘西草堂本《王船山先生书集》收书五种，第一种为《老子衍》，第二种即本书（参看第七二页注㊀）。有关本书之基本情况，附录中华本王孝鱼《点校说明》中已有介绍，不必赘述。今惟于其刻印版式及全书体例两项略作补充。本书版式与《老子衍》略同，亦每面九行；惟每行只二十字，较之《老子衍》之每行二十一字稍觉舒展。全书刻印系以《内》《外》《杂篇》各为一部分，于各部分首叶第一行镌“庄子解”书名，书名下附小字曰“评本合载”；《内》《杂篇》同，《外篇》作“手评并载”。第二行镌“南岳王夫之解，男敔增注”十字；第三、四行镌“濱江后学宁瑛、罗瑄参较”字样；以宁、罗二名之并列而占二行；又《外》《杂篇》无“濱江”二字。第五行镌订梓者姓名；《内》《外》《杂篇》人各不同，如《点校说明》所述。其后为正文。全书体例及格式亦与《老子衍》略同；顶格为《庄子》本文，一段后另行起低一格为船山之《解》，《内篇·逍遥游》总解及第一节“北冥有鱼”节后之解，尚冠以“解曰”二字，然全书仅此二处，后即废去；金陵本则并此二“解曰”无之。参见第八一页注㊀。注则用双行小字置有关字句下。此后各本皆沿此格式。

衡阳学署本系取遗存于临蒸黉舍之草堂本板片，于道光二十八年重刊，名曰“补镌”，而实无改订。此点亦与学署本《老子衍》同，见前《老子衍编校后记》。然本书之草堂本、学署本、其讹脱远较《老子衍》之草堂本、学署本为少。殆誊抄校刻之质量较胜欤？

金陵本之底本不知何自。刘审吾《衡阳刘氏珍藏王船山先生遗稿记》列举其家所藏船山遗书抄本四十八种，谓曾于同治初金陵刻书时出以相授。《庄子衍》为其书目中之第二十。然亦无从证明金陵本所据者即是此本。由今观之，草堂本、金陵本与刘氏抄本（通过马宗霍《校记》所见者）之间虽互有差异，相对于本书之篇幅，则小焉者耳。其中金陵本以后出而较精，如能再据两本加以校订，自可更进一步，成为善本。

太平洋本之为金陵本之翻板，亦与《老子衍》同。

中华本据金陵本为底本而又以草堂本参校，见王孝鱼《点校说明》，其文字远较前此各本为胜，且系首次施用标点符号，自为迄今最佳之版本。故此次编校，即以此为底本，仍取其余四本及马周两《校》会阅定稿。凡中华本校记均原文保留，内惟《齐物论》“子游曰地籁则众窍是已”节船山《解》现有之一条校记，系合并中华本原两条校记而成。原记指出分属两排句中之两处异文，情形相同，故并为一条，见第九六页注①。而各系以“中华本原注”字样；有所补充或修正，即于其下另加按语。定稿后统计：中华本原已据草堂本订正金陵本之讹脱衍文及错简十四处、三十七字，据别本《庄子》或断以己意订正金陵本者十八处、四十四字，又存参异文五处、六字——以上即中华本与金陵本之区别；通过此次编校，续据草堂本订正中华本未改之误十一处、十三字，据别本《庄子》或断以己意订正中华本之误四处、六字，另存参异文十二处、十八字，又径改中华本手民之排误七处、七字——以上即本版与中华本之区别。凡此皆出校说明，外加讨论文字、标点者数条，全书凡得校记七十四条，内中华本原记三十七条，本版对其中之十二条各有补充或修正。此次新加者三十七条。

中华本之标点，亦有少数可以改进者，如《齐物论》“其寐也魂交”节“其溺之所为之不可使复之也”，句长而义晦。草堂本此句中间圈断，作“其溺之所为之，不可使复之也”。陈鼓应《庄子今注今译》此句亦中间逗开，其引《庄子点勘》之释云：“沉溺于所为，无法恢复其性。”乃知二本断句较为明确，遂据增逗号（见第九七页第九行）。同篇“六合之外”节“春秋经世、先王之志，圣人论而不辩”句，草堂本亦在“春秋经世”下点断；陈本则以“春秋经世先王之志”为一整句，引蒋锡昌云：“‘春秋经世先王之志’，即‘春秋先王经世之志’；与上文‘大木百围之窍穴’即‘百围大木之窍穴’词例相仿，皆《庄子》倒句法也。此谓一切古史乃先王陈迹已行于世之记载。”似较明白，遂从陈改正（见第一一一页第一行）。此句之后：“圣人怀之，众人辩之，以相示也”，似圣人之怀与众人之辩均欲“以相示也”。然船山《解》云：“（圣人）以通一者怀之，而不以示。彼有怀而亟言之者无他，只欲以示人而已。”则圣人不以相示，欲以相示者惟众人，故其句当作“圣人怀之；众人辩之，以相示也”或“圣人怀之，众人辩之以相示也。”草堂本原圈正从后式；陈本亦同，其今译曰：“圣人默默体认一切事理，众人则喋喋不休而竞相夸示。”类此者，均于阅稿中加以修正。又，中华本断句亦有如《老子衍编校后记》中所云过于碎割者，亦皆随文改进。以上均不另出校。

中华本小字夹注中之“○”记号，系草堂本、金陵本原有，本版仍之。

附录三种，均自中华本转载。其中董思凝王天泰二序为草堂本原有。王孝鱼《点校说明》除解释本书思想内容外，又以较多篇幅说明湘西草堂本之特点，有助于读者对此本之认识。惟中云“王敔对本书的《增注》，在他增注各书中，成绩最优，用力也最勤。引用古今名家之说很多，对明代名著，亦偶有采录。但绝不见当时最为风行的《南华副墨》及其作者陆长庚的名字。引用最多的是方以智，有十几条。我们知道，方以智是船山的老友，而陆长庚则是以佛理解《庄》的。于此，可见王敔在他父亲的教育下，在学术见解方面也是壁垒森严的。我还怀疑，这个

《增注》，或者是根据当时听讲的笔记而整理扩充起来的。”（见第四八二页第二段）统观全文，王氏似以本书之小字夹注，除冠以“评曰”者为船山之评外，余皆王敔所作，则窃以为不然。按今所见湘西草堂刻本凡十四种，署有敔注字样者仅《王船山先生书集》五种中之《老子衍》及本书而已，《老子衍》署曰“男敔纂注”，本书署曰“男敔增注”；《书集》余三种中，两种署曰“较”，一种署曰“补较”。此外湖南省图书馆所藏《夕堂戏墨》七种均署曰“较”，上海图书馆所藏《五十自定稿》及《七十自定稿》均署曰“辑”。而由敔“纂注”之《老子衍》既不能谓其注尽出于敔，说见前《老子衍编校后记》。由敔“增注”之本书亦不能谓除“评曰”以外之注皆属敔撰。前引王敔《大行府君行述》云船山于《庄子》及《楚辞》二书“俱为之注”，其明证也。考本书小字夹注约二千一百条，除船山之《评》外，其余仅少数冠以“敔按”字样，多数并无标识，其中绝大部分当系船山之自注。敔之所增，有可以辨识者。本书第一篇《逍遥游》第一节注“冥，海也”句上，草堂本、学署本原有细线作匡之“增注”二字，金陵本无之。似欲以此分别原注、增注，然其后并未贯彻，全书仅此一例而已。亦有可从注文本身大体加以识别者，如：

《逍遥游》“宋人资章甫而适诸越”节“往见四子藐姑射之山，汾水之阳，窅然丧其天下焉”句下小字注：“司马彪曰：‘王倪啮缺被衣许繇为四子。’敔按：庄以四子为神人，故在藐姑射之山。汾阳，尧都也。窅音杳，深远貌。”从“敔按”可知“司马彪曰”云云乃船山原注，“敔按”以下则似皆增注也。（见第九〇页第一行起）

《齐物论》“昔者庄周梦为胡蝶”节末句“此之谓物化”下小字注：“物化，谓化之在物者。〇敔按：鹍化鹏，蜣螂化蜩，鹰化鸠，田鼠化斥鷃，大者化大，小者化小。至于庄周化胡蝶，胡蝶化庄周，则无不可化矣。当知物化有分，天均自一。”注中以“○”分隔，且加“敔按”，原注、增注，似尤易区别。（见第一一九页第七行起）

《庚桑楚》“券内者行乎无名，券外者志乎期费”节“人见其跂，犹之魁然”句下小字注：“刘辰翁曰：‘跂而立者，人见其魁然，而真魁然者不跂也。’○跂而为魁然之状，形容券外者殆尽矣。”注中虽无“敔按”，然所加之“○”似为船山原注与敔增注之分界，增注所以增补原注之意。如概系船山之注，则前后部分语气本极连贯，以圈隔开为无谓矣。（见第三五九页第六行起）

《马蹄》“及至圣人，蹩躠为仁”节“摘僻为礼”句下小字注：“摘，取也。僻、擘通，挥也。多其去取，劳伤肌骨。○僻一本作辟。刘辰翁曰：‘摘如摘埴之摘，辟如鞭辟之辟。’”此注亦以“○”分为两截，对“摘”“僻”二字之解释，前后大相径庭。统观全书之注，泰半一注一说，求以通解文义而已，不以广引异说为贵。故疑此注后半亦敔所增，或以刘辰翁说为胜而补引之，用加“○”以自别也。（见第一九四页第五行起）

然似此分析，亦骤难落实，敔之所增，不易一一辨认，故《点校说明》所云“王敔对本书的增注”者，乃无可确指，其言固失之囫囵矣。据《行述》所云，则本书之主要注者仍当归之船山，敔虽有所增，似不能多。书名下之“男敔增注”云者，乃增新注于原注，非增有注于无注也。至《说明》云：“这个《增注》，或者是根据当时听讲的笔记而整理扩充起来的”，则敔所增者或出于乃父之讲授，亦情理之常。然敔亦间有独立之见解，如《山木》篇“孔子围于陈蔡之间”节，对“道流而不明，

居得行而不名处”两句之读解更立异说，其一例也。（见第三一二页第七行起）

本书之《庄子》本文有与通行本不同者，亦如《老子衍》之例，不再一一注明。

全书之覆校定稿，由杨坚任之。

（原载《船山全书》第十三册）

# 《庄子通》编校后记

本书所见版本凡三，而以清同治四年（1865）之金陵本《船山遗书》中所收者为最早；民国二十二年（1933）之上海太平洋书店《船山遗书》本系据金陵本翻印，文字无异；解放后公元1962年又由中华书局据金陵本点校出版（与《老子衍》合印一本）。中华本《老子衍·庄子通》有王孝鱼之《点校后记》，见第七〇页《老子衍》书后附录。

按王敔《大行府君行述》中亦有关于本书之记述，系与《庄子衍》（即《庄子解》）并提，见前《庄子解编校后记》①。《庄子解》为湘西草堂本《王船山先生书集》五种之一，公世最早。本书则金陵本以前之旧刻旧抄，无一得见。刘审吾《衡阳刘氏珍藏王船山先生遗稿记》一文（见民国四年湖南出版之《船山学报》第一卷第五期）备列其家所藏船山著作抄本四十八种之目，《庄子通》列为第二十一；文云同治初金陵刻印《船山遗书》时，其家曾“出遗稿相授”。则金陵本据以付梓者或即刘氏所藏之旧抄；然书中并无交代，未知究竟，而刘抄是后亦不明下落。故此书之版本，目前所见当以金陵本为最早。

---

① 《行述》共三本，而以船山八世孙德兰之手抄本《大行府君行述》为全，《庄子解编校后记》中所引者即此本（参见第七一页及四八四页注），其余金陵本所收题为《薑斋公行述》及王之春《船山公年谱》所收题为《行述》之两本，均只言有《庄子解》，而未述及有《庄子通》。

此次编校，即取中华本并参金陵本、太平洋本，由杨坚覆阅定稿。《逍遥游》篇原有中华本校者按一条置正文中，今移于页末（见第四九五页）；《人间世》篇有白匡二，系金陵本原有，太平洋本同，中华本未有交代，今加注说明（见第五〇〇页）；《达生》篇首句系中华本所校改，原于《老子衍・庄子通点校后记》中一并说明，今亦于当页加一校记（见第五一一页）。又于王氏标点亦偶有改订，如《胠箧》篇原句："知圣人之不可死，大盗之不可止，无可奈何而安之以道。犹将延颈举趾，指贤智为名、以殉其私利，而欲以止盗，其不为大乱也匙矣。"今改前句号为逗号，又去其顿号，作："知圣人之不可死，大盗之不可止，无可奈何而安之以道，犹将延颈举趾，指贤智为名以殉其私利，而欲以止盗，其不为大乱也匙矣。"如是者亦有十余处，兹不赘述。

本书《徐无鬼》《寓言》《列御寇》三篇下注"阙"字，皆金陵本之旧。

本书目录亦系金陵本原有，中华本沿之。《庄子・内》《外》《杂篇》三十三，目录中只二十九。今按《天下》篇题下有小字注云："《让王》四篇，赝书也，鄙倍不可通。"是船山自注。四篇即谓《杂篇》中之《让王》《盗跖》《说剑》《渔父》，故目录阙如。又按《庄子解》于此四篇《解》之开端，均有"赝编不置释，说见篇首"一语。《杂篇》篇首则谓："若《让王》以下四篇，自苏子瞻以来，人辨其为赝作。观其文词，粗鄙狼戾，真所谓'息以喉而出言若哇'者。《让王》称卞随务光恶汤而自杀；徇名轻生，乃庄子之所大哀者；盔於陵仲子之流忿戾之鄙夫所作，后人因庄子有却聘之事而附入之。《说剑》则战国游士逞舌辨以撩虎求荣之唾余，《渔父》《盗跖》则妬妇詈市，瘈犬狂吠之恶声。列之篇中，如蜣螂之与苏合，不辨而自明，故俱不释。”（见第三四八页）此即“鄙倍不可通”之故，书中未有详说，盖已于彼明言之矣。

中华本本书正文前原有关锋《王夫之的庄子通》一文，格于《全书》体例，今删去。

（原载《船山全书》第十三册）

# 《相宗络索》编校后记

本书此次编校，所见有印本四种，写校本一种。印本依次为民国十年（1921）之衡阳文明印刷公司石印本、民国二十二年（1933）之上海太平洋书店《船山遗书本》、民国二三至二五年（1934—1936）湖南出版之《船山学报》第六至十期连载本，以及1989年中华书局出版之《中国佛教思想资料选编》（第三卷第三册）本。此外似尚有印本，未见。写校本系故四川佛学研究者王恩洋所校点，附有《校勘说明》及《校勘记》，1988年由《全书》顾问任继愈先生转来。

文明本为本书现存之最早印本（实亦本书之首次印本，见后），书首有黄骏序，言其所据底本之来历云："船山先生《相宗络索》一卷，久经散佚，友人邓君佳琳力索得之者也。"又言其校订作序之经过云："曾君一哉亟欲付之剞劂，刘君旦青、陈君敬恒殷殷属余为之校正，爰是书以质当世之究心唯识者。"按黄氏校正态度颇为矜慎：书中凡疑为误、漏、倒文者，概于其下以小字作夹注，而不径改，虽于词义显然毋庸致疑之处亦然；原书或因纸质糟朽而致文字漫漶脱落者，则皆标以白匡，复于其下以小字注明应作何字，亦不径补。如"生起不断之门'门'应作'阿'。赖耶识"（《十二支》章，见第五三二页第一行及有关页注）、"入修道位，勤修成'成'应作'戒'。定慧三品"（《十地》章，见第五八〇页第八行及有关页注），是其对于误字之处理也："其余心所或有间断，唯此五种心‘心’下应有‘所’字。贯彻八位识中，刹那不停，浩劫不息"（《六位心所》章，见第五五三页第二行）、"执妄身为我，起种‘种’下应有‘种’字。贪着"（《邪见五种》章，见第五六八页第三行及有关页注），则其对于漏字之处理也；"若八识心所，亦有生灭胜用，不受熏应。‘应’字应置‘用’字下。"（《七识能熏四义》章，见第五六七页第十行及有关页注），则其对于倒文之处理也（全书倒文只此一例）；又如"所作所□应补‘成’字。皆证妙果"（《十地》章，见第五八三页第三行及有关页注）、"八识本体□□应补‘即如’二字。来藏"（《八识转成四智》章，见第五八六页第四行及有关页注），则其对于磨灭失落文字之处理也。盖黄氏于其底本中疑为误、漏、倒文者凡四十三处、四十三字（其中误字三十一处三十一字，漏字十一处十一字，倒文一处一字），皆如上例作注表明，此类共作注四十三条；又于文字漫漶缺失之十七处作白匡二十八，则除一处二匡未有注外，亦各有小字夹注表明应补何字，此类共作注十六条；此外又有讨论教义、文字之注各一条，总计作注六十一条。其书原有船山自作小字夹注五条，则皆标以"自注"字样，以资区别。此外文明本又分段以示章节，作圈以示句读，又以引号标明各章所含诸名目，凡此当亦黄氏所为，而皆有利于读者。

太平洋本与文明本之关系，略可于《船山学报》连载此书之"编者识"窥知，其文云："此书前曾文正公金陵集刊《船山遗书》时，未经收入。本社闻有写本流在长沙，索之未获。前年湘政府筹巨款交上海太平洋书店重印《遗书》，社员刘约真于衡州搜得此稿，飞寄滬上，乃刊入《遗书》子部。兹因索阅者众，且金陵本未收，想学者多欲补读，故特刊之。"据此，则太平洋排印此书所用之底本得诸衡州，即文明本刊地也。今以两者对勘，则文字皆同，惟文明本疑为误字之三十一处、三十一字，太平洋本于其中二十九处二十九字皆据原注径行改正，而并删其注（余两处未改者仍照文明本排印）；于倒文之一处一字亦然；于其疑有脱漏之十一处、十一字则概未填补，仍保留原注；于所有白匡亦不填补，而皆删去其注。此外除显为新增之排印错误，一无其他异文。故知太平洋本之底本盖即文明本，然其抄印办法颇为粗疏，对误、漏、倒文之处理无统一体例，删去白匡下之原注则更觉卤莽。

至其余三本，《学报》本有上述“编者识”，《资料》本有尾注，王校本有说明，皆谓所据乃太平洋本。视其文字，确亦无异。于是太平洋本之缺点，三本亦在所不免。

今按：文明本当为本书印本之嚆矢。视其尤早者唯有写本，而迄今并无发现。船山此书乃为僧先开而作，刘毓崧实首加考证，其《王船山先生年谱》（清光绪十二年江南书局刊板）康熙二十年辛酉（船山六十三岁）云：“是年为僧先开编《相宗络索》。《七十自定稿》是年有《南天窝授竹影题用徐天池香烟韵》七首，第六首自注云：‘时为先开订《相宗》，并与诸子论《庄》。’按《相宗络索》乃释氏之《小学绀珠》，南天窝盖即先开所居。先生生平未尝佞佛，此特一时寄兴，以应先开之请耳。”此说为周调阳采入其《王船山著述考略》一文（见中华书局 1962 年版《王船山学术讨论集》下册）。然刘、周均未获见更多之有关资料，近年发现之王敔《大行府君行述》记船山此书之作意则更郑重切实，其文有云：“亡考慨明统之坠也，自正嘉以降，世教早衰，因以发明正学为己事，效设难作折，尤其于二氏之书，入其藏而探之，所著有《老子衍》《相宗》《论赞》，以为如彼之说，而彼之非自见也。”① 更晚发现之船山佚诗《授别峰僧先开上人相宗络索口占》则有反映船山思想及关于此书写本之最直接资料。诗见于王敔之《笈云草诗集》中，其目录有一题为：

> “先君授别峰僧先开上人《相宗络索》一帙，上题口占诗云：‘且凭嚼饭喂婴儿，莫放蜘蛛拽网丝。杜宇唤春归正急，原来春在落花时。’癸亥冬作也。癸酉秋予过别峰，袖原本归，录成副帙，将手书仍付先开藏之，哀赓原韵代柬呈上人。九首。”

以上材料发表于《船山学报》1989 年第一期。睹此始知船山于辛酉（康熙二十年）订此书，然至癸亥（康熙二十二年）始成，手书以付先开，又十年癸酉（康熙三十二年）王敔借归录副后仍交先开收藏，时船山殁已期年矣。故此书当时即有两本，一在佛界，一在人间。手稿当为别峰僧所珍藏，然历时既远，其庵又于 1968 年毁于火，今亦无可问讯。抄本则见诸记载者非一，刘毓崧所见之三卷本，即其例也。② 更早则邓显鹤所见有一卷本，又一例也③。民初刘审吾所云其家所藏之抄本，则据谓当时拟以付

---

① 按《行述》见于世者凡三种。此所引为船山八世孙德兰之手抄本，余两种俱有删节，不见本段。（三本之具体情况，请见前第七一页注①。）其中“相宗论赞”四字，有谓指《相宗络索》与《三藏法师八识规矩论赞》者，有谓仅指后一书者，今从前说。即仅指一书，无碍于王敔之述船山作意也。

② 金陵本《船山遗书》目录载：“《相宗络索》三卷未刻。”此目录除所刻书外，对当时所知见之船山著述均一一载录，分别注明“未刻”、“未见”。故知刘实见此书，特未刻耳。

③ 守遗经书屋本《船山遗书》卷首所刊之邓显鹤撰《船山著述目录》载有“《相宗络索》一卷”。此目录亦尽载所知之船山著述，分为“已见”“未见”两类，《相宗络索》属“已见”类。

印，而迄未能证实者也。有关抄本之记载虽多，至今亦无一得见。

拟以付印云云，见于刘审吾《衡阳刘氏珍藏王船山先生遗稿记》一文（刊民国四年湖南出版之《船山学报》第一卷第五期）。刘氏于该文中自述其家藏有船山著述抄本凡四十八种，并一一开列其目，第二十六即《相宗络索》；又谓金陵刻书时，其家曾“出遗稿相授”，然其后原本发还，则有多种“扣未见覆”。故其文云：“先父禄一公每诵邦正公藏书诗云：‘藏书有借忘非已，探罍恒空梦不圆’，服膺伤之。故《相宗络索》《搔首问》《三藏法师八识规矩论赞》稿藏吾家，屡经文人学士询查刻刊而吾未敢应者，恐莫见覆故也。”可知当时“出遗稿相授”，《相宗络索》并不在内。文又云：“兹值民国光复，倡千圣之正学，发二酉之秘藏，谨将《搔首问》《相宗络索》影抄公世。”又可知其时当有以此书付印之拟议。若欲付印，则交与船山学社（刘文所刊之《船山学报》即学社所办）亦属近情。然查学社当时所印诸书，有《搔首问》而无《相宗络索》，则又不知何故①。

无论如何，此书就写本而言，迄未有所发现；就印本而言，则无有较文明本更早者；且其校点成绩卓然，已如前述，以故此次编入《全书》，作为底本实最合理，其余各本则惟供参照。又前云太平洋本祖文明本，其余《学报》本、《资料》本、王校本同祖太平洋本，文字悉同；然太平洋本《船山遗书》格于自身体例，于所收诸种著作均仅刊白文，不施句读标点，故其于文明本之原圈亦概予废弃，再加以删去原有夹注，新增排印讹字，乃使其后

① 湖南船山学社民初由刘人熙主持，曾印行船山未刊著作数种。周调阳《王船山著述考略》谓其所印书中有《相宗络索》，殆未亲见。刘志盛《湖南船山学社大事记（见《船山学报》1989 年第一期）举当时所刊书目，中无《相宗络索》为近是。

之三本同感困惑。三本均试改错字，亦皆断句（《学报》本用圈点，《资料》本、王校本用标点符号），惟王校本为善；且其校不限文字，亦涉义解，遂非《学报》本、《资料》本所能比论。

任继愈先生转寄王校本时附信云：“我这里有四川佛学研究者王恩洋先生的遗稿：关于《相宗络索》的《校勘记》。连同原书，共三份，请转交给负责校点这部书的同志，供他参考。这部书也很难读，王老先生的稿子很有参考价值。参考王的手稿，将会对于提高全书的质量有所裨益。”（1988 年 12 月 21 日致笔者函）来件计：《相宗络索》写校本一叠；太平洋本原书一册，已施标点，加校勘注码，作有眉批，系写校本之初稿；《校勘记》一本，前附《相宗络索》目录及《校勘说明》；又王氏自撰之《相宗络索内容提要》一本。全部书写出于一人之手，盖王氏亲笔。其《校勘说明》全文如下：

“这书凡二十九章，包罗整个相宗的重要思想。由于名相繁广，文字简奥，更因讹字歧义太多，使读者感受不少的困难，重行校刊是必要的。

“这书现有三个本子：一、《船山学报》；二、长沙排印本（误字亦多）①；三、太平洋书店《船山遗书》本。今校据《遗书》本。

“可惜作者的原稿无可考见，更没有其他可靠的本子取以相校。但本书是根据《瑜伽师地论》《成唯识论》《八识规矩颂》而作的，今便取以相证，来订补缺失。

---

① 全书编校期间曾广搜各本，未获此书。然既云“排印”，又云“误字亦多”，似不能早于文明本甚至太平洋本，当亦展转翻印之作耳。

“由于作者所处的时代，所见到的典籍有其一定的局限性；又其中有一些地方是他为了借此来表达其个人的一些哲学思想，所以有许多地方与相宗原义颇有出入。因此，一部分是文字异同问题，一部分是思想的分歧。在校勘方面，既要保存作者的思想系统，又要勘正出它与相宗出入之处。略例如下：

“一、凡文字显然讹缺的，依据相宗典籍或教义径行校补。

“二、凡立说与相宗出入之处，校记中或举明出处，或略述教理，以供读者互勘，概不删改。又为了避免繁琐起见，文字尽量从简，也不作批判性的说明。

“三、为了保存原稿的本来面目，凡删、改、增、乙之字概用〔　〕来标明。

“校者谨识。1960 年 9 月。”

校记共一〇五条。其中一部分系王氏视为明显之文字讹脱，径予订正，此类凡六十八条；一部分属于教义之讨论，则不改旧文，此类凡三十七条。今按：在前一部分中，有文明本本不误而属太平洋本排误，王氏改正，与原本相合者，如“遂于幻中现其影似，而起计较、恩冤、违顺等想”，太平洋本误“恩”为“思”（《六识五种》章，见第五六一页第二行及有关页注）；“持种，谓执持一切善染种子”，太平洋本误前“持”字为“特”字（《八识十证》章，见第五六一页第十行及有关页注），王《校》均予改正，与文明本合。又有文明本所据原稿之脱误，经其校者用小字夹注指出而未径改，王《校》恰与其注相合者，本版皆从此改正，仍存原注于校记中备查，如“至修道位已满证无功（□□□）〔用行，一〕刀割断末那”（《八识转成四智》

章，见第五八五页第二行及有关页注），文明本原以三白匡置正文中而作小字注："应补'用行一'三字。"王《校》亦补此三字；"七识灭尽，（□□）〔圆镜〕智自显"（同上章，见第五八六页第八行及有关页注），文明本原以二白匡置正文中而作小字注："应补'圆镜'二字。"王《校》亦补此二字，均与文明本原注契合，遂皆从此补正。又有文明本错误显然，王《校》指出，殆无疑义者，本版亦从而改正，如"既入于六尘，则五蕴与彼（大）〔六〕处相遇而触"（《十二支》章，见第五三三页第一行及有关页注）；"遂于意中现一可（穰）〔攘〕可窃之规模"（《三量》章，见第五三八页第二行及有关页注），以上两处圆括弧中皆文明本原字而太平洋本沿之，显系形似致误，王《校》改正，本版从之。对诸如此类以外之校改，本版则惟移录其语于页边校记中而不照办，以存文明本之原貌，读者当可自行审择。至王《校》属于教义讨论之三十七条，本无意改易旧文，本版亦皆于页边校记中存录之。王氏之校改虽亦偶有疏误①，然

① 王氏未见文明本而仅据太平洋本读校，其疏误多与此有关。如《六位心所》章云："第七有四根惑，成大随，染有覆无记性为无明。"太平洋本误"随"为"髓"，王校本遂亦作"髓"，而以"成大髓染"为句（见第五五六页及该页注①）；又如《见分三性》章分段论列圆成实性、依他起性、遍计性，其圆成实性段之末句为"八识转后，此性乃现。"依他起性段之首句为"依他起性，或依境，或依根"。文明本于段与段间皆以大圈占格表示间隔，太平洋本既尽去其圈点，又不于此分段，王校本遂以二段相连成句，读如"八识转后，此性乃现依他起性，或依境，或依根"（见第五四二页及该页注②）；又如《我法二障各二》章"以观门妙察照破二执本非实有"句，王氏误将"观门妙察"看作"妙门观察"，遂径改之为"妙观察智"，其《校勘记》云："'妙门观察'不辞，今改。"按此处"观门"为佛家六妙门之一，《佛学大辞典》云："观门，分别权析之心名为观，故以观为门。"故"观门妙察"似非不辞，若"妙门观察"则诚不辞矣。王氏据其误读以纠误，遂不免于误。（原句见第五四六页第一行，各本皆同，此条未作页注。）又，王氏于其《校勘说明》中言有《船山学报》本，然似未细参；以上三例，《学报》本俱不误。

就全体而论，则其匡正文字，辨章学术，皆大有造于本书，任老所谓“对于提高全书的质量有所裨益”者也。

文明本之校刊者黄骏亦谙佛学，可于其校点工作中见之。其对此书误、漏、倒文之校勘及漫漶脱文之补正，厥功甚伟；所作文明本序中说明船山此书之得失及其原因，又具体指出此书乖迕相宗教义之处，如“以第六意识为持业释，第七末那为依主释，以第六不缘根境缘生，第七不缘作意缘生”等等，皆与王恩洋先生所言不谋而合。故此书之印行，端赖黄氏校订于先，王氏勘正于后，四十年中相继努力，胥前辈之劳已。

此次收入《全书》，遂以文明本为底本，与太平洋本、《学报》本、《资料》本、王校本会校，而以王校本为主要之参考。计改、补、删、乙文明本之讹、脱、衍、倒凡六十六字，其中文明本原有小字夹注说明应作某字者五十三字，正文订正后仍存原注于校记备查；从王《校》新改者八字，于此次编校中发现而新改者五字，亦均出校说明。至文字之断句，各本颇多歧异，大体以文明本、王校本为善（虽然二本亦多有参差），亦间于校记中例示之。至王氏其他校改意见及有关教义之指正，亦皆移录于本版校记，以供参考。如是，连同编者以为应予存记之其他事项，凡得校记一六二条。

书中有附图三，皆自太平洋本影印，其说明文字中之标点为编者所加。

黄骏之序，又王恩洋所作《相宗络索内容提要》一篇，有助于对本书之理解与评价，兹皆作为附录而存之。

本书各印本原无目录。王校本始抽取各章标题写为目录，为本版所沿用。

本书之重新校点由哲学工作者徐荪铭任之，请湖南省佛学研究者吴立民先生审阅其稿；吴氏于王《校》作有阅读之随记，于全书之标点写有意见。校记中有云“吴《记》”者，即其所作。全书由杨坚整理重抄，并加入《附录》且审定。

（原载《船山全书》第十三册）

# 《愚鼓词》编校后记

本书为船山以乐歌形式述道家内丹丹法之作。王敔《大行府君行述》云："山中时著道冠，歌愚鼓"①；即此类也。分《前愚鼓乐》（鹧鸪天词十首）及《后愚鼓乐》（渔家傲词十六首），末附和青原药地大师之《十二时歌》（十二首），凡三十八首②。此次编校所见之版本凡五，依次为：清康熙时之王敔较刻

① 引文据船山八世孙德兰之手抄本。《行述》尚有其他两种删节本，此句不载。三种版本之情况见第七一页注㊀。

② 近年发表之本书研究著作，有吴明《愚鼓词注释》（见《船山学报》1986 至 1988 年各一、二期）、《十二时歌注释》（见同刊 1989 年第一、二期及《湖南社会科学》1991 年增刊）及徐荪铭《王船山愚鼓词中的哲学思想》（见《船山学报》1986 年第一期）。两家所述本书内容为：《前愚鼓乐》言"梦授"之丹法，《后愚鼓乐》为"译梦"即诠释梦授之金丹歌旨。前者十首，第一首言丹法须三全（精满、气足、神全），第二首言药源（涕唾精津气血液"七般阴"），第三首言运火（即掌握炼内丹火候），第四首言真意（用意志调和阴阳运药上升），第五首言河车（带药循环运行之径），第六首言活神（心死神活），第七首言采药，第八首言静炼，第九首言筑基固精，第十首言丹成。后者十六首，第一《炼己》释前第三首运火（前第一、二首总说丹法、药源，故不再释），第二《黄婆》释前第四首用意，第三《水中金》、第四《子时》、第五《弦月》释前第五首走河车，第六《采药》释前第六首心死神活及第七首采药，第七《龙吞虎髓》、第八《虎吸龙精》、第九《进火》、第十《退符》释前第八首静炼，第十一《沐浴》、第十二《刀圭入口》、第十三《后天炁接先天炁》、第十四《三五》一、第十五《光透帘帏》均释前第九首筑基固精，第十六《大还》释前第十首丹成。又《十二时歌》系对青原药地和尚（前大学士方以智）之和作。方入释，主禅；船山入道，主丹。其歌系述丹法炼精化炁阶段周天火候之术，盖以十二时明人身阴阳消长之理，以六阴六阳论火候循环一气之节也。

本，同治四年之金陵节署《船山遗书》刻本，民国四年之湖南船山学社石印本，民国二十二年之上海太平洋书店《船山遗书》排印本，以及解放后中华书局1962年初版、1983年第二次印刷之《王船山诗文集》标点排印本。其中学社本、太平洋本、中华本皆据金陵本翻印，间有个别异文，盖系手民之误；王敔较本与金陵本之间则异文较多。

王敔较本现藏湖南省图书馆，与《雁字诗》《落花诗》《和梅花百咏》《洞庭秋》《仿体》《南窗漫记》六种合订一本，图书馆书目中名《夕堂戏墨七种》。诸种版式一致，皆面九行，行二十字。而皆无封面；除《南窗漫记》外，皆以第一叶之第一行题其书名，第二行题“夕堂戏墨”，无“第几”字样。《愚鼓词》一种则并书名也无，其第一叶之第一行即题“前愚鼓歌”（其后续有“后愚鼓歌”、“十二时歌和青原药地大师”，即此书之三个部分），第二行题“夕堂戏墨　王敔较”，第三行题“私淑门人曾荣向订梓”。此书刻工较差，亦有错字，又有个别字空格未刻者。以之与金陵本对读，有异文约二十字。

金陵本《船山遗书》所收《愚鼓词》第一叶第一行书名下有小字注云：“夕堂戏墨之八”。《遗书》中尚有其他“夕堂戏墨”七种，亦各于其第一叶第一行书名下分别注明“夕堂戏墨卷之一”《落花诗》、“卷二”《遣兴诗》、“卷三”《和梅花百咏诗》、“卷四”《洞庭秋诗》、“卷五”《雁字诗》、“卷六”《仿体诗》、“卷七”《潇湘怨词》字样。惟七“卷”字与“之”字不一致。按金陵本于其所据底本出自何处，未有交代，然观其编次井然，讹字亦少，实较王敔较本为优。

民国四年湖南船山学社之石印本仅含前、后《愚鼓乐》两部分，而无《十二时歌》；每首词后附有简短之笺语，故曰《愚鼓词笺》，与船山《搔首问》合刊一本，书名即作“搔首问愚鼓词笺合刊”，由当时学社总理刘人熙字艮生，号蔚庐。题耑。笺语作者撰一《引端》弁于卷首，自署曰“蔚中人”，于正文首叶则署曰“后学笺”；观其笺语中数称“艮翁”，则其人与人熙相熟，或亦当时学社社友研习船山者。① 然此本有错叶（见第六一九页注㊂），有讹字（见第六一四页注㊂），非善本也。

综上所述，此次编校遂仍以金陵本作底本，参照王敔较本定稿，其余各本亦一同检阅。计据王较本订正金陵本之错字二，讳字一；王较本之异文可以存参者十三，王较本及其余各本之错

① 其《引端》及各首笺语均无多字，附录如下。《愚鼓词笺引端》：“钝汉读《愚鼓乐》四十年矣，未免囫囵吞枣。日咀月嚼，亦似略知味焉，知‘戏墨’非戏，亦非教外传心。‘三更一阵光明乍’，略为拈出，以待大心秀才。若逢人便说，卖弄虚脾，则入拔舌地狱。蔚中人记，民国四年夏日。”《前愚鼓乐笺》，《其一》：“虽曰囫囵枣，亦自不乏香味，不待《后愚鼓词》而始毕业也。”《其二》：“鸟臆无从说鸟梦，人头定可作人鸣，船山句与此相发。”《其三》：“此是绝顶境界，然初学须知及之。”《其四》：“言外道自诩神通，算结果总是暮气。”《其五》：“一阳初动处，万物未生时。”《其六》：“虽自悲身世，亦自理有固然。”《其七》：“且道先生忙的甚么。”《其八》：“且道不驱不废，又将凭何生活。”《其九》：“初学误入歧趋，以后傅粉涂脂，终是出乖露丑。”《其十》：“且寻孔颜乐处，莫终日磨拳擦掌，只寻敌人厮杀。”《后愚鼓乐笺》（其中后十首编次与本书异，见第六一九页注㊂，此处不予更正）：《炼己》：“船山所以说刘郎前度人无数，日日看花不厌来，盖戊己合也。”《黄婆》：“形色天性也。”《水中金》：“天在人中，斯为太极：此船山心得处。我辈讲船山学，于此着眼，方知艮翁无诳语。”《子时》：“天开于子，究竟天从何时开？有开则必有闭，邵子未曙乎此。”《弦月》：“解见《参同契》。”《采药》：“大道不离饮食男女。”《刀圭入口》：“医家说心为神明之舍，非肉团之心。”《后天炁接先天炁》：“意以为无先后天之分也。”《三五一》：“七十从心，功德圆满。”《光透帘帏》：“无内无外，时措之宜。”《大还》：“言大非夸。”《龙吞虎髓》：“天理人欲合一。若克己而不复礼，终是一决裂不可收拾。”《虎吸龙精》：“宋儒有身中夫妇之说，近于内丹，不知外丹亦复如此。说孔子之圣，须生荣死哀。仲弓问仁，亦告以邦家无怨。”《进火》：“进阳火，退阴符，只是勿忘勿助长。”《退符》：“愚者可智，智者不可复愚。知艮翁此语，方可与言船山学。”《沐浴》：“此阕更明白易晓。先圣后圣，穷达死生，其揆一也。借彼玄谈，翼我绝学。”

简、讹脱举示者八，以上凡出校二十二条。中华本系就金陵本标点排印，其标号时有失误，除第六一三页注㊂所示者外，如“大挠以前立活字不得”，大挠黄帝史官，始作甲子。失标；“王齐韩信元兴汉”当作“王齐韩信元兴汉”；“寥阳宝阁成独占”，寥阳道教殿名，在四川青城山。失标。书中皆随文改正，不另出校。

本书目录昉自中华本，今仍之。

本书由杨坚会校定稿，疑难之处，大多得力于吴明之《愚鼓词注释》，于此志谢。

（原载《船山全书》第十三册）

# 《船山经义》编校后记

本书收船山晚年所作科举文字三十九篇，前三十篇题出《学》《论》《庸》《孟》，后九篇题出《易》《书》《诗》《春秋》《礼记》，统为《九经》，题曰《经义》。有癸亥（清康熙二十二年，公元1683年）孟春自序云：“忽念身本经生，十岁授之父，弱冠有司录以呈之君，自不敢曰此聊以入时，壮夫不为。尝于《九经》有所撰述，而此艺缺然，亦缘早岁雕虫之陋，深自惭忸。先儒言科举业非不可学，况经义本以引伸圣言，非诗赋比者。……今略作数十首，以补早年雕虫之悔，稍有发明及劝戒。”其时船山六十五岁。又湘西草堂刻本《夕堂永日绪论》后刊有王敔蕉畦之学生曾载阳、曾载述之《附识》一则，可以参阅，其文云：“闻之蕉畦业师，子先生自粤归，丁谭太孺人之忧，时倥偬治丧，严寒一敝麻衣、一褴袄而已，厨无隔夕之粟，因为常宁诸从游者说《春秋》以给晨夕。不久辞去，一意著述，不复谈科举。蕉畦师自髫龄迄壮岁，日侍汤药于左右，亦不训及也。年六十一，各书著述将竣，于观生居授《四书讲义》，时洒笔作经书文，随手而就，亦随授所问者，而稿本不存。年七十时，自定四十篇，今存三十八篇，皆发《五经》蕴奥，当与《思问录内外篇》并传。今刻刊与《绪论》相比次，以《绪论》下卷仅详论制义之法，而《经文》一编，则先生日月江河天人性命之文也。”湘西草堂刻本《夕堂永日绪论》此次编校未能觅得，此段转引自周调阳《王船山著述考略》一文（见中华书局1962年版《王船山学术讨论集》下册）。“《经文》”系周氏标号，原句殆即指《经义》耳。其云此书乃船山自定，可与前引《序》相印证；又云全书凡四十篇，存三十八，与今本《经义》亦仅一篇之出入；又云刻刊与《夕堂永日绪论》相比次，则当时亦已付梓，惜原板无从得见也。

船山著述中，又有《制义》一书。道光二十二年（1842）邓显鹤撰《船山著述目录》（见守遗经书屋本《船山遗书》卷首），内有《薑斋外集四卷》一条，小字注云：“卷一《船山制义》，卷二《船山经义》。”邓《目》于其所载诸书皆分别注明“已见”“未见”，此条属于“已见”。二十年后，金陵本目录亦并列二书，于所刻《船山经义》一卷后，又有《船山制义》一种，则注云“未见”。又至民国四年（1915），刘审吾发表《衡阳刘氏珍藏王船山先生遗稿记》一文（见是年湖南出版之《船山学报》第一卷第五期），列举其家所藏船山著作抄本四十八种，其四十六曰《观生居文稿》，四十七曰《观生居制艺》。按上述周调阳文记其于1939年得见衡阳刘氏收藏遗稿人刘邓氏经由刘式之缴呈湖南省政府之遗稿十二本，内有两本曰《制义选评》，周文述其梗概云：“《制义选评》系选录明人所作时文就紧要处加以评语。评语分顶批、总评，分别批在顶端及文后，是用朱笔写的，行书，非常劲秀，可能是船山手迹。正文墨笔楷书，书法比较工整。”又一本为：“时文及其他文稿，合装一本。内容以时文为多，杂文有小品文、谱序等。封面有‘己未、庚申年作’等字，未署作者姓名。查己未、庚申为康熙十八、十九年（1679—1680），己未年初吴三桂之孙世璠尚盘踞衡州，时文中有《善为我辞焉》一文，言婉而意决。”

按周氏所述，当即刘审吾家所藏之《观生居制艺》与《观生居文稿》二书；《制艺》似系完本，《文稿》则杂抄合订者也。于是乃知船山确有《制义》一书，与《经义》为姊妹编；《经义》者船山所自作时文，《制义》则选评明人之时文也。按各书名目，曰“《经义》”，曰“《制义》”，曰“《制艺》”，其实皆谓科举应试文体，所谓八股文也。观前引《船山经义序》，则其对自作时文，所用者乃宋人以“经义”“诗赋”合称二科之“经义”一词，而或以“制义”称所选评之明人时文。至“制艺”似是刘审吾撰文时仓促所题，“文稿”亦然，观周文未言有此书名可知。而今本《经义》至少应有一篇佚文，名《善为我辞焉》。此文如作于己未，是年船山六十一岁，与曾载阳、曾载述《附识》中“年六十一，时洒笔作经书文”之言亦合，则其内容意义不止一普通之时文已也。周文又言其所见遗稿原藏南岳图书馆，经抗日、解放两次战争，该馆图书分别拨交湘潭图书馆及中山图书馆今湖南省图书馆，均未收到此项抄本，目前不知其下落云。抄本既经失踪，当必有收藏者，而迄尚潜晦，无缘收入本版《全书》，良可惜已。

至《经义》一书，除未见之湘西草堂本外，今所见者当以金陵本《船山遗书》所收者为最早，其底本不知何自。今考其篇目，《四书》文中以《里仁》命题之两篇，前曰“子曰参乎吾道一以贯之章”，后曰“朝闻道夕死可矣”，其次序与《论语》原文颠倒；“孟子曰人之所以异于禽兽者几希章”出于《离娄》，次序应在以《尽心》命题之五篇以前，今则错入五篇之中。其《五经》文中，“君子不以一日使其躬儳焉如不终日”题出《礼记》《表记》，“乐正子春下堂至予是以有忧色也”题出《礼记·祭义》，其排列次序亦与《祭义》《表记》之原次序相反。又三十九篇之数亦属畸零。故颇疑金陵本所据底本当有舛乱亡佚，已非船山自定之原貌矣。

除金陵本外，所见者尚有光绪二十七年（辛丑，公元1901年）之玉清书屋本与民国二十二年（1933）之上海太平洋书店《船山遗书》本。前者款式、字体均与金陵本无异，惟书牌镌“光绪辛丑湘乡曾氏刊于金陵节署”，而与金陵本镌“同治四年湘乡曾氏刊于金陵节署”者不同。按同治四年曾国藩任两江总督，刻《船山遗书》；其后曾国荃亦曾任江督，光绪十六年殁于官。光绪二十七年辛丑之江督为刘坤一，岂复有曾氏能以节署之名义刻书乎？玉清书屋本属盗版书无疑。至太平洋书店之《船山遗书》本系据金陵本翻印，而排版之舛误脱漏凡六十余处，其中有整行铅字因挪移不慎而散乱脱落，以致不复能读者。除此两种外，又见有光绪十九年（1893）刻印之《四家文抄》一种，收王夫之、章金牧、罗有高、胡天游四家《四书》文各一卷，王氏卷所收即《经义》中之三十篇《四书》文。此书并无出版处所，盖亦坊刻牟利之作，与玉清书屋本同。

如上所述，本书遂以金陵本为唯一可用之本，今即据以校点，仍取太平洋本参照。定稿后，计改正或指出金陵本讹脱者五处、五字，注明其白匡者二处、四字，共得校记七条。

本书之分段，略依八股文之体裁。惟船山视开合起结排比之法为桎梏，其所自作皆以发明经义，初不以拘守功令为意，段落之设，亦随文起止而已。又，书中之十一篇，皆于文后有小段之附识，或述作意，或慨世事，或记掌故，或抨浮屠，审其内容，亦皆船山所作。金陵本低一格刻印；本版另予空行，以资识别。

金陵本原具目录，惟其中若干篇皆与书中之篇题略有参差，原题过长则省略其字数。今悉依书中篇题统一之。

本书曾由危克安点校，由杨坚覆校定稿。

（原载《船山全书》第十三册）

# 《楚辞通释》编校后记

本书此次编校所见印本凡六种，又据前人校记以推知其大概者有旧抄本一种。兹先列举诸种名目，然后略加考述如下：

（一）清康熙四十八年（1709）由船山之子王敔刊行之湘西草堂刻本；

（二）清道光二十八年（1848）衡阳学署据湘西草堂藏板重刊之补镌本；

（三）清同治四年（1865）金陵节署刊刻之《船山遗书》本；

（四）民国二十二年（1933）上海太平洋书店用铅字排印出版之《船山遗书》本；

（五）1959年1月出版、由中华书局上海编辑所编辑之中华书局本；

（六）1975年6月出版、据上述中华书局本重印之上海人民出版社本。

又，本书旧有衡阳刘氏之抄本。已故学者马宗霍于本世纪四十年代曾以之与金陵本对校，作有校记四条。刘氏抄本此次未见，然据马氏校记，略可推知其大概。

所见之前人校记，此外又有故周调阳氏据衡阳学署本以校金陵本及太平洋本者一种，凡三十二条，亦为此次编校之参考。

湘西草堂本书影见卷首图片三。此本在湖南凡有两部，一藏湖南图书馆，前为南岳图书馆所藏，钤有该馆印章。一藏湖南省社会科学院；前者封面脱落，后者为《王船山先生书集》五种之一。[①] 其书版式为面八行，行二十字。首叶首行镌‘楚辞通释’书名，下有‘评点并载’四小字；次行署‘南岳王夫之释、男敔补较’；三、四、五、六行署‘后学王扬绪、丁光祺、王扬绩、丁光禴同订’，四名并列，各占一行；第七行起入《离骚》正文。然两本所收篇目不尽一致。湖南图书馆藏本之篇目如下（书中所附他人序跋除外）：

《序例》（船山作）。

《楚辞通释》本文：

屈原作七篇：《离骚》《九歌》《天问》《九章》《远游》《卜居》《渔父》；

宋玉作二篇：《九辩》《招魂》；

景差作一篇：《大招》；

贾谊作一篇：《惜誓》；

淮南小山作一篇：《招隐士》；

江淹作二篇：《山中楚辞》《望远山》；

船山自作一篇：《九昭》。

以上凡十五篇，列为目录。[②]（《序例》及《屈原列传》不入目录）。

---

① 康熙四十八年前后，王敔于湘西草堂刊行船山《老子衍》《庄子解》《楚辞通释》《张子正蒙注释》《俟解》等五种著述，括以总名曰“王船山先生书集”，封面镌此五种书名，其照片见《全书》第十三册卷首图片三。有关此《书集》之记述，见《全书》第十二册《张子正蒙注编校后记》及第十三册《老子衍编校后记》。

② 湘西草堂本及衡陽学署本目录均只列篇名，并无卷次。至金陵本始于各篇名前另加卷次，成十五卷。

附录：《史记·屈原列传》。

与湖南图书馆之藏本相较，湖南省社会科学院之藏本缺船山《序例》及其自作之《九昭》一篇，目录中亦无《九昭》。推究其故，或出于王敔隐微之用心，于刊刻时有意抽去此两篇，以敷衍清吏之求书者也。考康熙四、五十年间敔所见之清朝政、学大员，如湖广提学道董思凝，提督湖广学政继任偏沅巡抚之潘宗洛，提督湖广学政李周望、缪沅，以及分巡衡永郴桂道张仕可等，皆尝闻船山之名而求书于敔，又皆称获睹《楚辞通释》。然度敔初心，实不欲以《序例》及《九昭》之思想，令清吏知之。按《序例》云："蔽屈子以一言曰'忠'。"是以忠为屈原人格之最高表现；忠者，忠于旧君，忠于故国也。又云："复缀《九昭》于卷末，匪曰能贤，时地相疑，孤心尚相髣髴。"则又以明己之忠，亦仿佛屈原，虽时地不同，而孤心独往，君国之义一也。尤有进者，其论楚地灵奇之气曰："楚，泽国也；其南沅湘之交，抑山国也。叠波旷宇，以荡遥情，而迫之以崟嵚戍削之幽菀，故推宕无涯。而天采矗发，江山光怪之气莫能揜抑，出生入死，上震天枢，□□□秦，□江□□，皆此为之也。"此段后半据其地之灵以推论其人之杰，虽于重要之两句皆作白匡，而其意固可仿佛知之。所谓"出生入死，上震天枢"者，非翻天覆地之英雄事业不克当此。屈原之后，惟刘、项之事耳。上句"秦"字，似关乎此；下句"江"字，则项羽与八千子弟渡江而西，固一世之壮举，亡秦之先声。又或以上句言刘、项之张楚击秦，下句言明祖之渡江开基,[①] 似亦顺理成章。刘邦、项羽、朱元璋，皆楚人也。《序例》之思想如此，《九昭》之志意亦同。其篇首小序云：“有明王夫之，生于屈子之乡，而遘闵戢志，有过于屈者。”其假托屈原之写怀曰：“宗臣之义，与国存亡”（《申理》章）；“目送江山，徒留余惜”（《违郢》章）；“张楚破秦之策，夙所位置，若在目前”，“秦人积怨于天下，如秋霖之害良稼。诛其君，吊其民，息天下之祸，如涤阴翳而睹青天，讫于西极而后已！”（以上《荡愤》章）忠爱激愤，跃然纸上，代屈子言，亦寄托也。又考当日时势，则清朝虽已开国，而统治犹虞不稳。康熙十二年三藩之叛，历时八载，跨地十省，其最盛时西自川滇，北至陕甘，东迄闽海，南抵两粤，势力达于全国之半。吴三桂称帝衡州，立国号，改正朔，置百官，封诸将，复举行云贵川湖乡试，号召远近。[②] 三藩平定后，台湾郑氏犹奉南明永历年号，至康熙二十二年始归统一。所有易代杀戮之惨，平叛征诛之酷，以及此后疑忌之深，督察之严，设身处地为王敔计，当其于清吏求书之时，自不得不虑患思危，不肯暴露船山之思想，因此于本书乃抽去《序例》，以及《九昭》，而后投进。潘宗洛等所

---

① 按明太祖朱元璋起于淮北，渡江乃得应天（今南京）作基地，为开国事业之一大关键。以是“渡江”一词，屡见诏谕，如元至正二十七年正月谕：“太平、应天诸郡，吾渡江开创地”，明洪武二年正月诏：“朕淮右布衣，因天下乱，率众渡江，保民图治。”均见《明史·太祖纪》。又《薑斋文集》卷一《绎思》篇歌颂明祖功业，有“手秉天箠，刷江浚淮”之句，见《全书》第十五册第九二页第五行。

② 犹可附述者：当三桂之初起，广西将军孙延龄于康熙十三年二月举兵归附。会延龄生辰，船山曾作《双鹤瑞舞赋》以颂，序中称其“光赞兴王，胥匡中夏。”参阅《全书》第十五册第九二九页该赋及其页注①。

见者，当即此本，[1] 湖南省社会科学院所藏者亦此本也。至敔家中所藏，自必存父书之完，《序例》《九昭》，皆当保留；不得已于《序例》挖去最为触目之两句，然犹每句各留一眼，俾后之览者省焉。湖南图书馆所藏者即此本也。两本篇目参差之故盖如此。有疑其乃初刻本与递修本之别者，窃谓不必多立名目，徒滋纷纭；又有另标所谓康熙本之名，以区别于草堂本者，则更不察二本版式、字体之同一，且一以时名而一以地名，读者不憭，必更生疑惑矣。

王敔所刊之《王船山先生书集》五种，其板后归临蒸黉舍（按即衡阳县学）。百余年后，分巡衡永郴桂道俞焜命属取旧板重印，而"岁久漫漶，多脱简"，"爰购善本属补刊，并详校焉。"改称《船山遗书子集五种》，每种封面均有"道光二十八年补镌"字样，即所谓衡阳学署本也。见《全书》第十六册《杂录》所收《船山遗书子集五种》郭孔岚跋。今考《学署》本之版式、字体，皆与草堂本同，其篇目则与湖南图书馆之藏本同，知其确为草堂原板之重刷。然学署本于旧板之脱落者实未能完补；其最大之缺陷，为《招魂》之末脱落"青骊结驷兮齐千乘"句以下原诗两节九十字，又此两节之船山释文二百五十五字，合计三百四十五字（见第四一六页注㊀）。此两节原诗及释文，为草堂本《招魂》之末叶，其雕板则学署重刊时已缺。自学署本后，金陵本仅能补入此两节原诗，而无《船山》之释文。金陵本以后各本，亦皆未能完补此叶，不得不视为百余年来读者之遗憾。又学署本于原板个别漫漶缺损字，亦因无可查考，或改而作墨钉（如船

① 潘宗洛、张仕可得读本书尚在王敔梓刻以前。二人所见者当是《楚辞通释》之手稿或抄本，见本文后段关于此书梓行过程之论述，然亦无碍其为抽去二篇之手稿或抄本也。

山《序例》“上震天枢”句之“枢”字，参见第二〇八页注㊀），或以意补镌，而不合原本（如《离骚》“皇剡剡其扬灵”句之误字，参见第二三四页注㊂）。虽为数不多，亦属缺陷。

金陵本《船山遗书》中之《楚辞通释》，所据底本未有交代。查刘审吾所作《衡阳刘氏珍藏王船山先生遗稿记》一文（载民国四年出版之《船山学报》第一卷第五期）开列其家所藏船山著述抄本四十八种，《楚辞通释》居其第二十五。刘文云：“同治初，湘乡曾氏搜刻先生遗稿，茫然莫得。时先父授徒常文节公家，因托常氏殷勤致询，始出遗稿相授。”是金陵本所据者或即此刘氏之抄本。然据马宗霍《校记》，则刘氏抄本与学署本似无差别。① 今以学署本与金陵本对照，二本篇目、编次悉同，文字则除学署本之讹、脱、衍、倒及破体、俗体、误刻之字由金陵本加以订正者外，其他差异亦鲜。以是学者有疑金陵本之底本即学署本者，顾亦未能遽加肯定也。

学署本既为草堂本之重刊，则其讹误亦即草堂本之讹误。盖其书来源虽最近真，而校刊实有未善，以是金陵本对之订正颇多，其例如：

《九辩》第六章“壄草同死”句，金陵本“壄”作“埜”。

---

① 马宗霍《楚辞通释校记》系以刘氏抄本参一“旧刻本”与金陵本相校，凡四条，本书均已转录，见第二三四页注㊂、第二五七页注㊀、第三三四页注㊂、第三四一页注㊀。据此四条，则刘氏抄本与“旧刻本”文字每相一致。按马氏所参之“旧刻本”似即学署本，因金陵本刊行以前，本书之旧刻惟草堂本、学署本及嘉庆时衡阳马倚元（嘉庆七年进士、翰林）汇江书室之刻本。汇江书室曾刻《楚辞通释》，见邓显鹤于《楚宝》卷十八增辑《王夫之传》后案语。然其书自邓氏后迄未发现传本；并汇江所刻之全部船山遗书（据邹汉勋云似有十余种），自邓、邹后无有能再寓目者。马氏《校记》作于本世纪四十年代，其所参者如为草堂本或汇江本，则以其书之稀贵，似必有所说明。今只言“旧刻本”，而据其《校记》所举此刻本之异文，皆与学署本合，故疑此“旧刻本”乃学署本也。

据《说文·里部》：“壄，古文野”，“野，从里，予声。”是“壄”为“壄”之讹。金陵本是。（见第三八六页及其注㊀）

《九歌·东君》章“緪瑟兮交鼓”节释文：“箎，长四寸。”金陵本“四寸”上有“尺”字。据《尔雅·释乐》郭璞注，“四寸”当作“尺四寸”。金陵本是。（见第二六三页及其注㊀）

《离骚》“曾歔欷余郁邑兮”节释文：“言不得逢禹、舜、禹、汤、武之时。”上“禹”字衍。金陵本无上“禹”字。（见第二二七页及其注㊂）

《九歌·东皇太一》章船山结语：“郑康成《礼》注所谓耀宝魄。”金陵本末两字作“魄宝”。据《周礼》《春官》《小宗伯》郑注，“宝魄”乃“魄宝”之误倒，金陵本是。（见第二四六页及其注㊀）。

以上讹、脱、衍、倒四例，均已出校。然犹有其他颇多之观其字面即可知为误，以及观其字面虽难遽知，而查文献即可证其为误者，书中并未一一出校。又二本独多之破体字（如“備”作“俻”）、俗体字（如“喪”作“丧”）、误刻字（如“摘”作“擿”）等，亦皆随文订正，书中不再说明。

至金陵本之误，可据草堂本、学署本以知之者，书中时亦加注，为其乃太平洋书店本、中华书局本、上海人民出版社本之所祖，三本每亦沿误，甚而误中又加误也。其例如：

《离骚》篇首船山序：“上官靳尚疑本一人。靳尚之称上官，犹原之称三闾。”草堂本、学署本同。金陵本脱“靳尚之称上官”六字，句意窒碍。太平洋本以下皆沿误。（见第二一二页及其注㊀）

《离骚》“阽余身而危死兮，览余初其犹未悔”两句释文：“阽，危也。余，亦代原自称。初，正谏见疏，已有前验也。”

草堂本、学署本同。金陵本“验”作“险”，形似而误。太平洋本以下皆沿误。（见第二二六页及其注㊀）

《招魂》“芙蓉始发，杂芰荷些。紫茎屏风，文缘波些”诸句释文：“芰，菱。荷，芙蓉叶。屏风，旧说以为凫葵。”草堂本、学署本同。金陵本“叶”作“茎”。按《说文·艸部》：“荷，芙蓉叶。”船山释文本此。太平洋本以下皆沿金陵本而误。中华本、上海本由此更将上下文断句为：“芰、菱。荷、芙蓉。茎屏风、旧说以为凫葵。”则又增句读之误。（见第四一〇页及其注㊀）

《山中楚辞》第三篇“视烟霞如一色”句释文：“树杪烟平，落霞迥亘，尤足乱人远思。”草堂本、学署本同。金陵本“亘”作“互”。按“亘”义为连绵，“互”义为交错。落霞远空绵亘，故曰“迥亘”。金陵本“互”当是“亙”之误，“亙”即“亘”字。太平洋本同金陵本。至中华本以“迥亘”作“迥互”，上海本仍之，则又于误上加误矣。（见第四四四页及其注㊀）

此外金陵本之异文，有义亦可通，或是非难断者，则皆出校存参，以待正定。

太平洋本乃首次用铅字排印此书，其所用底本似即为金陵本，亦时有对于后者刻误之改正，然其自身排误失校之处亦多；更有金陵本不误，太平洋本改之而反误者，其例见后。

中华本继太平洋本之后用铅字排印，并加圈点，有利读者。据其《前言》，谓系“用曾刻本重印”。按所云曾刻本即金陵本。然观其讹脱每与太平洋本同，而考之曾刻则该处本不误者，知其实际做法，乃在太平洋本上径施圈点，再取曾刻本校订而后付印。如校订疏漏，则错误有本属太平洋本者，以为属之曾刻本则枉矣。

上海本系取中华本重印，乃不能不沿袭其误。

以上三本一脉相承之误而非源于金陵本者，可举例说明如下：

《离骚》“汤禹严而求合兮”节释文：“旁求高丘、下土、四方之士而不得”，自草堂本、学署本至金陵本皆同，太平洋本误“土”为“上”，中华本、上海本遂亦沿误。（见第二三六页及该页注㊀）

《九章·抽思》“望三五以为像兮”节释文：“而君所怀我以美好者，皆希非望之福，袭无实之名”，自草堂本、学署本至金陵本皆同，太平洋本误“希非望之福”为“非希望之福”，中华本、上海本遂亦沿误。（见第三一七页及该页注㊀）

《招魂》“兰膏明烛”节释文：“古无巨胜、蔓菁、柏油”，自草堂本、学署本至金陵本皆同，太平洋本误“柏”为“柏”，中华本、上海本遂亦沿误。（见第四〇九页及该页注㊀）

《大招》“接径千里”节释文：“天子大射……诸侯执玉而觐，与于大射，听命以助祭”，自草堂本、学署本至金陵本皆同，太平洋本落“于”字，中华本更于圈点时并后两句为一句：“与大射听命以助祭”，文义遂不可晓。上海本沿中华本，误同。（见第四二六至四二七页，及四二七页注㊀）

太平洋本除排误外，又有勇于改字而反致误之例。盖楚辞古书，自来转抄转刻，每有异文。为之刊印注释者，当必先据其底本，进而研讨别本之异，而不取以彼律此，率尔改订。《九歌·湘夫人》句：“匊芳椒兮成堂。”船山校语曰：“匊，一作播。”其释文曰：“匊，聚也。”盖其所用底本作“匊”。此三“匊”字，自草堂本、学署本至金陵本皆同。太平洋本则将三“匊”字尽改为“掬”。考《湘夫人》此句，王逸《楚辞章句》、洪兴祖《楚辞补注》、朱熹《楚辞集注》字均作“匊”，太平洋本改“𦊆”虽不为无据，《补注》云：“匊，古播字，本作𦊆”。然“匊”“𦊆”实非一字。据《说文》，“匊”之义为聚，“𦊆”则古播字。太平洋本尽改“匊”为“𦊆”，则船山校语“𦊆，一作播”既属不妥，“𦊆”“播”为古今字，当云“𦊆，古播字。”而释文“𦊆，聚也”直为不通矣。因据字书，“𦊆”并无聚之一义。此三“𦊆”字，中华本、上海本亦相沿而误。（见第二五五页及该页注㊀）。

中华本于太平洋本之明显排误，每予订正；上海本之于中华本亦然。然如上之误，则以骤难辨知，又未取金陵本对照，遂均保留。

中华本之圈点，为对本书之一大贡献。前此金陵本、太平洋本均无圈点，读者不便。草堂本学署本同。虽有圈点，亦偶有错误。中华本之圈点亦间有未妥，其例如：

船山《序例》：“后世不得志于时者。如郑所南雪庵。类逃于浮屠。”按郑所南即宋之郑思肖；雪庵为元之李溥光，入空门称雪庵和尚，又号玄悟大师。“所南”与“雪庵”之间应有点分隔（参第二〇八页第八行）。与此类似之例，如《九歌·湘夫人》篇首“帝子降兮北渚”句释文：“帝子、尊贵之称。山川之神。皆天所子也。艮坎乾坤之六子。此几幸其来之辞。言帝子其将降于北渚乎。”“艮坎”与“乾坤”之间亦当有点分隔。按文王八卦，《乾》父《坤》母，《震》《坎》《艮》《巽》《离》《兑》为六子。故其句当作：“《艮》《坎》，《乾》《坤》之六子。”又《艮》象山，《坎》象水，故曰山川之神；其方位，《坎》在北，《艮》在东北，故又以释北渚也。（参第二五二页第五、六行）

《离骚经》“乱曰”释文：“虽当怀王之世。未尝绝望。且退居汉北以有待。而君子知幾。已夙其必于舍生取义以从彭咸。又奚竢顷襄迁窜之日乎。”按当以“而君子知幾已夙”为句。（参第二四二页倒一、二行）

《九章·惜诵》“俾山川以备御兮，命咎繇使听直”两句释文：“山川之神。备御在列公。听、断也。咎繇、与皋陶同。”按前半当作“山川之神备御在列，公听断也。”御，侍；备御在列，备列而侍；公听断，公其听断也。（参第二九九页第七、八行）

《招魂》“经堂入奥，朱尘筵些。砥室翠翘，挂曲琼些。翡翠珠被，烂齐光些。蒻阿拂壁，罗帱帐些”诸句释文：“奥室、西南隅。古人布衽席于此。筵、席上承衾者。朱尘、言缘筵之饰朱綵。轻若尘也。砥室、室砌平整。敷筵其上。翠翘连下。曲琼为文。翘、杙著壁上。所以悬钩翠黛饰也。曲琼，玉钩所悬。帱帐者。被壁衣也，珠翠缀于壁衣之上。其光烂然竞采。蒻、当作弱。纤也。阿、阿锡。轻縠也。所以为壁衣者纤阿。而用罗为帱覆。上为承尘也。”按此段圈点破句凡八九处，本书标点为：“奥，室西南隅，古人布衽席于此。筵，席上承衾者。朱尘，言缘筵之饰，朱綵轻若尘也。砥室，室砌平整，敷筵其上。‘翠翘’连下‘曲琼’为文。翘，杙著壁上，所以悬钩。翠，黛饰也。曲琼，玉钩，所悬帱帐者。被，壁衣也。珠翠缀于壁衣之上，其光烂然竞采。蒻，当作弱，纤也。阿，阿锡，轻縠也，所以为壁衣者。纤阿而用罗为帱，覆上为承尘也。”（参第四〇八页首节）

以上中华本圈点之误，上海本于末段“奥室、西南隅”、“翠翘连下。曲琼为文”、“而用罗为帱覆。上为承尘也”三处已予订正，其余未改。

上海本卷首《出版说明》，谓其书乃“根据中华书局上海编辑所的本子重印”，实则其于中华本圈点及文字之误，每有订正。前者如上段所述之三处。后者如《天问》“薄暮雷电归何忧”节释文“此言舜事。舜纳大麓，烈风雷雨勿迷……精诚可以格天，不能感顽嚣。”“嚣”，上海本改作“嚚”。按《书·尧典》记舜：“瞽子。父顽母嚚。”“嚚”字是也（见第二九六页及其注㊀）；又如《大招》“鲜蠵甘鸡”句释文：“蠵，与蠵同。肥，甘美也。”下句，上海本乙作“甘，肥美也。”按此句明释“甘”字，上海本之改亦是（见第四二一页及其注㊀）。又按：“以上一讹字，一倒文，乃自草堂本起即然，历学署本、金陵本、太平洋本以至中华本而未有更改，于是上海本之订正为可贵。

本书编校过程中，亦有编者以为各本皆误，而自献其疑者，则皆作页注表明，并未于正文中径改，如第二一三页注㊂，第二二七页注㊀、第三一一页注㊀、第三六九页注㊂、第四〇八页注㊂等条所示。不敢自是，以待高明质正而已。

综上所述，此次编校，乃仍以草堂本为底本，与其余各本参校定稿。竣事合计，凡得校记一百二十二条，其中据别本以改正底本之讹、脱、衍、倒者三十余条，据底本以指出别本之误漏者二十余条，又存参别本异文者三十余条，其余则有指出底本原有之墨钉者，有注明释文引证之出处者，有商榷文字之正误及句读之是非者，有说明版式之变动及篇章之移置者，随处加注，亦二十余条，皆以协助读者对此书各本之了解，便于阅读研究。

草堂本目录只有篇目（见本文开端所录），未编卷次。自金陵本始题自屈原《离骚》至江淹《爱远山》凡十四篇为十四卷，并以船山自作《九昭》一篇为卷末，共十五卷。其后各本沿之，此本亦同。惟《九昭》一篇已另收入《薑斋文集》卷五，见《全书》第十五册，此处遂不再重载，而仅存其卷次、篇名，并于附注中说明原委（见第四五一页及该页注㊀）。

草堂本于《楚辞》各篇正文之旁每有评语，凡八十则，于作品思想意蕴及写作艺术有所发挥。自后各本皆予转载，间有脱漏。至中华本乃省略不印，上海本仍之，读者惜焉。今皆照旧排印，勿使原书文字有所缺失。

草堂本于船山《序例》外，又有他人所作序跋四篇，即康熙四十六年九月下旬张仕可之序，四十七年九月初九日丁光祺之《刊楚词南华附识》，四十八年七月初三日王扬绪王扬绩之跋，以及未署时日之储大文《书王薑斋先生九招后》。阅张、丁、王三篇，而《楚辞通释》由手稿而录副而刊刻之过程，历历可考。[①] 除张序外，其余三篇均各本所无。今以储文另入《全书》第十六册《杂录》，而附录张、丁、王三篇于此。金陵本、太平洋本除张序外并无其他序跋。中华本有前言，凡分五节，前四节述船山之身世、著述并分析《楚辞通释》之思想、缺点，第五节述《楚辞通释》之版本情况。上海本据中华本重印而不取其《前言》，另代以自撰之《出版说明》，于其版本有所交代。今以

① 丁光祺《刊楚词南华附识》记其子元禛于乙酉（康熙四十四年）秋应试鄂州，谒见湖广学政潘宗洛，"值公为先生作传，手把《楚辞》释本不置也。"先生指船山。潘所见者似为本书之手稿。按王敔《笈云草》《诗集》五言近体有《张讷夫索先子离骚注至郡，以手稿授之》一首（诗见《全书》第十六册《杂录》之部）。张为康熙举人，江苏丹徒人，曾知孝感县，何因来索，而敔竟以手稿与之？似与潘不无关联。张仕可康熙四十六年之序，记其所见之《楚辞通释》乃王敔"录遗稿以呈"者，盖其时犹无刻本。至康熙四十八年七月初三日王扬绪王扬绩之跋，始有"共任剞劂……十阅月而书竣"之语，是此书刊成之确切年份也。又于康熙五十四年作序之武进蒋骥《山带阁注楚辞》，已列《楚辞通释》于其参考书目，则又为其时本书已传至吴下之证。

中华本《前言》之第五节及上海本《出版说明》亦作为附录，俾读者了解两本源流，于是而本书各版本之序跋略备。

本书由湖南师范大学叶幼明副教授点校，岳麓书社胡渐逵副编审覆审，先后工作均称勤勉，而初校尤为缜密，前段所举各本皆误之献疑诸例，皆叶君首发其议者也。二君于所得所见，已均有文章发表。① 余兹审定，乃在已有之基础上补阙弥缝，诚恐犹有学力之未能逮者，祈读者正之。

（原载《船山全书》第十四册）

① 叶幼明：《王夫之〈楚辞通释〉的版本和标点刍议——〈楚辞通释〉校点后记》，见《船山学报》1985 年第二期。胡渐逵：《〈船山全书·楚辞通释〉编校识语》，见《船山学刊》1993 年第二期。

# 《古诗评选》《唐诗评选》《明诗评选》编校后记

船山古近体诗评选诸作，于其所有撰述中刊行最迟，版本最少，而书亦最残。民初湖南船山学社始以所搜得之稿本，别为《古诗评选》六卷、《唐诗评选》四卷、《明诗评选》八卷，并总名之曰《船山古近体诗评选》，付诸活字排印，其事始末详见附录萧、刘各序（所在页码见后第一六四二页注㊀）。其出版时间为民国六年（1917）之二月。版权页又注明校印者为湖南官书报局，总发行所为湖南通志处。其后民国二十二年（1933）上海太平洋书店出版《船山遗书》，即据学社本将三种收入重印。除印本外，湖南图书馆又有清初抄本数册，取而检视，其首叶多钤有“湖南官书报局关防”之印，又于其中一册之末浓墨书一“抄”字，另两册之末浓墨各书一“重”字。盖即民初学社据以付印之底本，“抄”谓此册已抄，“重”则或数人同抄，谓此册抄重也。嗣后乃复残缺，今惟存《古诗评选》第一、四卷，《明诗评选》第一、二、三、五、六卷。抄本书法稚拙，笔画缺误亦多，如揚作掦、賦作賦之类，二例皆见《古诗评选》卷一抄本之第一面。然而无碍其为可信。是以此次编校，即以学社之印本为底本，参看太平洋本，而以清初抄本之各卷为别择之重要依据。

按王敔《大行府君行述》① 于船山之重要撰著皆有论列，而

---

① 见《全书》第十六册《传记》之部。

于诗评则惟寥寥数字，其言曰：“其他则《淮南子》有旁注，《吕览》有释，刘复愚集有评，李、杜诗有评，《近思录》有释，皆发从来之所未及，而衷订其旨。”盖船山著述浩繁，此类注释评论，当时视之实未如经史专著之重，故其言略也。①

然而其时敔之门生有曾载阳、曾载述者，助师梓印船山遗著，乃于《夕堂永日绪论》一书之末刊有《附识》一段，为船山诗文评之撰述留一宝贵之实录，其言曰：“子船山先生初徙茱萸塘，同里刘庶仙前辈近鲁藏书甚多，先生因手选唐诗一帙，颜曰‘夕堂永日’；夕堂，子先生之别号也。继又选古诗一帙，宋元诗、明诗各一帙，而暮年重加评论，其说尤详。至于古文，则始于周秦，终于陈隋，赋居三之一，文居三之二。皆颜曰‘夕堂永日’。外则《左传》《国语》《国策》各书，陶靖节、谢康乐、鲍参军、李青莲、杜工部各诗，刘复愚文及近代刘青田、徐文长、汤海若各集，均有评论。卷帙繁重，难于问世，且问世亦非先生意也。先生尝言：‘世之言诗文者，各立门户以争名场。吾名心消尽，所评论者借以永日而已。’”② 所言綦详，可补《行述》简略之憾，然由此而知船山诗文评之亡佚者多，为可惜耳。

---

① 王敔所云五种，当皆已成书。其后《吕览注》《淮南注》并见嘉庆二十五年《衡阳县志·典籍》卷之书目中（见《全书》第十三册卷首图片四），《近思录评释》见于《衡阳刘氏珍藏王船山先生遗稿记》一文所开之书目（刘文见全书第十六册《杂录》之部）。准此，刘复愚集评及李、杜诗评似亦当有书。惟此五种今皆亡佚。关于李、杜诗，王敔又有《怀音草自题》一文（亦见《全书》第十六册《杂录》之部），中云：“己未春避乱山中，先大人授以陶令诗评及李、杜二选”，似亦可为李、杜诗独有选本之证。今《唐诗评选》收李、杜诗一百三十四首，不逮二人诗歌篇数之十一，恐非原来之规模。

② 《夕堂永日绪论》之草堂版此次未见。二曾《附识》共三则，周调阳《王船山著述考略》（见中华书局1962年出版《王船山学术讨论集》下册）录有全文。此处转引之一段，见于其第一则中。“同里刘庶仙前辈近鲁”句“辈”作“靠”，当是字误，此已径改。周文亦已收入《全书》第十六册《杂录》之部，可参阅。

即就现存三种而言，《唐诗评选》亦非全帙，而其亡佚且为时非晚。考金陵本《船山遗书·目录》中犹有“夕堂永日四唐诗选评七卷”一条，注云“未刻”，而此本《唐诗评选》已只四卷，七古及五七言绝俱无，当即所亡佚之三卷也。[1]

诸种书名，似亦当以金陵本《目录》所示之《夕堂永日八代诗选评》《夕堂永日四唐诗选评》《夕堂永日明诗选评》为正，而学社本《船山古诗评选》《船山唐诗评选》《船山明诗评选》之名，乃其付印时所另拟[2]。盖检视所存清初抄本，实皆无封面，亦无书名，而多于该卷首叶之第一行，顶格书“夕堂永日”，其下书诗体名目而作小字，如“夕堂永日歌行”、“夕堂永日乐府”（以上为明诗抄本第一、二卷之首叶首行）；又，书叶中缝亦上书“夕堂永日”，下书诗体。于是二曾《附识》所云“皆颜曰‘夕堂永日’”，其言乃信而有征，盖抄本之写法，实船山之原书也。然学社本之名业已行远，本书不必更张，而仅叙其原委如此，备异日之考释可也。

至于内容，则此次编校，较之学社本而有改进者，除施用标点符号外，举其大者，尚有二端，即文字讹错之订正，及见于抄本而为学社本所删略之船山原注之恢复。

一、文字讹错之订正：包括篇题、诗句及船山评语中之误、

---

① 金陵本《船山遗书》目录非仅具所刻之书，亦兼及文献有据、知而未见之书与虽已见及而暂未付刻之书，而于前者注曰“未见”，于后者注曰“未刻”。例如目录于“近思录释”、“吕览释”“淮南子注”“夕堂永日八代文选评”“词选一卷”各条，皆注“未见”；于“夕堂永日八代诗选评六卷”、“夕堂永日四唐诗选评七卷”、“夕堂永日明诗选评七卷”各条，则皆注“未刻”，以是知《唐诗评选》于金陵刻书时尚得见七卷，金陵刻书后乃又亡三卷。此劫当在水火兵虫之外，度其书或犹在人间，未可知也。

② 本书名曰《船山全书》，为免嗣后指称之繁累，定稿时将诸种书名上之“船山”二字略去，只称《古诗评选》、《唐诗评选》《明诗评选》。

脱、衍、倒等，经此次编校而改正者，计属于《古诗评选》者一百一十余字，属于《唐诗评选》者三十余字，属于《明诗评选》者一百四十余字，共大约三百字。文字订正之依据，首为清初抄本之各卷；如抄本亦误，则取别本参考而订正之；又有此本虽似非误，而别本文字大胜于此者，偶亦据改。所谓参考别本者，古诗如《昭明文选》《玉台新咏》《乐府诗集》等总集，唐诗为《全唐诗》，明诗则多为作者之别集，偶亦旁稽史志、类书。凡所改订，均仍保留原文，以备质正。至一般异文或有可参，而又不必据以改订者，间亦摘出以供观览，亦一百余字，皆具见于书中校记。船山评语亦间有误字，编者以意改正，亦于校记中说明之。

二、见于抄本而为学社本所删略之船山原注之恢复：考船山原注之见于清初抄本者凡两类：一类为对于诗篇诗句之注释，皆书于题下或行间；一类为作者字号爵里之说明，皆书于其名下。前者如《古诗评选》卷一曹操《秋胡行》题下注："云秋胡者，用其声律也。"又同卷《瑟调曲艳歌行》篇末"石见何累累，远行不如归"行间夹注："兴意带出深微。"后者如《明诗评选》卷一秦简王名下注："成泳①"；又同卷刘基名下注："伯温，青田人。御史中丞，诚意伯，谥文成。"按：前一类注虽为数不多，后一类注则多至一百二十余条；学社本据清初抄本誊抄排印而皆付缺如，故知其为有意之删略，非脱漏也。太平洋本据学社本重印，亦同此失。今皆重新录出，用附注形式，置于相关之页。

此外尚有应予说明者二事。关于目录：按所见清初抄本古

---

① "成泳"：即秦简王之名，惟据《明史》，"成"当作"诚"。

诗、明诗之第一册，皆无目录。今学社本三种《评选》，目录井然，盖系据正文自编；太平洋本重印之；本书亦沿用之。目录字样有与正文不一致者，则或改从正文，或作注说明。又，关于附录：学社本《古诗评选》前原有萧度之序一，又有刘人熙之序二；《唐诗评选》《明诗评选》前各有刘人熙之序一。今皆附印于各书正文之后，① 仍其原题，以备查考。

综上，三种《评选》校毕统计，凡得校记、附注六百六十余条。

三种之校点者：《古诗评选》为湖南省社会科学院文学研究所所长陈书良副研究员，《唐诗评选》为陈书良及武汉大学中文系李中华副教授，《明诗评选》为衡阳之欧剑虹先生。初稿交岳麓书社后，由胡渐逵副编审复审，由杨坚审定。三书之校点基础皆属优良，尤以《古诗评选》广引典籍，细勘异同，堪称勤劬。衡阳欧老，细致谨严，《明诗评选》篇幅最大，船山评语亦最多，然而全稿断句正确，通顺可诵，皆应表彰。

（原载《船山全书》第十四册）

① 《古诗评选》原序见第八七九页；《唐诗评选》原序见第一一四二页；《明诗评选》原有序见第一六三六页。

# 文集、诗集、词集、诗话、杂剧及诗文拾遗编校后记

本册乃船山学术专著以外诗文合编之册，收文集、诗集、词集、诗话、杂剧等凡二十四种，及零散篇什辑为《诗文拾遗》者殿焉。王敔于清康熙四十四年（1705）撰《大行府君行述》，于船山诗文杂著曾略举其目："诗集则有《自定稿》三编、《忆得》一卷、《后稿》一卷；诗余有《船山鼓棹》二卷；诗齣有《龙舟会》一卷；《文集》一编；杂著有《家世节录》《黄书》《俟解》《噩梦》《识小录》《南窗漫记》各一卷。"举书十二种，略分五类。[①] 其后嘉庆时衡阳汇江书室所刻船山《四书稗疏》卷首列有船山著述总目，多至七八十种[②]，惜今已失传。道光二十年（1840）邹汉勋撰《衡阳二王著述目录》，今亦失传，惟知其所载船山著述中有"集类十部"。[③] 道光二十二年（1842）湘潭

---

① 所举各书，除《后稿》似为诗残丛稿之总名，余今皆在。惟其后编集，类属不同：《家世节录》今归入《文集》，见本册；《黄书》《俟解》《噩梦》《识小录》则列入子类、均见《全书》第十二册。

② 据邹汉勋《敩艺斋文存》卷八《致邓湘皋学博书》，见《全书》第十六册《杂录》之部。

③ 见道光二十九年《宝庆府志·艺文略·史部·目录类》之《衡阳二王著述目录》（二王谓船山与其兄介之），原注："新化邹汉勋编。……船山书目凡经类廿一部、史类三部、子类十七部、集类十部，共五十二部。"按：四类相加，凡五十一部。

王氏守遗经书屋本《船山遗书》[1] 梓行，邓显鹤撰《船山著述目录》署于卷首，亦“集类十部”。[2] 兹录其中诗文集五部之有关原文如下：

“薑斋文集十卷卷一：论三首、仿符命一首、连珠二十五首。卷二：传二首、行状二首、墓志铭四首、记一首。卷三：序五首、书后二首、跋一首。卷四：启一首、尺牍十首。卷五：九昭。卷六：九砺。卷七：赋五首。卷八：赋三首。卷九：像赞一首、杂物赞十六首、铭十一首。卷十：家世节录八则。

“薑斋诗集十卷卷一：五十自定稿。卷二：六十自定稿。卷三：七十自定稿。卷四：柳岸吟。卷五：落花诗。卷六：遣兴诗。卷七：和梅花百咏。卷八：洞庭秋。卷九：雁字诗。卷十：仿体。

“薑斋诗余三卷卷一：船山鼓棹初集。卷二，船山鼓棹二集。卷三：潇湘八景词。

“薑斋诗话三卷卷一：诗译，元附诗经稗疏后。卷二：夕堂永日绪论内篇。卷三：南窗漫记。

“薑斋外集四卷卷一：船山制义。卷二：船山经义。卷三：夕堂永日绪论外篇。卷四：龙舟会杂剧。旧目又有买薇稿、漧涛园初集二书，未见，殆亦诗文集也，附识其名如此。”

以上五部，除《文集》自王敔所云“《文集》一编”之日

---

① 守遗经书屋本《船山遗书》由邓显鹤主持而以校雠之役委诸邹汉勋，仅收经类著述十九种，一百五十一卷。

② 引文见邓目。按传世而基本完整之船山书目，以邓氏此目为最早。其后金陵本、太平洋本《船山遗书》皆附载此目，本书第十六册亦载录之。邓目之分类方法及各类所含部、卷数似皆同邹目。其集类十部，除此处所述之诗文集五部外，其他五部为：《楚辞通释》《夕堂永日八代文选》《八代诗选》《四唐诗选》及邓氏未见之船山另一诗集《忆得》。

起即只作一种著作外，其余《诗集》《诗余》《诗话》《外集》皆为合集，而合集名下细目中之每一卷则实系一种。今检视细目，其中除《制义》《经义》均属时文而为另一类，①《买薇稿》《漧涛园集》虽为诗集而未见其书外，邓目所收船山诗文著作实为文集一种、诗集十种、诗余三种，诗话三种、外集二种，凡十九种。同治四年（1865）金陵本《船山遗书》所收诗文著作，其编次即悉同邓目，惟新增诗集《岳余集》，成二十种而已。光绪十三年（1887）衡阳船山书院以金陵本原板重印《船山遗书》，复以自所搜集之船山著述六种补刻于后，称《船山遗书补遗》，其书称衡阳补刻本。《补遗》六种除《龙源夜话》（邓目列入子类）外，为诗集《賸稿》《忆得》《分体稿》《编年稿》四种，及《文集补遗二卷》亦作一种。于是船山诗文著作之目凡二十五种，此即民国二十二年（1933）上海太平洋书店本《船山遗书》所收诗文集之总数。其中《文集补遗》在中华本《王船山诗文集》中已附入《文集》，不再独立作为一种，本书从之，故此册所收称二十四种。然本册又新辑《诗文拾遗》六十余首，篇幅几及《文集》之半，为今后之便于称述，则命曰一种亦宜。如是，本册所收诗文著作乃仍为二十五种。

至以船山诗文辑为一书而单独出版，当以 1926 年商务印书馆影印《四部丛刊初编》为滥觞。是编取金陵本所收文集、诗集、词集、诗话凡二十种合为一编，而名之曰《薑斋诗文集》。1962 年中华书局出版之《王船山诗文集》则仅取文集、诗集、

---

① 《制义》为船山所选评之明人时文，《经义》为船山所自作之时文。前者已佚，后者如商务《四部丛刊初编》所辑《薑斋诗文集》、中华新编《王船山诗文集》，均不收入。《全书》亦不收入此册，而置诸第十三册，参见该册《船山经义编校后记》。

词集,[①] 以金陵本、衡阳补刻本及太平洋本为据，收三类著作十九种（衡阳本之《文集补遗》附《文集》后，不作一种）。以上二书均不收《龙舟会杂剧》，此则王敔称为“诗齣”者也。至以文集、诗集、词集、诗话分别作为一种书籍而单独编辑出版者，亦有数种，当于以下分别述之。

本册所收各种，凡为中华书局等业已校点出版者，大体上即取作底本。惟船山诗文集种数既多，书目、版本及此次校勘情况亦颇复杂，故仍依《全书》体例，分别文集、诗集、词集、诗话、杂剧及诗文拾遗凡六类，而各概述其编校情况如下：

## 一、文集

中华本《王船山诗文集》之第一部分即为文集，目录作：《薑斋文集》十卷《补遗》一卷。卷首《编例》云：

“《薑斋文集》，金陵本只十卷，衡阳本补刻《补遗》二卷。十卷中有目无文而见于《补遗》中的，我们据以移补。原《补遗》中的其他七篇，加上我们新辑的四篇，不再分卷，仍作为《补遗》附于十卷之后。凡是经我们移前或新补的，都在题下注明。

“中国科学院图书馆的同志提供了两篇佚文，现作为《文集

① 中华本《王船山诗文集》除《文集》《诗集》《词集》外，尚有第四部分《附录》，收《愚鼓词》及《龙源夜话》二种。《编例》云：“金陵刻本《愚鼓词》及衡阳刻本《龙源夜话》，邓目及《遗书》均列入‘子类’，但前者用诗词形式，后者仅存二篇奏疏和半篇自序，现在都作为附录列在末后。”按《愚鼓词》已收入《全书》第十三册，《龙源夜话》已收入《全书》第十二册（以上两册为《全书》之“子类”），故本册不再有之。

补遗续》，附在书后”。①

今按：金陵本《薑斋文集十卷》篇目与前引邓目《文集》部分同，然其卷一《仿符命》、卷二《先君子行状》、卷四《尺牍十首》、卷六《九砺》题下均注“阙”字，卷八《赋三首》下注“阙一”。至衡阳本《薑斋文集补遗》刊行，始知所阙原篇为何。《薑斋文集补遗》二卷，凡十三篇，除《序七十自定稿》已由太平洋本《船山遗书》编入该诗集外，余经移补处理后尚剩七篇，中华本益以新辑者四篇，另成一卷，仍称《补遗》，然已非衡阳本《补遗》之原目矣。

本书即取中华本为底本，不再恢复金陵本、衡阳本之旧，亦不变动中华本之卷次、篇目。中华本之原注保留，有补充则益以新注。然金陵本《薑斋文集》及衡阳本《薑斋文集补遗》虽各为最早之版本，而其中之单篇文字亦颇散见各处，有问世更早者，有校刻更精者。甚或手泽遗留，为无尚之征信；墓石出土，虽只字之足珍。是以皆用作参校，或径以为某些单篇之底本。计此次所搜集而得以利用之图书文物有：

民国三十一年湖南影印出版、由康和声编辑并加考证之《王船山先生墨宝四种》；收《显考武夷府君行状》等手迹四件。

1982年岳麓书社影印出版之《王船山手迹》；心收《祝钦翁唐世社兄六秩寿言》等手迹十一件。

1992年出土之船山墓石；镌有《遗命墓铭》。

康熙间王敔撰《大行府君行述》载辞赋片断及墓铭。及其主修之《邗江王氏族谱》；所见者为五修谱，收船山诗文二十一篇。

---

① 两篇佚文为《明纪野获序》及《衡山廖氏族谱序》，今均收入本书新辑之《船山诗文拾遗》中，因此本书于文集部分不再保留《文集补遗续》之名目。

同治间罗汝怀编集之《湖南文征》；收船山文十七篇。

光绪间邵阳曾氏菜香山馆刻本《惜余鬒赋》；据手迹排印，为本赋初次公世之本。

民国年间康和声纂之《王船山先生南岳诗文事略》；收船山文二十八篇。

方志如乾隆《衡州府志》、嘉庆《衡阳县志》、道光《衡山县志》、同治《衡阳县志》及李元度撰《南岳志》等均收有船山辞赋诗文；

此外见于各种书刊之零散文字，如席鲁思《〈薑斋文集〉遗文〈惜余鬒赋〉考释》（收入中华书局 1962 年版《王船山学术讨论集》下册），马积高《王夫之“连珠”选释》（见《船山学刊》1991 年创刊号），康华楚、廖德年《王夫之〈南岳赋〉选释》（见北京燕山版社 1992 年版《王夫之与南岳》一书）等，其中亦有关于词句文字之辨析，可供校刊点定之参考。凡片言之足采，亦此书所裨益。

本书校勘之法，首先仍以中华本与其所据之原本即金陵本或衡阳本对照，视其有无讹脱；然后再校以别本，别本不止一种者则会观参校之。于所用之别本皆有题注，于所校之结果则有校记。惟《显考武夷府君行状》《显妣谭太孺人行状》及《自题墓石》三篇今皆有手迹发现，而刻本与手迹又出入太大，故皆改用手迹为底本。校读一过，除以上三篇外，计改正中华本讹字三十八，增补其白匡隐去之真字及其他脱文六十二，删衍文四，乙正倒文二处四字；又存记异文之可资参考者六十一处。凡得题注、校记一百七十六条。

校读中略感费事者，人、地、书、年号等之标名当为一端。一部分具有湖南地方色彩之专名，每不为外省所习知。如“崇仁抗疏而雾隐，广汉作牧而星聚，东廓函丈而英延，甘泉尸祝而芳驻”，中华本均不标线。按四句分述宋胡安国叔侄及张浚、明邹守益及湛若水事。各句首二字：崇仁、“仁”当作“安”。广汉，胡张本籍，东廊、甘泉，邹湛别号也，应标人地名号。又如“头陀既景，思大爰来，海迁蛟馆，颉观天台，让磨石镜，迁滑莓苔，慈明狎虎，芭蕉浴雷，绿萝结庵，露灭名斋”，十句言南岳名僧故事，句各一人，除一、七两句可不标外，第二至六句分指僧慧思、惠海、智颉、怀让、希迁，句首字应标人名号；第八至十句分指僧谷泉之芭蕉庵、山茨之绿萝庵、惠洪之甘露灭斋，首二字应标地名号。以上八处，中华本亦俱失标。至第一句“头陀既景”及第七句“慈明狎虎”虽亦各有专指，而“头陀”已非专名，“慈明”则指僧德，遂皆不必标线。上述各句俱在《南岳赋》中，所借以考证者则李元度之《南岳志》也。又如南岳诸峰、湖南诸水，中华本亦每失标或误标，兹不赘述。

亦有非属湖南地方独有之专名，如“柱下春台”、“始知柱下之非龙”（句见《连珠》），两“柱下”皆失标。按老聃为周柱下史。“众人熙熙，如登春台”见《老子》；“孔子见老聃归曰：‘吾乃今于是乎见龙’”见《庄子》。又如“彼熯乾封而号万岁，已启俶艳而替昭质。奚况亭亭云云之部娄，浮七十二后之雄心者，曾何足泚右史之彤笔耶！”（《南岳赋》）亭亭云云，应标未标。按《史记·封禅书》引管子言古者七十二家封禅泰山，“黄帝封泰山，禅亭亭；颛顼封泰山，禅云云。”亭亭、云云，皆泰山支阜也。乾封、万岁二名，亦皆失标。按此指唐高宗封禅泰山改元乾封，又诏名登封坛曰万岁台事。史称其时皇后武氏亚献，帷帟皆锦绣，群臣瞻望，多窃笑之；昭以“古今文质不同，今宜从文”，故赋云“已启俶艳而替昭质”。事见新、旧《唐书》。

至若“岂不知秋驾之可学”（见《章灵赋》），“秋驾”原标专名号，则系误标。按《吕氏春秋博志》：“尹儒学御三年而不得焉，苦痛之，夜梦受秋驾于其师。”高诱注：“秋驾，御法也。”赋句下又有释义曰：“秋驾，御法。梦学秋驾事见《庄子》”。中华本作“秋驾，御法梦学事见《庄子》。”则又因未谙秋驾之义而致有断句之误。至梦学秋驾事原见《吕览》，而此云《庄子》，则或船山偶然记忆之失也。

如上应标而未标、不应标而误标者，中华本《文集》中计共百一十余处。又《易》之卦名，其书中有标以书名号者，有未标者；如皆予标号，则应补者亦不下三十处。凡此皆随文改正，不另出校。

诸所校改，虽自勤勉，仍难详确，敬请鉴察指正。

## 二、诗集

中华本《王船山诗文集》之第二部分为《薑斋诗集》。《编例》云：

“诗集部分，金陵本有十二种（《五十自定稿》《六十自定稿》《七十自定稿》《柳岸吟》《落花诗》《遣兴诗》《和梅花百咏诗》《洞庭秋诗》《雁字诗》《仿体诗》《岳余集》《賸稿》），衡阳本有三种（《分体稿》《编年稿》《忆得》），现在全部收入，编排次序依照太平洋本。并据邓显鹤的《船山著述目录》，把这一部分总称为《薑斋诗集》。

“本书排校完毕后，又得到上海图书馆顾起潜同志提供的康熙间湘西草堂刻本《船山自定稿》（存《五十自定稿》《七十自定稿》各一卷)，得据以重校一遍。惜纸型已经打就，不及校补入正文，因此，另作《校勘记》列于《附录》中。”

今按：中华本《编例》所云编排次序依太平洋本，与实际略有参差（未全依太平洋本)，然无关大体。本书仍以中华本为底本，除与金陵本、衡阳补刻本、太平洋本覆勘外，其用以参校之其他资料主要有：

王敔主刻之湘西草堂本《五十自定稿》《七十自定稿》（以上海图书馆庋藏）及《落花诗》《和梅花百咏诗》《洞庭秋诗》《雁字诗》《仿体诗》（以上湖南图书馆庋藏）等七种诗集；

康熙时廖元度汇辑之《楚风补》；收船山诗十三题十七首。

道光时邓显鹤所编《沅湘耆旧集》之第三十三、三十四两卷；前卷收船山古体诗二十一题五十四首，后卷收船山近体诗七十题百六十五首。

民国时康和声纂《王船山先生南岳诗文事略》。收诗词三百九十四首。

其他旧刻如邵阳曾氏菜香山馆《惜余鬒赋》；据船山手书，末附《七歌》。专著、方志、家谱如刘毓崧《王船山先生年谱》，罗正钧《船山师友记》，徐世昌《晚清簃诗汇》，邓之诚《清诗纪事初编》，康熙《宝宁寺志》，乾隆《衡州府志》，嘉、道以下宝庆衡阳衡山常宁各府县志，以及王、唐、曾氏族谱等凡十余种，皆收有船山诗作，字句或异，间亦有所取正。

于此更附述各重要参校本之有关情况如下：

草堂本《自定稿》两卷，虽已由中华本利用，本书仍请上海图书馆惠予拍照，取以覆勘。其书封面正中镌“船山自定稿”五大字，右上镌“传集”二字，左下镌“湘西草堂藏板”六字。无目录。封面后即《五十自定稿》。格式为面九行，行十七字。首页首行顶格镌“船山先生诗稿传集”，次行低六格镌“湘西王夫之而农父著”，三行低十三格镌“男敔辑”，四行顶格镌“五十自定稿”，其后为正文。《七十自定稿》格式同。按本《后记》篇首引王敔《行述》云“《自定稿》三编”，今仅见《五十》及《七十》两编，未见《六十》。查王敔自著《笈云草》《诗集》有一题为《刊先子六十自定稿传集》，诗云：“先人藏各集，定论俟千秋。刊此可传什，仍非待世求。枣梨芳自远，松竹雪初收。寸草心无尽，春光晓露留。”又草堂本《五十自定稿》前有《自叙》一篇，实为《六十自定稿》之序言（参见第三三一页注㊀）。故知《六十自定稿》实亦已刊，惟三编之刊刻或有先后，而得其书者或未能及时装订，致今日乃缺其一为可惜也。《五十》《七十》两编之价值，中华本《校勘记》前言中有所说明，已引见《薑斋五十自定稿》题注（见第二五五页注㊀），兹不赘述。《校勘记》凡二百八十余条，今分别作为边注纳入有关各页，以便省览。

草堂本《落花诗》《和梅花百咏诗》《洞庭秋诗》《雁字诗》《仿体诗》五种系与《愚鼓词》《南窗漫记》合订一本，湖南图书馆命曰“夕堂戏墨七种”。实则诗集及《愚鼓词》首页首行书名下固有“夕堂戏墨”字样（其下无“卷几”或“之几”等编次）①，《南窗漫记》则非诗集，其首页首行书名下亦无“夕堂

① “夕堂戏墨”之编次，惟金陵本井然有序。其诗集《落花诗》《遣兴诗》《和梅花百咏诗》《洞庭秋诗》《雁字诗》《仿体诗》及词集《潇湘怨词》首叶首行书名下分别刊有“夕堂戏墨卷一”至“卷七”字样，又《愚鼓词》书名下则注《夕堂戏墨之八》。本书不再袭用此注，惟仍于校记中附载之。草堂本虽云王敔主刻，而尚未有此编次。又刘审吾《衡阳刘氏珍藏王船山先生遗稿记》一文（见民国四年湖南出版之《船山学报》第一卷第五期）开列其家所藏船山著作抄本四十八种，第四十五种名《九戏墨》，当包括上述八种。据刘文，金陵刻书时其家曾“出遗稿相授”，则金陵本所据或即刘氏之抄本。

戏墨”字样。惟此七种书名下均有“资江后学曾荣向或曾荣旺订梓或授梓”等字，盖草堂板本中之又一批，委诸邵阳曾氏梓行者也。其书款式，《全书》第十三册《愚鼓词编校后记》中已有介绍（见该册第六二六页第二段）。其中《南窗漫记》（见本册“诗话”部分）之末有《刊仿体诗南窗漫记跋》一篇，亦属有价值之文献，录载如下：

> “《仿体诗》为子船山先生《戏墨》之第五种，《南窗漫记》则先生辑生平之阅历赠答而手编之者也。先生于各家体裁，拟之辄似。窃谓学者之师专家，苦白首而不似；若此之无不似者，必非求似得似也，有其不似者存，乃似之而似耳。闻先生七十初度，知交有以韵语称祝者，子先生自为诗谢而却之。遗命辞奠章，自撰数语，嘱亲厚者陈蔬肉数器，赞者诵之。遗世独立，丰范卓绝。若其存于《漫记》中者，又先生之所不欲忘者也。昔孟子称墨台君云：非其友不友。此二帙散见遗书中，值诸叔侄弟较刊船山杂著，旺窃谓得此可以识子先生之友于古今者矣，因请稿于蕉畦，合而授之剞劂。对岭峰青，当轩月白，肹蠁逌然，如闻提命，读者于此应驰神于高山流水间也。资江私淑后学曾荣□敬识。”

“□”系空白，若据文中当为“旺”字，不知何故空出。今以《自定稿》与此五种《戏墨》并观，则前者刻划刀法紧直，圭角分明，后者则稍嫌拙陋，且颇有错字，其出于不同之刻工固极显然；又以金陵本与之并观，则金陵本编次井然，亦与此五种《戏墨》书名下未排编次者异。据曾氏之跋，当时情况似系就遗书中散见各帙分别付刻，尚未暇统一整理，迨后乃始整齐划一，如金陵本之编次。其中过程，已无可考。然此数种究为最早之刻本，书名下皆有“男敔较”字样，固亦不容忽视者。本册取以订正金陵本之脱误凡十一字，又别有异文倒文四十余字，亦出校存参。

《楚风补》为清康熙时廖元度大隐所汇辑之诗歌集，自上古至明末，凡四十八卷，其言曰：“窃谓楚无风，而以是补之。”其卷首有《征诗小引》，作于康熙甲子（二十三年），时船山尚在世也。此书邓显鹤辑《沅湘耆旧集》时曾取参考，然并未将其所刊船山诗全部辑入。此次编校，乃一一取而与今本核对之。

《沅湘耆旧集》为清道光间邓显鹤所辑之湘人诗歌总集，凡二百卷，起自明代洪武、永乐，迄于清代嘉庆、道光，凡一千六百九十九人，诗一万五千六百八十一首，其中船山诗两卷，卷首有辑者所作小传，篇中间有按语。小传收入《全书》第十六册，按语有为本书采录者，分见各有关页注中。

故本书此次校勘，亦即中华本校勘工作之继续与补充，中华本已据草堂本《五十自定稿》及《七十自定稿》，校得金陵本讹字二十九，及被删略之《来时路》诗王敔附识一段（见第二六五页），又据太平洋本获增金陵本失刊之船山《七十自定稿》序一篇（见第三七九页）。本书又据所有参校各本，续校得金陵本讹字二十一，脱文一，衍文一，倒文一处、二字，及失刊之船山诗序、诗注各一处（分见第四三五页注㊀、第三五七页注㊀），脱落之诗题纪年、错误之诗题纪年各一处（分见第二八一页注㊀、第三二六页注㊂），掺入正文之金陵本编者夹注二处（见第三〇七页注㊁）；又衡阳本讹字三，太平洋本讹字十四及倒文一处、二字：以上讹、脱、衍、倒皆为中华本所沿袭，又有各本不误而为中华本所排误之字二十二，一并予以改正。对未能肯定之异文皆附记存参，凡一百八十余处。此外又有题记、原刻版式及隐讳漶漫等处应予交代者，盖凡得校记、页注三百七十四条，内刘毓崧《校勘记》中有关诗集之三条附焉。

## 三、词集

中华本《王船山诗文集》之第三部分为《薑斋词集》。《编例》云："词集部分，全据金陵本。"

今按：船山词集版本较少，除金陵本、太平洋本、商务《四部丛刊·薑斋诗文集》本及中华本外，未见有其他版本，而各本又同祖金陵本，是以全无差异。此次编校，仍以金陵本与中华本覆核一过，并取他书之收录船山词者参校之，计共得校记十六条，内据金陵本或他书以改正中华本者九条、九字；注明金陵本原有白匡者两条（其中一处或可据康和声《王船山先生南岳诗文事略》予以填补，见第七四一页注㊀）；存参王氏《族谱》及他书之异文三条；其他两条，内一为中华本原有，乃录存刘毓崧之一条校勘记也。

## 四、诗话

邓显鹤《船山著述目录》有《薑斋诗话》三卷：卷一《诗译》，卷二《夕堂永日绪论内篇》，"篇"字，自金陵本起各本作"编"。卷三《南窗漫记》。《夕堂永日绪论》尚有《外篇》，邓目列为《薑斋外集》卷三。按《夕堂永日绪论》在写作构思中本为一书，观船山自序可知；然其内容则《内编》论诗，《外编》论经义，故邓目离而为二。然《外编》所论亦涉及一般诗文，《内、外编》合编尤于全集为宜，金陵本、太平洋本《船山遗书》莫不如此①。本书亦仍旧不改，在著作种数中则依习惯作两种计算之。

以上四种之合印，除金陵本、太平洋本外，尚有人民文学出版社1961年版之《薑斋诗话》（夷之校点，依金陵本编次，与《四溟诗话》合刊，为郭绍虞主编《中国古典文学理论批评专著选辑》之一）及1981年版之《薑斋诗话笺注》（戴鸿森笺注，依邓目编次而以《夕堂永日绪论外编》作为附录，亦同上《选辑》之一）。此外之零散版本，则《诗译》有邵阳曾氏所藏之旧抄本（附于《诗经稗疏》抄本之后）；《诗译》及《夕堂永日绪论内编》有光绪十一年王启原辑《谈艺珠丛》本及民国十六年丁福保辑《清诗话》本（此本于1963年、1978年由中华书局及上海古籍出版社先后重印）；《南窗漫记》有王敔主刻之湘西草堂本②。其中戴鸿森《笺注》曾与除曾氏抄本及湘西草堂本以外之各印本互校，详加考订，较他本为精审。

中华书局转让之二十四种船山著作点校稿中亦含此四种，点校者王孝鱼，系在太平洋本上径施标点，而对其明显讹误略有订正，然未取他本参阅也。

此次编校，遂以戴本为主，仍与金陵本覆核，并参校其余各

---

① 《诗译》《夕堂永日绪论内编》《夕堂永日绪论外编》《南窗漫记》分别为金陵本《船山遗书》之六十三、六十四、六十五、六十六；太平洋本《船山遗书》无序号，编次同。又金陵本在《诗译》《内编》《漫记》题下分别注有《薑斋诗话》卷一、卷二、卷三字样（《外编》题下无注），以明邓目之旧，本书亦皆于页注中予以保留。

② 湘西草堂本《南窗漫记》现藏湖南图书馆，与船山诗集《仿体诗》合刊，有订梓者曾载□所作《刊仿体诗南窗漫记跋》一篇，已见前《诗集》部份《后记》（第一〇二八页）。其书刊刻较粗，讹字亦多，然亦间有可资校订者。

本定稿。计订正金陵本讹字凡五（内戴本订正者三，本书续有订正者二）。戴本笺注颇详，其有关文字疑似正误之讨论，本书皆备录之，注明所自，而益以戴所未见之别本同异。凡得校记二十四条。

## 五、杂剧

船山《龙舟会杂剧》，王敔《大行府君行述》称为“诗齣”，邓显鹤《船山著述目录》中列为《薑斋外集》卷四，然并无旧本可见。目前所知，仍以金陵本《船山遗书》所收为最早①。刘审吾《衡阳刘氏珍藏王船山先生遗稿记》一文（见民国四年湖南出版之《船山学报》第一卷第五期）开列其家所藏船山著作抄本四十八种，《龙舟会杂剧》为最后一种。刘文谓：同治初湘乡曾氏搜访船山著作，其家曾“出遗稿相授”，则金陵镂板所据底本或即刘氏之旧抄。然刻印以后，原稿即随之散失。其后太平洋本《船山遗书》亦收此剧，则系据金陵本翻印。迄今除两种《遗书》外，未见有其他印本。湖南图书馆藏一抄本，纸墨虽旧，经核对，盖亦从金陵本转抄。

此剧卷数，金陵本目录作《龙舟会杂剧二卷》，然正文未分卷次。太平洋本目录作《龙舟会杂剧一卷》。本书从太平洋本，亦作一卷。

---

① 湖南学者王闿运、杨恩寿等尝论及此剧，似皆借金陵本始得读之。王谓此剧“凄怆悲怀”（《湘绮楼日记》同治八年元月二十九日），杨则云“淋漓悲壮，睥睨古今”（《词余丛话》，收入《中国古典戏曲论著集成》第九集，中国戏剧出版社1959年版）。以上转引自龙华《湖南戏曲史稿》，湖南大学出版社1988年版。

中华书局转让之二十四种船山著作点校稿中亦有此剧，点校者王孝鱼，系在太平洋本上径施标点，略有校正。按太平洋本虽以金陵本为据，而对其唱白之排印版式则更加改订，细致清晰，便于阅览，惟稍有排印误字，则可藉金陵本以回改。此次编校。遂以王氏之点校稿为主，仍参校金陵本，比勘定稿。其间又改正二本俱误之字二，删去二本俱有之衍文一处，又讨论文字数处，凡得校记十一条。

## 六、诗文拾遗

船山撰述经金陵本、太平洋本两种《船山遗书》均全集也。之编辑而大备，然亦偶有成部之著作未经收入；至于未尝入集之散篇诗文，则方志、谱牒所录至夥，旧家、佛寺亦每珍藏，百余年来，时有发现。本书筹备伊始，即在《船山学报》刊登征集佚稿之启事。十余年中，经同志辛勤搜访，先后在《学报》发表者，为数亦甚可观。凡未收入金陵本、太平洋本两种全集之船山著作，除《四书笺解》十一卷、《箨史》一卷两部已分别依类编入《全书》第六、第十一册，《诗广传》未刊稿三篇、《礼记章句》未刊稿一篇、《读通鉴论》未刊稿五篇已分别补入其书，分见《全书》第三、第四、第十册外，尚有其他诗、歌、赋、铭、匾额、楹联、书信、序跋、传记、墓表六十余件，虽属零篇断简，亦系吉光片羽。兹统命之曰《船山诗文拾遗》，汇于此焉。

所检阅之前人载籍中，亦偶有错误之著录。光绪十一年重修《湖南通志》卷二百五十《艺文六史部四》所载书目中有“《史贯》，酃县周士仪撰”一条，注曰：“《衡州府志》王夫之序：周子读书穷理，必求其可以贯者而后已。《史贯》一书，吾知其于理有合也。夫太史公南浮潇湘，发其胸中之抑塞磊落，为千古作史之祖。周子生洞庭衡岳之墟，不啻朝夕寝处，而又旋轸京师，停棹西湖，一览燕齐吴越之胜，作为文章，其于贯之为义，不思过半乎！”此“序”又经罗正钧《船山师友记》引述，其卷十“周明经士仪”条云：“（船山）先生逸文，尚有为令公《史贯》序一首，节存《湖南通志》。”按：令公，士仪字。然查乾隆二十八年《衡州府志》，其卷三十《艺文·序》有《〈明纪野获〉序》一篇，为船山作，紧接其后有《周藿园〈史贯〉序》一篇，为蒋永修作。按：藿园，士仪之号。蒋序中则上述一段在焉，惟《湖南通志》引载稍有删节而已。盖《衡州府志》中两篇相联，《湖南通志》之编者未能细检，遂误录蒋序为船山作也。

兹以资料来源及文字之确切性为准，分《拾遗》为两卷：上卷皆文献有据，确为船山之著作，毋庸疑议者；下卷则或得之传闻，或间接记录者也。各件皆标明出处及搜集者姓名，更由编者取原始资料核对定稿；一文而有数本者，则皆取以参校，一如向例。凡得题注及校记一百四十六条。除题注六十三条皆记录原件出处及可备参考之掌故史事外，校记八十三条中包括改正原件之讹、脱、衍、倒二十余字，存参别本异文十余字，又附记需要说明之格式、行款、文字、记号者三十余处。《拾遗》各篇由杨坚编纂审校，搜集原始资料则徐荪铭之力为多。

本册由杨坚编校定稿。

（原载《船山全书》第十五册）

# 传记之部编校后记

《船山全书》第十六册，为全书之附录，其第一部分，为《传记之部》。

船山遭遇穷蹇，身世寂寞。康熙三十一年壬申谢世后，至四十二年癸未，提督湖广学学政潘宗洛莅楚，始因其子敔而获知其生平，钦慕其人而爱重其书，愿为立传，以贻史馆。王敔於是撰亡父《行述》①，供宗洛作传之需。今观《行述》與潘《传》落款，知皆作於康熙四十四年乙酉，前距船山之殁已十有四年。然自是而后，船山之学问志业得以渐闻于世。《行述》载於家谱，潘《传》入于史馆，乃并为传述船山之最初文献，而为后世之所珍。②

然清廷以少数民族入主中国，为求统治之稳固，不得不肆行

---

① 王敔《大行府君行述》，见第六九页。敔之略历，见该页注㊀。

② 潘宗洛《船山先生传》，见第八六页。潘氏略历，见该页注㊀。其学政受命及莅任之期，及礼待王敔之情况，见储大文《存研楼文集》卷十三《中丞潘公传》："辛巳（康熙四十年）十二月，命提督湖广学政。癸未（康熙四十二年）夏四月，涖武昌任。""公雅善待士。汉阳劳君必达、许君之桢，黄冈靖君道谟，衡阳王君敔、宋君蓟龄，邵阳景君篧，兴国成君斌迈，尝入分校，胥用宾主礼。"又乾隆《衡州府志》所载王敔《学院潘书原夫子教恩碑记》，有宗洛到衡试士之记载："今年甲申，宜兴夫子以太史校文三楚，孟夏涖衡。择日开试，鸡鸣蒇事。肃号敛卷，昼夜校阅，甫月而衡属事竣。仲夏，夫子将自衡至郴。生辈受恩者人怀百钱，有不能办者人五十，匝日间计值金十余两，议立石于石鼓书院之阳，颜曰'太史学院宜兴夫子教恩碑'。"此段记宗洛亲至衡郡，其时为康熙四十三年甲申之四至五月。明年四十四年乙酉，遂有为船山立传之举。

高压；除用武力镇慑外，尤以心怀褊刻，疑猜万端，致文字狱迭兴，士林震恐。雍正六年吕留良之祸，船山裔属闻讯惊惧，至欲自焚其书[①]。乾隆三十七年开《四库》馆，船山著作中之诸经《稗疏》虽经奏进著绿，其诗文集等则被列入禁毁书目。然自此而船山名亦渐著。于是而有余廷灿复为之传[②]。今观余《传》，其记船山事迹，实皆节抄潘《传》，然文中大段征引船山《正蒙注自序》，推重船山学术之精，则为潘《传》所未有，而开船山思想研究之先河。

自潘至余，历康雍乾三朝七八十年，学者所作船山之传，只此二篇。《四库》修书后，清廷思欲改变立国一百余年而国史尚无儒林列传之状况。阮元任职史馆时，奉命草拟其传。向例国史立传，必有案据。阮氏草拟之法，即取群书及其他奏呈材料，抄撮成文，不自加撰一字。其《揅经室集》一集卷二《拟国史儒林传序》，子福按云："家大人撰《儒林》正传附传共百数十人，群书采集甚博，全是裁缀集句而成，不自加撰一字。因馆中修史，例必有据。《儒林》无案据，故百余年来人不能措手。家大人谓群书即案据也。故史官赖以进呈。原稿抄存家笥，不应入集。"福言如此，然其稿亦不能终秘。今未见其书，而刘毓崧《王船山先生年谱》卷首刊有《国史儒林传稿》一篇，遂取以排印。[③]

---

① 吕留良之祸险使船山裔属自焚其书事，见姚永朴《旧闻随笔》（第九一六页），又见刘人熙《船山学报叙意》（第八七二页）。刘说尤细；其日记有延接船山后人之记载，当系直录所闻，故更详悉。

② 余廷灿《王船山先生传》，见第九〇页，余氏略历，见该页注㊀。此传未知写作年份。按余为乾隆二十六年进士，其为此传，当在是年之后。乾隆三十七年开四库馆，十年后书成。余传或当作于修书之际，或书成之后。

③ 《国史儒林传稿》，见第九六页。

按此稿《凡例》首言船山为前明举人、桂王行人，入清不仕，著书以老；次言《四库》曾收入其书，列为本朝之书，《提要》且多褒其书，以为精核；终云："今列于《儒林传》中，而据实书其在明事迹。"《传》中作夹注四处，皆以说明取材所自：两处自《四库提要》，两处自余廷灿《船山先生传》。据其"今列于《儒林传》中"之语，知其传前无承袭，确系草创；据其四处夹注，与阮福所言其父草拟传稿之法相符，知此稿即出阮元之手。前潘宗洛为船山立传以贻史馆，至是鼠蚀蟫耗，甚至年久亡佚。阮氏草传固博采群书，而于船山之书，则除《四库》所著录外似未有见。故其所据者惟《四库提要》及余《传》而已。

今观《儒林传稿》，字数不满四百，皆系抄撮成文，虽其资料来源实嫌太少，内容过于单薄，然于船山之立身大节俱已综括，思想径路有所点明，此固由阮氏之史笔特识，亦赖有潘、余为之前驱。此传於论定船山之学术地位，关系至巨。自此"顾一王二"及"立传《儒林》第二"等语，时见笔载。其后《儒林传稿》演而为《儒林传》，又演而为《清史列传》与《清史稿》。官史体裁日趋矜庄，传文之内容与字数有所增加，而於船山之评骘，实皆祖阮氏以为定论。

然而迄于道光中叶，船山遗书之绝大部分均未刊刻；少数已刊者则或以其古，湘西草堂本。或以其稀，汇江书室本。而仍为人所罕见。其时有新化邓显鹤出，誓欲改变此寥落封闭之状况，终乃为表彰船山述作之功臣。其所编纂跋后之《船山著述目录》，实为第一份完整之船山书目，而为后此出版者所据依；其所主持刊刻之王氏守遗经书屋本《船山遗书》经部十八种一百五十一卷，亦为此后系统编印船山四部著作之肇端；其所著之诗文集，所撰之《宝庆府志》，所辑之《沅湘耆旧集》等，皆有注重调查研究与深入实地采访之特色，船山遗闻逸事散见而迭出焉。邓氏又自作船山传记两篇，其一见于其所增辑考异之《楚宝》，其书重印于道光九年。其一即《沅湘耆旧集》中船山诗辑前所缀之小传；其书刊行于道光二十四年。两传之末附有案语，亦以其多存掌故而见重。①

显鹤之传，结束船山传记寥寥之历史，而开其后撰述日多之局面。计其稍后之作，尚有徐鼒《小腆纪传》之什，钱林《文献征存录》之篇，然皆因袭旧文，并无新貌。同治初金陵本《船山遗书》问世，撰者更众。然而当时清室统治已加速腐败，封建道德日趋沦丧，社会尚幸得之习，学者有捷获之风。是以篇数虽增，秀出者寡。例如李元度所撰之《国朝先正事略》，元度以己非史官，故不称传，而称事略。鸿编巨帙，两年而就，书成亦负时誉。然其《自序》谓客有议其匆促成书，虑有挂漏者，元度驳曰："以朱子之贤，手订《言行录》，尚多谬误，况下此乎！是编亦寄焉耳矣，何庸深校其得失哉？"今观书中《王而农先生事略》，则所取仅限《儒林》、邓《传》及邓氏所编《沅湘耆旧集》及《船山著述目录》。《自序》所谓"荟萃掌故、网罗散失"，与其《凡例》所谓"宁详毋略、宁密毋疏"者，于他传或然，于船山则全未也。至若光绪初李桓所辑之《国朝耆献类征》，亦属卷帙繁重之书，而于船山亦皆录旧撰，并无新作。窃谓此等篇什，当其独立存在，固可供人阅读；或被纳入某一类属而为其一部，对各类专题之研究亦不可少。如徐著以南明史为类，钱编以文献录为类，二李书中船山列入《名儒》，《儒行》。又如《明遗民录》之以遗民为类、《清代朴学大师列传》之以朴学大师为类等，皆如其书名所示。然以置

① 邓显鹤所作之两篇船山传记，见第一〇二页及其后；邓氏略历，见该页注㊀。《船山著述目录》原刊于王氏守遗经书屋本《船山遗书》卷首，本册收入《杂录之部甲·编辑出版之属》"守遗经书屋本"条，见第四〇八页。

诸本编，则但觉其剿袭重叠，势将惹厌，故皆舍之，而于此略述其复沓雷同之情况，读者鉴焉。①

另有两类撰述，似传而实非史家所谓之传，虽研究征引者多，而不能列入本编。其一如刘献廷《广阳杂记》中之一则，则为杂记而体貌不完；其一如唐鉴《国朝学案小识》中之一篇，则为学案而作用有偏。其性质皆与“传一人之生平”之传或异。本册于此两类，皆依其时代先后，编录于《杂录之部·记叙研究之属》中。至于其他或为全书中之一章，或为全文中之一段，虽亦是传，而既非独立成篇，于此遂亦置之，而皆列入《杂录》焉。

船山传之见于湖南方志者甚早，亦时有极佳之史料。例如乾隆二十八年刊行之《衡州府志》，其卷二十四《人物》即有《天夫之列传》，中云船山：“尝言学必能行，行之而始言之。”“卒

---

① 本段所引诸书版本如下：

徐鼒《小腆纪传》：光绪十三年丁亥刊本，六十五卷；其卷五十三有王夫之传。按鼒为道光时实录馆纂修官，其为此书，属草甚早。湖南人民出版社版《郭嵩焘日记》咸丰八年七月廿六日有郭愿以《沅湘耆旧集》贻徐，以供其撰写王夫之传之纪载。

钱林《文献征存录》：咸丰八年有嘉树轩刻本，十卷；其卷六有《刘献廷王夫之陈大章刘梦鹏》之篇。

李元度《国朝先正事略》：同治五年家刻本（近有岳麓书社简化字横排本），六十卷；其卷二十七《名儒》有《王而农先生事略》。

李桓《国朝耆献类征》：光绪十年至十六年刊本，七百二十卷又附十二卷，其卷四百三《儒行》九有船山资料四篇：传二，学案一，著述目录一。

民史氏《明遗民录》：民国元年新中国图书馆印本，四十八卷；其卷十一有《王夫之》一篇。

支伟成《清代朴学大师列传》：民国十四年上海泰东图书馆初版，十七年再版。一九八六年岳麓书社据再版本影印。
凡二十五类；《清代朴学先导大师列传第一》有《王夫之》篇。按支氏之为此书，曾与章炳麟商订，然其船山传则皆抄撮成篇，一无新句，甚至别本错字，照刊不误，盖皆转贩资料者也。

之岁，作书以别亲友。”此二端皆不见于王敔《行述》，虽零碎而亦珍贵。然嘉、道以前，方志中之船山传皆嫌太简，本书摘其可存者，亦置于《杂录》中。同、光之际，湖南省县又有修志之役。《湖南省志》及衡阳等县志中皆为船山立传。同治十三年《衡阳县志》署彭玉麟序录、知县罗庆芗等约二十人同采访编校，而其实际定稿者则为王闿运。书中《王夫之列传》取材立说，有前人所未及者，于方志诸传中具有特色。民国六年船山之裔续修《邗江王氏族谱》，收入此传，径为署名曰“湘潭王闿运”。然以此传闿运自未收入文集，亦不见于《湘绮楼全书》，故今录入本编，不取王氏族谱之法，而仍著明出《衡阳县志》。

人于民国，为船山传者，每受时代变迁之影响，而观点陈旧者亦不乏其人。中华人民共和国成立以后，作者据历史唯物主义以考察历史，所撰之船山传记具有迥异于昔之面貌。今取《清代人物传稿》中陈祖武所撰之王夫之传①，为本编诸篇之殿。

以上对所搜集之船山传，据其撰写时代之特点、传文所具之价值、该传在历史上之位置及其在学术研究中之作用等，综合考较，计取谱牒之传一篇，学者之传四家、五篇，史馆之传四篇，方志之传一篇，大凡一十一篇，略依时世先后编列，独于史馆诸篇则类聚而比次之。

《传记》一编由杨坚编校定稿。

（原载《船山全书》第十六册）

① 陈祖武《王夫之》，见第一一三页，余氏略历，见该页注㊀。

# 年谱之部编校后记

本册收船山年谱两种，均清人著。刘毓崧《王船山先生年谱》，成于同治四年（1865），刊于光绪十二年（1886），王之春《船山公年谱》，成于光绪十八年（1892），刊于光绪十九年（1893）。二谱作者及版本情况，已分见第一三七页及第二七六页注，此不赘述。据来新夏《近三百年人物年谱知见录》（上海人民出版社1983年版）、谢巍《中国历代人物年谱考录》（中华书局1992年版）以及二书转引之其他谱目，则清人所著之船山年谱，实仅此二种①。二谱皆以考订事迹为主。民国以后，始有意取简括之年表，又有注重学术之学谱，未能遍觅，所见者亦六七种，然观其所系事迹，大都以二谱为据。本编首重船山本人之历史资料，故只取此初创二谱，而不及以后。

对二谱之比较评骘，当以梁启超《中国近三百年学术史》所云为滥觞，其言曰："刘本同治乙丑年成，前无所承，创作至难，故名曰'初稿'，而自序称其未备者有七。之春为船山八世从孙，据家谱及他书以正刘本之讹而补其阙，书成于光绪十八年壬辰。"又王《谱·凡例》第一条则为之春对其书之自道："公

---

① 谢书尚列有湘潭罗正钧《王船山年谱》一种，注："稿本（待访）。此谱见《劬盦文集初编》内《补辑王船山先生年谱跋》著录，谓增订刘毓崧原编本。"按罗亦清人，此跋收入本册《杂录之部》，然其中并未明言其补辑成书印行与否。参见第六九九页罗跋及有关页注。

旧有年谱，系仪征刘毓崧编。其间详略互见，罣漏讹舛，如己丑二月服阕、辛卯侨寓祁阳、丙申暂往兴宁之类，未为完本。是编全据公集及《家谱》等书裒辑而成，逐条引注，倍期详审，不厌复烦。非欲突过前贤，实冀传信后学。”自后有评论者，未脱以上窠臼。按刘《谱》之作在同治之初，资料欠缺，故曰未备者七。即就船山遗书而言，例如光绪间补刻于金陵本后之诗集《薑斋编年稿》、《分体稿》、《忆得》及《薑斋文集补遗》、《龙源夜话》残稿等，皆为刘所未睹，而为之春所用。是以刘《谱》有阙而王《谱》较完，刘《谱》有讹而王《谱》正之，后胜于前，应属通例。即以正讹而论，之春仅举三例，于此犹可补充确凿无疑者二事：船山诗集《买薇稿》，刘以为晚岁之作，实则均三十以前所作；船山之子敔，刘以为生于顺治七年庚寅，实则生于十三年丙申。如更详细考核，其误当不止此。此刘《谱》之缺点也。

虽然，刘之误，由于资料之未备。若王之误，则属另一种性质。试举关系最大之一例言之：

王《谱》康熙十三年条有云：“公有疾，寓僧寺，安远靖寇大将军多罗贝勒公尚善，遣都统刘公省问。”注云：“《安远公所遣都护刘君过寓存问诗以赠之》诗有‘佛灯灼灼茶碗清’及‘秋风飐飐芦花苍，芦花如雪寒溪长’之句。”

今按：此诗收入《薑斋诗编年稿》，刘尚未得见，故未之及。王《谱》所据史实为：康熙十二年十一月吴三桂叛，清廷于十三年正月起陆续派遣亲王、贝勒分别“进剿云贵”、“镇守陕西”、“进剿福建”、“进剿四川”、“进剿岳州”、“镇守江南”、“进剿江西”。尚善即奉命“进剿岳州”之将领，“安远靖寇大将军”为其称号，“多罗贝勒”则其爵位。之春据诗题断言尚善曾派都统刘某省问船山，船山赠此刘某以诗。王《谱》刊行二十年后，清朝已亡，船山佚文《双鹤瑞舞赋》公世，其篇首小序言此赋写赠“我大将军安远公”，赋中歌颂其“光赞兴王，胥匡中夏”。于是清室遗老陈夔龙、程颂万等皆有吟咏，以此赋亦系为尚善而作。迄于八十年代，仍有人祖述此说，认船山“与尚善往还”，“适应业已改变的社会”，“表现了对清政府平定三藩叛乱，维护国家统一，即将远征朔漠，巩固北疆边防的积极支持态度”等。嗣经谭承耕等考察历史，分析赋文，指出此“安远公”实为康熙十三年春在广西起兵响应吴三桂并自称“安远大将军”之孙延龄，而非清廷所派之“安远靖寇大将军”尚善，问题始获澄清。船山民族思想之一贯无可疑，其忠贞不二之大节亦无可污。盖自之春创为怪论，扰扰焉几将百年。①

如上性质严重之错误，虽属仅见，然就王《谱》全书观之，其主观臆断之例则不一而足。刘《谱》于并无确据而仅凭推测云然者，每作疑似之辞，以示此欠考证，不过可能如此。之春於此等处初非另有新证，而皆作肯定之辞，其作谱时缺乏实事求是之态度，自难为讳。

例如明天启二年壬戌（1622）船山四岁条：

刘《谱》：“是年先生当入家塾，从伯兄石崖先生读书。”下引潘宗洛《船山先生传》“先生颖悟过人，读书十行俱下，一字不遗”及《石崖先生传略》“仲兄稍长，同席受读”一段，并作

---

① 参阅本册《杂录之部》陈夔龙、程颂万诗（第九一一、九二四页），及程诗后所载史展、谭承耕、李申各文（第九二五页）。本段引号内文字，除“进剿云贵”以下十处见《康熙起居注》外，“与尚善往还”以下三处分见史展文及陈祖武《王船山双鹤瑞舞赋为尚善而作说辨》（发表于1985年出版之《清史论丛》第六辑）一文所引。陈文于船山此赋非为尚善作考辨最详。本册以限于篇幅，未能收入。

按云："先生入塾年分，未见明文。然天资既敏，家教复严，其入泮甫十四龄，则入塾必早，姑列于是年以俟考。"

王《谱》："公与磴斋公同入塾，从石崖公受读。"下惟引《石崖先生传略》一段，文字与刘谱所引之一段同。

今按：谓船山于是年入塾，实无文献之根据，此乃刘氏引潘《传》及《石崖先生传略》而推测云然，故曰是年"当入家塾"；著一"当"字，犹言事或如此，而尚待考证，始能的确也。王《谱》亦无根据，而观其肯定之词，一若事实如此，自欠慎重。

又如崇祯六年癸酉（1633）船山十五岁条：

刘《谱》："是年先生当往武昌应乡试。"下引《夕堂永日绪论外编》"因忆昔与黄冈熊渭公霖、李云田以默作一种文字"一段，其后按云："先生与熊渭公李云田相识未知年分。壬午秋渭公会同人于黄鹤楼，先生亦在座，然未必是时初识面也。渭公與云田皆湖北人，距衡阳颇远。是时湖南与湖北统称湖广，未经分省，乡试皆在武昌。疑乡试时武昌相晤。附记于此以俟考。"又据《明贡举考略》，记是年湖广正考官为钱受益、副考官为张第元，及所出之三道试题。

王《谱》："夏，从石崖公、磴斋公赴武昌省应乡试。"其下并无引证，仅云："正考官钱谦益、副考官张第元。"亦附同样之三道试题。

今按：此条刘据船山上年即崇祯五年壬申已人县学，本年恰逢乡试之期，因而推测："是年先生当往武昌应乡试。"又船山系于崇祯十五年壬午中举，自五年壬申至十五年壬午，十年中有乡试四次，即六年癸酉，九年丙子、十二年己卯、十五年壬午。故刘《谱》复于九年丙子及十二年己卯条亦各推测："是年先生当往武昌应乡试。”皆用“当”字，亦谓文献无据，而事或如此也。王《谱》之无据亦同，然于此三年则皆书：“从石崖公、碰斋公赴武昌省应乡试。”初不思此三年中船山是否均往武昌应试，且每次应试石崖公、碰斋公是否一体同往，既无文献记载可凭，而乃言之凿凿如此，岂非鲁莽？

综观二书，王《谱》之事实记载颇取刘《谱》为蓝本，而态度有欠谨严。其径以刘氏推测之词作为传信之史，如上之例，全书不少。又每剿袭刘氏考察之结果而舍去其论证，读之但觉其叙论牵强，立说无根，与其《凡例》所自许之“逐条引注，倍期详审，不嫌复烦”者，初不相符。

刘《谱》则认真不苟，其推测有误，多由材料未备，与草率武断自非一例。其细致绵密，有足多者。其最可贵之处，在分析论证能直探船山之心曲，兹举一例如下：

康熙元年壬寅（1622）船山四十四岁条，刘《谱》先为永历事纪：“春二月十三日，桂王为大清兵由缅甸执至云南省城。夏四月二十五日，桂王为吴三桂所害。”次为谱主作传：“是年诗有《为宋子主人送高渐离入秦》一首，七绝。《迎秋》八首，五律。《咏史》二十七首，六言。《来日大难》一首，《长相思》二首。以上乐府。”其后乃作注云：“按：是年诗大都为桂王而作。《长相思》第二首云：‘长相思，永离别，地坼天乖清泪竭。油卜罢春灯，寒碪谢秋节。宝带裂同心，他生就君结。’其词甚苦，其志尤可悲矣。又按：《鼓棹二集·金人捧露盘》‘和曾纯甫春晓感旧韵’词云：‘古崧台，双阙杳无踪。’又云：‘魂断朱邸旧离宫。’又《烛影摇红》‘十月十九日’词云：‘骖鸾不待玉京游，难挽瑶池辙。’又云：‘几处啼乌，桥山夜月。’今考‘崧台双阙’，谓桂王以肇庆为行阙；‘朱邸离宫’，谓衡州为桂藩旧邸；十月十九日系桂王生辰；‘魂归无踪，桥山夜月’，知其时桂王已殁，当亦是岁所作也。”

片词只句，一经刘氏掇拾诠解，遂若孤臣孽子之心肝和盘托出，以视王《谱》是年枯败支离之笔触，相去霄壤。[①] 按刘氏学养深厚，文史兼长，其对诗词之诠解分析洞幽达微，尤为王氏所莫及。王《谱》全书引船山词不过五六首，又全无此种诠解分析，皆窘涩之征也。

窃谓以船山之身世畸零，事实杳茫，为其年谱者，当尽量利用有限之资料，深入分析，体察其难言之恫，探索其偶露之迹，是以诠解不嫌其详，分析不嫌其细，皆以供后人之观览采择，此刘氏之衷曲也；若乃忽视资料，任意弃取，所入者浅，所得者少，而又遽作断决，侈言传信，此王氏之写照也。盖二谱之优劣，由其作者识见之高下，固已早决于落笔之先矣。

此外王《谱》错字极多，究不知系作者之误，抑手民之过，抑两者兼而有之。中华书局汪茂和点校本曾列举其舛误讹脱之处，作有校记十三条，本书均予保留。此外编者又校改其讹脱衍倒五十余处，例如“酉阳”酉原误西（第三〇九页第九行），“上湘”原误倒湘上（第三一〇页第七行），“李治尹”原误李治君（第三五八页第四行），“钱受益”原误钱谦益（第二九一页第一行），“回翔岂稻粱”粱原作梁（第三四六页第十行），“春云相凄暄”暄原作喧（第三四八页第四行），“短烛空烧柏”柏原作柏（第三六五页第一行），“门外黄鹂啼碧草”啼原作题

---

① 王《谱》于此仅云：“闻明桂王被执，续《悲愤诗》一百韵，作《长相思》乐府。其一有云：‘年华讵足惜，肠断受恩时。’其二有云：‘他生就君结。’”按如此叙述，实太干瘪，且何以知乐府系为桂王作乎？又“他生就君结”者，接上句“宝带裂同心”而言，只引一句，尤令未睹全篇之读者费解。

（第三七四页第一行）等。以上皆据旧籍或船山原著随文校改，其中大部份皆置正字于方括弧中，不另出校，而仍用圆括弧小字存其原文，以备质证。舆王《谱》校，刘《谱》盖极少错字云。

两谱于明清各帝之年号，于纪元后第二年起，有继续使用者，有即予省略者。今为便利阅读计，统一于每年之首冠以该帝年号；新加之年号纳于方括弧中。汪茂和王《谱》点校本于每年加注公元年份，亦系为读者便利着想，本书沿袭，并推广于刘《谱》。

两谱均由杨坚据原刻校点定稿。

（原载《船山全书》第十六册）

# 杂录之部编校后记

《杂录之部》分为两编，曰《编辑出版之属》，曰《记叙研究之属》。取材之范围限于大陆出版物，时间之下限为九十年代初。以下就二者之编辑办法及其内容，略作介绍。

《编辑出版之属》所辑者，为三百年来船山著作历次版本之序跋题记及其他附件，依出版年代一一著录，实为一部船山著作出版史之资料长编。按《全书》《序例》云：船山撰述众多，“其整理出版乃具有历史连续性之事业”。此编即具象之说明。船山著作之出版，计其重要时期凡八。兹撮括各期之版本、种数及其历史作用如下：

一、清康熙雍正年间王敔所刻之湘西草堂本：包括现存目击并根据文献而能举其名者，凡二十余种。船山著作由此为世所知，其中《楚辞通释》当时已远抵吴下：武进蒋骥于其康熙五十四年自序之《山带阁注楚辞》中，已对船山此书有所评论。

二、乾隆中叶修成之《四库全书》本：凡著录船山著作六种，存目二种；《总目提要》中作有较高之评价。《四库》著录，于船山影响殊为深远。此后《国史》立传，以至清末之文庙从祀，史臣皆援引《总目提要》之语，以为典据。

三、嘉庆时衡阳翰林马倚元汇江书室之刻：约十余种，今无传本。惟据邹汉勋言，其《四书稗疏》卷端有船山著述总目，多至七八十种。汇江之刻为后世大举搜刻船山著作之先声，对船山书之出版，起承前启后之作用。

四、道光二十二年刻印之湘潭王氏守遗经书屋本《船山遗书》：此刻虽只收船山经部著述十八种，而发凡起例，始创版式，至于民国太平洋书店本犹遵其成规。卷首邓显鹤所撰《船山著述目录》，尤能垂世行远，为此后系统编印船山著作之依据。

五、同治四年刊行之金陵节署本《船山遗书》：收船山经史子集四部著作五十六种，其后复补刻六种，凡六十二种。是为第一部船山著作之全集。此刻校勘精善，尤足矜式。自是而船山之书始大行于世。

六、民国四、五年间刘人熙主持刊行之船山学社本、《船山学报》本：内有船山古近体诗评选三种（《古诗评选》《唐诗评选》《明诗评选》）；及船山所著南明史料书《箨史》等，均属重要佚著，首次刊行。

七、民国二十二年上海太平洋书店本《船山遗书》：是书为船山之第二种全集，仍依经史子集四部编次，凡收书七十种。自此船山著述大备，船山思想研究领域亦日益拓展。

八、中华人民共和国成立后自五十年代起由中华书局等出版之标点本及注释本：凡十余种。较之遇去全无标点更无注释之文本，实为船山著作出版工作之一大改进，而更利于船山思想学术之普及与深入研究之开展。①

凡此八期，其出书之旨趣、品种、方法、过程，与夫有关之时世背景、人物姓氏等，概可于其序跋题记及附录诸件中求之。于此之外，另有零星个别之船山著作出版物，凡有序跋题记之

---

① 所见解放以前之船山著作出版物，惟江西南城欧阳祖经所撰之《王船山黄书注》，除圈点外专施注释，难能可贵。

类，本编亦均予收录，勿使遗漏。其已附见于《全书》第一至第十五册者则不再重录，而仍于此编中列举其目，并注明已见何处。全编之末，附录当代学者马宗霍四十年代所撰之《船山遗书校记序》一文，于衡阳刘氏、邵阳曾氏两家所藏船山著作抄本之重要价值有所论证，今仍可供参考。

《记叙研究之属》所辑者、为船山生前，其同志友好戚属之记叙、赠答，以及后世对船山之传述、咏歌、论议、研究诸作。由于船山身世之畸零，此类材料在顺、康、雍、乾之世，不过十余家。其后《四库》著录其书，《国史》为之立传，自嘉庆至道光，仍只二十余家。乃至邓显鹤、曾国藩先后刊其遗书，历咸、同至光绪中叶，述及船山者渐多，亦仅五六十家而已。至于清末民初而船山之书始大传播，船山之名亦频见记载。以迄于今，总计所得凡二百三四十家。去其剿袭、重复、浮滥之作，以及仅仅字面提及船山而内容太无干系、又乏联想启发作用者，所收仍约二百家。略依年代，次为本编。

于此编者所注意者，首先为关于船山本人之资料，例如言行、踪迹、遗闻轶事等；其次则关于其著作，例如佚书佚篇，以及手迹、书目、版本、校勘等；其次则关于船山思想学术之传述、阐扬、论说、研究。以下再就此三方面，略述梗概。

一、关于船山本人之资料：此类数量最少，其中最重要者，为与船山直接交往之同志友好戚属之记叙及赠答之篇什，例如本编开卷所载夏汝弼之《白石峰记》及《车驾山同夕堂作》。二篇皆作于清顺治四年丁亥之五月，距顺治元年甲申五月清军占据北京，不过三载。汝弼尝以文字受知于船山之父武夷先生，其与船山盖少年相识而志意相投，亡国后复共患难。其一文一诗写与船山在上湘之经历，不仅可考船山当时之踪迹，且其悲愤之情，孤迥之志，巨痛深忧，溢于言表，皆二人之所同。犹忆船山逝世三百周年会上，萧箑父教授提出：写船山之传，当写船山之魂。似此之文与诗，即写魂之绝佳素材也。其次如船山之子王敔所作之诗文，其中《湘西草堂记》已早流传，《怀音草自题》则于本编始据手迹排印。敔所提供之史料自最详实，然其诗文亦为数不多。此外如顾炎武之诗[①]、刘继庄之文、陆陇其之日记、潘宗洛之谱序，诸人皆与船山同时而不相识，慕其志节，形诸纸墨，亦可贵也。此项资料中，有罗正钧《船山师友记》已引者，本编仍复收入，大半因考虑本编材料之完整性，次则罗书或仅节引，或有讹夺，或其所录因来源不同而有异文，凡此均随文作注以明之。有关船山本人之资料，时代愈早，亦愈集中，乾、嘉以后，偶然一见而已。

二、关于船山著作之资料。此类数量稍多，皆可供考证，有裨见闻。例如江宁汪士铎梅村之《开有益斋读书志序》（见第五七二页），记咸丰初太平军攻陷金陵前，有船山后裔二三少年载书两大舫至金陵，均船山遗书，其后不知所往。此一记载，真如凌空猝坠，令人刿目怵心。按船山著述浩瀚，家谱载其著书百余种，邑志称其著书四百余卷，然而从来无人能述其全。传世书目中如《吕览释》《淮南注》等十余种，皆有目无书，未见只字。王敔门生曾载阳、曾载述于康熙四十九年庚寅至湘西草堂助刊遗书，作有《刊夕堂永日绪论》、《船山经义附识》三则[②]，其中

① 顾炎武诗《楚僧元瑛谈湖南三十年来事作四绝句》，四首分咏四人，其二、三首皆自注明，一、四首否。邓显鹤以为第一首乃咏船山。此从邓说，见第五二〇页。

② 曾载阳、曾载述之《附识》三则，周调阳录载于其《王船山著述考略》文中，本书转录，见第四〇一页。然周文未言其标题、落款，仅云刊于《夕堂永日绪论》之后。编者据衡阳市博物馆馆长冯玉辉自曾氏族谱所载抄寄，其标题为《刊夕堂永日绪论》《船山经义附识》，落款为“私淑门人曾载阳、述附识”（谱中“阳”“述”二字并排），又知《夕堂永日绪论》与《船山经义》系同时刊刻。

列举船山选辑评论之作十余种，名目且多在后世所知书目之外，又言其“卷帙繁重，难于问世”。而今遗书两大舫乃忽出现于金陵，岂数世以来蛛绕尘封未及整理之遗籍，一举而尽载以东耶？去年予至北京见张岱年教授，告以汪氏此文，张老亦为吃惊，连询他书是否亦有关于此事之记载。按就予所见彼时江浙一带士人之著述，于乱离中埋书、售书或载书以行，以至避居他乡而仍至摊头市肆阅书、购书者不少，然绝无述及此两大舫者。民国初年王氏五修族谱，亦未提及此事。

其他有关船山遗墨佚篇之资料，如王敔所述《离骚注》手稿之去向（《张讷夫索先子离骚注至郡以手稿授之》，见第五二八页），欧阳兆熊对《八代文评》一书之叙述（《榾柮谈屑》，见第五七六页），陈夔龙于其所藏船山行书大轴之告白（《十四日虞琴招饮》，见第九一一页），章炳麟关于船山遗书二通之诗作（《得友人赠船山遗书二通》，见第八〇〇页），此其所述，今或亡佚，或犹匿藏，皆能致人以怅惋向往之思。尤可惜者，为姚尊所闻船山尚有楷书日记手稿二十八册，藏于衡阳刘氏，至今闷而不出（《船山手注檀弓残稿跋识》，见第九七一页），则更动人怀想，思欲旦暮搜求之矣。①

三、关于后世对船山传述、咏叹、论议、研究之资料。此类最为繁夥，初视若皆零星分散，及依年代排比观之，则亦俨然一

① 关于船山手书日记，除姚氏之记载外，马宗霍在《船山遗书校记》（未刊稿）之末，亦有“闻衡阳刘氏尚藏有船山先生手写日记二十八册，闷不肯出，讫未之见”之语。马氏《船山遗书校记》后附《薑斋集外文录》六篇（《明纪野获序》《胡烈母李氏事略》《惜余鬘赋》《刈草辞》《斋中守犬铭》《勘破窗纸者爰书》），其后即书有此语。六篇皆已见《全书》第十五册，此语未再收入《杂录》。又《全书》编辑过程中湖南省及长沙市、衡阳市、衡阳县等有关单位同志多次访求日记，讫未有获，亦未知其的确。附记于此，以待后之努力者。

部船山思想传播史与研究史也，当与《传记》《年谱》及《杂录之部甲》参合观览。若仅就本编大略言之，则乾、嘉为一期，其代表则章学诚、周中孚；道、咸为一期，其代表则邓显鹤、邹汉勋；同治至光绪中叶为一期，其代表则曾国藩、郭嵩焘；戊戌变法前后为一期，其代表则谭嗣同、梁启超；辛亥革命前后为一期，其代表则章炳麟、杨昌济；民国为一期，其代表则熊十力、嵇文甫；至于中华人民共和国成立以后，作者之立场观点方法，迥异畴昔，船山研究乃别开生面而登一全新之境界。又各期之间虽推演递嬗，亦穿插交叉，情形至为错综复杂，然而一代学术之趋向风尚，以至政治变革之激荡，社会思潮之迁流，固自有其客观之实在与主导之旋律，借船山研究而亦有所反映焉。

材料既多，似嫌芜杂，然编者于民初以前者，常不忍割弃之，以其为时已远，当多保存。即使遗老之音，亦以见易代之际，有是人，有是思，至今视之，则皆陈迹也，亦皆历史也。语云："彼榛楛之勿剪，亦蒙荣于集翠。"以此解嘲，读者谅之。编者所引以为憾者，则以搜求未遍，尚多缺漏，虽阅书逾两千部，然仅为船山以来群籍之一小部分，且多为湖南之作者。所得资料虽亦不少，然如载去金陵之两大舫船山遗书之去向，若能多于江浙人士之笔记杂著中继续求之，或幸有获，未可知也。又如《龙源夜话》一书，船山一生踪迹尽在其中，光绪中船山后裔以其稿本持赠余姚朱逌然。今此书惟存残帙。若能觅得全书，诚于船山史料为一大贡献。此书消息，似亦当于江浙图书馆，多就彼籍人士著作中求之。[1] 又如邓之诚《清诗纪事初编》卷八黄师宪一条，言其有《答年丈王而农书》，在所著《梦泽堂文集》中。前已言船山生前之友好赠答寥寥无几，以是亟欲得之以实《杂录》，而其集未见。黄为湖北应城人，湖北图书馆或当有之。甚至湘籍作者之书，亦尝感其不足。张舜徽《清人文集别录》卷十八记湘潭欧阳兆熊《寥天一斋文稿》一条，言其中有《王船山先生年谱序》一篇，可以是正刘毓崧此编之疏舛，然其书求之湖南图书馆、湖南社会科学院图书馆、湖南师范大学图书馆而皆无有也。

至于晚近，则船山研究既空前谱及，书刊繁夥，所览更多遗漏，且以水平所限，甚难衡鉴妙择，以是本编所录，多为众所周知易见之材料，仅供参考，非为典要。穷搜而深研之，期诸后来之有志者矣。

本编之末，附有《清代方志抄》及《中国大百科全书条目抄》两组材料，皆以备览。

《杂录之部》由杨坚采录编校。

（原载《船山全书》第十六册）

① 《龙源夜话》为船山之重要著作，刘毓崧《王船山先生年谱》自序引述欧阳兆熊之言曰："先生一生踪迹皆在其中。"今其书惟存船山疏二篇及自序半篇，见《全书》第十二册《龙源夜话》及其《编校后记》。朱逌然，字肯甫，一作肯夫，浙江余姚人，光绪中曾任湖南学政。其人与李慈铭相熟，《越缦堂日记》中时见记载。

# 船山全书编辑纪事

本篇原有一规模较大之写作设想，拟选十余子题，分别纂述，为全部工作作一总结。奈予于1993年秋突罹车祸，左股骨折，翌年春甫告康复，在室内学习行走，忽又不慎仆跌，伤口再裂。其时《全书》最后三册，第十五犹待校对，第十四、十六则尚未发稿也。勉力支撑，至于今日，全书竣工可望，而予以逾七之年，自觉怔忡疲惫，心思不能如前集中，目力尤苦昏昧，所谓强弩之末，不能穿鲁缟矣。而本册篇幅已嫌过巨，虽经删削，仍颇繁重。以是变计，于本篇仅略述编辑经过而止。至于行文用第一人称，则以所记乃个人经历，而署名仍置于篇末者，从以前各册之例也。

本书于1982年由岳麓书社开始筹备。当时已在突破地方出版社“三化”框框之后。是年四月，湖南省古籍整理出版规划小组成立，并以书社为办事机构。十二月，中共湖南省委办公厅经请示省委领导同志批复同意湖南省出版局关于成立王船山全集编辑委员会之报告。报告附顾问及编委会名单，有顾问十人，编委十一人。顾问皆国内专家学者，编委多为省内高校教授及学术机关之负责同志。先是书社讨论此书工作，予尝陈末见，并草《王夫之全集整理工作发凡》一文以供参考，至是亦蒙谬列编委。1983年1月编委会开会，确定书名为《船山全书》，全部著作按四部分类排列，并认为《发凡》一文可为全书体例之基础，决定成立办公室负责具体工作，委予与王兴国先生主持，有同志共七八人。（以上见《湖南古籍整理出版情况简报》第五期：《船山全书编辑委员会第一次会议纪要》，湖南省古籍整理出版规划小组编印，1983年1月20日）会后工作即逐步展开。当时王兴国、徐荪铭、刘志盛等同志于搜集版本出力最多，足迹远涉西安兰州，深入衡阳农村。李传书同志负责复印湖南省博物馆所藏曾氏旧抄，凡十一种，三千二百余页，均蒙免费提供。湖南省图书馆所藏之版本、旧抄则由刘柯同志联系复印。同时中华书局复以二十四种已经点校而未及出版之稿本相转让。盖一二年中，船山著作之书目、版本已大部搜齐，辑佚工作亦已开展，各地发现船山佚文，皆知先向《船山学报》投稿发表；船山著作已定人校点，个别著作已开始复审，此皆书社首任领导梁绍辉及办公室全体同人之力也。

然至1984年，实行机构改革，书社领导易人，办公室即不复存在。其后省古籍整理出版规划小组亦告撤消，编委会亦再无第二次之会议。《全书》草创伊始，头绪纷繁，予一身应付，颇感忙苦。幸省出版局李冰封局长、黎维新副局长及其后刘孝纯副局长等大力支持；予尝于印刷厂必须注意排印质量，纸张公司必须存储封面用纸等，先后呈递报告，均蒙批示执行。书社亦命原办公室同人边仲仁、吴普生等继续相助。迨至1988年秋，书社三度易长，新领导遣胡渐逵同志复来襄事。而王兴国、徐荪铭两同志以社外之人，终始扶持，尤属嘤鸣友声，慰我岑寂，非惟关切可感，抑亦道义可佩矣。

予于编委会中聆听诸家意见，皆以《全书》质量为重要问题。1984年秋，予沿北京、武汉一线遍访居此两地之《全书》顾问张岱年、任继愈、侯外庐、周谷城、黎澍、杨伯峻、张舜徽、周大璞诸先生。(当时未及见面之萧箑父及远在南京之程千帆两先生，则于其后修书致意。)诸老皆赞赏湖南之大举，而亦谆谆以注意编校质量为嘱。事后予撰一汇报材料曰《船山全书八位顾问访问纪要》，兹抄录一段如下：

“任继愈对船山著作的难读、难点，作了同样的告诫，并说，外国对我们出的古书，往往抓住一个破句，大肆讪笑，所以务必注意标点，认真从事。接着，他又说了这样一番语重心长的话：‘我们现在都是为将来的文化高潮做准备工作，创造条件。这不是谁行谁不行的问题，而是时代的责任。例如乾嘉学派，那时人才辈出，灿若群星，但在其前多少年就有许多人为他们做了准备工作！我们现在整理出版古籍，其意义也可这样看。所以一定要做好，将好的遗产留给后人，不要贻笑于将来。’”（见岳麓书社内部刊物《业务情况》总第二期，1984 年 9 月 30 日油印）

予于访谒中，除介绍《全书》筹备情况，聆听诸老指导意见外，尤欲为《全书》之审稿定稿，觅一途径。“鉴于各位顾问大都年事已高，希望找到一种方式，使他们既能起审稿的作用，又不过多地花费时间和精力。”（引自上述材料，下同。）对此张岱老之反应如下：“谈到审稿问题时，张说他已没有时间来逐字逐句读，而且船山著作那么多，一本本地读也不易发现问题，最好是在定稿过程中，如有把握不定、疑难莫决之处，写信去问，他当乐于解答。他还说，例如船山的《周易》著作六种、《尚书》著作两种和老庄、张载的子学著作四种，都可以向他质疑问难。”周谷老之反应为：“关于审稿问题，同意张岱年教授提出的办法，可以常常写信去向之请教。”其他各位，意见略同。材料于此有云：“按这正是适合这些顾问年高事繁情况的一种审稿方式。当然，也并不排除别的可行的审稿方式，如全部审读，那样当然更好。”

其后在《全书》编辑过程中，各顾问、编委如张岱年、张舜徽、马积高先生，均尝为之指示句读，订正误校；雷敢先生校点《尚书稗疏》；周大璞先生审读《说文广义》；任继愈先生尝就书中标点问题提出改进意见，又曾提供《相宗络索》之专家校本，是书又由吴立民先生对照别本再次读校；羊春秋先生则于船山佚文有所考订。予以前述原因，对各顾问、编委未敢多有烦渎，而诸老所赐之种种教益，皆已凝聚于《全书》总的质量之中，将为广大读者所感念。

予自惟担任编辑，于普通书籍或可胜任，于古籍整理已属吃力，于编校船山则尤觉其难，徒以各种机缘之凑合，使负总揽《全书》之责任，绠短汲深，实虞颠坠。尝阅鲁迅《大家降一级试试看》一文，以为警绝。然据当时情势，亦属无可推诿，故惟竭蹶自奋，不敢有所暴弃。1983 年受命之初，先撰《王夫之著作书目总录》，以备检索全部版本之需，继撰《船山全书校点工作细则》，略分“底本及底本文字之保留”，“目录、篇次及分段”、“字体及字号”、“校勘及页注”、“标点符号之应用”等五目二十八条，并于后两目中示例四十余则，以供明确体例及方法之用，皆于三月间全体校点人员会上散发。《全书》各册之成稿，分初校、覆审、定稿三步进行。今日回顾，初校人员大多克尽厥职，覆审人员尤皆黾勉从事，印象最深者，如陈戍国同志覆审《尚书稗疏》，自言凡六十昼夜毕其事，笔记一叠，能窥古人述作之意，实为覆审最佳之作；陶敏同志覆审《礼记章句》，篇幅最巨，初校出于多人之手，改订划一，细致辛勤；边仲仁先生多习旧学，覆审《易》《四书》《古诗评选》诸种初稿，时有改定；胡渐逵同志担任《诗经》《春秋》《楚辞》及诗选三册覆审，又尝就《说文广义》《四书训义》《礼记章句》三书之排样初校一遍，皆于原稿有所订正；夏剑钦同志覆审《全书》第十二册《张子正蒙注》等八种著作，既学问有根，复勤奋逾桓，成绩亦复可观。众人之心力，质量之骨血也。予职司定稿，每书亦必取底本及参校各本，就初校、覆审人员手眼之所历，一字一句而亲历一遍，拾遗补阙，务求妥帖而后定稿。

船山著作在历史上有被禁、毁板、刊刻时篡改及作匡隐去真字等遭遇，其版本复有手稿、家刻、私家旧抄、《四库》著录及各种印本之异，于是有可信程度之差别，情况颇为复杂，字句异文每莫衷一是。予尝病金陵本及太平洋本《船山遗书》于其所用底本多未具体交代，校勘情况亦不十分明瞭，使后人无从查考，故又创于各种著作之后，皆撰编校后记一篇，缕述该著作之版本种数及各本特点、此次底本择定之理由、字句之校勘、标点之施用，以及目次编排与校记、附录等情况，使读者了解；对初校、覆审及定稿者之姓名皆予存记，既行查考，亦可纪其劳绩焉。①

各册付印之后，予皆自任校对，或至三四五遍，不惮其烦，以船山书之难读，不愿其中有错字也，然亦因此往往推迟出书之进度。且尽管如此，而仍有错字，惟有惶愧而已。

《全书》编辑工作除文字内容外，尚有装帧形式上之要求，

① 作家孙犁尝谓予曰："每次收到赠书，我总是先翻阅您所写的编校后记，我以为都是写得很好的。辑印旧书，不能没有这种文字。过去的人，对此都很重视。"（1990 年 3 月 23 日明信片）又复旦大学蔡尚思教授得予所赠《四书训义》复函云："此书在王氏著作中占有极其重要的地位。我读您的《编校后记》，觉得您为责任编辑，真是名符其实！精细空前，令人钦佩！今后要研究王氏的学术者，非读您的《船山全书》不可了！"（1991 年 1 月 2 日）前辈谬赞，惟有感愧，以其皆为对于《全书》编校后记之反应，附录于此。

不可忽视。犹忆书之始出，读者于其外观亦颇欣赏，皆谓其装帧素雅，封面设计落落大方，例如湘潭大学羊春秋教授，尝于致予函中数数言之。按《全书》封面，“船山全书”四字之题写实为关键。予先拟自集船山亲笔，遍翻手迹，收字最多而又端楷清晰者，惟有《噩梦》一书，果然四字皆备，然形体偏长，拼拢观览，未见稳贴。乃请书法篆刻家杨德云先生为集碑帖中字，自汉《曹全碑》至隋《龙藏寺碑》，凡十数，均不惬意，最后始集唐李邕《麓山寺碑》字，略有补缀，杨固尝补此碑，由湖南美术出版社出版者也。予观其字雄健严整。史称北海太守李邕刚强激烈，屡忤权贵，其字亦如其人。且船山亦刚肠嫉恶人也，以李字题王书，尚非亵渎。遂请王诚龙编审持此作封面设计，再三而成，亦复雅洁可观。王病后，由姜铁山副编审竟其绪。而王、姜尚皆设计之草稿也，以之实地施之于《全书》之各册，篇幅厚薄皆宜，色泽浅深皆同，十年中始终保持统一之风格，则端赖胡颖副编审之勤慎有恒以致之。

各册均有图片四幅，《全书》合计六十四幅，皆为有关船山史迹与船山著作之摄影，一部分由徐荪铭副研究员提供，一部分由予选材请刘永林副编审拍摄，又皆撰说明略详，以助兴味，而供玩索。第一册第一图之船山画像，原刊金陵本《船山遗书》卷首，以其容貌最为近真，体态严重端肃，故采用之。按船山生前有野史刘思肯为之写真；死后有儿子王敔为之制像，其像即见本册卷首第一图。今取金陵本画像与王敔所制者并观，知前者实以后者为蓝本，故可谓之近真。其容清癯瘦损，以船山生活艰苦，且久病喘嗽大耗体力故也。尝见《中国大百科全书·中国文学》卷所刊船山画像，面容丰厚肥泽，富态俨然，则似出于杜撰。其像原刊清光绪三十一年发行之《国粹学报》第十二号

（参见本册第八四五页《王船山先生像赞》及该页注㊀），盖因当时革命志士追慕先贤，欲图其形，刊于报端，而急切未得底本，遂以想象为之。此外有关船山行迹之图片，凡民初《船山学报》已有摄影者，予皆取而翻拍使用，亦以其近古而较真，且具苍茫悠邈之致，足以发人遐思也。

1986年冬《全书》第二册（含《尚书稗疏》《尚书引义》两种著作）首先发排，并于1988年春出书。[①] 嗣后各册陆续出版。《全书》出版后，各顾问、编委例赠样书，或挂号邮寄，或就近托交，予皆同时另函通知，略陈情况，并乞赐教。覆信多有褒嘉之词，于所见之问题则恳切指出。兹选录附后，以实此篇。诸老述作皆自足千秋，其简牍偶然留此书中，则亦雪泥鸿爪，略资他日之纪念耳。至其所褒嘉者当为从事此书工作之全体同人，其所指出之疏谬则予不得辞其咎，自更不待言矣。

**张岱年先生（北京大学教授）**

11月来信，最近始由哲学所转来，已经迟了一个月了。您

① 本书于船山著作之校勘，皆遍阅已知之所有版本，独《尚书引义》为例外。《全书》第二册既已出版，始知山西运城市图书馆有一《尚书引义》之别本，经徐苏铭同志与该馆张培莲同志联系，请其将封面及首页拍照，并与寄去之《全书》第二册逐页对照，注明异文寄回。嗣得张氏1990年7月11日回信，附有照片，并寄回已经对照、注明异文之《全书》第二册。信云："封面照片盖的乾隆三十九年三月湖南巡抚敦福××刻《尚书引义》壹部伍册。拍的照片，字一点也不清楚。校对是按徐苏铭的指示一字一句校的。"审视封面照片，果无钤印痕迹可寻。"××"当是不辨其字，"刻"字不知是否误认，因据其首页，实非刻本，乃写本也。此书盖《四库》修书时湖南巡抚敦福采进之本；视其所记异文，有误字，亦有胜于已刊之本者。识之于此，以待异日之有心人。又《读通鉴论》《宋论》有衡阳莫尔雅所藏旧抄本，亦未能从容取校，惟借以补足《读通鉴论》残稿一篇（见《全书》第十五册第九二七页《放姜皎归田》及该页注㊀），此二抄本之来源及文字情况则大体可晓，予尝撰《记衡阳莫氏藏读通鉴论宋论抄本》札记一则加以探讨，见湖南长沙出版之《船山学刊》1994年第一期。

所提关于《尚书稗疏》文句标点的问题，我仔细阅读考虑，认为您的标点方案是正确的，从所寄材料看，您工作认真，谨严缜密，一丝不苟，令人钦佩！兹将原件加注寄还，祈查收。（1984年12月17日）

接奉来示及惠赠的《船山全书》第二、第十两册，十分高兴，非常感激！谨表示衷心的谢意。前年承蒙枉顾，印象甚深，至今不忘。您好学深思，虚怀若谷，治学谨严，堪称楷模。船山遗书得您的精心校订，实学术界之大幸，实深敬佩！半年前看到《船山全书》出版消息，本拟汇款订购，年老事繁，竟迟迟未寄，今得惠赠，欣喜过望，尚望经常联系为盼。（1988年12月21日）

《船山全书》校订精审，十分钦佩！船山著作从此得一善本，实为学术史上一件大事。此亦出版界之佳话也。（1989年10月14日）

《船山全书》校勘精细，印刷精美，实为近年不可多得的新印古籍，嘉惠士林，功德无量！校雠之事，实最不易，您任此艰巨，历久不懈，实深敬佩！（1991年11月2日）

《船山全书》前后收到八册，深感厚意，谨再次表示谢忱！您校订此书，功力甚深，有功前哲，裨益后学，令人敬佩！《船山全书》的出版，实乃学术界的盛举，这是值得称赞的。（1992年6月22日）

《船山全书》大功告成，并承在第十六册中收入拙文三篇，更非常感激，谨表示衷心的谢忱！船山著作多次重印，《全书》实为最完善的刊本，具有极高的价值，对于《全书》编印的完成，谨表示热烈的祝贺！（1996年8月1日）

**任继愈先生（北京图书馆馆长）**

《船山全书序例》写得很好，只有两处，有个别用字，似可删。（一）第二五页倒一行：“类多取金陵本翻印焉。”此“焉”字似不必要。（二）第二七页倒七行，“本书于末册《附录》中备列其目焉。”此“焉”字亦不必要，比第一个“焉”字更显得多余。还有一处，第三一页顾问名单中，黎澍同志新近去世，宜加黑框。（1988年1月1日）①

八五年来访，记忆犹新。因为上次见面时，听了你们的出版计划，认为很快即可出书，我深知王船山的书不好读，怕图快，把问题看得太容易了，有意把困难估计得多些，或对工作有利。校书如扫落叶，是扫不尽的，只求把差错减少到最低限度，就值得称赞了。我这里有四川佛学研究者王恩洋先生的遗稿关于《相宗络索》的校勘记，连同原书，共三份，请转交给负责校点这部书的同志，供他参考。这部书也很难读，王老先生的稿子很有参考价值。参考王的手稿，再加加工，将会对于提高《全书》的质量有所裨益。书价二六点七元同时寄出，请收下，多谢！（1988年12月21日）②

惠寄《全书》第一册收到，多谢。《船山全书》出版后，据所闻，均认为是最好版本，这是你们用心血换来的评价。（1989年9月14日）

---

① 《船山全书序例》出校样后，曾复印多份，寄各顾问、编委征求意见。任老所指出之三处，于书中均已照改。

② 此函所云王恩洋先生关于《相宗络索》之材料，其后用以参校，见《全书》第十三册《相宗络索》一书及其《编校后记》，并于用后遵任老嘱交湖南图书馆庋藏。又信末所云书价二六点七元，为当时所寄来之《船山全集》第二、十两册书价。当复函告以《全书》顾问、编委例皆赠阅样书，俾可提供意见，改进工作。所汇之款，其后为代购他书两册寄还。

《船山全集》出版六册，先后书到，谢谢。这次的《全集》，可以说是最完备的版本。岳麓版《船山全集》可以传世。关于标点方面，有点意见，提出供参考，附见另页。(1991年1月7日)①

来信提到《相宗络索》稿，如有可能，我可以看看。这次王船山讨论会，北京李申同志去参加，如能复印一份，交他带来亦可。如来不及，即作罢。(1992年11月2日)

湖南社科院徐荪铭同志携来《船山全书》第十三册。这样一部浩大工程，在你们几位同志多年努力下，克服不少困难，已接近完成，值得向湖南岳麓书社祝贺，您的劳绩更不可没。不幸的是您受交通事故伤害，甚为惦念，望早日康复，祝一切顺利。(1994年2月25日)

**萧箑父先生（武汉大学教授）**

蔡兆华同志返汉，赐书及惠赠之《船山全书》卷二、十均已收到，衷心感谢！《全书》校订精，装帧美，足以告慰船山于地下。吾兄数年来辛勤劳绩，嘉惠学林，功在不朽。我月底将赴香港纪念唐君毅会，拟将《全书》携去一册，代为宣传。(1988年12月13日)

去年赴香港一会，遇台、港有关学人，皆甚盼能买到《全书》。今年十二月我也可能再赴港，如能将有关《全书》的出版

---

① 附页以为“书中使用顿号、逗号，过于宽泛。顿号用于语气停顿处。语气不停顿则可以不用，用多了对理解未必有益。”随举第八册中几处为例，如：“我非尧、舜之道，不敢以陈于王前”（二三八页）；“乃昔之为桀、纣者一，而今之为桀、纣者众；昔之为桀、纣者尚拥天子之虚名，而今之为桀、纣者则在诸侯之等列”（四四一页）；“杨、墨之道不息，孔子之道不著”（三八八页）；“反齐滕之路，未尝与之言行事也。……齐、滕之路，不为近矣”（二五八页）等。最末一例，“‘齐、滕之路’有一处用顿号，一处未用，以不用为好。”按任老所言极是。书中使用顿号逗号不但过于宽泛，而且甚不一致，末例可见。施用标点符号不够规范，亦《全书》之缺点也。

通讯及海外邮购办法等寄我一些，果能赴港，当携去以广宣传。前四川巴蜀书社组编“中国古典名著导读丛书”，嘱我编选《〈船山遗书〉导读》。现《全书》已陆续出，自当以《全书》为定本，故拟易名为《〈船山全书〉导读》，恳望能得到你的指导帮助，如能将编校《全书》的原则、校勘凡例等说明材料赐寄一份，俾有所依据，不识可否？（1989 年 9 月 28 日）

《船山全书四》巨帙《礼记章句》亦已奉得，不胜感佩！此书卷帙浩繁，又系首次校点，所费工夫之大，可以想象。（1991 年辛未冬至）

《船山全书十三》卷奉得，喜甚！此卷《老子衍》《庄子解》编校后记中细辨原注与王敔增注，精核可信。又《相宗络索》引证王《校》吴《记》，附以王恩洋《提要》、黄骏《序》，大有助于研读此书。琢磨之功，衷心钦佩。（1994 年 9 月 10 日）

返汉枉顾，心感无已。见示《船山全书》第十六册目录，搜罗之富，前所未有。此一附册，现有规模，已对船山学的研究大有裨益；如能更加充实，将范围扩及海外，则更能表现时代特色。《船山全书》的编校出版，兄已为学林立了大功，建了大业，衷心祝祷第十六卷终成完璧，沾溉久远。（1995 年 12 月 3 日）①

---

① 萧老此函建议扩大第十六册收录范围，实为有见，惟以限于条件，未能实行。兹附录覆函，聊当说明：“因编辑时间、图书资料及篇幅无法太大等限制，所收仍只能限于大陆，时间下限则为九十年代初。而即在此一范围，仍以限于客观条件及坚之水平，搜采未备，甄录不当，徒增惭惶。先生所言海外学者（包括台港澳）之研究著作，如加搜集，必是一部沉重厚实之大书，而为一可以独立之工程，《全书》当初筹划时，本未考虑在内，是以多年来亦毫无准备。如勉强着手，必难济事，挂一漏万，贻笑方家，非徒旷日持久，影响全书进度而已。因此筹维再四，终于知难而退，而期此工程于条件更好之时机与学养更深之学者。”萧函提出许多资料，以为可以收录，又蒙惠借林纾《评选船山史论》等今已罕见之书籍，俾供采用，皆以见前辈学者之关怀，令人铭感。

**张舜徽先生（华中师范大学教授）**

一月底收到寄来郭氏日记第四卷，及长函、《船山全书》分册目录，因春节前俗务相扰，日不暇给，迟复为歉。反复究览来信及目录，深佩用心细密，考虑周详，船山有知，应引为知己也。况整理乡邦文献，贡献甚大，尤足以矜式多士，甚盛甚盛！以四部分类统括群书，尤见卓识。当船山著书之时，本通用四部法，今仍以此编定，符合其时实际。惟第四册目录内，《春秋稗疏》似可居《春秋》类之首，俾与《书》《诗》《四书》诸类统一，较为适合，请斟酌之。（1984 年 2 月 7 日）

承以校读《船山遗书》的疑义见询，既佩勘对之精密，复钦好问之㧑谦，谨以浅识奉答，仍遵尊意记于原件之上，祈审核裁夺。（1984 年 11 月 15 日）

五月十一日收到大札及《船山全书编校札记》之二。《札记》简明切要，用心甚细，至为钦服。于整理校勘《船山全书》，不懈益勤，成绩显著，贡献甚大，此乃众所周知之事，始终不渝，必能克竟全功，可喜可贺！（1986 年 5 月 14 日）

昨日收到来信，知校正《船山全书》，至见审密。承询及《说文广义》“师”字条之句读，鄙意“三人必有，学日进则师日广”，自以周读为是。“三人必有”，虽句意欠圆，但船山书中，此例尚多，因上句有“师”字，下句则省去耳。尊校如嫌不安，似可加注数字于后云：“‘有’字下似脱‘学’字”，用郑家校经法也。至于“通为相效之词曰师，师者随众效俗之谓。”则以童读为安。两“师”字宜分属上下，不必连成一词，周读失之。不知尊意以为何如？船山当日著书太多，振笔直书，不暇属稿，遂致文理有晦塞滞涩处，全书中数数见之。先儒遗著，体大思精，正不必于字句间推求也。（1986 年 7 月 13 日）

前得寄来《船山全书简介》数份，当即分送有关单位及留心是书者，嘱其预订矣。是书得以及时出版，与兄精心整理、始终其事之精神至不可分，非特有裨今日文化建设，抑已阐幽表微，大有功于先贤遗著，沾溉后学，尤无涯涘，可敬可敬！如首册印出，即盼寄下，俾得先读为快。（1888 年 2 月 9 日）

《船山全书序例》精密之至，殆无漏意。敬佩敬佩！前承寄《全书》第二册，稽迟甚久，方收到。今闻第十册又已见寄，缓日必能收到，谢谢！（1988 年 12 月 4 日）

久不通问，想甚安健。日月如流，又将改岁矣。《船山全书》已出几本？敝处所收到者，只第一、第二、第十，共三册耳。今已见书者共有若干册？盼如数补寄，俾得尽读为感。（1989 年 12 月 26 日）

年前有函奉上，专询《船山全书》出版事。此书已出至第几册？我处自开始至今，还只收到第一册、第二册、第十册共三本，其余皆未见书，深欲尽读为快。（1990 年 2 月 15 日）

新年伊始，凡百顺遂为颂！近又收到惠寄《船山全书》七、八两册，谢谢！此书得贤者主持，臻于至善，细心校读，尽力理董，非有毅力恒心如高明者，殆不足以任此。每一念及，至为敬佩。（1991 年 1 月 5 日）

惠函及《船山全书》第四册，均先后收到，谢谢！《礼记章句》为船山著述中卷帙较繁之书，经贤者细心校理，焕然改观。偶检览之，深服精思密虑，丝毫不苟。始终其事，将竟全功，非有毅力耐心，曷克成斯盛举，每一念及，无任赞叹。（1991 年 12 月 9 日）

得手书及《船山全书》第六册，谢谢！伏念贤者频年心力，尽瘁此书，校对仔细，力求无误，认真负责之精神，实罕其匹。

而来札犹歈然不自慊，以为失校之处尚不能免，此乃书林常有之事，何足介意，昔人校书所以有扫叶之喻也。贤者整理此书之功，固已不小，沾溉士林与后世者，尤深远非常人所能逮，此鄙人每一念及，敬服无已。仍望劳逸结合，爱啬精神，是所切祷。(1992年6月18日)①

**杨伯峻先生（中华书局编审）**

惠书敬悉。承寄赠《船山全书》之第一、二、十册先此收到，第九册今日收到，实深感谢。船山为明末清初一大家，惜当时不为人知，而其气节则同于亭林，窃以为胜于梨洲。学术之广博似过于顾黄，专精或可比肩，各有千秋。自后数百年盖无其比。文章特具格局，整理标点大不易，浅学不能施墨。吾兄任此，恰足胜任，非常识深厚，不克臻此，佩服佩服！特此鸣谢。(1990年3月4日)

手书奉悉，近日又收到船山《四书训义》上下两册。船山所著书，过去曾经有所阅读，但读之不细，惟于其《通鉴论》《宋论》自首至尾读一过耳。船山之学博大精深，前人谓宜与顾、黄并为明末三老，其实鄙意谓黄不及顾，王则不让于顾，仅为学门径不同，人格更高。顾氏无后，黄氏有子惟恐其不仕清。顾氏不齿钱牧斋，黄则晚年犹与牧斋往来。不幸王氏僻居湘南湘西，当时不为人知耳。兄校读此书，湘乡曾氏印刷此本，可能无意窜改，亦改不胜改，盖在表彰乡先贤，未必能读其全书也。惜我年老，精力衰颓，无能作详细考证，愧对诸贤。匆草数行，以

① 此张老关于《船山全书》之最后一函也。通览各函，其关心学术、重视《全书》，与夫奖掖后进、谆谆善诱之精神，流露于字里行间。计其所见《全书》，尚只二、十、一、九、七、八、四、六等八册，而是年十一月先生逝矣。此后各册出版，予皆寄先生哲嗣君和先生一份，俾配全套，亦告慰泉下之意也。

表谢忱。(1991 年 1 月 13 日)

**程千帆先生（南京大学教授）**

赐书及《船山全书》三册均拜悉。船山书之显于世，有赖于曾涤生，此事实为一极其奇妙之大事因缘，今更得先生及诸公整理，著为定本，殆无遗憾。此老有灵，固当惊知己于千古矣。顾问列名，惟有惶愧，小小手续不周处，不足道也。数十年中，流寓外乡，岳霭湘波，但萦梦寐，今年马齿七十有七，即返归一省，亦复为难，可浩叹也。辄因来札，聊布所怀。拙书一纸，附呈博笑。(1989 年 9 月 22 日)①

赐书及《船山全书四》均拜领，感荷之至。《全书》已出版近半，发排过半，则其余当不至完功无期。先生对此工作，坚持多年，此老有知，固当惊知己于地下，而先生亦足自慰自豪矣。贱躯仍时好时坏，医云：一时死不了，永远好不了。可发一笑也。(1991 年 12 月 5 日)

手教及新出船山遗书一册已拜领，先生于此书校辑，致力多年，有功学林，昭昭在人耳目，实堪钦佩。今全书略过其半，数年之后，当可出齐，企望之至。弟频年衰疾，于为文治学，皆已无从着手，而新书屡蒙惠寄，对之惟增惭愧而已。清儒要求治古学不误不漏，但可悬为鹄的，事实上很难完全做到。邢子才之言

---

① 程千帆先生任教南京大学。1984 年予遍访居于北京、武汉之《全书》顾问，独憾未至南京。至 1989 年秋始因《全书》第一、二、十册出版，寄奉求教，并附函表示聘任顾问全无手续，数年来又未能趋谒之歉意。得此覆函，殊深感愧。程老所赐书为一条幅，附录如下："上尽苍崖百级梯，诗囊香椀手亲携。山从飞鸟行边出，天向平芜尽处低。花落忽惊春事晚，楼高賸觉客魂迷。兴阑扫榻禅房卧，清梦还应到剡溪。己巳新秋姯窗试笔，书奉杨坚先生正膂。七七叟程千帆。"

虽若戏谑，要亦实情。（1992年6月28日）①

赐函及《船山全书》第十三册拜领。知有车祸，幸得痊愈。我辈老人，反应不免迟钝，稍一疏忽，即致意外。先生高年，仍坚持工作，今后行止，要当更加注意也。船山身后，何幸得先生艰苦卓绝，为编新版《全书》，以视太平洋书店旧刊，倜乎远矣。弟衰朽日甚，右耳聋而左目白内障近盲，但闭门俟命而已，幸眠食尚可，斯足慰也。（1994年8月16日）

手示及《船山全书》十五册均收到。这一重大文化工程，先生仔肩独任多年，终即告成，其有功于学术，真功德无量也。欣佩欣佩。弟近患老年性白内障甚剧，作书惟艰，复书不谨，乞谅。（1996年2月15日）

大函及《船山全书十四》册拜领，而知全书即将完成。多年毅力，终使此鸿业得以向全国、全世界学术界交卷，欣贺何极。颓龄瞀目，已不能读书，然亦为先生欣然也。此学术史上大事，终当载入史册。（1996年6月19日）

**周大璞先生（武汉大学教授）**

来示及《船山全书》第二、第十两册均已收到，谢谢。新年前后，杂事纷集，未暇细读船山先生巨著，当俟过了春节，端坐北窗下，认真读之也。吴梅村诗云："不好诣人贪客过，惯迟作答爱书来。"素亦有此病，请先生谅之。（1989年1月23日）

王船山的《说文广义》，经过您的细心考核，在点校方面已臻完善，我没有什么意见了。至于目录问题，童、梅所拟各有可取之处。梅目便于检索王氏原书，童目足见王氏编次的依据。分之则各有阙略，合之则兼此两美。窃以为当以梅目为基础，每条

① 予去信言及已出《全书》发现讹误，引以为疚，故程老有信末之语。

页码之下标出《集韵》韵目，如第一条巨字页码1下注出东字，而删去童目所标“上平声一东”五字。这样用字不多，其编次依据《集韵》，已很明白。为了便于读者查对许氏《说文》，我还建议在每条所标《集韵》韵目之下兼标大徐本《说文》的卷数部数。尊意以为何如？小梅怕注明《集韵》韵目会“显扬”船山当时的不足，这是不必顾虑的。船山没有看见许书始一终亥的旧本，这是历史条件使然，怎能怪他呢？（1989年8月28日）

**姜书阁先生（湘潭大学教授）**

惠示及《船山全书》第二、十两册，并《简介》与《序例》各一份，先后奉读，至为快慰。不佞忝为编委副席之一，五六年来，始终未尝亲领其事，虽居处僻远，似可借口，而循名责实，终属匪宜。然亦以有才识俱优、认真负责如足下者专司其事，故不问而知其必能成也。日来粗读若干篇章，尚未发现更多错排漏校之处。惟《序例》末页校点者总名单中之“周小一”疑是“周士一”之误，似宜设法改正，不待末册勘误表，为好。（1988年12月8日）①

惠示及《船山》第十三册，先后奉到，谢谢！惊悉去今两年两次伤足，殊以为念。所幸吉人天相，渐获康复，不独可以扶杖行走，终必能健步如恒也！《船山全书》之得以顺利编校出版，全赖足下一人独任艰巨。弟虽忝列编委副席之末，却始终未亲任其事，为兄分劳，思之不胜惭怍！（1994年8月18日）

1月10日惠书奉到已久，因候所寄《船山全书》第十五册，故迟至今日始能拜复。湘潭距长沙仅四十余公里，邮件竟稽迟二十日，殊不可解。《船山全书》第十册以前，主要均为经义，弟

---

① 按所指名单实无误字，当覆函告以小一乃士一之子，盖所谓“小字辈”云。

仅偶一查阅，殊少精读。第十一册以后，渐已超出经史范围，尤其此第十五册，全系船山诗、文、词、曲，一编到手，必当反覆精读，随时检阅。弟于此书，虽挂名而向未尽力，全恃阁下一人精心校点，实为整理古籍一大功臣。每一念及，辄对我兄感到无限敬佩，而深以偷懒自愧！语出至诚，非泛作敷衍恭维说话。吾辈读书人，相与不须作世俗客套也。弟虽年近九旬，而向来清心寡欲，致力学问，未敢以老耄稍自宽假。但四个月前（去年九月下旬），相守六十五年的老妻逝世，恸哭一昼夜，遂致泪尽而目盲，今只余右眼尚有些微视力，勉强支持我在室内生活。写字已全靠手感，摸索瞎画，自己也不知道是否像字了！我们多年以来虽见面不多，但以《船山全书》为中介，关系却极为亲密，视公为畏友，故敢以个人琐事相闻，上渎清听也。（1996 年 2 月 2 日）

日前奉到《船山》第十四册。至此，船山著作共十五册，即已全部出齐。下余第十六册，虽为研究船山者不可不读，但已非薑斋所著之遗书矣。弟忝列编委负责人之一，而十数年来竟毫无贡献，全赖先生独力校点，完成大业，每一念及，良深愧赧。而于先生之沉潜辛勤，勇肩重任，十年如一日，辄不胜其感激佩慰也。（1996 年 6 月 20 日）

**羊春秋先生（湘潭大学教授）**

《船山全书》得足下主持校点，必能收到预期效果，为整理近代湘籍文献树之楷范也。《全书》已出之两册，校点精细，封面设计落落大方，虽已发现个别错字，实点校工作所难免。足下学有根柢，经验丰富，读所写《全书序例》及有关点校工作之《发凡》《细则》《注意事项》等，均能指挥若定，成竹在胸，至佩至佩！《全书》虽因书社三易其长，指导思想各不相侔，以致迁延时日，削弱力量，未能按照原计划出版，不无遗憾。然最终能在足下之努力下，得到新任领导之重视，俾能继续刊行，亦《全书》整理工作之大幸也。足下为此书卓著辛劳，完成此历史重任，三湘学术界将永志弗谖也。（1988 年 12 月 10 日）

惠寄《船山全书》第一册，已经奉收，谢谢。此书装帧精致，封面素雅，校点深细，非先生董其事，绝难如此完善也。（1989 年 9 月 17 日）

久未把握，想念殊殷！近在电视上看到吾兄获邹韬奋出版奖，不胜欣慰，谨此致贺。承惠《船山全书》第十五册，已接奉，至感！此书承先生精心校勘，船山有知，亦当含笑地下矣。不独保存湖湘文献，卓具贡献也。（1996 年 2 月 3 日）

《船山全书》十四分册，今日接奉，请释念。此书卷帙浩繁，蒙先生精心校点，得竟全功，船山有知，亦当相视而笑也。《题九老图》注，前此已经读过，深感先生治学谨严，存疑于两可之间，不妄加一语，以俟来者，此真学人之高风也，可敬可佩！（1996 年 6 月 19 日）

**雷敢先生（湖南师范大学教授）**

昨奉惠书及所赐阅稿费[1]，并《全书》二册，甚谢！〔阅〕大作《全书介绍》《序例》、足征主编全书，费尽全力，贡献良多，甚为钦佩！（1989 年 1 月 15 日）

**宋祚胤先生（湖南师范大学教授）**

大示并《船山全书》二册先后奉到，情意恳挚，至可感也。船山集任务孔艰，由足下一人出色完成，其才识毅力均大过于人，殆今世之所罕有者矣！（1988 年 12 月 19 日）

---

① “阅稿费”：按《全书》第二册中之《尚书稗疏》，系请雷老初校。

承关注，又寄来船山全集一册，此后参阅船山《易》学，不假外求矣。(1989 年 10 月 3 日)

复蒙以船山九集相贻，足征关心。稍稍翻阅，其凝聚仁兄心血孔多也。专此致谢。(1990 年 3 月 21 日)

**马积高先生（湖南师范大学教授）**

先后寄来之《船山全书》均收到，谢谢。因他事纠缠，已寄来之三册皆未及遍读，只随便翻阅了极少的部分。就看到的而言，我觉得比中华原校点的单行本好，也未发现标点可商之处。惟《说文广义编校后记》云“本书‘一以《集韵》为序，始于东，终于甲’，而今本乃始于‘巨’字……”似欠审。盖船山所列字，皆以其部首在何韵部，即归入何韵部。“巨”字部首“工”字正在东部，故列之为首。次“蜂”字，篆文作蠭，从虫，韦象形，故亦在东部。惟后面的排列确有数处失次者，疑其书原为分条笔记，后汇纂成书，按《集韵》目次排列，而偶有失慎，故致错讹。如“朩”为一屋字，其后忽插入豆、欧两部首候、验两部字，然后又接一屋为部首若干，就显系在编排时误插入“豆”字前了。又“扶”部首“手”，在上，而插入“故”字后，则系因“手”与“攴”义有关连（攴，《说文》小击也。“手”部：击，攴也），可能原来笔记连在一起，编排时未及抽出，故致误。其余亦大致可推寻其致误之由。又，本书目录第三三页有“三十四东”数处，“东”均当系“果”字之讹。第四一页“入声十六宵”，“宵”当是“屑”之讹。此或童第德校稿中的笔误，或编印者以形近致误，虽非船山原文，但似宜改正。以后如发现有错误或可商处，当续奉告。(1990 年 3 月 18 日)

前陈所见，承见纳，足见虚怀若谷，但谦抑殊甚耳。又言倘作《纪事》，拟收入，此在高自无不可，由先生裁夺可也。惟上次发信后，又发现目录尚有失检处：第二七页有四处标“九虞”，实皆为“九麌”，第二八页两“虞”字亦然。又同页“十一齐”两处，皆当为“十一荠”，第三〇页“二十八弥”两处，皆当为“二十八猕”。倘作补校，亦可列入。（1990 年 3 月 30 日）

大札奉悉。《三湘从事录》高曾购得一阅，船山序只草草看过，未甚留意。近在病中，不耐查检。得来命，勉起细读数过，谨奉答如下：（一）“圣功不哀我痺病而送之哀，圣功过矣。”句当如此断，言圣功不怜惜我痺病而以可哀之事贻我，这未免欠当了。船山行文喜避熟字，故间有用字生涩者，此“送”字即其例，当非误。神州国光社本原标点误。（二）“圣功以亭亭岳岳之男子，与雉膏同恻，又安能起泗水之沉没以御罔两哉？”此处当如此断。自“当湖上半壁时”起至“安得不覆悚乎”止，船山皆檃括《易经》鼎卦之辞以为譬。“雉膏”、“金铉”、“玉铉”、“覆悚”皆鼎卦卦辞中语。意谓黎平（何腾蛟）、义兴（堵胤锡）于鼎譬之金、玉铉，华亭（章旷）则如鼎中之雉膏，鼎覆，则雉膏亦不得食矣。此可悲之事，故曰“同恻”，言同其忧伤也，字不误。“又安能……罔两哉？”乃用禹鼎沉没泗水事。旧说禹铸九鼎以御罔两魑魅（见《左传》），又以鼎之所在为政权象征（亦见《左传》楚庄王问鼎），此言章旷既无权势，又安能抗清复明也。船山在《永历实录》中于何、堵均有微辞，于章旷则极为推崇，此文与之同。（三）“故终以姑苏之降抚抑圣功而尽弃三湘”，此句高亦未得确解。审文意，此降抚当指吴晋锡（请参阅《三湘从事录》页二六〇），但高手头有关南明之史料，均未提晋锡为何地人。若查实为吴人，则其解确矣。但此十数字作一句读，则可断定。又“山粱”当为“山梁”，尊校甚确。此句“共”为“供”之借。其余原书标点大体允当。惟“皇天后土实式临之”句，按古人诵读习惯“后土”下可加逗号，以文义则不加亦可。(1992年12月15日)

承寄来《船山全书》两册，谢谢，高一病数月，近已稍痊，累承关注，甚感。寄来之书尚无力通读，仅浏览《春秋世论》及《搔首问》两种。此两种校记及标点大体皆好，《世论》补白匡最多，尤足快意。两书校点亦间有小失，另纸录奉，供参考。

《搔首问》。六二八页：袁黄，即袁了凡，非二人。夏缓公两见，均当为夏瑗公之误，瑗公即夏允彝之号（允彝字彝仲，夏完淳之父）。似当作校语：彝仲号瑗公，见《明季南略》等多种南明史籍。六四〇页：自“广宁陷〔没〕……杀运不息。”按文意似当标作：“自广宁陷〔没〕，继以延安寇至，六十余年杀运不息。”广宁陷没指清军陷辽阳、广宁，延安寇至指李自成起义，一在东北、一在西北，为二事，既相因，又有别，故连言之，又分言之。

《春秋世论》。三九〇页：“而源休戴泚以一朝”，谓唐源休以一朝拥戴朱泚为帝，戴为拥戴之义，非姓氏。四二〇页：“董卓已诛而蔡邕欢”，欢当是叹之讹。董卓死，蔡邕为之叹息，见《后汉书》本传，王允因之杀邕。如作欢，不仅与史载不合，且与下文“推邕之心，忧人情之大喜”亦相戾。似当作校语：叹、欢形近而讹。①

《春秋左氏传博议》。五七〇页：“奚容简焉?”此句奚，何也，非指祁奚之名。既已在句末标疑问号，不知奚何以又标人名号，殆亦排印之误欤？六二〇页：“疑于善与，殆犹其未善与，”

① 按此字底本是“叹”，排样误“欢”，而校对又失察也。

此处最难标点。如此标点亦不错，然文意不显。是否以标作“疑于善与？殆犹其未善与？”为较好？

《春秋稗疏》附录。九四页：“以延之厩为延衺其厩”，后一延字非专名，疑是排印之误。

以上二种未通读，随便翻翻，得三条。（1993年5月11日）

马老指出之错误，均已记入书末《勘误表》。又《全书》第三册出版后，马老亦有一信提及书中《诗经叶韵辨》一条校记之误。此信今未觅得，幸当时已将所指出者录入书中，即《勘误表》中第三册第二八三页一条所录校记是也。该校记以“裕”字读羊孺切为非，以为系“露”字之讹。信中批曰：“羊孺切正读‘裕’。作‘露’不可解。”

按《全书》逐册出版后，最先来信指出书中错误者，有湖北黄钟先生。《勘误表》中第一册第五条改“肝”字为“心”字，即黄钟先生所赐教。此字见《周易内传》船山对明夷爻辞“六四，入于左腹，获明夷之心，于出门庭”之训释：“此象商容、胶鬲之事。左腹者，肝居左而主谋，预闻其惎周之谋也。”黄氏第一次函指出“肝”当为“心”之误，予遍查此书所有四个版本，皆是“肝”字，回信相告，得第二次函云：“肝字为心字之误，我提几点理由。一、肝居右，心居左。二、古人云：心之官则思，肝则不是。三、《易经》原文可证：‘六四，入于左腹，获明夷之心’；‘象曰：入于左腹，获心意也。’”予乃涣然冰释。此一改正，例须作一校记，故于此抄录黄钟先生来信，读者鉴之。

稍后，予又得长沙谢名先生来函，亦为对《全书》第一册之举误，包括文字、标点，共十余处，并为列一表格，工楷誊正，阅之感动。予亦覆函致谢，并以其通讯处相距不远，抽暇往访，不遇，留字而出。数日后得回信云：“退闲之身，远处南郊，出入无时，故前函未便告以敝寓详址。不意竟承枉顾于省汽车配件公司，致失相晤之缘，惆怅何如！近拟造访，复虑相左。以文会友，是所夙愿。特函请示一期，以便前来拜会。”其后谢尝过访，欢如夙好。《勘误表》列举第一册之误十四处，除黄钟先生所纠者四，以及两“刘省吾”省字、“沫土”沫字为予所发现外，其余七处，皆谢名先生所纠者也。

1995 年 2 月，王兴国研究员见示长沙李若晖先生《船山诗经论著两种校勘补遗》一文，系向《船山学刊》之投稿，询予意见。予观其文引证赅博，考订细密，甚觉钦佩，即覆函云：“《船山全书》出版数年，反应不多，李稿认真补遗，实是空谷足音，《学刊》拟发表极是。但排印时务请有关同志仔细校对，因此种稿件，文字或符号若有误漏，便不易读得明白也。”兹举其补校尤精之二例如下：

《诗经稗疏》一例：

原书——“獘者”之獘，倒也。与《周礼》“獘田”、《仪礼》“獘旌”之獘义同。

校记——刘毓崧《校勘记》：“《周礼·大司马》述四时田猎之法，有火弊、车弊、罗弊等语，此‘弊田’二字所本。至于《仪礼·乡射》有‘偃旌’（‘坐东面偃旌，兴而俟。’‘举旌以宫，偃旌以商。’），无‘弊旌’，当是记忆之误。”（以上见《全书》第三册第一七〇至一七一页）

补校——按“弊田”见《周礼·天官·兽人》：“及弊田，令禽注于虞中”，郑注：“弊，仆也。”“敝旌”者，《周礼·夏官·大司马》：“遂以搜田，有司表貉，誓民”，郑注：“誓曰，无干车，无自后射，立旌遂围禁，旌弊争禽而不审者，罚以假马。”贾疏：“弊，仆也。”船山盖误记耳。

今按——此条补校极是。“弊田”本《周礼·天官·兽人》，可以补刘毓崧《校勘记》据《周礼·大司马》考释之疏；“弊旌”本《周礼·夏官·大司马》郑注，既以正船山“《仪礼》‘弊旌’”记忆之误，又以补刘校未言“弊旌”出处之失。十分佩服！至于原校记但转载刘校，不能更赞一词者，亦由予之读书不多，功力不足故也。

《诗广传》一例：

原书——赼倦者，不自理者也，生夫愒佚；乍愒佚而甘之，生夫傲侈。

校记——“愒”：守遗经本同。嘉恺抄本、刘氏抄本、曾氏藏旧抄本俱作“荡”。（以上见《全书》第三册第三〇一页）

补校——按“愒”当为“惕”形近之误。《说文》：“惕，放也。”朱骏声《通训定声》：“经传皆以‘荡’为之。”《荀子·修身》：“加惕悍而不顺”，杨注：“谓放荡凶悍也。”“惕佚”为联绵词，或作“惕跌”，《广韵》：“惕，惕佚，顿伏貌。”倒之则为“佚惕”，《方言》：“佚惕，缓也。”《汉书·扬雄传》：“为人简易佚荡。”《后汉书·孔融传》：“又前与白衣祢衡跌荡放言”，李注：“跌荡，无仪检也。”徐锴《说文系传》：“跌惕，过越不拘也。”此处船山之意盖谓不自理则变为放荡不羁，由此则易生骄侈之心也。

今按——此条论“愒”当为“惕”，是也。予终审时读至此句，即以三抄本皆作“荡”而此独作“愒”为疑，继以“愒”有“荒废”义，旧有“玩岁愒日”之语，“愒佚”亦非不可通，遂仍依底本，只将“荡”字列异备参。不思“愒佚”一词极生，而对“愒”“荡”关系绝无联想，亦缘学识之未到耳。

此外胡渐逵同志亦屡赐鸿文，订正各册之谬误，今皆入于《勘误表》中。以上，皆谨于此深致感谢。

作家朱正之友谊，亦最使人难忘。其人博学多闻，又极热情，每见有关船山之记载，必举以相告。本册《杂录乙》中如苏曼殊之画、章太炎之联，陈独秀之杂感、梁漱溟之札记，皆赖其见示，得以编入。予谓《杂录乙》如一盘矿产，金玉锡石毕具，四人之作皆珍物也，缺之则全体损色矣。予尝见学者称引严复在《法意》按语中对船山史论之批评，取中华版《严复集》翻检，见其《按语卷》中果有此条，而颇不慊于该卷之只限于选录，欲觅严氏全译阅之，急切不能得书，转而求之朱正，果有商务版《严译名著丛刊》全部，为之大喜。今据《严复集》及《严译名著丛刊》，则严氏一生论及船山之处，实只《法意》一条按语。朱又尝以《章学诚遗书》一部俾予翻阅，数日后询予有无收获。予答以在其《丙辰札记》中检得记述船山者数条，朱乃大笑曰："予固疑其有之。昔有哥德巴赫猜想，此则朱正之猜想也。"按章为乾隆四十三年进士，四十八年《四库全书》始成，收入船山诸经《稗疏》四种又存目二种，其时知有船山而读之者，寥寥数人而已。此一猜想，固非无据，亦非尽人而能。拉杂书之，存一掌故，且以志友朋切磋之乐也。①

① 此段起草方毕，朱正又以《鲁迅研究月刊》1996 年 7 月号见示，内有吴俊《论鲁迅的"排满"意识》一文，抄录一段："朱希祖《本师章太炎先生口授少年事迹笔记》说：'余十一、二岁时，外祖朱左卿（名有虔，海盐人）授余读经，偶读蒋氏《东华录》曾静案，外祖谓'夷夏之防，同于君臣之义'。余问：'前人有谈此语否？'外祖曰：'王船山、顾亭林已言之，尤以王氏之言为甚，谓历代亡国，无足轻重，惟南宋之亡，则衣冠文物，亦与之俱亡。'余曰：'明亡于清，反不如亡于李闯。'"按此处所记章氏口授，与《演说录》（见本册第八〇一页，按即《东京留学生欢迎会演说辞》）所述为同时之事，而言之较详，可参看。

《全书》编辑过程中，有关书目、版本之搜集，参考书、工具书之借用，多赖湖南省博物馆、湖南图书馆、湖南省社会科学院图书馆及衡阳市博物馆、衡阳市图书馆之支持。予自 1979 年编辑《郭嵩焘日记》，湖南省图书馆（后改称湖南图书馆）以原稿系属珍本，不便携出，即在馆内借屋阅览。嗣后续编《全书》，亦仍此一室，至 1986 年始回书社办公。《全书》大量引用各种图书资料，多出该馆。回书社后，查考引证，顿感不便，只得随时笔记，定期前往，行前皆以书信告知所需图书之名目，请先检出，俾随到随看，节省时间。以予尝在馆久，皆允照顾，尤赖萧凤生、龙玉明、寻霖诸同志之力，得以办此。1995 年复至湖南省社科院图书馆续搜《全书》第十六册资料，亦蒙该馆全力支持，收获綦多。

印刷、出版、发行各环节之配合，亦为《全书》顺利问世不可或缺之条件。《全书》在湖南省新华印刷一厂印刷，书稿入厂，皆按“全优产品”等级作质量要求。先用手工照排，后改激光照排，而书中字体字号变化极多，版式复杂。手工照排期间，人地名及书名标号皆以手工操作，人地名号用鸭嘴笔画线，书名号则割另纸印就之曲线而用手黏贴之，一书标号，或至数万，琐细烦碎，不可名状，皆赖车间同志勤奋努力以完成之。《全书》第一至十五册出版后，湖南省新闻出版局及岳麓书社复谋利用原胶片作第二次之印刷，同时改正第一次印本中之错误。原片皆须逐张检查，视其有无褪损黏连，修补完整，凡一万三千余页，费力尤多。照排车间刘宁湘、倪筱红、吴嫦珠等同志，或为劳模，或为标兵，积极主动，精勤无已，除依《勘误表》改正错误外，又查出原书书眉及标点符号误漏多处，随时电话询问后，均予改正，皆当于此一并致谢。

今全书告成，对照卷首《序例》所悬之宗旨与目标，则本书作为金陵本《船山遗书》与太平洋本《船山遗书》后之第三部船山全集，其显著之优点当为业已搜齐迄于九十年代初发现存世之全部船山著作，诸如《四书笺解》《箨史》等成部述作，《礼记章句序》《放姜皎归田》等书中佚篇，以及其他辑集于《诗文拾遗》中之零散篇什，约计二十万字，均属前两部全集所未有。其次则为全部著作除个别例外，均系会阅所有版本，并充分利用前人校勘成果而后定稿，借此检阅三百年来船山著作之写刻印制情况，加以比较鉴定，而于各种著作之编校后记中记述之。其尤足快意者，则为此次编校获睹大量船山手稿、王敔家刻以及衡阳刘氏，邵阳曾氏两家旧抄，据以填补由金陵本作俑、经太平洋本沿袭之二千余字讳隐白匡，并以订正其他删改，从而纠正历史造成之缺陷，恢复船山著作之真貌。又其次，则为全书施用标点符号，较之前两部全集之并无句读，整板一块，实为一大进步，又如《读通鉴论》《宋论》，两书一千余篇，均加标题点明大旨，亦为前两部全集之所无，而有利于广大读者阅读应用。至于其他兴革，随文而作，或涉琐细，亦不及详也。

关于本书之缺点，前文已随处言之。除所阅版本或有未周外，主要为文字校勘及标点符号之误两方面，而对排样校对失察，致生讹错，犹在其外。虽已附有《勘误表》，而未再通读，挂漏必多。至若其他方面之缺点，亦必有之，未经发现，有待于高明之指正。予负全书策划及终审终校之责，亦由学识根柢所限，未能免于舛误荒陋，深自愧赧，前文亦既言之。《序例》云：船山著作之整理出版实为一具有历史连续性之事业。然则此次编校，亦仅前进中之一阶梯，将来必当有更完善之船山全集，斯可断言也已。

（原载《船山全书》第十六册）

# 卷二

# 札记船山

# 《船山全书》编校札记

## 序

曩在北京，就整理《船山全书》请教于前辈。任继愈先生之言曰："船山之书，奥衍闳深，故将其整理刊印，须重质量。夫文化由积累而发展，吾人编校古籍，力求美善，盖欲为发展社会主义文化服务也。当今学术交流，已逾国界，苟校点之古籍，存在舛缪，则将见笑于大方之家。"斯言也，余尝深长思之。船山著作之刊印，非始今人，清季有之，民国有之。今欲使所刊之本，较前完备而精核，固非易也。始事以来，赖有领导之关怀，侪辈之黾勉，工作乃能顺利进行，然犹时时深虞其舛误，恐其疏漏。今拟择编校过程中之琐细记录，稍加排比，载于《船山学报》，以征求学术界意见，望海内鸿博，弗吝赐教焉。文中所用"补校"一词，盖以中华书局已有船山著作之若干点校本，近复将二十四种著作之点校稿相让，建议吾人就二者而补校之；故吾人于校点时发现舛误，则标以"补校"而正之。

## 《周易内传》之抄本印本及补校记略

《周易内传》为船山之第一种经部著作。其原稿已不可得见，而抄本之可知者凡四，分别见于邓显鹤、刘审吾、马宗霍、周调阳之记载。印本之可知者凡三，即守遗经书屋本、金陵书局本及太平洋书店本。此次补校，欲悉知其详而得其全。兹略述其情况与相互关系如下：

邓显鹤《船山著述目录》云：船山有六世孙承佺者居湘潭，“具藏先生各种遗书于家”。后乃由邓氏主持，请邹汉勋任校雠，于道光二十一二年间次第刊成《周易内传》等经部著作十余种，名曰湘潭王氏守遗经书屋刊《船山遗书》，或又简称邓刻本。书成而底本亦佚。此抄本之一也。又按船山著作之刊印，前乎邓氏者，尚有康熙间王敔湘西草堂之刻十余种，又有嘉庆间衡阳马氏汇江书室之刻，据邹汉勋谓似亦有十余种，然均未知其完整之书目。故《周易内传》之印本，就目前所知情况言之，亦当以邓刻为嚆矢也。

刘审吾《衡阳刘氏所藏王船山先生遗稿记》云：刘、王世交，船山尝著述其家，遂得珍藏“先生遗本”。同治初，湘乡曾氏搜刻船山著作，茫然莫得，其后辗转致询刘氏，“始出遗稿相授”。嗣后原本发还，则“先生手批《周易内传》”等诸种，均“扣未见复”云。按曾刻即所谓金陵书局本也。据刘文，则金陵本《周易内传》之底本应即船山“手批”之本。然读校既毕，则于“手批”云云，实未见丝毫之痕迹，而其书与邓刻本乃几乎字句悉合。然则此“手批”本之正文盖与邓刻所据湘潭王氏之抄本同，而其批语则被略而不顾也。意者，又或《周易内传》镌版较早，遂先取邓刻以为底本，及“手批”本至，及不再更易，亦属可能。文献不足，其事遂隐。此抄本之二也。

马宗霍《船山遗书校记序》云：曾见衡阳刘氏、邵阳曾氏所藏遗书旧抄本，其中署名“嘉恺录”者七种，一即《周易内传》。嘉恺者，据马氏证以王氏家谱，盖船山五世从孙也。马氏又述二家藏书之钤印云：“曾氏所藏，钤有‘邵阳曾祖植印’白文、‘骀芝’朱文二印；刘氏所藏，钤有‘介之秘笈’朱文一印。”而未言此“嘉恺录”之本出诸曾抑或刘，仅以之与金陵本对校而作有校记。马氏为此，尚在四十年代，而此本亦迄未再见。其所云衡阳刘氏，未知是否即上述刘审吾家，而所云“嘉恺录”者，则绝非上述船山“手批”之本，观《校记》之并无只字涉及批语，可以知之。此抄本之三也。

周调阳《王船山著述考略》云：“1951 年湖南进行土地改革时，湖南省文物管理委员会派人在邵阳县东乡太平曾家收得船山遗书抄本十一种”，其一为：“《周易内传》六卷、《发例》一卷，分装七册。每卷第一面二行有‘明王夫之撰’、‘嘉恺录’字样；《发例》末页有‘丙寅仲秋月癸丑朔毕’等字；钤有‘皇考号余曰骀芷’朱印。嘉恺为船山五世从孙辈，骀芷为谁不可考。‘丙寅仲秋月癸丑朔’，为康熙二十五年（1686）八月初一日，所谓‘毕’者，当是指这一著作最后修改的完毕；然则船山这一重要著作，直到他六十八岁时才作出最后的定稿。”按周氏指出：此抄本可能为《周易内传》之最后定稿。今以之与邓、曾刻本对校，优劣显然，知其言非臆测。《周易内传》抄本非一，或当以此本为翘楚也。又按前述马宗霍所见之《周易内传》抄本，亦署“嘉恺录”字样，如其出于曾氏所藏，则所钤印记又与周调阳所描述者有异。岂马所谓之邵阳曾氏，非周所云邵阳东乡太平之曾氏耶？抑同一曾氏而所藏《周易内传》“嘉恺录”署有二耶？其书现存湖南省博物馆。周氏曾以之与金陵本对校，亦作有校记，其所示异文情况与马校基本相同。此抄本之四也。

按以上四种抄本，其记载中或有称之为“遗书”“遗本”

“遗稿”者，虽语涉含胡，然绝非手稿之谓，此可由其文识之。

至于印本三种，则除邓刻守遗经书屋本、曾刻金陵书局本外，民国年间又有太平洋书店之排印本，以之与邓、曾刻本相校，惟一二字之出入，故三者可以视为同一系统耳。

是以《周易内传》现所得之本，惟湖南省博物馆所藏之抄本，及守遗经书屋、金陵书局、太平洋书店三印本而已。比勘权衡之后，知以抄本为最近船山手稿之原貌。故此次补校，即以此抄本为底本，与三印本对校，其中金陵本则所用者为王孝鱼之点校本，而于马周两校记亦逐条核对焉。其结果，凡得抄本与金陵本之间异文四百九十七条。金陵本之误虽多，然亦有胜于抄本者，据之以改正抄本之误或未善之处者共一百条；其异文之未能遽断或可以录备参考者共三十五条；而诸本同误，借王氏之校或此次补校而得以改正者亦有八条。此三类均于当页出校说明，盖全书凡出校一百四十三条云。抄本与守遗经书屋本及太平洋书店本之差异，基本上同于与金陵本之差异，此所以谓三印本可以视为同一系统也。

## 《周易内传》之卷次与目录

《周易内传》之卷次，抄本自“卷之一”到“卷之六”，作六卷。守遗经书屋本亦作六卷，而每卷又各分上、下，金陵本之分卷法与守遗经书屋本同。太平洋书店本亦作六卷，每卷不分上、下，四本俱作六卷，惟邓显鹤《船山著述目录》中，以此书为十二卷，盖初拟以每卷上、下分立而成卷也。今亦仍作六卷，卷分上、下。同于守遗经书屋本及金陵本之分法。又抄本原无目录，今亦取守遗经书屋本及金陵本之目录，附之卷首焉。

# 王孝鱼对《周易内传》之校误

王孝鱼先生点校金陵本，所能借以参阅者，惟周调阳之校记。然王氏用力甚勤，作有眉批百余条，除校正误文外，尤多诠释字句，发明义蕴。嘉惠后学，实非浅鲜。其校误中有七则，经此次补校检查，原误实各本皆同，王氏乃据文意内校或查对引文而加以是正者，实为对船山著作校勘工作之一大贡献。兹举其中之四例如下：

其据文意内校改正者，如《卷二下·无妄》，《经》六三，无妄之灾，或系之牛，行人之得，邑人之灾。"《传》文曰："此以《遯》之变而言也。'或系之牛'，《遯》之所谓'巩用黄牛之革'也。"校误云："《革》初九：'巩用黄牛之革。'《遯》六二：'执之用黄牛之革，莫之胜说。'船山既以《遯》之变言，则此处当用《遯》之六二卦词无疑。'巩'字乃'执'字之误。"按此'巩'字，抄本及三印本均同，当由最初之笔误而辗转沿袭，至王氏乃得纠正也。

又如《卷四上·鼎》，《经》"上九，鼎玉铉，大吉无不利。象曰：玉铉在上，刚柔节也。"《传》文曰："以其刚节九五之柔，乃能举大器而成其美。"校误云："'九五'当作'六五'。"按《鼎》之第五爻为六五，船山《传》曰："自五之柔，亲上之刚"；又曰："五唯中正之柔，以虚中待贤。"此即所谓"六五之柔"也。诸本均讹作"九五"，或亦属最初之笔误，其后沿袭而莫之能察者也。

又如《卷四上·震》，《经》"六二，震来厉"。《传》文曰：初六震来者，言其震而来也。二三震来者，言初之来震乎己也。”校误云：“‘初六震来’，当作‘初言震来’。‘二三震来’，当作‘二言震来’。‘六’字‘三’字，乃‘言’之草书形似而误。”按《震》之第一爻为初九，其爻辞曰：“初九，震来虩虩。”其第二爻之辞如上，其中亦有“震来”一词。船山于第二爻之传文中并释两个“震来”之区别，故曰“初言震来”、“二言震来”云云。若曰“初六震来”、“二三震来”，则莫名其妙矣。故王氏以为“六”字“三”字之草书形似而误，实为有见。又“六”“三”或由“言”之楷书，以糟朽不全而误认，亦属可能。此两误字，抄本、守遗经书屋本、金陵书局本均同。惟太平洋书店本于“初六震来”作“初九震来，”而未知其所出；“二三震来”则误亦同。按“初九震来”虽亦可通，然“初言震来”，“二言震来”相叠成句，今改其一而置另一于不顾，固仍如跛足之不利于行，而未若二“言”字之为愈也。

其据查对引文而改正者，如《卷五上・系辞上传》，《经》“辞也者，各指其所之。”《传》文引张子曰：“指之使趋时顺利，顺性命之理，臻三极之道。”校误云：“横渠语见张子正蒙卷七大易篇。原文为‘指之以趋时尽利，顺性命之理，臻三极之道。’此处引作‘趋时顺利’，‘顺’字当改为‘利’。”按王氏校记抄录《正蒙》原文，不惮其烦，借以减省后来者翻检之劳，其意可感。至校记末一字“利”，当为“尽”字，则亦贤者之偶一笔误耳。

## 刘毓崧之一条校勘记

自清季至民国三次刊行《船山遗书》（守遗经书屋本、金陵书局本、太平洋书店本），其留有校勘记者惟金陵本耳。金陵本之《校勘记》为刘毓崧所作，前有《自序》云：“诸同人按语，就其签记之存者，并为录焉。”其所录签记存有姓名者，计有周世澄、张啸山、汤裕、杨岘、欧阳兆熊等人。《校勘记》盖当时校刊班子集体创作也。然其关于《周易内传》者，则只一条，全文如下：

> 《周易内传卷二下·颐》：“虎视耽耽　耽耽，垂耳貌。虎怒耳竖。耽耽，顺而有求也。〔按〕耽耽本作眈眈，从目，非从耳。释为垂耳者，盖沿俗本之误。

按“耽耽”二字，守遗经书屋本、金陵书局本、太平洋书店本均同。王孝鱼先生点校金陵本，于“耽耽”下有校记，引刘校原文而评之曰：“按刘校，以古本及字义言之固是，但船山解经只在义理，此句重点为‘顺而有求’四字，若改为‘眈眈’，则反觉勉强矣。”今按双方之论，实皆缘未见船山原文之故，若“嘉恺录”之本，则二字固作“眈眈”而非“耽耽”也。船山上文，系释《颐》六四“虎视眈眈，其欲逐逐”两句者。以有逐逐之欲，乃有眈眈之视。《说文》释“眈”云：“视近而旨远。”段注：“谓亦其意深沉也。马云：虎下视貌。”盖虎之意深沉则下视，即“视近而旨远”之意，亦即“顺而有求”之谓也。《说文》又释“耽”曰：“耳大垂也。”而“眈”“耽”俗久混，《正韵》已言之。船山沿俗之混而畀虎以“垂耳”之形象，使与“顺而有求”之志意相表里，自无不可。前此惟马宗霍、周调阳二氏得见此“嘉恺录”之本，并于各自之校记中指出金陵本“耽耽”之误，由是亦可见抄本之可贵已。

## “阳长消阴”乎？“阳长阴消”乎？

《周易内传卷二上·临》“象曰：咸临贞吉，志行正也”节，嘉恺抄本船山《传》曰：“临者其志，咸者其行。阳长消阴，本君子大正之志而见之行事者。”此处“阳长消阴”一句，守遗经书屋本、金陵本、太平洋书店本均作“阳长阴消”，同人有从各本乙转者。然细阅《传》文，则船山之意，以为《临》之为卦，乃二阳生出以治阴之过，所谓时已至而治之也，故又云：“临，以阳临阴而消之。”其“消之”之举，即上云“本君子大正之志而见之行事者”，亦即“阳长消阴”也。“消”字为他动词，“阴”即其宾语。又《观》“初六童观，小人无咎君子吝”节，船山《传》云：“《观》之为卦，与《大壮》相错，盖阴长消阳之卦。”意谓此卦四阴浸长，将逼阳而消之。此句“阴长消阳”之“消”，与上“阳长消阴”之“消”用法同。守遗经书屋本底本已失，其校雠又多擅改之迹，其“阳长阴消”虽未可谓全无根据，然与抄本“阳长消阴”相较，则二者之优劣昭然矣。

## “利建”之辞非出《遯》卦

《周易内传卷三上·晋》，《经》文“晋，康侯用锡马蕃庶，昼日三接。”船山《传》曰：“有大明之君，有至顺之臣，则可厚锡车马，隆礼延接以怀柔之。不然，则锡以富而尾大不掉，谦以接而且有下堂见诸侯之渐，固不如《遯》与《豫》之‘利建’也。”末句“遯”字，守遗经书屋本、金陵本、太平洋书店本均同。王孝鱼先生点校金陵本时，以为“遯”乃“屯”之误，出校云：《屯》：元亨利贞，勿用有攸往，利建侯。《豫》：利建侯行师。《遯》卦并无‘利建侯’之辞。船山偶误《屯》为《遯》耳。当改正。”按嘉恺抄本此字正作“屯”，则船山固不误。由此可见抄本之正确与王氏之精审。此误，或即自守遗经书屋本始，而金陵本、太平洋书店本沿袭未改，由三者均未能细察故也。

## “九五一六十二”

《周易内传卷六下·说卦传》第三章，船山释经文“天地定位”云：“天地定位，据《河图》之九五一六十二上下之位而言。”此句嘉恺抄本及守遗经书屋本、金陵本、太平洋书店本同。句中“九五一六十二”何义？将如何标点乎？按《河图》七、二居上、五、十居中，一、六居下。而一、三、五、七、九为天之数，二、四、六、八、十为地之数。故其图七、五、一居上而为天，六、十、二居下而为地。船山句中之“九五一六十二”即指此，而“九”为“七”之误。故此六字应点作两截，作“七、五、一、六、十、二”，或“七五一、六十二”乃可。《周易内传卷六上·系辞上传》第九章云：“因七、五、一而画乾，因六、十、二而画坤”，其意正同。有点作三截，且亦未知“九”为误文，而作“九五、一六、十二”者，非是。又三、九亦为天之数而四、八亦为地之数，然在《河图》则三、八居左而四、九居右，均非上下之位，故就天地定位而言，则仅据“七五一、六十二”，而不及三九、八四也。

# 《尚书稗疏》诸本流别及补校记略

《尚书稗疏》为船山所著诸经稗疏之一。王敔于清康熙四十五年（1706）所作之《薑斋公行述》有云：“于《四书》及《易》《诗》《书》《春秋》各有稗疏，悉考订草木虫鱼山川器服及制度同异、文字参差，为前贤所疏略者。”此当为关于本书最早之记载。然历世至今，诸本歧异，考其流别，可分为二：一为未经窜易之本，一为已经窜易之本。前者现惟邵阳曾氏抄本犹存，四十年代马宗霍所见署名“嘉恺录”之抄本则迄未再见。后者自四库本始，此外尚有昭代丛书本，守遗经书屋本、金陵书局本、太平洋书局等；又有拜经楼传抄本，此次补校时未能亲见，而王孝鱼之金陵本点校本则时加引用，知其亦自四库本转抄。兹综述二者情况如下：

曾氏抄本即周调阳《王船山著述考略》所载1951年湖南土改时自邵阳东乡太平曾家得之十一种抄本之一。其书现藏湖南省博物馆，分装两册，每册第一面二行有“梼杌外史夫之而农甫纂”等字。第一册题作《尚书稗疏上》，第二册仅题《尚书稗疏》而不著卷次。无抄写人款识题署，惟书中“玄”作“玄”，“胤”作“胄”或“徿”，“弘”作“弘”，而不讳“曆”字。而四库著录本书，则皆以“弘”作“宏”，以“曆”作“歷”。然则此本之写录盖犹早于四库，或当在雍、乾之际乎？

马宗霍所见署名“嘉恺录”之抄本，则名为《书经稗疏》。其书亦著“梼杌外史夫之而农甫纂”字样，与曾氏抄本同。据马氏与金陵本对校所作之校记，得以窥知其文字，盖与曾氏抄本几无二致。则此二本之血缘关系，殆可知已。

其余诸本，则与抄本差异甚大。究其窜易脱误，当以四库本为始作俑者。四库本之坏乱情况约有三端。一为删改。虽以此书之纯为学术考证，亦未能免。例如《卷二·禹贡》“昆仑”条考证昆仑之所在，抄本有云，“后人不察，乃指肃州玉门以西〔北狄〕之山为昆仑，〔胡元侈其境土之大，又以阿以伯站之东耳麻卜剌山为昆仑，〕而昆仑之实愈晦。据《禹贡》之本文，守蔡氏之定说，〔以折妖妄之论，〕其尚求昆仑于河、洮之间哉!”以上一段七十九字，括弧中之三十二字全被删去。又如《卷四下·召诰》“牛二”条：“崇地以与天亢，阴敌阳，女夺男，夷乱华夏。”末四字被改为“下僭上”。二为脱漏。较之抄本，有脱漏至数百字者。例如《卷一·尧典》“四岳”条，“帝王命官，法函三为一之义，而以一统三，则以四统十二”句下，竟脱去四百三十字之多，以致前后不贯，全失原文意。三为抄误。例如《卷四下·吕刑》“锾”条论周时之罚金，抄本原文云：“凡此所罚者，不知何金，孔氏谓为黄铁。”四库本以“金”字讹作“经”字，则不知所云矣。

四库而后，金陵本所据者为四库本，太平洋本则又据金陵本，拜经楼传抄本亦抄自四库，故其语误皆同，四者属于同一系统者也。又有昭代丛书之癸集，亦收入此书，而情况又异。与抄本相较，昭代本条目次序略有参差，又少三条，然其主要特点为字句之简略。全书九万六千余字，昭代本则仅及其半而已，谓为《尚书稗疏》之浓缩版，当无不可。

然其窜改最甚者，当数邹叔绩“校雠之役”之守遗经书屋本。欧阳兆熊云：“船山遗书著录于四库者，有《易》《书》《诗》《春秋》四种稗疏。前邹氏校本增删搀易，非复本真，或托言先生晚年改本，以掩其迹。”（《重刊船山遗书凡例》）刘毓崧云："前此新化邹叔绩汉勋校刊丛书，于经书稗疏五种多所点窜。……邹氏夙称绩学之士，而著述不传。与邹氏厚善者，能就五种稗疏中录其自抒己见之说，选择付刊，仍还其名于邹氏，亦复可传。所谓离之则双美也。"（《船山丛书校勘记自序》）。周调阳曾以抄本与守遗经书屋本对校，发现全书一六三篇中，被删去十六篇，被窜改者一百零一篇。与抄本相同一字未改者仅四十六篇，而在被窜改之一百零一篇中，或全部改写而无一句与原文相同，或改去大半，或增添几百字至几千字。（《王船山著述考略》，所云篇即条目也。）邹氏此种做法，亦不知其用意所在，然船山著作至此而面目全非矣。

故此次补校，首在恢复《尚书稗疏》之本来面貌，并利用诸本而改进抄本之缺点，俾更完善。补校即以曾氏抄本为底本，主要与文渊阁四库本及王孝鱼参以拜经楼传抄本之金陵本点校本对校；如前所述，四库本与金陵本盖基本一致者。另昭代丛书本、守遗经书屋本、太平洋书店本均置备参考。又马宗霍（据"嘉恺录"之本与金陵本对校）、周调阳（据曾氏抄本与金陵本、太平洋书店本对校）之两家校记，亦一一核对焉。总计底本与四库本、金陵本之间异文凡四百六十二处，除四库本、金陵本避讳删改及讹脱乙倒之处不计处，据两本（亦偶据他本）以改正底本之误及补字删字者凡九十一处。又底本及两本同误，通过补校予以改正者凡五处，后三类均于当页出校说明，盖全书凡出校一百八十七条云。

## 《尚书稗疏》之卷次与目录

其卷次，曾氏抄本似作两卷（其书分装两册，于第一册即虞、夏《书》开始前书“尚书稗疏上”，于第二册即商、周《书》开始前仅书“尚书稗疏”四字，而其下无卷次字样）。“嘉恺录”之本作四卷。四库本依虞、夏、商、周《书》之次序亦作四卷，第四卷因条目较多，又分上下。金陵本仍之。守遗经书屋本、太平洋书店本虽亦分四卷不分上下。昭代丛书本则只作一卷。今依四库本、金陵本作四卷，第四卷亦分上下。

其目录，两抄本、四库本及昭代丛书本均无之。有目录自守遗经书屋本始，然其书于船山原著颇有删削，不足为据。金陵本亦具目录，而抄本、四库本之条目与金陵本同，均为一百六十一（周调阳《王船山著述考略》作一六三，误），其条目之次序亦同，因之金陵本之目录可以移作抄本、四库本之目录。然金陵本条目中有层次混淆者，如“王若曰公明保予冲子至单文祖德”条之后，又有“王若曰至罔不若时”、“王曰公予小子其退至其世享”、“周公拜手稽首至文祖德”等三条，实则此三条之内容均系第一条之组成部分，犹从甲到丁为一段，而从甲到乙、从乙到丙、从丙到丁之三段即包含其中，而不应四者同列一个层次也。如此去其重叠混淆，则全书条目实为一百五十四。又金陵本之目录只具条目，而无所属之书、篇名，今亦补充列入，使书、篇、条目各从序列，庶几眉目清楚，而便检索焉。

## 辽东之“金”与陕南之“金”

《尚书稗疏卷一·禹贡》“衡漳、九河、恒卫、大陆、碣石”条，因岛夷入贡之经路而论及其位置，有句云：“且所云岛夷者，辽水之东海，盖金复之地。”此为初点时之一种读法，其实误也，按应读如：“且所云岛夷者，辽水之东，海、盖、金、复之地。”海、盖、金、复实为四地，至今犹仍其名，即辽宁省辽河以东之海城、盖平、金县、复县也。又《卷四·旅獒》“九夷八蛮”条有句云：“郧、均、内乡、淅川、金房之间，统为八蛮之地。”此句标点句有一小误，则“金房”应作“金、房”是已。按此“金”为陕西之金州，即今安康县；房则湖北之房州，即今房县。此句所举郧、均、内乡、淅川、金、房诸处，均在汉水上游，今陕南、豫西、鄂北之地，船山以为古八蛮之居也。

## 商雒殽函应为四地而非二地

《尚书稗疏卷四上·旅獒》“九夷八蛮”条：“八蛮自商雒取道，九夷从殽函取道，皆西向而旅进于宗周。”其一点校本于“商雒”、“殽函”各用一专名号，另一点校本则以四字各为一地，用四专名号。按：后者是也。“商雒”谓商县、雒南一带，非指一地，若商雒县；至“殽函”则殽山与函谷，亦本非一地。船山于本条首言：“九夷八蛮，传注皆云九、八，言其非一。今按《论语》称九夷而朱子谓八蛮，今犹云然。则实种类有其九、八，不但以弗一言也。”种类綦多，而皆在东，故西向取道，亦非一路。故以商、雒、殽、函为四地者，当更符合船山之文意也。

## 太康与少康

《尚书稗疏卷四下·大诰》“小腆”条：“若武庚之党而能厚，则太康之一成一旅矣。”其意谓：若殷纣之子武庚之党而能厚实壮大，则将同于夏代仲康之有田一成、有众一旅，成中兴之业矣，奈武庚非其人何！此句抄本、四库本同，惟金陵本“太康”作“少康”。按《竹书纪年》记少康中兴事：“寒浞弑帝，少康逃奔有虞，有田一成，有众一旅，能布其德而兆其谋，以收夏众，抚其官职。于是夏众灭浞，奉少康归于夏邑。诸侯始闻之，立为天子，祀夏配天，不失旧物。”至于太康，则是逸乐失国之君，早于少康几世。抄本、四库本俱作“太康之一成一旅”，或船山原文如此，一时之误记也。

## “蔡人以吴子伐楚”非准确引文，然亦须加引号

《尚书稗疏卷四上·召诰》“太保乃以庶保冢君”条：“‘以’者，相以之辞，如《春秋》‘蔡人以吴子伐楚’之‘以’”。按上句解释“以”字，已用三处引号，故其句易读而文义亦明。而中间之引号，则船山举《春秋》“蔡人以吴子伐楚”之句，为解释此“以”字亦例证也。然《春秋》原文实非如此。《左传·经·定四年》：“蔡侯以吴子及楚人战于柏举”，船山将其省略，而成为“蔡人以吴子伐楚”，凡足以供文中之使役而已，初不求其引文之一字不易也。此为船山著述体例之一，点校者必须知之而于附注说明。若去此引号，则文义即不能为是显豁尔。

## “韶之为韶”云云，宜作一句读

断句须视文义、文气，若一味求短，有反致文义割裂，文气亦不贯串者。《尚书稗疏卷一·益稷》“搏拊琴瑟句以咏祖考来格句”条，船山以为《书》中所谓奏韶乐时“凤皇来仪”、“百兽率舞”等，皆是舞蹈之形容，而非实有其事。如是实有其事，

则必鸟兽皆如孔子、吴季札之闻韶知音而后可，是乃绝无之事。其言曰：“韶之为韶，非仲尼、季札有不能尽知者，岂尽当时之鸟兽而圣如孔子、贤如季札哉?”此句盖强调反怪与神之唯物主义观点，总结全篇之驳诘而作一反问，其势如悬瀑之泻，一气贯串。有分之以为二句，而于后句又加逗号复分为二者，作：“韶之为韶，非仲尼、季札有不能尽知者。岂尽当时之鸟兽，而圣如仲尼、贤如季札哉?”句虽清晰，而文气亦稍嫌割裂矣。

## “亦误”误，“无误”亦误

《尚书稗疏卷二·禹贡》“和夷”条，曾氏抄本：“和水下流注于青衣水，晁氏径以为青衣江者，误。”句末“误”字，金陵本作“亦误”，“亦”字盖衍文也。王孝鱼点校金陵本时，于此批云：“湖南抄本‘亦误’作‘无误’，非是。”按王所云“湖南抄本”亦即曾氏抄本，周调阳以此抄本与金陵本对校，作有校记，王于点校时加以利用，故云。然抄本句末明明只一“误”字，何来“无误”乎?检视周校原文，则关于此句，记云：“‘亦误’之‘亦’字，无。”盖谓金陵本“亦误”之“亦”，抄本并无其字也。王氏错解为：“亦误”之“亦”，原抄乃是“无”字。遂有‘无误’，‘非是’之批，可谓一大误会。然亦足见事贵目验也。马宗霍于此字亦有校记，云：“抄本无‘亦’字，是，当据删。”此则亲见之言，其云“当据删”，谓当据此以删金陵本也，马校系以“嘉恺录”之本校金陵本，然嘉恺本与曾抄本此句全同，故马校与周校亦若合符节，惟周校文字似稍欠明晰，遂导致王校之误会耳。

（以上原载1985年第1期《船山学报》）

# 《周易稗疏附考异》之版本情况及补校记略

《周易稗疏》四卷，所见有：文渊阁四库全书本、道光二十二年守遗经书屋本（只作上下两卷）、道光二十四年《昭代丛书补编》本（只作一卷）、同治四年金陵书局本、光绪十四年《皇清经解续编》本、民国年间太平洋书店本；又有中华书局转来王孝鱼之金陵本点校稿，点校时曾参看拜经楼抄思适斋主（顾广圻）之校本。

比较各本，则可分为两大系统。其一以四库本为鼻祖，昭代本、拜经楼本盖均自四库传抄；其二以金陵本为滥觞，经解本、太平洋本盖均自金陵本翻印。至于守遗经书屋本则于船山诸经稗疏，窜改特甚，学术界早已指出，观于此书亦然，故系自成一类，仅可取为参阅之资料，而未可作为校勘之蓝本。以上各本之相互关系，非略一翻阅，即可主观作出结论者，亦非仅凭耳食转贩，可以草率定案者。系将此七种版本，罗列案头，并制一《正误比较表》，然后从第一页开始，逐字、逐句、逐本轮读。每遇一处异文，则同时细审各本之同异而逐条登记。如是读完第一卷，共得正误比较记录四十三条。然后取纵行横格，条分缕析，加以综合而后判断之。于是诸本源流遂昭然若揭，而上述之结论达到矣。

复以四库本与金陵本对校，四库本缺卷首之《乾》《或跃在渊》《亲上亲下》《西南得朋东北丧朋》四条，其余讹脱衍文达五十余字，又有任意窜改之迹象（见后《记四库本〈周易稗疏〉之一处异文》一则），乃决定取王孝鱼之金陵本点校稿为底本而补校之。计改正文字之讹夺衍倒者凡七处，此外又有各本异文之可以存参者七处，共得校记十四条。

《周易考异》一卷，向附《稗疏》以行。（昭代、经解两本未予收入。）以四库本与金陵本对校，四库缺《丧羊于易》一条，又有误字。因仍以王孝鱼点校之金陵本为底本，补校后，得关于异文之校记一条。

本书除守遗经书屋本外，均无目录。守遗经书屋本之目录，则除卷次、条目均与金陵本不符外，条目文字亦多删节，且有讹误。此次乃不得不另制新目。又《四库全书总目提要》及《简明目录》中有关于本书之著录，今亦附于书末，以便参考。

## “�谆谆出出”乎？“赫赫谆谆”乎？

《周易稗疏·卷二》“嗃嗃嘻嘻”条，船山释“嗃嗃”、“嘻嘻”之义，以为皆取喻于火声，其言曰：“《诗》‘多将熇熇’，猛烈之状，火始燃之声也。《春秋传》‘赫赫谆谆’‘谆谆’乘‘赫赫’之余，火将息之声也。”此段文字，四库本、昭代丛书本、拜经楼抄本均同，而金陵本、皇清经解续编本、太平洋本则均将“赫赫谆谆”改作“谆谆出出”，其余文字完全相同。

今按：船山所引《春秋传》实为《左传·襄公三十年》，其原文确为“谆谆出出”，而“赫赫谆谆”则不见于经传。《周易稗疏》既以金陵本为底本，而金陵本之“谆谆出出”又确为《春秋传》之原文，以常理论，则其不必改动，自无疑义。然就全句而观，四库本之“《春秋传》‘赫赫谆谆’，‘谆谆’承‘赫赫’之余，火将息之声也。”文从字顺，则“赫赫谆谆”固船山之原文，此乃船山记忆之误，又即就其误而继续发挥者也。若如金陵本之“《春秋传》‘谆谆出出’，‘谆谆’承‘赫赫’之余……”，则“赫赫”之来，不知所自，将使人疑船山前言不搭后语矣。故颇疑“譆譆出出”为金陵本之擅改，当时匆遽下笔，但知改其引文之不合经传，而不复顾及前后文理之不安，不知此错误之引证，在文中则为必要。四库本虽多舛误，而于此四字则未加改动。因此，自应从四库本改正，至少亦须注明有此异文。

又，守遗经书屋本此四字亦作“譆譆出出”，而并其后所有文字均予删改，疑皆邹叔绩之所为，不足为据。

## 记四库本《周易稗疏》之一处异文

四库对所收各书之窜改，主要表现于种族界限之忌讳，鲁迅先生于三十年代即已指出。虽以船山诸经稗疏之为纯学术著作，于此亦未能免。前所记之《〈尚书稗疏〉诸本流别及补校记略》一则，已略举其例证。今于《周易稗疏》之一处异文，则可见四库窜改之另一方面。

卷四“数往者顺，知来者逆，是故易逆数也”条，论述《说卦》一段，于邵康节所云受之伏羲之先天图说，颇排击其夸诞。而论康节，又涉及程朱，末云：“康节之说，求之一部全《易》，无可证据，不获已而曲引此段经文以文其诐辞。当时二程子已知其不足学。蔡神与熹习葬经，尚术数，乃从而表章之。朱子与神与父子交，因为所惑，使《周易》之大义白日昼晦，良可惜也。”此数句，守遗经书屋本及四库本同，惟文渊阁四库本则“诐辞”作“辞”；“二程子已知其不足学”作“二程子说《易》已不遵用之”；“因为所惑，使《周易》之大义白日昼晦，良可惜也”作“因习闻其说，遂据以解《易》耳”。王孝鱼据拜经楼抄本（自四库传抄）得睹此异文，注云：“观此，似金陵本所据之本在前，拜经楼所据之本在后，故行文口气较为和缓。或四库馆臣改动以媚帝王之专尊程朱者，亦未可知。”其言甚为有见。

按守遗经书屋本之底本出自船山六世孙承佺，见邓显鹤《船山著述目录》。金陵本之底本，则欧阳兆熊之《重刊船山遗书凡例》。于船山之诸经稗疏特有一条云：“船山遗书著录于四库者，有《易》、《书》、《诗》、《春秋》四种稗疏。前邹氏校本增删窜易，非复本真，或托言先生晚年改本，以掩其迹。兹据文渊阁本及旧抄本，悉行改正，不使鱼目混珠，”然上举异文，正是文渊阁本之文。可知金陵本之《周易稗疏》，所据者非文渊阁本，而是旧抄本。其抄本来源，则刘审吾《衡阳刘氏珍藏王船山先生遗稿记》云：“同治初，湘乡曾氏搜刻先生遗稿，茫然莫得。时先父授徒常文节公家，因托常氏殷勤致询，始出遗稿相授。”文中所列遗稿四十八种，《易经稗疏》即为其一。故金陵本所据，或即此本。

是以邓、曾两刻所据之底本，虽来源不同，而均属可靠。（至于邓刻于船山原文之增删窜易，则属另一公案，与底本之可靠与否是两回事。）就上段文字而言，邓、曾两本完全一致，尤可证四库本异文之可疑。王孝鱼以为系馆臣改动，以媚帝王之专尊程朱者，殆是事实。盖船山指程朱之失，馆臣则于此有所忌讳，不欲其言之太过也。

## 《周易大象解》之版本情况及补校记略

本书有守遗经书屋、金陵书局、太平洋书店三个版本。又1915至1917年出版之《船山学报》一至八期，曾连载《周易大象述义》一稿（未完），署曰“衡阳子王子解、桂阳彭政枢述义”，其中船山之《解》，系取本书及《周易内传》中之《大象》传文合并而成，此外并无异出或新增之船山文字。

三个版本中，守遗经本讹误较多，金陵本则反是。例如书中两次述及蔡京“丰亨豫大”之说，守遗经本于《涣大象解》中作“丰亨豫大”，于《豫大象解》中则作“丰享豫大”。“亨”字是，“享”字非是。金陵本无误。又如守遗经本《困大象解》：“岂与句曲弘景、种放豹林同其康豫乎?”句中句曲、豹林系地名，弘景、种放系人名，揆之句法，“种放豹林”应为“豹林种放”，方能与“句曲弘景”相对成文。金陵本正作“豹林种放”。至太平洋本似系取金陵本翻印，而手民误植，校对失察者多矣。

六十年代初，王孝鱼曾取金陵本点校，未及出版。此次整理，遂取为底本，更加补校。计守遗经书屋本之异文凡七处，有六处属于讹脱误乙（其例如上），有一处为无关宏旨之字异（《噬嗑大象解》“祥刑”一词，守遗经本作“详刑”），其借以纠正金陵本之讹者则无有也。故除更正一、二处标点之误外，别无改动。校记二条，则其内容皆曾经王孝鱼指出者：一谓本书之《序》，与《周易内传发例》之第十九则文字相同；一系指出一处脱文，各本相沿未察，盖直至本版排印而始予增补者也。

## “八宫世应飞神伏神六神……”句之点误与字误

《周易内传发例》第二十三则有云：“前引旷古无征之伏羲以为之图说，后则有八宫世应飞神伏神六神六亲纳甲之邪说，公然登之圣经之列。”中间之分句中，“八宫世应飞神伏神六神六亲纳甲”等字，诸家点校稿有两字一顿者，有四字一顿者，有根本不顿者。其中“六神”一词，则惟嘉恺抄本如是，其余守遗经书屋本、金陵本、太平洋本等三种印本，均作“六龙”。淆乱纷纭，莫衷一是。

今按惠栋《易汉学》一书，辑录孟喜以下五家之《易》，其卷四《京房易》中，有《八宫卦次图》一节，则“八宫”为一词矣；又有《世应》一节，则“世应”亦为一词矣；又有《飞伏》一节，引朱子发云：“凡卦见者为飞，不见者为伏。”则“飞神”、“伏神”又各为一词矣；又同卷引《京氏易》关于“积算法”之一段后，辑者惠栋按云：“如京言，则今占法所谓纳甲、世应、游归、六亲、六神之说，皆始于西伯父子也。”由是知“六神”、“六亲”、“纳甲”亦各为一词。而守遗经、金陵、太平洋三本均以“六神”为“六龙”，亦皆非是。盖以上各词，均所谓占法之一种，而源出于《京房易》也。其义明，其句读乃能正确，而文字亦得以校正焉。

## 《说文广义》之版本情况及补校记略

《说文广义》三卷，今所见者惟金陵书局及太平洋书店两种版本。清道光二十八年邓显鹤主持刻印湘潭王氏家藏船山书稿，卷首附有所知之船山著述目录，列《说文广义三卷》为经部之殿。然邓刻《船山遗书》未收此书。民国四年湖南《船山学报》转载刘审吾所作《衡阳刘氏珍藏王船山先生遗稿记》一文，具列其家所藏船山书稿四十八种，《许氏说文广义》亦为其一。文中又言：同治间湘乡曾氏搜刻船山遗书，茫然莫得，乃出所藏相授。则曾刻《说文广义》之蓝本，或出于衡阳刘氏。然此书之写本或更早刻本迄今未有发现。太平洋书店本则似据曾刻排印，其间亦偶有审订，可作校勘之参考。

此次补校，即以曾刻金陵书局本为底本，参看太平洋书店本。六十年代中华书局曾请童第德就金陵本点校一过，其优长亦经采入。补校稿曾请周大璞审阅，得以改进句读，解释疑难。凡童、周所作校记，兹均为之著明姓氏。全书凡改正底本之讹脱衍倒三十八处；又另有船山引文过于省略，或有所误记，或有所窜易，或所引有版本上之错误，或所论有学术上之疑义者，亦择尤加注，此等凡二十六处。以上两类，总计共出校五十四条。

原书异体字颇多，如卷一第一条即有：省作訫、借作偺、对作對、然作肰、微作散等等，今俱改用通行繁体字，而以不影响文义为前提。

本书原无目录。童第德点校时，曾据卷首船山《发例》“一以《集韵》为序”之语，在各字条下注以《集韵》韵部，编为目录。校点后，周大璞建议加注大徐本《说文》部居，而由梅季坤更附各条涉及之字于后，制为新目，乃更便于检索矣。

## 童第德、周大璞对《说文广义》之贡献

童第德早于六十年代即曾就金陵本《说文广义》点校一过，稿本此次由中华转让《全书》使用。其标点及改字用丹黄，校记用黑，已著句读而欲改去，则用白墨轻点，具见前辈治学之慎。其所改之误字，如卷一“與与”条，船山云：“若取与之与，俱作与，不当从异。”“俱”字殊无谓。童氏校记云：“‘俱’疑为‘自’之误。卷二‘扣’下云：‘若敂擊之敂，自作敂。’句法正同。”其指出船山所引或有版本之误，如卷三

“故”字条，船山释义曰：“《说文》训云：‘便为之也。’古所已作，旧所尝习，为之便矣。然因其为故而便为之，非便为之之谓故也。”其释义皆就“便”字立言。童氏注云：“《说文》：‘故，使为之也。’宋刻大徐本、祁刻小徐本皆作‘使’。船山所见本作‘便’，当为形近致讹。”凡此皆正旧本之误者也。

周老审阅原稿，亦严细逾恒。如卷三“亘”字条“俗概以亶为亶”句，注云：“下亶字当作亘。”原句莫明其义，读注则知有错字其中也。又如卷二“和”字条，船山引《易》云：“《易》‘和顺于义理’。”然《易》实无此句。周注：“《易·说卦传》原文作‘和顺于道德而理于义’，王氏盖省约其词。”按船山引文不尽合原书者多，《全书》于此并不一一说明，惟有时所引省略过甚，或有窜易舛误，则亦择尤加注，俾释读者之疑。若此句者，或且以为船山原文不必如是，一加说明，则涣然冰释矣。

## 《读通鉴论》之版本情况及补校记略

本书补校时所见之本凡十六，其一为抄本，余十五为印本。

抄本为湖南省博物馆所藏，即1951年湖南进行土地改革时湖南省文物管理委员会在邵阳东乡太平曾家所收十一种船山著作抄本之一。周调阳曾有著录云：“《读通鉴论》二十卷，与刻本作三十卷的分法不同。分装十四册。每卷第一面无撰者的姓名。钤有‘明王骁骑之裔’、‘石斋五世孙嘉怡’、‘容斋’、‘皇考号余曰驺芝’、‘邵阳曾祖植印’、‘清福’等朱印。按骁骑为一种军职名称，船山十世祖王仲一在元朝末年起兵，从明太祖平定中原，累功授此军职，所以他们的后裔称他为骁骑公，自称为

‘明王骁骑之裔’。石斋是王介之的别号，他是船山的伯兄，嘉怡既为王介之的五世孙，于船山当为五世从孙。容斋、清福不知为谁。”（《王船山著述考略》）

印本则按出版时间，可分三组：

（一）清季：有同治四年金陵书局《船山遗书》本：光绪二十六年湖南经元书局、湖南大文书局、湖南澹雅书局之《船山史论》本（以上均木刻线装）；光绪三十一年上海环地福书局之《王船山先生经史论八种》本（石印线装）。又见两种残本，俱与《宋论》合印：其一为三十二开大小之线装铅字排印本，小四号方仿宋字，每面十六行，每行三十六字；其二为六十四开大小之线装楷书石印本，蝇头细字，每面二十行，每行四十四字。两种俱缺卷首，遂不知其刊印时地，或均清末之出版物也。

（二）民国时期：有民三上海会文堂书局《标目读通鉴论附宋论》本（石印线装）、民十稍后（?）上海商务印书馆《王船山读通鉴论附宋论》本（铅印线装）；以及民二十以后之各种铅字排印本：商务《万有文库》本、中华《四部备要》本、世界书局国学整理社本、太平洋书店《船山遗书》本。

（三）中华人民共和国成立以后：有1975年中华书局之新式标点繁体字本及据以改排之简化字本。

在清季及民国之印本中，经元、大文、澹雅本及两种残本均于书名下标明“船山遗书”、会文堂本标明“用船山遗书本”，中华《四部备要》本标明“据船山遗书本校刊”，其余均未著录底本。然检查各本之空格及讳改情况，则全与金陵本一致，盖皆以金陵本为祖本者也。间有个别文字异出，则多属金陵本之讹误，由各本自行校改者，亦可作一定之参考。

至1975年中华繁体字本及简化字本，则虽据金陵本而复加校补。两本刊有同一之《前言》，兹录其有关版本、校补之段落于下：

> “现在出版的这部《读通鉴论》校点本，是用1865年金陵刊刻的《船山遗书》本为底本，根据衡阳刘氏、邵阳曾氏的两抄本所写的校记作了校补。原刻本上有一些地方留了不少空格，因而使有些句子无法读通；有若干地方还作了窜改和删节。经过校补，大体上恢复了原书本来的面目。这次出版的校点本，凡补足空格和改正的地方，加〔　〕表于；凡改正原刻本窜改的，窜改的地方仍保留原文用（　）小号字表示。明显的错字或避讳字，则径予改正。
>
> “刻本比抄本少五论，可能是作者晚年定稿时删去的。为提供参考起见，现分别补在有关位置，并作附注加以说明。
>
> “清人刘毓崧的《校勘记》，对史实作了若干订正，可供参考，所以也分别附在有关各论之后。”

按金陵本所用底本，或即衡阳刘氏所藏之抄本。民国四年湖南出版之《船山学报》第一卷第五期载有刘审吾所作《衡阳刘氏珍藏王船山先生遗稿记》一文，内云：“同治初，湘乡曾氏搜刻先生遗稿，茫然莫得，时先父授徒常文节公家，因托常氏殷勤致询，始出遗稿相授。”所云遗稿，即其先世所遗之船山著作抄本。文中附有抄本书目，凡四十八种，《读通鉴论》为其第三十六种。

惟金陵本之处理底本，颇为任意，上引中华本《前言》亦已述及。其避清帝名讳，如玄作[元]（康熙）、胤作[允]（雍正）、弘作宏（乾隆）、宁作甯（道光）之类，固属格于功令，而改违碍字样为“□□”等，亦系为环境所迫；然除此以外尚有不少径改及径删之处，则并原文磨灭于无形，斯则不能不为后世所指摘。曾国藩《船山遗书序》，言其于诸书中亲自校阅八、九种，“订正讹脱百七十余事”。《读通鉴论》即其所校阅之一种，而其所谓“订正”者，或均属径改。其底本自当年一用后即匿而不出，究竟原文如何，已无可复按矣。

今以邵阳曾氏所藏之嘉怡抄本与金陵本对校，则后者空格、径改、径删之处，原文如何，皆昭然大白，其可靠性自毋庸言。然抄本于所论史事，其人名、纪年及所引书文等，多有舛误脱漏；字句亦多有毛糙欠修之处。金陵本于此两端，则往往较抄本为佳。意此抄本或是船山之初稿，而金陵本所据之底本则曾加审订，未可知也。

中华本虽以金陵本为底本，然已大加校补；其校补之根据，则为据衡阳刘氏、邵阳曾氏二抄本所写之校记。但终因未能亲见抄本，致尚存在如下之缺点：一为补足空格及改正之处，未能落实；二为应予校补之处，仍有缺漏；三为或有异文疑义，未能据众本酌定。

根据上述情况，此次补校，遂决定以中华之繁体字标点本为底本，与嘉怡抄本逐字互校，仍取金陵本随时复按，并参阅其他各本。四十年代马宗霍曾以嘉怡抄本与金陵本互校，作有校记七百二十条，五十年代周调阳亦曾以嘉怡抄本与金陵本、太平洋本互校，作有校记四百五十一条，亦取为检查、参考之用。

补校时，凡中华本与抄本互异之处，均予记录，共得二千四百四十余条，因此而改正中华本者，有如下三项：

（一）金陵本之因忌讳而空格及删改者，多数已为中华本所改正，然因未见原本，仍保留（　）与〔　〕之记号；亦有少数为中华本所未能发现，致未改正者。此次皆据抄本核实、改正。此项计共二百二十余处、四百三十余字。（以文字相连者为一处。）如：

汉安帝第三论，金陵本原文：“故奖□贤者，非良史之辞也；事□□者，非□□之节也。”中华本据其所见校记，已将空格之字填补，而仍加〔　〕为记。补校落实后，删去〔　〕。（统计时作三处、五字。）又如：

汉文帝第十三论，抄本原文：“呜呼！秦政变法，而天下之士廉耻泯丧者五六矣。汉仅存之，唐宋仅延之，女直、蒙古主中国而尽丧之。”金陵本改“女直、蒙古主中国而尽丧之”为“而讫不能延之”。中华本据其所见校记，已恢复被窜改之原文，加〔　〕为记，而仍纳所改之句“而讫不能延之”于（　）中。补校落实后，删去〔　〕，又删去（　）及其中之句。（统计时作一处、十一字。）又如：

同上论，抄本原文：“夷风渐染，君臣道丧，斯则贾生所宜痛哭者也。”金陵本删去“夷风渐染，君臣道丧”两句。中华本未能发现。补校中恢复之。（统计时作一处、八字。）

（二）除改正金陵本因忌讳而空格及删改者外，对于中华本之某些讹脱衍倒，亦予校改。中华本有沿袭金陵本之误者，亦有金陵本不误而自误者，兹均据抄本加以改正。此类凡一百一十余处、一百二十余字。

前者如：

汉武帝第十二论，抄本：“黯之学术，专于黄老……为善而不欲近名，大白而欲若辱。”末句，金陵本作“大白而欲不辱”。按“大白若辱”见《老子》。金陵本误“若”为“不”，中华本沿之而误。又如：

唐玄宗第二十一论，抄本：“李萼说颜鲁公陈清河之富云：有布三十余万匹，帛八十余万匹，钱三十余万缗……”末句，金陵本作“钱二十余万缗”。据《通鉴》，知抄本是。金陵本误“三”为“二”，中华本亦沿之而误。

后者如：

汉武帝第三十一论，抄本：“则彧之为操谋也，亦未可深罪也。”金陵本刻“罪”为“辠”，是“罪”之古体，不误。中华本排作“皋”，则误矣。又如：

唐武宗第二论，抄本：“驱中材之主入于其阱”。金陵本刻“驱”为“敺”，即古“驱”字。中华本排作“殴”，亦误。

（三）非属因忌讳而空格及删改与讹脱衍倒两类性质，纯就文字完缺优劣而言，亦有抄本较之中华（金陵）本为善，可据以增、删、改、乙者。此类有二百五十余处、三百八十余字。例如：

汉元帝第五论，中华本据金陵本：“邪说之行于天下，必托于君子之道。释氏之言心性，亦君子之言也；老氏之言道德，亦君子之言也；天下以其为君子之雅言，遂谓其有当于治与道而信之。”“天下以其为君子之雅言”句，抄本“其”下有“言”字，作“天下以其言为君子之雅言”。马宗霍《校记》云：“‘其’下有‘言’字是，当据增。”又如：

汉元帝第二论，中华本据金陵本：“宣帝曰：‘乱我国家者，为太子也。’”抄本无“国”字。按《汉书》《通鉴》均记宣帝此言曰：“乱我家者太子也。”抄本是，当据删。又如：

唐德宗第一论，中华本据金陵本：“（德宗）察常衮之私，速夺其相位，以授所斥责之崔祐甫。”抄本“责”作“谪”。按

《通鉴·唐纪》代宗大历十四年载门下侍郎同平章事常衮与中书舍人崔祐甫以会议群臣丧服事争论，“衮不能堪，乃奏祐甫率情变礼，请贬潮州刺史……闰月壬申，贬祐甫为河南少尹。”既而德宗以衮为欺罔，乃贬衮为潮州刺史，以祐甫为门下侍郎同平章事。是“谪”字为切而“责”字太泛，乃据改。又如：

唐太宗第二十论，中华本据金陵本：“且周公不得已而致天讨也，《鸱鸮》之怨，《东山》之悲，有微辞，有隐痛，祸归于商、奄，而不著二叔诛窜之迹。”抄本“祸归”作“归祸”。按此段船山阐述周公之心迹，虽诛管、蔡而不忍显著其罪，惟归祸于商、奄耳。马宗霍《校记》云：“抄本‘祸归’二字互易，是也。”乃据乙。

以上三项，据抄本以改动中华本之文字，计共五百八十余处、九百三十余字。

所有改动中华本之处，并未一一出校，仅就其改动较大者，或去取之际有所考证者，或异文之可以两存者，或抄本及各印本同误而于此次补校始予改正者，择要出校。刘毓崧之《校勘记》凡十七条，全属史事之考订，中华本《前言》云“分别附在有关各论之后”，实只附录九条，今亦全部附录于校记中。如是，连同其他必须作注之事项，合计本书共作校注九十五条。马宗霍之《校记》中，往往作有按语，兹亦于有关之新校记中尽量引用，并均予署名示其所出，以著前辈学者之劳焉。

中华本亦偶有断句之误，如汉桓帝第七论：“古之诏禄，下逮于府史胥徒，而皆浃曰以代耕。”梁元帝第一论：“圆正合众以受署，而因之岳阳，起兵而尽力以攻之。”陈高祖第二论：“若夫赫然著一善之名而实无，非恶役于其名而取之，则受罔于非其道，为愚而已矣。”陈文帝第三论：“华歆、贾充、刘穆之、谢晦、沈约、褚渊、崔季、舒胥，贪人也。”若此者约十余处，亦均一一为之改正。

本书抄本及金陵本俱无目录。中华本之目录，仅以帝王为次第。然湖南经元、大文、澹雅三本另有一共同之目录，系将每一帝王下之各论另标题目，较仅以帝王次第者为细。上海会文堂本亦有一以论为次之目录。而其标目不如湖南三本之详。故即取湖南三本之共同目录，作为本书之目录。原目欠抄本所有而刻本所无之五论（见前引中华本《前言》并参看有关校记），又漏去汉元帝第六论、汉献帝第二七论、晋安帝第九论未予标目，补校中亦俱增补插入。原目又缺卷末叙论各篇之标题，则取会文堂本之标题，移置而完足之。全书总共九百一十二论（中华本误以唐僖宗之第九、第十两论为一篇，致少一论。参看有关校记），有此细目，则检读当更便易矣。

（以上原载 1986 年第 1 期《船山学报》）

## 《读四书大全说》版本情况及补校记略

《读四书大全说》十卷，有中华书局 1975 年排印本。其先金陵本《船山遗书》及太平洋书店本《船山遗书》均曾收入。1983 年又得衡阳王鹏发现之旧抄本一，为本书之第七卷，包括《论语·季氏》《阳货》《微子》《子张》《尧曰》五篇。所据以校勘者，惟此四种版本。

中华排印本《校点后记》云：

“这次整理《读四书大全说》，是用 1865 年（清同治四年）金陵（今南京）刻《船山遗书》本为底本，加以校勘、标点、分段。”“金陵刻本对王夫之原著往往有窜改，在刊刻中又有一些文字错误。1933 年上海太平洋书店排印本是以金陵刻本为依据，而错误更多。目前找不到其他更好的版本进行校勘，我们主要用本书前后互证等方法，根据上下文义作了一些校改。少数引文错误，则根据所引原书改正。凡认为是错字和应当删掉的字都加圆括号，改正和补入的字都加方括号。根据文义校改的，一般不说明理由。避讳字直接改为本字，不加括号。”“原书是用《四书》原有的篇章名称作为标题，每个标题下面都有若干篇论说，每篇论说之间不空行。为了阅读方便，我们在每篇论说前面按顺序加上了编号。”

中华本于此书之书目、版本、校勘三方面，均言之綦详。此次编辑《全书》，除新得衡阳王鹏残抄本外，亦无其他完整之新版本。故即以中华本为底本。定稿时，曾与金陵本、太平洋本复勘，并以衡阳残抄本参校。中华本有校记二十一条，兹均保留，并为署名。金陵本所附之刘毓崧《校勘记》，涉及本书者凡有八条，亦分别为署名转载于相应之页边（内一条与中华校记内容相同，即附于其后，不作专条）。此外，亦有中华误改原刻，应予回改者；或沿袭原刻之讹，今据抄本得以察觉者；或太平洋本、抄本之异文可以存参者：凡此均予出校，共有十三条。合计共得校记四十一条。

又本书旧无目录，中华本始制目录，置于卷首，《全书》亦沿用焉。

# 捏怪義？捏怪义？捏怪叉？

《读四书大全说卷七·论语尧曰篇》，中华本句云：“《中庸》言择，但云‘择善’，不云择中，俗儒不省，便向者里捏怪義，分中、过、不及为三涂，直儿戏不成道理。”按：上句中“捏怪義”，似可意会，而实费解，未知是否有误？中华本既以金陵本为底本，乃查金陵本，则“義”字作“义”字。中华本殆以“义”为简笔字或俗字，于是改而作“義”。然“义”实为当代之简化字，清同治时恐无此字；且金陵本于它处均未有用简笔字，俗字之例，何以独于此“义”字例外？于是再查太平洋本，则其字作“叉”。捏怪義，捏怪义，捏怪叉，三本不一，未知孰是？

审读中幸而得见王鹏所藏之《读四书大全说》残抄本，其中适有《尧曰》一篇，取以校勘，则其字作“叉”，与太平洋本同，于是知金陵本之“义”与中华本之“義”，俱与旧抄不符。但以抄本之作“叉”为是，则“捏怪叉”又如何解释？

今按上海古籍出版社1981年版《戏曲词语汇释》有“捏怪排科”一条，释其意为“造言生事，兴风作浪”，例：《百花亭》一〔赚煞〕曲：“任从些打草惊蛇，尽教他捏怪排科厮间谍。”船山所用，盖此意也。金陵本误刻“叉”字为“义”字，中华本又从而以“义”为“義”，并于“捏怪義”下断句，则误中之误矣。故其句应作：“《中廉》言择，但云‘择善’，不云择中。俗儒不省，便向者里捏怪，叉分中、过、不及为三涂，直儿戏不成道理。”“者里”，这里也，“捏怪”，向壁虚造，无中生有也。“叉分”，叉开而生分之也。船山以为《中庸》只言择善，不言择中，俗儒于此无端分出中、过、不及三途，皆歪曲圣经之意，故曰：直儿戏不成道理。者里、捏怪、叉分，盖皆当时俗语。《读四书大全说》为读书札记，而其体裁接近语录，故以俗语入书也。

## 太平洋本《读四书大全说》之谬误

太平洋本谬误极多，今略举数例如下：

讹字如：《卷三·中庸第二十章九》：“若决江河，沛然莫之能御”，太平洋本误“沛”为“天”。《卷三·中庸第二十四章一》：“天地间只是理与气”，太平洋本误“是”为“足”。《卷四·论语里仁篇七》：“显然，须是好仁恶不仁，方能勾用力于仁……故夫子提出病根在好恶上。”末句“好恶”，太平洋本误植为“用恶”。《卷五·论语泰伯篇五》：“则非但病才，而且以贼德”，太平洋本误“贼”为“贱”。《卷五·论语子罕篇十》：“法目之明以视色，法耳之聪以听声”，太平洋本误“声”为“风”。

脱文如：《卷四·论语为政篇四》：“若其所问者孝也”，太平洋本脱“者”字。《卷七·论语阳货篇六》：“虞伯生以此注杜甫诗，且一倍酸鄙，不知有杜，而况其望圣人之门墙也哉！”太平洋本于末句脱“而”字。《卷八·孟子梁惠王上篇二》：“性之德者，天德也。”太平洋本脱后一“德”字。再如《卷五·论语雍也篇六》：“若于怒于过，虽功未至而必有事，则为初学者言，正未可尽不迁不贰之德也。”太平洋本作：“若于□□□□□□至而必有事，则为初学者言，正未可尽不□□□□德也。”所有空格，盖皆底本之朽腐蛀蚀。按中华本后记云：“太平洋书店本是以金陵刻本为依据，而错误更多。”由此例观之，则太平洋书店连所用之底本亦不求其完好，而匆匆排印，殊为草率！

倒文如：《卷一·大学传第八章二》：“若齐家之功，则教孝、教弟、教慈”，太平洋本“齐家”作“家齐”。《卷八·孟子滕文公上篇四》：“故恻隐、羞恶、辞让、是非，但可以心言而不可谓之情。”太平洋本倒“心言”为“言心”。《卷十·孟子尽心下篇七》：“所以可为者，正在此一‘性’字上。”后句，太平洋本作“正在此‘性’一字上，”至如《卷十·孟子告子上篇二二》：“专心，不为外物所诱；致志，收摄不令昏放。”太平洋本作：“专心外物不为收摄所诱志不令昏放。”则颠倒错乱且不堪卒读矣。

如上之讹脱衍倒，皆与中华本、金陵本对照而后知之，合计多至八十余处，由于金陵本刊印较早，流传渐稀，一般学者所置之船山全集，类皆太平洋本，故须揭示其误，以期引起注意，而谨慎用之也。

## 记或人对《读四书大全说》之三处校改

《读四书大全说卷八·孟子·梁惠王上篇七》：“熊勿轩谓孟子独惓惓于齐、梁，不入秦、楚，以彼二国为□□之后，使其得志，必非天下之福。悲哉斯言！□□□□已。”以上为金陵本原文。太平洋本同。中华本以金陵本为底本，空格依旧。

今按《四书大全·孟子集注大全·卷之一》载熊勿轩此段议论，原文为：“当时七雄皆大国也，孟子独惓惓于齐、梁者，欲得志行乎中国也。若秦，楚则蛮夷戎狄之裔，七篇之书，深鄙外之，盖其得志，必非天下生民之福。”（据三鱼堂读本）从而可以悬揣此处之六个空格，盖避清朝之忌讳也。

本书校读期间，发现湖南图书馆所藏之某部金陵本《船山遗书》中，有人曾用朱笔将本书卷八之大部分篇幅加以圈点，并填补此六个空格：前二格为“外夷”二字，后四格为“其恶夷是”四字。其所填补者，揆之文意，若合符节。此同一之朱笔，又于本卷《公孙丑上篇·一二》“道有一成之则而统乎大”一句，将“大”字改为“天”字；于《公孙丑上篇·一八》“但就齐卿相所知之言”一句，将“之言”二字乙为“言之”，亦均较原刻为胜，度此朱笔圈点者或别有所本，非仅凭臆断而填补乙改也。上述三处文字，《读四书大全说》传世之三个版本（金陵本、太平洋本、中华书局本）均属一致，而此朱笔能改正其非，虽未获知其版本之依据，而亦为他山之石，可以攻错者，因而均已于新版《船山全书》中出校存记矣。

又按前则札记言及衡阳王鹏所有之本书残抄本，为其卷七。此三处之填补乙改，则均在卷八，亦非偶然。或者本书其余各卷之抄本，世间尚有存留者耶！

（以上原载1986年第2期《船山学报》）

## 《尚书引义》之版本情况及补校记略

本书此次补校所用之版本凡七：有船山五世从孙嘉恺之抄本；有清代出版之守遗经书屋本、金陵书局本、环地福书局本；有民国时期出版之船山学报本、太平洋书店本，有解放后出版之中华书局本。又有马宗霍、周调阳两家校记，可供参照检查之用。

嘉恺本为1951年湖南进行土地改革时湖南省文物管理委员

会在邵阳县东乡太平曾家所收船山遗著抄本十一种之一。其书分装五册，每册第一面第一行为书名及卷次，第二行有“明王夫之著、嘉恺录”字样，末册末页有“癸卯九月九日成，己巳四月下旬重定”小字一行。周调阳《王船山著述考略》云：“考癸卯为康熙二年（1663），己巳为康熙二十八年（1689），可见船山著《尚书引义》一书，初稿在1663年已经完成，经过二十六年之后，到1689年，他在七十一岁时，才作出最后的定稿。”然抄本亦有史事失考或引证舛误者，乃据他本而改正之。

其余诸本中，惟守遗经本、金陵本、中华本为重要。至环地福本、船山学报本及太平洋本则皆据金陵本翻印，并无独立之校勘价值，惟供时而参看之用。中华本出版于1962年，为王孝鱼所点校，然其底本乃金陵本，点校时曾参照周调阳以嘉恺本对校金陵本、太平洋本所作之《校勘记》，故于金陵本之窜改及空格均有所改正，其他讹、脱、衍、倒亦有所校改。但周《记》疏漏不少，而嘉恺本亦有脱误，故仍须补校，以求进一步完善。

此次补校，即径以嘉恺抄本为底本，并与其他各本，主要与守遗经本、金陵本、中华本互校，择善而从。计改正抄本之讹、脱、衍、倒凡五十六处、七十二字。别本异文之可以存参者凡三十五处、一百二十八字。合计出校六十八条。而由抄本以发现金陵本之窜改、空格凡四十一处、一百三十一字；其他讹、脱、衍、倒凡一百九十四处、三百六十三字。二者共有二百三十五处、四百九十四字。

## 《尚书引义》金陵本之窜改多于守遗经书屋本

守遗经书屋本于船山之诸经稗疏任意删改，早有定论。至其对船山之其他著作是否如此，尚须一一核实。就《尚书引义》而论，尚未见有大段窜易，如欧阳兆熊所谓“鱼目混珠”者。至其因讳而略改字句，则仍难免。如“名异禽狄”改为“名异禽兽”（《舜典二》），“夷狄之秽响”改为“边裔之猛厉”（《舜典三》）等是。

其因讳而作之空格，虽有时较多，然视任意窜改，则犹属老实之手法。例如下段：

> “夫中国之有河，犹其有□也。三代无□□之策而有□□之义，汉急□□之功而不贪□□之利，唐始用□，石晋遂用□，宋两□□而其祸乃大。”

上段出于《禹贡》篇，其八处空格乃“狄”、“御狄”、“制狄”、“御狄”、“用狄”、“狄”、“狄”、“用狄”诸字。由此可知，“狄”之一字，实为当时所讳言。

上述两处窜改，金陵本均与守遗经本同；八处空格，金陵本将第一处之“狄”字改为“夷”字，其余亦与守遗经本同。金陵书局刻印《尚书引义》，虽以衡阳刘氏提供之抄本为据（刘审吾《衡阳刘氏珍藏王船山先生遗稿记》列《尚书引义》为所藏船山稿本之第五），然其于守遗经本当亦曾参考，否则，其窜改及空格巧合如此，实为不可思议矣。

守遗经本《禹贡》篇又有“天以□祸中国”、“则□□□害□□受之”之句。空格处，金陵本则均有字，作：“天以夷祸中国”、“则中国远害而夷受之”，读之亦通。及以嘉恺抄本对照，则二句乃作：“天以狄祸中国”、“则夷狄之害夷狄受之”。盖守遗经本所空之三处实为“狄”、“夷狄之”、“夷狄”诸字。守遗经本付梓于道光二十二年，其时“夷”、“狄”二字均属忌讳：金陵本付梓在同治四年，其时已不讳“夷”字，惟讳“狄”字。此所以前者于“夷”字亦一律隐去，而后者于“夷”字则不但不讳，且有时以之代“狄”字也。

全书校毕而统计之，其因讳而作之空格，守遗经本凡三十八处、一百二十六字，金陵本凡二十九处、一百零九字；其因讳而作之窜改，守遗经本凡五处，十三字，金陵本凡十二处、二十二字。两本空格、窜改之总字数基本相同，其间有少许差异者，即守遗经本作空格，而金陵本则不空而径改之。

## 中华本《尚书引义》标点之误

中华本《尚书引义》为本书标点之嚆矢，其功自不可没，然亦偶有差错。其标号之误，如《舜典三》“乡乐”、“下管”、“升歌”、“合乐”俱标以书名号，实则均为普通名词，见《仪礼·燕礼》。又就其断句之误言之，《汤诰》曰：“天下逮于人人之‘衷’，即天之‘衷’也。”应作：“天下逮于人，人之‘衷’即天之‘衷’也。”《太甲二》曰：“气者天气，禀者禀于天也。”按此句将“气禀”一词割裂，不成文，应作：“气者天，气禀者禀于天也。”《说命中二》曰：“今辟异学之非，但奉格物以为宗，则中材以下必溺焉，以丧志为异学所非”。按“溺焉丧志”应连读，故末两句宜作：“则中材以下，必溺焉以丧志，为异学所非”。《微子》曰：“然则父师之‘刻’，微子不但‘刻’以身之危，抑‘刻’以心之苦矣。”按《书·微子》载父师“刻子”，“子”即微子。故此句应点作：“然则父师之‘刻’微子，不但‘刻’以身之危，抑‘刻’以心之苦矣。”《立政周官》曰："故成王顾命太保，与五官列序而未有殊。"按此句应作："故成王顾命，太保与五官列序而未有殊。"太保与五官同列而不居特殊，见《书·顾命》。《文侯之命》曰："今且筑九成之坛，设九摈，三揖再拜，晋彼论者而为平王谋。"按此句"九摈"、"三揖"俱名词。九摈即九宾，古者朝会大典则设九宾。三揖谓卿、大夫、士，三者皆王所揖让也，见《周礼》。故此句应点作："今且筑九成之坛，设九摈、三揖，再拜晋彼论者而为平王谋。"凡此者共有十余处。

## 王孝鱼校勘《尚书引义》之功绩

中华本《尚书引义》由王孝鱼点校，系据金陵本而参照太平洋及刘毓崧、周调阳两家校勘记。王氏《点校说明》中列举书中八处讹误，均金陵、太平洋两本相同而刘、周两记未涉及，由王氏据文义而校改者。今以嘉恺抄本对照，则其所校有与抄本相合者，又有抄本及各印本均误而由王氏首次发现者，如《洪范一》云："乾坤之德固然，君子以之，则德业合于天地，小人不以，〔则〕自丧其德业。"方括弧中"则"字，金陵、太平洋两本均无，刘、周两记均未涉及，由王氏自行校增。今以嘉恺抄本对照，则本有此"则"字。《召诰》云："广衍足以立市朝，大川足以流秽恶，土厚水深足以远疾眚，则其襟带左右，自足以成形势而惬心目，非待青（鸟）〔乌〕之妖秘，乞灵于卷山勺水间也。""鸟"字，金陵、太平洋两本同，刘、周两记未涉及。王氏改"鸟"为"乌"。按：青鸟为西王母使者，青乌为黄帝相地理者。此段论都城形势，自与青鸟了不相涉。检嘉恺抄本，则其字正作"乌"。又如《胤征》云："勃气愤盈，莠（先）〔言〕

自口。”“先”字，抄本及金陵、太平洋两本均同，刘、周两记均未涉及。王氏改“先”为“言”。按：“莠言自口”见《诗·小雅·正月》，王氏之改是也。

（以上原载 1987 年第 1 期《船山学报》）

## 《周易外传》之版本情况及补校记略

《周易外传》七卷，凡一百三十六论，此次所见之版本凡七：其一为抄本，其六为印本。

抄本即船山五世从孙嘉恺所手录之本，现藏湖南省博物馆，为 1951 湖南省文物管理委员会在邵阳曾家所收船山遗著抄本十一种之一。但嘉恺抄本并非此次始用于校勘。四十年代，马宗霍曾以此抄本与金陵本对校，作有《校勘记》一百六十五条；五十年代，周调阳又以之与金陵本、太平洋本互校，作有《校记》一百七十八条。马、周两校，亦均为此次整理之参考。刘毓崧之《校勘记》，涉及本书者仅两条，此次整理时亦予撷取。

印本属于清代者有守遗经书屋本、上海环地福书局本、金陵本；属于民国者有太平洋书店本；属于解放以后者，有中华书局 1962 年之繁体字本及 1976 年修订重排之简体字本。其中守、金两本刻印较早，且各有旧抄作为底本。至环地福、太平洋两本则均系照金陵本翻印，故校勘价值不大。解放后，中华书局出版之繁、简两体字标点本，均以金陵本为底本，参照周调阳之《校记》及太平洋本进行校勘，但又于版本依据之外，用本校及理校之法，改正新发现之错误若干处，实较前此一切印本为佳。

然嘉恺抄本究系唯一不受外力干扰、真实可靠之本，其应作为此次整理之底本，自无疑义。所有印本，则均不免因清代统治严酷而有所窜改或留下空格。如金陵本因避讳而作之空格达三十处、一百一十九字。守遗经本与此相同。且两本均有擅改之字。中华本虽已吸收周校之成果，然于嘉恺抄本之利用，究系隔手，且周校颇有不完整及误记之处，故终未若直接以嘉恺抄本作底本，而参照各本进行校勘之为愈也。

校勘结果，共记录抄本与印本间之异文达五百余处，其中属于抄本之讹、脱、衍、倒，借印本而得以改正者计四十余处；印本之文字不同而未必皆非，其可以存备参考者计一百一十余处；以上均出校记说明。至印本避讳之空格，观抄本而得补填（在中华本则为查对落实）之处，以及印本之错误，借抄本而得以证明者，则不再一一作注说明，但亦偶予择尤存之，以供研究者参考。以上共得校记一百八十一条。

## 关于《周易外传》之三种旧抄本

《周易外传》之旧抄本，除嘉恺本外，尚有见诸文字记载者二，即出于船山六世孙承佺之守遗经书屋本所用底本，及出于衡阳刘氏之金陵书局本所用底本。后二种旧抄今日已不可复见，然就守遗经本及金陵本之文字以观，则两本几乎完全一致，而不同于嘉恺本。试举一例：

金陵本卷一《小畜》，船山释其爻辞“初九，复自道，何其咎，吉”云：“咎责之来，‘初’自信不疑而任之矣。（原注：‘何其咎’，言负何其咎也。俗以‘负何’字加草作荷，遂训此作‘谁何’之义。）其惟‘初’乎！”“初”即指初九。船山解“何”为负荷，解“何其咎”为负荷其咎，故云：“咎责之来，‘初’自信不疑而任之矣。”“自信不疑而任之”，即“负荷”意也。犹恐读者不明斯义，故于正文下加注以说明之：“何其咎”之“何”，非“谁何”之义，乃“负荷”之义，故“何其咎”意即“负荷其咎”。有此夹注，文章乃觉周密。守遗经本文字，与金陵本同。

但嘉恺抄本则无此夹注，全句只作：“咎责之来，‘初’自信不疑而受之矣。其惟‘初’乎！”其文意似欠明白，而“何其咎”既作“负荷其咎”解，此处“受之”一词，自亦不如守、金二本作“任之”之贴切。故守、金二本此一注之添与一字之改，似系就嘉恺抄本再作润饰而成。就此观之，嘉恺本与守、金之底本，似有初稿与修订稿之别。

就守、金二本而论，其相互一致处，初不止上举一例。如所有因避讳而作之空格，两本亦往往若合符节。今亦举一例如下：

金陵本卷三《大壮》云：“故□□□□□之浩然于□□也，君子谓之曰顺，□□□□□情也。□□□□□而糜人膏，析人骨，争死亡于蔡州，角之羸，亦心之惨矣。□□□□□□□之族至今存。”守遗经本亦与之完全相同。按此等隐去真字之空格，虽云均有政治上之忌讳，然所隐之字，亦有可隐可不隐者；其某一处之连续空格，亦有可略多略少者；尤其于虚词之隐去，全无实际意义。而两本乃符合若此，亦可异已！

因此，遂不得不产生如下之疑问，即：（一）金陵书局所得出于刘氏之稿本，与守遗经书屋所用出于王氏之底本，是否竟系同一之本？如二本同一，则金陵本付梓时亦必曾据守遗经本校改，否则不能解释上述巧合之现象；如二本不同，岂金陵书局于刘氏所提供之本全未利用，而即以守遗经本为底本翻刻耶？（二）刘省吾《衡阳刘氏珍藏王船山先生遗稿记》一文，虽对其父禄一提供稿本于湘乡曾氏之事，言之綦详，然刘氏写此文时已入民国，上距其父提供稿本之时已有半个世纪，则记忆容或有误，亦属可能。故亦不能排除金陵书局实无旧抄本作为底本，遂径以守遗经书屋本作为底本而刻印之可能。

然刘文于《周易外传》尚有一饶有兴味之细节，云其父禄一以船山遗稿授曾氏，“嗣后原本发还，仅得数册而已，而先生手批《周易内传、外传》、《礼记章句》及各文集扣未见复。”其言之凿凿如此。然则《周易外传》岂尚有船山手批之稿本耶？此一稿本真已入曾氏之手耶？若果如此，又何以于金陵本之文字中不见丝毫痕迹也？如能发现此本，诚稀世之珍宝也已。

## 关于《周易外传》之三种校勘记

前所述及之刘、马、周三种校勘记，刘《校》惟两条，皆系考证史事。如卷二《蛊》“伪周已革，而张说之涕犹零”句，抄本及守遗经本、金陵本并同，刘《校》据新旧《唐书》及《通鉴》，谓张说乃姚崇之误；卷六《系辞下传第二章》“杨亿披缁而辱逮于死”句，抄本及守遗经本同，刘《校》曰：“杨亿乃王旦之误。”则其所见底本亦同，然金陵本此句已不作杨亿而作王旦，知其已径改矣。两处错误，对前一处则保留原文，对后一处则径改原文，金陵本体例之乱，类如此。

至马、周两《校》，则惟记录版本异文，其性质不同刘《校》。然马《校》于记录之后大多附有简短之论议，于文字之是非取舍有所抉择。如卷二《观》，金陵本：“神来无期，神动无景。”嘉恺抄本下句“动”作“往”。马《校》曰：“按上文云‘神来无期’，则此作‘神往’是也。”而周《校》于此则惟客观记录：“‘神动无景’作‘神往无景’。”此外不着一字之评论。此马、周之异也。

然嘉恺抄本与金陵本之间异文达五百余处，而马、周两《校》均各只择要记录一百余处，颇有疏略。而中华本据周《校》校改，遂与嘉恺本仍多出入。如卷一《蒙》，金陵本及两中华本："且以膏粱养物者，市恩之事；以药石正物者，司教之尊。""以膏粱养物"，抄本作"以膏粱养人"，金陵本之"物"字，盖缘下句有一"物"字而误。周《校》失记，两中华本遂亦未改。又如卷二《无妄》，金陵本及两中华本："阳不任化，阴不任疑。""疑"，抄本作"凝"。按《易》谓阳动而化，阴静而凝，则"疑"字实误。然周《校》亦失记，中华本遂亦无从察觉其误矣。如此类者尚多。

要之，刘、马、周三校勘记，刘多用他校之法博考史事，以纠旧本记忆之误，惜为数太少。马、周均系版本对校，然未能周备。马于文字取舍时有论议，可供率循；周则单纯记录异文，中华取其《校记》以为改金陵本之依据，遂亦时有缺漏也。

## 前后两中华本《周易外传》在校勘上之贡献

前中华本卷首《点校者识》中列举其书校改处所，除据周调阳《校记》依嘉恺本校改，据刘毓崧《校勘记》校改，及据太平洋本校改者外，更有点校者王孝鱼自行校改者十四处，盖皆无版本依据而凭个人之学识经验提出校改者。其中除显系页码误记、无从查得者两处，误改者三处，及所改未合抄本、但可存参者一处外，其余七处皆与抄本暗合，又有一处则抄本与各印本皆误，系此次创始改正者（卷一《履》"鱼朝恩发郭子仪之墓"句，王氏据新旧《唐书》及《通鉴》改"之"为"父"，始合史实），诚可珍已。

后中华本修订前本，虽同样无版本依据，而纠正上述三处误收，皆与抄本暗合。如卷一《坤》“五位正而坤道盛”句，前本误解上下文义，改“坤”为“天”，后本予以还原；卷五《系辞上传第二章》“无穷故变可治”句，前本据上文“常以制变”句改“治”为“制”，后本则据下文“于常治变”句予以还原，而改“常以制变”句为“常以治变”；同卷《系辞上传第九章》“无成数者上逕太极之无心”句，前本改“数”为“则”，后本亦予还原，而另将上文“无成则而托于无心者”一句改为“无成数而托于无心者”。三处皆由金陵本原误而周《校》疏漏，前本试改未善而后本予以订正，乃与抄本若合符契也。

此外更有周《校》失记、前本沿袭金陵本之误未能察觉，由后本发现、改正而暗合抄本者，凡十四五字。又有可以改抄本之误者四字、补抄本之缺者二字、乙正抄本之颠倒者二字；按此诸讹、脱、颠倒之字，亦皆前此各印本之所同，则后中华本之校正亦所谓破天荒者也。凡此皆已在整理本中一一著录。至其校改有未必尽然而自成一说者，则亦移录其原注而存备研讨焉。

## 金陵本之误与周《校》之疏引起混乱

嘉恺抄本《周易外传》卷二《贲》第一论篇首有云：“饮食男女，无师而感，因应而受。”篇末又有“无师而感，因应而受”之句。两用“无师而感”，前后一致。金陵本则忽有舛异：上句仍为“无师而感”，下句则作“无思而感”。周调阳《校记》漏此异文。后中华本乃自行校改上句之“师”为“思”，并注云：“据文义及下文‘无思而感’改。”其不取“无师而感”

而取“无思而感”，既与抄本违异；若据文义，则“饮食男女”，所谓“弗学而能”者也，语见《礼记·礼运》，此即“无师而感”句所本，其义似较“无思而感”为佳。按：同一文句在篇中重复出现而用字互异，则校者必作适当之处理以消除读者之疑窦，然此句则于处理一误时反增一误，缘周《校》之疏也。

此外且有因漏校一字而引起更大混乱者，卷二《剥》，船山因彖辞“不利有攸往”而阐发曰：“故五、上之交，阴阳之制，治乱之门，而卒以自利其所不利，惟不往也。故彖曰‘不利有攸往’。不往，则利矣。”其中“而卒以自利其所不利，惟不往也”短句，金陵本误“自”字为“得”字。周《校》失记。前中华本遂断句为：“而卒以得利。其所不利，惟不往也。”则恰与彖辞“不利攸往”之意反。后中华本断句法同前本，而更提“其所不利，惟不往也”起为另一段，则由破句且至破段矣。（该书第五十五页）然终因文义扞格，深表不解，乃作注曰：“‘其所不利，惟不往也’，据文义应作‘其所不利，惟往也’。”则虽已悟文章有病，而犹未能知其究竟，乃有此惑，实则此皆金陵本一字之误所造成，而周《校》之疏漏亦不得辞其咎也。

## 嘉恺抄本《周易外传》句读错误一例

前、后两中华本《周易外传》之标点，为此书标点之嚆矢，创始之功，自不可没。其正确处，有时且可纠正嘉恺抄本句读之错误。按嘉恺抄本大部分已加圈点，惟四、五、六、七各卷均有部分未曾圈完，不识何故。其圈点作于何人，已无可考。所有句读，基本上均正确无误。然亦偶有不妥者，借中华本标点以改正之。试举一例：

卷二《贲》云："处损约之余，犹因而致饰，此夫子所以筮得《贲》而惧也。……动之于损而相为文，则不成乎章矣。分而上来，而文何汲汲也！"按此段删节号前数句，言损余之文饰，夫子所惧，词意明白；删节号之后，"动之于损而相为文，则不成乎章矣。"与上意略同，亦不难解。惟"分而上来，而文何汲汲也！"两句颇嫌晦涩。嘉恺抄本因属如此句读，前中华本亦系如此标点。至后中华本则又异于二者，而改作："分而上，来而文，何汲汲也！"然则固孰是乎？

今按：此句嘉恺本、前中华本断句皆误，正确者为后中华本。"分而上"，即《贲》卦彖辞之"分刚上而文柔"也；"来而文"，即《贲》卦彖辞之"柔来而文刚"也。两句皆说明夫子之惧，乃惧乎《贲》之疑于文，而损约之文不足以昭示于天下，故曰"何汲汲也！"本篇上文有"若乃以损为约，而更思动焉，则分上文柔、柔来文刚之事起，而遂成乎《贲》"之句，"分上文柔"亦即"分而上"，"柔来文刚"亦即"来而文"，其所据者亦同样之两句彖辞也。

（以上原载1987年第2期《船山学报》）

## 《四书训义》之版本概况及编校底本之择定

《四书训义》为船山阐释孔孟经典重要著作之一。王敔《薑斋公行述》（金陵书局《船山遗书》本及王之春《船山公年谱》本）记船山各类著作："四书则有《读大全说》《详解》《授义》。"按邓显鹤《船山著述目录》"四书训义"条下注云："又名《授诸生讲义》。"则《行述》所云《授义》者盖即此也。

本书篇幅特大，计共三十八卷，一百二十万字。内容系据朱熹《四书章句集注》而逐章为之讲解，因此其最早刻本守遗经书屋本于每卷题下均有“宋朱熹集注、明衡阳王夫之训义”字样。其格式为先列朱熹之章句，章句下为朱熹之注释，然后船山加以阐述发挥，而于句首冠以“训义”二字，以示区别。

此次所见本书之印本凡五种，又有衡阳发现之残抄本一种。印本以清道光二十二年（1842）所刊之守遗经书屋本为最早，其后有清光绪十三年（1887）所刻之啖柘山房本、光绪十九年（1893）所刻之湖南宏达书局本，入民国后又有彭政枢编述之湖南衡阳第三师范讲义本及上海太平洋书店《船山遗书》本。金陵本《船山遗书》虽为历史上之第一部船山全集，然独不收此书，其故见于欧阳兆熊之《重刊船山遗书凡例》，云“惟《四书训义》为先生口授讲义，姑从缓刻”。按刘审吾《衡阳刘氏珍藏王船山先生遗稿记》载有其家所藏船山著作稿本四十八种之目录，《授诸生讲义》为其第十六种，而其家于曾国藩搜刻船山著作时曾“出遗稿相授”。然则曾氏当年或亦拥有此书一种抄本，今则不知在何所矣。

对校各印本后，知守遗经本以后之各本实皆直接或间接据守遗经本重刊。其中惟啖柘山房本曾加精校，于原本讹误颇有改正，余皆辗转翻印，殆无校勘之价值。惟六十年代中华书局曾有本书之太平洋本点校稿一种，系由王星贤点校、王孝鱼阅定，迄未出版。此次蒙中华书局转让使用，则其标点及分段，实皆本书从新编校之重要参考。

所云衡阳发现之残抄本，并无抄者姓氏，亦无其他款识，书法不佳，而眉端行间间有批注，或是旧家传习之本，未可知也。其书仅存《大学》一卷及《孟子》中之《梁惠王》《公孙丑》《离娄》《告子》各卷，其余皆缺。其抄写格式则仅录经文，而无朱注，与印本异。然与各印本对照，则船山训义之文，非惟字句之美善者多，且又发现印本竟有成段刊落者，凡此均可据以增改。意此抄本实渊源有自，惜其书不全耳。

据上，此次编校《四书训义》，遂取守遗经书屋本为底本，主要与啖柘山房本、衡阳残抄本及王星贤、王孝鱼之太平洋本点校稿互校，而参酌定稿焉。

## 《四书训义》衡阳残抄本之校勘价值

《四书训义》之印本以清道光二十年之守遗经书屋本为滥觞。此次编校《全书》，得一衡阳发现之残抄本，相互比较，然后知守遗经本缺点颇多，而抄本遂觉可贵。兹仅就印本《大学》中所出现之讹、脱、衍、倒四病，各举一例，皆借抄本以发现而改正者。例句皆船山“训义”之文，凡圆括弧中之字，为印本错误或衍余之原文；方括弧中则为抄本之可资改正错误或增补脱漏之文字。

讹文如：“人而富也，不必其崇（尚）〔高〕华美，而居室自然修饰，润其屋矣。”

脱文如：“偶因一事之忤，一念之争，遂不顾情之有无而曲为之辞。辞则可以百出〔百〕变而不穷者也，引之愈长而辞不可尽，则讼乃以不止。”

衍文如：“心之既正，吾之所以发为（行）言动者，皆根心以行，而为之有本，持之有主，身无不修矣。”

倒文如：“是故忿怒懥恨，临危而恐，思危而惧，见可喜而好，得所乐（为而）〔而为〕乐，此亦人之所不能无也。”

最有意味者，点校者因印本之脱误而思有所弥缝或改正，然以抄本对勘，则知其未能恰中肯綮。更举两例，亦均《大学》中船山之“训义”，而诸印本皆完全一致者：

其一：“不以明德之功为约、新民之功为博，而疑学问之不可以该事功；不以能得之效有待，知止之功已迫，而疑小〔?〕之可进而求大德。”按：方括弧中问号表印本中之缺字。王星贤在其太平洋本点校稿中，于此贴一浮签云：“‘小’下似脱‘德’字。”王孝鱼阅定时批曰：“是，当补‘德’字。”然查抄本，则其字作“成”。按“训义”前文有云：“盖始之所有者小成之美，则终不知至善之当止而终身无可成之德业矣。”故句中之缺字为“成”：以“小成”与“大德”相对举，而非以“小德”与“大德”相对举。“小成”，小有成就也。《礼记・学记》：“七年视论学取友，谓之小成。”

其二：“财既足，则所入以经常，而蓄有余以待变。”按：此为王星贤、王孝鱼点校稿中之断句，虽似可通，而“则所入以经常”一句终嫌费解。另一补校者则断为：“财既足，则所入以经常而蓄，有余以待变。”此则更觉诘屈难通矣。究其故，盖缘印本脱漏一字，遂致无从正确断句。今据抄本，则其句应断如下式，方括弧中即所脱字也：“财既足，则〔酌〕所入以经常，蓄有余以待变。”则文从字顺而意思豁然矣。（按：“经常”谓经理日常之财用，与下之“待变”相对，同属动宾结构。）

此衡阳残抄本，仅其《大学》一卷，即据以补足印本凡一百二十五字，改正误文凡七字，删去衍文凡六字，乙正倒文凡四字，合计一百四十四字。此外又有其他可资存参之异文凡二十字。其校勘价值可知矣。

# 错误百出之太平洋本《四书训义》

太平洋书店本《船山遗书》出版于民国二十二年（1933），共印七百部。由于金陵本《船山遗书》已难得到，故半个世纪来学者研究船山学说，多用此本。金陵本未收《四书训义》，此书之其他版本如守遗经书屋本、啖柘山房本等，皆为一般读者所未见，于是太平洋本《四书训义》遂成为学者肄习之唯一版本矣。然其文字差错实在太多，如《康诰》（《尚书》篇名）作《唐诰》；“言斿”（即言偃，字子游，孔子弟子）作“言於”；“先王”作“先生”；“圣人”作“能人”；“范氏”作“茫氏”；“吕氏”作“吕民”；“人所可知可行”作“人人所可知可行”；“而若有阻之者”作“而若若有阻之者”；“以阴阳五行成万物万事”，后四字作“万物万物”；“小人阴为不善而阳欲掩之”，后四字作“阳阳掩之”。讹、脱、衍、倒俯拾皆是，全书错字殆以千计也。

似上错误只限于个别字眼，多数或不难辨识；然亦有不易辨识，遂令读者产生极大之误解者。如《中庸》第二十二章，船山“训义”有云：“夫天地之所以成乎其为两大者，唯其以二气之阖辟、五行之运用，化育乎人、物也。”太平洋本将“五行之运用”中之“之”字误植为“非”字，于是全句无法理解，致刘星贤、王孝鱼点校时竟将全句标点为：“夫天地之所以成乎其为两大者，唯其以二气之阖辟五行，非运用化育乎人、物也。”按原文之意，以为天地之所以为大，惟其以二气（阴阳）五行（金木水火土）化育乎人、物，而依此断句，则天地之所以为大，乃由其非以二气五行化育乎人、物。岂非含义恰恰相反乎？

此皆太平洋本印校草率之过也。

至于舛乱差错有一连数十字之多者，则于读者之理解，贻误更大。例如《中庸》第二十七章“训义”：“其道问学也，〔以礼仪威仪之准，皆洽合乎天则，而吾之处之也，不可〕使有太过不及之或差”，方括弧中之二十一字皆属脱文，全句之文义遂不复可解。又如同章“训义”：“夫以去私去欲养吾聪明强固之知能存吾心崇礼也夫以去私去欲养吾聪明强固之知能存吾心之全体”，字句错乱复沓，亦属难解。取守遗经书屋本与之对勘，方知其文当为：“夫以去私去欲（养吾聪明强固知之能存吾心崇礼也夫以去私去欲）养吾聪明强固之知能，存吾心之全体”，而方括弧中之二十一字皆为太平洋本误衍之文。盖太平洋本系照守遗经书屋本翻印，后者款式为每行二十二字，船山“训义”之文均低一格，每行则为二十一字。太平洋本据以排印时，手民将某行文字重排一次，遂成为复出之衍文；而又操作失慎，拼版时几个铅字偶然跌落，经捡起凑拢后，则已参差错乱，无法卒读矣。其校对又极马虎，未能纠正，乃留贻至今。

上一例中之脱文则系整行漏排，故亦为二十一字也。

## 啖柘山房本《四书训义》之精校工夫

刘人熙之名，多年来鲜见述及，近始有专门研究之者。按刘为清末具有进步思想之学者，于光、宣间以啖柘山房之名刻印船山著作，于民初复以船山学社之名办刊、印书，以弘扬船山学术为己任。其所梓行之船山著作精校精印，而于旧本有所改正。于《四书训义》亦然。略举数例，以见一斑：

《论语·为政第二》“孟武伯问孝”章，“训义”：“（未）

〔夫〕有疾而忧其不愈，未疾而早忧其且病，疾而犹忧其更复疾也，父母之心，果何日而已乎！”句首“未”字为“夫”字之误。太平洋本据守遗经本而误同；啖柘本虽亦据守遗经本而自加校勘，遂得改正。

同书《雍也第六》“子谓子夏曰汝为君子儒”章，“训义”：“宁有所不知，而无务（谀）〔谀〕闻以动众；宁有所未行，而勿饰行以自矜。”守遗经本误“谀”为“谀”，太平洋本沿袭不改。啖柘本亦据守遗经本而自行校改，按：谀，小也；谀闻，谓小有声闻也。王星贤太平洋本点校稿签注：“谀当作谀。谀闻，见《礼记》。”王孝鱼批曰：“啖柘山房本正作谀。”是二王亦已确知此误矣。

同书《泰伯第八》“子曰学如不及”章，“训义”：“然以此心而求至焉，学其有得而可以自据乎！乃业已知之，而乱其聪明者又（尽）〔进〕矣；既能行之，而分其志气者又起矣。如不及而庶几及焉。”“尽”字，太平洋本与守遗经本同误。按此言奋勉为学之道，当警惕方知而乱其聪明者又进，既行而分其志气者又起；如有不及，庶几可及焉。王星贤签注：“‘尽’，疑误。”王孝鱼批曰：“啖柘山房本‘尽’作‘进’，是。”盖守遗经本或因尽、进同音而始误，太平洋本又沿袭未改耳。

同书《颜渊第十二》“颜渊问仁”章，“训义”：“感吾以声，而耳受之，（耳）受之而伫吾耳以听之，心在听矣。”太平洋本据守遗经本，同有括弧中之“耳”字；惟啖柘本无之，是也，二王点校太平洋本，亦皆以此字当衍。

按：如上之例为数不少，故啖柘山房本虽亦取守遗经本重印，而颇加校勘之力，常有改正之功，其严肃认真之态度，与太平洋本之粗率从事迥异，较之守遗经本，则所谓“后出转精”，可无愧已。

## 关于三个“乃”字之校改

古籍校勘当以版本为据。无版本可据而讹误确凿者，改动时当出校说明。偶于《四书训义》之校勘中，见王星贤点校、王孝鱼阅定之太平洋书店本点校稿，接连有三个“乃”字之校改，其作法似均有可议也。

《论语·里仁第四》“子曰我未见好仁者”章，船山云：“天理本吾心之固有，一存之而即有可据；人欲一外至之无端，一远之而即不能相妨。”此段所有印本皆同。三个“一”字，其中间一个，即“人欲一外至之无端”句中之“一”，颇似有欠修饰，如另换他字，当可更为佳美，因此可以视为误字，缘其上下文均有“一”字而重也。然不作误字看，其句亦非不可解。船山书中，文字有欠修饰者时或有之。《训义》为口授诸生之讲义，其文字之无暇修饰，尤为情理之所有。然王孝鱼于王星贤之点校稿中，则将此“一”字径改为“乃”字。文字虽因而可观，惜无版本依据耳。且此句中“乃”字可用，而凡意思相近之字如“本”“系”“实”“是”等亦非不可用，安见其必为“乃”字乎？窃谓如此情况，首宜慎重，可加注置疑而不必遽改；如认为必须改正，亦宜保存原字，再纳所改之字于方括弧中而置于该字之下，同时出校说明，则于船山、于读者均有交代矣。

又，同篇“子曰放于利而行”章，船山云：“世之衰也，天下日相寻于怨，大之为兵戎，小之为争讼。迨其怨之已成而不能相下也，则见为气之不能平而机之相为害。乃夫子穷其致怨之本而推言之曰：夫人亦何乐乎怨人，而亦何乐乎人之怨己哉？乃上下相怨而忘乎分，亲戚相怨而忘乎情，乃至本无夙恨、自可以相安之人，而成乎不可解之忿者，何其多也！非果气之亢而不相屈也，机之深而不可测也，则惟放于利而行耳。”此段亦各印本皆同。然王孝鱼于王星贤之点校稿中，以“乃夫子穷其致怨之本而推言之曰”一句中之“乃”字，易置于“夫子”二字之后；又将“乃至本无夙恨……”一句中之“乃”字径改为“甚”字。按此处原句之意均甚明白，王氏之一乙一改则且不如上例所改之佳，何况亦均无版本依据乎！

昔曾国藩校读金陵本《船山遗书》并为之序，有曰：“国藩校阅者：《礼记章句》四十九卷，《张子正蒙注》九卷，《读通鉴论》三十卷，《宋论》十五卷，《四书》《易》《诗》《春秋》诸经稗疏、考异十四卷，订正讹脱百七十余事。”然原文究竟如何讹脱，则并无交代，夫亦安知其确为讹脱哉！而据欧阳兆熊所撰《凡例》及邓显鹤《校勘记自序》，则《遗书》编辑时颇多径改文字，且多无校记存留。窃谓此皆不足为训也。

## 对二王点校稿中几处断句之商榷

王星贤点校、王孝鱼阅定之太平洋本《四书训义》点校稿，为本书施用标点符号之嚆矢，其功自不可没。然亦偶有疏误，如下列诸例，其断句似均可商榷也。

《论语·乡党第十》“君赐食”节，朱注引《周礼》之文，点校稿作：“王日一举，膳夫授祭品，尝食，王乃食。”按：“王日一举”下宜作“膳夫授祭，品尝食，王乃食。”《十三经注疏》云：“‘膳夫授祭’者，谓王将食必祭，先膳夫授之。‘品尝食’者，膳夫品物皆尝之，王乃食也。”

同篇“寝不尸”节，“训义”点校稿作：“卧不宜偃形，敛而更获其安。寝不尸，所固然也。”按朱熹注“寝不尸”句曰：“尸，谓偃卧似死人也。”又引范氏曰：“寝不尸，非恶其类于死也，惰慢之气不设于身体，虽舒布其四体而亦未尝肆耳。”故“训义”句宜点作：“卧不宜偃，形敛而更获其安。……”船山盖就朱熹、范氏之语而阐释之耳。

同书《卫灵公第十五》“子曰道不同不相为谋”章，“训义”点校稿作：“故君子有必遵之矩，则以日进于高明；小人有必趋之捷径，以求遂其私利。”按：首句应在“则”字下断句。“矩则”与“捷径”对举，“矩”亦“则”也。

同书《阳货第十七》“子曰唯女子与小人为难养也”章，“训义”：“为人上者制奸有道，惩恶有法，格顽有礼，教不能有恩，皆君子所不难也。”按此为王星贤原点。王孝鱼阅定时，于其“格顽”两句，改为“格顽有礼教，不能有恩”，则误矣。“能”，顺习也。《诗》：“柔远能迩”，言使近者顺从而狎习也。“不能”即不顺习者，故曰教不能则须以恩。全句以“制奸”“惩恶”“格顽”“教不能”四者为君子之务，而以道、法、礼、恩分别为处治之方。文义、句法，罗列整齐，不容舛乱也。

## 张舜徽教授论处理船山著作校点疑难之态度

张老为国务院古籍整理出版规划小组成员，又为《船山全书》顾问，对编校工作颇多关注。笔者亦常就工作中之疑难，向之请教。值《四书训义》中又有一处甚感困惑，乃函询张老。得其答复，则所示有超出问题本身而具普遍指导意义者，盖前辈学者之卓识也。

所询者为《论语·阳货第十七》“子曰鄙夫可与事君也与哉”章中船山“训义”之一句。经文曰：“鄙夫可与事君也与哉？其未得之也，患得之；既得之，患失之。苟患失之，无所不至矣。”“训义”云：“鄙人之见，其言仕也，初不知有名义，亦不知有功名，曰仕以荣身也，以厚禄也，以传子孙而食其福也，止此而已矣。故未得也，则患其不得也，小人用则依小人，君子用亦暂依君子，惟恐其不得当而若在生而如死也。……”此段各本皆同。编校中，独对末句颇觉费解，而王星贤、王孝鱼点校稿则将其断而为二，作：“惟恐其不得当，而若在生而如死也。”阅之仍嫌晦涩，乃请教于张老。张老回信，则除剖析此句外，复告以对船山某此文字晦涩之看法，以及处理疑难文句之原则意见，极富启发，转录如下：

“承以《四书训义》中见询，再四审度，殊难理解。船山著书虽多，而文句有时多病晦涩，虚字多施用失宜，亦由振笔直书，不遑修饰，有以致此也。即如‘惟恐其不得当而若在生而如死也’一语，如出于常人之手，则直可斥之为文理不通。今乃整理先贤遗书，自宜设法读通讲通。此句十四字，若循原文不动一字，便不可句读。窃意宜遵尊意，在‘当’字下断句，而将句中第二‘而’字定为衍文，可写定为‘惟恐其不得当，而若在生如死也。’或照原文写下。在第二‘而’字加一墨围，并在适当处注明：‘“如死”上旧有“而”字，疑衍，径删。’则读者了然，并无损于原文。此种校书之法，汉人已常常用之，郑氏遍注群经，多用此法，宜若可从也。此句实承上文‘故未得也，则患其不得也’语意而发，‘在生如死’，喻其求得之心，不能自主，理智昏瞀，有如死人之无知觉也。如此理解，始可疏通上下文意……”

张老以为整理古籍，首须忠实于原著，“设法读通讲通”；在此前提下，须标明所疑文字，并在适当处注明校勘意见，使“读者了然，并无损于原文”。按此实校勘古籍之基本原则，亦为编校《船山全书》所当遵循。忠于原著，求其信也；严于校勘，求其实也，既信且实，斯整理船山著作之要求也。

## 不易发现的一字之误

校点中有一字之误而诸本皆同，遂无以借相互对勘而发现之；又其字虽误，而骤读上下文，则似并无问题，因而又难以据文义而发现之。《四书训义·论语·颜渊第十二》朱注引程子曰：“非理处便是私意。既是私意，如何得仁？须是克尽己私，皆归于礼，方始是仁。”此段引文自守遗经书屋本起，诸本皆同，王星贤、王孝鱼之点校稿亦未置疑。

然翻阅他本《四书集注》，则引文之首句“非理处便是私意”，其中“理”字作“礼”。然则理乎？礼乎？再读船山“训义”之文，有曰：“仁之为德，此心不容己之几也，此身所与生之理也”；又曰：“夫天生人而统一于生生之理，形骸判而各有其意，各有其欲，不相通则交相悖害，非生理也。而执之曰己，其自蔽而伤物者多矣。”则又似据“非理处便是私意”而解释之。然如此判断，理由自欠充足。既有异文，则不论内校外校，终须得一有力之证据，乃可决定取舍。遂又翻检《二程集》（中华书局1981年版），于其第二八六页，果然发现朱熹所引之一段，则赫然一“礼”字，非“理”字也。

此字各本皆同，不知始误者为谁。而自守遗经书屋本起，由其似是而非，遂致一百四十余年错误相仍。此次始得纠正，不可谓非一快也。

## 《四书训义》讹误首次改正示例

校勘时诸本罗列，互相对照，有误于此而正于彼者，不难改正。然亦有诸本同误，今始首次加以改正者。由王星贤点校、王孝鱼阅定之点校稿，于此贡献甚多，略举数例如下。句中圆括弧纳误衍之字（诸本皆同），方括弧为改补之字：

（一）《论语·学而第一》“有子曰信近于义”章，“训义”句：“求（勉）〔免〕于悔吝。”王星贤签注：“‘勉’当作‘免’。”王孝鱼批曰：“是。”

（二）同上篇“子曰君子食无求饱”章，“训义”句：“于其所习之业、所修之行、所居之心，而恐其（言）〔业〕之疏也，恐其行之偏也，恐其心之妄也。”按：此皆排句，其误字易见。

（三）同书《为政第二》“孟懿子问孝”章，“训义”句：“将何以出之心〔者〕皆因其必然，致于亲者皆惬其固然乎?”按：此处补一“者”字，补字根据与上例略同。据下句句式，知上句有脱字。

（四）同篇同章，“训义”句：“（事）〔生〕以此事焉。”又句：“（祭）〔远〕以此祭焉。”按：前文有“生以之事，死以之葬，远以之祭”，故知二句有误。

（五）同书《里仁第四》“不仁者不可以久处约”章，朱熹集注引谢氏：“有所存斯不（忘）〔亡〕，有所理斯不乱。”按：此据《集注》通行本改；谢氏语前有“非有所存而自不亡，非有所理而自不乱”，故知“亡”是。

（六）同书《雍也第六》“子贡曰如有博施于民”章，“训义”句：“求仁者于己欲立之际，见人之并生于天地之间，且更〔有〕甚于我而弱不能植者；于己欲达之时，见人之攸行于天地之间，且更有甚于我而迷而不觉者。”按：脱“有”字，其句不通；且又可于末句有“有”字证之。

凡此皆王星贤、王孝鱼对此书版本之新贡献，甚可贵也。亦有二王偶未察觉，于此次补校续有发现而加改正者，亦举数例如下：

（七）《中庸》第二十九章，“训义”句：“是可以知君子为民（过寡）〔寡过〕之心矣。”按经文云：“王天下有三重焉，其寡过矣乎！”“朱注引吕氏曰：“三重谓议礼、制度、考文。惟天子得以行之，则国不并政，家不殊俗，而人得寡过矣。”于以知句中“过寡”乃“寡过”之倒，应予乙正。

（八）《论语·学而第一》经文“人不知而不愠乎？”音注：“愠，舒问切。”二王点校本对此音注予以删去，故亦无从致疑。今按：“舒”为“纡”之讹，以形似致误。《康熙字典》：“愠，纡问切。”若纡问切，则音“训”矣。以拉丁字母拼之，则一作yun，一作xun，其声母之不同立见。

（九）同书《为政第二》“子曰：诲汝知之乎！知之为知之，不知为不知，是知也”章，“训义”句：“今诲汝以知之学。”各本同，二王点校时亦未致疑。按此句当作“今诲汝以知之之学”，原文脱一“之”字。朱注：“子路好勇，盖有强其所不知以为知者，故夫子告之曰：‘我教汝以知之之道乎：但所知者则以为知，所不知者则以为不知。'" 船山"今诲汝以知之之学"，即朱注"我教汝以知之之道"也。

（十）同书《述而第七》"子曰不愤不启"章，朱注引程子"不待愤悱而发，则知之不能坚固；（得）〔待〕其愤悱而后发，则沛然矣。"按此亦据《集注》通行本修正。

（以上原载1989年第1期《船山学报》）

## 《张子正蒙注》及《噩梦》底本均船山手书

《船山全书》第十二册共收船山子部著述八种，其中《张子正蒙注》及《噩梦》两种均以船山手书作底本，实为此册之特殊价值。

《张子正蒙注》手书本，1985年冬曾获睹于衡阳曲兰中学王鹏老师家中。其书分装两册，凡一百九十一页、三百八十一面，面九行，行十七字，除上册中间失去数页外，余皆完整。每册第一面第一行上标书名，下有"朱宏爊较"四字，第二行署"王夫之注"；上册书名作《张子正蒙》，下册作《正蒙下》，每页中缝均有"正蒙"二小字。第二册末页有"乙丑孟春下旬丁亥成，庚午季夏月重订"小字一行。按乙丑孟春下旬丁亥为清康熙二十四年（1685）正月二十七日，是年船山六十七岁；庚午季夏月为康熙二十九年（1690）六月，时船山已七十二岁。朱宏爊不知何人。查船山佚文中有永历朝户科给事中兼兵科都给事蒙正发之墓志铭一篇，中云蒙于明亡后隐居衡阳斗岭以终，有女二，"长适朱宏煜"，其名似与宏爊为兄弟行，或者亦明之遗民也。

手书本之纸色由灰黄而转黝黑，纸质亦已霉酥糟朽，且有蛀痕，但字迹仍极清晰，皆作正楷，书法工整，点画结构一丝不苟，体势端严凝重而时见秀逸之气。按船山手迹传世而印行者，解放前有康和声编印之《王船山先生墨宝四种》，解放后有湖南省博物馆编、岳麓书社印行之《王船山手迹》，所收者亦近十种。《墨宝四种》为《显考武夷府君行状》《显妣谭太孺人行状》《自题墓石》《传家十四戒》，均属正楷；《手迹》所收如《祝钦翁唐世社兄六秩寿言》等，亦为正楷而略带行书流动之势。对照其书法，实与手书本完全一致。其某些字之间架笔致，具有船山独有之特点者，如“之”字末笔常与其上部距离较长；“矣”字末两笔左右分开度较大，末笔作捺而不作点；“不”字左方一撇极短小，不经意则可误认为“下”等，手书本亦完全相同。其为船山亲笔，当可无疑。按王敔《薑斋公行述》于叙述船山各种著述之后，复云：“诸种卷帙繁重，一一皆楷书手录。”是当日船山确有楷书手录之本，且不止一种。又潘宗洛《邗江王氏家谱序》云：“余王事羁身，尚有志于尽读船山之书。虎止（即王敔——笔者注）告余以先人随授其稿于故人门生，散而未聚。余得见者，《正蒙》《楚辞》两注及《思问录内外篇》，把玩不能释手。”按潘氏所见，当为船山之手迹，故云“把玩”，且必非草稿而当已誊正，或者即此本也。

《噩梦》手书本，现藏湖南省博物馆，1982 年影印编入岳麓书社出版之《王船山手迹》。其书原为衡阳李况松所收藏，1948 年春章士钊曾于南京见之，跋有诗句。其后鉴赏题跋者又有赵曰生（1950），吕振羽、冯友兰、谭戒甫（均 1962）等。周调阳《王船山著述考略》一文（见中华书局 1962 年版《王船山学术讨论集》下册）首次加以著录云：“《噩梦》，分装二册，楷书手录本。以影印的《王船山先生墨宝四种》核对，笔法逼真，当是船山手迹。原藏衡阳李况松家，现存湖南省博物馆。闻李况松还收藏过《诗译》一轴，现在不知流在何处。”此手录本凡《叙》一页，正文七十页，共计一百四十二面；面九行，行十七字，每页中缝有“噩梦”二小字，版式与《张子正蒙注》同。正文首行题《船山噩梦》，与通行本作《噩梦》者有异；书名下有“壬戌秋编”四字，壬戌为清康熙二十一年（1682）。按此本书写风格及笔画结构之特征，皆与其他船山手迹无异，当亦是船山亲笔无疑。

《张子正蒙注》及《噩梦》两书，此次编校，所见版本各有六七种之多，包括向来认为较可贵之衡阳刘氏抄本。然既得手稿，则其余各本皆无与为伦。此诚《船山全书》编辑工作中之一大喜事也。

## 《噩梦》点校本之一处空格及数处标点

《噩梦》点校本 1956 年由古籍出版社据金陵本、太平洋本点校出版，其后中华书局据以重印，第四次印刷前得周调阳据船山手稿与金陵本、太平洋本对校而作之《校勘记》，得以改正书中作“□”之字，如“昭代乘□元之披靡”、“桑丝绢，□元按户课桑之加征也”，句中之“□”均为“胡”字；“宋之所以拱手而授天下于□□”，句中之“□□”系“异类”二字。然书末有句云：“而顾与盗贼□□相先后而不耻乎！”此处二空格亦经周《记》指出而未予填补，此中华本之疏也。

中华本在标点方面，亦有数处可商榷者。第十四页（古籍出版社本页码同）论消除国家令民养马之弊，以为当专其责代，并采公私利益结合之法，在府、州、县各置牧场，分任正副官，令各养若干匹，“许寄牧私马半，于公马任满，听其作归装之用。”按：此处似宜点作：“许寄牧私马半于公马，任满听其作归装之用。”较为清楚。

第二十页论问刑官故意出入人罪（重罪轻判曰出，轻罪重判曰入），船山主张应分别情况论罚，不能一概而论。故出人罪，无论已决遣、未决遣（戮囚曰决，流配曰遣），一例行罚。若故入人罪，则因未决遣者尚能挽救，可以轻罚；已决遣者则其刑已施，无可挽救，自应重罚，其文云：“盖故入决遣，死者不可复生，刑者不可复完，徒流已配者不可追偿，其已受之劳辱、已决遣之罚自应加重。”按：句中言故入人罪所致之严重后果，就“死者”“刑者”“徒流已配者”三类情况分别而论，当作：“盖故入决遣，死者不可复生，刑者不可复完，徒流已配者不可追偿其已受之劳辱，已决遣之罚自宜加重。”“已决遣之罚自宜加重”者，谓对已行决遣之问刑官之罚必须加重也。原点以“其已受之劳辱”与“已决遣之罚”二词并列，则“其”字指代错误，而句意亦不知所谓矣。

第二十二页论捕盗之法，有句云：“其犯盗人田产在逃未获者，即行变买，给失主赔赃。”按此处船山原文略嫌拗折，致标点亦似未妥。“在逃未获者”为“犯盗人”之修饰语而非“田产”之修饰语，按修饰语应与被修饰对象尽量靠近之规则，此句前半当写作“其犯盗人在逃未获者，田产即行变卖”，奈船山原文不应改动，故只能就其既成之句，点作：“其犯盗人田产，在逃未获者，即行变卖，给失主赔赃。”多施一个逗号，当较通顺也。

# 《思问录》之版本及此次校勘工作之完成

《思问录》篇幅不多，而在船山哲学著作中地位极高。王敔《薑斋公行述》遍述船山所著，独于此书言之特详，曰：“至于守正道以屏邪说，则参伍于濂、洛、关、闽，以辟象山、阳明之谬，斥钱、王、罗、李之妄，作《思问录内外篇》，明人道以为实学，欲尽废古今虚妙之说而返之实。”“又谓张子之学切实高明，《正蒙》一书人莫能读，因详释其义，与《思问录内外篇》互相发明。”由此可见船山父子对此书之重视。康熙四十四年湖广学政潘宗洛作《船山先生传》，其中述及二书大旨，即系撮述《行述》中语。《传》又云：“余不及见先生，慕先生之高节，欲尽读其书。敔曰：‘先人家贫，笔札多取给于故友及门人，书成，因以授之，藏于家者无几焉。’余所得见于敔者，《思问录》《正蒙注》《庄子解》《楚词通释》而已。”由此观之，则潘之所见尚系写本、而王敔以之呈阅学台者，当非草稿，而为誊正之本无疑。意此书或者亦如《正蒙注》，为船山亲笔写定，惜其本之不传也。

此次审稿之初，所见本书七种版本，皆属印本，最早者为同治初之金陵本。方睹《正蒙注》手迹之真，乃更怅然于此书之无抄本，甚至亦无较早之刻本。忽忆数年前在省图书馆，似于此书有所记闻。遍翻书纸，得一条云：“1958 年中国科学院图书馆《新收中文线装旧书草目第四期》内有：‘《思问录》，道光二十七年听雨轩刊本，内外篇二卷，二册一函。’”盖当时偶见而遂录之，其后亦迄无暇追访查阅也。此本早于金陵本二十余年，而湖南无有，肖凤生、刘志盛屡编船山书目，亦不知有此书。按听雨轩刊行船山著作不知几种，前已见者有《宋论》，署名“善化贺长龄、安化罗绕典同校刊”，则犹湖南所出，不知何故省内未有保存者。幸而此册责任编辑夏剑钦适在京学习，遂函嘱其就近查阅，校录异文。未几而校记已至，计登录其与中华本之间异文凡一百六十一处。有此校记，无异以全书置之案头矣。回信又云：往询中国科学院图书馆，馆方谓此类零星古籍尚未入本馆所在地书库，而在中关村之西苑书库，系专为提取，乃得借阅，颇感工作人员之热心云。按此次编校《船山全书》，具有清理总结三百年来各种版本之任务。搜访愈勤，遗漏愈少，成绩愈佳。此事虽小，亦同人努力之一种记录也。

## 《黄书》之标点与欧阳祖经之注解

《黄书》版本颇多。印本中，解放前以清同治间之金陵本为最早，其后有海粟楼本、《王船山先生四种》本、太平洋本等；解放后则有1956年之古籍出版社本及其后据以重印之中华书局本。然比较各本，则皆出于金陵本之一源，此外并无更早更可信之本，而古籍社本及重印之中华本既以金陵本为主（参以太平洋本），且又新施标点，则收入《全书》，作为底本当较合适。然细阅之后，乃知本书因内容广泛，文词简奥，地名、史实、引书、用词有骤不易解者，故原标点舛误颇多，查证改订，费事不小。幸得徐荪铭同志借来江西欧阳祖经所撰《王船山黄书注》一书，解决问题颇多。兹举书中标点之错误及不周者数例如下：

（一）因未通经典句读产生之错误。原句：“《虞书》曰：‘日宣三德，夙夜浚明，有家日严，祇敬六德，亮采有邦。’”按：所引经文宜读为：“日宣三德，夙夜浚明有家；日严祇敬六德，亮采有邦。”见《十三经注疏·尚书·皋陶谟》，解云：卿大夫称“家”，言能日布三德，早夜思明行之，可以为卿大夫；诸侯称“邦”，言能日日敬行六德以信治政事，则可以为诸侯。

（二）因未谙词语意义产生之错误。原句：“假杯酒以固欢，托孔云以媚下。”“孔”字旁标专名号。按：此专名号宜去。《诗·小雅·正月》：“洽比其邻，昏姻孔云。”洽、比，皆合也。孔，甚也。云，旋也。诗句意为：“合比其邻里，悦怿其婚姻。”见朱熹《诗集传》。

（三）因未悉历史事实产生之错误。原句：“是以周之天子赐肵俎，锡彤弓，命随会，敓黻冕，贺任好，播金鼓。”惟“周”字有专名号。按：随会、任好应加标专名号。此句所述为春秋时期尊王攘夷之四件历史事实。“赐肵俎”见《左传·僖九年》：葵丘之会，齐桓公大会诸侯，周王使宰孔赐齐侯胙。“锡彤弓”见《左传·僖二十八年》：城濮之役，晋文公献楚俘于周王，王赐以彤弓彤矢。“命随会，敓黻冕”见《左传·宣十六年》：晋帅随会率师灭赤狄后，周王颁（敓同）以黻冕，命为太傅。“贺任好，播金鼓”见《史记·秦本纪》：任好为秦穆公之名，穆公伐戎开地，周王贺以金鼓。

（四）因未知地理名词产生之错误。原句：“东有贵阳，迄乎新添北缘、陆广、赤水、乌撒而界于泸南；沿平伐、镇宁，顶营募役，凿初道以通乎泗城。”按此句言滇黔洱海行台（船山拟议的大行政区之一）之畛域而明其东、北、南三方界限，原句错误非一。“讫乎新添北缘、陆广”，当作“讫乎新添，北缘陆广”。新添，地名，明有新添卫，今贵州贵定县治。原句在“北缘”标专名线，误。“而界于泸南；沿平伐”，当作“而界于泸，南沿平伐”。泸，泸水。“南沿”与上“东有”“北缘”相应。

“顶营募役”句，顶营为地名，明有顶营长官司，在今贵州关岭县北。原句未标专名线而以“顶营”与“募役”连用，误。其句连上下文应作“南沿平伐、镇宁、顶营，募役凿初道以通乎泗城。”此皆因地名失考，致随文生义而误句读也。

此类必须改正之标点符号问题，全书几达三十处，又因文词简古，致句读太碎或未善者亦有数十处。得欧阳先生之书参考，裨益甚大。先生盖亦积学之士，其书出版于民国二十五年十二月，版权页印“南城欧阳祖经注解，上海中华书局印刷，南昌中华书局及江西省立图书馆代售。”版权页背面有蓝色印油木刻字云：“此书原为本馆代售，于二十六年六月二日奉教育厅训令改由本馆印行，但原注释人保留版权。”故其书似未广泛发行，且抗战军兴，更增阻塞。此本钤有“江西图书馆珍藏”之印，不知何以归于湖南社会科学院。虽亦以金陵本为底本，而注解详尽，有益读者，不可不表而出之也。

## 《搔首问》中所举唐太宗史事之误

《搔首问》属笔记体，全书五十六则，所记多崇祯一朝之事，凡朝政时局、学术经济、臣僚风操、遗民志节等均有论及，偶亦引证史事，而皆紧密联系当代，为今而述古也。第四十四则批评大臣杨嗣昌，系从论述《孝经》非孔子著作入手，其文曰：

“《孝经》以唐太宗一序，盛行于唐，至宋，诸先生不为称说而复隐，盖疑其非孔氏之书，特从‘阙疑’之义，未为论辨耳。要其言拓落，不与天性相关，取《论语》‘问孝’及‘事父母’等章对勘，则黑白昭然矣。杨武陵当国，令天下立社学，始复诏学者习之，不过欲翻新立异耳。而亦不止此：其书言‘立身扬名’，正与《孟子》‘天下悦而归己犹草芥’相反，武陵以其父抚秦，失机致寇，逮系谪戍，恐其累己名宦，故力求督师以掩盖之，乃至恝忍夺情，与黄石斋讼言于廷而颡不泚，皆‘扬名’之毒中之也。因思唐太宗亦是此意，玄武门之慝，借是以浣之，将谁欺邪！”

按杨武陵即杨嗣昌（湖广武陵人）。其父杨鹤，崇祯二年以兵部右侍郎总督陕西三边军务，兵败，谪戍而死。嗣昌得崇祯帝信任，复膺机要。崇祯五年擢右佥都御史。七年拜兵部右侍郎，总督宣、大、山西军务。九年，“夺情”（亲殁未终丧而就仕）起拜兵部尚书，所奏请无不听，有“恨用卿晚”之语，然才识实不称。十一年，清军入长城，嗣昌遥制机宜，一意主和，致统帅卢象升阵亡。十四年因镇压农民起义失败，惊悸不食而卒。船山讽嗣昌因父鹤之败，为保己名宦声誉而力求督师，甚至不顾终丧，被黄石斋（道周）当众批评犹不知愧怍，额不冒汗（“而额不泚”），皆出于“扬名”之一念；其令天下立社学读《孝经》，亦出于同一动机。考《明史》，嗣昌在朝多年而并无建树，措施失宜，时事日坏，当时舆论多非议。故船山刺之，《搔首问》中亦不止一处也。

然所云唐太宗作序，则非事实。《十三经注疏》本《孝经》署“御制序并注”，邢昺注云：“此序唐玄宗所撰。玄宗，唐第六帝也，讳隆基。开元十年制《经》序并注。”由此可见，船山谓唐太宗为《孝经》作序，似未深考。又云太宗乃因自己在玄武门之变中弑兄杀弟（建成、元吉），遂作此序，欲借此洗雪掩饰。此是船山以其笃厚之性代为设想，其实史载太宗并不认错。

与之对照，玄宗则恰有长枕大被兄弟同寝之事，史书传为美谈。其为《孝经》作序，或亦有自诩之情欤！要之，皆中于“扬名”之毒，则无论为太宗、玄宗、嗣昌，船山之言均无不是也。

## 《龙源夜话》之版本及其书之史料价值

《龙源夜话》为船山著述中版本最少之一种，此次编校，仅得清光绪中衡阳船山书院补刻本及民国时期上海太平洋书店《船山遗书》本两种。所谓补刻本者，系对于初刻之金陵本《船山遗书》而言。同治四年金陵两江节署刻印《船山遗书》，共收著作五十六种，其板片均经移送衡阳船山书院保存，光绪十三年用原版重印一次，补刻前所未收之船山著作六种于后，字体、版式悉依前书，即所谓补刻本。《龙源夜话》为所补六种之一，书名下尚有“卷一”二字。其后太平洋本《船山遗书》即据此排印，“卷一”二字则已删去不见。

本书为船山自辑其身世资料之重要撰著，惜至今已大部残缺，只剩奏疏二篇及自序半篇。考道光二十二年邓显鹤在主编守遗经书屋本《船山遗书》时所撰《船山著述目录》，内有《龙源夜话》，为其所亲见之一种。同治初刘毓崧在编校金陵本《船山遗书》期间，钩稽书中资料编撰船山年谱，其自序云：船山事迹于其各种著作中皆可考据，“而最要者为《龙源夜话》，遍访不获。”又云：“湘潭欧阳晓岑言：廿年前曾见稿本，先生一生踪迹皆在其中，如得此书编入年谱，即事半功倍。”按欧阳晓岑名兆熊，为两次参与编刻船山著作之重要人物，其云“廿年前”，即指道光二十二年编印守遗经书屋本《船山遗书》之役，该书主编即邓显鹤也。是邓、欧二人皆曾亲见此书之全本。迨光绪间补刻，则书已残矣。又据罗正钧《船山师友记》，内云：“旧岁闻之衡阳友人：此书稿本，先生裔孙持以赠余姚朱肯夫学使，未识其家尚存副本否?”然则此书稿本似已流至浙江，未知尚存人间否也。又查民初发表之刘审吾《衡阳刘氏珍藏王船山先生遗稿记》（见民国四年之《船山学报》第一卷第五期），列举其家所藏船山著作抄本四十八种之目，内无《龙源夜话》，则此书抄本似亦甚少。

所剩之疏两篇，其一为《请终丧免阁试疏》，记述永历朝大臣瞿式耜对船山之知荐及船山不愿在父丧期间参与阁试之孝思；其二《陈言疏》，记述船山之忠忱及对朝政之谏诤。《自序》半篇，记当时主考官对其时艺之赏誉、永历二年诏旨之嘉奖及中举后一二年间的经历，内容亦较丰富，皆为研究船山生平大节之重要史料，时而片言只语亦有助于解决船山传记资料中之某些疑点。例如湘西草堂旧日所悬船山画像一幅，上部中央有“玉音”二字，两旁有“孝思恬品，霞灿松坚”八字，皆篆文遒劲，而不知其出处。1954年陈墨西撰《船山故居沿革及坟墓》，始加考证云：“玉音二字，初昧其由，询其嗣人亦不明了。及阅王氏谱牒，并复查《船山遗书》，见王敔所为《薑斋公行述》，知上四字系明永历帝对船山诏旨，有‘可见孝思，足征恬品’两语，故王敔从而节出此句。下句虽未见有何记载，然与上句同称玉音，必系永历与船山另一旨中语无疑。”（见《船山学报》1985年第1期）按诏旨曰“玉音”。陈氏以为八字皆出于永历诏旨，自是确论。至于具体出于何处，陈氏虽复查《船山遗书》，然似只看其中之《薑斋公行述》，而未检及《龙源夜话》。实则《请终丧免阁试疏》后附载永历对此疏之批复，即“孝思恬品”四字之具体出处，其文曰：“王夫之奏请终丧，乞免阁试，足见孝思，更征恬品。着俟服阕另与议考，该部知道。”其有关之两句，王敔引作“具见孝思，足征恬品”，陈氏引作“可见孝思，足征恬品”，俱与诏旨原文有一二字之差也。

又“霞灿松坚”四字，陈氏猜测“必系永历与船山另一旨中语无疑”。今查《自序》残篇中有：“永历二年明旨下奖云：‘骨性松坚’。”则“松坚”二字亦有出处矣。“霞灿”二字，此处未见征引，则出于另一诏旨之可能性较大。故此八字不当读为两句，而当读为四句，写作“孝思、恬品、霞灿、松坚。”孝思对“请终丧”而言，恬品意为恬淡之品性，是指其“免阁试”之请，二者出于同一诏旨；松坚譬其风骨，出于永历二年诏；霞为日下之辉光，霞灿或是永历以喻其文采，当在另一诏旨中。八字对船山行谊、才品皆有论定，且均出于王言，其为船山后人珍视可知，故取以篆于画像也。

（以上原载1991年12月《船山学刊》创刊号）

## 《诗经稗疏》底本之择定及编校情况

《诗经稗疏》版本亦多，计邵阳曾氏藏旧抄本一，四库本一，守遗经书屋《船山遗书》本、金陵节署《船山遗书》本、《皇清经解续编》本、太平洋书店《船山遗书》本等印本凡四。又有顾千里所校之浙江吴氏拜经楼传抄本，原系自四库抄出，其异文经王孝鱼记载于其金陵本点校稿中；王氏点校稿经中华书局转让与本书编委会使用，遂亦得窥知顾氏校勘之大略。

此书原由衡阳周示行先生以曾氏藏旧抄本为底本，参孝王孝鱼本等进行校点。迨此次覆校时，则发现初校校改过多，所用底本不如金陵本之善，乃更由胡渐逵同志改以王本为底本进行覆校，虽周氏初校之功仍属有用，而改弦更张，究属折腾。此事予自当引咎，因当时底本之择定，周氏固以予言为准也。按《全书》编辑期间直接间接得读之船山著作旧抄凡二十余种，皆以信实而无任何隐讳删改为其最大之优点，故每取为底本，较之过去流行之金陵本等自更可靠而能反映船山著作之原貌。然旧抄质量并不一致，亦有讹夺较多者，如此书之曾氏藏旧抄即是。查邵阳曾氏所藏船山著作之旧抄，于土改期间为湖南省文物管理委员会所得者凡十一种，其中署名嘉怡、嘉恺录者九种，二人均船山五世从孙，所录恭谨细密；又有二种则未有署名，其一即《诗经稗疏》。十年前布置此书校点工作时，予于船山著作之各种版本亲炙未周，了解亦浅，更未暇就每种著作一一考核其诸本情况，又怵于守遗经本对船山诸经稗疏之篡改及金陵本之忌讳，乃遽定此书当以曾氏旧抄为底本。实则金陵本已惩守遗经书屋本篡改之失，付梓时不取守遗经本而取四库本，同时又据别本以纠四库本之误。经与曾氏旧抄全面核对，知金陵本除一二删改外，别无点篡，而全书之讹脱衍则远较曾氏旧抄为少。似此作为底本自较优胜，其删改则借曾氏旧抄可以知之，并予改正也。

周氏之初校，态度亦颇矜慎细致，其校记中且有甚具价值者，如卷一《卷耳》条，金陵本云："湖湘人谓之鼠葺。"守遗经本同。四库本、曾氏藏旧抄本"鼠葺"并作"青"，二词相差甚远。周氏出校云："按：船山家乡衡阳今犹谓卷耳为青，则'青'字似更近船山原稿。"如此校记，非居于衡阳之周氏不能作，读者由是乃知"青"字之由来，不致怀疑其为讹字矣。至胡渐逵之覆校，亦颇用心，尤于通假字，每多加以疏证，使原文瞭然可解，其查证考订，孜孜不倦，全书凡校改王氏点校稿六十余处，一百一十余字，泰半为伊之劳绩。然有时原校有知其一不知其二，率尔断案者；有理解原文泥于一端，异文之间取舍不当者；又有不知古人写作习惯，遽引他书以改本文者：凡此予均就所识见，于原校记有所改订，正其误，补其缺，删其繁，饰其陋。下文略举数例，以见一斑，虽云咬文嚼字，然固古籍整理者之本业，且以供异日之查考云。

## “旗”乎？“旂”乎？

读稿时，于一字之去取，有时意见不同，疑莫能决，经细查典籍，通读全文，然后豁然开朗者，亦校勘之一乐也。《诗经稗疏》卷二《旂、旐、旆、鸟章》条，金陵本有句云：“旗、旟、旞、旌皆如旆”，又句云：“旐、旟、旗、旞狭小而长”。两句中“旗”字，曾氏藏旧抄本均作“旂”。覆校者据改，并于第一句“旗”字出校云：“旗：曾氏藏旧抄本作‘旂’，是。按此处之‘旂’为古代绘有蛟龙之旗。下文‘旐、旟、旗、旞狭小而长’之‘旗’，亦宜从抄本作‘旂’。”

覆校者之意，以为“旗”乃各类旗帜之总称，此则文字分别解释古代之各种旗帜，故与旟、旂、旌（在第一句中）及旐、旟、旞（在第二句中）等并列，实为不伦，而抄本作“旂”，旂旗同音，又常混用，遂认抄本为正而金陵本有误。然细按之，则殊不然。盖“旗”固属总称，而亦有专指。《周礼》云：“日月为常，交龙为旂，通帛为旃，杂帛为物，熊虎为旗，鸟隼为旟，龟蛇为旐，全羽为旞，析羽为旌。”此处之“旗”，即非总称，而系专指绘有熊虎者，与常、旂、旃、物、旟、旐、旞、旌八者并列，统称“九旗”（“九旗”之“旗”则又为总称矣）。

其实通读全文，亦可知二句中实皆“旗”是而“旂”非。

一句如稍多引下文，则为：“旗、旟、旞、旌皆如旆，而竿首各有所注（注，附著也。——引者），因以所注者为别。注之以熊虎之皮为旗，注之以合剥鸟隼之皮毛为旟，注龟蛇之甲皮为旐，注革鸟而全羽为旞、析其羽为旌。”此即本之前引《周礼》。“注之以熊虎之皮为旗”者，而《周礼》之“熊虎为旗”也。第二句当与其前一句合看：“常、旂、物、旃广大而方，旐、旟、旗、旞狭小而长。”两句中旂、旗并列，则改“旗”为“旂”，“旂”字犯复，其误更显而易见。

又原校记中“旂为古代绘有蛟龙之旗”一语，“蛟”字亦误。前引《周礼》云：“交龙为旂”。交龙谓交错之二龙。郑《注》：”一象其升朝，一象其下复也。”孔《疏》：“象升朝天子，象下复还国也。”盖“旂”为诸侯之旗，故其标识如此。

## “芑”乎？“杞”乎？

又有二字虽可通假，然于具体文句中，则必取其一字，而绝不可以另一字代替者。《诗经稗疏》卷三《丰水有芑》条，船山考辨此丰水之“芑”究为何物，历举以“芑”名之植物凡四，其二为草，其二为木。取逐一淘汰之法，最后确定丰水之“芑”乃木之一种，又名杞柳，或柜柳，或榉柳。今依原文之两段，撮述其句如下：

“草之以芑名者二：一为白粱，‘维糜维芑’之芑也；一为苦荬，‘薄言采芑’之芑也。芑字又与杞通：‘陟彼北山，言采其杞’，盖亦荬也，而字从木。此丰水所有之芑，木也，而字从草，不必泥也。

“木之以芑名者亦二：《尔雅》所谓‘杞，枸檵也’：《孟子》‘性犹杞柳’，赵岐曰‘杞柳，柜柳’是也。柜亦与杞通，而字或作榉。此丰水所有之芑，乃（芑）〔杞〕柳也。”

问题即在第二段末句之芑、杞二字究应如何校定。如上所示“（芑）〔杞〕”之形，表明以“杞”为是而以“芑”为非，乃予初审时所定。圆括弧“芑”为金陵本，方括弧“杞”为四库本、曾氏藏旧抄本。《稗疏》既以金陵本为底本，故取如此之排印格式，以圆括表弧底本误文应舍，以方括弧表别本不误应取，并撰一校记：“杞：据四库本、曾氏藏旧抄本改。”

然覆校者则以为仍应改从底本，照原文书其句为：“此丰水所有之芑，乃芑柳也”，而于后一“芑”字出校云：“芑：四库本、曾氏藏旧抄本作‘杞’。按‘芑’通‘杞’，‘芑’虽‘木也，而字从草，不必泥也’，上文已明言之。”

但细读全文，即知此处仍应作“杞”，而不能作“芑”。盖其句承上文“《孟子》‘性犹杞柳’”句直贯而来。《孟子》言“杞柳”，赵岐谓杞柳即柜柳，然后船山作结云：“此丰水所有之芑，乃杞柳也。”若作“此丰水所有之芑，乃芑柳也”，则前后不相贯、上下不相应矣。此盖泥于芑、杞通假，而未通贯全文以求解之故。

又按：四十年代马宗霍先生曾以曾氏藏旧抄本与金陵本对校，其校记中亦有一条，文云：“抄本‘芑柳’之‘芑’作‘杞’，是也。”可见于此二字，前贤亦早有所辨析。乃复于所撰校记中补充其文，此亦《全书》之体例，且以不没前贤之劳也。

## 不可据他书遽改本文之例

清朱一新以为当时校勘家好引他书以改所校书籍之本文，不知多有未当，因遂讥之为“陋习”。《诗经稗疏》覆校稿中亦有此种情况，乃皆重加处理。兹举数例如下：

卷一《采葑采菲，无以下体》条，底本谓“葑”：“陆玑《草木禽鱼疏》谓之蔓菁。”覆校时正“禽”为“虫”，出校云：“《草木禽鱼疏》，各本均同。今按：此乃《毛诗草木鸟兽虫鱼疏》之简称，而误‘虫’为‘禽’，今正之。”按此实不烦改正；正一“禽”字，原书名中“鸟兽”等字亦属遗漏，是否亦须补入乎？乃改其校记云：“《草木禽鱼疏》，各本同。按：陆玑书名《毛诗草木鸟兽虫鱼疏》。”以为如此指出可矣。

同卷《竹闭绲縢》条引：“《士丧礼》：‘弓有柲。’”校者改《士丧礼》为《既夕》，出校云：“《士丧礼》，名本均同。然‘弓有柲’语出《仪礼·既夕》。今改《士丧礼》为《既夕》。”按：《士丧礼》与《既夕》，为《仪礼》中之前后篇（第十二、十三篇）。此亦船山一时误记，既各本皆同，则亦不必遽改原文，而仅指出即可，乃改校记云：“《士丧礼》，各本同。按：‘弓有柲’语出《仪礼·既夕》。”

又如同卷《鸤鸠》条考辨此鸟究为何物，开端引《毛传》：“鸤鸠，秸鞠也。”句下船山自注：“秸鞠即鴶鵴。”继引《尔雅》：“鸤鸠：鴶鵴。”然后云：“郭璞据《尔雅》‘鸤鸠：秸鞠’之文，执尸鸠为布谷，不自知其非也。”于此，船山两引《尔雅》同一文句，第一次据其原文，写作“鴶鵴”，第二次作“秸鞠”，则是依《毛传》写法。此盖作者脑中诸书荟集，临文不及爬梳而致，而被固早已注明“秸鞠即鹄鹈”，以为如此替代本无大碍也。乃覆校者执“郭璞据《尔雅》‘鸤鸠：秸鞠’之文”一句中“秸鞠”写法与《尔雅》原文不符，遽加改正，其校记云：“秸鞠：各本同。《尔雅》作‘鹄鹈’，今据改。”窃以为亦可不必，因此词既各本并无异文，则改动底本似无必要；亦如前例，仅于校记中指出可矣。按此条中船山又曾引《方言》“尸鸠”云云，其后又有“《方言》之所谓‘鸤鸠’者”之句，尸、鸤写法之不一致，与鹄鹈、秸鞠同，覆校者于此则又不加改动，自较适当。

按古人引书，不尽皆如原文。以上三例，各本皆同，明其本无异文，故不宜据他书专辄改订。惟当其文字确属窒碍难通，因此而影响内容之理解，而他书则明显可靠者，乃可定其为误，而犹须出之以慎，最好在校记中引述，以俟博雅，亦不必遽加改订也。

## 异文情况复杂查证处理之例

有时各本异文纷纭杂出，莫衷一是，尤以文句稍繁，一时难以判断正误，则须细查典籍，始能得其条理，而犹未敢遽断，乃于校记中缕述原委，以待读者之明鉴。兹举一例如下：

《诗经稗疏》卷二《祝祭于祊》条，考句中“祝”字之义，以为此“祝”非指太祝元官，乃祭祀中祝告之谓，然后径接下句——其文字各本不同，曾经诸家考证，亦无定论。其句为：“所谓祝者，若《特性馈食礼》祝曰‘孝孙某圭为而孝荐之’者是也。”

四库本：同句“特牲”作“少牢”、“孝”作“洁”。曾氏藏旧抄本，同句“特牲”作“少牢”、“孝”作“洁”、“圭”作空格未填字。

曾经校阅此处文字之诸家意见如下：

马宗霍《船山遗书校记》：“按《特牲（馈食礼）》与《少牢馈食礼》均无祝曰云云之文，疑此有误。”

周调阳《船山遗书校勘记》：“（曾氏藏旧抄本）‘特牲’作‘少牢’。按《特牲馈食礼》或《少牢馈食礼》均无‘祝曰孝孙某圭为而孝荐之’语句，疑有误。”

王孝鱼金陵本点校稿批注：“湖南抄本（《特牲馈食礼》）作《少牢馈食礼》，当据改。校者周调阳先生怀疑祝辞，疑有误，亦是。按船山引书每好简括原文，此处即然，但‘圭为’二字，羌无意义，疑为‘主位’二字之讹；主、圭形似而误，为、位音近而误。如此更改，则意义显豁矣。”

细审此句，其正误之关键当在“孝孙某圭为而孝荐之”之句。马、周、王三家俱未寻得此句原文所在，因而其判断或处理亦未尽当。今按《仪礼·特牲馈食礼》经文“尸即席坐，主人拜妥尸，尸答拜执奠，祝飨，主人拜如初”之下，郑玄《注》曰：“其辞取于《士虞记》，则宜云‘孝孙某主为孝荐之飨。’”（孔颖达《疏》内容与《注》同，惟引祝辞时书“主”为“圭”。阮元《十三经注疏校勘记》考辨之曰：“张氏曰：监本‘主’作‘圭’，从监本。”又曰：“按《少牢·疏》引此《注》，‘为’下有‘而’字。”）又《仪礼·少牢馈食礼》经文“祝、主人皆拜妥尸，尸不言。尸答拜，遂坐”之下，孔颖达《疏》：“案《特牲·注》云：‘其辞取于《士虞记》，则宜云：孝孙某圭为而孝荐之飨。’”

于是乃知：船山所引之文，盖见于《特牲馈食礼》之郑

《注》、孔《疏》，及《少牢馈食礼》之孔《疏》，而非经文。(《仪礼·上虞礼》中之祝辞，与此处之郑《注》、孔《疏》又略有异。) 四库本作《少牢》引文。除“孝”字作“洁”不同外，余悉与《少牢·疏》合；至以“孝”作“洁”，则因“圭”义为“洁”，连类书之，而未严格依《疏》也。故疑船山原文或是如此。曾氏藏旧抄本除“圭”作空格未填字外，余悉同四库本，当亦系或一时期之原文，“圭”字存疑而拟俟后填之。至金陵本之不同，其原因则较复杂。当金陵本付梓时，鉴于前此邹汉勋于刊印守遗经书屋本《船山遗书》时对诸经稗疏多所篡改，故自称其底本皆“据文渊阁本及旧抄本”（见金陵本《船山遗书》卷首欧阳兆熊《重刊船山遗书凡例》）。然本文前引之四库本即文渊阁本，而金陵本与之相异如此（“少牢”作“特牲”，“洁”作“孝”），可见金陵本并不“据文渊阁本”；其所据或当为另一旧抄，或则自加点窜而亦未有交代。故就符合船山写作原貌而论，此处文字固当以四库本及曾氏藏旧抄本为信矣。

经此查检，此处异文始得明白，乃为草一校记，内容如上，字数多达六百余，殆为余所撰校记中之最长者矣。《诗经稗疏》系以金陵本为底本，原校于此处只罗列各本异文，虽云可供读者自己抉择，然如上所述，情况颇为复杂，金陵本又不尽可靠，而诸家校注复言人人殊，而皆未审，甚或有误，乃为缕述原委，以供参考，亦未始非读者之一助也。

## 《诗广传》各本情况及底本之择定

《诗广传》诸版本，今所知者有抄本三，即船山五世从孙嘉恺之抄本、衡阳刘氏之抄本及邵阳曾氏所藏之旧抄本，其中前两种此次均得亲见，后一种则四十年代马宗霍曾见之，并与金陵本对照而作有《校记》，故可借马《记》而间接知其异同。又有印本四，即守遗经书屋本、金陵书局本、太平洋书店本及解放后出版之中华书局本，其中前三种同出一源，文字间几无区别，惟中华本则情况迥异，其《点校说明》云：“本书以金陵本为底本，参照周调阳依嘉恺抄本所作的校勘记加以勘正，并作了校注，点校者的一得之愚，加了按语，以示区别。”则其本实已兼具嘉恺抄本之长，且亦含有点校者王孝鱼校勘之功。抑尚不止于此。查周调阳《诗广传校勘记》前言云：“这是依据衡阳刘氏家藏的和署名‘嘉恺’所录的两个抄本去校勘太平洋书店排印本及曾刻本的。”则周《记》所依据者不仅嘉恺抄本，且有刘氏抄本，为中华本《点校说明》所漏列。

根据信实可靠之标准以选择此书底本，常情自以嘉恺抄本或刘氏抄本为宜。然考其实际，中华本事实上已兼收守遗经、金陵、太平洋三印本及嘉恺、刘氏二抄之长，其所未能采择者，惟马《记》所间接反映之邵阳曾氏一抄本而已。如能再取马《记》核校，则汇六本之长于一本，当最理想。是以此书先曾由胡渐逵同志以嘉恺抄本为底本进行覆校，其底本选择之误与《诗经稗疏》底本选择之误如出一辙，而亦与予之粗疏决定有关，原因已如前述。终因需校改之处过多，不得不改弦易辙，复由予以中华本为底本与各本会校定稿。故知底本选择实为编校古书中之一关键，如底本不善，校改烦琐，将使文字不堪卒读，不仅贻笑方家已也。兹举一例如下：《郑风》第六论《论〈风雨〉》第一段，嘉恺本有句云：“故传《鸡鸣》之诗者曰：乱世则思君子，不改其度。”按：句中“传”当作“序”，《鸡鸣》当作《风雨》，“度”下当有“焉”字，皆见《诗·风雨·序》。中华本俱不误。若以嘉恺本为底本，则一句中三处皆须改正出校，亦太烦矣。若此类者，抄本皆不如中华本之善，而为数甚夥，故此书底本，必当以中华本为宜也。

## 对金陵本经部著作采用底本之考察

金陵本《船山遗书》为船山著作之第一次全集，清同治四年（1865）刻印之后，习船山学者皆以之为据。在此以前，清道光二十二年（1842）邓显鹤在湖南湘潭守遗经书屋主持刻印船山著作，亦名《船山遗书》，拟成全集未果，仅刻经部著作十八种、百五十卷而止。民国二十二年（1933）上海太平洋书店排印《船山遗书》，为船山著作之第二次全集，印数较多，学者易得，人士习用者大抵即此本也。然其书除后加之数种外，似均照金陵本排印，且校对粗疏，误植转增，故读船山书者，仍皆以金陵本为贵。

然金陵本之刊行，对其所采用之底本并无明确之交代。考诸文献，曾国藩《船山遗书序》谓：“道光十九年，（船山）先生裔孙世全始刊刻百五十卷，新化邓显鹤湘皋实主其事，湘潭欧阳兆熊晓晴赞成之。咸丰四年，板毁于火。同治初元，吾弟国荃乃谋重刻，而增益百七十二卷，仍以欧阳君董其役，庀局于安庆，蒇事于金陵，先生之书于是粗备。”又欧阳兆熊《重刊船山遗书凡例》第一条云：“船山遗书旧刻于道光二十二年，共成百八十卷，流传未广，旋罹兵燹。湘乡曾公出赀重利，广为搜辑，合以邹氏旧刻，计经史子集都二百八十八卷。”其第三条云：“船山遗书著录于《四库》者，有《易》、《书》、《诗》、《春秋》四种稗疏，前邹氏校本增删擅易，非复本真，或托言先生晚年改本，以掩其迹。兹据文渊阁本及旧抄本，悉行改正，不使鱼目混珠。”

据上可知：（一）曾、欧俱重视守遗经本之创始功绩，而以金陵之役为赓续其事，故用“重刻”、“重刊”字样；（二）金陵书局曾广辑稿本，“合以邹氏旧刻”，盖守遗经本经部著作亦均在内；（三）书局中人包括了解守遗经本刊刻内情如欧阳兆熊者，曾对其书加以考察，具体指出其中诸经稗疏曾经邹氏“增删攛易，非复本真”，而对其余经部著作是否曾经篡改或点窜，置之不论。

今考金陵本《船山遗书》中之经部著作，除诸经稗疏如欧阳《凡例》所云“据文渊阁本及旧抄本悉行改正”外，其余各种，金陵本每多与守遗经本相合。虽刘审吾《衡阳刘氏珍藏王船山先生遗稿记》（见民国四年湖南出版之《船山学报》第一卷第五期）谓其家于金陵刻书时曾出家藏稿本相授，而所授稿本中船山经部著作几全包括在内，然书局似仍以守遗经本为底本；刘氏抄本仅供参阅，有时据以改订文字，而并不用为底本。故金陵本之文字与守遗经本极相符合，而与刘抄则大不同。此于《诗广传》亦然，兹举数例如下：

《曹风》第三论《论下泉》：“因乎霸以通于王，未闻即乎夷而求免于霸也，犯霸即夷，为天下僇。”嘉恺、曾氏、刘氏三抄本同。守遗经本二“夷”字均作“楚”，金陵本同守遗经本。

《鄘风》第三论《论君子偕》老：“必不可以淫而后贞，必不可以佞而后直，则彼都之士女固不如狄。狄不如禽，禽不如木石，而天地之生毁矣。姿容之盛，文词之美，皆禽与狄之所不得而与者也。”三抄本同。守遗经本改“固不如狄”为“固不如禽”，删去“狄不如禽”一句，又改“皆禽与狄”为“皆禽与木石”。金陵本同守遗经本。

又如《王风》第二论《论君子于役》，三抄本同。守遗经本有大段脱落，多达一百九十九字，而复勉强牵合，多出十七字，因而文势脱节。金陵本又与守遗经本同。

以上或改，或删，或脱，两本皆完全符合，一字不差。岂得谓之偶然？

但金陵本之对待守遗经本，亦非一律照抄。如《小雅》第十七论《论采芑二》“故虽有寇贼，不先夷犹”、“寇贼之起，恒因乎夷狄”，两“夷狄”字，守遗经本作“四裔”；同论：“施之寇贼，而不施之夷狄”、“施自反于夷狄，而深求之内寇”，此处两“夷狄”，守遗经本则作“四远”。此四“夷其狄”，金陵本即并未照抄，而均改为白框，其意似谓一篇之中，改法不一，且“四裔”、“四远”置之句中似皆生拗而不妥帖也，故索性均作白框耳。另一方面，又有守遗经本用白框隐去之文字，在金陵本编者眼中则似问题不大，而皆予以恢复者，如《桧风》第二论《论素冠》：“河北之割据也，百年之衣冠礼乐沦丧无余，而后燕云十六州戴契丹而不耻。”以上三十字在守遗经本为白框，金陵本则有字，与刘氏抄本同。《周南》第八论《论汉广》：“余阙之列，不知命也。王逢之不仕，不知义也。弗择其族而与之为伉俪，死不如其偷生，隐不如其尸禄矣。”其中“余阙之死”及“王逢之不仕”两句，守遗经本作白框，金陵本则亦有字，与刘氏抄本同。

由上，足可推测：金陵本所用《诗广传》之底本乃守遗经本，当时虽亦有刘氏抄本，然未下逐字细校之工夫，大概只于某些白框及启疑之文字一查检之而已。予前校《全书》中之经部数种，对金陵本与守遗经本之关系即已逐步获得此印象，今阅

《诗广传》而益信也。

金陵本经部著作（除诸经稗疏外）既以守遗经本为底本，则守遗经本对船山著作任意点窜之弊，亦必在金陵本中有所反映，且亦必遗留于照金陵本排印之太平洋书店本中。此亦船山著作出版史中必须弄清之问题，而亦为读船山旧版书者所必知也。

## 《春秋稗疏》之版本情况及底本之择定

《春秋稗疏》编校时所知之版本凡七，可以大别为三个系统：其一为四库本系统，拜经楼抄本及昭代丛书本属之；其二为金陵本系统，《皇清经解续编》本及太平洋书店本属之；其三为守遗经书屋本，则因其书对船山原著多所篡改而自成一家，不足为据。

四库本为迄今所知本书之最早版本，此次编校所用者乃文渊阁本。金陵本则据欧阳兆熊《重刊船山遗书凡例》所述，系“据文渊阁本及旧抄本”。对勘之后，知其言不虚。盖文渊阁本有因讳删改之处，又有抄写讹脱之处，金陵本则俱已改正。考刘审吾《衡阳刘氏珍藏王船山先生遗稿记》一文，备列其家所藏船山遗稿四十八种之目，谓于金陵刻书时曾出以相授，《春秋稗疏》为其第十三种。金陵本所据旧抄，殆即此也。欧阳《凡例》及刘审吾文，前已屡引，兹不赘述。

至守遗经本对本书之篡改，则果如欧阳所谓“增删擅易，非复本真”，其具体情况，当再作专条申论之。

据上，此次收入《全书》，遂决定以金陵本为底本。中华书局转让《全书》编委会之二十四种船山著作点校稿中亦有《春秋稗疏》，系由王孝鱼在金陵本上径施点校。此次定稿，遂以王本为基础，而参校其余各本。本书最初分配点校时，王稿尚未收到，遂由欧建鸿负责点校。此次覆校则由胡渐逵担任，而由余终审定稿焉。

## 关于邹汉勋点窜《春秋稗疏》之具体情况

清道光二十年新化邓湘皋主持湘潭王氏（船山六世孙承佺）守遗经书屋本《船山遗书》之刻印，是为第一次试印船山之全集（其后仅印成经部著作十八种百五十卷）。当时邓“以校雠之役属吾邑人邹汉勋”（见邓著《船山著述目录》后识）。邹氏创建体例，规划版式，编订目录，逐种审定付梓，甚至道途皆以船山著作自随（见《邹叔子遗书·敩艺斋文存·与邓湘皋学博诸书》），其劳苦尽瘁，有足多者。然似缺乏尊重原著之观念，故于船山之诸经《稗疏》，每以己意大加改订。当时与其事者尚有湘潭欧阳兆熊，实所目击。

二十余年后，邹氏已没。同治初曾国藩在金陵刻印船山著作，欧阳复参与其事，写有《重刊船山遗书凡例》置于金陵本《船山遗书》卷首，其第三条云：“船山遗书著录于四库者，有《易》、《书》、《诗》、《春秋》四种稗疏。前邹氏校本增删撺易，非复本真，或托言先生晚年改本，以掩其迹。兹据文渊阁本及旧抄本，悉行改正，不使鱼目混珠。”世乃知守遗经本中诸经《稗疏》已非船山之原貌。当时分任金陵本校雠者尚有刘毓崧等江南硕儒，取以与文渊阁本对照，其事果然。刘于金陵本《船山遗书》之末附有校勘记两卷，前有自序，其中大段即为对邹氏窜改之举证，于是邹刻本点窜船山诸经《稗疏》乃成铁案。

按《春秋稗疏》凡一二三条，今予以守遗经本与四库本、金陵本逐条对照，知被邹氏增删撺易者凡一〇七条，其中增字最多如《践土》，增四九二字，减字最多如《用田赋》，减三一三字，而增减字数之少并不意味其窜改程度之不大，如《缘陵》只增四十一字，《邢邱》只增十六字，而句意已与船山出入甚或相反。又《郭公》第十一条视其内容应云与四库本、金陵本完全相同，而仍有少量字数之出入，盖邹氏校雠时并无“对原著一字不动”之观念，遂不但修改内容，且又时时作字句之修饰，此十一条均较原文或多或少几个字，皆邹氏修饰之结果也。其一字不动者，仅《善道》及《盗杀卫侯之兄縶》两条而已。又《新筑》及《从祀先公》两条则不见于守遗经本，当是视为不足存而全删去矣。

又按卷上《濮》条，亦邹氏大删大改之篇。此条之末，守遗经本有小字夹注云：“按引刻悉从先生末年改本，故此条与阁本绝异。先生五种《稗疏》有原抄本，与旧刊本、阅本略同，其小违异处不过数字；别有改本，即就原本改之于眉上行间，尚未脱稿，故当时采进及后刊行皆依原本。今观改本特善于原本，故一依之。”此即欧阳兆熊《凡例》中所谓“或托言先生晚年改本，以掩其迹”之实证矣。就学术角度而言，船山之考订亦非至矣尽矣，邹氏之补充或亦有精密过之者，惟以己意掺入他人之著作，则众论咸以为非，故刘毓崧主张“就五种《稗疏》中录其自抒己见之说，选择付刊，仍还其名于邹氏，亦复可传，所谓离之则双美也”（见其《王船山丛书校勘记·自序》）。

## 关于顾千里对拜经楼抄本之校订

顾氏为清乾嘉间校勘名家，其校勘之精确为并世学者所折服。《春秋稗疏》由王孝鱼用金陵本点校时，曾参考经顾氏校订之拜经楼抄本。王氏于书末注云：“1961 年 10 月 13 日以顾千里校订拜经楼抄本重校一过，颇有收获。原书卷末有‘己卯九月十九日校阅’一行九字，下有‘广圻’章，顾氏名也。”己卯为嘉庆二十四年，顾氏五十四岁。其校拜经楼本时别无他本可以参考，惟据腹笥，出己意以为判断，而有精到之见。如卷上《戎》条，四库本：“孔氏谓徐州之戎，帝王羁縻统驭。秦始皇后，此戎当在鲁之东南，安东、赣榆之间。”对于“秦始皇后”一句，王孝鱼批注曰：“顾氏谓此句‘必有脱句’，今无别本可据，即就孔《传》原文以意增补，因以朱笔改为‘秦始皇后始逐居塞外’。”按此句金陵本果作“秦始皇逐出之”。王氏对比顾氏之校订，不禁赞叹：“顾氏审别之力可谓极强，难怪其有盛名也。”又如同卷《季子仲孙高子》条，四库本：“大夫之称，犹公侯伯子男之称公，皆假尊号而面谀之。”“大夫之称”，金陵本作“大夫之称子”。王孝鱼于此批注曰：“‘大夫之称子’句，抄本落‘子’字，顾氏批校谓‘称’下疑脱‘子’字。顾氏细心可佩。”

然顾氏究因无别本可据，故失校以至误校之处亦皆有之，此则不可求全于贤者也。如卷上《邓》条，四库本：“巴人从夔州径郧阳，循邓州之南，由襄入部。”“部”，金陵本作“郢”。按夔州在川东，郧阳在鄂西北，邓州在鄂豫边界，襄即襄樊，郢即武汉（《船山学刊》编者按：郢当指江陵）。巴人出川之路线，乃自川东经鄂西北，循鄂豫边界，沿汉水由襄樊到武汉，故金陵本之“郢”不误。若“部”则在今山东省，相去远矣。王孝鱼于此批注曰：“拜经楼抄本误‘入郢’为‘入部’，顾氏未校出。”又如同卷《郭公》条，船山评汪克宽以“公”为“亡”

之说（见汪氏著《春秋胡传附录纂疏》）云：“汪氏谓‘亡’字与‘公’字相近。乃‘公’字篆文与‘亡’字迥异，不可强通。”顾氏在拜经楼本上改“乃”为“考”。然“乃”在句中训“顾”、训“但”，王引之所谓“异之之词也”，且各本皆同，别无异文，故不必改。又如同卷《天王崩》条，四库本云：“《经》志‘天王崩’者，此时系以日，尤为详确。”按此指《春秋经》僖公八年“冬十有二月丁未天王崩”之记载。“此时系以日”，金陵本作“此特系以日”，王孝鱼于此批曰：“拜经楼抄本误‘特’字为‘时’字，顾氏疑其有脱字，而不知特、时形似而误。甚矣校勘宜多聚版本，为首要也！”多聚版本，确为校勘之首要条件。《全书》准备工作期间，曾花大力穷搜船山著作之各种版本，几无遗漏，故能多所参照，择善而从，补前修之未密，期后出之转精，此皆因当今条件胜于过去，而亦社会进步之一反映也。

## 论不可盲信盲从前人之校勘结论

《春秋稗疏》终审时改正之处颇多，寻其原因，一部分系由于迷信过去之校勘结论，而未再加检查，于是前人误者已亦随之而误。如卷上《戎》条，金陵本起首云：“杜氏、范氏皆以为氐羌之别种。”“范氏”，四库本作“何氏”。覆校者据改出校云：“王孝鱼金陵本点校稿朱批云：‘拜经楼抄范氏作何氏。按：作何氏是，当据改。’今从之。”考《左传》隐二年“春，公会戎于潜”杜预注：“戎狄夷蛮皆氐羌之别种也。”但何休《公羊传》注中则无类似之语，甚至并无“氐羌”之词。范晔《后汉书·西羌传》以氐羌俱为西戎之族，微与杜合。故此处当从金陵本原文，仍作范氏，不必改也。又如同卷《濮》条，金陵本：“按《水经》：‘河水东至酸枣县，濮水东出焉。’”覆校稿出校云：“王孝鱼金陵本点校稿朱批云：‘拜经楼抄本作：濮水出焉。当依删东字。’今从而删之。”按：“东”字实原文所有，不必删。所引《水经》，乃郦道元之《水经注》，见卷五。又如同卷《垂》条，金陵本：“犬丘于汉为敬丘。《汉书注》云：‘明帝更名太丘。’”覆校稿改“太”为“犬”，出校云：“王孝鱼金陵本点校稿朱批云：‘拜经楼抄本太丘作犬丘，当依改。’今据改。”查《汉书注》，此亦金陵本不误而拜经楼本则误，“依改”、“据改”则又一再沿误也。又同卷《邓》条，金陵本：“《汉书注》应劭曰：‘邓县，邓侯国。’”覆校稿于“邓侯国”上加一“故”字，出校云：“王孝鱼金陵本点校稿朱批云：‘拜经楼本引应劭曰：邓县，故邓侯国。当依增故字。’兹据补故字。”按《汉书·地理志》“邓”下自注：“故国，都尉治。”应劭注：“邓侯国。”故金陵本所引实较拜经楼本为精确，不必据不精确以改精确也。

以上数例，王氏批改均误，殆由未查原书之故；而覆校者之据改据补亦无一不误，则由未作独立之考核，致蹈覆辙也。

## 校勘不以理解文义为基础即难正确之例

校勘文字，必先求理解全文义指，然后不同版本之是非得失，可得而辨。如只就字论字，就句论句，则有时恰成误谬，而难正确。兹举一例说明如下：

《春秋稗疏卷下·从祀先公》条，船山释定公八年《经》“从祀先公，盗窃宝玉大弓”之义，以为二句相连成文，事本明白，乃是阳虎从定公以祀，因作乱而掠宝玉大弓以叛。然而左、公、穀三《传》俱以为“从祀先公”与“盗窃宝玉大弓”实为两事。所谓“从祀先公”者，“三《传》皆以为升闵于僖上，释‘从’为‘顺’。”盖闵公、僖公均庄公之子，闵公为弟。庄公死、闵公先由齐人得立，第二年即为庆父所杀。僖公为闵公之庶兄，在位三十三年，传位于其子为文公。《左传》文二年有“大事于太庙，跻僖公”之举，杜预注：“大事，禘也。跻，升也。僖公继闵而立，庙坐应次闵下，今升在闵上，故书而讥之。以逆祀，故特大其事，异其文。”太庙坐次本应闵上僖下，而文公以僖是己父，升僖于闵上，故《经》讥之。但定公八年之“从祀先公”，却与此毫不相干，只是记阳虎从祀而已。然而三《传》却“释‘从’为‘顺’”，以“从祀先公”为“顺祀先公”，以为这是指“升闵于僖上”，即反原来的逆祀为顺祀。船山以为如此解释，则于文义殊为牵强，但又补充云：“或其时有升闵于僖上之事，亦未可知。”盖三《传》之解释，考之经传则无明文也。

以上故事背景较为复杂，而船山之文则极简练：“乃三《传》皆以为升闵于僖上。释‘从’为‘顺’，于文义殊为牵强。或其时有升闵于僖上之事，亦未可知。”两处“升闵于僖上”，皆文从字顺，本无窒碍。而四库本两处均作“升僖于闵上”，遂有相反之异文。

按礼应闵上僖下，实际祭时则升僖于闵，即所谓逆祀。但船山下文叉开、引有人谓逆祀乃臧文仲所为，船山以为此亦未必。盖当时鲁国为季氏执政，而僖公待季氏厚，“三桓赐族，季氏有费。皆出于僖公，则升僖于闵，自季氏之欲，而文仲迎合之”而已。因此处有“升僖于闵”之句，遂令金陵本点校者对上文两处“升闵于僖上”亦视为错误，而批曰：“拜经楼抄本（按此本从《四库》传抄，故亦即四库本——引者）作‘升僖于闵上’，当依改。下文已有‘升僖于闵，自季氏之欲’句可证。”此批实误，盖上文两处“升闵于僖上”，系船山指出三《传》对“从祀先公”一句之误解，以为是升闵于僖上；批中所引“升僖于闵，自季氏之欲”，乃船山指出原先之逆祀乃季氏之意愿。两处所指不同，自无援此证彼之理。且升僖于闵，早为文公二年之事实，若如此批所校改，则船山之句“或其时有升僖于闵上之事，亦未可知，”尚作不肯定语气，亦太疏于史事矣。至覆校者亦同意此批，引其语而复强调之曰：“今按鲁闵公在位于公元前661年至公元前660年，鲁僖公在位于公元前659年至公元前627年，是闵公在前，僖公在后，故此处当作‘升僖于闵上’。兹据改此处及下文之‘升闵于僖上’为‘升僖于闵上’。”则更是只列世系，未有理据，盖亦未明了全文之意指也。乃为另撰一校记如下：“‘升闵于僖上’：四库本作‘升僖于闵上’。按《经》文公二年‘大事于太庙，跻僖公’，杜氏曰：‘大事，禘也。跻，升也。僖公继闵而立，庙坐应次闵下。今升在闵上，故书而讥之，以逆祀。’由先之逆祀，则今之顺祀当恢复闵之庙次，升闵于僖上明矣。故四库本实误。又，守遗经本无‘从祀先公’一条。”

## 关于《春秋稗疏》中数处句读之商榷

《春秋稗疏》历经数人之初点、覆校，而若干处标点符号仍觉欠妥，且其中又有初稿正确而覆校时反而改错者，兹举数例如下，亦不敢遽谓所见之皆是也。

《赗》条："仲子僭夫人之补，其翟厌与仲子之卒，不见于《春秋》，盖在隐公未立之前。"初点、覆校同。第二句费解。按："翟厌"即"厌翟"，车饰也。翟者长尾雉，厌即压字。《周礼·巾车·疏》："凡言翟者，皆谓翟鸟之羽，以为两旁之饰。言重翟者，皆二重为之；厌翟者，谓相次以厌。"即重翟乃两重雉羽相重叠，厌翟则一重雉羽而以次相压。郑玄以为王后乘车用重翟，诸侯夫人乘车用厌翟，等级区分甚严。今仲子为鲁惠公之妾而非夫人，船山以为所谓仲子僭用夫人之礼，或即车饰用翟厌也，故其句曰："仲子僭夫人之礼，其翟厌与！"有怀疑揣测之意。王孝鱼点校稿原如此断句，覆校反而改错。

《阳》条，船山考证"阳"地所在，引《汉书》"东海郡都阳县"应劭注而论之曰："应劭曰：《春秋》'齐人迁阳'。是其地当在郯、沂滨海之间。"初点、覆校及王孝鱼点校稿均同。按应劭注作"《春秋》'齐人迁阳'是"，谓都阳县即"齐人迁阳"之"阳"也，如此指出古地"阳"与今地都阳县之一致，船山始谓"其地当在郯、沂滨海之间"。三人似均未查原书，故误点如上。

《陨霜不杀草·李梅实》条，金陵本云："况李梅之实，尤非一日而成实。《春秋》书此，记自霜降至冬至恒燠耳。"而四库本及拜经楼传抄本均无下一"实"字，王孝鱼点校稿批云："下'实'字抄本无，当据删。"覆校者改句读为："况李梅之实，尤非一日而成。实《春秋》书此，记自霜降至冬至恒燠耳。"出校云："按上述无此'实'字之各本，盖误以为此'实'字与上文'况李梅之实'之'实'相重耳，故删之。殊不知此'实'字当属下句，乃'其实'之意，非指李梅之实也。此'实'字实未衍，故不应删。"今按：以上三家，初点未校别本，而句法不误；王孝鱼点校稿见别本而以“实”字为衍，亦处理之一法；惟覆校者之意见则大可商榷。“实”作副词，虽有确实、果然、终于各义，然如以“实《春秋》书此”为句而解作“其实《春秋》书此”，则习惯上无此句法，其说虽新而欠妥。窃谓此“实”字或竟与上“实”字重，句作“况李梅之实，尤非一日而成实”，如初点所断句，本无不可；或缘上“实”字而衍，句作“况李梅之实，尤非一日而成”，如王孝鱼所云，似更可能；惟不可以“实《春秋》书此”为句，如覆校者所论，为其句太生，事实上乃一不通之句也。

## 论校勘必须实事求是，不可强不知以为知

《春秋家说》卷上僖公第六论，初点者有如下处理之文句：“惟位之恤而成父之仇，爱猷识礼㊀，达喇㊁之所以亡元也。”其文字系据嘉恺抄本，盖取作底本者，参校本则为守遗经书屋本及金陵本。句中，“达喇”及“元”均标专名号。其校记如下：

㊀：“此句，守遗经书屋作‘爱犹识礼’，金陵本作‘爱猷识理’，三者皆与上下文不相属，疑是多出，或字有漏误。”

㊁“达喇，金陵本作腊，音译名物，字或异而实同。”

覆校者不动其文字，惟将“达喇”之专名号及二校记删去，其审稿之按语曰：“校㊀之‘猷’‘犹’乃一字，均从‘犬’，一左一右而异，故不烦校。校㊁乃译名，异形而音同，亦毋庸校。故校㊀、㊁均删。”

今按：原句应读作“惟位之恤而成父之仇，爱猷识礼达喇之所以亡元也。”“爱猷识礼达喇”及“元”均标专名号。爱猷识礼为元顺帝之太子，《元史·顺帝纪》记其与大将扩廓帖木儿

不睦而相互争权，师遂屡挫，以致元朝之亡，即所谓“惟位之恤而成父之仇”也。两位校者盖均未弄清文句之意义，故其校及按遂皆不中肯綮，然二人皆以句中“元”标专名号，则犹知为元代史事，奈何不取史籍一查？又既不知文句意义，而所作校记及按语则皆言之凿凿，口气斩截，尤非实事求是之精神矣。

（以上原载1992年第1期《船山学刊》）

## 湘西草堂本《老子衍》之年代、版式、文字及镌刻

湘西草堂本《老子衍》系船山之子王敔所刻《王船山先生书集》五种之一。《书集》现藏湖南省社会科学院，封面正中镌《王船山先生书集》粗笔大字，两旁镌《老子衍》《庄子解》《楚辞通释》《张子正蒙注释》《俟解》五书名及“湘西草堂藏板”六字，亦皆阔大。《老子衍》一书情况可简述为以下几点：

（一）书中不讳“丘”字。按清雍正三年始诏讳“丘”为“邱”，故知此本确系其前所刻。又据前对《书集》中《张子正蒙注释》一书刻印年代之考证（见《全书》第十二册《张子正蒙注编校后记》），其时当在康熙四十六年（1707）前后。

（二）其书首叶第一行为书名，第二行镌“南岳王夫之衍，男敔纂注”十字，第三行镌“同里后学王天泰较梓”字样。第四行起为正文：《老子》本文顶格，中有小字双行夹注即“男敔纂注”，然后另行低格起为船山之“衍”。此种格式，为以后各种版本所沿袭，以迄于今。

（三）此本所引《老子》本文，与自来通行之王弼注本、河上公注本等均有差异，与1973年长沙出土之帛书《老子》甲乙

本差异尤大。虽缘《老子》版本之夥，异文纷纭，本无足怪，然亦决非善本。如十五章“役之善为士者，微妙玄通，深不可识。夫唯不可识，故强为之容。”草堂本无“夫唯不可识”一句。二十章“我愚人之心也哉，忳忳兮！”草堂本无“忳忳兮”一句。六十二章“故立天子，置三公，虽有拱璧以先驷马，不如坐进此道。”草堂本末句无“坐进”二字。按古书传写，多有减省虚字以求简约者，然此处一、二例则皆整句，有关文义；第三例据船山之“衍”，似原本亦本无此二字。此类似皆非镌刻脱漏，而是原本未善。

（四）此本刻手亦稍欠识字之功，故刻“忒”字，则以“弋”作“戈”；刻“豫”字，则以“予”作“矛”；至于“已”“己”“巳”之混用，尤难仆数。然镌刻既竣，例有校对之人，即本书首叶署曰“同里后学王天泰较梓”者也。而其校对亦似欠细致，约略计数，全书误漏之字不下二十。道光二十八年（1848）衡阳学署据草堂本重刊，亦少改进。金陵本则远较二本为胜。

## 《老子衍·自序》后跋语是船山作非王敔作

《老子衍》有《自序》一篇，草堂本未刊而终刊于衡阳学署之补镌本，末附跋语一段，对研究船山此书之写作经过及其思想，均有价值。然中华本《老子衍·庄子通》王孝鱼《点校后记》云：“《老子衍·自序》王敔的跋语是据衡阳学署本补的。”此实误解。此跋乃船山作，非王敔作。今试析论如下：

船山《自序》末署：“岁在旃蒙协洽壮月己未南岳王夫之序。”然后另行低一格即载此跋，凡八十四字，其文云：“阅十八年壬子，重定于观生居。明年，友人唐端笏须竹携归其家，会不戒于火，遂无副本。更五年戊午，男敔出所藏旧本施乙注者，不忍弃之，复录此编。壬子稿有后序，参魏伯阳、张平叔之说，亡之矣。上巳日湘西草堂记。"

按文中所云，实皆船山自谓，而非出敔之笔。开首曰"阅十八年壬子，重定于观生居"，即接《序》末"岁在旃蒙协洽壮月己未南岳王夫之序"一句而来，故不用主词。"更五年戊午，男敔出所藏旧本施乙注者，不忍弃之，复录此编"，谓儿子敔出此旧本，不忍弃去，而复录之也。下云"壬子稿有后序，参魏伯阳、张平叔之说，亡之矣"，既见旧本，而忆犹有后序，惜其亡也，此皆船山自言其事；且"参魏伯阳、张平叔之说"云云，亦非当时年未弱冠之敔所能知，若系闻之乃父，则又焉能如此口气乎！至末署"上巳日湘西草堂记"，尤船山之习惯，如《六十自定稿·自叙》署"庚申上巳湘西草堂记"、《七十自定稿·序》署"戊辰岁杪戊辰日草堂自记"；类似者有"乙巳补天穿日茱萸塘记"（《和梅花百咏诗》序）、"庚戌秋冬之际败叶庐记"（《题芦雁绝句》跋）等。此皆船山自筑之室、自居之地，故不烦再署名号也。又，马宗霍《校记》："抄本及旧刻本《序》后有船山自跋云"（下抄跋语全文，略），亦以跋为船山作，盖皆通览其文知之。至其所云"抄本"，即衡阳刘氏之旧抄本；所云"旧刻本"，即衡阳学署本。以今所知，旧刻旧抄中载有此跋者仅此二本。

或以此跋中"男敔出所藏旧本施乙注者，不忍弃之，复录此编"乃敔自道者。按：若孤立看此句，则似如是解释亦无不可，若联系上下文，则断乎不可。

今据此序跋，参照船山、敔之年龄，《老子衍》之成书始末可系年如下：

旃蒙协洽（乙未），顺治十二年（1655），船山三十七岁，时敔未生：书成，作序。

壬子，康熙十一年（1672），船山五十四岁，敔十七岁：重定于观生居。

癸丑，康熙十二年（1673），船山五十五岁，敔十八岁：书为友人唐端笏须竹借去，后遂毁于火。故敔虽其后长成，无缘得见。

戊午，康熙十七年（1678），船山六十岁，敔二十三岁：敔出旧本施乙注者，不忍弃之，乃复录之。三月上巳，船山作跋，末署“上巳日湘西草堂记”。（船山所行“上巳”，如从俗，当为三月三日；如从古，当为三月上旬之巳日，在是年为初十乙巳。）

以上《老子衍》自序、重定、遭焚、复录、作跋一段经过，似可补刘毓崧、王之春二家船山年谱之缺，盖刘《谱》惟记乙未成稿、自序及壬子作后序两事，不及重定、借出被焚、复录旧本、上巳附记等情；王《谱》则更简略，只记乙未成书，其后一切未载也。（中华本《老子衍·庄子通》卷首有关锋之《王夫之的〈老子衍〉》一文，于缕述船山此书写成、重定、出借被焚过程时，有注云：“据王之春《船山公年谱》。”似系失考。）王《谱》只载乙未年事，于其后种种曲折，则概未涉及。其《凡例》云刘《谱》挂漏讹舛，未为完本，是编则“倍期评审，不嫌复烦”。然关于《老子衍》之史料，则犹不及刘《谱》。

## 《庄子解》之注主要出于船山非出于王敔

《庄子解》一书今所见最早者为湘西草堂本，亦《王船山先生书集》五种之一。其书之镌刻即依《庄子》内、外、杂篇分为三部分，各部分首叶均以第一行刊书名，书名下附有“评本合载”（内、杂篇）或“手评并载”（外篇）小字；第二行则皆刊有“南岳王夫之解，男敔增注”字样。注皆用双行小字系于《庄子》正文及船山《解》之有关字句下，其中一小部分冠以“评曰”字样，又有一小部分冠以“敔按”字样。前者据《庄子解》书名下之“评本合载”“手评并载”小字，知为船山之评；后者亦知为王敔之按。惟绝大部分注则不知为船山之原注抑敔之增注。

1964年出版之中华书局标点本《庄子解》，系由王孝鱼点校，开卷附其《点校说明》，云王敔对本书的《增注》，在他增注各书中，成绩最优，用力也最勤。引用古今各家之说很多，对明代名著，亦偶有采录，但绝不见当时最为风行的《南华副墨》及其作者陆长庚的名字。引用最多的是方以智，有十几条。我们知道，方以智是船山的老友，而陆长庚则是以佛理解《庄》的。于此，可见王敔在他父亲的教育下，在学术见解方面也是壁垒森严的。我还怀疑，这个《增注》，或者是根据当时听讲的笔记而整理扩充起来的。统观《点校说明》全文，王氏对“男敔增注”四字似有误解，而以本书之小字夹注除船山之“评”外皆为王敔所作，则窃以为不然。

按王敔《大行府君行述》有一段系专述本书，以之与《楚辞通释》并提，其言曰：“又以文章之变化莫妙于《南华》，词赋之源流莫高于屈宋。《南华》去其外篇杂篇词斥圣门之讹妄，其见道尚在狂简之列；屈子以哀怨沉湘，抱今古忠贞之恸，其隐情莫有传者。因俱为之注，名曰《庄子衍》《楚词通释》。”（注：《行述》共三本，此段引自船山八世孙德兰之手抄本；其余金陵本《船山遗书》及王之春《船山公年谱》所收两种《行述》，此段文字略有不同。金陵本《行述》中，本书不名《庄子解》而名《庄子注》。）由此可见，本书之注者乃船山，非王敔也。

按本书之注约共二千一百条，其中船山之“评曰”一百一十余条，王敔之“敔按”不到二十条，此外尚约二千条并无主名。其中仅少数几条从注文本身似可认其为敔所增，如：

《马蹄》篇第一节“连之以羁馽”句下注云：“络首曰羁，络足曰馽。○馽，絷本字。”前两句释羁、馽二字之义，当是船山原注；其后加一“○”，再注“馽”即“絷”之本字，似系王敔所增，加“○”以示区分。全注如皆出于船山，则前后部分所注者仅一事，语气连贯，殊无隔开之必要也。

《在宥》篇“云将东游”节“鸿蒙方将拊髀雀跃而游”句下注：“髀音彼，股骨也。○一本作脾，非是。”此注亦疑“○”及其下部分均敔所增，其理亦与上同。前后部分所注皆一“髀”字，语气则较上例尤为紧凑连贯，若系一人所注，则用“○”隔开为无谓矣。且所增曰“一本作脾，非是”，乃常识之谈，故船山以为不必注，而敔乃补之也。

《知北游》篇“中国有人焉”节“生者喑醷物也”句下注：“喑音荫，醷音爱，聚气貌。郭象曰：‘直聚气也。’○按字书：醷，毬聚气也，又音倚，梅浆也。毬聚气是虚空之气偶聚，梅浆是酸郁之气所聚，俱可释。”此注“○”后部分，对其前部分作一纠正及一补充。其纠正者，尚引郭象说醷为直聚气，后则依字书谓醷为毬聚气；其补充者，亦系依字书，以醷为梅浆，乃酸郁气所聚，故亦可释。按此纠正当非船山自注之又自纠之；其补充则以梅浆为气，其解甚曲，非通达之论。通观书中之注，泰半一注一说，求以通解文义而已。不以广引异说为贵。故疑“○”以下部分皆出于敔，其“按”，敔按也。

《则阳》篇第一节“彼其乎归居，而一间其所施”句下注：“评曰：其所归居者，若父子之同居于一室，无所施受，而自相养。○按：间，如字；一间，无异室也。”此注“评曰”属船山，其中已含有对“一间”之解释，“○”下之“按”则再释“间”字读法及“一间”之义。前后部分，明显出于两人，则“○”后系敔之增补也。

然似此分析，亦骤难落实，敔之所增，不易一一辨认，故《点校说明》所云“王敔对本书的《增注》”者，乃无可实指，其言固失之囫囵矣。据《行述》所云，则本书为主要注者仍当归之船山，敔虽有增补，似不能多。书名下之“男敔增注”云者，乃增新注于原注，非增有注于无注也。

## 校书应忠实于底本及所引用之本

校勘古籍必于诸多版本中取其一种以为底本，然后校以其余各本。有底本之讹、脱、衍、倒及其他错简等，须引他本改正者，必出校说明。故虽只一字，甚至笔画之微，读者皆能考知底本为何？如何改易此字？所据者为何本？以何理由而改？此亦最低限度之4W也。如不能遵守此原则，或径改原本而不加说明，或说明不实及有错误，势必引起混乱，弊莫大焉。偶见有犯此者，辄为不安。兹举近所见之数例如下：

《老子衍·自序》有“苏子繇”，即苏辙，其字本作“子由”。“天下之本，莫不由辙”（苏洵：《名二子说》），即其取名与字之义。然船山书“由”为“繇”，则因明熹宗名由校，崇祯帝名由检，为避二帝之讳，且“由”“繇”本通，故改“由”为“繇”。中华本《老子衍·庄子通》排印此字，又改“繇”为“由”，然不作说明。但《老子衍》书中“苏子繇”之名凡四见，中华本对其后三处则均未改。书中又有许繇（即尧时隐者许由），亦未改。全书文句中实无一“由”字，皆书作“繇”，亦均未改。似此改其一而不改其余，所改又不加说明，既不能示原本面貌之真，又适以见自身体例之乱。又书中每书“據”作“据”，中华本皆改为“據”，又不作说明，亦窃以为不妥。按：“据”亦古字，《说文》中即有之，段玉裁注：“據，或作据。晋灼曰：‘据，今據字也。’按何氏《〈公羊传〉注》據亦皆作据。是假借‘拮据’字。”由此可见，船山所书犹是公羊古法，中华本似是以“据”为简化字而使之改从繁体，实一误也。

中华本《庄子解》“应帝王”篇“阳子居见老聃曰”节“虎豹之文来田”句下注：“致〔人畋〕取。”“人畋”二字校记：“依湘西草堂本增。”（中华本系以金陵本为底本而校以草堂本。）然查草堂本则此注本只“致取”二字，与金陵本同，而不作“致人畋取”。本书之其他版本尚有衡阳学署本、太平洋书店本，及刘氏家藏抄本（通过马宗霍《船山遗书校记》所见），亦均作“致取”而不作“致人畋取”。按王先谦《庄子集解》注“虎豹之文来田”云：“以文致猎”；郭庆藩《庄子集释》引李云：“虎豹以皮有文章见猎也。田，猎也”；陈鼓应《庄子今注今译》注：“招来田猎”；其意皆同。金陵本原注“致取”，虽或有漏字，亦非不可解。中华本作“致人畋取”，无疑更为显豁。然“人畋”二字查无来历，校记曰依湘西草堂本，并非事实。此或校者所依乃别一本子，作注时偶然疏忽，遂书作草堂本，而致张冠李戴。究竟如何，骤莫能明也。然此一校记既失信实于草堂本，又使中华本失信实于读者，虽或一时之失，其所失亦大矣。此次编校定稿时，遂代为说明之。

## 《相宗络索》之版本及校勘记略

《相宗络索》此次编校，所见有印本四种、写校本一种。印本依次为民国十年（1921）之衡阳文明印刷公司石印本、民国二十二年（1933）之上海太平洋书店《船山遗书》本、民国二十三至二十五年（1934—1936）湖南出版之《船山学报》第六至十期连载本，以及1989年中华书局出版之《中国佛教思想资料选编》（第三卷第三册）本。写校本系故四川佛学研究者王恩洋所校点，1988年由《全书》顾问任继愈先生转来。诸本中以文明本为最早且较完善（其校刊者黄骏似亦佛学研究者，已将此书分段、圈点，并初步校正），故即以文明本为底本，与其余数本会校定稿，其中主要参考者乃王氏之写校本。校点工作由徐荪铭同志担任，复请吴立民先生审阅之。按此书之校勘有难点三：佛学著作难读难懂，一也；无权威信实之本以为依据，二也；各本错字颇多，句读圈点尤为参差，勘正判别之不易，三也。幸徐、吴皆学有专攻，读校复认真细致，又得王校本参看，定稿之后，校之旧本，其优点乃亦有三：区分章节，施加标点符号，使此书从此易读，一也；改正底本之讹、脱、衍、倒凡六十五字，又举疑标记以供研考者数十字，二也；指出原书不合相宗教义者三十余处，皆作注说明，使读者知所辨正，三也。后一点则尤得力于王氏之校。任继愈先生转来王校本时附函云："我这里有四川佛学研究者王恩洋先生的遗稿：关于《相宗络索》的校刊记。连同原书，共三份，请转交给负责校点这部书的同志，供他参考。这部书也很难读，王老先生的稿子很有参考价值。参考王的手稿，再加加工，将会对于提高《全书》的质量有所裨益。"（1988 年 12 月 21 日致笔者函）按此书之文明本经黄骏首次校正于本世纪二十年代，复经王恩洋校勘于六十年代，此至又经徐、吴之会校定稿，前后七十年，经数代人之努力，乃得有目前之面貌云。

## 《愚鼓词》草堂本、金陵本之异文比较

《愚鼓词》版本凡五，而可论者只二，即康熙时王敔校刻之湘西草堂本与同治时金陵节署所刻之《船山遗书》本，因金陵本以后之船山学社本、太平洋书店《船山遗书》本及解放后中华书局之《王船山诗文集》本皆据金陵本翻印，而每增排校之误，不如原本。草堂本较之金陵本则互有短长，而以金陵本为较胜。故此次编校，仍以金陵本为底本，而参校草堂本并会阅其余各本定稿。

今检两本异文，凡二十余字，可分四类。

第一类为避讳字，如草堂本"朝"作"鼂"（避船山先君朝聘之讳），金陵本则径作"朝"。金陵本"元"字外加方框（避康熙帝玄烨之讳），草堂本则作"玄"字缺笔，不变字形。此次定稿时自应作"玄"。又有二"繇"字（《后愚鼓乐·子时》句"夜半繇来非半夜"；又，同篇《刀圭入口》注"繇人以至无

入”）。考船山撰述向不书“由”（明崇祯帝朱由检之讳），除经文不避，直书其字外，余均以“繇”代替。金陵本于船山之避讳字往往径改为本字，但“繇”字不改，因“繇”“由”古字本亦相通。因此“繇”字在船山为避讳字，在金陵本则只认其为通假字。此二字，船山学社本同草堂本与金陵本；太平洋本则均改为“由”，虽可不必，亦不失一致；若中华本一改一不改（“夜半由来非半夜”，已改；“繇入以至无入”，未改），则自乱体例而不足为训矣。

第二类为异体字，为草堂本之“幕”“幙”，金陵本之“罏”“炉”；又有一种先后字亦可归入此类：如金陵本之“采”，草堂本则作“彩”；“采”是本字，“彩”是后起字，二字实本一字。

以上两类虽云异文，但其异一般无实质上之意义，且亦容易处理，即避讳字还原，异体字改从通用字，先后字则根据情况区别对待。

第三类为正误字，但其正误之分辨有易有难，有时判断极为不易。如《后愚鼓乐》第一阕：“炼己。己，雌土也。”“炼己”为此阕标题，“己，雌土也”为题下注文。以上文字据金陵本。草堂本则二“己”字皆作“巳”。据吴明《愚鼓词注释》云：戊己为土，土分戊土己土，戊土雄土也，己土雌土也。则金陵本不误而草堂本误。又如同篇第五阕《弦月》注文：“丙配辰戌，丁配巳亥，亥为天门，巳合殿。”以上文字据草堂本。二“巳”字，金陵本则前作“已”，后作“己”。亦据吴《释》：此系用纳音法，以十天干配十二地支，归为金木水火土五行；己亥皆为水，亥为天门，生水之地也，巳指丹田，丹经下降也。则是草堂本是，金陵本二字皆误矣。此类只须有确凿之依据，即当断然舍误就正，如以上二例，皆得力于吴明先生之注释以辨别是非者也。

第四类则其是非在疑似之间，一时难觅恰当之依据，故其辨正最为困难。如《前愚鼓乐·其八》云："驱即妄，废还兴，鳏鱼莫浪守三更"，此金陵本也；草堂本则"兴"作"真"。按作"兴"则同句"废"　"兴"相对，作"真"则与上句"妄""真"相对，似均可用。虽窃以金陵本为是，而不敢匆匆结论。又如《后愚鼓乐》第十六阕《大还》末句云："酣娇媚，懵腾日月花前醉"，此亦金陵本；草堂本则"日月"作"日日"。按形容懵腾而醉，"日日"自为习用之词，如李白"陶令日日醉"、陆游"日日我醉终无涯"、苏轼"海边无事日日醉"之类，然作"日月"似亦无不可。窃疑船山本作"日日"，草堂本乃其原文，嗣后传抄转刻，乃误为金陵本之"日月"耳，然亦未敢遽行断言也。此类编校时均以异文置于页边校记中，不加评论，以俟高明。然就全体观之，则金陵本仍似较草堂本为优，如第四类之异文，草堂本虽有佳者，亦多以金陵本为较胜也。

## 关于《船山经义》及《船山制义》

《全书》所收《船山经义》共含船山自作文三十九篇，内《四书》文三十篇，《五经》文九篇。此次编校所见之版本凡四，即清同治四年（1865）之金陵节署《船山遗书》本；光绪二十七（1901）之玉清书屋重刊本（书名页作《船山经义合卷》，与金陵本作《船山经义一卷》不同；书牌作"光绪辛丑湘乡曾氏刊于金陵节署"，与金陵本作"同治四年湘乡曾氏刊于金陵节署"不同；首行书名下有"玉清书屋重刊"六字，与金陵本作

“船山遗书七十五”不同，此外版式字体皆同金陵本，盖盗版书也）；民国二十二年（1933）之上海太平洋书店《船山遗书》本；此外又有一李瑞清（梅痴子）题耑之《四家文抄》本，收王夫之、章金牧、罗有高、胡天游《四书》文各若干篇，其王夫之一卷即《经义》中之三十篇也，光绪十九年（1893）印而无出版处所，盖亦坊刻牟利之作。以上四本对照阅读，实无二致，故即取金陵本校点付印。

然道光二十二年（1842）邓显鹤撰《船山著述目录》，内有《薑斋外集四卷》一条，小字注云：“卷一船山制义，卷二船山经义”。二十年后，金陵本目录亦列此二书，《船山经义》收入《遗书》，《船山制义》则注云“未见”。又至民国四年（1915），刘审吾发表《衡阳刘氏珍藏王船山先生遗稿记》一文，列举其家所藏船山著作抄本四十八种，其四十七为《观生居制艺》。有以数书异同来问者。

今按目前所见，只《船山经义》一种。然而曰经义，曰制义，曰制艺，名目虽异，其实皆谓科举应试之文，所谓八股文也。（新版《辞源》“经义”条：“经义：宋时科举考试以儒家经书文句为题，使论其义，故称经义，与诗赋合称二科。明清时沿用而体裁稍变，俗称八股文，又称制艺、时文。”又“制义”条：“制义：又称制艺，即八股文。”又“制艺”条：“制艺：经义的别称，也叫制义，即八股文。”但船山称自作则曰“经义”。此书卷首自序云：“忽念身本经生，十岁授之义，弱冠有司录以呈之君，自不敢曰此聊以入时，壮夫不为。先儒言科举业非不可学，况经义本以引伸圣言，非诗赋比者。”可见其称自作，所用者为宋人以“经义”“诗赋”合称二科之“经义”一词。而“制义”则另以称所选评当代时文。周调阳《王船山著述考略》

一文记其于1939年得见衡阳刘氏收藏船山遗稿人刘邓氏经由刘式之缴呈湖南省政府之遗稿十二本，内有两本为《制义选评》。周氏记述此稿情况云：“《制义选评》系选录明人所作时文就紧要处加以评语。评语分顶批、总评，分别批在顶端及文后，是用砾笔写的，行书，非常劲秀，可能是船山手迹。正文墨笔楷书，书法比较工整。”按刘邓氏、刘式之当系刘审吾一家，而此稿本盖印刘审吾所举之《观生居制艺》，亦即邓显鹤目录中之《船山制义》。揆之事理，当可作为此之判断。

周文又云：所缴之另一本遗稿为：“时文及其他文稿，合装一本。内容以时文为多，杂文有小品文、谱序等。封面有‘己未、庚申年作’等字，未署作者姓名。查己未、庚申为康熙十八、十九年（1679—1680），己未年初吴三桂之孙世璠尚盘踞衡州，时文中有《善为我辞焉》一文，言婉而意决。”按“善为我辞焉”句出《论语·雍也》，此篇今本《经义》中无之。惜周氏语焉不详，如略多记述并尽抄时文篇目，当可作进一步之考证。如其确为船山所作，则亦一可贵之佚文也。

## 《经义》八股文点误举例

标点之正确基于对文义理解之正确，而八股文中排比之句，则不仅句式两两相并，甚至两股中各相对应之句，字数亦完全相同，因此点误更易发现。如下述之例，不得不谓为标点者于文义之理解及八股格式之掌握均有所欠，以致点误也。

《经义》之《莫益之，或击之，立心勿恒，凶》篇有一段原点云：

“请言其愚以为益也。芒芒然而求之，而不知击者之随之也。逮其击而又避之若恐不及，又不意击者之转为益也。以为击也，悻悻然而避之，而不知击者之固益也，见为益而又求之，若恐不得，又不知益者之更深其击也。”

按本篇题目即《易·益》卦上九爻辞。益：得益。击：打击。孔颖达疏：“上九处《益》之极，求益无厌，怨者非一，故曰‘莫益之，或击之’也。求益无已，是立心无恒者也，必凶咎之所集，故曰‘立心勿恒，凶’。”爻辞以为求益无厌则必受打击，含有甚深之人生哲理及事物变化之辩证思想。船山发挥经义，本篇前已谓：“愚哉！逐物求益者之莫能免也。”至是乃进一步譬解云：

“请言其愚：

“以为益也，芒芒然而求之，而不知击者之随之也；逮其击而又避之若恐不及，又不意击者之转为益也。

“以为击也，悻悻然而避之，而不知击者之固益也；见为益而又求之若恐不得，又不知益者之更深其击也。”

由此可见，船山就此爻辞发挥事物相反相生之理并隐寓浅见无恒之诫，极为透彻，且由句法之排比而更显文章层层进说之力量。原点句逗号施用混乱，两股句式参差不一，且开首“请言其愚以为益也”点了破句。“请言其愚”四字为句，不在其后两两相对的句式之中，其作用为承上启下，即所谓过接句也。

## 《经义》八股文分段举例

《经义》系八股文体裁，每篇皆可分为破题、承题、起讲、八股等主要部分。破题用两句或三四句点破题意；承题紧承破题而申言题中要义；起讲接承题而入口气（所谓代圣人立言），用数句或十数句总括全篇，笼罩全局；然后展开而成八股，即起二股、中二股、后二股、末二股。中间有过接句，完篇有结句，则皆用散句，使文气贯串融活。《全书》排印，未全依文体分段。兹仅于此举《论语》文之第一篇《有朋自远方来不亦乐乎》为例，依此体裁分段，聊备省览：

“学者所性之乐，于朋来得之焉。（以上破题。）

“夫朋自远方来矣，于斯时也，乐何如邪？非好学不知之尔。（以上承题。）

“夫子为明善而复初者言曰：学者，性之复；而情，一性也。有说几焉，抑有乐几焉。说，故百物不失于己；乐，故善气不违于天下。此非意动而有欲，意得而有喜之情所得与也，彼虽或当于理而不足以盈、不足以永也。故学者之情以乐为至也。（以上起讲。）

“前之无所慕，后之无所期，乍然遇于心而身世各得，觉天下之无不可协吾意者，此何几也？于事无所忤，于心无所逆，涣然以亡疑而神志日生，觉见闻之无往不利者，此何几也？夫有朋自远方来，不亦有其然者乎！（以上起二股。“夫有朋自远方来”以下为过接句。）

“当其信道也，亦未冀其不孤也，然道孤而心亦困矣。此一日者，不知困者之顿舒也，意者天原有此和同而化之神，礼乐诗书以导其机而相感，不靳之于独知独觉以必相摩荡乎！则虽后此之或近或厌未之或知，而不易此日之畅然矣。当其立德也，固未计其德之无隐也，然德隐而志亦菀矣。此一日者，不知菀者之已宣也。意者吾固有此同生并育之诚，神动天随以协一，大明夫可知可能而共相昭著乎！则后此之以裁以成不知有倦，而只以如此际之欣然矣。（以上中二股。）

“故朋之于学，有悦者焉，有愤者焉。其悦也，与之俱说以乐观其道；其愤也，利用其愤以乐观其复。斯殆天地变化草木蕃之情与！天下之耳目，皆吾之聪明也；聪明盈于两间，而耳目之愉快何如哉！吾之于朋，有可使闻者焉，有未可使遽闻者焉。其可闻者，动而与我相助以利道之用；其未可闻者，静而与彼相守以养物之机。斯殆美利利天下不言所利之藏与！天下之心思，皆吾之条理也；条理不迷于志意，而心思之欣遂何如哉！（以上后二股。）

“帝王之有天下也，非以乘权而施政教为乐，而以道一风同释其忧勤之念。君子之得大行也，非以遇主而著勋名为乐，而以都俞拜飏生其喜起之情。有朋自远方来，斯时也，斯情也，而有以异于彼乎？不亦乐乎！”（以上末二股。“有朋自远方来”以下为结句。）

（以上原载1994年第1期《船山学刊》）

# 记参加船山逝世三百周年纪念会之收获

纪念船山逝世三百周年国际学术讨论会于1992年11月3至6日在湖南衡阳举行，与会者除国内学者外，尚有港台及新加坡学者等，共百余人。予亦应邀赴会。以素日之寡交，识众多之时彦，亦一乐也。学者代表，武汉大学教授萧箑父在开幕式发言缕述近年船山研究之成就，列《船山全书》之出版为第一项，谓其多次参加国际学术交流，所晤各国学者莫不盛赞此书。“《船山全书》已经流誉全球。这是一项重大的科研成果，达到了国际学术水平”云云。先日晚予曾语萧：近编《老子衍》，发现其书自序后之一段附记。过去皆以为王敔作，而实为船山作；又编《庄子解》，发现其近二千条注释，过去皆以为王敔所增，实则大部均船山自注。萧氏亦于发言中加以赞扬，以为编校工作质量优异之证。按前此对《船山全书》之评价，如张岱年、任继愈、张舜徽、蔡尚思、孙犁、汪澍白及省内各前辈学者，亦颇有给予褒嘉者，海外之反映则系初闻。予以《全书》之责任编辑，对此书亦颇自知。大概言之，其优点在于会校各本，使读者一编在手，即能对三百年来船山著作之各种版本有所了解，且对本书具有信任感，不必担心遗漏更佳之本，即可据以研究、使用。此种感觉，予盖得之于《全书》之顾问、编委及许多读者，而引以为最大之安慰者也。其缺点则在全书之终审定稿，自顾读书不广，学识不丰，绠短汲深，校勘、标点，错误难免。湖南师大马积高教授即曾惠予指出，乃始恍然而悟，赧然而愧，此才力之不逮，不容讳也。然此次之《船山全书》，较之历史上金陵本、太平洋本两种全集实已上台阶，后来者由此更进，当可编出更好之全集，视此为踏脚石可矣。会上新知旧雨，对此书之好评颇多，又皆询及编辑进度，则对予之鞭策也。

会中予除学术讨论外，仍抽空致力于《全书》工作，收获颇多。获睹王敔《怀音草》手迹与船山对其诗之五处评示，一也。获睹王敔之《笈云草·诗集》与其中有关船山稿本、印本之信息，二也。见船山佚文《余春歌》并得其手迹钩刻本以归，三也。获见曾、罗各族谱中船山佚文七件，皆得其复印本以归，四也。得见台湾 1972 年印行之《船山遗书全集》并弄清其版本源流，五也。所憾者惟未能获得莫尔雅所藏之《读通鉴论》《宋论》旧抄本而亲校之耳。然其书余曾翻看一过，又曾请肖培先生据《全书》本校读一部分，并遗我以详细之校证，虽未校完，已可对其抄本作一初步之判断。上述收获，皆衡阳市博物馆冯玉辉馆长及衡阳市图书馆黄耀武同志协助而得，对编辑《全书》之《拾遗》《附录》均大有益，尤不可不一记也。

## 记王敔之《怀音草》及船山对其诗之评示

衡阳市博物馆馆长冯玉辉及图书馆黄耀武同志先后以王敔《怀音草》手迹之复印件见示，原书闻在船山后人王多藏处，盖王敔所手录其早年诗作，自己未至壬申（康熙十八年至三十年，1679—1691），不分体而按年编排，凡五十六题、一百十三首，附词四首，皆楷书端正，前有“自题”一篇，则行草书写，兹转录如下：

“余少拙且惰，十一龄始学帖括，不成，更学韵语，五音良自惭，辄复弃去。嗣乃专为帖括业，因不能悉读父书。继以崎岖烽镝间者六七年，讫今追忆，但有惊魂，了无胜趣。己未春，避乱山中，先大人授以陶令诗评及李杜二选，因又访寻六义之津，间有所作，呈先大人评示。然为饥所驱，学之而不能工也。馆于唐如心之撷翠堂者三载，筑蕉畦以课童子六载。先大人暮年多病，虽晨夕侍药，不敢请益。庚申冬，丧偶子处，先君呼之炉前，说《戏墨》中《落花诗》九十九首，实闻雅于此耳。时聊与如心相为往还，稿多佚去，所存者于如心簏中聚之。客秋其长郎录以相寄，脉脉曩怀，弗忍谊也，因辑之成编，题曰《怀音草》。嗣音吾不敢也，终其永怀焉可也。丙寅季夏蕉畦王敔虎止题。”

末署“丙寅”，当为“丙子”之误。丙寅为康熙二十五年（1686），其时船山未殁，若下一丙寅则为乾隆十一年（1746），敔亦殁已十余年矣。按船山殁在壬申（康熙三十一年，1692）。敔居丧三年后，乙亥（康熙三十四年，1695）之秋，唐氏长郎录诗相寄。丙子（康熙三十五年，1696），敔编录毕，命曰《怀音草》，并作《自题》。此亦合理之推测也。《自题》述船山授诗说诗之事，可补刘毓崧、王之春两家《年谱》之缺。其尤可贵者则为集中五首诗作，皆于天头附录船山评语，冠以“草堂示”字样，即《自题》中所谓“呈先大人评示”之贵迹也。兹录此五篇及其评如下：

癸亥（康熙二十二年，1683。二十八岁，船山六十五岁）三篇：

《绝句》：雨湿蜘蛛网，相思泪绪牵。露珠擎荷叶，同莲处处圆。“草堂示：似晋宋语。”

《枯鱼过河泣》：枯鱼过河泣，游鳞笑相谑。君忧市肆忧，吾乐江海乐。“草堂示：直致。”

《蒸江秋兴》：秋花不随秋叶飞，秋病不如秋兴违。鱼龙已蛰波戢戢，蛩蛩交咽凉依依。楚人善怨休怀古，鲁酒适醉聊忘归。西清要得双归鸟，轻□余霞下夕晖。“草堂示：成章。”

甲子（康熙二十三年，1684。二十九岁，船山六十六岁）两篇：

《甲子早春和杨铁崖嬉春》其一：二月二日雨初晴，嬉春春在蒸江城。相邀胜侣翩翩往，乍着春衣得得轻。和风煦叶寒初尽，淡霭拖岚碧未成。共卸小冠戴杨柳，相期不负少年情。（三、四两联上）“草堂示：好句。”

《看傀儡戏占》其一：副末开场不话愁，僛僛先舞寿亭侯。

千秋垂冕降魔帝，一部长髯大鬼头。“草堂示：双呼佳。”

## 记王敔之《笈云草·诗集》及其价值

冯、黄又见示王敔之《笈云草·诗集》刻本一册，谓系出自王鹏之子，则船山之十三世孙也。封面版心上端横刊“乾隆元年镌”五字，其下正中直贯《笈云草诗集》五大字书名，书名右镌“王蕉畦先生著”，左镌“湘西草堂藏板”。封面之后为书名页，首行顶格镌“笈云草诗集”，“诗集”为居侧小字。于以知《笈云草》乃王敔诗文集之总名。此为诗集，当亦有文集。第二行镌“湘西蕉畦王敔虎止氏著”。三四行镌“受业门人丁一焘、刘高美、胡宗契鸠梓”，三名并列，中去行间隔线，共占两行。五六行乃较字者署名，“较字”二字处行间隔线上，第五行无字，第六行为“侄曾孙嘉怡”。第七、八、九行镌“子胥丁希文，男生范生荃授梓”，人占一行，“男”字在行间隔线上。按：嘉恺嘉怡即船山经史两类多数撰著之抄写者。嘉恺所抄有《周易内外传》《尚书引义》《诗广传》《春秋家说》《春秋世论》及《礼记章句》，嘉怡所抄有《读通鉴论》及《宋论》，存留至今，为校勘船山著作之珍贵版本。前此未知二人确切年代，仅知二人皆船山五世从孙，故或疑其抄本时间较晚。今知二人辈分虽幼，然出生则较早。嘉怡即乾隆元年已预王敔梓刻之役，则其抄写必当在雍乾之世，且所抄卷帙繁重，或竟在王敔发意及指导下进行，亦为合理之推测。

此诗集每面九行，行二十二字，前有目录，分体编排，依四言古、五言古、五言绝句、五言近体、五言排律、七言绝句、七言近体、歌行、乐府次序、末附诗余，凡三百四十二题。一部分诗亦见于前述之《怀音草》抄本。然所见之册，只收四五言一百六十三题而止，且有数叶为后补之楷书，盖其书之完帙当为上下两册，而下册已佚，上册亦缺损数叶，故抄写补齐也。

此书之价值，仅就整理船山著作而言，则从其目录中已发现船山佚诗《授别峰僧先开上人〈相宗络索〉口占》一首，已发表于《船山学报》1989 年第 1 期，亦将收入《船山全书》十五册之“船山诗文拾遗”中，兹不赘述。又有《刘生跃如王生视侯劂刊先子正蒙注》五律一首，中云：“遗编藏北牖，谢子惠南金”，此与敔另作《湘西草堂记》“固遗书于屋右个”及“从游之有志及姻友之有力者续损赀刊先子遗书数种”之言相合。查湘西草堂本《正蒙注》卷首镌有“私淑门人刘高美王天履熊成章同订”字样，知跃如、视侯即高美、天履之字。又有《刊先子六十自定稿传集》五律一首云：“先人藏各集，定论俟千秋。刊此可传什，仍非待世求。枣梨芳自远，松竹雪初收。寸草心无尽，春光晓露留。”按草堂本诗集今有《五十自定稿》《七十自定稿》各一册，现藏上海图书馆，已为海内孤本，惟《六十自定稿》无闻。度当年必同时付梓，无中缺之理。今睹此诗，知其已刻，惟其后“四库”修本，《自定稿》三种均列入禁书之全毁书目中，故刻本已佚耳。

五绝有《大雪》之四云：“手题续梦庵，白鱼蚀青字。一晌万年心，谁作《西台记》。”知续梦庵为船山手题。按宋谢翱游浙江，登西台，设文天祥主位，作《西台恸哭记》，酹奠号泣，寄亡国之痛。王敔此诗，睹题额之蚀，怀先人之志，可谓能喻父心者矣。又五律有《张讷夫索先子离骚注至郡以手稿授之》一首，知《楚辞通释》之手稿曾授张讷夫也。

# 记船山《余春歌》手迹钩刻本

在湘西草堂蒙船山裔孙王多藏以《余春歌》手迹之钩刻本见示，亦船山佚文。歌系为唐钦文作，船山称之为“挚友”者也。刻本据原书钩勒，封面大字作“姜斋先生手书余春歌一首”，署“后学谢丙焜书首”；反面书牌作“光绪癸巳秋月茶园书屋钩刻”，癸巳乃光绪十九年（1893），距今恰一世纪。封面叶后即手书正文，版心长二十三厘米，宽十四点五厘米，凡八叶，叶五行；末有“一瓠道人”阳文及“王夫之印”阴文印各一，均约二厘米见方，而后者又略大。正文后一叶为钦文八世孙唐璟莹之附识，可备掌故，惟已稍缺损，恐年久坏灭，存录如下：

“右余春歌一首，王船山先生为唐钦文公作也。公讳克峻，璟莹八世祖，明季诸生，鼎革后筑室承、查二水之湄，隐居不仕，与船山、芋岩、桃坞诸老相友善。其从弟克恕，字如心。季子端笏字须竹，别号躬园子。从船山游，请事绝学，承公命也。公先船山而没，船山作《广哀诗》悼之，有云：‘男儿生戴发，如戴青天日。自然心所安，于君见昭质。’可以想公出处之大节矣。船山又尝为公作六十寿言并墓志铭，又为其夫人苏太君作《孝寿说》，又为须竹作《躬园说》，为须竹子无适船山女婿，年十八卒。作墓表，今皆刊入《船山文集补遗》，独《余春歌》失载。此歌系船山手书，先世什袭藏之，自康熙癸丑洎今二百余□□□□新，景莹敬为双钩，寿之枣梨，庶河汾家世□□□□弥显，而康乐述德之诗可以弗作耳。若夫□□学行，久已彪炳海内，而书法无传。今观是编，苍□□□有秀逸之致。吉光片羽，有不争睹为快者耶！□□□秋钦文□八世孙景莹识。”

其后民国六年（1917）湖南出版之《船山学报》第一卷第七期曾刊手书之照片两幅，惟影像模糊，又未同时刊载全文。今睹此本，真迹乃显。拟拍摄数帧印入《全书》，以飨读者。惟原件不知何往，悬想或当仍在人间也。

此歌向惟唐氏族谱录载。民国三十年（1941）康和声《王船山先生南岳诗文事略》（未刊稿）亦收入之。近则《船山学报》1984年第2期亦据族谱转录，乃始广为世知。然诸本均有个别之讹误，借手书得以订正。如“诗书之气非形迹，我知君已窥清玄”两句，康稿“气”作“契”，《学报》发表时注为别本之异文，查此实康氏抄录之讹，并另有别本可据。所言乃钦文自身诗书之气，而非唐王二人诗书之契。篇首小序言“钦翁服膺罗一峰先生集，故长言及之”，今阅《一峰集》，有《常春堂记》云：“邵子曰：收天下之春归之肝肺，是春形于身，则睟面盎背；形于家，则父子慈孝，兄弟友让，夫妇唱随；即其人，入其室，如在春风中矣。”篇中所言钦文之修养似之，故歌名“余春”（有余不尽之春）也。故其诗书之气，非徒形迹而已，乃在已窥清宁玄默之境界，故能如下文所云：“闲堂春深春有余”也。后句“玄”字，《学报》据族谱作“元”，乃修谱者之讳改，亦当依手书正之。

又“今年邀我踏青莎，微雪三湖溅绿波”，“微”，《学报》据族谱作“微”，亦误。按“微”，小雨也，见《说文》，虽亦可通假作“微”，然此处则必依原书作“微”、“微雪”即今所谓小雨夹雪，故可溅绿波，此亦湖南春时常有之景，若“微雪”则入水而化，安能溅起！又此歌末署“王夫之作并书”，《学报》亦据族谱脱“并书”二字。凡此皆见各本转录之失真，而益知手迹之可贵也。

## 记衡阳莫氏藏《读通鉴论》《宋论》抄本

衡阳莫尔雅所藏《读通鉴论》《宋论》两种抄本，曾由其携赴北京，请学者为之鉴定，又有记者将其披露报端，故国内外多有所闻。然莫氏不愿轻易示人，闻者不知其详。北京图书馆馆长任继愈教授1991年1月7日致笔者函云：“听说船山后裔某君有一手稿本，索高价，未能用作校本。是否可以说服他们，这是为王船山增光的大事，这次不献出来，将来怕没有机会收入《全集》，对不起故去的船山先生。”所言即莫氏之抄本，“后裔”则传闻之词也。武汉大学萧箑父教授亦尝有函询及其书。《船山全书》第十册（收《读通鉴论》一种著作）于1988年6月出版，会校各本中未能有莫氏抄本：第十一册（收《宋论》等四种著作）当时尚未出书，更欲取以参校。然经省社科院等各方同人多次动员，闻终因其要求太奢，未能成功。

1989年8月19日在船山学社开会时，予始征得莫氏同意，在“三不”（不复印、不拍照、不抄录）条件下在其室内翻阅此书。事先且蒙见示北京学者鉴定其书之有关各件，对此未有“三不”要求，因得略作记录如下：

1980年6月10日中国历史博物馆张自聪、周锋两同志经莫氏去函后曾来衡阳，鉴定为：“初步印象是：这是一个康熙时的抄本，但不一定是王船山的手稿，其中《宋论》理宗部分与王船山原稿略有异同，看来其间仍经过数次修改。我们认为此抄本虽不全是王船山手稿，但仍有一定的价值。”

其后莫氏携书赴京，觅求进一步鉴定。1983 年 4 月 29 日中国社会科学院世界宗教研究所李申同志写有“鉴定情况”：“莫于 1983 年 4 月 26 日到京。4 月 28 日上午经潘吉星同志（纸张鉴定专家）鉴定，认为该手本纸张系清初纸张。后请历史博物馆史树青先生鉴定，因该馆所藏王夫之《双鹤瑞舞赋》已转故宫，该馆不好判断，建议赴故宫核对手迹。故宫没有表示意见。博物馆藏有王夫之《宋论》残稿。史先生认为此手本系清稿，不是手稿。最后到北京图书馆，该馆李致忠同志认为该本系乾隆以前抄本，不是王夫之手迹。”

1988 年 7 月 19 日史树青先生致莫函：“我认为是船山手迹，他人有不同意见，认为是时人或后人抄本，这种意见也应受到尊重。”

予翻阅时，莫氏一直在旁，当时亦略作记录如下：“抄本封面已发黄霉酥，题曰《船山史论》，另行：‘共拾柒本’。《鉴论》十三，《宋论》四。版面九行×二十一字。有缺损，如第四本之末（后汉末）脱两论多，第五本之首《三国》前七论皆脱，隔数叶又脱十五、十六及十七论之大部。全书似出一人之手，惟书法拙嫩，绝非船山手迹。”

当时之问题首在弄清其书是否船山手迹。予历年所见船山手迹如解放前影印之《王船山先生墨宝四种》、解放后影印之《王船山手迹》（包括《宋论》残稿等十一种），及《张子正蒙注》（手稿及复印件）、《双鹤瑞舞赋》（照片）、《宝宁寺志叙》（手书勾刻）等约二十种，其书法风格皆与此本绝不相类，遂坦率以告，并声明此为一己之见。然莫氏殊不乐闻。其会上发言列举十四点论证其书为船山手稿。然此乃一科学问题，与舌辩无干。问题在予似已解决，乃谋进一步弄清此抄本之来源与价值，以为虽莫氏不愿，而校勘《全书》固不能舍此已知版本于不顾也。

按《全书》第十册八三四页唐玄宗第六论《放姜皎归田》向只一百十六字，意不贯串，自船山五世从孙嘉怡之抄本及金陵本以下凡十余本莫不皆然。故金陵本于文末注云："此篇有脱误。"而其究竟殊不能知。及衡阳市九三学社萧培先生以其所录莫氏抄本此论见示，始知此论凡四百九十四字，各本皆脱其中之三百七十八字。以之补入，文意晓然完足矣。此实莫氏抄本之一大贡献。萧与莫氏颇有交谊，除抄录此论外，又曾借其抄本与《全书》第十册逐字核对。凡核对三百七十一页（约占该册篇幅三分之一），记录异文五百零五处，后以莫氏不允而止。萧又曾复印抄本若干页，计《全书》三百七十一页前者四页，三百七十一页后者七页，又《宋论》之首页，皆以见贻。予据此研究，乃克知莫氏抄本之大概。今先就《读通鉴论》言之。

《读通鉴论》向有二十卷本与三十卷本之分。王敔《大行府君行述》云："末年作《读通鉴论》三十卷，《宋论》十五卷。"然是二十卷本或是初稿，三十卷本乃末年之改稿也。莫氏抄本即二十卷本，予所见之嘉怡抄本亦二十卷本，金陵本所据则为三十卷本，中华本即以金陵本为底本，并据衡阳刘氏、邵阳曾氏两抄本之有关校记有所校补（中华本校补时未能亲见刘、曾二抄本）。《全书·读通鉴论》则以中华本为底本，而取嘉怡抄本重行补校，故亦为三十卷本，又包括嘉怡抄本之长。予所撰之《读通鉴论编校后记》曾以嘉怡抄本与金陵本作一比较，有云："今以邵阳曾氏所藏之嘉怡抄本与金陵本对校，则后者作匡、径改、径删之处，原文如何，皆昭然大白。其可靠性自毋庸言。然抄本于所论史事，其人名、纪年及所引书文等，多有舛误脱漏，字句亦多有毛糙欠修之处。金陵本于此两端，则往往较抄本为佳。意此抄本或是船山之初稿，而金陵本所据之底本则曾加审订，亦未可知。”（见《全书》第十册第一一八六页）当时未见金陵本所据底本，故只能推测其“曾加审订”。今日观之，则二十卷本与三十卷本之别，亦即初稿与改稿之别。盖于修改时重订卷次为三十卷，分析归属乃较二十卷为细密耳。金陵本据三十卷本而有作匡删改，虽其底本迄未发现，其大部分固可借嘉怡抄本而查实恢复之也。

莫氏抄本与嘉怡抄本既同属二十卷本，度二本文字当亦一致。今以萧培所校《全书》前三百七十一页之莫氏抄本异文五百零五处，与嘉怡抄本核对，果无一不与后者相同。《读通鉴论编校后记》述当时以中华本为底本而以嘉怡抄本补校之工作云：“补校时，凡中华本与抄本互异之处，均予记录，共得二千四百四十余条。”（见《全书》第十册同上页）萧氏所提出之五百零五条，亦包括在此二千四百四十条内。此项异文，有一部分有意义者今犹保留于《全书》之校记中：在前三百七十一页中约五十条，兹不赘引。其大部分则《编校后记》中亦有说明：“就抄本而论，其全无讳匡、讳改、讳删之现象，固属独具之优点而非各印本所得比拟，然其讹、脱、衍、倒，借中华本以勘得者，凡五百一十余处、六百七十余字；又有非属讹、脱、衍、倒性质，而文字之佳善不及中华本者，凡一千零四十余处、一千四百九十余字；又有异体、破体、俗写体字等，亦约三百处、三百字。三项合计一千三百五十余处、二千四百六十余字。不再举例。”（见《全书》第十册一一九〇页）今为说明莫氏抄本与嘉怡抄本之一致，于前述之五百零五处中略举数处如下：

《全书》第七八页第五行："陈平曰：'项王所任爱，非诸项、即妻之昆弟，虽有奇士不能用。'"嘉怡抄本"爱"作"授"，莫氏抄本同。按《史记·陈丞相世家》载陈平此语作"爱"，故二本误。

《全书》第八四页第九行："纯用其天良之喜怒恩怨以为德威刑赏。"嘉怡抄本"威"作"怨"，莫抄同。按此"怨"字明是缘上"怨"字而重，故二本误。

《全书》第一二五页第七行："而仲舒曰：'三王之盛易为，尧舜之名可及。'"嘉怡抄本"名可及"作"行可复"，莫抄同。按据《通鉴》，董仲舒之言作"名可及"，故二本误。

《全书》第一五六页第四至六行："草昧之始，君与开国之臣，为天下而已乱。迨其中叶，外寇内奸，不遑于宗社，而殃及兆民，大臣代君行讨，底定以绥之，而天下蒙安。"嘉怡抄本"为天下而已乱"句下尚有"汤武即有放伐之嫌，而伊吕不任其咎"两句，然后再接"迨其中叶"。莫抄同。按：两句于此并无多大意义，有之赘冗而无之简洁，故改本无之。

《全书》第一七九页第十一行："《王制》所谓'假于鬼神时日卜筮以疑众，杀'。"嘉怡抄本引文作"假日卜筮以惑人者，杀"。莫抄同。按据《王制》，二抄本误。此亦初稿记忆不确，改稿乃查书而订正者也。

凡如上例，《全书》即概未出校，因对底本以外他本之误，或无关重要之异文，《全书》本无一一作注之必要，且亦注不胜注。至偶或注出，则或有干系，或可两参，然亦不能多也。

以上已可说明二本之一致。尤可惊者，则某些字之特殊写法，二本亦莫不如合符契。萧培所示复印件有唐穆宗第一论之一段，有句云："金、元相袭，凶悍相师，日月不耀，凡数百年。

而数千里之区，士民无清醒之气。”（《全书》第九七四页第十四至十五行）句中“耀”之“光”旁，写作上“火”下“儿”，二本同；“醒”之“酉”旁，匡内短横中折作“人”形，二本亦同。由此可见二本实皆抄自同一底本，亦有可能系互相转抄，由于抄者之拘谨，遂笔画不苟而相符如此。即视二本为同一之本，似亦无不可也。

然则何以解释嘉怡抄本及金陵本皆缺唐玄宗第六论《放姜皎归田》中之三百七十八字，而缺文乃仅见于莫氏抄本？今按：前云二十卷本为初稿，三十卷本为改稿。此所谓初稿，当已非如《全书》第十一册卷首图片所示《宋论》草稿之涂改勾勒，而已为一抄写清楚之稿，所谓清稿也。清稿之格式为每面九行，行二十一字。按每面九行之格式系当时所习用，今所见船山手稿如《张子正蒙注》及《噩梦》（见《全书》第十二册卷首图片三之上及四），以及嘉恺所抄船山经部著作如《周易内、外传》《尚书引义》《诗广传》《春秋家说、世论》（分见《全书》第一、二、三、五册卷首图片），均为每面九行，每行字数则十七、二十一、二十四、二十六不等。《放姜皎归田》缺文三百七十八字，列为算式则恰为：九行×二十一字×二面＝三百七十八字，故知所缺者恰为原稿之一叶即两面。按《放姜皎归田》在此段缺文之前尚有四十二字（见《全书》第十册第八三四页该论第一、二行）恰为二十一字之两行，故知此清稿之格式为每面九行、行二十一字也。此两行恰居叶末，其后即三百七十八字之一叶。莫氏藏稿为依次抄录，嘉怡抄时则或跳脱一叶，或此叶已失，遂少三百七十八字，至金陵本所据者为三十卷本，何以亦少此三百七十八字。则或当二十卷本初稿经修订为三十卷时，此一叶即已失去，亦未可知。代远年湮，目前似无从究诘矣。

莫氏所藏抄本于五代末、《叙论》前有字一行曰："戊辰孟夏癸卯朔论成"，亦各本所无，其时，即康熙二十七年（1688）四月初一日也。此亦当是船山手题，《叙论》则于论成后作之。《读通鉴论》二十卷本由是得一确切之年代，此亦莫氏所藏抄本之一贡献。

萧培先生所贻莫氏所藏抄本之复印页中，有梁武帝第一论之首段（《全书》第六二三页）。"胤"字作"徿"，此雍正帝之名讳也；又有唐宪宗第十八论之首段（《全书》第九七一页），"弘"字凡四见，又有"叙论"之首段（《全书》第一一七四页），有一"历"字，按弘历，乾隆帝之名也，而此五字均不讳。然则莫氏所藏抄本或抄于雍正朝乎？虽然，所见者仅此数页，仅此数字，殊不可由此断言耳。

综上所述，关于莫氏所藏抄本之《读通鉴论》，可作以下之事实说明：（一）抄本系据《读通鉴论》初稿，即二十卷本之清稿誊录，其中已对雍正帝之名"胤"字避讳作"徿"；（二）抄本所据之二十卷本系完足之本，其中唐玄帝第六论有三百七十八字，为各本之脱文，又《叙论》前有"戊辰孟夏癸卯朔论成"字一行，亦各本所无，以上二点为抄本之贡献；（三）除以上两处外，由《全书·读通鉴论》开卷三七一页以观，则莫氏所藏抄本与嘉怡抄本实为同一之本，因之《编校后记》所述关于嘉怡抄本之特点，似亦可移用于莫氏所藏抄本。

至莫氏所藏之《宋论》抄本，则萧培先生1990年8月26日致笔者信有云："《宋论》部分，我原先对照过，基本没有发现异文。"又据前引中国历史博物馆张自聪、周铮二同志鉴定，有"《宋论》理宗部分与王船山原稿略有异同"之语。又据萧氏所贻莫藏抄本《宋论》之第一页，与《全书》对校竟完全相同，一无异文。故以萧氏之言与张、周合观，则莫氏所藏抄本之《宋论》纵有异文，当亦甚少。要之，此亦须待莫氏能出其书，方知其详。然就《读通鉴论》而言，莫氏所藏抄本与嘉怡抄本既为同一之本，就《宋论》而言，参以上述萧、张、周之说，二抄本之为同一，亦属可能。今《全书》之《读通鉴论》与《宋论》已俱用嘉怡抄本以行补校，则虽不见莫氏之书，度亦可无大憾矣。

（以上原载1994年第1期《船山学刊》）

卷三

# 重读船山

# 船山全书重读记

（供审阅及后用）

《船山全书》决定再版，自2005年开始重读、改错，例有记载。全书一十六册，其中有五册系由夏剑钦同志先读一遍，由坚再读一遍，故重读记均有两份。合计一十八份。各份标题及写作体例，并不一致，因重读时间跨度很大，读时亦并未依《全书》册次先后，而且最初并未考虑要怎样写，只是简单作一改正之记录。后来觉得众人对改正意见每不一致，有我以为正而人以为误者，也有人以为正而我以为误者，且有写作《船山全书点校勘误》专书，凡数百条，此次一一核实，则十有八九皆其自误，而并不自知，凡此皆须讨论辨析。于是重读记遂越写越细致，越写越长。论辨内容，多为阅读古籍所常见，读之即不必有得，似亦不失兴味也。杨坚附记。09－05－25。

## 第一册重读结果

一、须动之页一百四十八页（有细单）

二、据《全书》第十六册勘误表改错字十二处

三、据胡《书》改误八处（所指出者九处，内李若晖“肝居左而主谋”考辨一处幸未动）

（一）破句二处（页三二七、六六四）

（二）错字四处（页四六一、七五九、七八五、八八六）

（三）引号误置一处（页二二八）

（四）注文与正文不符一处（页七七一）

四、自己重读发现须改正者九处：

（一）破句二处（页一〇七全体乾而有恒则利，页一三五同人于野，艮上背准此为卦）

（二）补字一处（页七五四鞶）

（三）错字四处（页五四二节初九改节初六，各本皆误。页六八三告于易简以知险阻，告为立之误，似抄误付印。页八六四沬土改沬土。《书·酒诰》孔疏：沬，地名，纣所都朝歌之所居也，是沬错，土不宜加专名号。《诗·桑中》有沬之北，沬之东等语，沬为大地名也。查各本同，似抄误付印。页一六七防其潜逼，潜改僭，多本同，均似抄误付印。一〇〇八亲故相资而新其故，首新误亲，多本不误，似抄误付印。）

定稿本$\xrightarrow{\text{校}}$誊清付印本$\xrightarrow{\text{校}}$成书

实际上往往缺乏前校之过细而只知后校之过细。

以上错字后三处，皆缘于此。

（四）去地名号一处（一〇一五蹛林之会）

（五）《说卦传》《序卦传》《杂卦传》经文卦名均加专名号，约数十百处。（前一传，陈仍未加）

（六）加校记二条（异文页四〇五，四一八），补校记一条（页八六一底本改字情况）。

页九五，加冒号

〇页一〇七，破句（全体乾而有恒则利，九三独动而不需，群起立功……）

页一一二，专名号断开。

〇页一三四，毋改母

页一三五，。准此为卦

页一三四，顿改逗

◎页一六七，潜改僭（重读对底本发现）

页一七二，加书名号

页一七五，加书名号

页一八二，顿改逗

页二〇一，逗改句

〇页二二三，改善标点（天子进御之制，王后当夕于月望初，自御妻、嫔、夫人而渐进）从王孝鱼点法，嘉恺本，望、初下均断。

〇页二二八，改引号（程子曰："……非知道孰能知之"）

16〇页二三〇，後改后

页二三六　！改？

页二四五　加卦名引号

16○页二七一　志改忘

页二七三　加逗号（王用出征，有嘉。折首，获匪其丑。）（从王、陈）

页二八二　逗改句

页二八三　改善标点

页三○○　改逗为句

页三○一　改善标点

页三○二　加句号

页三○六　逗改句

页三○七　加逗

页三一二　逗改句

胡○页三二七　改注及校记（位皆当可施之邦〔国〕而咸正）金本如此，嘉误，见校记

页三三一　经文加逗（从王）

页三三九　校记逗改句

页三五二　经文加逗

页三六一　逗改句

页三六六　杞改杞　（重读自察）

页三八六　经文改标点

页三八七　纟改糸（重读自察）}繻

页三八九　纟改糸（重读自察）}

页三九六　经文加逗

页四○○　经文标点改善

页四○五　经文逗改句

页四○五　加校（宋、金本异文：九作六）

页四一八　加校（宋、金本异文：堂作室）

页四一九　艮去书名号，幂字规范化

页四三〇　加顿号

页四三二　改逗为句

16〇页四四〇　上改下字

16〇页四五二　马改焉

胡〇页四六一　川改山

页五二〇　句改逗

页五二三　加书名号

◎页五四二　改字，加校证（节初六改节初九，多本均误）

16〇页五五六　改私为思

页五五八　改并为並

页五五六　弼字规范之

◎页五六七　改及为反（错字）

页五八一　系辞下传第二章，三个卦名加书名号

页五八二　系辞下传第二章　二个卦名加书名号

页五八三　系辞下传第二章　卦名加书名号，（校记改字从原文）一处

页五八四　系辞下传第二章　卦名加书名号三处

页五八五　系辞下传第二章，卦名加书名号四处

16〇页五八八　改離为雝

页五九六　四个謟改谄

页六〇二　经文卦名加书名号，九处

页六〇三　经文卦名加书名号，十八处

页六二四　原版漫漶四字，当重排

〇页六一九至页六三五　《说卦传》全篇经文卦名原未标书名号，盖有难处。陈校亦未标，今概标之，俾与《序卦传》《杂

卦传》统一，考虑再三而后决定。（王孝鱼凡卦名皆标，余当初重稿外去之，今又归而从之。）

页六三五至页六四八　《序卦传》《杂卦传》同上。

页六三八　改并为並

胡○页六六四　改破句（周易启蒙谓六爻不变……）

◎页六六九　改伏義为伏羲

◎页六八三　立于易简以知险阻。立误告

页六八五　金陵书局去书局二字专名号

页六八六　金陵书局去书局二字的专名号

16○页六八七　刘省吾改刘审吾

页七一九　王孝鱼改底本之繇为由，此次改回

16○页七二五　惟改憔

页七三七　汩没改汩没

○页七四四　刘省吾改审吾

页七四四　金陵书局去书局专名号

○页七五四　罄字补上

胡○页七五九　晳改晢

页七六一　加专名号

胡○页七七一　谆谆乘赫赫之余。承，改乘

页七七七　注文中﹁改﹃

○页七七九　校改较，从底本

页七八四　去书局专名号

胡○页七八五　伏義改羲

页七八六　书局专名号去

页八○一　劄：正规化

页八○三　字正规化

〇页八一七　刘省吾改审

〇页八二一　改善校记：多本俱作某，改各印本俱作某

◎页八四一　摶改搏

〇页八六一　加校记文字："底本先作'须'，勾去，复写作'胥'字。"

◎页八六四　沬土改沫土

〇页八七一　加单引号（"好遯"之时）

〇页八七三　校记加字

胡〇页八八六　三"纟"及"微"改正

◎页九一七　拆改坼

页九二二　字不显

◎页九二三　紓改纾（毁家纾上）

页九四一　校记靠边

页九六三　势，字不显

16〇页九六四　四改三

页九七一　势改勢

页九八四　頤改賾（正规化）

页九八九　夏加专名号

〇页一〇〇八　亲改新

〇页一〇一五　蹯林于句非专名，去专名号

〇页一〇一六　加逗号

页一〇七七　加补标号"元包"

页一〇一八　校记加字"各本"作"各印本"

页一〇二〇　同上

〇页一〇二五　改校记。字不显

页一〇四三　改！为？

页一〇六〇　校记加“印”字（各印本）

页一〇九八　校记加书名号

页一一〇一　卦加书名号

页一一一六　刘省吾改审吾

页七二　息荐二字不显

页三一　专名号出头

## 第一册再版注意

一、书面、书脊加《船山全书总目》一款，空行；

二、如为二十册，正文《总目》要改，后勒口文字要改；

三、版权页要改版次、书号等；

四、将要改动的正文页码同时交厂，按页改动，按页查对；

五、全册各页款式，有数处要推页，要注意。没有要求推页的，切勿擅自推页。

# 第二册（《尚书》）重读记

初版第十六册《勘误表》列有本册字误及标点漏施者六处，1996年第二次印刷本早已改正。

胡书“勘误”凡二十七条，可取者五条：

第86条指“郲（入）鄏”为“郏（人）鄏”之误。查《辞源》、《汉语大字典》均无“郲”字，有“郏”字。曾抄本、金陵本均未误，付印稿亦未误，至排出后乃作“郲”，而余校对失察，宜自责。（第一二六页第三行）

第98条指“事圯无功”，“圯”当作“圮”。“圯”（yí），桥也。“圮”（pǐ），毁也。是，当改。（四〇六页一行）

第101条指《诗·采芑》，“芑”当作“芑”（qǐ），野菜也。是，当改。（第四三〇页第十二行）

第102条指战国人范睢，“睢”当作“雎”，考证极详，是，当改。（第四三三页十四行）

第103条，亦范睢，“睢”误，与102条同。（四三五页二行）

页九三第十行：“南羸而北缩”，原本，无异文。

页一〇八第六行：“沫水”，改沫为沬。沬在朝歌附近。本篇他处二“沬”不误。

页一一〇第一行：“商法未骫”，改骫为骪。此字系在家所校出，在卷三，恰所带卷二校完。度底本及全本等皆骫。然

《中华大字典》：“骪，骫之讹字。”即使底本为骪，改之亦是。（骫音委，曲也。）

页一一二第四行：改沬为沫。

页一一四第三行：吕伯恭，恭当加人名号，补之。

页一二三第五行：上引号缺，补之。

页一二五第五行：“丰水有芑”，芑改芑。按《中华大字典》、《康熙字典》、旧版《辞源》均有芑无芑，其所引经典皆有此《大雅》句。可见古人写此字皆作芑，不改亦可，惟前文已改，则后文自当一律。

页一三五第五行：“为图于右”，据版式当为左。然各本皆同。

页二四六：《舜典一》，按本篇有“玄”字三十四个，无一缺笔。又页四〇九第十五行“目历玄黄”，“玄”亦不缺笔，知嘉恺抄本不避康熙帝讳也。

页二五二第十四行：“古今雅郑，莫之能远。”远改违。

页二五八第三行：“剌天下之奸而有余”，剌，改制。

页二六〇第十六行：“田建”改“王建”。

页二七〇第六行：“也”，衍文，删之。

页二八〇第十一行：“圮其族”，圮改圯，毁也。

页二八四，《胤征》篇。篇名属经，然其文中“胤侯”之胤不讳。又页三二〇第十三至十四行：“纣胤已殄，玄王几馁”句，一玄一胤，俱不讳。知嘉恺抄本不避康熙讳，亦不避雍正讳也。

页二九七，校记：“请，各印本俱作讲，误也。”删去“误也”之论断。

页三〇四第十六行：“坚彼以敌此”，坚改竖。

页三一一，校记：“疑误”，删去此论断。

页三一五第十四行：“亲之恶”，恶改慝。

页三七〇第十六行：“痛”改“痡”。

页三八四第一行：“天顾民祇”，上页数有“天显民祇”之句，知“顾”为“显”形似之误。

页三八五第十二行：“阔大含弘”，金陵本、太平洋本俱同。据抄本，改弘为忍。此是异文，本亦可出校，然须推动自页三八五至页四〇一之全部版面，且“阔大含忍”与“阔大含弘”意义无实质性区别，遂省此事。

页三八八第一行：“其却必深”，“却”改“郄”。

页三九一第十四行：“前古有一成之迹”，“一”改“已”。

页三九四第十一行：“自作不知”，“知”改“和”。

页三九五第十行：“千王之治”，“千”改“百”。

页三九六第三行：“微言”，“微”改“徽”

页四〇一第二行：“臣民之上达难矣”，“上达”下应省一“者”字，补之。

同上页，第三行：“夷狄可窃神皋”，“夷狄”改“裔夷”。裔夷，边缘之夷人也。此条加一字、删一字。

页四〇七第十行：“火而怨樵者之薪也”，句前加一“失”字。

页四一〇第一行：“则陋巷深山无小人”，“则”改“而”。

页四一七第八行：“敦忠”，“敦”改“效”。

页四二一第二行：“倚货贿以骫法”，“骫”改“骩”。

页四二八第十二行：“光时享”，“享”改“亨”，光时亨，人名。又同行，“降贼以偷身”，“身”改生。

同上页，第十五行：“王畿之城”，“城”改“域”。

页四二七第三行：“郑辑东诸侯”，“东”误“束”，改。

同上页，第八行：“纳曲沃之贿”，“纳”改“贪”。

同上页，校记：原据中华本纳刘毓崧校勘记于正文作为夹注，而于校记中说明之。处理苟简。今改以刘毓崧校勘记纳于校记中。与《全书》体例一致。

页四二八第七行：“陈法”，据抄本改“阵”。按陈、阵通。陈据中华本，今改从抄本。

页四二九第四行：“姗亚”改“姻亚”。此与上条情况同。金陵、中华本字皆从古，明其所据之本亦一古本也。

页四二九第十二行：“及”改“乃”。

页四三〇第十一行：“行陈”改“行阵”。情况与上页四二八条情况同。

页四三一第十二行：“陈法”改“阵法”。情况同上条。

页四三三第二行：“闼夭”，闼作简化之“门”，改“門”。

页四三四第一行：“皆非人臣所当进谋于君也。”“君”下脱“者”字，补之。

页四三五第六行“桯”改“桯”；第十五行“梵”改“檾”，皆当年手工排印时所用不规范字，改之。

页四三六第十二行：“闼夭”，“门”又是简化偏旁，改“門”，与前页四三三条情况同。

页四三七，校记，为抄本末行重定年月之记，今将其干支注明清代纪元及公元，使读者明瞭。

附：对胡书第八十八条之驳论。该条述本册第一六〇页五行之文及页末校记——

“故《东山》之诗曰：‘于今三年。’以其时，则瓜蒂㊀在栗薪之上，盖秋杪矣。”

㊀“蒂”：《四库》本、金陵本作“苦”。

其按语谓：底本之“蒂”误，当作“苦”。“所以然者，《诗·豳风·东山》：‘有敦瓜苦，蒸在栗薪。’是其明证。其‘瓜苦’即谓苦瓜，岂可作‘瓜蒂’乎？”

按：船山《诗经稗疏》“有敦瓜苦”条引《墨子》曰：“甘瓜苦蒂，天下物无全美。”甘瓜之蒂是苦的。“‘有敦瓜苦，烝在栗薪。’瓜为人割去，仅留其蒂于棚上，敦敦然聚现，秋色荒凉之象见矣。《经》言‘瓜苦’，不言‘苦瓜’，其义自明。”船山说“瓜为人割去，仅留其蒂于棚上”，故栗薪之上已只瓜蒂，而无瓜，因此《尚书稗疏》上引之文说：“瓜蒂在栗薪之上”。《尚书稗疏》和《诗经稗疏》所谈都是《东山》诗之事，两处的说法是一致的。据胡之说，则其句为“则瓜苦在栗薪之上”，因为“‘瓜苦’即谓‘苦瓜’。”这里，第一，其解释与船山的疏述不符；第二，以“瓜苦”作“苦瓜”，强使它成为名词，似乎也很霸蛮。因此，他的意见是不对的。

本册共改正错、漏、衍文三十六字（异体字如陈阵，不规范字如凳凳、简化偏旁如闳閎等未算在内）；

改校记四条。

# 第三册（《诗》）重读记

一、初版所附《船山全书第一至十五册（第一版第一次印刷本）勘误表》所列本册之字误、校误、标点之误共八条，均已早于1996年第二次印刷本中改正。

二、胡《书》勘本册之误者共三十一条，又文一篇。其中已见于《勘误表》并于1996年早已改正者五条；所勘无误而据以改正者三条；所勘虽非正确而借以发现原校记文字不够周密，加以修饰使更周密者二条；其余二十一条及附文一篇均属错误，皆自以为是而不自知其非是者也。细目如下：

（一）所勘无误而据以改正者三条：

1. 页一五〇改校记中“嘉恺抄本”字样为“曾氏抄本”字样。（胡书108条）

2. 页二一八去万舞之专名号。（胡书111条）

3. 页四〇六去祈父之人名号。（胡书127条）

（二）所勘虽非正确而借以发现原校记文字不够周密，加以修饰使更周密者二条：

1. 页四三四“祛”“袪”之辨。（胡书131条）

2. 页四六五“为妻爨食豕如食人”指出此句出处及诸本之误。（胡书132条）

（三）其余二十一条及附文《十年方悟一读讹》均属错误，附文实十年亦未悟一读讹也。

三、全书随处修饰，留有可记者三端：

（一）原校记有文字不达处，加以改进，页七五有一条；有版本记载重复处，查清后加以删除，页二五五有一条。

（二）原书正文二字小标题之间，皆空一格，易滋淆混。今皆除空，且亦与目录之所载一致。

（三）正文中小注、注码与其上下文大字之间太挤者，今俱加空，这样可好看些。

# 第四册改正记

页三一　去多余书名号（自）

页四四　改形误字褻为䙝（胡）

页三九一　改形误字账为赈（自）

页四四七　题肩，鹰也。句加逗。（胡）

页九〇六　“兆”引号缺，加（自）

页九五二　声，谓咏叹淫泆。句号缺，加（自）

页九六四　大夫，讣于同国，适者，曰某不禄，破句（胡一陈）

页一四一二　妻为其父母，以夫故不贰，斩降而齐衰期。破句（胡一陈）

页一四六一　圮改圯，形误字（胡）

页一五三五　“于旅也。语，可以语也。”破句。（胡一陈）

页一五三六　删校记“湘人虑、类音同”之句（自）

凡改正十一处，错字三，误句四，补标点二，去标号一，改校记一，内据胡书改六处，自改五处。

# 胡书勘第四册小计

共四十三条，可采六条，不通、不是或不予采者三十七条

可采者：

137 条　褻字换亵（胡）

151 条　题肩鹰也。肩下失逗号（胡）

163 条　断句错误，大夫讣于同国，适者曰：某不禄（胡）

169 条　断句错误，妻为其父母，以夫故不贰，斩降而齐衰期

173 条　圮字误圯（胡）

176 条　断句错误，于旅也“语”，可以语也（陈）

胡所勘误为二形误之字，一失标之逗，陈为三破句。

不通或不必采者三十七条。

# 《船山全书》第五册重读记

本册含船山《春秋》类著作四部：《稗疏》、《家说》、《世论》、《续春秋左氏传博议》。凡六百二十五页，四十三万字。1993年初版，1996年第二次印刷（以下简称此本为“二印本”）。二印本较之初版第一次印刷本不同之处，即在《全书》第十六册出版时，其末附有《第一至十五册（第一版第一次印刷本）勘误表》，列举各册已发现之错误，其中有第五册之错误十二处，在二印本中均已改正。此次重读者即为此二印本，而仍以此《勘误表》及胡渐逵《船山全书点校勘误》一书置于座侧，至相关各处即仔细复查研鞫。重读之结果如下：

（一）下述一条非常重要，故置于首，如下：

书中常有“见本册某页某行或某页某注”之参见注记，均已有红笔提示，务请于将来新版校对时认真细心逐一核对。此类一共九处，其现页码如下：三四，四八，一〇〇，一九二，三七九，三八〇，三九七，五三六，五三七。其中第一九二页之参见注记为“前页注㊀㊂㊃㊄”，没有㊁，红笔提示曰：“注意是否‘前页’，如已非前页，请告编者改字。”第三八〇页共有参见注记凡三，其中一处为“见第一五八、一六三、一九七、二五四各页校记中转引刘毓崧校勘记各条”，红笔提示曰：“弄不清楚时请找编者。”尤请特别注意。

（二）第十六册《勘误表》所列本册之误十二处，在二印本中确已改正。

（三）胡氏《勘误》一书列举本册之“误”二十条，正确者四条，不正确者（即胡氏自己之误）十六条，具体分析见后。

（四）改正错字及改写校记者四处：

①因原校之误而重写校记者一处，见页二一，正文：“杜氏、范氏皆以为氐羌之别种”，原校记误“范氏”为《后汉书》作者范晔，李若晖先生指出应为《穀梁传》注者范宁，是。于是重写有关校记。

②原校记须加入新的内容因而改写者一处，见页四二，正文：“宣公名倭”，原校记出别本异文名俀。李若晖先生指出从“委”声与从“妥”声之字古多通，是。于是加入此意，改写原校记。

③改正正文误字并因而改写有关校记者一处，见页三七一，正文：“蠭豸之营”，原校记仅列蠭字异文蟲。李若晖先生指出蠭字实误，应为蟲字，是。乃据改正文，并改写校记。

④改正文笔画不规范之字一处，见五〇一页，正文：“老眮杨朱”。胡氏指出眮应为聃，是，即改正。按本册聃字非一，如页五四八“仲尼奚问乎老聃”，页五八七“老聃孕八十”，聃字均不误，独此处则笔画苟简，字不规范，当时校对失察，自难辞咎。

以上四处，皆出于胡氏《勘误》一书，即前文所谓其书“列举本册之‘误’二十条，正确者四条”。但此四条中之三条实皆胡氏转录李若晖之言，只“眮”字不规范一条属胡。简表如下：

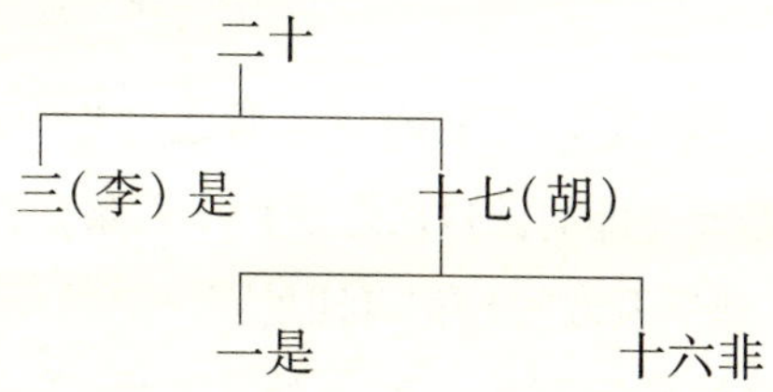


至于胡氏以“勘误”名其书，而正确之勘竟如是之少，本身错误者竟如是之多（一比十六）！则其原因已屡述于以前各册《重读记》中，不外知其一不知其二、思想方法主观片面、意气用事故意找岔等。兹亦从其自误之十六条中举例说明如下：

例　一

（凡二条，又附第一册之胡“勘”一条）

第五册

（十三）春秋稗疏（底本：金陵本点校稿）

（178）此《春秋稗疏》从目录至正文九三页六十八个“邱”字均当作“丘”。

（十四）春秋家说（底本：嘉恺抄本）

（182）此《春秋家说》“丘”误作“邱”十二个。

胡氏以上二条，可谓大刀阔斧，一言判决，不容二话。关于丘、邱之辩，胡《书》共勘“误”二十五条，而其理由则具见于其第一条即《全书》第一册之一条中，而于其余二十三条则仅碎割前义，简单批判（其实本可不再赘说，而胡仍累词迭句，重复称引，则除增加篇幅、浪费纸墨外，已无其他作用）。兹附其第一册之一条如下：

（70）奠海岳邱原于下（船山传文）

（《系辞下传第二章》一〇三六页十二行）

逵按：清人叶名沣《桥西杂记》云："雍正三年，奉上谕，孔子讳，理应回避，令九卿会议。九卿议以凡系姓氏，俱加阝（邑）为邱字；凡系地名，皆更易他名；书写常用，则从古体作乢字。议上，上谕：'朕细思今文出于古文，若改用乢字，是未尝回避也。此字本有期音，查《毛诗》古文作期音甚多。嗣后除四书五经外，凡遇此字，并加阝为邱，地名亦不改易，但加阝旁，读作期音，庶乎允协，足副尊崇先师至圣之意。'"据查，明代不避孔丘名讳。我们知道，整理古籍就是要求是存真，尽量保存古籍原貌。王船山一生忠于明王朝，反对清王朝，因此，他是只避明讳、私讳，决不避清讳的。藏于湖南省博物馆的船山《噩梦》手稿，其"讥作丘甲"、"核实四丘之田为一甸"的"丘"均不作"邱"，即是明证。（见《全书》第十二册五五二页二行）《全书》第十五册二二七页所录船山手述"自题墓石"，及二二九页所录出土墓石所刻船山"遗命墓石"，其"幸全归于兹丘"的"丘"字，亦均不作"邱"，又是明证。且该册二二八页所录船山逝世前三年的己巳（清康熙二十八年，即1689年）九月朔书授其长子王攽中，船山特别郑重告诫："止此（自题墓石）不可增损一字……背此者自昧其心。"更何况船山死于1692年，距雍正三年（1725）还有三十三年呢？故此处"邱原"之"邱"，乃清嘉恺抄本避清讳之字，大乖船山原意，故当遵船山原意作"丘"。（关于不当改"丘"为"邱"造成的不良影响，请见本书76条之末附录的拙文。)

丘之与邱究竟关系若何？二字到底有何区别？查《汉语大字典》“丘”字条，有高土、坟墓、废墟、邑里、大、空、聚、古代地积单位、田丘、姓氏等十个义项。又查“邱”字条，其义项①云：“地名用字。《说文·邑部》：‘邱，地名。’邵瑛群经正字：‘今经典凡地名俱作丠（丘），如章丠、营丠、商丠、楚丠……之类，据《说文》当作邱。其作丠者，乃丠陵、丠隰、丠垄也。今混用无别。”又义项③云：“同丘。孔子名丘，因避讳，清雍正三年上谕除四书五经外，凡遇‘丘’字，并加‘阝’旁为‘邱’。”（按此下尚有‘丘’作小山、坟墓、废墟、州名、姓氏各义，广引自《周官》至《文明小史》等古今书籍，俱用‘邱’字各例，兹略。)

事实上，丘、邱通用假借，自古已然。下面更附高亨先生纂著的《古字通假会典》有关二字通假之一段以为佐证：

【丘与邱】《诗·小雅·绵蛮》：“止于丘隅。”《礼记·大学》引丘作邱。○《礼记·月令》：“坐丘垄之大小高卑。”《淮南子·时则》丘作邱。○《左传·昭公二十年》：“梁丘据与裔款言于公曰。”《晏子春秋·内篇·谏上》梁丘据作梁邱据。○《战国策·秦策三》：“至葵丘之会。”《史记·范雎蔡泽列传》丘作邱。○《战国策·齐策一》：“粟如丘山。”《史记·苏秦列传》丘作邱。○《淮南子·诠言》：“至德道者若邱山。”《文子·符言》邱作丘。

（高书《之部第十一上·丘字声系》，齐鲁书社 1989 年版，第三八六页)

以上举资料对照胡氏将雍正三年上谕为判断丘、邱正误唯一标准之《逵按》，即可见其逻辑之混乱与思想之胡涂。试问：殁于清康熙三十一年（1692）、下距雍正三年（1725）尚有三十三年之久的船山先生，又何从知道雍正有不许写“丘”之谕而“决不避清讳的”？再问：胡氏又何据而断言“‘邱’乃清嘉恺抄本避清讳之字”？（按嘉恺为船山五世从孙，即船山之兄介之先生之五世嫡孙，其所录船山著作不止一种，皆工楷端书，十分忠于船山原文。《全书》均有考定，见于相关各册之《编校后记》。）胡氏之信口开河，既妄言船山不避清讳，又厚诬嘉恺乃避清讳，实在有欠慎重。（至其末句括弧所述不当改“丘”为“邱”之“拙文”，亦是一无是处，这里暂不枝蔓。）

或问：那么船山书中丘、邱并用，这又如何解释呢？答曰：这须稍知古人之写作习惯。尝见宋陆游（务观）有一则笔记即言及此事，其《跋前汉通用古字韵编》云：“古人读书多，故作文时偶用一二古字，初不以为工，亦自不知孰为古、孰为今也。”（《陆游集》，中华书局1976年版，第五册，第二二五五页）除此之外，还有一个写作用字定势定式的实际情况，如胡氏所举“讥作丘甲”，自春秋成元年有“三月作丘甲”之文，后世于其字无不用“丘”，船山自亦沿用。因此，认为船山用“丘”就是为了“不避清讳”，是十分错误的。对于此种有关古人写作的复杂因素，胡氏似乎概不之知，则无怪《逵按》之如此片面武断甚至荒唐可笑了。

那么，处理丘、邱二字，究竟如何而可？答曰：无非据底本，列异文；也有视上下文情况而必须改字者，则亦不废灵活，但这是个例，百不得一，非胡乱斫杀者所得借口也。

（附：胡书对“邱”勘“误”之二十五条如下：70，85，87，136，139，167，172，175，178，182，198，266，281，304，314，316，322，323，332，388，393，395，396，408，418）

例　二

（凡二条，又附第二册之胡“勘”一条）

（187）宋高以称臣于女直（船山家说文）

〔同上（三）三五八页八行〕

逵按：此处底本嘉恺抄本“女直”之“直”当作“真”，请参阅本书第93条。又此《春秋家说》三六三页九行“非有契丹女直鞑靼之各类而不相下也”之“女直”，亦当作“女真”。

（192）此《春秋世论》“女直”当作“女真”共四个：四二九页四行一个、四八三页四行一个、四九一页八行二个。

胡氏勘“女直”为“女真”之“误”者凡十条，其理由具见于最初之一条即第93条中，如下：

（93）女直、蒙古之乱也（船山引义）

（《禹贡》二七九页十四行）

逵按：满族于周代称肃慎，汉、三国、晋称挹娄，南北朝称勿吉、隋唐称靺鞨，自五代起，始称女真，女真后属辽。宋人洪皓《松漠纪闻》曰：“女真即古肃慎也……五代始称女真……其后避契丹讳，更名女直。”注云：“契丹之讳曰真宗。”宋人宇文懋昭《大金国志》卷首曰：“金国本名珠噜准，蕃语舌音，讹为女真，或曰鲁尔锦，避契丹兴宗名，又曰女直。”清代名家钱大昕《廿二史考异》卷八十三曰：“辽人谨于避讳……女真改女直，避兴宗讳也。”改女真之真为直，避讳学称为缺笔避讳。我们知道，一生忠于明王朝而反对清王朝的王船山，是决不避清讳的。因此，为了恢复船山手稿原貌，此处的“女直”，当改为“女真”，今作“女直”，是大乖船山不避清讳的原意的。

此段《逵按》啰嗦拉杂，堆砌资料而皆无助于论旨，浓缩之则无非两点：一、清讳“女直”而不讳“女真”；二、故须“恢复船山手稿原貌”，将“女直”皆作“女真”。一是前提，二是结论。

但是，关于此类历史问题，其实是很不容易论述的。若仅凭耳食之只言片语，遽作想当然之论断，自然漏洞百出，难圆其说。今为稍事检寻，述其源流如下：

按“女直”本是沿袭历史之旧称。上世纪明清史专家孟森先生所著《满洲开国史讲义》有《女真总说》一讲，其《明清史论著集刊续编》又有《女真源流考略》一篇，撮记其要点则为：

（一）女真即古肃慎族。肃慎之名始见于《史记·五帝本纪》，与汉族来往，累朝不绝，名称不一。至辽，因避兴宗宗真（胡书误为“真宗”）名讳，改曰女直。《辽》《金》《元》三史皆作女直，至于明代则杂据南北朝之史文，称女真、女直不一。

（二）清代讳言女真。清太宗天聪九年下令禁言女真，改号满洲。翌年天聪十年改元崇德，并改国号为清，从此又讳言后金。盖当时已视明室为敌国而必可取，女真固以夷族而不屑居，金亦以偏霸而不欲绍其统矣。此实有清一代掩讳女真之本衷。观其钦定之书，若字典注文，所收名词甚富，而“女”字“真”字“直”字之下皆无女真、女直之词；《佩文韵府》中亦不收女真、女直之条，其不欲自名女真之意可见。（然据清人张廷玉等所撰《明史》，其卷四十一地理志中仍有“置兀者野人乞倒迷女直军民府”之语，可见于“女直”之历史旧称亦不能废。——笔者按）

由上可见，胡氏《逵按》所谓清讳“女直”不讳“女真”、“船山手稿原貌”皆作“女真”等两个推理，皆是信口开合的无稽之谈。所引材料，已并其前提、结论一概粉碎而无余了。所有船山著述中之“女直”“女真”诸词，当据其底本，一仍其旧，而绝不能如胡氏所判之“当作‘女真’。”

（附：胡书对“女直”一词勘“误”之十条如下：93，94，160，187，192，265，270，280，301，303）

例　三

（凡七条，涉及胡“勘”中之文字取舍问题）

按胡氏校勘文字，其思路理致，每每违异常情，故意标新立异。其弊可归纳为“二滥四不当”，即：

（一）舍熟悉习用之字，而取冷僻罕用之字；

（二）舍经典固定之字，而取篡改经典之字；

（三）舍关涉句义之字，而取无关句义之字；

（四）舍密洽上下文之字，而取乖离上下文之字。

而滥用所谓同音通假、变文避复之法，强词夺理，助成其说。观本组各条可知。为行文之便，举例不复依其原书条次。

（191）呜呼！白头之新㊁，倾盖之故（船山世论文）

㊁“新”：守遗经本、金陵本作“亲”。马《校》：“抄本‘亲’作‘新’是。”按《史记·邹阳列传》邹阳狱中上梁孝王书：“语曰：有白头如新，倾盖如故。”抄本语本此。（校记）

〔僖公（二）四一五页十二行并页末校记㊁〕

逵按：此处二刻本作“亲”不误，所以然者，亲通新。此于古籍有证，如《韩非子·亡征》：“亲臣进而故人退，不肖用事而贤良伏。”王先慎集解云：“亲读为新。”王氏所言“读为”，乃假借之意。段玉裁云：“读为、读曰者，易其字也。易之以音相近之字，故为变化之词。”（《周礼汉读考·序》）又如《左传·僖公三十一年》：“晋新得诸侯。”唐《石经》新作亲，均是其证。亲其所以通新，乃因古音之亲，清母真部，新，心母真部，二字清、心旁纽双声，真部叠韵，故以音近可通。

今按：此条马（宗霍）《校》是，《逵按》全非，不能以“亲”通“新”而掩其所“勘”之误。盖《史记》“白头如新，倾盖如故”之义，前句谓两人虽久交至于白头，而竟互不相知，一如新交；后句谓两人偶然路遇，倾盖（两车车盖接近）言谈而立即相知，犹如故友，以喻了解不易，知己难求。可见，即使仅从字面看，“亲”是不能代“新”的。然而船山此句还有下文，一并重录如下："呜呼！白头之新，倾盖之故，诚不以富，亦只以异，孰能酌于理，审于度，以无惊异于新，狎侮于故者乎?""新""故"前后凡两对。胡氏未看下文，只改第一对中之"新"而置第二对中之"新"于不顾，不但卤莽，亦复可笑矣。

（184）……高卧以从容于事外，其力劲矣……力竞㊁而不以免君于死……（船山家说文）

㊁"力竞"：守遗经本、金陵本同。疑当作"力劲"，与上文"力劲矣"一致。（校记）

〔同上（二十）二六四页五、六行并页末校记㊁〕

逵按：此处"力竞"之"竞"，底本嘉恺抄本及守遗经、金陵二刻本均不误；所以然者，此"竞"乃强劲之意。"竞"作强劲之意古籍多例，如《左传·襄公十八年》："师旷曰：'……又歌南风，南风不竞。'"注云："竞，强也。""南风不竞"，意即南方的曲调不强劲。（沈玉成《左传译文》三〇一页）由此可知，"力竞"即"力劲"。然则此处何以不如编者所云："当作力劲，与上文'力劲矣'一致"呢？这是因为，船山于此处着意用"力竞"，以求与上文的"力劲"变文避复，从而使行文措辞，显得错落有致。编校者疑此处上、下文均当作"力劲"而归于一致，是不明变文避复，此即所谓疑其所不当疑者也。

此为胡"勘"又一前后不搭、卤莽可笑之显例。按船山于此之相关文句为："高卧以从容于事外，其力劲矣。立于事外而祸不及，其望重矣。厉弑周立，厥执政，匄继之，栾荀不相忌而相报，其情同矣。力竞而不以免君于死，望重而不为止其恶，情同而巧避其名，之四人者，无一而可减矣。”可见力劲、望重、情同三词必须前后一致。《全书》以无别本可证而只置疑于“竞”之或误，是其慎也。胡氏以为是“疑其所不当疑”，力主“竞”字不误，而且全无根据地说什么“船山着意用‘力竞’”，“是为了与上文‘力劲’变文避复”，“从而使行文措辞显得错落有致”云云，真如一片梦呓之言，不知该如何予以评说了。

(194)《书》曰：“(如)[若]㊂火之燎于原，不可向迩，其犹可扑灭。”(船山世论文)

㊂“若”：抄本与守遗经本同作“如”，金陵本作“若”，与《书·盘庚上》同，今据改。(校记)

〔成公（四）四六三页八行并页末校记㊂〕

逵按：此处抄本、守遗经本之“如”，与金陵本之“若”，均为如同之义，可谓尽人皆知，既然如此，编校者又何必硬要以金陵本及所见《书·盘庚上》之“若”，改底本抄本之“如”呢？且《书》之“若”，其他古籍引作“如”者甚多，如《书·微子》：“若之何其？”《史记·宋微子世家》即引作“如之何其”。《书·康诰》：“若保赤子。”《礼记·大学》、《荀子·富国》即引“若”作“如”。而《书》之“如”，其他古籍亦有引作“若”者，如《书·秦誓》：“如有一介臣。”《礼记·大学》即引作“若有一介臣。”既然如此，《书·盘庚上》之“若火之燎于原”，船山引作“如火之燎于原”，又何误之有？

（195）仅得伯骈㊀之一屈（船山世论文）

①“伯骈”：守遗经本作“百骈”，金陵本作“百軿”，均误。马周失校。按伯骈为郑大夫，晋以郑从楚围郑，郑使伯骈行成事，见《左传》襄十一年。（校记）

〔襄公（四）四八四页十二行并页末校记㊀〕

逵按：此处底本嘉恺抄本之“伯骈”，守遗经本作“百骈”，金陵本作“百軿”均不误。何以？其一，春秋战国人名，有作多种形体者，如曹沫又作曹刿，又作曹翙，荆卿（荆轲）一作庆卿，即是其例。其二，以音韵论，古音之伯、百均帮母铎部，故以双声叠韵可通，骈、軿均并母，故以双声属音近通假。以义而论，《说文·马部》：“骈，驾二马也。”指二马并驾一车。《车部》：“軿，辎车也。”古代指一种有帷幕的车，其车由马拉着。由此可知，骈字因指二马并驾一车，故从马取义；軿字因指马拉之辎车，故从车取义。而骈、軿二字之右又均从并得声，故二字于义可通。正因为骈、軿二字音义可通，故朱起凤于軿车、骈车作按语云：“骈、軿声转义通。”（《辞通》卷三之六鱼）至于百通伯，则古籍例证更多，如《逸周书·克殷》：“武王使尚父与伯夫致师。”《史记·周本纪》“伯”作“百”。又如《韩非子·说难》“伯里奚”，《孟子·万章上》作“百里奚”，又是其例。综上所论可知，嘉恺抄本之“伯骈”，“守遗经本作‘百骈’，金陵本作‘百軿’”，均不误。

（197）栾武子曰：“善（均）［钧］㊀从众。”（船山博议文）

㊀“善钧从众”：“钧”字据《左传》原文改。按本篇两引《左传》此句，一作“均”而一作“钧”，自当据原文统一。又守遗经本两引皆作“均”字，金陵本似改其一而遗其一也。（校记）

（栾武子还师五四九页二行并页末校记㊀）

李若晖说：底本此处引栾武子语，作“善均从众”，其“均”不误，故编校者毋庸“据《左传》原文改”作“钧”。

逵按：李说是。何以？《左传·成公六年》：“武子曰：‘善钧从众……’”杜注：“钧，等也。”杨伯峻注：“钧同均，善均等，始取多数之言。”沈玉成《左传译文》译“善钧从众”，作“同样是吉祥善良才听从多数。”由此可知，此“善钧”之“钧”同“均”，乃均同之意。底本金陵本“本篇两引《左传》此句，一作‘均’而一作‘钧’”，乃因着意变文避复。并非“改其一而遗其一也”。“守遗经本两引，皆作‘均’字”，则与船山稿本相符。何以？所以然者，船山因避明神宗万历帝朱翊钧名讳，故引《左传》栾武子语“善钧从众”之“钧”作“均”。

按以上三条，前两条见《世论》，后一条见《博议》，皆船山著明经典直接引用或间接称述之文，诸本字有异同，自当以经典为准。胡氏以为可以随意改易经典原字，实属轻率，故皆错误。如194条以为《书·盘庚上》“若火之燎于原”可以引作“如火之燎于原”，197条以为《左传》“善钧从众”可以引作“善均从众”。（此条又以底本“一作‘均’而一‘钧’”为船山“着意变文避复”，又以作“均”为“船山避明神宗万历帝朱翊钩名讳”，繁词冗辩，皆逻辑上所谓“证明过多”，无益于事者也，避讳云云，尤不正确，于此暂不枝蔓。）至 195 条《全书》据《左传》原文以伯骈为是而以百骈、伯軿为非，胡氏以为“春秋战国人名，有作多种形体者”，又以百可通伯，軿可通骈，遂力主百骈、伯軿实皆不误，累累数百言，然竟未能举一何书可见百骈、伯軿之实例。设有读者以此为问，试问胡氏将何以答之？

（189）……争天下之所必争，而多得怨恶于宗周之肺腑㊀。（船山世论文）

㊀“肺腑”：各本同。今按：当作“肺附。”《说文通训定声·泰部》：“肺，假借为柹。”《读书杂志·汉书第八》：“肺附皆谓木皮也，《说文》：‘朴，木皮也；柹，削木札朴也。作肺者，假借字耳。”又：“肺附，语之转耳。言已为帝室微末之亲，如木皮之托于木也。今本‘附’作‘腑’，因‘肺’字而误。凡‘肺附’字作‘肺腑’者，皆误。”又卷二僖公第七论有“我与之近托肺附”之句（见第四二三页第十行），守遗经本、金陵本亦均误为“肺腑”。（校记）

〔桓公（四）三九七页十二行并页末校记㊀〕

逵按：此处及校记中所言卷二僖公第七论守遗经本、金陵本之“肺腑”不误。所以然者，肺附一作肺腑，乃喻帝王之亲属亲戚。此于古籍有证，如《史记·魏其武安侯列传》：“上初即位，富于春秋，蚡以肺腑为京师相。”武安侯田蚡因系“孝景（刘启）后同母弟”（同上），故“以肺腑为京师相。”何谓“肺腑”？《史记正义》引顾野王云：“肺腑，腹心也。”又如《后汉书·刘般传》：“时五校官显职闲，而府寺宽敞，舆服光丽，伎巧毕给，故多以宗室肺腑居之。”又是其证。由此观之，岂可谓“肺腑”误哉？

今按：王念孙《读书杂志·汉书第八·楚元王传》“肺附”条，据《说文解字》求得“朴柹→朴肺→肺附”之推衍源流，以证“肺附”之是与“肺腑”之非。凡《史记》《后汉书》所见“肺腑”字，皆其所已证误者也。胡氏未有新的论据，而仍以王氏已证误者谓是，絮叨无已，诚所谓“天下不取而强聒不舍”者矣。

（185）……乃抑兼周以为道，是故不登立谈之相，不庸[二]羁野之臣，而国犹有与守。（船山家说文）

[二]“庸”：守遗经本、金陵本作“容”。马《校》：“抄本‘容’作‘庸’，是。《说文》：‘庸，用也。’”（校记）

〔定公（十一）三五〇页十四行并页末校记[二]〕

逵按：此处底本抄本作“庸”固然是，但二刻本作“容”亦不误。所以然者，此“不容”之“容”通“庸”，用也。“容”通“庸”表“用”义古籍有证，如《老子》第五十章：“虎无所措其爪，兵无所容其刃。”俞樾平议：“言兵无所用其刃。”又如《吕氏春秋·审时》：“是以人稼之容足，耨之容耨，据之容手，此之谓耕道。”其“容”均为“用”意。容其所以通庸，乃因二字古音均余母东部，故以双声叠韵可通。由此可知，马宗霍先生校记以为此处刻本“不容”非，实乃误校。

今按：无论阅览古籍或评骘先贤，贵在体察国情，圆融解悟。胡氏以为马宗霍先生既以“庸”为是，则必以“容”为非，而不知其间之解读空间正复广大。夫通儒如马氏岂不知“容”可通“庸”，顾待后生小子如胡氏者来教以“容”“庸”可通之常识哉！于此胡氏以为何如？如仍未悟，尚祈再思三思之也。

## 例　四

（凡二条，皆属故意找岔、没事寻事之类，较上述三组各条为尤苛也。）

（193）呜呼！此夫言有似得而不可效，道有似适而不可行者也㊀。（船山世论文）

㊀“也”：守遗经本、金陵本作“与”。（校记）

〔文公（一）四三一页四至五行并页末校记㊀〕

逵按：此处底本嘉恺抄本句末之“也”，乃表感叹之语气词，故句末当用感叹号。二刻本句末之“与”同“欤”，也是表感叹的语气词，故作“也”作“与”，均是一样，毋庸出校列异。

此条涉及语气与语气用词之辨。船山此段《世论》先谈道理，再陈事实。道理是：“夫言有似得而不可效，道有似适而不可行。”事实是：晋文公、晋襄公求急霸天下而暂不利，于是或将有“承急者莫若以缓”之言。船山则以为不然。他审时度势，以为当时正不应缓而应急。他举诸葛亮之事为例：“诸葛亮因先主之殂而遽罢吴师，其终也，北不得之于魏，而东已丧之于吴。”他以为诸葛亮当时实应急图进取，不宜采取“缓”（即慢慢来）的策略。同样，遭遇挫折的晋文、晋襄也应急图进取，不宜“承急以缓”：“呜呼！此夫言有似得而不可效，道有似适而不可行者也。”这一结论用“也”断句，是断言，是叙述句；如用“与”（欤）断句，则是问语，是疑问句了。胡氏漫不区分，以为“作‘也’作‘与’均是一样”，甚且“毋庸出校列异”，盖亦未看整段文章，故有似此昏瞀之论。

(180) 公次于滑（文题）

此条胡氏指摘初印本中的一个错误，实则在二印本中已予改正。《全书》第十六册末所附《第一至十五册（第一版第一次印刷本）勘误表》列有第五册之误凡十二条，其第四条即关于此处者也。《全书》二印本出版于 1996 年。胡氏《勘误》一书出版于 2004 年，而置二印本于不顾，仍以八年前之错误作为一条，粗忽甚矣。本条《逵按》长达一千余字，且缠夹不清，遂摒弗录。

胡氏《船山全书点校勘误》一书所勘之“误”如此，而其所勘之无误者只有指出“晌”字笔画形体不合规范之一例，则其书实已自我表明其水平档次，而无待他人之烦言矣。

# 第六册（《四书》四种）重读记

《全书》第一版第一次印刷本第十六册之末所附《勘误表》，列有第六册应予改正者六条，在1996年第二次印刷本中均已改正。但因为第一版第一次印刷本，已发现有一本的第五九三页第二行，其中“则礼未尝不可损益”、“而知人心必于礼得和”及“而舍礼无和”三句，第一、三句的“礼”字皆为空白。似是印刷至于此本而胶片上此二“礼”字皆受磨损或原系粘上而又脱落。那么此本以后所印多本必皆空白此二“礼”字。再版时应注意此问题。（所述缺二“礼”字之本由我保存。）

页四八：“谓汤”，改正：“谓汤”。

页五〇，第五行：“方战之势”，势改势。（胡）

页一〇〇，第四行：“纤”改“纖”（原纟̣为简化偏旁）。

第六行：“故称万子美之以责之”，于“万子”下加“，”，实为两句。

页五六五，末行：“陕从夹，陕从夹”。前一“夹”应改“夹”。（胡）

页七三八，第八行：“云”，小了一号，应改大。

页七四九，第四行：“汉艺文志”，谓《汉书》艺文志，“汉”下曲线应断开。又第七至八行：“而又用沈约韵耶？”原据底本中华本作问句，今据全句语意实为惊叹句，改句末“？”

为“！”。

页七五六，第二行“奂”改繁体“奐”。

页七五九，第一行：“则颜子亦唯不及之为忧，而况子张?”末句原据底本中华本作问句，今据全句语意实为惊叹句，改句末“?”为“！”。又第十一行：“杞人忧天”，原据底本中华本。今按“杞人”之“杞”古书皆作“杞”，或封口作“杞”。《康熙字典》有“杞”字，无“杞”字。其“杞”有数解：㊀读如起，义为植物，如枸杞、杞柳；又义为国别及姓别，如杞国、杞氏。㊁读如似，或读如骇，义为田器，如今之镐、锹之类。(《康熙字典》以前之字书，自汉《说文解字》、梁《玉篇》、宋《类篇》等，亦均只有“杞”字，无“杞”字，其“杞”之释义亦不全备。至《康熙字典》始综合前古之字说而为以上之释义。）民国时期之《中华大字典》仍只“杞”字，无“杞”字，惟将《康熙字典》之“杞”不封口改为“杞”封口。至中华人民共和国之《汉语大字典》始分别“杞”“杞”为二字。读者对此因不明原委，故常生疑惑。其实此处中华本从古，不能谓之错。今从今改为“杞”。

页七七六，第七行：“必不得已而去句”，末字为小字注，须与正文大字空开。下句亦同此改。

页八二五，页注㊀，正文有“念念不忘”之句，底本中华本编辑部原注谓其所据之刻本“念之”原作“念之”，“当是原稿写作‘念念’，刻本讹为‘念之’。”今按：“々”为日文之重文符号，船山似不知有此，即知之亦不用之。现在通用此符号，则是清末民初以来之现象。原稿当是写作“念＝”，第二字为二短横或二小点，快书时中间带丝，即略呈“之”形，遂为刻本所误会。此我国对重字之传统书法也。古人书帖中多有之。幼年习苏髯之《醉翁亭记》碑帖，其“水声潺潺”句，第二“潺”字即作二短横而不书“潺”字。但中华本此注仅在指出“念之”当为“念念”之误，本文后段即又有“念念不忘”之句，证明中华之注是正确的。其关于“〻”字之注自不必吹求指摘。

页八九一，页注：“衡阳王鹏”漏标二专名线，宜加标。

本册，胡渐逵《勘误》一书勘“误”共十六条，其中据改者三条：勢改勢，粤改粤，陕改陕。又有九条指“杞”字为误，其实不误，见本《重读记》前之考证。尚有“邱”应改“丘”一条，“廟”应改“庙”一条，为底本避讳字，均不为改，前已论述，且亦不是“误”。又有“庬”应改“庞”、“谓”应改“为”，二字均从底本中华本，亦不是“误”，胡氏意在找岔凑数，亦列为两条，殊无谓也。

本册修改小语：

一、修改标点符号五处（内标号三处，点号二处）；

二、修改不规范字十三处（勢，缴，陕，奂及九个杞字）。

三、初版二印本已据《勘误表》改正六处。

# 第七、八册（《四书训义》上、下）重读记

第一版第十六册所附《勘误表》关于此书之误凡四处：错字一，标点误、漏三，均已于1996年第二次印刷本中改正。

此次重读改正之处如下：

**册七**，页三一四，“夏后末代”，宜作“夏后末代”。（此条胡书指出。）

页四五二，“今汝画”，汝改正为女。（此字胡指出。）校记：“女，读如汝。”如字原漏，今补。

页四九六，“饮，食之也。”饮正为饭。

页六九〇，校记“此‘婞’盖误字也。”语绝对，删去。

页八二二，校记“‘於’盖语助，无义，如《书》‘于予击石拊石’、《诗》‘於万斯年’是，见《经传释词》。”以上校语未妥，改为：“‘於’盖连词，表示承接，相等于‘於是’，见《汉语大字典》。”按此为《训义》“于以杖叩其杖叩其胫”释于字，即朱熹“而因以所曳之杖微叩其胫”之“而因以”也。胡书以为当据王孝鱼校语于於下补是字，非。

页八四四，校记“犹由同声相通，见《经籍纂诂》《经传释词》。”改：“《经传释词》引庄十四年《左传正义》曰：‘古者由犹二字，义乃通用。’”胡书以为避由改犹，误。

页八六〇，正文非。重排非。

**册八**，页四〇五，易，改易。（此字胡指出。）

页四八一，正文底，改厎。（此字胡指出。按此字有校记，言经文、船山文数用为底，均误，应改厎，余字皆改，而漏其一，此校对之失察，予之咎也。）

页四八六，芑改芑。（此字胡指出。按古书芑均作芑用，犹如杞均作杞用，盖古人自有此书法。如《十三经注疏》中《诗·采芑》是。今改，亦可。）

页四八九，郑，加标号作郑。

贞五〇〇，“孟子之于道，充实其善之量，而见诸作用者，备其光辉，盖已自信其为大矣。”按上句“而见诸作用者”下之逗号，不必；去此逗号，不仅语气紧凑，且主语与谓语合为一句，亦更合语法。

页五二九，校记：“历，守遗经本作宪，而于其旁作一圈，明为避讳而改。按通行《集注》本，其字为历，已据径改。”按，末句“已据径改”过于迫促，且三动词连用不易遽瞭，今改为“已据以径改”，更佳。

页六九〇，经文：“季子闻之曰：‘敬叔父则敬，敬弟则敬，果在外，非由内也。’公都子曰：‘冬日则饮汤，夏日则饮水，然则饮食亦在外也。’”按：季子对“义内”（义由于内，不由于外）有疑，以问公都子，说：“我心知敬叔父，但如弟为尸，则我必敬弟。（尸，神主。弟为尸，即弟在尸位而成为受祭的代理人，按礼应敬之如祖者。）哪么这个敬，就不是由内，而真是在外的了。”公都子反驳说：“你冬天要喝热汤，夏天要喝凉水，哪么难道你对饮食的需要不是由于内，而也是在外的吗?”（翻译参杨伯峻《孟子译注》）以上经文季子说“果在外，非由内也”，公都子说“然则饮食亦在外也”，句末二也字，作用不同。季子的话是判断句，应打句号；公都子的话是疑问句，应打问号。《全书》初版于第二个也字后打句号，误，今改问号。

页七二二，“亦如是而巳。”巳改已（此字胡指出。）

以上《四书训义》（七、八两册）凡改正十五处，其中改错字六，修残字一，补标号二，删、改点号二，修改校记四。

十五处中，为胡《书》指出者六处（错字五，漏标一）。胡《书》七、八两册共“勘误”三十八条，除此六条外，其余三十二条皆误。

# 附录

## 《船山全书》第九册《说文广义》读后记

夏剑钦

本册《说文广义》三卷，系船山关于小学之唯一著作，约二十八万字。此次拜读，以岳麓版第二次印本（1996 年 10 月版）与底本——同治中金陵刻本之童第德校点稿、周大璞校点稿二复印件对校，并间或查阅太平洋刻本及梅季坤校抄且经责编审定之原稿。经四件对比校读，感觉所选底本为金陵本是很妥当的，其中童第德校本校正书中讹误且补船山所未备，更见其功底与优长。然经对照阅读，却发现不少文字和标点与童校底本不符，其中有经抄稿漏误的，有经排版致误的，大概在校对时未能再与底本对校，故隐藏并保留着以下几个方面的问题。

一、原稿中抄错的字，编校中未发现的，如：

二六二页“未知所据”，误作“未知何据”；

二七〇页“离骚者，言己离此扰乱之世”，“己”误作“已”；

二八八页言“攘”字意，“如推排状”，误作“如推排然”；

三三六页“莫口切”，因“莫”字旁有“木”字而误作“木口切”；

次如“�”作“遁”、“姦”作“奸”、“竝”作“并”、

“巖”作“岩”、“沈”作“沉”、“縣”作“懸”、“州”作“洲”、“疎”作“疏”之类，在他书似不为误，而在此专究文字之《说文解字》中，则应是不能随意的。

二、原稿抄漏而编校中未补的字，如：

六八页“元置行中书省于各路”，缺“行”字；

九四页字头原本有“作”字，缺；

一八八页“今人但知有湖广澧水”，缺“有”字；

三四七页“其得姓所自不可攷”，缺“可”字。

三、原稿不误，排版致误而校对时未能据底本改正的，如：

一二六页“虫”（篆本与“也”字相近），误作“蟲”（三个“也”了）；

一八六页“女几山”（又名石几山），误作“女兒山”；

其最突出者，为《说文》解字时常用之“从某”之“从”，本书自二五〇页至二九八页，“从”误作“從”竟达一百四十处。次如“葢”作“蓋”十二处，“气”作“氣”二处，“尔”作“爾”五处，“于”作“於”三处，“繇”作“由”二处，“袀”误作“袀”四处等。

四、在他书难言抄错，而在本书不宜改用有碍文义的后起字，即原稿不该改字，此次重印应当恢复原貌的，突出者当为“艸”字（改为“草”）计五十一处。次如“袠”改“袟”三处，“韻”改“韵”、“詞”改“辭”各一处。

五、标点符号使用不当或疏漏的问题，拟分四方面来说。

一是冒号与引文及引号内的句号关系处理不规范，而当删冒号的，如页一一七、二〇五、二七六，三〇〇、三三五等。又引号内的标点当改在引号外的，如页一一〇、一五六、二三七等。

二是本书使用分号较烦，以致两单句之间或本一顺道来，中不当分，甚至后面还有结论不便归于后一分句的，也都用了分号，有碍文气贯通，拟改逗号者，如页一四二、一九四、二〇七、三五一、三九四等。

三是古籍中正文与注文一般字体大小不同，按惯例应正文、注文各自成文，分别标点，而本书多正文、注文标点交叉，以致出现正文无标点，需与其下注文共用标点（小字大标点）的现象，此次重印当统一体例改正，如页二三八、二六二、二四六，二八二、三一九、三六一等。

四是书名、人名等专名号未标全或漏的，如页七六、一二五、三五六等。

六、校记文字亦根据实际情况有所改动或删除。如：页七四原校语未忠实于童校原意，今据原作改、补；一〇九页“毌”字底本不误，不当出校，今删；页二七〇校记补童乙正（童校有乙正符号，似未见）；页三六四注文言“船山误记”，似欠妥；页三九六“己巳”二字或手民小误，似出校不典，亦当删。

以上意见，仅供参考，详情请见书中所标，悉请杨老师裁定。

夏剑钦读毕于2005年3月18日草记

又据周大璞先生来信，当在编校后记中补上船山《说文广义》所据之李焘《说文解字五言韻谱》，既便读者知晓，又知今校为何不依今见许书改也。

4月5日补记

# 原第九册重读笔录

原对而重印反误，真觉烦人。如前勒口倒三行“並”第一次印本不误，1996 年二次印本乃反误为“并”（夏改正）

书前插图，二印本均较初印本弥显。此次可要求如此。

第十六册《勘误表》列本册误字二十，二印本均已改正。

胡《书》本册误字八处，编者后记中疑误一处，俱见十六册马积高函指出。胡取马说以为己之所“勘”。

夏本应于《注意事项》写明：“照红笔改，铅笔字不要管。”

如摘录周信，应入目录。

予又读夏，并将其所改处誊于自存本，皆大红色笔，可与向所注记之各色笔相区分。

页五七，佩觿集，此书旧日查过（辞源有条目，四库小学类收入），梅标集，误，审稿时删去。船山句似“集”为书名也。（觿，xī，用以解结的锥。诗“童子佩觿”。以之名书，谓可解决疑难也。

页七四，校记，亦可不改。已改，则亦仍之。末句“云。”删去。

页九一，四“�”字，1989 年一印本不误，1996 年二印本则均误为“�”，真不可究诘也。

页九八，“常、裳二字一也，从巾、从衣”，夏改用红笔，注：“非云二字，一也，乃云二字一样也。”然不必定如此解。

页一一二弜：“弓弦之弦，与琴瑟之弦，一也”，句式同。二改勾去。

页一二〇，妇音阜，母音畝。夏注：注文依例当自成句，故加句号。此事亦查中华等本，其较早者常不自成句，尤其直音、音切等皆不加点。长注有标点，甚至尚有加括弧者。其后乃愈益正规化，如所言“注文当自成句”矣。船山书初有点校，为时甚早。查金陵本，“音阜”“音畝”下尚均加括弧，似系童笔，即旧例也。此二句点，夏既已加，亦不再动，惟不可太泥而大动乎。

页一二五，昭王之昭，初印本有专名号，二印本反无之，不知何故？

页一九六，改“争”为“爭”，又“峥”为“崢”，均尊底本。按当时因印刷厂检字无“爭”及“崢”（但有“淨”），乃迁就之。今既从底本改“争”及“峥”，则本条上页当有五个“⺈”字头（三“瀞”二“静”），当亦从底本改为“爫”字头也。又本条末句“！”似改“？”为当。标点两可者本不愿多动。此“？”亦请复斟酌审定。又页一三五有《静》字条，亦须照改，并目录。

页二四〇　童自“中节”“中用”起一逗到底，故“皆如字读”前亦逗。原稿嫌其逗多，故在“中节”“中用”“中式”下皆句，然后“皆如字读”亦自成句而为以上三句之总结。此处不动亦可。今既动一处，则连带而上面亦动一处也（“当其节也”逗）。

页二七〇，离骚者，言已离此扰乱之世，而作赋以写忧也。金、太本俱已，童校本改己，夏注当从作己，言己遭此扰乱之世也。按此当出校，然查前后无可空行，无法插入一校记，为歉。

页三三四，若书“彝伦攸斁”，初印本“书”有书名号，是，二印本则无书名号。方悟前页一二五昭王之昭，亦初有专名号而二无之。此乃当时书名号、专名号俱用手贴，日久遂脱落。

页三三五二行爨字，二印本是歪的，初印本是正的，盖亦贴上去的字，日久则歪，与页一二五、三三四理同。

页三六一，首行，乾，初印本如是，二印本左下“干”因胶膜移动，上去了一点，“干”首笔与“曰”末笔重叠，遂成“乾”字。以上一二五，三三四，三三五，三六一情形俱微细胶膜移动或脱落致误，可证当日排印校对之艰苦也。以视今日之电脑拼字，不可同日而语矣。

页三七一《颂》首句“皃”字，初印本好，二印本则中横略弯折，似“兒”而仍连，夏改正。岂此一横亦系胶贴耶？真不可究诘矣，又此页校记“诗大雅板”书名号本都分开，二印本则大雅板已相连，其故亦由胶贴移动也。

页三九七，挪，亦系胶粘，初印本好，二印本参差作冃阝。

## 二遍翻毕，记

夏读细密，可佩。其《读后记》备列字句、标点、校记疏误者六目，举例皆当。于此似尚可分为两类，其一为付印原稿之误，其二为依原稿排印后校对失察之误。其属于第一类者皆由杨之不学，属于第二类者亦缘杨之粗心所致。夏所改甚是，有少数几处未尽遵依（页九八，见《笔录》；页一一七，一四八，一五六；页二二四“别”下句号；页二二六初拟从童，再读觉不必，复勾去，红笔均我所为；页二五九首行“笔”下逗号；页二九八夏后、虞司徒“后”，“司徒”所加专名号；页三二一“博雅君子”下逗号；页三四七所加逗号；页三五二所加引号；页三八二所加逗号，又校之所加冒号；页三八三所改“夹”字）；又有少数几处酌予增补（页一三五《静》条“争”旁各字；页一九五《瀞》条，见《笔录》页一九六条；页一九九条；页二五九书眉“葢”；页三四六《篚》条第一字；页三八九《绐》条“葢”字）。然有若干处亦颇似可此可彼、可改可不改者，希夏再斟酌定夺也。

本书所用古体字，有的系请曾东凡同志照金陵本摹写，有的出于印刷厂拼配，人地名及书名号且都用手剪贴，因数十年来湖南出版业从未如此做过，当时颇感烦苦，而犹多处不合标准，有的字难看之至，夏已重写一些，笔画规范，出于学养。此次重印，字体仍为一紧要之役，写样另造及校对改正，皆极繁重，拟请继续着力，俾本册字体正确、悦目。

夏于《编校后记》中所草一段，不拟再加。周大璞先生来书本亦可如童氏《说明》之例，作一附录，惟当年既未录入，此次似亦不必追补。其谓船山所据盖宋李焘据《集韵》所编之《说文解字五音韵谱》，与许氏原书颇有异同，故不宜据中华《说文》改船山原著云云，夏录出，甚是。此意已补入于本册之第一条校记（亦系周氏为本书所作之第一条校记）中，见第六四页。

《全书》各编校后记系当年之作，据一、九两册此次审读，似无大谬，故不拟再动。从一、九两册看，一册有破句四处，错字约十个（包括胡《书》所指在内）；九册无破句，有错漏字十余个（胡《书》勘误并无一条），而其最著者为据本册专研文字书之特点而应予改正之用字不典则、不规范，如夏《读后记》所例示，此皆予不学及粗疏之过，自当据底本一一改正或重造。

平实言之，《全书》初版基础尚可，其余各册，估计亦不需大改，故此次再版重印，拟不再于各册之末缕述该册修改情况，而只于末册加一简短之《再版后记》，作一概括之综述即可。未知以为然否？

# 附录

## 《读通鉴论》校读略记

夏剑钦

此次将岳麓版《船山全书》第十册《读通鉴论》与该书原稿逐字校读，并参阅嘉怡抄本，感到岳麓版较之该书底本中华版，不仅据嘉怡本和前辈校勘记改动五百九十余处，质量大为提高，且因编目、标题等使本书更为完善，更方便读者检读。然经对校，亦发现仍存在一些问题，可归纳为三个方面。

一是明显的错别字七十余处，约七十九字。其中以排版致误而失校者居多，如“姦”误作“奸”十七处，“壸”误作“壶”九处。又如“穀”误作“穀”六处、“鉉”作“铉”六处、“並”作“并”五处，则错误性质相同之一字多处也。

二是此书底本标点好用分号，以致两三单句之间、或数句並并列后加一结语、或本当句号之后另起者，均滥施以分号，今仅择其明显不规范者，改动十多处。又引语前有冒号与无冒号，当影响引语收尾之句号加在引号内或引号外，此书违反规范情况多处，这次亦酌情纠正。

三是专名号有遗漏或不当加者，约十余处。

此外，尚有全书一共同问题，即按编书通例，目录后的正文页码当从一计起，而此书与《船山全书》之其他各册，似均为正文起始页码接目录页码，如《读通鉴论》正文从第六七页起。窃意此不仅不合通例，且校读中即发现与中华本页码相差甚远，颇为不便。又此书铅排字，字体不一致和排得不直（曲折成行）以及字距不一的情况亦相当严重，既影响阅读，又欠美观。此类问题，似当考虑全书重排，以便统一改过来，使全书更臻完善。

夏剑钦 2005. 9. 28

# 《鉴论》重读记

《鉴论》为昔年旧校，此次经夏审阅后，我只逐页翻过，注意红笔勺改之处，偶亦扫瞄而已。乂取第十六册《勘误表》，一一查对所列初印本诸误。又取胡《勘误》书，一一读其所勘。零碎札记，拾遗补缺也。

页二，目录，《斩丁公忘恩非易》，“易”当为“义”。正文标题是，据改。

页一〇八，“甚矣夫论史者之惛惛也！”夏于“矣”下加逗。按此逗不必加，如加，亦当以“苙矣夫”为短句也。

页一四六，“旅之象曰：……。离，明也；艮，止也……”夏铅笔指离、明字，“加卦名?”按旅，艮下离上。此处以组卦释旅之象，艮、离当有卦名号。中华本原有。

页一五五，《四》首句：“严延年劾奏霍光擅废立无人臣礼”，夏于“立”后加逗，批云“当加逗号”，然一气读下，觉不必。查中华本，亦未有逗。按古文标点亦常随诵读语气而施，遂去之。

页一八二，“况杨复恭之以家奴而门生天子乎！”夏改“杨复恭”为“仇士良”，批：“此当据通鉴改正，出校。”按船山此句述唐昭宗事，“杨复恭”字下原有校记，云船山本作“仇士良”，刘毓崧《校勘记》指其为“记忆之误”，当作“杨复恭”，金陵本已据改，交代清楚。今复查通鉴昭宗纪龙纪元年，杨复恭持援立功，所为多不法，上意不平，孔纬曰：“复恭陛下家奴，乃肩舆造前殿……非反而何？”“家奴”云云，言复恭为宦者子也。若仇士良则在宪、穆朝，亦揽权不法，然非“家奴”也，故刘毓崧谓为误记。刘校是，作“杨复恭”不误也。

页一八四，添“因据嘉怡抄本补”一句。然《全书》据中华本，中华本据嘉怡本已补，故不必添此说明。（舒士彦记，有总交代）

页二〇一，“宜未可与当并论（者）也”，“者”，夏：“依嘉怡抄本增。”按此“者”舒氏当年似亦斟酌，故中华本无之。今读上下文，亦以为此句无“者”语气似更紧凑也。

页二〇六，校记转载刘毓崧《校勘记》，改“涕泣”为“涕泗”，又改“证”为“證”。（此系旧年所作注记，今亦未复查也。“涕泗”字本书有之，见页八一五第二行。）

页二一三，“爰曾”，人名号不全，补足为爰曾。

页二三三，“若夫天下已定……；于斯时也……”夏改分号为句号批：“当句后另起。”按“若夫”语气未完，待下补足，改句号似未尽善，索性改分号为逗号似更觉一气贯串。

页二四九，句号，夏铅笔改“？”，批：“当是问句。”按此改极佳，用红笔显之。“可以为王者师乎？……抑有其人而光武未之能庸也？”叠问。中华本前句“？”，后句“。”，付印时未能改善也。

页二六四，“三”之第二段末：“而实不获已以徇母之私也。”铅笔：“己（当作已）原稿作已，似误”。按“已”字不误，“不获已”获“不得已”也。

页二七〇“尽信书则不如无书”，铅笔：“中华本不标，泛指亦可”。按：既已标，则亦不必再动。此类所谓无可无不可者也。

页三二五，“陿”，红笔改“隘”，批：“似当依嘉怡本改。存疑。”按陿＝狭，义同隘。既据中华本，不必改从嘉怡本矣。

页四八〇，“公王带”，夏改王作玉，批：“据原稿当改。”按此字当作玊，一点在上，玉有瑕也，读 sù。中华本作玉，误。付印时据嘉怡抄本改玊。工人仍排作王，而未校出也。

页六五四，二“淫漫者”，夏于上“淫曼者”下加逗，云“依页五八三原稿补。”然此为排句，上句逗，则下句亦须逗。查中华本，果二句皆逗。然《全书》无此二逗，当时似嫌逗则句碎，故去之。今重读，感觉如旧，拟仍维其原状，二句均不加逗也。

页六六七，“侯莫陈崇”，夏于“莫”下加顿，批云：“两个人”。按此亦当时查过，实为一人，侯莫陈，三字姓也，罕见。中华本亦误为二人，而加顿号。付印前未察，校样时查讫，去顿，亦不再在付印稿上追改。类此情况，《全书》尚多有之。

页六九一，“隋论”，铅笔：“隋论，论非专名！”页六九四，“说经者”，铅笔：“经史非专指，不当标。”按此二处“论”“经”皆实指，犹“尽信书不如无书”之类，旧读法，亦可不标；既标，亦不必去之也。

页七四六，“孟子斥之为小貉”，铅笔：“貉字不必加专名（号），非专名也！”按此字亦当时查过。孟子有“大桀小桀”“大貉小貉”之语，谓三代田税十取一，而貉则二十取一。故重于十一，为桀之道；轻于十一，为貉之道。”“貉”为族名，亦地名、国名。《汉语大字典》释此字，于族名或标或不标，于地名、国名皆标。船山释“貉”：“北方夷狄之国也。”故加专名号。（此专名号中华本亦无之，校样时加标，亦未于原稿追添一直也。）

页八三八，“博望启”“天策开”，铅笔：“博望、天策、中华本不加”。按此指汉戾太子时“博望苑”，唐隐太子时“天策上将府”。博望宜标，天策与之对应，似亦可标也。

页九八三，三段首句：“若夫刘栖楚者……”，末句：“又如此夫。”四段首句：“穆、敬二帝虽曰淫昏……”。铅笔于“穆、敬”句上加“夫”字，批：“‘夫’字宜照中华本移下，与上段‘若夫’略同。”按：三段前句曰：“而栖楚之为栖楚何如邪？姦谄之尤，……有如此夫！”后句曰：“而僧孺之为僧孺又何如邪？结宗闵为死党……又如此夫。”相叠为排句，均以“何如邪”始，以“如此夫”终。《全书》据嘉怡本句读以施标点。中华本移后“夫”于下段之首句，盖有未审，不必从也。（“夫”下原施句号，今改为叹号，庶与前句之“有如此夫！”叹号一致。）

页一一五七，“钩金束矢”，红笔“钩”改“钧”，批：“依原稿1089，当改。”按：“钧”字实误。“钩金”见《孟子》，谓一钩之金，“束矢”见《诗·泮水》，谓一束之矢。皆言其非巨物，便于官府之敛入。若“钧金”则三十斤为钧，非百姓之所堪矣。“钩”字据嘉怡本，每中华本之疏也。

据胡《书》而改正者，为：第261条诸“杞”改“杞”；第268条（三四八页）“滙氾”字改“催”；第269条（六八三页）童谣标点逗号改分号；第276条（一〇〇八页）“氾滥”字改“氾”；第277条（一〇六六页）“绳营狗苟”字改“蝇”；第278条（一一二二页）校记以“殴”为误字，实不误，改校记。胡《勘误》凡十九条，据改六条。

以上请夏复审，亦寓切磋琢磨互相学习之意也。

2005.12.01

# 附录

## 《船山全书》第十一册校读略记

夏剑钦

《船山全书》第十一册含《宋论》《永历实录》《箨史》《莲峰志》四种，共四十五万字。这次校读，主要将岳麓版 1996 年 10 月第 2 次印本与该书原稿逐字对校，《宋论》则另参阅嘉怡抄本。事竣感觉：岳麓版《宋论》校之底本中华版舒氏初校，在恢复讳隐字、订正讹误、增补脱文等诸方面均大有成绩，已更臻完善；《永历实录》则见杨公在订正底本句读、分段及施加专名号等方面功夫尤著，底本原标点未贯通文气或误逗者，经杨公改定，方文通字顺。如卷七页五六言传闻李自成死于九宫山事，原文为："传以五月死，而七月所部降腾蛟，乃知且经年而后报。"杨公改为："传以五月死，而七月所部降，腾蛟乃知，且经年而后报。"然智者千虑，仍有失校处，综其存在问题，大致可分为三类。

一是文字差错九十九处，显误者如页七九"網"误作"綱"，页二〇九"刊"误作"刑"，页三四五"糟"误作"槽"，页四八六"居"误作"尸"，页五二七"髮"误作"發"，页六五四"薨"误作"甍"。其中有《宋论》"光宗"卷附船山手稿，因抄录者信手书写，或未依手稿而擅改者，问题较为严重。如："于"写作"於"、"姦"写作"奸"、"愈"写作"逾"、"庶士"作"士庶"；又避讳字，例当径改者，如"简"当改作"检"、"鼂"当作"朝"；更有页二九〇抄漏一句，"光宗亦是人也，而必亦动"十字。此外，另有《永历实录》中"勑"字九十二处，则当依底本抄件手迹改为"敕"。

二是标点符号不当而需改正者一百余处，其突出者则为冒号与分号之使用不合规范，如页三三九至页三四一有八处当加冒号，否则即为八处差错，如页八六、页一七三、页三五六，皆单句间滥用分号，如页一三九、一八八则属当连续而句断语气例。

三是当校改文字并改校记者，如页九二校记㊁，当据嘉怡抄本增"缓"字，方使"吏治疏缓，守令优闲"对举成文；又如页三一六"選愞"当依嘉怡抄本改为"巽懦"，意有懦弱，而不致因袭中华本以讹传讹。

此外，尚有专名号遗漏或当删者约十余处，兹不赘述。

以上仅供参考，最后由杨公定夺。

夏剑钦

2005. 11. 28

# 第十一册（《宋论》等四种）重读记

此册已经夏审读，此次重读不再逐字雠对原稿，仅于有疑处则检原稿及各参校本查阅之。所见如下：

（一）书首插图三说明文改“右”为“上”，实误，兹改回。

（二）页一九“邱民”字，夏注：“邱，清避讳字，船山时不当避，当统一改作丘。”按古丘邱通，船山书中二字互用，各册多有，只能视具体情况酌情处理，此邱未必为讳字也。既各本皆同，窃以为当存其旧，不宜遽改。附《古字通假会典》丘邱通用资料一方备览。

> 【丘与邱】《诗·小雅·绵蛮》：“止于丘隅。”《礼记·大学》引丘作邱。○《礼记·月令》：“塋丘垄之大小高卑。”《淮南子·时则》丘作邱。○《左传·昭公二十年》：“梁丘据与裔款言于公曰。”《晏子春秋·内篇·谏上》梁丘据作梁邱据。○《战国策·秦策三》：“至葵丘之会。”《史记·范睢蔡泽列传》丘作邱。○《战国策·齐策一》：“粟如丘山。”《史记·苏秦列传》丘作邱。○《淮南子·诠言》：“至德道者若邱山。”《文子·符言》邱作丘。

又按：胡渐逵于此二字亦毫无考究，其唯一论据即“邱”

乃清雍正三年上谕所定“丘”之避讳字，于是在《船山全书点校勘误》中力辟《全书》“邱”字之误，计有第70、85、87、136、139、167、172、175、178、182、198、266、281、304、314、316、322、323、388、393、395、408、418等二十三条，又附《一字未确心难安》文一篇，其实皆自误而犹不自知也。此不详论。

（三）页一九末行又有“汉唐厎定之鸿烈”一句，于其“厎”字，夏注：“嘉怡本作‘底’是，底、厎古音同，而古音舌头音，故《尚书·禹贡》作‘厎定’也。”按此字亦当从底本（金陵本）作“厎”，不必从嘉怡本作‘底’。今即依夏所据之《尚书·禹贡》，考辨如下：

先查《禹贡》篇中“厎”“底”字：

《禹贡》厎底字（《十三经注疏》）

覃怀厎绩，至于衡漳　传：从覃怀致功至衡漳。○厎，之履及。

大野既猪，东原厎平　传：东原致功而平，言可耕。

三江既入，震泽厎定　传：言三江已入，致定为震泽。○厎，之履反，致也，火证音致。疏：三江既入此湖也，治水致功，令江入此泽，故致定为震泽也。

三邦厎贡厥名　传：三国常致贡之，其名天下称善。

蔡蒙旅平，和夷厎绩　传：蔡蒙二山名，祭山曰旅平，言治功毕，和夷之地。致功可艺。

原隰厎绩，至于猪野　传：下湿曰隰，猪野，地名，言皆致功。

厎柱析城，至于王屋　传：此三山在冀州南，河之北东行。○底，亡履反，厎柱，山名，在河水中。

南至于华阴，东至于厎柱　传：厎柱山名，河水分流，包山而过，山见水中若柱然。

庶土交正，厎慎财赋　传：众土俱得其正，谓壤、坟、垆，致所慎号，财货贡赋，言取之有节，不过度。

以上“厎”字八、“底”字一。八个“厎”字，除其二为“厎柱”地名外，其六皆为“致”义（音之履反，zhǐ，读与“纸”同），其词分别为：厎绩（三个，义为“致功”）、厎贡（致其贡）、厎慎（致所慎）、厎定（致于定。此即《宋论》“汉唐厎定之鸿烈”句中之词）。至于独一文“底”字，其词为“底平”，据传及疏，其义为“致功而平”，然则亦“厎”字也。阮元《十三经注疏校勘记孟子卷七下》有云：“案经典内凡曰厎，致也，皆之尔切（zhǐ），与底都礼切（dǐ）不同。经典内用底字不多，而俗刻多厎讹为底。”故此独一之“底”字，疑当与其它八“厎”一致。

《说文》有厎、底二字，段注以为二字迥别，而俗书多乱之。

又胡渐逵《船山全书点校勘误》第113条对厎、底、砥字大作游谈，甚至批驳阮元校勘记中改底为厎之“误”，说什么“阮校其所以误，乃因阮氏于‘厎’字拘泥于《说文》‘山居也’之本义，故不明‘厎’与‘砥’古音系双声叠韵而可通假。”云云，其不自量亦少见也。

以上二条，均见《宋论》第一卷第一篇之第一页（页十九）。夏未改原文而仅作铅笔批注，意在提醒及建议，余意以为均不必改，故为辨析如上，此后对此等铅笔批注，如以为然，当即遵改，如以为不然，即不采用，亦不再耗时说明矣。

（四）页九二，正文末行增“缓”字，页一〇五首行改“政”字，五行改“亢”字，夏铅笔批注皆是，均已遵改，并改写有关校记三条，又按：“政”字改校记已见初版末册《勘误表》，1996年二次印刷本据改校记，已足证明“政”字之非，惜当时未改正文，此次添改正文，增补校记，自更完善矣。

（五）页一一九，正文“于是而宋兴以来敦庞笃厚之风，荡然不足以存矣。”夏于“风”上加一“醇”字。按本篇前文有“敦庞笃厚之醇风”之句，疑欲加之“醇”即缘于此。然遍查嘉怡抄本、听雨轩本、中华本（即《宋论》付印原稿），俱无此字，故应删去。

又胡渐逵《书》第289条亦主增补此字。“逵按”云：“此处‘敦庞笃厚之风’之‘风’前脱一‘醇’字，上文‘国家刚方挺直之正气，与敦庞笃厚之醇风，并行而不相悖（胡抄漏此字）害。’其‘风’前有‘醇’字可证，当据补。”亦凿空之游谈也。

（六）页一一五，“言出而行浇，言长而忠薄”，原校记：“‘浇’：嘉怡抄本作‘挠’。”按此字不见于马《校》，《全书》初版时未能遽决，故仅列异备参。夏铅笔以“浇”为是。乃重读其全篇，盖皆船山论宰执之所以辅君，当谋大而不谋小，重行而不重言，其思想渊源则为我国传统政治哲学中之精华：“知之匪艰，行之维艰”，“为政不在多言，顾力行何如耳”，“言忠信，行笃敬，虽蛮貊之邦行矣”等等。文中深恶大臣之“喋喋多言，以掩力行不逮之愆尤”，并以为“言出而行挠，言长而忠薄，言之不已，而国事不可为矣。”“言出而行挠”，言出而行事不直也（挠，曲也）。“言长而忠薄”，言多而忠信不副也（长，zhǎng，多也)，大臣只知言言言言，于是国事遂不可为。与夏共同玩味切磋，夏以为然，而余信益坚，乃于原校记下添四字曰：“（作挠,）义似较胜。”

又胡《书》第288条论此，以为实“浇”是而“挠”误，故不可于校记中将“挠”列异，盖“行浇”与“忠薄”为对文，若作“行挠”，非但不类，且又不词。按胡之一贯毛病即不读甚至不懂全篇之意，惟知抠弄个别字句，逞肊吹求，故其论每只看表面形式，脱离实际内容，于是结论全错，甚至荒谬可笑。如上所述，此文意在批评宰执辅君之惟知建言而不务力行，即“言出而行挠”之意，若作“言出而行浇”，则为谴责宰执惟知出言而其本人乃品行浇薄（胡释：“行浇”指“品行浇薄”)，虽亦为贬恶之词，揆之全篇旨意则不啻隔靴搔痒，大不中肯矣。且可云品行恶劣，品行不端，若云品行浇薄，似亦少见也。

（七）本册之误，于第一版末册所附《勘误表》中已列三条，1996年第二次印刷本中已予取正。

（八）胡渐逵《书》对本册勘误三十一条，重读时已一一考查，其中五条可采，余二十六条皆其自误，例如本文第二条所述之“邱”字（其误由考证不周)、第五条所述之“醇”字（其误在无据武断)、第六条所述之“挠”字（其误在不通原文旨意)，余皆类此，在此未能一一细述。其可采之五条如下：

(287)（而）〔亢〕持魁柄（页一〇五，校记㊂及正文)。

(293)（屡败）〔孱帅〕疲民（页一四一，校记㊀及正文)。

(301)（邵）〔卲〕弘渊（页三一六)。

(306)张先（璧)〔壁〕(页四〇四，校记㊀及正文。)

(313)（冷冷)〔泠泠〕清怨（页六〇一，校记㊀及正文)。

（九）夏审读时所发现本书之误，已见其《第十一册校读略记》。本人重读时逐处核审，大都可采，其所改初版用字、标点不规范处尤多精当。有少数初版无误，不必皆依者，如本文第一、二、三、五、六条所例示，则酌情从旧。

（十）重读一过，计本册凡改错字二十，补漏三处十二字，乙正倒文一处二字，改书眉之误一处五字，又与所改之处相关而订正初版校记七条，至全书用字、标点之不规范者随处改正，则不计焉。

# 《船山全书》第十二册重读记

本册含船山《张子正蒙注》《思问录》《俟解》《黄书》《噩梦》《识小录》《搔首问》《龙源夜话》等八种著作，凡六百六十二页，四十五万字。1992 年初版，1996 年第二次印刷（以下简称此本为“二印本”）。二印本较之初版第一次印刷本不同之处，即在《全书》第十六册出版时，其末附有《第一至十五册（第一版第一次印刷本）勘误表》，列举各册已发现之错误，其中有第十二册之错误五处，在二印本中均已改正。此次重读者即为此二印本，而仍以此《勘误表》及胡渐逵《船山全书点校勘误》一书置于座侧，至相关各处即仔细复查研鞫，重读之结果如下：

（一）下述一条非常重要，故置于首，如下：

书中常有“见本册某页某行或某页某注”之参见注记，均已有红笔提示，务请于将来新版校对时认真细心逐一核对。此类一共二十一处，其现页码如下：二六〇，三九三（四处），三九四，四四一，四七一（二处），四九八，五〇二（二处），五三三，五四四（二处），五七八，六一八（四处），六三九。其中四四一页一处要查对《全书》第一册的页码。

（二）第十六册《勘误表》所列本册之误五处，在二印本中确已改正。

（三）胡氏《勘误》一书列举本册之“误”十一条，其正确者只有一条，不正确而属自己之误者十条，具体情况见后。

（四）本册此次重版，由夏剑钦同志初读。重版与初版之最大不同，厥为其中之《识小录》、《搔首问》二种，均因新获之刘氏抄本（为其后各本之祖，最为可靠）而得重定底本，较初版之二种皆以金陵本为底本者大佳，详见该二种之《编校后记》。其他诸种重读改正诸项，详见书中，此处不再赘及。夏剑钦同志读后有信一纸，附后。

## 附　胡氏《勘误》一书关于本册者共十一条，其中一条正确、十条错误之具体情况述评

胡氏勘人之误而反自误之因，历次于各册《重读记》中指出，不外知其一不知其二，以及思想糊涂、逻辑混乱等，且因出于意气，非以《全书》为误不可，于是每使其论陷于片面武断，甚至可笑。最先述其正确之一条，再述其错误之十条。

正确之一条：

（324）渝关以南，巨浸浮绝，潏沸渟泊，南历沐㊀榆、之罘、琅琊、海门、三江、舟山、雁荡、霍童、紫帽、甲子之门、罗浮、七星以柱南维。

㊀“沐”：金陵本以下各本均同。古籍杜本、中华本作“沭”，未知所据。（校记）

（《离合》五三三页七至九行）

逵按：此处底本之“沐榆”，古籍社本、中华本作“沭”，所据者，乃发源于山东沂水县北沂山南麓，同沂平行于南流，入江苏境内之沭（shù）水。《说文·水部》：

“沭，水。出青州浸（水）。从水、术声。”段注：“‘出’下有夺文……当补‘琅琊东莞南入泗’七字。”《广韵·术韵》：“沭，水名，在琅琊。”《周礼·夏官·职方氏》：“正东曰青州……其浸沂、沭。”郑玄注：“沭，出东莞。”贾公彦疏：“沭出东莞，属琅琊，南至下邳入泗。”《水经注·沭水》：“表公水东出青山，寻坤维而注沭。”即是其所据，编校者怎么说此处之“古籍社本、中华本作‘沭’，未知所据”呢？

按《全书》校记仅以沐、沭作为异文列出，未有判断择取，是大缺陷。《逵按》则详考“沭”字之是以证“沐”字之非，以定此二字当如何取舍，其说可信。

至其不正确之十条，可依其错误性质分为两类：一、关于文字取舍不当者九条；二、《全书》初印本（1992 年）之误而二印本（1996 年）已改，胡氏却仍列入其书（2004 年）者 1 条（第 335 条）。事近无聊，置而不论可也。

关于字与字、词与词间之是非取舍，胡氏思路每每违背常理，标新立异，甚至无理刁难，遂致自陷于误之弊，前在第五册《重读记》中已有“二滥四不当”之归纳，即：以滥用同音通假、滥施变文避复为手段，而

（一）舍熟悉习用之字，而取冷僻罕用之字；

（二）舍经典固定之字，而取篡改经典之字；

（三）舍关涉句义之字，而取无关句义之字；

（四）舍密洽上下文之字，而取乖离上下文之字。

在本册中亦无非此类。如：

（二十八）张子正蒙注（底本：朱氏校本）

（317）聚而不失其常，故有生之后，虽气禀物欲相窒相牿㊁，而克自修治，即可复健顺之性。（船山注文）

㊁“牿”：刘氏抄本、草堂本、学署本同。自金陵本误作“梏”，其后各本沿之而误。（校记）

（《太和篇》十九页末行并页末校记㊁）

逵按：本《船山全书》第八册《四书训义》（下）二一八页十一行船山训义曰：“天命之为人，而仁义礼智早在性中，（牿）［梏］亡之余，不能尽丧。”编校者将“梏”字出校云：“各印本作‘牿’，王星贤点校稿注：‘当作梏。梏亡，见《牛山之木》章。’按衡阳残抄本正作‘梏’，今据改。”然而此处却又说“相窒相牿”之“牿”，“自金陵本误作‘梏’”，岂不自相矛盾？其实“牿”用同“梏”，“梏”亦用同“牿”。此于古籍有证，例证已写于本书231条，请参考，兹不赘。

今按：《全书》校记指出底本（刘氏所藏抄本，即朱氏校本，为船山手迹）“牿”字，至金陵本而有“梏”之异文，是金陵本未严格遵依底本之误，并未涉及二字之词义。《逵按》乃以“梏用同牿”、金陵本不误相指摘，以二字义同之概念偷换二字异文之概念，能不误乎！其231、232两条，误与此等，亦系用“梏牿义同”之概念偷换二字异文之概念，兹不赘述。

（318）故必静存万理㊁（船山注文）

㊁“理”：刘氏抄本、草堂本、学署本同，自金陵本以下各本误作“里”。（校记）

（《至当篇》二〇四页五、六行并页末校记㊂）

逵按：此处底本“静存万理”之“理”，金陵本以下各本作“里”不误，所以然者，理、里古音均来母之部，故以双声叠韵可通。此于古籍有证，如《左传·闵公二年》“里克”（晋大夫里季），《通志·氏族略四》作“理克”即是其例。不仅如此，又如《银雀山汉墓竹简·孙子兵法·九地》：“九地之法，人请（情）之里也。”宋本《孙子》作“人情之理”，其“里”通“理”，即道理之意，又是其例。此处金陵本以下各本“静存万里”之“里”，正与此同。

今按：此条胡氏滥用同音通假之法，抄撮古书中里、理二字偶尔通用之例，以施诡辩，最为明显。试问，如果有人引用《论语》，而将“可以托六尺之孤，可以寄百里之命，临大节而不可夺也”（《泰伯第八》）的中间一句写成“可以寄百理之命”；如果有人引用《孟子》，而将“叟不远千里而来，亦将有以利吾国乎”（《梁惠王上》）的前一句写成“叟不远千理而来”，将“始条理者，智之事也，终条理者，圣之事也”（《万章下》）的其中两句写成“始条里者……终条里者……”，谁见了都会说他荒谬的。再问，当你将孩子阿理的名字写成阿里时，他是会提出抗议的；当你将拳王阿里写成阿理时，他也会笑你连拳王阿里的名字都写不对。连小儿都懂得：如果其名专属，则字也必专用。难道身为大人都不懂得这个道理吗？晋大夫里克就作里克，古书都如此写。胡氏说有写作理克的，百中无一。单文孤证，岂足引以为据乎！

(319) 言形则卜如响（张子正蒙）

言形，谓可明㊀言所疑，使卜人正告鬼神，无暗昧不可言之隐。（船山注文）

㊀“明”：各本作“名”，虽亦可解，然观下文“无暗昧不可言之隐”，则以“明”为是。（校记）

（《有德篇》二五四页末行、二五五页一行并页末校记㊀）

逵按：此处底本“明言所疑”之“明”，“各本作‘名’”不误，所以然者，明、名古音均明母阳部，故以双声叠韵可通。此于古籍有证，如《礼记·檀弓上》：“子夏丧其子，而丧其明。”汉《冀州从事郭君碑》：“卜商（卜氏，名商，字子夏）丧子失名。”《隶续》十九《冀州从事郭君碑》：“卜商号咷，丧子失名。”洪适释以“失名”为“失明”。朱起凤于《辞通》卷十之八庚作按语云：“名、明同音借用。凡同音之字，古每假借用之……此则以‘名’为‘明’。”又如南朝宋鲍照《代少年时至衰老行》：“忆昔少年时，驰逐好名晨。”“名晨”即明亮的清晨之意，即均是“名”通“明”之证。

今按：胡氏此条之误，亦和上条相似，即全不顾在船山句中“明”字较“名”字之显然优胜，而只从《辞通》等类书抄撮二字相通之例句，声言“名”字不误，对《全书》以“明”为是则并无一言反驳，惟知自说自话，竟不知其所“勘”者为何误，可发一噱。

附：《全书》校记以“明”为是，而亦未以“名”为非也，不过较其优劣而已。其以“明”为是之证据有三：一、“明”字与同句之“暗”字的对；二、“明言所疑”较“名言所疑”更为显豁易解；三、“明”字为船山手迹（《张子正蒙》乃船山手写之本）。

（二十九）思问录（底本：金陵本）

（320）今之学者姚江之徒。速期一悟之获，幸而获其所获，遂恣以佚乐。佚乐之流，报以卼臲㊀惰归之慼，老未至而耄及之，其能免乎！

㊀“卼臲”：听雨轩本、太平洋本同。古籍社本、中华本作“兀𣨼”，似为排误。（校记）

（内篇四二二页二、三行并页末校记㊀）

逵按：此处底本“卼臲惰归”之“卼臲”，“古籍社本、中华本作‘兀𣨼’不误，故并非如编校者所说的“似为排误”。所以然者，卼（wù）臲（niè）一作兀𣨼、𣨼卼、臬兀、嵲杌、隉屼，乃动摇不安，困顿之意。此于古籍有证，如韩愈《赠刘师服》诗：“羡君齿牙牢且洁，大肉硬饼如刀截。我今牙豁落者多，所存十馀皆兀𣨼。”即是其例。今编校者不知“卼臲乃可作多种形体的联绵词，故以为“古籍社本、中华本作‘兀𣨼’，似为排误。”其实金陵本之“卼臲”，古籍社本、中华本作“兀𣨼”，何排误之有？

今按：《全书·思问录》以金陵本为底本，其他太平洋本、古籍社本、中华本亦皆以金陵本为底本。诸本文字，自须一致，若或有异，则属排误。今古籍社本、中华本将底本“卼臲”排成“兀𣨼”，形体已变，虽意义相同，就校勘文字而言，则仍不得不视为排误也。故“可作多种形体之联绵词”之口子断不可开。似此异文如随处可见，其非密校细勘谨慎严格之道可知。何况早于金陵本之听雨轩本及晚于金陵本之太平洋本亦均作“黣黤”，则古籍社本、中华本又何得独异乎！

（三十）俟解（底本：湘西草堂本）

（321）若唯㊀恐见之，唯恐闻之。

㊀“唯”：自草堂本至太平洋本皆作“惟”，与下“唯恐闻之”字不一致。古籍社本、中华本改作“唯”，兹从之。（校记）

（四九一页十三行）

逵按：“唯”作范围副词“只是”之意，古籍也作“惟”，人皆知之。此处“自草堂本至太平洋本皆作‘惟’，与下文‘唯恐闻’字不一致。”其所以如此，乃因变文避复故也。既然如此，编校者又何必将底本草堂本此处之“惟”，从古籍社本、中华本改作“唯”，强求“与下‘唯恐闻’”之“唯”一致而犯复呢？

今按：胡氏此条“勘误”之误，大大超过其他各条之错勘，《俟解》之“唯恐见之，唯恐闻之”，本系两个对称排句，若鼎之两耳，门之两扇，用字固定，方显整齐。《逵按》乃以惟、唯用义而破坏其对称，又为强调此破坏而悬揣所谓变文避复之说，一若船山当时之著作心理彼固洞然者，岂非可笑之甚！按此类排句，古籍常见。即求专用惟或惟字之句，如《尚书》之“惟辟作威，惟辟作福”，习见者也。若再求之《俟解》书中，则亦尚有“惟恐不直，则惟恐不慎”之句，句式、字样皆若固定、船山又何尝变文避复，夫岂得以《逵按》之谬说而加以篡乱乎！

（326）鸣岘先生清刚岳立，而内行醇谨，不以清流自矜。先生世籍襄府校尉，及登籍通显，至登八座，家居燕坐，每使人觇候。襄府仪卫司官弁过其阁，必起立敛手，待其已远乃复席。戒子弟曰："此吾家累世牧（师）［帅］㊀，犹民家之邑父母也，敢慢之乎！"

㊀"帅"：船山学社本、太平洋本皆作"师"，马《校》："抄本'牧师'作'牧帅'，是。"周《校》亦有此条，今据改。（校记）

（六三〇页六至八行）

逵按：牧师有二义，其一为古代掌管牧地之官。见《周礼·夏官·牧师》。其二为殷代地方长官。《后汉书·西羌传》："后三年，周人克余无之戎，于是太丁命季历为牧师。"《注》："《竹书纪年》曰：太丁四年，周人伐余无之戎，克之，周王季命为殷牧师也。"此处鸣岘先生所言之"牧师"，即本此以谓地方长官，故紧接着下句曰："犹民家之邑父母也。"民对累世的地方官岂有不敬之理！故紧接着说："敢慢之乎？"且"帅"通"师"，如《礼记·月令》："赏军帅武人于朝。"释文："帅字或作师。"《汉书·谷永传》："帅举直言。"颜注："帅字或作师。"由此可知，此处底本作"牧师"，其"师"字不误，编校者毋庸据马、周之校及抄本改底本之"师"为"帅"。

今按：所引一段出船山《搔首问》。其"牧师"师字，民国之船山学社本及太平洋本同，马宗霍、周调阳二先生据所见年代接近船山之刘氏藏旧抄本，校改为帅，《全书》从之，有理有据，本无可议。而胡氏乃以古籍有帅、师通用之例，遂力主“师字不误，编校者毋庸据马、周之校及抄本改底本之师为帅。”在《全书》此次重读时，马、周所云刘氏抄本业已发现，其中帅字赫然在焉，于以知师字实船山学社本、太平洋本之误排。胡氏亦明知刘抄近古近真，其所以力主师字不误，盖缘标新立异及自炫博学之念动于中，而未知已是勘误矣。

又，《逵按》中谓鸣岘先生视襄府为地方长官，亦属似是而非。襄府者明朝襄王之府，明岘先生世籍襄王府之校尉，乃累世之王公与臣仆，非一般之官民关系也，故其于襄府恭谨若此。

(327) 金道隐孤峻自矜，在临清则抗刘泽清，在福州则劾郑芝龙，在端州则(刻)［劾］㊀郝永忠、陈邦傅……

㊀“劾”：船山学社本、太平洋本皆作“刻”，马周两校未及。中华点校稿径改作“劾”，当是正字，兹从之。(校记)

(六三五页六、七行并页末校记㊀)

逵按：此处之“刻”通“劾”，故编校者毋庸据中华本改作“劾”。刻通劾古籍有证，如《史记·袁盎鼂错列传》：“今苟欲劾治。”《汉书·爰盎传》“劾”作“刻”。又如《文选·幽通赋》：“姚聆孤而劾石兮。”李注：“应劭曰：‘刻其必灭。’羊舌氏本或为‘劾’”。又“劾责”一作“刻责”。《汉书·韦玄成传》：“玄成自伤贬黜父爵，作诗自劾责。”《汉书·韩延寿传》：“或欺负之者，延寿痛自刻责。”即均是例证。此处船山学社本，太平洋本其所以作“刻”，乃因作“劾”则与上句“则劾郑芝龙”之“劾”犯复，故此处即改“劾”作“刻”，以变文避复耳。

上引一段亦出船山《搔首问》。胡氏“勘误”，每每错上加错，此条亦其一例。文云金道隐“在端州则劾郑芝龙，在端州则刻郝永忠、陈邦傅”，其事一，其用字则前劾后刻，前正而后误，本极显然，故中华本径改作劾，《全书》从之。胡氏乃主刻可通劾，故刻字无误。设想读者见此不伦不类之怪句，作何感想？胡氏能逐一向其解释乎？《逵按》又云：“此处船山学社本与太平洋本具所以作刻，乃因作劾则与上句‘则劾郑芝龙’之劾犯复，故此处即改劾作刻，以变文避复耳。”则尤为匪夷所思，夫胡氏何从而知船山学社本与太平洋本意在变文避复？岂非凭空设想，以己之不通强加于人耶？胡氏又引《汉书·韦玄成传》“玄成伤父自劾责”及《汉书·韩延寿传》“延寿受侮自刻责”语，以为二字互通之证。不知劾责者，问罪而责，劾字本义为问罪，引申为审判，玄成伤父，故自劾责，刻责者，深刻责备，刻字本义为雕刻，引申为深入，延寿仅受欺负，故自刻责。二字意义、情味，大不相同。胡氏但知二字有时可通，不知二字有时则绝不可通。文字现象，复杂变化，原非直线片面之逻辑所得明辨而善处之者也。胡氏于此一勘而三错，盍亦三思之耶？

前云胡氏对本册勘误中有关文字取舍实其自误之九条，已述其七，此外尚有二条（322、323），为其对书中邱未改丘之指摘，其所持理由为“邱系雍正三年为避孔子名讳之上谕钦定，其时船山已死去三十三年，更何况船山忠明反清，不避清廷所定之讳呢？”（见322条）。关于邱不应一刀切地改丘，《全书》第五册《重读记》中论述已详；且引高亨先生《古字通假会典》之一节，为二字自古互相假借之证，此处不再重述。至《逵按》

中“更何况”云云一句，亦大有语病。船山辞世既距雍正三年已有三十三年，又有何避雍正讳之可言？是以“更何况”一句，废话一句耳，不知胡氏写此一句时，是何逻辑思维也？

后附：夏剑钦同志读后记即信一纸及附页。

## 附　夏剑钦信及附页

杨老师：

《船山》第十二册复检一过，惟二二五页“杞”字您改为“杞”难从。因为不论从字形、字义、字音三方面，“杞”均不可改为“杞”，改“杞”后字从“巳”得声，集韵止歆字，成了“田器”，远非“杞柳”也。

又《识小录》《搔首问》，因这次改为用省图书馆之刘字抄本，底本远比原用本强，则点校说明也应改写，今已改，请予审阅。专此，并颂

时安

夏剑钦

2006. 12. 20 上

又：为说明“杞”字之根据，谨复印《汉语大字典》“杞”字条页奉上，供参考。

杞

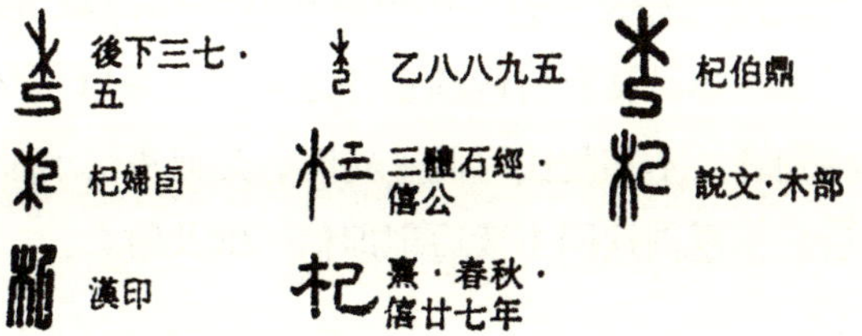


《說文》："杞，枸杞也。从木，己聲。"

qǐ《廣韻》墟里切，上止溪。之部。

❶木名。枸杞，茄科，落叶小灌木。浆果卵圆形，红色。果实、根皮（地骨皮）可入药。《說文·木部》："杞，枸杞也。"段玉裁注："枸檵為古名；枸杞雖見《本艸經》，而為今名。"《廣韻·止韻》："杞，木名，苟杞。春名天精子，夏名苟杞叶，秋名卻老枝，冬名地骨根。"《詩·小雅·四牡》："翩翩者鵻，載飛載止，集于苞杞。"毛傳："杞，枸檵也。"《左傳·昭公十二年》："我有圃，生之杞乎！"杜預注："杞，世所謂枸杞也。"《山海經·南山經》："又東四百里，曰虖勺之山，其上多梓枏，其下多荆杞。"郭璞注："杞，苟杞也，子赤。"

❷木名。杞柳，也叫"红皮柳"。杨柳科。落叶丛生灌木。枝黄绿色带紫色。耐湿，耐碱，枝条韧，供编柳条箱、筐等用，也为固沙、保土造林树种。《詩·鄭風·將仲子》："將仲子兮，無踰我里，無折我樹杞。"朱熹集注："杞，柳屬也。生水旁，樹如柳，葉粗而白，色理微赤，蓋里之地域溝樹也。"宋張載《正蒙·作者》："以杞包瓜，文王事紂之道也。"王夫之注："杞柳為筐也，瓜易壞者，包樕而藏之，使無急壞。"

❸古国名。公元前十一世纪周分封的诸侯国。姒姓。相传开国君主是夏禹后裔东楼公。初在雍丘（今河南省杞县），杞成公迁缘陵（今山东省昌乐县东南），杞文公迁淳于（今山东省安丘县东北）。公元前445年为楚所灭。《論語·八佾》："夏禮，吾能言之，杞不足徵也。"何晏集解引

包咸曰："杞、宋，二國名，夏殷之後。"《史記·陳杞世家》："周武王克殷紂，求禹之後，得東樓公，封之於杞。"唐李白《梁甫吟》："白日不照吾精誠，杞國無事憂天傾。"

❹姓。《廣韻·止韻》："杞，姓。"《通志·氏族略二》："杞氏，姒姓。夏禹之後。成湯放桀，其後稍絶。武王克紂，求禹後，得東樓公而封之於杞……子孫以國為氏。"

★杞 同"相（耜）"。《集韻·止韻》："相，田器。《説文》：臿也。一曰徙土輂。齊人語。'或作杞。"

坚按：夏论杞字，未见其全。此字从古即含杞字之义，字形无异。《康熙字典》如此，《十三经注疏》如此，民国《中华大字典》犹然，至解放后《汉语大字典》始分出杞形，与杞别为两字。故遵古须专用杞，从今则可分用杞杞。第六册《重读记》中有评论，可参看。

2008. 12. 26.

# 《船山全书》第十三册重读记

本册包括船山老、庄、佛、道五种著作，又《经义》（八股文）一种，凡六种，七百〇二页，四十五万字。1993 年初印，1996 年第二次印刷（此本下文简称二印本）。由夏剑钦同志先读（其读后记即信一纸附后），杨坚重读定稿。重读之法，仍如过去各册：先检第十六册末所附《第一至十五册（第一版第一次印刷本）勘误表》所开本册之误五条，在二印本中是否已改（按：均已照改），再就胡渐逵《船山全书点校勘误》一书所列本册之“误”十五条，逐一辩析定论（按：正确者一条，余十四条皆误，详后）。本册所需修改者不多。兹先将新版重排务须注意之各项强调如下：

（一）目录中的页码，必须等正文排定后，再据正文定夺。

（二）注意书眉要与正文相符。

（三）本册内有《相宗络索》一种，几乎每页有好几个注，当初排印时，都是抠定正文而排版的。如果某一页的正文、注文有推动，则不论前推或后推，都将牵动其全书，麻烦之至。而且其中还有几个表，也是与文字一体铁板打针，嵌死了的。所以这一种必须依其现在的款式照排，否则必将不可收拾。务请注意。其他多种，能不推版，最好也不要推版。

（四）注意红笔标出的“对页码、注码、行次”字样，在新版中逐一核对，免致讹错。此项核对在现版中的页码如下：七〇，七五，三〇六，三一三，四六四，四八五，四八六，四八九（三处），四九〇（二处），五一一，五一九（二处），五二〇（三处），五二一，五九五，五九六，五九七（二处），五九八，六〇〇，六〇一（六处），六〇七（四处），六〇八（五处），六二五，六二七（三处）。

### 附　胡《书》“勘误”十五条分析

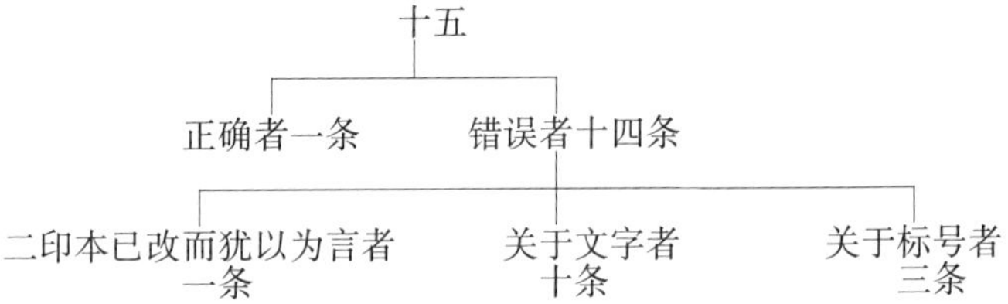


按胡氏“勘误”之误，其所以如此之多，就知识方面而言，不外知其一不知其二，识其偏不识其全，于是立论片面武断，执一贼二，以偏杀全，以自陷于误，而犹不自知。其“勘”法则惟恃翻检类书，抄撮古典，以张扬己说，所谓黔驴之技，止此而已，然而无补其知识不足之根本缺陷也。兹就其勘文字、勘标点等方面，各举数例如下：

一、关于文字之“勘”，胡氏之误，前数册《重读记》已以“二滥四不当”，为之概括。如：

（三十三）老子衍（底本：金陵本）

（328）情各封之，职快一区；故饫于大牢㊀

㊀“大牢”：前段《老子》本文作“太牢”，此又作“大牢”，此金陵本之不统一也。草堂本、学署本则均作“大牢”，前后一致。（校记）

（二十八页十二、十三行并页末校记㊀）

逵按：清江沅《说文释例》：“古只作‘大’，不作‘太’。《易》之‘大极’，《春秋》之‘大子’、‘大上’，《尚书》之‘大誓’、‘大王王季’，《史》、《汉》之‘大上皇’、‘大后’，后人皆读为太，或径改本书，作‘太’及‘泰’。”由此可知，此处之“大牢”，即“太牢”，故“大牢”之“大”当读“太”。编校者不知，金陵本“前段《老子》本文作‘太牢’，此又作‘大牢’’”，其所以前、后文如此不统一，乃因变文避复故也。

按《全书》所收《老子衍》，系以后至转精之中华书局本（中华本又据金陵本）为底本，而以船山之子王敔所刊之草堂本为重要参校本。此条借草堂本以知金陵——中华本之船山“衍”义与其所“衍”《老子》本文用字不一致，实为一小缺点。编校者为之指出，所以明底本之失，祛读者之疑也。胡氏乃以凭空悬想之所谓“变文避复”之论，欲保持此前后文用字之不一，诚所谓节外生枝，不知其意之何居矣。

（329）故有地者三，无地以为地者三，（骛）［鹜］㊀于地不地而究以得地者三。

㊀“鹜”：据草堂本、学署本改。金陵本误作“骛”，中华本仍之也。（校记）

（四八页一、二行并页末校记㊀）

逵按：此处金陵本、中华本作“骛”不误，所以然者，“骛”通“鹜”，此于古籍有证，例句见本书第300条，兹不另赘。

附：(300) ……而后天下之趋黄冠也如（骛）[鹜]㊀。

㊀“鹜”：金陵本作“鹜”，中华本误排为“骛”，兹更正。(校记)

(《史弥远请录儒先子孙授以山长》三一二页正文末行并页末校记㊀)

逵按：此处中华本“排为‘骛’”并非误字，故编校者不应据金陵本改作“鹜”，所以然者，骛通鹜古籍有先例可证，如元李寿卿《伍员吹箫》：“渔翁也再不见落霞低伴孤飞鹜。”清刘献廷《广阳杂记》卷四：“人不可无名，神仙犹尚如此，又何怪今之人趋走如鹜邪？”

今按：胡氏常以骛、鹜相通为由，以为从骛、从鹜固无不可。不知二字有时固可互用，有时则必须区分。如“落霞与孤鹜齐飞，秋水共长天一色”，前句之“鹜”若有作“骛”者，则无论何人皆以为非改不可。盖汉字本属象形文字，形、音、义固密切相关而互生联想者也。“骛”如马之疾奔、引申为强致；“鹜”如鸭之群趋，状貌是乱窜；音虽同而形不溷，义亦异。胡氏于此殆朦无所觉。329条云“骛于地……”意谓强求，正当用“骛”字，犹300条云“天下之趋黄冠也如鹜”谓群趋如鸭，正当用“鹜”字也。援个别之特例以破普遍之规范，固为不可。而胡氏是非取舍每悖乎常情，岂通达之论耶！

(三十四) 庄子解（底本：中华本）

(330) 为蜩、莺鸠，则眇（于）[乎]㊀小而自有余，不见为小也。为鲲、鹏，则謷乎大而适如其小，不见为大也。

㊀据《德充符》“眇乎小哉，所以属于人也！謷乎大哉，独成其天”句改

——中华本原注。（校记）

（《逍遥游》八七页八、九行并页末校记㊀）

逵按：此处“眇于小”系金陵本文字（此书之中华本以金陵本为底本），其“于”虽可改“乎”，但毋庸据《德充符》“眇乎小哉”之“乎”改之。何以？此处之“眇乎小”，与下句之“謷乎大”为对文，故可据以改之。校勘古籍，有内证弃之不用，却据外证改之，何必如此舍近求远哉！既然此处之“为蜩、鸴鸠，则眇乎小而自有余，不见为小也。为鲲、鹏，则謷乎大而适如其小，不见为大也”相对成文，则上、下句之间当施分号，从而使文气畅通，文意连贯。今施以句号，则使文气断于未断之处，文意尽于未尽之处矣。又，因此处为对文，故上句之“自有余”，似当于“有”下补一“其”字，作“自有其余”，从而使之与下文处于同一语法地位之“适如其小”相对应，读之，使其文更气顺意畅，此或船山行文千虑之失乎？因系依文句对应而改之理校，故不敢臆断妄言，谨书此一己刍言，聊备一说，蕲高明政之！

按胡氏此条所勘之“误”，乃证中华本又进而诬及船山本人。中华本据《庄子·德充符》之文以改船山《庄子·逍遥游》解中之“于”字为“乎”字，即货真价实之内证也，而胡氏则贬之为“外证”。而其提出之内证则是自己想当然的所谓“对文”，臆断无实，已可显见。尤可笑者，胡氏此外又进一步诬诋所谓“船山行文千虑之失”，要为船山之“解”断句、补字，而自诩为“理校”，虽谦称是“一己刍言，聊备一说”，而其无知安谈、轻薄狂悖之态已毕露而不可掩矣。船山行文非必无失，然非浅陋如胡氏者所能议也。

（331）伯玉之教颜阖，“枪㊀榆枋”也。

㊀“枪”：中华本从金陵本作“抢”。草堂本、学署本、太平洋本作“枪”。按本书第八三页第十三行录《庄子》正文作“枪”，注云：“突也。”兹据草堂本等径改作“枪”。（校记）

（《人间世》一三九页八行并页末校记㊀）

逵按：此处之“枪榆枋”，“中华本从金陵本作‘抢’”不误，故编校者毋庸“据草堂本等径改作‘枪’”。何以？《玉篇·木部》：“枪，《庄子》‘枪’，犹抵也。”“枪”字，《说文》段注云：“枪有相迎斗争之意。”“枪榆枋”陆德明释文引支遁云：“枪，突也。”虽如此，但《广韵·阳韵》云：“抢，突也。”此于古籍有证，如《战国策·魏策四》：“秦王曰：‘布衣之怒，亦免冠徒跣以头抢地尔。’”鲍彪注：“抢，突也。”不仅如此，“枪榆枋。”释文云：“‘枪’作‘抢’。”陈鼓应《庄子今注今译》作“抢榆枋”，注云：“‘抢’，撞，碰到。世德堂本作‘枪’，‘抢’字依《释文》原本改（王孝鱼校）。”故“抢榆枋”，陈先生译作“碰到榆树和檀树。”由此可知，此处之“‘枪’：中华本从金陵作‘抢’”，因有所本，故不误。如上所述，“枪榆枋”、“抢榆枋”之“枪”、“抢”均为“突”义，亦即碰撞之意。然则何以如此？此乃因此处之枪、抢二字，古音均清母阳部，故属双声叠韵，于义可通，“枪榆枋”、“抢榆枋”其义一也，均为碰撞到榆树和檀树上之意。此处底本“中华本从金陵本作‘抢’”，既然不误，编校者又何必将中华之“抢”作误字，而“据草堂本等径改作‘枪’”呢？

按此处《全书》编校者对“枪”“抢”二字之取舍，乃因前见之《庄子》正文已作“枪”，此处（船山之解）则作“抢”，恐致读者之疑，乃据草堂本改“抢”为“枪”，以归统一。改字非关正误，实由异同。胡氏乃谓编校者以“抢”为误字而改“枪”，是其证也。查此字诸本不同，或作“枪”（读平声），或作“抢”（亦读平声），然无论作何字，其正文与相关之解、释、论述、引用，必须始终一致，则是常情常理。胡氏之主张恰又相反而陷于悖情悖理，何也？

以上四例，次序相连，胡氏错误之性质亦同，原因已如前述。再读下去亦无非此类，不必多絮叨矣。

二、关于标点之“勘”，亦举二例：

（334）……陈公甫之诗曰：“刘郎莫记归时路，只许刘郎一度来”，则善行无辙迹，而天下之性命自安。（以上为船山解《庄子·在宥》语）陈公甫名献章，学者称为白沙先生。（此为船山自注）敔按：其《桃花诗》曰：“云锁千峰午未开，桃花流水隔天台，刘郎莫记归时路，只许刘郎一度来。”先子《柳岸吟》和曰：“花到灵云只一开，桃根桃叶隔天台，刘郎前度人无恙，日日看花不厌来。”……

（《在宥》二〇六页九至十二行）

逵按：此处船山之子王敔按语中所录陈献章《桃花诗》，及其父船山公《柳岸吟》和诗，均于第二句末误施逗号，因系韵脚（“台”与“来”押韵），故应施句号，且均系七绝，以意而论，至第二句，该诗第一层意思已完，亦应施句号。

(338)“野语有之曰：‘闻道百以为莫己若’者，我之谓也……”

（《秋水》二六九页四行）

逵按：此处所引“野语”，断句有误，当断作：“闻道百，以为莫己若。”（因下连“者”，故此句号当删）所以然者，郭庆藩《庄子集解》云：此处之“百，古读若搏，与‘若’韵。”此处所言之“野语”，即村野之俗语，俗语往往顺口协韵，故此处当依郭氏之说于“百”（bō）下逗断，从而使之与下句的“若”协韵。且广西壮族自治区百色县之“百”，今该地之人仍读 bó，这正好证实语音固定性强的方言，今仍保存了古音。更何况以意而论，“闻道百，以为莫己若”。意即：所听到的道理多了，就以为谁都不如自己，亦当于“百”下断句。由此可知，此处所引“野语”，只有于“百”下标点断句，方可准确无误的表达原意。

以上二例，胡氏“勘”云“误施逗号”（334 条），“断句有误”（338 条），实则皆由知其一不知其二，以致自陷于误而不知。夫古籍之标点、断句，有从语意者，有从语气者，岂能板拘死抠，一概而论！就 334 条之两首七绝而言，原于句间皆施逗号，胡氏以为当于第二句末施句号，本皆无可不可，不必执一贼二，指别人为“误”也。有时一气诵读而不复吟咏，不但四句，甚至六句亦有一逗到底者，兹从羊春秋教授之《唐诗百讲》（广州文化出版社 1989 年版）摘录如下：

> （李白居长安三年，日与贺知章、张旭等纵酒豪饮）“杜甫曾作《饮中八仙歌》以咏之云：‘李白斗酒诗百篇，长安市上酒家眠，天子呼来不上船，自称臣是酒中仙。’”（107 页）
>
> （戴叔伦的）“《边城曲》写了‘黄砂碛下八月时，霜风裂肤百草衰，尘沙晴天迷道路，河水悠悠向东去’的塞外风光，《行路难》抒发了‘淮阴不免恶少辱，阮生亦作穷途悲，颠倒英雄古来有，封侯却属屠沽儿’的不平之鸣。”（166 页）

以上诸处七言四句，中间皆用逗号。

又如其论高适诗云：“一方面是‘耕耘日勤劳，租税兼舄卤，园蔬空寥落，产业不足数’（《自淇涉河途中作》）；另一方面是‘周旋多燕乐，门馆列车骑，美人芙蓉姿，狭室兰麝气，金炉陈兽炭，谈笑正得意’（《效古赠崔二》），是他后来写了大量的反映现实、批判现实的新歌的动力。”（95 页）

以下两处五言，一处四句，一处六句，皆以语气直贯，且句短字少而一逗到底，又何误之有！

至于 348 条，胡氏以“闻道百以为莫己若”中间未断为“误”，此亦少见多怪之谈。这里也举一个硬证，恰似故使胡氏难堪者。商务印书馆 1983 年版之马建忠著《马氏文通》，其“实字卷之四 · 同动助动四之四”一节有云：“《庄 · 秋水》：‘闻道百以为莫己若者，我之谓也。’ ‘若’与‘不若’，即

‘如’与‘不如’也。”（见其书 183 页）正是这一《庄子》之句，马氏何以中间不加句断呢？理由亦如上述论诗之说，即由其语气直贯，且句短字少而一读到底也。胡氏乃以教师讲课之口吻，敷陈古文基本之常识，喋喋以言，断断以争，以为此句中间非断不可，夫岂笃论哉！

至于胡氏所勘十五条中唯一正确之条，即在某校记中读出一个错字，当于虚心接受。其条文如下：

> （333）集子疑为评字之误……
>
> （《大宗师》一六〇页校记㊀）

> 逵按：此系《大宗师》一六〇页页末校记㊀之文字，该校记乃录“中华本原注”，所言者为《大宗师》“若然者：其心志”之“志”，船山间注云：“志，专一也。俗本作忘，非是。集[1]曰：……”此“集曰”之“集”字，中华本原注疑当为“评”字之误，故岳麓本录中华本原注首句“集子疑为评字之误”之“子”，当为“字”字之误，该句当作“集字疑为评字之误”。

其实只是“集子疑为评字之误”一句当作“集字疑为评字之误”，改正一个错字而已。《逵按》却说得迂曲累赘，夹缠不清，无怪读者为之掩卷而茫然也。

以上略已表明胡氏“勘误”之实况。此外尚有《全书》初印本（1993 年）虽误，已于二印本（1996 年）改正，而胡《书》（2004 年）仍予“勘”出者（342 条）。此我因过于粗疏而失检，或竟意在凑数而仍予保留。其事无聊，更不置论可也。

## 附　夏剑钦同志读后记即信一纸

杨老师：您好！

《船山全书》第十三册已校读。因《文库》工作属创始阶段，工作较忙，我只能忙里偷闲（或礼拜天）作此事，故延时数月，歉之甚矣！

此册因大都系您一人编校，谨慎细心，故差错甚少。但重校一次仍能发现一点问题，错字如页二二“專”多了一点，页一三一“慎”误作“谨”，页二〇九“椄”误作“接”，页二五六“嚐”误作“嘀”，页二八八“鰌”误作“鲗”，页三〇八“可”误作“有”，页三八二“奥”误作“粤”，页四三三“溺”误作“满”，页四四九“飭”误作“飾”，页五二一“渔父”误作“渔夫”，页六五七“别”误作“制”等等，都可在这次重印中予以改正。此外，有些标点当改的，或叹号可改为问号的，我都夹纸条标注，请复审时参考。专此，并请（珍重）珍摄

夏剑钦

2006.12.9 敬上

# 《船山全书》第十四册重读记

本册含《楚辞通释》《古诗评选》《唐诗评选》《明诗评选》四种著作，凡一千六百四十二页，于1996年初版，当年重印一次。其编校情况及所据底本、参校本等，已见册中附载之《楚辞通释编校后记》及《古诗评选唐诗评选明诗选评编校后记》。此次重读之法，亦如以前各册，即先取《全书》第十六册末所附之《第一至十五册（第一版第一次印刷本）勘误表》中所列本册误字，逐一检查是否已经改正（按：凡二十四处，均已改正）；又取胡渐逵同志《船山全书点校勘误》一书所列本册之“误”，逐一辨析其是与非是，决定弃取（按：按四十一条，其确属《全书》之误，从而据以改正者三条，其属于胡氏自误而不自知，从而不必采取者三十八条。说明见后）。然后再从头重读，随时对照底本及各参校本核定字句，有疑难则逐一解决。最终统计结果为：

（一）改字补字十六处（连带修改校记五条）；

（二）改、补标点符号十四处。

另有因再版格式必将从新，原校记中所注“参某页某处”“参某页某注”之类，其页码、行次、注码亦必相应有所变动，因而须在新版中仔细查核对准者，凡十八处，均已逐处红笔标示，将来校对时必须十分注意注意！

兹将上述（一）（二）两项分别举例撮述如下。

（一）关于改字补字（连带修改校记）者：

如页三〇三、三二七、三二九之三校记中都将“叚借”之“叚”误排为“段”。三处均由胡《书》（第348）条指出，应改正。（附胡文）

（348）《九章》三〇三页校记㊀言及《说文通训定声》，竟将“叚借”之“叚”误作“段”。不仅如此，三二七页校记㊀云：“《说文·日部》：‘暇，闲也。从日，叚声。’”又将“叚”误作“段”。而三二九页校记㊀云：“似，叚借为以。”又将“叚”误作“段”。

逵按：叚同假，叚字之右不可作殳，编校者不明乎此。

又如页八三一之校记释正文“叐”字云：“‘叐’，疑当作‘悋’，即‘吝’，惜也。”胡《书》（第362条）指出：“殊不知‘叐’同‘吝’。”其说是。因此，“疑当作‘悋’”一句实为赘文，已予删去，并相应修改校记。（附胡文）

（362）萧史爱长年，嬴女叐㊀颜。

㊀“叐”：太平洋本同。疑当作“悋”，即“吝”，惜也，与上句“爱”意同。按嬴女名弄玉，秦穆公女。列仙传（按：原书名误标人名号）：嬴女好箫，萧史善吹箫，穆公以弄玉配之，数年后，萧史乘龙，弄玉乘凤，俱仙去，即此诗本事。“叐”，《艺文类聚》卷七十八作“老”。（校记）

（张华《萧史曲》八三一页三行并页末校记㊀）

逵按：编校者说：底本船山学社本“嬴女叐童颜”的“叐”，“疑当作‘悋’，即‘吝’，惜也。”殊不知“叐”同

“吝”。《广韵·震韵》：“吝，俗作悋。”此于古籍有证，如《管子·牧民》：“悋于财者失所亲，信小人者失士。”即是其例。又如《新序·杂事五》：“悋则不能赏贤，不忍则不能罚奸。”又是其例。又如《文选·谢灵运〈入彭蠡湖口〉》：“露［灵］物悋珍怪，异人秘精魂。”李善注：“孔安国《尚书》传曰：‘悋，惜也。’”又是其例。

又如页一〇三〇《唐诗评选·和都官苗员外秋夜省直对雨简诸知己》一诗第四句，《全书》作“秋（冷）〔泠〕白云司”。校记云：“‘泠’，据《全唐诗》改。”胡《书》（第369条）指出：黄帝受命有云端，官名皆以云命，春官为青云，夏官为缙云，秋官为白云，冬官为黑云，中官为黄云。周代设六官，以掌刑狱之司寇为秋官，故习称刑官为白云之司。至唐代，刑部尚书属下有都官员外郎，诗题中之“都官苗员外”即是此官。又秋季寒冷，故曰“秋冷白云司”也。因此原句“冷”字不误，改“泠”则误。（按：以上解释，较胡《书》文字略有增删调整，不背原旨。）胡氏之说甚是。今复查四库本《全唐诗》，则字本作“冷”，不作“泠”，亦是当时糊涂之过。因此，应将此字改回，并删除原校记。（附胡文）

（369）多雨南宫夜，仙郎寓直时。漏长丹凤阙，秋（冷）〔泠〕㊁白云司。萤影侵阶乱，鸿声出苑迟。萧条吏人散，小谢有新诗。

㊁“泠”：此本与太平洋本作“冷”，据《全唐诗》改。按：“泠”，清凉貌。（校记）

（李嘉祐《和都官苗员外秋夜省直对雨简［诸］知己》一〇三〇页二、三行并页末校记㊁）

逵按：此唐天宝、大历间诗人李嘉祐之五律。众所周知，律诗之颔联（即三、四句）、颈联（即五、六句）必须对仗。所谓对仗，即颔联、颈联之上、下两句相对应的字，必须词性相同，平仄相反。如此诗颔联："漏长丹凤阙，秋冷白云司。"即词性相同，平仄相反，对仗极工。但编校者却将第四句"秋冷"的"冷"由仄声字改成平声字"泠"，致使平仄失调，不可对仗。再者，苗员外指大历十才子之一的都官员外郎苗发。唐时都官为刑部尚书，统都官郎中等。《史记·五帝本纪》：黄帝时，"官名皆以云命，为云师。"应劭注："黄帝受命，有云端，故以云纪事也……秋官为白云……"周代设六官，以掌刑狱之司寇为秋官。唐代武后以刑部为秋官，故后世习称刑部为秋官。（见《通典·职官》五《尚书》下《刑部尚书》）然则黄帝为何以"云"命官？张晏注曰：此乃因"黄帝有景云之应，因以名师与官。"刑部为秋官，故称刑官为白云之司，秋季寒冷，故曰"秋冷白云司"。由此可知，此"冷"字双关，既言秋季寒冷，又以秋有肃杀之气而示秋官乃凛冽之官。明乎此，即知此"冷"字断不可改作"泠"。

上述三处，即据胡《书》可采之三条改正。

此外如妒改妬（须与底本所引经文一致）、由改甴（必要的避讳写法）、骟改驢（误用了简化偏旁）等，不备举。

又有穀、榖二字，都音 gǔ，前者指百谷，字典属禾部；后者是木名，字典属木部。二字之别，只在左旁"冖"之下，"禾"之上有无一小短横，为此而常被忽略误排。如页一二〇三明·徐祯卿《送士选侍御》一诗，船山评："居然高秀，自昌穀本色。”校记引清初抄本注：“昌穀，常熟人。”两个“穀”字都误，都当作“穀”。因“穀”有“善”义（人赖百谷食用、养病），祯亦“善”也（如祯祥），根据“名以正体，字以表德”的古训，祯卿的字当用“穀”字。因此，书上的两个“穀”字都是错的。又页一二二一末行“子房辟穀”、页一五九六第三行“南堤北堤布穀飞”，二“穀”字亦均误。但页一三六九第三行诗句“祈穀水祠灵”（于水边神祠祈求丰收）、页一五二一第九行诗句“穀城先访赤松居”（亦用张良辟谷之典），二“穀”字则又不误。凡此琐细纠葛，亦尽量仔细审视改正，并相应修改校记。

（二）关于改、补标点符号者：

如页二〇八“王褒之”、页二八六“吴获迄古”二处，其第二短横标号均误，应予删去。

又如页七三〇“仲连却秦军”、页七三四“太公任往吊”，仲连、太公任均人名，原缺标号，应予补正。

至如改点号之例，如页七八六“鼎足周，汉而有余矣”，逗号应改顿号。

又如页九〇〇岑参《胡笳歌送颜真卿使赴河陇》一诗，凡十二句，其中四句均有“胡笳”字样：“君不闻胡笳声最悲”，“胡人向月吹胡笳”，“胡笳怨兮将送君”，“向月胡笳谁喜闻”。船山评曰：“四用胡笳，各不相承，有如重见迭出，而端绪一如贯珠：腕下岂无神力！”《全书》从头各句均用逗号，至“贯珠”句下则施一冒号，察其当时用意，似在收束以上各句，然后用冒号表明末句乃是总结之辞。但今日重读，则觉此冒号之施用，乃似惟恐读者不晓船山评意，因而着力锲入，实太小家子气，转不如所有各句一逗到底之为自然而顺当也。文气如此，自当讲究。

冒号不妥，此次乃改为逗号。

至前述胡渐逵《船山全书点校勘误》一书举本册之“误”四一条而可采者仅三条，余三十八条皆胡氏自误而不自知。骤闻此言者或将惊讶于两数相差之巨大悬殊，略研其书者自可识辨其所以致误之底细原由。兹举例说明如下：

例　一

（372）草堂未（辨）［辦］㊀终须置……

㊀“辦”：此本与太平洋本均误“辨”，据《全唐诗》改。（校记）

（王建《岁晚自感》一一一一页二、三行并页末校记㊀）

逵按：此处底本“草堂未辨”之“辨”不误，编校者不烦据《全唐诗》改作“辦”，此乃因此处之“辨”通“辦”（今简化作“办”）。“辨”通“辦”古籍有证，如《荀子·议兵》：“城郭不辨。”注：“辨，治也。或作‘辦’（办）。”王先谦《集解》引郝懿行曰：“古无辦（办）字，荀书多以辨为辦（办）。”是“辨”通“辦”（办）之例。又如《后汉书·陈纪传》：“不复辨严，即时至郡。”其“辨严”即“辦（办）装”（“严”通“庄”，庄、装同音通用），是“辨”通“辦”（办）之又一例。辨、辦（办）古音均并母元部，故以双声叠韵可通。

（374）上山采（茶）［荼］㊁，下山采蘖。

㊁“荼”：此本与太平洋本作“茶”，清初抄本本篇所在之页失落。据《诚意伯文集》改“荼”。（校记）

（刘基《独漉篇》一一五〇页六行并页末校记㊁）

逵按：此处底本船山学社本“上山采茶”之“茶”并非误字，故编校者毋庸据《诚意伯文集》改作“茶”。所以然者，“茶”即“茶”之古字，且唐以后“茶”省作“茶”，明人刘基，其时“茶”已简作“茶”矣。底本之“茶”既非误字，编校者何必据后人所出之刘集改作“茶”呢？关于“茶”即古“茶”字，清顾炎武《金石文字记》六《岱岳观王圆题名》、清周寿昌《汉书补校》二六《汉书地理志》下《茶陵》均有详论可参，兹不赘述。

（375）（杨）［扬］㊀州青镜蚀土花

㊀“扬”：从清初抄本。此本与太平洋本作“杨”，误，（校记）

（刘基《节妇吟》一一五四页九行并页末校记㊀）

逵按：此处底本“杨州”之“杨”不误，编校者不当据他本改作“扬”。所以然者，“杨”通“扬”，故古籍中“扬州”又作“杨州”，如《史记·三王世家》“杨州保疆。”《汉书·广陵厉王胥传》“杨”作“扬”。又如《梦溪笔谈》：“杨州宜杨，荆州宜荆。”均是其证。关于“杨州”一作“杨州”，朱起凤曾有精彩论述：“杨州之杨，字本从木，晋王献之《进书诀帖》：乞食杨州市上，字从木旁作‘杨’，可证也。自唐以后，惑于李巡‘厥性轻扬’之说，遂改‘杨’为‘扬’。而书传‘杨’字，强半改作‘扬’字矣。唐许嵩《建康实录》第一卷，解《禹贡》‘杨州’之义，引《春秋元命苞》云：‘厥土下湿，而多生杨柳，以为名。’此杨字当从木旁之铁证也。其他‘杨’、‘扬’、两字，古多通用……从手从木，一也。”（《辞通》卷十一之十一尤“杨州”、“扬州”条朱按）杨、扬其所以通用，乃因二字古音均余母阳部，故以双声叠韵可通。

（378）娇莺百啭（竟）［竞］㊀啼花

㊀“竞”：据清初抄本改。此本及太平洋本作“竟”，误。（校记）

（孙贲《南京行》一一九七页三行并页末校记㊀）

逵按：此句底本“竟啼花”之“竟”不误，编校者不必据他本改作“竞”，所以然者，此“竟”通“竞”。竟通竞古籍有证，如《离骚》：“众皆竞进以贪婪兮。”《逸周书·史记》：“竞进争权。”竟其所以通竞，乃因古音竟，见母阳部；竞，群母阳部。二字见、群旁纽双声，阳部叠韵，故以音近可通。

（379）阳冈（西）［栖］㊀白云

㊀“栖”：此本及太平洋本作“西”，据《列朝诗集》改。（校记）

（张宇初《仲春喜晴》一二九三页三行并页末校记㊀）

逵按：此句底本之“西白云”之“西”不误，编校者据他本改作“栖”则误矣。所以然者，“西”字小篆作卥，《说文·西部》云：“卥，鸟在巢上也，象形。”段注：“下象巢，上象鸟，会意。”许氏继而又云：“日在西方而鸟西（栖）。”段注：“上‘西’，即下文‘东西’之‘西’也；下‘西’，西之本义也。”许氏继而又云：“故因以为东西之西。”并云：“棲，西或从木妻。”由此可知，“西”字之本义为栖（鸟栖于巢），乃日落西方时，鸟就巢栖止之意。至于“栖”字，《广韵·齐韵》曰：“栖，同棲。”实则以“西”加“木”作“栖”而言，“栖”乃“西”之后起字。正因为“西”之本义为“栖”，且“西”乃“棲”（栖）之初文，故古籍中有用“西”之本义作栖用者，如“《诗》：‘可以棲（栖）迟’，汉严发碑作‘衡门西迟’”。（《说文》“西”字段注）又如《敦煌曲子词集·西江月》：“棹歌惊起乱西禽”，“乱西禽”即乱栖之禽。更何况船山《说文广义》释“西”字云：“西，本训鸟在巢上也。”又云：“日落兑方（按：即西方）而鸟归巢。”故“西宿”、“西止”即“栖宿”、“栖止”。于“西”作“栖”用说得十分明白呢？综上所论可知，此处底本船山学社本“阳冈西白云”之“西”不误，编校者据《列朝诗集》改作“栖”，则误矣。

（328）郊墅㊀杂赋

㊀“墅”：此本与太平洋本作“野”，据清初抄本改。（校记）

（高启《郊墅杂赋》一三六八页十行并页末校记㊀）

逵按：此为高启所作诗之诗题，底本原作《郊野杂赋》，其“野”原本不误，但编校者据清初抄本改作“墅”，则不当矣。何以？此处底本《郊野杂赋》之“野”同“墅”。《集韵·语韵》：“墅，田庐也。或省。”此“或省”者，谓此“墅”或省作“野”也。故《篇海类编·地理类·里部》云：“野，古墅字。以其借为郊野字，复加土。”清王筠《说文解字句读补正》：“毛晃《韵增》：‘野，古墅字’……然则野者，墅之古字也；墅者，野之古音也。”由此可知，野、墅乃古今字。既然如此，编校者又何必改底本“郊野”之“野”为“墅”呢？

以上六条，胡氏之误性质相同，故并列而综论之。其误在于标高立异，舍常用字不用而主张用古字。如各条所示：

“草堂未辦终须置”（372 条）：按此句下联为“松树难成亦且栽”，均系作者岁晚自感之辞。而胡氏以为《荀子》书有以“辦”作“辨”者，故上联当作“草堂未辨终须置”，将明明白白的句意弄得不明不白了。又如：

“上山采荼，下山采蘖”（374 条）：按荼，苦菜；蘖，苦木；荼与蘖偶，二者皆喻心情之苦，故船山评刘基此诗：“亦苦亦俊。”而胡氏以为“荼”应从古作“茶”，则茶、蘖并列，不伦不类矣。又如：

“扬州”（375 条）：按此地名近古以来已经通用习用，而胡氏主张应从《尚书·禹贡》篇仍作“杨州”。又如：

“娇莺百啭竞啼花”（378 条）：按诗句上联为“细柳千章争拂地”，“竞”与“争”对，皆写春色。而胡主张应从《逸周书》将“竞”写作“竟”，亦系迂谬不通之论。

“阳冈栖白云”（379 条）：按此诗题曰《仲春喜晴》，于首句“近社（社：社日）喜连晴”之后，即有“池平草初茁”、“浦树春荣发”等句，继之以“阳冈栖白云”一句，描写触目之欣欣生意，透露作者之喜悦心情，本极通俗易懂。“栖”本作“西”，据《列朝诗集》改，而胡以为误，引古籍以“西”为“栖”之多个例子为证。其说冗长累赘，谨代为简括成一个公式如下：西＝小篆卤＝鸟在巢上＝栖＝日落西方之西。如此苦心孤诣地厚古薄今，真可谓不惮烦矣。

“郊墅杂赋”（382 条）：按诗中如“浣衣”、“系艇”、“知路”、“识家”诸词，“一尊茅屋里，随意答春华”诸句，俱表郊墅，而非郊野。胡以野、墅为古今字而责改野为墅之“不当”，其是古非今之逻辑与上述诸例同。

以上诸条胡氏之误，不在其论二字相同，而在其谓字不当改。按顾炎武《日知录》有“文人求古之病”一文，其言曰：“以今日之地为不古，而借古地名；以今日之官为不古，而借古官名；舍今日恒用之字，而借古字之通用者，皆文人所以自盖其俚浅也。”还有一个这样的笑话，《辞源》引《艺文类聚》：“宋景文修唐史，好为艰深之语，欧公思讽之，书其扉曰：‘札闼洪休。’宋见之曰：非‘书门大吉’耶？何必求异若此！”（按“札”＝书，“闼”＝门，“洪”＝大，“休”＝吉。宋祁好为艰深语，故欧阳修书此四字以嘲之使自悟。）顾氏之贬，欧氏之讽，不啻针对胡氏而发，不其然耶？

## 例　二

（344）目渺渺㊀兮愁予。（《湘夫人》）

渺渺，视而不见貌。望其来而未来，故愁不释。（船山释文）

㊀“渺渺”：与下释文“渺渺”，学署本同。金陵本及其以下各本均作“眇眇”，与《楚辞章句》《补注》《集注》一致。按《说文》：“眇，小目也。”《玉篇》：“渺，水长也。”释文言“视而不见”，似当从目作眇。（校记）

（二五二页七、八行并页末校记㊀）

逵按：此处正文及船山释文，学署本均作“渺渺”。

《湘夫人》之“目渺渺”，船山释曰：“‘渺渺’，视而不见貌。”何以“视而不见”？乃因目远望，然而“望其来而未来”。由此可知，此“视而不见”之“视”，乃“瞻也”。(《说文》）这正好表明“目渺渺”之“渺渺”，乃遥远之意。渺作遥远之意时，也作“眇”，故《广雅·释言》：“眇，莫也。”王念孙疏证：“《众经音义》卷二十一引此而释之曰：言远视眇莫不知边际也。”眇作遥远之意古籍有证，如《庄子·庚桑楚》：“夫全其形生之人，藏其身也，不厌深眇而矣。”成玄英疏：“眇，远也。”又如《汉书·王褒传》：“何必偃卬（仰）诎（屈）信（通‘伸’）若彭祖，呴嘘呼吸如侨（王侨）、松（赤松子），眇然绝俗离世哉！”颜师古注：“眇然，高远之意也。”《说文·目部》：“眇，小目也。从目、少。”然则“小目”之“眇”，何以有远意？窃以为此乃因人欲远视其物，故将目眯小之故也。故曰：“眇，小目也。”因此“眇”有远意。“渺”本水辽远无际之貌，《说文新附·水部》：“淼，大水也。或作渺。”则“渺”字以“氵”（水）示意，从“眇”得声。因“渺”之辽远无际貌，故“渺”有远意。此于古籍有证，如《史记·司马相如列传》：“红杳渺以眩湣兮，猋风涌而云浮。”“渺”，《汉书·司马相如传下》作“眇”，颜师古注引晋灼曰：“杳眇、深远也。”这正好表明“眇”通“渺”，二字何以通假？此乃因眇、渺古音均明母宵部，故以双声叠韵可通。由引可知，学署本此处正文及释文作“渺渺”不误，此处底本“渺渺”之“渺”，并非如编校者所言：“似当从目作眇。”

(346) 鳌戴山（忭）[抃]㊀，何以安之？……（《天

问》）

鳌举首而戴蓬莱之山，见《列子》。（忭）［抃］，舞也……鳌之戴山，其任重矣，若恃神力而（忭）［抃］舞，则必不能安。（船山释文）

㊀“忭”：学署本、金陵本同。太平洋本以下各本作“抃”，与《章句》《补注》《集注》同。按“忭”，喜悦貌，从心；“抃”，两手相击以示欢欣也，从手。《章句》释“鳌戴山抃”云：“击手曰抃。《列仙传》曰：‘有巨灵之鳌，背负蓬莱之山而抃舞。’”船山释文，正用此义。故知此处与释文之“忭”，均当作“抃”。兹据改。（校记）

（二八四页十行并页末校记㊀，二八五页三至五行）

逵按：此处底本衡阳湘西草堂本、学署本、金陵本《天问》“鳌戴山忭”之“忭”，及船山释文“忭，舞也”、“若恃其神力而忭舞”二“忭”字，不误，故编校者毋庸据太平洋本以下各本及《楚辞》章句、补注、集注之“抃”改之。所以然者，“鳌戴山忭”者，古代神话，渤海之东有大壑，其下无底，中有五山，常承受巨波上下漂流，上帝使十五巨鳌（大海龟）举首戴之，五山才兀峙不动。其“忭”，船山释曰：“舞也。”继而又对“鳌戴山忭”质疑曰：“鳌之戴山，其任重矣，若恃其神力而忭舞，则必不能安。”这就表明，船山以为“鳌戴山忭”之“忭”，乃“忭舞”也，即喜悦而舞之意。“忭舞”一词，古籍有证，如晋华峤《贺武帝疾瘳表》：“上下同庆，不觉忭舞。”由此可证，底本及学署、金陵二本作“忭”不误。

（351）黄钟毁弃，瓦缶㊁雷鸣。（《卜居》）

釜鸣，不祥之声。……（船山释文）

㊂“缶”：各本皆同，似当作“釜”。按《章句》《补注》《集注》此句均作“釜”，下之释文亦作“釜”。（校记）

（三六九页三、五行并页末校记㊂）

逵按：黄钟乃古乐十二律之一，声调最洪大响亮，“黄钟毁弃”喻贤才不得用。“瓦缶雷鸣”之“瓦缶”，乃物之贱者；“雷鸣”乃声如雷鸣以惊众人之意，故喻德才均无者占据高位，烜赫一时。此处底本衡阳湘西草堂本及各本正文“瓦缶”之“缶”，《楚辞》之章句、补注、集注均作“釜”。釜乃古炊器，即无脚之锅，铁制居多，故“釜”字从金，父声。亦有铜、瓦制者。釜字原本作鬴，《说文·鬲部》云：“鬴，鍑属也。从鬲，甫声。釜，鬴或从金，父声。”“瓦缶雷鸣”之“缶”，乃古时瓦质打击乐器。《说文·缶部》云：“缶，瓦器所以盛酒浆。秦人鼓之以节歌。”此于古籍有证，如《易·离》：“不鼓缶而歌。”《诗·陈风·宛丘》：“坎其击缶，宛丘之道。”《史记·廉颇蔺相如列传》，写秦、赵渑池之会，秦王击缶，即均是瓦击作打击乐器之证。

然则《卜居》正文此处“瓦缶雷鸣”之“缶”，各本皆同，编校者校记中说：“似当作‘釜’。”并举《楚辞》之“《章句》《补注》《集注》对此字均作‘釜’，下之释文亦作‘釜’”证之，其说对么？不对，何以？金文釜从缶，父声，古之釜瓦质如缶，故从缶。且“瓦缶”者，瓦质之缶也，而“缶”正是瓦质打击乐器，故此处正文各本均作“击”不误。至于各本正文作“缶”，船山释文却又作“釜”，此乃因船山特意以“釜”变文，而避正文“缶”之复也。

前述例一之六条，胡氏主张舍常用字不用而用古字；于此三条，则又主张舍早有定本之古字不用而用辗转索解之后来字。出尔反尔，莫衷一是。《九歌》《天问》《卜居》，俱属《楚辞》之篇，早有经典权威之本，即汉王逸《楚辞章句》、宋洪兴祖《楚辞补注》与朱熹《楚辞集注》是，后世著述引用，皆以为据。《全书》校记谓《九歌·湘夫人》或本“目渺渺兮愁予”句字“似当从目作眇”（344 条），又谓《天问》或本“鳌戴山忭”句字“当作抃”（346 条），又谓《卜居》或本“黄钟毁弃，瓦缶雷鸣”句字“似当作釜”（351 条），其眇字、抃字、釜字，即据以上三本，三本则其字皆一致无异者也。末条黄钟瓦釜两句，因其通俗易懂，且已融入现代生活，成为社会习用之语，如郭老（沫若）即曾以《黄钟毁弃，瓦釜雷鸣》为题，作文刊诸报端。窃谓不必再主“瓦缶”之字，反常违众，作毫无意义之标新立异也。如在友朋谈聚，你釜我缶，掉舌弄唇，自无不可。以之列为“勘误”，写入专书，已觉不妥。而“逵按”且抄撮故典，为己张目，连篇累牍，缠夹纠纷，则其识见更觉下一层矣。此例之三条，皆系甲乙两个单字之争，试问当从王逸、洪兴祖、朱熹乎？抑从尔胡氏乎？张狂如此，未见其是，究亦难免韩愈氏之讥，“可笑不自量”而已。

## 例　三

（352）屈原曰：“吾闻之，新沐者必弹冠，新浴者必振衣，人又谁能以身之察察，受物之汶汶者乎！宁赴常流而葬乎江鱼腹中耳，又安能以（皓皓）［晧晧］之白而蒙世

［俗］之温蠖乎！”

（《附录《史记·屈原列传》四五四页末行至四五五页二行）

逵按：此系船山《楚辞通释》之末附录的《史记·屈原列传》之文字。编校者于该篇之首，“上官大夫见而欲夺之”之下，补“屈平”二字，从而使下句作“［屈平］㊀不与”，然后于该页之末作校记云：“㊀‘屈平’：二字依中华书局标点本《史记·屈原列传》补。以下均依此本校订，以方、圆括弧表所增、删字，不另加注。”由此可知，此处摘录之文字，“（皓皓）”二字，乃底本湘西草堂本之原字，编校者以为是误字，故以小号字置圆括弧中，然后依中华书局标点本《史记·屈原列传》（以下简称“中华本”）补“［晧晧］”二字。也就是说，编校者于此处，是以中华本之“晧晧”改底本他以为的误字“皓皓”的。

然而此处底本原作“皓皓”，其“皓”果真误乎？非也。何以？《说文·日部》：“晧，日出貌。从日，告声。”段注云：“谓光明之貌也，天下惟洁白者最光明，故引伸为凡白之称。又改其字从白作‘皓’矣。”由此可知，“晧”乃“皓”之初文，“皓”乃“晧”之后起字。既然晧、皓音义均同，惟字形不同，编校者又何必将底本草堂本之“皓皓”作误字删去，而改作“晧晧”呢？

胡氏此条“勘误”，亦勘得极奇极谬。缘船山《楚辞通释》之末附有《史记·屈原列传》，经与中华本《史记·屈原列传》对照，则二者文字颇有参差，编校者乃“依中华本校订，以方、圆括弧表所增、删字，不另加注”，而于篇首出校说明。(《校记》全文已由胡氏录入“逵按”。)校订之目的,在使《楚辞通释》所附屈传不与中华本屈传别异,读者免于诧愕,事理本极显然。校订之结果,凡得二本文字差异十一处,遂皆使《楚辞通释》本屈传改从中华本而归于一致。胡氏明知此义,乃犹单挑其改“皓皓”为“晧晧”之一处相责备,谓是误删误改。于此不考全局,不顾事实,反用杜撰附会之过错加之于人而施以讥评,其无中生有、无事生非之逻辑,得不谓之怪诞乎!

## 例　四

(360) 翩翩者鸿,率彼江滨。君子于征,爰甹㊀西邻……

㊀“甹”:太平洋本同。按:甹,豪侠也。疑为误字。《文选》卷二十三收本篇作“聘”。(校记)

(王粲《赠文叔良》五七五页七行并页末校记㊀)

逵按:此处王粲《赠文叔良》诗第四句“爰甹西邻”之“甹”并非误字,乃避讳字也。盖因船山之父名朝聘,船山为避乃父名讳,故将“聘”字去其左之“耳”,缺笔作“甹”(pīng)字。此于避讳学谓之避家讳,亦称避私讳,以示有别于公讳(如避帝讳),因以缺字形之笔画避讳,故其避讳之法,谓之缺笔避讳,编校者因不明乎此,故“疑为误字”。

按船山讳“聘”字,不过缺其末笔而已,并非如胡所谓去“耳”作“甹”。《全书》第十二册卷首图片四为船山手迹《噩梦》之影印页，其第八行第九字“聘”即此字。按《噩梦》一书，为保存迄今之船山唯一完整之著作，工楷端书，至可宝贵（其影印本见岳麓书社出版之《王船山手迹》）。书中有“师儒皆州县礼聘”、“若提调官所聘非人”、“受职而后更聘”等三句，其“聘”皆“聘”之讳字。第十二册卷首所示，即其第一句也。胡氏此条持论，无凭无据，侈口妄言，一若读者皆无查考判断之能力，欺世蒙人，可谓大胆！

例　五

(380) 又若（涉）[陟]㊀春囿，万荣时一敷。

㊀“陟”：此本与太平洋本作“涉”，据作者《怀星堂集》（《四库全书》本）改。《列朝诗集》收本篇，亦作“陟”。（校记）

〔祝允明《述行言情诗》之二（“绩勋惟在力”）一三〇四页一行并页末校记㊀〕

逵按：此处底本船山学社本“又若涉春囿”之“涉”不误，编校者毋庸据他本改作“陟”。所以然者，此“涉春囿”之“涉”乃进入之意；此“囿”指园林。陶潜《归去来辞》有“园日涉以成趣”之句，此“涉春囿”句意与之正同，且正因为“又若涉（入）春囿（园）”，故所见者乃“万荣（花）时一敷（开）。”今编校者于此处据《四库》本《怀星堂集》改底本之“涉”为“陟”，陟，登也，“囿”（园）岂可登乎？

胡氏此条“勘误”亦已涉及学风问题，而具有与上条不同之表现形式，即在两个对立证据之前，抹杀于己不利之证据而只取于己有利之证据。《全书》改祝允明诗句之“涉”为“陟”，系据远较船山学社本及太平洋本可靠之作者《怀星堂集》并又参据《列朝诗集》，本无疑义可言。而胡氏偏欲于此觅“误”，以为“陟，登也。囿（园）岂可登乎?”查《康熙字典》“陟”字义释：“《说文》：登也。又《广韵》：进也。”又查《汉语大字典》“陟”字义释：“①登。②登程；上路。《书·太甲下》：‘若升高，必自下；若陟遐，必自迩。’”按升高自下，即“登”义；陟遐（远）自迩（近），即“进”义矣。可见无论古今字典，皆是“登”“进”二义并举。胡氏既欲勘“陟”之误，自必先查字典，则岂可只取“登”义而言“囿不可登”，抹杀“进”义而不言囿固可进乎。表面虽似偏执之过，实则难免故陷之嫌矣。

例　六

（383）南闽不废祥兴朔，西蜀仍闻艺祖孙。

（黄佐《厓山怀古》一六〇一页七行）

按：厓山在广东新会之南，公元1279年，元灭南宋于此。陆秀夫负帝赵昺蹈海死，祥兴乃其年号。“艺祖”所称者，乃一朝开国帝王，非人名，故不当标人名号。

胡氏于一个人名标号之微，亦甚留意，可谓精细。但其对此两句，上句虽能的确解释，下句则未解释的确。“艺祖”虽属通称，然亦可指专人，在此并非虚词泛义，恰恰相反，它是通称实指，所指其人即宋太祖。诗之上句谓南闽不废祥兴帝之年号，下句谓西蜀闻有宋太祖之子孙。作者黄佐已是明嘉靖时人，至厓山而吟咏如此，即所谓怀古也。故“艺祖”必标人名号。胡氏以为“不当标”，则下句失其所指，非作者之意矣。

综上所表，胡氏《船山全书点校勘误》一书所勘《全书》第十四册之四十一条中，只三条可采，已如前录；余三十八条皆属自误，则择其六个方面（“例一”至“例六”）共十三条加以评析驳正。（其对《全书》其余各册之“勘误”，可采之条与自误之条比例大致相同，即一与九之比。具体情况见其余各册之《重读记》。）考胡《书》所以有此大面积之错误，其故多由学术或欠深研，论断每致片面；其有向壁虚造，大言欺世之处，则为学风文风问题；至其所“勘”过当，近乎吹求，则又纯似出于意气，惟事驳难以图一快。究亦莫能明其所以然，只得通过以上实例随处分析揭示，于此不必再赘述矣。

# 《船山全书》第十五册重读记

本册含船山诗、文、词、杂剧、诗话等著作凡二十四种，又有《全书》编者新编之《诗文拾遗》一种，共二十五种，一千〇三十六页，八十一万字。所据底本，诗、文、词为中华本《王船山诗文集》；杂剧为王孝鱼之太平洋本点校稿；诗话为人文社之《薑斋诗话笺注》；《诗文拾遗》则来源甚多，杂见于《船山学报》等报刊及诸旧籍。以是，参校本亦更为繁夥。当时编校具体情况，具见于册末之《编校后记》。1995 年初版后，次年又重印一次。

此次重读之法，亦与此前各册相同，即先取初版第十六册末所附《第一至十五册（第一次印刷本）勘误表》中本册误字，视其于二次印刷本中是否已经改正（凡三处，均已改正）；然后逐页细读，并取胡渐逵同志《船山全书点校勘误》中本册各条对照辨析，取其是而弃其非是（凡二十八条，可取者五条，不可取者二十三条，详见后）。遇有疑问，仍取底本及各参校本随时查阅。结果如下：

一、文字须改正者凡二十七处：

（一）误用简化字者七处，均改繁体：发改髪（页一二六、三〇四）；后改後（页二三八）；抬改擡（页二四五）；里改裏（页三一八、三六五、八八〇）。

（二）因书法相近而致之误字十三处，均改正字：邛改印

（页二四六）；剌改刺（页二七三）；祛改袪（页二九一），按此字之改有教训，见后）；舂改春（页二九三）；入改八（页三二四）；楝改揀（页四〇一）；縠改穀（页五一九）；栢改柏（页五九四）；雪改雲（页七六四）；蘭改阑（页七六九）；警改驚（页八三四）；已改巳（页七六一）；溪改渓（页九八〇）。

［附］祛改袪始末

诗句：“收书祛粉蠹。”校记：“袪，各本均误祛，兹径改。”此次重读，恢复祛字，删去校记。按祛袪二字之关系，《说文》只有袪字，无祛字。其袪字解，一为“衣袂”（mèi），即衣袖，或单指袖口。（《九歌·湘夫人》：“捐余袂兮江中，遗余襟兮澧浦。”）二为“褱”（古怀字）也”，“裒也（古抱字）”。段注：“袪得训裒，故或曰藏去，或曰弆（jǔ，藏也）。藏物必去此而藏彼，故其义亦为攘却。古无从示之祛，至《集韵》而后有之。”因此，祛即袪，于本无据，不应擅改。至于近代流行祛字（如祛风、祛惊之类），祛袪分开，则自当从今。（《新华字典》已将二字并列，祛为除去，袪为袖口，但祛仍有第二解曰“同袪”。）

（三）改“邱”为“丘”者七处。此七“邱”字分属于《五十自定稿》《七十自定稿》及《落花诗》。中华本（《全书》诗集之底本）系沿金陵本（中华本之底本）之旧。今据湘西草堂本，则原作“丘”，自应据改。至未有湘西草堂本可据者则仍未改。因古书有邱丘通用之例（见后），此其一。清雍正（诏命讳丘为邱者）以后之书，皆用“邱”字，即如我省曾、左、魏源诸集，“邱”字满目，何能悉改？若一律改正，又何能保证一律无误？百中误一，即为对古书之损坏矣，此其二。故曰此等事，宁失之拘谨，毋失之卤莽也。所改七“邱”字见：

第二六九、三一五、三二三页（据湘西草堂本《五十自定稿》）；

第四〇四，四二〇页（据湘西草堂本《七十自定稿》）；

第五七〇，五七一页（据湘西草堂本《落花诗》）。

［附］古书“邱”“丘”通假之例

【丘与邱】《诗·小雅·绵蛮》：“止于丘隅。”《礼记·大学》引丘作邱。〇《礼记·月令》：“塋丘垄之大小高卑。”《淮南子·时则》丘作邱。〇《左传·昭公二十年》：“梁丘据与裔款言于公曰。”《晏子春秋·内篇·谏上》梁丘据作梁邱据。〇《战国策·秦策三》：“至葵丘之会。”《史记·范雎蔡泽列传》丘作邱。〇《战国策·齐策一》：“粟如丘山。”《史记·苏秦列传》丘作邱。〇《淮南子·诠言》：“至德道者若邱山。”《文子·符言》邱作丘。（见高亨纂著《古字通假会典》，齐鲁书社）

二、校记有变异者凡十二条，其中增二条，删一条，修饰九条。

（一）增二条。页二七三之“剌”误作“刺”；页五九四之“柏”误为“栢”，二字均为此次重读所发现之底本（中华本）误字，故各予校记说明。

（二）删一条。按本册《船山诗文拾遗》中有《读通鉴论·放姜皎归田》一篇（见第九二七页）。《读通鉴论》九一二论，惟此论残缺，自金陵本以后多本莫不如此。1988 年出版之《全书》第十册（即《读通鉴论》），此论仍为残篇。其后始得从衡阳莫尔雅所藏《读通鉴论》抄本获睹全璧，转录于1995年出版之《全书》第十五册《船山诗文拾遗》中，此次《全书》再版，自应将此完整之篇补入第十册（《读通鉴论》），而在《诗文拾遗》中仍予保留，以存往迹。因而将有关校记删去其一，复修改其一焉。

（三）修饰九条。或删字，或增字，或改字，不再举例。

三、改善标点符号二十一处，择其尚可供参考者举例如下：

（一）改善标号者。如页二七八，“重开初度酒，莫诵四愁篇。”按东汉张衡有《四愁诗》，初版于次句未有标号，今加标书名号于“四愁”字旁，但“篇”字不标。又如页七九六《潇湘怨词》第八首《青草渔灯》句云：“歌舞罢，追赏良宜此景，木兰牵动绿荇。樵青唱阕斗参横，残月又斜西岭。”底本中华本“樵青”加专名号。按：据《辞源》：“唐张志和自号烟波钓徒，肃宗赐以奴婢各一，志和令配为夫妇，号渔童、樵青，后来诗文中常以樵青为女婢的通名。”故中华本标线亦有理，且读者或不知此典，则视此标线，可以续考，亦多有益。初版则从《辞源》以樵青为女婢之通名而去其标线。此次重读，先曾按中华本思路而复给樵青加人名线，但又再三考虑，以为樵青在船山此处已是通名，应依《辞源》不予标线。标了或暂于读者有所帮助，但实为徇一时之便而悖久远之理。权衡之后，遂复将已标之线划去，致书上勾勒加多，而志此矛盾之痕迹焉。

（二）改善点号者，如页九〇九《龙舟会杂剧》：“……吃勾鱼……舔尽蚁……灯油里……蛛丝系……翻身蜡。冤家路狭遇冤家。餤摩天上难回避。”这段唱词开头五个相同句式，以鱼、蚁、里、系、蜡五字连续叶韵，故于蜡字下断。“冤家路狭逢冤家”句，“家”字不叶，且句意与下“啖摩天上难回避”相联，故“家”字下不应用句号，而应改为逗号。查此剧之底本（王孝鱼先生之太平洋本点校稿）“家”下本是逗号；付印稿“家”下亦是逗号，而手民误排为句号，校对时未能改正，遂致沿误至今。

（三）其他标点符号琐碎修改，不再举例。

四、由于重排字体有变，并连带将产生版次行次有所推移等原因，原校记中屡有“参见某页某行”等字样，再版必难完全相符，必须逐处核对，改从新的版次行次。总计凡40处，虽均用红圈圈出，并常有“对页码”等提示，仍须十分细心校对。

［附］胡渐逵《船山全书点校勘误》一书所载第十五册之“误”二十八条之审读结果：勘对者五条，可取；不对者二十三条，乃其自己之误。

一、勘对可取者五条如下：

（一）393条：“横风斜雨掠荒邱”（《全书》三一五页五行）。胡氏以为“邱”当作“丘”。

（二）388条：“引兹邱海望”（《全书》二六九页四行）。胡氏以为“邱”当作“丘”。

今按：这两个“邱”应改为“丘”，但理由并非如胡氏所谓应将雍正帝改“丘”为“邱”之诏令改回，可参本重读记所附高亨先生《古字通假会典》所举古书邱丘二字通假之例。此两处之“邱”应改为“丘”，是因为它们都出于湘西草堂本《五十自定稿》，有更早、更可信的版本依据。（《全书》初版未能据以改字，是当时编者的疏忽，当引为教训。）至于他处或也用了“邱”字，但因无可靠的版本依据，自不能信手妄改。

（三）399条：“（揀）〔楝〕花三日雨”（《全书》四〇一页二行）。这是一个改误字为正字的格式。圆括弧中之字为“揀”，是误字，当改为“楝”，是正字。但初版却将圆括弧中之字也排为“楝”了，当时校对失察，也是我之过。胡氏指出此误，自当照改。

（四）403条：“龚生丧兰芳”（《全书》五三四页十二行）。

（五）404条：“壶公游汝南”（《全书》五三五页十行）。

以上二条之人名，胡氏谓应标作龚生、壶公。这是对的，可从。

二、至于胡书之不可取者二十三条，似乎皆是有意立异，以明《全书》之“误”，而适以自暴其误。按《全书》于各本文字之不同者，皆本古籍校勘之目的，去伪存真，汰劣从优；如果有所择取，则必举其理据，如果暂莫能决，亦必并存异文，以供参研。而胡氏往往忘记这一校勘工作的根本目的，有善而不信从，反而强词夺理，主张以次充好。如其所勘的第384、386、387、389、390、391、392、394、398、397、402、405、406、407、409、410、411各条，莫不如此。（其书有主改“邱”为“丘”者5条，其388、393两条可从，见上；其395、396、408三条则不可从，理由亦已见上。）

胡氏在其勘误中，不能遵循“多闻阙疑”、“信而有徵”、

“知之为知之，不知为不知”的科学态度，甚至信口开河，发为无根之谈，架空之论。举其三例如下：

(385) 汝兄弟二人，正如我两足，虽左右异向，正以相成而不相盭［戾］。㊀

㊀“戾”：中华本脱落。据衡阳补刻本补。(校记)。

(《己巳九月书授攽》二三〇页二行并页末校记㊀)

逵按：此为船山己巳（1689）即清康熙二十八年九月写给儿子王攽的一封短信，此时船山年已古稀，距谢世仅三年矣。他已觉体力日衰，来日无多，故写此短信，面授攽儿。此处所引之四句，为该信开头之言，极其好懂。但《船山全书》编校者却因不识末句之“盭”字而作此误校。此末句中华本作“正以相成而不相盭”不误，所以然者，“盭”同“戾”，乃乖违之意。《说文·弦部》：“盭，弼戾也。读若戾。”段注：“此乖戾正字，今则‘戾’行而‘盭’废矣。”此处船山曰：“正以相成而不相盭”，即“正以相成而不相戾”。其“盭”之下，编校者曰：“中华本脱落”一“戾”字，因而“据衡阳补刻本补”一“戾”字，作“正以相成而不相盭戾”。船山岂是期期艾艾之口吃者而言“盭戾”乎？

今按：此条船山句所出之《己巳九月书授攽》一文，其最初出处为1887年（清光绪十三年）之衡阳补刻本。1962年中华书局出版《王船山诗文集》据以收入。1995年出版之《船山全书》第十五册所收此文，即以中华本为底本，又取衡阳补刻本核对，发现中华本脱一“戾”字，即予补入。因此，从版本根据上说，这一校补之对的，因为整理古籍一般不允许擅自增删底本文字。当然，如果底本确有讹、脱、衍、倒之误，则应予以改、补、删、乙，然后出校说明理据，并保留原文，以备查考。而《全书》编者以为底本有此“戾”字，并非错误。

然而胡氏却说补此“戾”字是错误的。据《逵按》，既然“盭”同“戾”，二字均为乖违之意，则船山句中用“盭”即足，用“盭戾”即误。这实在是囿于见闻的片面之论。笔者正在看《全书》第十四册，就在那里发现了反证。《楚辞通释序例》云：“因韵转而（将连缀之文意）割为局段，则意之盭戾者多矣。”（第二〇九页三行）《明诗评选》评张元凯《志别》云：“唐人尚有仿佛间未失古意者，假为津梁，以问苏李、《十九首》之径，犹不至盭戾而驰也。”（第一三二八页五至六行）二例都是船山的话，都用“盭戾”之词，足以驳倒胡氏之“按”而有余。

（407）一声呼惊醒天蓬㊁睡

㊁“蓬”：金陵本、太平洋本同。疑当作“篷”。（校记）

（九〇八页五、六行）

逵按：此处金陵本、太平洋本作“天蓬睡”，其“蓬”不误。所以然者，“天蓬睡”即睡得像猪那样熟之意。何以这样说呢？这是因为《西游记》中的猪八戒本是天上的天蓬元帅，后因罪被谪，误投猪胎为妖，因而像猪一样会睡。查《龙舟会》杂剧之金陵本、太平洋本、湖南图书馆所藏抄本及《西游记》各种版本，均作“天蓬”，其“天蓬”

无一作“天篷”者。

此条船山之句见于其《龙舟会》杂剧的一段唱词。其前还有两句，形成三个排句：“一挠钩找住蓬綷系，一番（翻）身好赛呆鹰翅，一声呼惊醒天蓬睡”，说的是钩住船索、飞跃上船、大呼惊醒船仓睡者三个动作。两个“蓬”字，都是草字头。但编者疑其应为“篷”字，是竹字头，而又别无版本依据，故只出校存疑，以待续考或读者论定。（初版只疑“天蓬”之蓬，未及“蓬綷”之蓬。此次重读后，已予改进。）

何以说两个“蓬”字疑当作“篷”呢？关于“蓬綷”，据《辞源》（旧版）：“綷：大索也，以竹为之，舟止，系于树木，所以维持舟者，见《诗·采菽·疏》。”而蓬是蓬蒿，未闻可以编索系舟。关于“天蓬”，据《汉语大字典》：“篷，遮蔽风雨和阳光的工具。《字汇·竹部》：‘篷，编竹夹箬覆舟车者。’”“天篷”是个普通名词。至今杭州有公司制“天篷帘”，功用是防晒、防眩目；还有别的公司生产“天篷板”、“带天篷的四柱床”。美国作家杰克伦敦有一篇小说译名叫《在甲板的天篷下面》。某科普手册的《大洋漂泊一百三十三天》中记载1942年盟国货轮斑罗蒙号在大西洋被德国鱼雷击中沉没，船上的中国船员潘濂用一卷帆布和救生木筏的四根桅杆扎成一个简易天篷，在大洋漂泊一百三十三天后获救。（以上关于“天篷”的资料，均赖杨云辉同志在电脑查出相告，特此志谢。）

由此可见，“一声呼惊醒天篷睡”，不过是说一声喊惊醒了天篷下的船客罢了。上句的篷索，这句的天篷，都正是船上之物。在这里是不必求之过深，硬要联系到猪，联系到天蓬元帅的。然而胡氏却偏要说这一句中“其‘蓬’不误”。后来他又写了《何谓天蓬元帅》一文，考证天蓬元帅的出处等，投登《文史知识》2004 年第 2 期。但该刊同年 4 期即有读者著文驳斥，指出胡文的“不正确”，这里不必赘述。胡文中有一段又提到了这一句，并连带提出岳麓书社、《船山全书》、编者校记等，不可不转录存照：

> 猪八戒既有天蓬元帅这个雅号，又像猪一样会睡，故早在明清时期，文学家形容人睡得很熟，叫作“天蓬睡”，意思是睡得像猪一样，非常生动形象。如明清之际著名思想家、文学家王夫之，在他所写的惟一的一部杂剧《龙舟会》中，主角谢小娥就有“一声呼惊醒天蓬睡”这样一句唱词。然而岳麓书社出版的王夫之全集《船山全书·龙舟会杂剧》中，编者校记却说“天蓬”的“蓬”字“疑当作‘篷’”（见《船山全书》第十五册，九〇八页）。此疑显误，其理上文已言，更何况《西游记》各种版本此处均作“天蓬”，无一作“天篷”者呢？

那么请问：“明清时期文学家”究竟有谁用过“天蓬睡”这样的词语来形容人睡得很熟呢？胡氏常犯信口开河大言欺世之病，这里又是一例。至于说“《西游记》各种版本此处均作‘天蓬’，无一作‘天篷’者”，这就更是歪缠了。《西游记》写的本是天蓬元帅，当然都作“天蓬”。难道这也可以作为《龙舟会》的这一句里也必须写作“天蓬”之理吗？

> （400）宇旷清空迥，残辉杖影斜。林疏云度曲，冰释水澄沙。风绽丹砂子，霜滋锦缬芽。水仙香孕[一]绿，珍重试

初花。

㊀“孕”：中华本《校勘记》：“‘孕’作‘包’。”（校记）

（《遣兴》四〇三页二、三行并页末校记㊀）

逵按：船山此《遣兴》诗乃五律，第七句底本作“水仙香孕绿”，其“孕”不误。中华本《校勘记》曰：“‘孕’作‘包’。”作“包”则误矣。所以然者，作“孕”，则此诗七、八句平仄为：仄平平仄仄，平仄仄平平，其平仄协调。若作“包绿”，“包”乃平声字，则七、八句平仄为：仄平平平仄，平仄仄平平，其平仄不协调矣。特别是此第七句第四字必须用仄声字，不可用平声字，故作仄声字“孕”；其平仄即协；若作平声字“包”，其平仄即不协矣。

（401）秋水浴孤鹜㊀

㊀“鹜”：衡阳补刻本、太平洋本均作“鹜”。中华本改作“鹜”。按鹜亦通鹜，义为野鸭，并音木。（校记）

（《青原极丸老人前大学士方公以智》四六六页一行并页末校记㊀）

逵按：此系船山五古诗之一句，编校者说，鹜、鹜“并音木”，其注间误。鹜、鹜均从敄得声，音 wù，若以汉字注其音则音“務”（今简化作“务”），木音 mù，何言鹜、鹜“并音木”乎？

以上两条相连，说的都是有关声韵的问题，两条“逵按”都是错的。关于前一条，《全书》转载中华本《校勘记》（据湘西草堂本以校中华本的底本金陵本），说末联上句“孕”字，草堂本作“包”。这本是一个客观的校语，没有说二字的是非优劣，只是并举异文而已。然而“逵按”却指摘说此字作“包”误而作“孕”是，因为按五律的平仄要求，末联上句第四字应为仄声，而“包”是平声，所以“包”误而“孕”是。这又是一个只知其一未知其二的陋说。查《康熙字典》：“包，布交切。又叶补苟切，褒上声，裹也；《诗・召南》‘野有死麕，白茅包之。’”朱熹《诗集传》于此“包”字下注：“叶补苟反。”可见“包”字有平（bāo）仄（bǎo）两读，而且读仄声正是从《诗经》开始，是自古有之的。船山的这一句，作“水仙香孕绿”或“水仙香包绿”，实在均无不可。中华本《校勘记》并举异文，未有取舍，是其慎也。而胡氏则表现为卤莽。

关于后一条，“秋水浴孤鹜”句，末一字有鹜、鹜两种写法，可以相通，读音也同。《全书》校记说二字“并音木”，是不错的。“逵按”说二字都音务（wù），不音木（mù），用现今的普通话来读古音，大谬不然。船山这首悼念方以智的诗，原文不长，引录如下：

> 青原千里书，白发十年哭。遥问皖江滨，青冢何时筑？八桂歌哭中，狂简意不属。国破各崎岖，间关鉴幽独。相知不贵早，阅世任流目。遥讯金简峰，如搜禹书读。北山念张罗，秋水浴孤鹜。远舒摩顶臂，欲授金鸡粟。山心自别存，慈渡劳深祝。烹煮南华髓，调和双行粥。一意保孤危，为君全臣仆。螺江空杳霭，蠖屈方阻缩。缄此方寸珠，佁儗困幽谷。已矣无能宣，曾冰介乔木。

读后可知，这首诗共二十八句，两句一韵，十四个字一韵到底。据《广韵》，其中十二个字（哭筑独目读鹜祝粥仆缩谷木）都属“入声·一屋”韵部；还有两个字（属粟）属“入声·三烛”韵部，以音近而可通押。“鹜”读“莫卜切”，与“木”音同。据王力先生《汉语音韵学》，这些入声字都在元音之后带有韵尾 k，所以“木“是读 muk 的。（见该书第 439 页，第三十四节《古代音值问题》谷部屋韵：“谷，类 uk”（类是拟音之意）。按：现在吴、越、闽、粤语里都还保留有入声，请一位苏州人或广州人一读这十四字就听得出来。但这些入声字在现今普通话里已被分别读成平（哭独读粥仆缩），上（谷属）、去（筑目鹜祝木粟）各声。现今普通话里，入声已经消失了。用普通话来读古诗，往往难于了解古诗声韵之美，甚至以为有的韵脚可能有误。所以“逵按”说，“编校者说鹜骛并音木，其注音误”，并以为二字都“音 wù”，即读为“务”，这也是由于未谙古音，一不知鹜骛入声，二不知鹜骛音木。说别人误，却不知道误的正是他自己。

# 船山全书第十六册重读记

本册内容为船山生前至中华人民共和国成立前后有关船山其人其书之传记、年谱、编辑、出版、述评、研析资料之汇录，末附杨坚撰写的《船山全书编辑纪事》及《船山全书第一至十五册（第一版第一次印刷本）勘误表》，以备参考，属《全书》附录性质，然亦成为研读《全书》不可缺少之有机部分，出版后颇获好评。1996 年初版后未经重印。此次重读，除全册本文外，惟以胡渐逵《船山全书点校勘误》一书置于座侧，逐条对照。重读结果如下：

一、下述一条于新版校对非常重要，故置之于首，即：书中常有“参某册某页某行某注”之参见注记，均以红笔写出，务请于将来新版校对时认真细心逐一核对。自卷首插图四须与“第十五册第二二七页及该页注㊀”核对以下，大共八十二处，其现在页码如下：页五（二处。——以下写法同此，不再重复“页”“处”二字）；八；六九（二）；九八；一二八（二）；一二九（四）；一三一（三）；一三三；二六七；三三九；三四一（二）；三七七；三八六（二）；三八八（三）；三九一（八）；三九五；四〇六（二）；四〇七；四二七；四二八；四三七；五七六；五二一；五二五；五三八；五五〇（二）；五五五；五六一；五七六；五九六；五九九；六三九；六六二（三）；七〇五；七二五；七七五（三）；七八五；八八九（二）；九五四

(二)；九五六；九五七；九六〇；九六五；九八七（二)；一四〇六；一四五六（二)；一四五七（六)。

二、改正错字二十八个，如：页一一五地名“蕲春”误“薪春”；页一八五词语“谪戍”戍作戌；页五六二“勤”“惰”对举而惰误隋；页七五二“公、穀两家”指公羊、穀梁，而穀误榖；页八二二两处“慕容、符、姚”，符谓前秦主苻坚，而均误符；页九六〇“二首”之二误作三，系数字之误。诸如此类，不备举。

三、删改增补标点符号三十处，如：页八六“湖广学政”原无湖广地名线；页四六七“王夫之。王夫之”，原无两个人名线；页六八一“顾亭林”，亭林二字下原无人名线；页五二〇“国殇山鬼”，为二篇题，原将书名误连为一；页一〇二九“正嘉之际”，正谓正德，嘉谓嘉靖，系明代先后蝉联之二帝，原标一个人名号，应断开；页一三六九“修罗”“修罗”，按修罗即阿修罗，印度神话中神名，反抗帝释失败，躲入蟠藕之中，船山早年曾自比修罗，本段文字中“阿修罗”“修罗”凡七见，两个未有人名号，应补标；页四六三“科举考试第一场由四书内出题，答题必须以四书章句集注为依据”，此句“出题，答题”原无逗号，应补入，断开。诸如此类，不备举。

四、胡渐逵《船山全书点校勘误》一书所勘本册之误凡十五条。又有对本册之总评曰：“该册多达一千四百九十七页，共一百一十七万字，七厘米厚。一言以蔽之曰：庞然芜杂。”兹先析评其十五条，再论述其总评。

十五条中，正确而应接受者凡七条，实为其书所勘《全书》各册正、误条数比例之最高者，应予赞赏。然观其所勘内容，则皆笔画错字之微，标点符号之细，对照原稿，一望而知，未能超出一个校对先生之水平，而无关乎学术。各条列举如下：

413 条：“国殇山鬼不胜悲”，书名线原未断开。

414 条：“穀梁传文简略”，穀原误榖。

419 条：“湘潭王壬秋 闿运”，闿原误闓。

420 条：“所严事者曰顾畇滋”，畇原误昀。

421 条：“穀梁传曰”，穀原误榖。

422 条：“冯道生于五季”，五季朝代标线原缺。

423 条：“易有太极”，易字书名号原缺。

按以上七条，皆《全书》之错字经胡氏勘出者，然视其所勘内容，实未超出一般校对工作之水平。本系笔画标点小事，而胡则特喜卖弄知识，大做文章。如关于《穀梁传》之误穀为榖，其《逵按》云：“《穀梁传》之榖字误，当作穀。《穀梁传》亦称《春秋穀梁传》、《穀梁春秋》，儒家经典之一。旧题乃战国时鲁人穀梁赤所撰。穀梁乃复姓，其穀不可作榖。榖乃木名，即构或楮。”俱是抄撮陈言，累累赘赘，一若读者于此等文史常识亦皆无知也者。至如关于“继庄平生讲学之友，所严事者曰顾畇滋，曰彭躬庵，曰船山”这一条（420），则尤因其喜欢卖弄而闹了大笑话。兹先剪贴其文如下：

（420）继庄平生讲学之友，所严事者曰顾畇滋，曰彭躬庵，曰船山。

（七二八页十一行）

逵按：此《船山全书》第十六册五二〇页二行云：“……继庄平生讲学之友，严事者曰梁谿顾畇滋，衡山王而农，而尤心服者曰彭躬庵。”其“顾畇滋”，此处却作“顾

> 昀滋”。“畇”读 yún，乃“垦田貌。”（《集韵·谆韵》）《诗·小雅·信南山》：“畇畇原隰，曾孙田之。”毛传：“畇畇，垦辟貌。”“畇”字单用义同。“昀”读 tiān，乃“大目”之意（《集韵·先韵》）。垦辟之田，须水滋润，故顾氏之名，自当作“畇滋”，若作大目之“昀”，其“昀滋”又以水滋润之，则其水非泪水不可矣，其父肇锡嘉名，岂有作“昀滋”者乎？

《逵按》大意为：“昀当作畇。畇，垦田貌；昀则大目之意。垦辟之田，须水滋润，故顾氏之名，自当作畇滋。”说理论事，只这几句已够，而此按则长达二百余字，从而暴露了自己可笑的错误。凡读古书稍有经验者都知，此处继庄所举三友，都是称的字、号。除船山是号（王夫之号船山）外，畇滋、躬庵都是字。他们都是明朝遗民，因此继庄得以勤谨而严事之。畇滋名培，无锡人，明亡隐居，讲学以终。躬庵名士望，江西人，明亡与魏禧等筑室讲道，为“易堂九子”之一。古人“名以正体，字以表德”。“畇滋”所以表“培”；畇辟滋润，所以培也。“躬庵”所以表“士望”；躬自修省（曾子：“吾日三省吾身。”）以副士之望也。胡氏不知顾培之名，而误认“畇滋”即名，因之大谈畇所以滋，滋即由畇。难道岳飞字鹏举，可以舍“飞”之名不讲，而言鹏所以举，举即由鹏乎？至于胡氏所以知此“昀”字之误，实由《全书》已经提供梁启超《论中国学术思想变迁之大势》、刘继庄《广阳杂记》等资料书，“继庄平生讲学之友”等数句，即出于《广阳杂记》中继庄之自述。“昀”字以形似而误，本来对照原书，即可知之。而《逵按》却写得好像全由自己博学而知，引经据典，大肆卖弄。此种抹煞资料本系源自他人，将其攘为己有、矜为己得，又从而大做文章之手法，胡氏书中不一而足，尤为近日学术风气腐败恶劣之表现。于此可不再枝蔓，付之一哂而已。

至于胡“勘”错误者八条，大都琐屑。今择其略具考证意味、有关姓名用字者四条，讨论批评，或者亦为“有点考据癖”（胡适语）的读者所不弃乎！

关于萧箑父者二条：

（412）萧箑父

（目录六〇页八行）

逵按：此处“萧箑父”之“箑”字误，当作“萐”。萧萐父先生，四川成都市人，1924年生。1947年毕业于武汉大学哲学系，后任武汉大学哲学系教授、博士导师至今。萧先生于船山哲学思想素有研究，著有《船山哲学引论》等。萧先生台甫人们常吟念作 jié fù，实则误矣。所以然者，《说文·艸部》：“萐，萐莆，瑞草也。尧时生于庖厨，扇暑而凉。从艸，疌声。”许氏继而又云：“莆，萐莆也，从艸，甫声。”“萐”字段注云：“《白虎通》曰：‘孝道至则萐莆生庖厨。’萐莆者，树名也，其叶大于门扇，不摇自扇，于饮食清凉，助供养也。”段氏又于“萐”字“从艸，疌声”下注音曰：“山洽切，八部。”由此可知，“萐”字“从艸”取瑞草之义，以“疌”（山洽切，读 shà）表音。然则萧老何以名“萐父”？盖因“父”通“甫”，乃男子之美称，故萧老以“萐父”名之。1992年10月，我应邀赴船山故乡湖南衡阳，参加纪念船山逝世三百周年学术研讨会，幸会萧老，曾将上述其台甫之来由当面请教，得其嘉许。萧老曰："先父系四川大学文字学教授，故以《说文》萐莆瑞草，'肇锡余以嘉名'。又以'父'易'莆'，以表男子美称之意。但时人知此意者甚少，由他去吧！"虽然如此，但萧老书写己名，却仍谨遵父命，屡承赐函，署名均作"萐父"。今《船山全书》第十六册多处将萧老台甫误作"箑父"，是大不敬也。"萐莆"虽亦作"箑莆"，但箑乃竹制之扇，萧老取名瑞草，其"萐"岂可从竹作"箑"？

(424) 萧箑父

(一三三八页一行及该页校记㊀之一行、一三三九页至一三七一页书眉)

逵按：自一三三八页一行及该页校记㊀之一行，一三三九页至一三七一页书眉共十九处，其"萧箑父"之"箑"均误，均当更正作"萐"，本书412条业已详论其理，敬请参看，兹不赘述。

此两条，胡氏于萧箑父教授之大名当用萐字而非箑字，侃侃而谈，并引萧老自认当用萐字之言为证，实则大有可疑。按萧老为研究船山哲学特别是船山朴素辩证思维之专家，成名颇早。今所能见者，1962年即著有《浅论王夫之的历史哲学》一文，收入中华书局1965年出版之《王船山学术讨论集》中，署名萧箑父，其后著述丰富。《全书》第十六册除辟有其著述资料之专辑外，又辑有《中国大百科全书·哲学卷》中其所著条目凡十余条，照录书中署名，均作萧箑父。至萧老它处署名，亦有作萧萐父者。按箑、萐本为一字之异写，以同源而同音、同义，并非如胡氏所说之判然为两个不同的字。胡氏引述资料，每只取有利于自己立论者，抹煞不利于自己立论者，于此亦复如是。查《汉语大字典》注箑字，引《说文》曰："扇也。从竹，疌声。"注萐字，引《说文》曰："萐莆，瑞草也。尧时生于庖厨，扇暑而凉。从艸，疌声。"注二字之汉语拼音，则同作 shà。又《中华大字典》注箑字，除《说文》之解外，又有："脯也。《宋书·符瑞志》：'帝尧时，厨中自生肉，其薄如箑，摇动则风生，食物寒而不臭，名曰箑脯。'"注萐字，除上引《说文》外，又引《段注》："白虎通曰：孝道至则萐莆生庖厨。萐莆者树名也，其叶大于门扇，不摇自扇，于饮食清凉，助供养也。论衡作箑脯。"又杨树达《积微翁回忆录》1938 年 12 月 20 日一条云："阅《说文》。萐莆，萐训扇暑而凉，于箑训扇同源。"可见二字实同源、同音、同义。萧老自署其名则或作箑父，或作萐父，盖均无不可。《逵按》同样引用《说文》，而只引其释萐之文，不引其释箑之文；同样引述《段注》，而只引其注萐之句，不引其注箑之句，特别于《段注》言萐莆又作箑脯之句，则轻描淡写，一笔带过，不著其所出，不言其句在说明萐箑二字关系上之重大意义，且故意将字写错（412 条末"萐莆虽亦作箑莆"句，箑莆当作箑脯），实在太过。按萧老生前亦为《船山全书》顾问，笔者多次向其请益。第十六册所载拙撰《船山全书编辑纪事》中录有其回信五封，聊存雪泥鸿爪。其《船山哲学引论》一书尝蒙题字惠赠。某年来长，又承其夫人为我二人拍照留念。交往之中，从未闻其有名字是萐而非箑之言。胡氏当年以后进小子之资格，获偶然一见之机缘，而遽与萧老讨论其台甫之用字，事已可怪，所述萧老之言，更觉可疑，因其言实质亦即胡氏自己不通之论也。即使当时确曾有所问答，亦必视为浅人不足与深论，漫然应之而已。胡又云及与萧老通信，“屡曾赐函”，试问共有几封？能见示否？料亦难以作答也。按胡氏撰文，每好引述死无对证之言，此处所称与萧老之问答，更觉破绽百出，经不起一点分析，实在不足为训。

综上所述，胡氏所云书中“萧箑父之箑均误，均当更正作萐”之一刀切主张，自难照办。《全书》重版，于萧老姓名字样皆一仍其旧，不改划一。读者察之谅之。

关于堵胤锡者一条：

（416）督帅何腾蛟、堵胤锡不相能

（六八六页五行）

逯按：此处“督帅何腾蛟、堵胤锡不相能”，系清初湖北学政孔祥麟奏折中语。据此《船山全书》第十六册六八三页校记㈡云：“此折自《邗江王氏五修族谱》所转载录。”此“堵胤锡”之“胤”，显系避清世宗胤禛（即雍正帝）名讳之缺笔字，今录其语，自当复该字原形作“胤”。当今出版之书，摘录古籍中语，岂可仍避帝王之名讳而缺笔照录其字乎？

今按：《邗江王氏五修族谱》有王闿运民国四年（1915）《叙》云：“故其族重修谱牒，必欲余序之”，知修谱当在清末民初之时；谱中所录湖北学政孔祥麟奏折，则是清光绪间事，因其中说此折系会同湖北巡抚谭继洵合奏，继洵即谭嗣同之父，任鄂抚在光绪年间（《逯按》谓是“清初”，亦是失考之言）。又查清时避雍正名胤禛之讳，字皆作允，无作胤字者，如陈垣《史讳举例》所云："清世宗胤禛，胤以允字代。《明史》张佳允、申佳允、堵允锡，《进士题名碑》本作胤。"此堵允锡亦即孔折之堵肻锡。那么肻字究系何字？与胤字有何关系？查《汉语大字典》有肻字，释曰："同胤。《说文》作胤。《潜夫论·五德》：'周公之肻。'晋夏侯湛《抵疑》：'世臣之肻。'明余继登《典故纪闻》：'获其遗肻。'"可见肻乃实有其字，非胤字之故意缺笔，更非雍正胤禛之避讳字。胡氏所云"肻，显系避清世宗胤禛（即雍正帝）名讳之缺笔字"，倒显得有些过于自我肯定，是显然的错误了。

综上所述，胡氏所云书中肻字"自当复该字原形作胤"，以及"当今出版之书，摘录古籍中语，岂可仍避帝王之名讳而缺笔照录其字乎？"自系信口开河之谈，《全书》不能从也。读者察之。

关于冯延巳者一条：

(426)"冯延己"改为"冯延巳"

（一四九四页十四行《船山全书》第一册至十五册第一版第一次印刷本勘误表）

逵按：此乃《船山全书》第十六册之末（亦即《全书》之末）所附勘误表之文字。此处所勘之误，乃《全书》第十一册二十五页六行之"冯延己"之"己"字。编校者以为其"己"字误，当作"巳"，故将"冯延己"置于"误"之栏中，而将"冯延巳"置于"正"之栏中。

冯延己之"己"误乎？对此，北京大学著名教授吴小如先生，曾于《文史知识》2001年第3期发表过《就古人姓名读音问题答读者问》一文。全文三问三答，第一问即

“五代南唐词人冯延巳，或作冯延己。‘到底是冯延巳还是冯延己’?”吴老答道：“自南唐迄今，已逾千年。凡旧时古籍，皆作‘冯延己’。至20世纪中期，夏承焘先生撰《唐宋词人年谱》(1955年11月上海古典文学出版社出版)，在《冯正中年谱》中对‘己’字提出不同意见。其《冯谱》正文云：‘冯延巳字正中，一名延嗣。’然后夏先生考证说：‘焦竑《笔乘》，释氏六时，‘可中时，巳也。正中时，午也’。字正中，则为辰巳之巳。巳、嗣亦同音（第35页）。其意盖谓冯字正中，而‘正中’依‘佛氏六时’之说为午时，把‘巳’时‘延’伸，即达‘正中’，则名与字义相配。冯一名延嗣，‘巳’与‘嗣’又同音。有此二证，故夏承老定冯氏之名为延巳。自此说一出，近半个世纪晚出之书都采用夏说作‘冯延巳’。五十年代末，俞平伯先生始撰《唐宋词选》，初稿亦从夏说作‘延巳’(见中国社会科学院文研所内部排印本《唐宋词选》)。到八十年代，人民文学出版社决定公开正式出版《唐宋词选释》(在原书名后面加一‘释’字)，俞平老却把‘冯延巳’又改为‘冯延己’。我曾就此事面叩平老，平老当时曾列举《论语》《孟子》《左传》及大小戴《礼记》多处文字，以证冯之名作‘延己’与其字作‘正中’恰好相配。事隔多年，今已不能悉记。就我记忆所及，如《孟子·公孙丑上》‘射者正己而后发’与《礼记·射义》‘射求正诸己’等语，皆足以说明之。至于俞老不同意夏承老之说，当时也亲口对我讲过。其大意是：夏说据焦氏《笔乘》引佛家语，出典甚偏僻，且可能晚出，冯正中当时亦未必得见佛书。何况焦竑乃明代人，不能以晚出之书证前朝事。至于一名延嗣，似尚有据，因‘巳’、‘嗣’同音。然古人命名，本可不止一名，亦不必名皆同音。反不如引群经中语以证其名字相配，似更稳妥。事有凑巧，当《唐宋词选释》正在付排之际，有一天我正在俞平老家中陪老人闲话，人民文学出版社一位编辑先生来访，力主把‘冯延己’改回‘冯延巳’。平老开始向他分疏理由，而来人却坚持己见。平老不悦，乃对客默然无语。我为打破僵局，便对那位先生说：千年以来，古书一直作‘延己’；而主张‘延巳’之说，不过是近几十年的事。相比之下，不见得古人都是错的。所以俞先生的意思，仍以慎重稳妥一点为好。最后来人同意俞说，故《唐宋词选释》仍从旧说作‘延己’。我以为这个名字只宜两存其说。惟不管作‘己’或作‘巳’，均应略加说明，并标出‘一作某字’。”

上述《船山全书》勘误表中所言第十一册二五页六行“冯延己”，乃船山所著《宋论》卷一“太祖”第四论《太祖誓不杀士大夫》中语，其所论者，乃五代末、北宋初之士大夫。其文曰：“……其他如和凝、冯延己、韩熙载之俦，沉酣倡俳之中，虽无巨慝，固宜以禽鱼畜玩而无庸深惜者也。”诚如上引吴小如先生所言：“自南唐迄今，已逾千年。凡旧时古籍，皆作‘冯延己’。”生活于明清之际的船山先生，其所著《宋论》作“冯延己”，正表明其时人们言及冯氏，均作“延己”。且今所见《宋论》十三种版本亦均作“延己”，无一作“延巳”者。更何况经俞平伯先生考证，作“冯延己”，有确凿可据之“群经中语以证其名字相配”，其“延己”之“己”，又何误之有？况且夏承焘先生以为作“冯延巳”，也仅是可备一说而已。既然如此，又岂能以此为凭，以为船山作“冯延己”为当勘之误而列于勘误表中，而以今人可备一说之“冯延巳”“正”之，从而苛责厚诬先哲船山先生？

胡氏按语冗长，但表明了实际上有两个问题：（一）关于冯氏其人倒底应作冯延巳还是冯延己？这是一个史事考证问题；（二）关于《全书》改冯延己为冯延巳到底是否有误？这是一个校勘工作问题。两个问题有关联，但有区别，不容混淆。

兹先述论第（一）个问题如下：

胡氏所录吴小如先生长篇《答问》要点为：

一、转述俞平伯先生意见，谓冯氏为南唐词人，“自南唐迄今，已逾千年。凡旧时古籍，皆作冯延己”；

二、自上世纪中期夏承焘先生撰《唐宋词人年谱》，始据焦竑（明万历中人）《笔乘》之说，主其人当名冯延巳。惟俞氏以为焦书晚出，不能以晚出之书证前朝之事。

三、吴氏本人之意，以为这个名字只宜两存其说，或巳或己，均应略加说明，并标出“一作某字”。

至于《逵按》，倒是力主冯延己的，因其不但赞成“自南唐迄今，已逾千年。凡旧时古籍，皆作冯延己”之看法，而且进一步说：“生活于明清之际的船山先生，其所著《宋论》作冯延己，正表明其时人们言及冯氏，均作延己。延己之己，又何误之有？”

但这里笔者还想提供两个证据，它们都是有利于夏承焘之说的：

一、《逵按》所录吴小如先生长篇《答问》之后，本来还有一段“附记”，却被胡氏删去不录，这是不应该的。现在补录如下："八十年代出版的《夏承焘文集》，夏先生于《年谱》中增加了两段考证：'明天启刻本曾慥《类苑》卷十五引《侯鲭录》卷二十引《南唐近事》，冯延巳皆作巳，不作己，乃予说一证。友人王冀民君曰，《玉篇》释巳：嗣也，超也；是巳、嗣亦同义。'则夏说亦自有据，故不宜偏废。"

二、笔者所见中华书局版《新五代史》（《出版说明》云，是书"以百衲本（影印南宋庆元本）为工作本，对校了贵池本（清贵池刘氏影印南宋本）……"，其卷六十二《南唐世家第二》中冯名数见，均作延巳，不作延己。

这两条证据，"附记"所提到的《南唐近事》作者郑文宝就是南唐时人，他在南唐仕至校书郎，入宋，官至兵部员外郎，他写冯延巳，正是当时人记当时事；又中华版《新五代史》是以影印南宋庆元本为工作本，其冯氏之名亦均作延巳。它们实际上已经证明了俞平伯先生所言"自南唐迄今，已逾千年。凡旧时古籍，皆作冯延己"之说，并不符合实际。因此，笔者之意和胡氏附和平伯先生力主延己反对延巳之意相反，以为两说之中，当以主延巳之说为长，主延己之说则证据不足。当然，为了再三慎重，留给读者一个自由思考的空间，而作一"巳，一作己"的附注，也仍然是可以的。像这一类学术问题，在是与非之间，当令有容有余，绝对化有时是不足取的。

至于胡氏所言"船山先生，其所著《宋论》作冯延己"、"今所见《宋论》十三种版本亦均作延己，无一作延巳者"云云，则已进入前面所说的第（二）个问题，即《全书》校改《宋论》中的冯延己为冯延巳到底是否有误这一个校勘工作问题。兹亦分层述论如下：

说来遗憾，这里不得不再揭一次胡氏信口开河、肆意妄言的老毛病了。胡氏言"所见《宋论》十三种版本均作延己"，试问他是否一一见过、查过这十三种版本，就敢这样说呢？笔者倒是一一见过、查过的。这十三种版本有作冯延巳的，有作冯延己的。正因为有版本依据，所以就能以较好的版本校改较差的版本。拙撰《宋论编校后记》（《全书》第十一册第三四五至三五二页）曾列举这十三种版本之名，评其源流、优缺，各有考论，并借此比较以订正底本文字，凡一百五十二条，改延己为延巳，即其中之一。所以《全书》的改正，其第一根据是《宋论》的较好版本；第二根据是巳、己二字的是非正误。当然，如果第二根据缺席，即最终无法证明巳是而己非，则根据版本的改正也必有误而应予否定。实际的情况则恰恰相反：改正的第二根据完全肯定了改正的第一根据，从而证明了胡氏勘"误"的谰言。凡此种种比较思考的细微曲折，俱见《宋论编校后记》，此处即不再枝蔓。

冯延巳为人虽不足道，文采倒是有的。他臣事南唐主李景（即著名词人李后主煜之父），曾有"风乍起，吹皱一池春水"的名句。景曾戏对延巳说："吹皱一池春水，干卿何事？"延巳答："未若陛下'小楼吹彻玉笙寒'特高妙也。"君臣雅谑，成为传诵后世的词坛佳话。胡氏宿喜词章，以此掌故，借花献佛，贡作谈助，不知肯哂纳否？

最后，要提一提胡氏对《全书》第十六册的总评："此《船山全书》第十六册，名为《船山全书》，实则此册并非船山之书。该册多达一千四百九十七页，共一百一十七万字，七厘米厚。一言以蔽之曰：庞然芜杂。"

按本册内容，在其前勒口中有简括之介绍，照录如下：

第十六册属附录性质，辑三百年来有关船山之各种资料，分传记、年谱、杂录三部，供读者研究参考。

传记之部收谱牒之传、史馆之传、私家著述之传及方志之传凡十一篇，作者自船山之子王敔以迄当代清史研究者。求其各具特色，不取剿袭浮滥。

年谱之部收船山年谱中最初之两种，即清同治初刘毓崧所撰之《王船山先生年谱》及光绪中王之春所撰之《船山公年谱》。刘氏为金陵本《船山遗书》之编校者，其谱以考订绵密见长。王谱晚出，其所据船山著作及其他资料有刘所未见者，可补刘谱之不足。

杂录之部又分：甲、编辑出版之属，辑自湘西草堂本以来各种船山著作版本之序跋题记；乙、记叙研究之属，辑船山生前友好赠答及后人记叙咏叹论说研究之作若干家若干篇，殿以《清代方志抄》及《中国大百科全书条目抄》两组资料。

以上三部分各有《编校后记》，略述编辑经过。

本册之末又有《船山全书编辑纪事》一篇，与第一册之《船山全书序例》相表里，交代若干编辑情况；又《全书》前十五册（第一版第一次印刷本）之勘误表一份，敬烦读者自为改正。

这样搜罗广泛、条理分明的内容，是不容以“庞然芜杂”一语抹杀的。事实上，本册于仅具目录、尚未出版之时，即蒙萧箑父先生许以“搜罗之富，前所未有。此一附册，现有规模，已对船山学的研究大有裨益”（引见《船山全书编辑纪事》）。按萧老之言，深获鄙心。此册搜辑之初衷，实欲借以展示三百年来船山研究之进步沿革，以期后来大家、专家之阅用，而使船山之学更为提高发扬。出版之后，果作用大显，如湖南社会科院研究员王兴国先生所言："此中资料，不知多少人利用之以写文章也。"（2008 年 9 月 3 日面晤见告）其间又如：蒙曾国藩研究专家唐浩明先生来问：有无唐鉴序王船山之书文？编辑缪礼治先生来问：李肖聃《湘学略》中所录《船山著述目录》及其邓显鹤序无误否？即皆检本册所载以答之。即就胡氏本人而言，如其自云：顾昫滋之昫，在本册七二八页误作昀。胡氏何从而知昀为误字？岂非从本册所载刘献廷《广阳杂记》、全祖望《刘继庄传》、梁启超《论中国学术思想变迁之大势》等资料比勘而得之者乎？用本册之资料，而又诟本册为"庞然芜杂"，使人想起红学大家周汝昌先生尝慨乎言之：许多人窃用其《红楼梦新证》之资料，不加声明，一如自己所创获，而又反过来倒打一耙，讥其书为纯粹之资料堆积云云。虽然周先生之红学资料与本册之船山资料性质不同，笔者却深深有感于周老之慨叹，以为遭遇有同情焉。胡氏此种作法，实亦目前某些学术风气恶劣腐败之表现，不必再赘言矣。

卷四

# 书前书后

# 《船山全书》从事纪略

《船山全书》于1982年9月以“王船山全集”之名列入国务院批准的《1982至1990年古籍整理出版规划》。同年12月，中共湖南省委办公厅经请示省委领导批复同意省出版局《关于成立王船山全集编辑委员会的请示报告》及所附编委、顾问名单。先是，湖南仿中央例，在改革开放新时期伊始，也在省委、省府下设了全省古籍整理出版规划小组，并以岳麓书社为办事机构。书社讨论“王集”事宜，我曾参末议，撰有《王夫之全集整理工作发凡》一文。是年我被评编审职称，亦蒙列名“王集”编委。1983年3月编委会举行会议，确定书名为《船山全书》（以下简称《全书》），并以《发凡》一文可为全书体例之基础，决定成立办公室，予以贯彻实施，命我和王兴国编委主持，有同志共七八人。以上是《全书》的开局情况。

办公室的工作分为两部分：王主外，负责收集版本，访求佚文；我主内，负责编定全书，付印出版。前一部分工作的成绩很好，在两三年中，从事的同志们历访国内有关单位，深入衡阳船山故里，几乎搜齐了三百年来船山著作的所有版本，包括好些从未面世的船山手稿、王氏家刻及有关戚友们的旧抄，并利用《船山学报》，征集发表了大量船山零星佚文，从而使船山著作的整理获得了一个坚实的版本材料的基础。

我在开始编辑工作之初，对《全书》的编辑宗旨和体例作了详细的规定，撰写了《船山全书序例》（后来刊载于《全书》第一册卷首），开宗明义地指出：“《船山全书》为明末清初思想家王夫之（1619—1692）之新编全集。”因为在此以前，已有清同治四年（1864）的金陵本《船山遗书》和民国二十二年（1933）的上海太平洋书店本《船山遗书》两部全集，现在要着手的是第三部全集。但是，船山的著作在清初高压统治下曾有围搜、焚烧、毁板之祸，至清末文网渐疏而得梓行问世时，又遭讳隐、讳删以至任意篡改之厄。其初秘抄私传，授受多门；后来遂至一源十流，版本纷如。因此，我认为新的船山全集不能像前两部全集那样，主要只是将所发现的船山之书辑印归总；它还必须理清三百年来船山著作写印传播的历史情况，鉴定所有版本的良莠优劣，然后在此基础上整理出一部新的全集，供当代及后世研究利用。这已不是简单的辑印成书之事，而是一项在完成之后将被学术界视为具有甚大价值的工程。而在 20 世纪的 80 年代初，似乎局势已经明朗，条件也已粗备，如能顺应时会，尽力以赴，是可望获得成功的。因此，《序例》提出了新的全集的目标是：继续金陵本、太平洋本两部全集的工作而有所改进和提高，“其所尤为着力之处凡四：一为广辑传世之船山著述及前未入集之遗佚书文，以期收录之全；二为据可信之旧抄、旧刻以至船山手稿，订正两本之白匡、墨格、窜改、删削，以还船山面目之真；三为力求搜齐船山著作之所有版本，取精用宏，以求校勘之善；四为概用新式标点符号，乃至编目、标题、分章、分段，皆汰旧从新，以利现代读者之用。凡兹四端，即本书所以自别于前两种船山全集之特点。”对于如何实现这四条，文中也作了比较周密的述论。

这篇《序例》的写成，已在《全书》编就数册之后，因此也得以加入一些实际工作的经验，充实了内容。草稿分寄各顾问、编委征求意见，得到了他们的赞同和嘉赏。华中师范大学教授张舜徽先生（顾问，中国历史文献研究会会长）来信说："《船山全书序例》精密之至，殆无漏意。"（1988年12月4日）北京大学教授任继愈先生（顾问，北京图书馆即今国家图书馆馆长）也来信说："《序例》写得很好。"（1988年1月1日）他还亲切地指出，文中有两个虚字"焉"，不必要，可以删。湘潭大学教授羊春秋先生（编委）说："足下学有根柢，经验丰富，读所写《全书序例》及有关点校工作之《发凡》《细则》《注意事项》等，均能指挥若定，成竹在胸，至佩至佩。"（1988年12月10日）他所提到的另外几件，都是我为同人拟订，以作章法，而供依循的。我所写的这一类文件，总数有十件以上。

我自知编辑古籍功底不够，在耆硕鸿博的众顾问、编委面前，总是以后学、私淑的身份，随时向他们虚心请教，质疑问难。他们在确定书目编排、提供珍稀版本、匡正点校错误，以至解悟船山文字特点等方面，都给予了宝贵的指导和帮助。在《全书》末册之末，有一篇我所撰写的《船山全书编辑纪事》，概括叙述了《全书》的编辑过程，也择要摘录了顾问、编委们给我的信件。

《全书》的定稿分三个步骤：初校、覆审、终审。对每位初校者，我都提供所有版本，并初步确定其中之一作为底本，供他考虑。选定底本的工作非常重要，而又只能在掌握全部版本及有关资料，通过会阅，参览，细心比较分析之后才能做好。如果底本没有选对，以致返工，不仅精力浪费，时间的耽误尤其可惜。幸而这样的情况只发生过一两次。

我担任书稿的终审，虽然已有初校、覆审的基础，然而事情绝不轻松。一部书稿到手，我都像是自己点校一样，摆开所有版本和参考用书，一字一句，从头开始，把初校、复审已经做过的工作重新再做一遍。许多疑难问题，初校、复审都已解决，还有剩下的，却是硬骨头。为了解决一个问题，花很多时间，这样的例子不少。船山的书版本多，对各本异同，常需出校备参，有时还要对如何鉴别取舍有所说明。《全书》共有校记六千余条，对于别人所撰的每一条校记，我都认真审读，订其误，补其缺，删其繁，饰其陋。例如《礼记章句》这一著作（《全书》第四册），部头极大，字数近百万，初校、复审成绩不错。但我仍把这书的五个版本、前人的三种校勘记全部摊开，并搬来一大摞参考用书，逐字审读。此书共有校记八百六十余条，其中为原校点稿所无而由我新增的有一百七十余条，原稿虽有而经我修改或添补内容的有一百一十余条，见之于校记的新征引图书达十余种。我又创为每一著作撰写“编校后记”，备述该著作的版本种类和源流，诸版本的分析比较和底本如何选定，校勘的大致情况和结果的统计，以及有哪些相关的附件，如前人的著录和评述等，最后注明初校、复审、终审者的姓名。

“编校后记”也获得了读者的赞许。作家孙犁先生曾央人索阅我以前所编的书，因而相识。《全书》逐册出版，我也每次送他请益。他来信说：“每次收到赠书，我总是先翻阅您所写的编校后记，我以为都是写得很好的。辑印旧书，不能没有这种文字。过去的人，对此都很重视。”（1990 年 3 月 23 日）复旦大学教授蔡尚思先生也因某一编书的机缘和我交往。他得到《全书》中的《四书训义》（《全书》第七、八册）后写信给我说：“我读您的《编校后记》，觉得您为责任编辑，真是名符其实！精细空前，令人钦佩！今后要研究王氏的学术者，非读您的《船山

全书》不可了!”（1991 年 1 月 2 日）

除了内容，书的装帧形式也是很重要的，而封面“船山全书”四个字尤为关键。《编辑纪事》有一段即记此事：“予先拟自集船山亲笔，遍翻手迹，收字最多而又端楷清晰者，惟有《噩梦》一书，果然四字皆备，然形体偏长，拼拢观览，未见稳贴。乃请书法篆刻家杨德云先生为集碑帖中字，自汉《曹全碑》至隋《龙藏寺碑》，凡十数，均不惬意，最后始集唐李邕《麓山寺碑》字，略有补缀，杨固尝补此碑缺字，由湖南美术出版社出版者也。予观其字雄健严整。史称北海太守李邕刚强激烈，屡忤权贵，其字亦如其人。且船山亦刚肠嫉恶人也，以李字题王书，尚非亵渎。遂请王诚龙编审持此作封面设计，再三而成，亦复雅洁可观。”

对《全书》各册卷首所印图照，也曾煞费苦心。《编辑纪事》中有一段与此有关，其中还有一个关于船山真像究竟如何的考证，也可略供谈助，引录如下：

“各册均有图片四幅，《全书》合计六十四幅，皆为有关船山史迹与船山著作之摄影，又皆撰说明略详，以助兴味，而供玩索。第一册第一图之船山画像，原刊金陵本《船山遗书》卷首，以其容貌最为近真，体态严重端肃，故采用之。按船山生前有野史刘思肯为之写真，死后有儿子王敔为之制像，其像即见本册（坚注：指《全书》第十六册。下文括弧中‘本册’同。）卷首第一图。今取金陵本画像与王敔所制者并观，知前者实以后者为蓝本，故可谓之近真。其容清癯瘦损，以船山生活艰苦，且久病喘嗽，大耗体力故也。尝见《中国大百科全书·中国文学》卷所刊船山画像，面容丰厚肥泽，富态俨然，则似出于杜撰。其像原刊清光绪三十一年发行之《国粹学报》第十二号（参见本册第八四五页《王船山先生像赞》及该页注㊀），盖因当时革命志士追慕先贤，欲图其形，刊于报端，而急切未得底本，遂以想象为之。”我浏览载籍，偶有此类发现，也就随笔注记。记得有一部湖南方志是将他人之文误为船山之作的，这就关系比较重大了，我也在相关处所加注指出。对于此类小考证，我想，有兴趣的读者是会喜欢的。

《全书》硬面精装，外加护封。我为护封的前后勒口统一设计了文字的格式和内容：前勒口写该册所收船山著作的简介，后勒口印《全书》一十六册的总目。这样，读者一编在手，即可了解本册有哪几种著作，以及这几种著作在船山全部著作中的次第位置。

上述装帧设计，也得到了专家学者们的称许。羊春秋教授数次来函提及，他都是与书的校点工作一并说的：“《全书》已出之两册，校点精细，封面设计落落大方”（1988 年 12 月 10 日）；又，“惠寄《船山全书》第一册，已经奉收……此书装帧精致，封面素雅，校点深细，非先生董其事，绝难如此完善也。”（1989 年 9 月 17 日）

《全书》按定稿先后，分册付印。逐册出版后，向各顾问、编委例赠样书，我都自己包扎，另函通知。数册以后，他们的复函对《全书》给予了越来越高的评价和赞誉。例如北京大学教授张岱年先生（顾问）在得到最初出版的第二、第十两册后说：“船山遗书得您的精心校订，实学术界之大幸”（1988 年 12 月 21 日）；在续得第一册后说：“船山著作从此得一善本，实为学术史上一件大事。此亦出版界之佳话也”（1989 年 10 月 14 日）；在前后收到所出八册后说：“您校订此书，功力甚深，有功前哲，裨益后学，令人敬佩！《船山全书》的出版，实乃学术界的盛举，这是值得称赞的”（1992年6月22日）；在十六册全部编完后说：“船山著作多次重印，《全书》实为最完善的刊本，具有极高的价值，对于《全书》编印的完成，谨表示热烈的祝贺！”（1996年8月1日）

任继愈先生在收到最初三册后即说：“《船山全书》出版后，据所闻，均认为是最好版本，这是您们用心血换来的评价”（1989年9月14日）；在收到共计六册后更说：“这次的《全集》，可以说是最完备的版本。岳麓版《船山全集》可以传世。”（1991年1月7日）

武汉大学教授萧萐父先生（顾问）收到最初两册后说：“《全书》校订精，装帧美，足以告慰船山于地下。吾兄数年来辛勤劳绩，嘉惠学林，功在不朽。我月底将赴香港纪念唐君毅会，拟将《全书》携去一册，代为宣传。”（1988年12月13日）次年，他来信说：“去年赴香港一会，遇台、港有关学人，皆甚盼能买到《全书》。……前四川巴蜀书社组编《中国古典名著导读丛书》，嘱我编选《〈船山遗书〉导读》。现《全书》已陆续出，自当以《全书》为定本，故拟易名为《〈船山全书〉导读》，恳望能得到你的指导帮助。”（1989年9月28日）

厦门大学教授汪澍白先生早年相识。他虽非《全书》顾问，我也每册出版即寄他求教。有一次他来信说：“前些年你埋首湖南图书馆，编校郭嵩焘日记。现在编校《船山全书》，工程更为浩大。辑逸文，勘异同，考源流，征故实，正讹错，定句读，加标点……数百卷的编校工作，任务极为繁重。鲁迅曾经说过：‘中国要作家，要文豪，但也要真正的学究。’我觉得你现在大概算得上是一个‘真正的学究’吧！”（1991年1月15日）

前辈们重视文化遗产，关心古籍整理，因书及人，推爱于我，奖饰多逾量之词。我虽有歌者知音之感，也深怀其实难副之惭。惟有倍加奋勉，以求不负期许而已。

张舜徽先生近在武汉，早有联系。他对我亲切逾恒，赐教独多，对《全书》也最关心，出书稍迟，即连函催问，如："年前有函奉上，专询《船山全书》出版事。此书已出至第几册？我处自开始至今，还只收到第一册、第二册、第十册共三本。其余皆未见书，深欲尽读为快。"（1990 年 2 月 12 日）。《编辑纪事》录有他的十一封信，最后一信如下："得手书及《船山全书》第六册，谢谢！伏念贤者频年心力，尽瘁此书，校对仔细，力求无误，认真负责之精神，实罕其匹。而来札犹歉然不自慊，以为失校之处尚不能免，此乃书林常有之事，何足介意，昔人校书所以有扫叶之喻也。贤者整理此书之功，因已不小，沾溉士林与后世者，尤深远非常人所能逮，此鄙人每一念及，敬服无已。仍望劳逸结合，爱啬精神，是所切祷。"（1992 年 6 月 18 日）

《纪事》录此后有一条注："此张老关于《船山全书》之最后一函也。通览各函，其关心学术、重视《全书》，与夫奖掖后进、谆谆善诱之精神，流露于字里行间。计其所见《全书》，尚只二、十、一、九、七、八、四、六等八册，而是年十一月先生逝矣。此后各册出版，予皆寄先生哲嗣君和先生一份，俾配全套，亦告慰泉下之意也。"记得张老讣文来到，是某日下午，我感到非常伤痛。社领导叫我拟一唁电，我立时写就，经审阅后发出，后来这电文也蒙华中师大收入他们所编的先生纪念集中。

张老的信提到我为《全书》存在的差错而感歉疚。我的这种心情也时时向其他顾问、编委表述。他们都曲予宽谅，慰勉有加，使我感愧。湖南师范大学教授马积高先生（编委）曾过细地读过《全书》的几册，考订其中的错误，我将他的信录入

《编辑纪事》，以供学习，并志纪念。还有其他好几位热心的读者，撰文或来信纠误，我也在《纪事》中一一述及。

《船山全书》共十六册，收王夫之著作七十三种，末附他的传记、年谱和有关杂录（分编辑出版之属和记叙研究之属两部分），合计一千零三十七万字，自 1982 年立项筹备，至 1988 年开始逐册出书，1996 年全部出齐，翌年即 1997 年获得了第三届国家图书奖。

十年过去，至今回顾，《船山全书》毕竟是 20 世纪 80 年代至 90 年代中期所编所出的书，而且是一个省级出版社所编所出的书，不能不刻着这个时、地的局限的印记。它的优点和缺点，在整理古籍的层面上，将会引起讨论和研究。就我个人绠短汲深，而作为此书的终审、终校和责任编辑来说，我觉得已尽了力。但是在当时的体制条件下，使我能够发挥力量的决定因素是领导的作用。知人要明，用人要专：这是我对出版局、出版社领导的默祷。天从人愿，这默祷实现了。它成了《全书》得以顺利完成的最得力的引擎，因而也成了我参加工作以来的最铭心的安慰。

（原载《我与湖南出版》）

# 关于郭嵩焘日记

清末洋务派、清代第一任常驻外国使节郭嵩焘的篇幅巨大的日记，是研究中国近代史的一部值得重视的参考资料。日记的作者是十九世纪后半期清朝统治集团中的一个曾经引起争议的人物。日记中表达了作者在中国海禁大开以后，资本主义列强环伺交攻下的内政外交见解。日记的一部分，即作者出使赴英时一个多月的旅途日记，在作者生前曾以《使西纪程》的书名由清廷总理各国事务衙门刻印过，由于其中如实地记载了一些域外的见闻，发表了一些不合于流俗成见的思想，在当时就曾引起顽固派的嫉视和攻击。全部日记的年代经历咸丰、同治、光绪三朝，首尾长达三十七年，篇幅超过二百万字。这部著作的手稿现在收藏在湖南省图书馆。湖南人民出版社就原稿抄出，整理付排，即将以《郭嵩焘日记》的书名分卷陆续出版。本文拟就有关日记的某些情况作些介绍，即：一、日记的发现，以及它的卷帙和状貌；二、历史上有关郭嵩焘日记的一些记载；三、日记的主要内容，或它所反映的郭嵩焘主要思想；供研究者参考。

## 一、日记的发现，以及它的卷帙和状貌

1952 年到 1954 年间，前湖南省文物管理委员会在搜集流散的图书文物时，访知住在湖南郴县的郭嵩焘后人家中保存着郭嵩

焘的日记，经过一番工作，最后用相当的代价把它收购过来，从此这一部著名的日记就由私家的秘籍变成了人民的珍藏。1955年章士钊从北京到长沙时曾经浏览过它，认为非常宝贵，并曾表示如果回到湖南，愿意亲自将它整理出版。据曾在文管会工作的同志告知：在该会翻阅过这部日记的，还有翦伯赞、徐特立、王冶秋等同志。翦伯赞在长沙的时候曾不止一次地到文管会去看这部日记。他们一致认为日记的史料价值很高，应该加以印行，以资流传。因此，日记在五十年代就曾准备交由中华书局出版，但后来没有实现。

湖南省文物管理委员会从郭嵩焘的后人手中购进的，共有六十一册。其中五十九册是郭氏从咸丰五年到光绪十七年（1855—1891）的日记。（中间有三段缺失，即：从咸丰六年八月廿四日至咸丰八年六月底的一段；从咸丰九年五月初一日到同年九月廿三日的一段；从光绪元年二月十七日至光绪二年正月底的一段；为时共约三十九个月。）另外还有两册可以看作日记的附录：一册是作者在咸丰五年到六年间手抄的八件零星材料，包括道光二十七年会试同年录（作者在这一年会试中式，成进士）、录存龚孝拱所寄一书、各种有关人员的名册、在旅途中自集的对联、书物清单和开支账目等；还有一册就是《使西纪程》的原稿。《使西纪程》在清朝有官刻，并被翻印（例如曾被收入《小方壶斋舆地丛钞》等）；解放后又曾在《湖南历史资料》（1958年第一期到第二期）上据这个原稿用《英轺纪程》的书名重印过。拿这个原稿和日记相对照，知道它虽然基本上是抄录日记而成，但也有内容的增删和调整以及文字的斟酌和修饰，因此存在着差异。拿它和《英轺纪程》互校，则发现后者有不少整理上的舛误。此外，日记中还夹了一纸《照录西人库柏尔叙郭侍郎小传》，全文约三百字。据光绪五年十月廿五日日记："接曾劼刚信，并译示库尔柏〔库柏尔〕① 叙名人相册，首列鄙人小相，附录事迹。劼刚因用洋印拓寄数纸，亦不知其何意也。"当时郭嵩焘已从驻英、法使节任上离职返国，继任者是曾纪泽。这一《小传》就是后者从国外寄来的。以上两册附录和一纸附件，也将分别系于相应的年分或月日之后，和全部日记一同付印。

日记都是用毛边纸、印有朱碧丝栏的直行本子所书写。只有个别封面保存下来，上面写着本册起讫的年月日。本子的格式常有变换。大概是随时从坊间买来应用的。最早的几本用的是账簿，本子的页面较宽，每面十五行，分上下两栏，中间有横线隔开，其中一种的中缝上、下方分别镌有"生财有道"、"阳春和号"字样；一种的中缝下方镌有"集泰号"字样。此后用的书写本每面有九行、十行或十一行不等，在版口上印的字样分别是"品莲堂制"、"松竹斋"、"八角亭文章号"、"怡昌"等，有一种没有印字。从咸丰十一年下半年到同治三年底的日记用了一种在中缝上镌有"养知书屋"字样的本子。"养知书屋"是郭嵩焘的书室名。这证明他至少在那时已经开始自印过一批稿纸。到光绪四年三月以后的日记，就全部是"养知书屋"的本子了。日记的厚薄不一，一般是五十页或五十一二页、四十八九页一册，也有六十页或八九十页一册的。只有最后一册仅三十页，日记写到郭氏去世的前一日即光绪十七年六月十二日为止。至于那册《使西纪程》的原稿，是没有行格的白竹纸本，共四十二页。五

① "库尔柏"应为"库柏尔"。日记原稿中偶有误字、脱文、衍文、倒文之处，均将由《郭嵩焘日记》的出版者在方括弧中著明正字或加以说明。本文引用日记时，其中出现的方括弧概属此种情形。

十九册日记共三千四百四十五页；加上两册附录，总共是三千五百四十一页。

日记购进后，经湖南省文物管理委员会编次、装裱、合订成四十大本，并在每一本的书根上用墨笔宋体字写了“养知书屋日记手稿”和年份字样。现在我们所见的日记的外貌，就是这些“金镶玉”式装订本的外貌，因此比原来的册子显得阔大而且富丽。但在排印的时候，将仍在原来六十一册的每册末尾终了之处，用方括弧注明“本册终”字样，以保存每册起迄的原貌。至于“养知书屋日记”这个书名，原系湖南省文管会同志所加。我们还没有找到郭嵩焘本人或他的家属对这部日记如此命名的根据。因此，湖南人民出版社将用《郭嵩焘日记》作为正式的书名；这个名称早已较多地流传在人们的口上，而且似乎也比较显豁响亮。

整个日记除了前述已经缺失的三段外，其余都首尾连贯，而且除了个别页面有些糟朽破烂、极少数字迹有些漫漶缺损外，保存也比较完好。日记的字体基本上是楷书，写得工整清晰，时而略带行草；有的时候写得很小，真是达到了所谓“蝇头细字书”的程度；有少数几页是用朱色或蓝色所写，有时墨迹很淡；个别地方还有涂改；但都不难辨认。

在排印出版的《郭嵩焘日记》各卷卷首，将附有若干日记原稿的照片；在第一卷的卷首并且还有一张由湖南省文物管理委员会装订的全部日记的书影。

## 二、历史上有关郭嵩焘日记的一些记载

最早对郭嵩焘日记有所著录的是他的儿子焯莹。他在光绪三

十四年即嵩焘死后七年在《郭氏佚书叙目》一文中缕述郭嵩焘的已散佚的各种著作时，曾举出有“日记前编若干卷”一种，并加说明：“先兵左自道光十八年入试京师，随所见闻及起居酬接，按日记之，终于卒之岁。今藏于家者，光绪以前并佚。”① 这几句话表明了两点：第一，郭嵩焘写日记是从道光十八年（1838）开始，“按日记之”，直到他死的那一年即光绪十七年（1891）为止，经历道、咸、同、光四朝，首尾五十四年。第二，但是，当时家中保存的却只有光绪朝的日记，“光绪以前并佚”，即光绪以前的日记被认为已经散失了。文中说到这些“光绪以前并佚”的日记和其他佚书遭到散失的原委是：“先兵左以赴官，为二簏纳之其中，授从兄庆藩为弆藏焉。及归，就求之，则并散佚矣。”但是事实上，现存的郭嵩焘日记中有一部分，即从咸丰五年下半年到同治十三年的一部分，是光绪以前的。如前所述，在这一部分日记中虽然缺失了几段，但只是少数几个月，基本上是完整的，因此并非“光绪以前并佚”。如果焯莹所说嵩焘从道光十八年起就写日记的话不错，那么光绪以前的日记有很大一部分并未散佚，但也有一部分是散佚了。散佚的是从道光十八年到咸丰五年上半年（1838—1855）这一段，也就是全部日记中最早的十几年日记。

哪么为什么焯莹却说是“光绪以前并佚”呢？这还没有弄清楚。郭庆藩也并未给予任何说明。我们现在所能知道的是：郭嵩焘光绪以前的日记大概确有一部分是曾由庆藩保存过的，这有

① 郭焯莹：《郭氏佚书叙目》。这是《郭氏佚书六种》一书的序。该书一册，内容是郭嵩焘《绥边征实》等六种佚书的片断，郭焯莹编纂并序，光绪二十四年养知书屋校刊。

日记某页上所盖的一颗“小樗氏”的图章为证。①

但是最初使郭嵩焘的日记得以出名并且显示了它的价值的，却是他那本叫做《使西纪程》的经过整理的日记。原来郭氏出使时曾由总理各国事务衙门与之约定：出国后当每月寄回日记一册，报告情况，借供研讨。《使西纪程》就是他所寄回的第一册。这是他从上海到伦敦的五十一天的旅途日记。在这次旅途中，他坐了从太平洋经印度洋穿地中海入大西洋的海轮，经过了并且登岸游览了香港、新加坡、槟榔屿、锡兰、亚丁、塞得港、马耳他、直布罗陀。他在英国本土以外看到了一个英国的世界（所有上述地方都是英国的殖民地）。这些地方的卓有成效的经营管理，特别是那些先进的科学技术的应用，给他以深刻的印象。在船上他也学习和研究了西方资本主义国家兴起和发展的历史。他对这一切表示赞赏，对本国的相对的落后感到痛心，并且因此而对当时朝廷里弥漫的那种虚骄、顽固的保守气习极为不满。他把自己的印象和感想都写进了日记，也提出了一些外交上的意见，到伦敦后，加以整理，寄回北京，由总理各国事务衙门以《使西纪程》的书名印行。不料遭到顽固派的攻击，引起了轩然大波。这件事在《光绪朝东华录》这样的大部头史料书中却没有反映，但历史学家们曾经不断提到过它。例如梁启超这样写道：“记得光绪二年有位出使英国大臣郭嵩焘，做了一部游记，里头有一段，大概说：‘现在的夷狄，和从前不同，他们也有二千年的文明。’嗳哟！可了不得！这部书传到北京，把满朝

① 咸丰十一年二月十二日日记第一行的顶端，盖有一颗一公分左右见方的篆书阳文“小樗氏”的图章。按郭庆藩是嵩焘的弟弟崑焘之子。崑焘晚年自号“樗叟”。因此，“小樗氏”可以认为系庆藩自称。这颗图章也许是庆藩曾经收藏和阅览过这本日记的证明。

士大夫的公愤都激动起来了。人人唾骂曰：奏参闹到奉旨毁板才算完事。”①

郭嵩焘本人也曾一再提到这个事件。首先是在光绪三年七月初十日的日记中有这样的一段：“张听帆见示张鲁生信，总署为刻日记一本，至被湖北翰林何金寿参劾，请毁收其板。云其立言极凶恶，而不一言其详。”后来又在给李鸿章的信中追述过：“初议至西洋，每月当成日记一册，呈达总署，可以讨论西洋事宜，竭所知为之。得何金寿一参，一切蠲弃，不复编录，此却可惜耳。”② 何金寿，《清史稿》中有传，但只二百余字，其中记载他的事迹之一是在光绪四年北京附近遭旱的时候，“援汉代天灾策免三公为言，请罢枢相，回天意。”太后信从了，结果使恭亲王奕䜣等五人都得了“褫职留任”的处分。③

一方面是奏参和毁板，另一方面却是赞赏和流传。例如继郭嵩焘而任驻英、法使臣的曾纪泽，在他的和郭嵩焘取同一航路的赴任途中就随身带着《使西纪程》，不时翻阅。他并将书上的记载和自己的观察相对照，从而证明郭嵩焘的记载是非常真实的。④

在外交资历上比郭、曾稍浅的薛福成也很重视这本书，而且后来还在皇帝面前提到过它。在我们前面引用过的郭嵩焘致李鸿

---

① 梁启超：《五十年中国进化概论》。《梁任公近著第一辑》，下卷，商务印书馆1923年版，第二三六页。文中的“一部游记”即指《使西纪程》。“人人唾骂曰：”后面语意未完，疑有误。

② 《致李傅相》，《养知书屋文集》卷十三。

③ 屠仁守传附何金寿传，《清史稿》卷四百四十五。

④ 《曾惠敏公遗集·使西日记》光绪四年十一月初三日，记他在香港参观监狱：“遍观轻重罪犯监禁之处、作工之所。郭筠仙丈所记，无一字不符者。”筠仙是嵩焘的字。

章的信中有这样一段话："曾重伯告知：薛叔芸曾以嵩焘《使西纪程》入告，仰蒙圣人垂询。颇用为疑。此书略载海道情形，于洋务得失无所发明，未知叔芸何取于是？徐思之，书中论处置洋务事宜略有两三段，多朝廷所未闻，叔芸用是以相启沃。于此益知叔芸有心人也。其书进呈与否，于嵩焘无所加损。"不过，后来这本书似乎到底也并没有进呈。

但使我们更感兴趣的是：郭嵩焘的日记除了《使西纪程》部分外，是否还有别的片断流传过呢？我们从他的日记知道：总理各国事务衙门到光绪三年冬（已在何金寿奏参之后）仍在要他按月抄送日记，① 而他也确曾把日记的片断寄去过。② 同时至少在他得知何金寿奏参的消息以前，他可能还在继续整理来到伦敦以后的日记，以便按原来的约定寄给总署。因此，经他整理过的准备公开的日记是绝不止《使西纪程》这一部分的。哪么是否会有更多的片断曾经流传过呢？关于这个问题，迄今为止，我们只在黎庶昌的《西洋杂志》一书中发现有几篇经过整理的郭嵩焘的日记。③ 黎庶昌是当时驻英使馆的参赞。他看到了郭嵩焘的这几则在《使西纪程》之后整理的日记，并把它们录存下来，

---

① 郭嵩焘光绪四年正月初八日日记："是夕接上海文报局十一月廿三日所发五十六号封包，由英国的希轮船递到，内总署咨三件：一、奏请按月抄送日记……"

② 光绪五年正月初八日日记记有发递"总理衙门咨七件并抄折三件"的事。三件抄折中的两件是："阿斯本宫告辞君主日记"和"告辞英相毕根斯由日记"。这两次"告辞"是郭氏返国前在伦敦的最后的外交活动，分别见于其光绪四年十二月廿五日和五年正月初四日日记。

③ 《西洋杂志》八卷，光绪庚子遵义黎氏刊本。它是黎庶昌编撰的一部笔记体著作，其中采录郭嵩焘、刘锡鸿、陈兰彬等人以及黎自己的出使记事。写明为"郭少宗伯日记"、"郭少司马日记"的，有《英国呈递国书情形》《郭星使第二次呈递国书》《英君主接见各国公使》《英国开会堂情形》《阿魁尔亚模鱼馆》等五则。郭嵩焘出国时是礼部左侍郎，出使期间改兵部左侍郎，所以黎庶昌先后称之为郭少宗伯、郭少司马。

收入了自己的著作。《西洋杂志》中还有一篇黎庶昌本人的《上沈相国书》，其中说到郭嵩焘日记的事："郭、刘（刘锡鸿，当时的驻英副使——引者）两星使所撰日记，西国情事大致綦详，足资考察。惟郭侍郎自被弹劾之后，不敢出以示人。原朝廷所以命使之意，亦欲探知外国情形。其初指未必如此。似宜仍嘱随时抄寄，以相质证，正未可以词害意。"（见该书卷八）他也和曾纪泽、薛福成一样是同情郭嵩焘的。但郭嵩焘在当时和以后一直是顽固派打击的对象，[1] 他的日记的终于不能公然出世是不言而喻的。

清朝灭亡以后，郭嵩焘的日记重新被人提起。这时注意的中心就不仅仅是那册已经刊行过的《使西纪程》了。但是，他的全部日记是什么样子？有多少篇幅？却很少人知道。说的人言之不详，再加上传闻异词，更使局外人有扑朔迷离之感。例如杨钧在二十年代曾经有过这样的记载："闻玉池老人日记正拟刊行。郭之后人，请为之序。玉池所记，中兴名人事迹必多，当亦世人之所乐于披读者也。"[2] 哪么当时曾经有过出版的计划的了。连作序一事都定了人，可见筹备得还很积极。但是后来终于未见刊行。而在四十年代由"湖南省文献委员会"印行的《湖南文献汇编》中，郭嵩焘的日记却又似乎全部消失，只剩下了一本已发表过的《使西纪程》，因为收入该书的一篇题为《湘阴郭氏遗书提要》的专文中，只对《使西纪程》作了著录，而对包括"日记"、"读书记"在内的郭嵩焘的八种"未刊"著

① 直到义和团运动中，还有人上疏请戮郭嵩焘之尸以谢天下（据《清鉴》，世界书局1936年版，第八五五到八五六页）。那时距郭嵩焘之死已将十年。

② 杨钧：《草堂之灵》，卷十二。1928年长沙吟章印刷局铅印本。文中所说的"玉池老人"，是郭嵩焘晚年的自号。

作，则作了这样的注记：“右书八种，其目见于家传，今稿并佚。”①

郭嵩焘的老家在湖南湘阴，在他生前举家迁居长沙。然而他的日记却既不是在湘阴，也不是在长沙，而是在僻远的郴县发现的。也许是战争的烽火，把他的后人驱赶到那个山城去的。

因此，解放后湖南省文物管理委员会对郭嵩焘日记的发现和收购，应该说是一件很好的事情。而从这部日记在清朝末叶的沉沦、在民国时期的流散、在解放以后终于被发掘并得到出版的情况，我们也很可看到这三个赓续的时代的不同的气象。

## 三、日记的主要内容，或它所反映的郭嵩焘的主要思想

《郭嵩焘日记》记录了作者在咸丰、同治、光绪三朝三十七年间的政治经历、生活和思想。他的政治经历并不怎么复杂。在咸丰朝，当太平军初起时，他以在籍翰林院庶吉士的身份协助曾国藩兴办团练，镇压农民起义，自己也上阵督战过。七年冬，因功授翰林院编修，旋奉旨在南书房行走。九年初，在第二次鸦片战争中，他被派赴天津参加僧格林沁军幕，协助办理津沽海防，和僧格林沁意见不合。中间因赴山东查税筹饷，离开天津。九年冬，被僧格林沁奏参，奉旨“降二级调用”，随于十年春请假回籍。任翰林院编修不到三年。同治元年，他任苏松粮道，转两淮运司，二年秋，超擢署理广东巡抚，在官时和两广总督瑞麟

① 郭群：《湘阴郭氏遗书提要（续）》。《湖南文献汇编》第二辑，第二二〇页。

意见不合。四年，太平军余部入粤，他因“广东军务贻误”，与瑞麟一道被左宗棠奏参，二人都奉旨“严行申饬”。他于五年春罢职回家。在署理巡抚任上也不到三年。这次回家一住八载。到光绪改元，他出任福建按察使，只几个月即内调，署兵部侍郎（后改礼部侍郎），在总理各国事务衙门行走。元年七月，他被任命为出使英国大臣。二年冬出国。四年，兼使法国。在国外和总署意见不合，并和驻英副使刘锡鸿（后改驻德使节）互相纠参，刘被撤回，他自己也请假于五年春回国。在国外的时间也不到三年。回国后在长沙家居以终。①

**（一）日记的分卷。洋务思想是日记内容的基本线索**

《郭嵩焘日记》的出版者根据上述郭嵩焘仕宦情况，把全部日记分为咸丰时期、同治时期、光绪时期上、光绪时期下四卷；光绪时期的两卷以出使回国前后为界线，即光绪五年以前为上卷，光绪六年以后为下卷。

第一卷从咸丰五年郭到浙江去为湘军筹饷开始；它的前一部分内容与太平天国革命密切相关，后一部分内容则与第二次鸦片战争密切相关。郭嵩焘是这两次中国近代史上大事的亲身参加者，因此他的有关记述就很可注意。第二卷是同治一朝十三年中的日记，记录了他在上海任苏松粮道、在泰州任两淮运司、在广州任署理巡抚的始末。同治五年以后他卸职回乡，先后在湘阴、长沙家居，但由于他的地位和与曾国藩、李鸿章等人的密切关系，当时的政治大事仍在日记中有所反映。第三卷从光绪元年起到五年止，记录了他的外交经历和对洋务的思想和议论，也许是全部日记中最重要的一卷。第四卷日记从光绪六年到十七年，共

① 本段所写的这些经历是根据《日记》摘编的；几处引文也全据《日记》。

十二年，对这一时期中的中俄伊犁条约、中法战争等大事，仍有许多反映，但作者从国外回来后就不再出任官职，因此日记中与现实政治有关的内容也就日益减少了。

除了按历史时期从纵的方面来看日记对当时大事的反映外，从横的方面来看，则这三十七年二百万字的篇幅中，除对内政外交的记述外，对朝野风气、社会情况、学术艺文、掌故轶闻，也几乎是无所不包，其史料价值之高是很显然的。

但是，《日记》所处的这个时期，在世界近代史上正是各主要资本主义国家竞相对外扩张的时期。自从 1840 年英国的枪炮打开了中国的大门以后，“野蛮的、闭关自守的、与文明世界隔绝的状态被打破了，开始建立起联系”①。中国已经无法切断这种联系。这种联系在当时的历史条件下主要表现为文明世界的野蛮的、愈来愈危及整个国家生存的侵略。中国人不论属于哪一个民族、哪一个阶层，不管对现实取什么态度，在考察和处理问题的时候全都无法摆脱这个总背景。《郭嵩焘日记》着重反映的正是中国地主阶级中的一派在这样的一个时期中对于国家命运的看法和主张。郭嵩焘早先是农民革命的对头，但他又一贯是洋务运动的舌人。后一方面在他的一生中是更重要的方面，也是在他的日记中反映得篇幅最多、分量最重的方面。他的洋务思想和言论，虽然在他的已发表的著作如《养知书屋遗集》中已可看到一部分，但在《日记》中却表现得更加丰富、全面、细节化，

① 马克思：《中国革命和欧洲革命》。《马克思恩格斯全集》第九卷，人民出版社 1961 年版，第一一〇页。

也更加直率以至更加感情化。① 特别是他作为我国第一任驻外使节的外交经历，在《日记》中占有整整一卷，字数达六十余万，更是可贵的史料。因此，如果要给《郭嵩焘日记》的内容找一根基本线索，那么，他的有关洋务的思想和言行正是这样的一根线索。下面就根据这一线索，从《日记》中抽出几个问题，作一简单的介绍。

**（二）继承了林则徐、魏源睁眼看世界的优良传统**

《郭嵩焘日记》反映了近代中国人继林则徐、魏源之后在走向世界的途程中的又一个阶梯：进一步认真地观察世界、认识世界，通过对比也更深切地了解自己，从而客观地评价和虚心地学习外国先进事物，筹谋中国在国际环境中的自处之道——其目的在使中国觉醒振作，图强御侮，自立于世界民族之林。这里的第一个关键，是要观察和认识世界，要改变对世界无知的状况而进于有知。郭嵩焘非常赞赏魏源的这样两句话，认为是确当不移的“至论”：“同一御敌，而知其形与不知其形利害相百焉。同一款敌，而知其情与不知其情利害相百焉。”② 在《日记》中，他反复地阐述了这一点。“能知洋情，而后知所以控制之法；不知洋情，所向皆荆棘也。”（光绪二年二月初一日）因此，他一贯主

① 《养知书屋遗集》是郭嵩焘的已发表的主要著作，包括奏疏十二卷、文集二十八卷、诗集十五卷，在郭氏死后由王先谦等编订刊印。但在《湖南文献汇编·第二辑·湘阴郭氏遗书提要（续）》对这书的著录中，说它的奏疏部分在编订时曾“去其有为时忌者若干篇，盖不及原稿十之五六，然非公志也。”诗文部分则因作者“皆不肯作一平庸语，故生平积稿虽多，而芟削最夥。”此外，郭氏对洋务的论著还有《罪言存略》，仅收“奏疏书说数通”；考证历史上“边防战守得失成败”的有《绥边征实》一书，郭焯莹亦谓稿佚，仅有《叙》及一二片断，在《郭氏佚书六种》中。和这种删削或残缺的情况相对比，《日记》的特点是数量巨大和由于没有经过删节而得了一个“全”。

② 这一段议论见于他的《书〈海国图志〉后》一文，见《养知书屋文集》卷七。

张要努力周知世界情事，而他自己对这一点的最重要的实践，是在他出使的时候。

但在当时那种弥漫朝野的顽固保守、盲目排外气氛中，仅仅和洋人的一点点接触就会被认为可恶而召来诽谤，至于长期出使，驻留外国，这在很多人觉得是不可思议的事，就更需要勇气了。郭嵩焘本来早就由于他所采取的实事求是地对待洋人和处理洋务的态度而受到顽固派的嫉视，在出使英国的朝命发表后，嘲骂和打击就更甚了。① 他曾经不想担任这个职务，后来出于国事艰难的考虑才答应下来。②

在出使海外期间，他用大部分时间驻在英国伦敦；光绪四年奉命兼使法国后，到巴黎去短期住过几次。他广泛地接触了英国社会，参观了英国的政治、经济、文化机构如议院、军队、监狱、市政厅、铁路、邮电局、船坞、工厂、报馆、学校、各种学会和俱乐部、博物馆、图书馆、美术馆、天文台；研究了英国的

---

① 当时北京有人作了这样的对子嘲讽他："出乎其类，拔乎其萃，不容于尧舜之世；未能事人，焉能事鬼，何必去父母之邦！"在他临行前召对时，慈禧太后抚慰他，叫他不要顾虑旁人的议论："汝心事朝廷自能体谅，不可轻信外人言语，他们原不知什么。"他借此陈诉他家在长沙受到粗暴对待的情况："不知事小，却是一味横蛮，如臣家于此已是吃惊不小。"（见《日记》：光绪二年九月十五日）

② 光绪元年马嘉理案发生后，英国借此对清政府大施恫吓，于二年七月迫订《烟台条约》，其内容的第一端就是"昭雪滇案"。郭嵩焘出使的任命本来在上年七月就已发表，但由于马嘉理案而推迟启程，到这时才准备成行。因此他到英国去的任务，首先是代表清廷对此案表示"惋惜"，事后即留驻该国。当时朝中意见，都认为这一差使非郭莫属。慈禧在郭表示辞意时当面对他说："此时万不可辞。国家艰难，须是一力任之。我原知汝平昔公忠体国，此事实亦无人任得，汝须为国家任此艰苦。"又说："这出洋本是极苦差事，却是别人都不能任。况是已前派定，此时若换别人，又恐招出洋人多少议论。你须是为国家任此一番艰难。"（《日记》：光绪二年七月十九日）这次召对后，他打消了辞意，随即于九月间离京，到上海，于十月十八日乘轮登程，这一天是公元 1876 年 12 月 3 日。

历史、政制、风俗、人情、国民文化水平和精神面貌；初步了解了自然科学的各个主要分科如天文、地质、电学、光学、声学、化学、生物学及其最新的成就，以及当时科学技术上的尖端发明如电话、留声机、回光通信、彩色照相等。所有这些，他在日记中都有详细的记载。此外，他也获得了关于英国以外的其他资本主义国家如法、德、俄、美、日本的知识，以及亚、欧两洲以外的其他大洲如美洲、非洲、澳洲的知识。应该说，在十九世纪七十年代，这些知识代表着中国人对于世界认识的高峰。①

**（三）憬然于中西的强弱对比，主张勇猛进取，反对顽固保守**

睁眼看世界的结果，首先是使郭嵩焘清楚地看到了这样一个

① 近代中国对世界情况的系统认识以林则徐的《四洲志》和据此增编的魏源的《海国图志》为先河。后者是当时反映世界情况的第一部重要著作，但它的内容除了开头的“筹海四篇”是魏源自己的论述外，其余均为辑、译现成的资料，而且主要是史地知识，对近代社会科学、自然科学涉及不多。另有徐继畬的《瀛环志略》也产生过一定的影响，但它也系辑、译性质，且更偏重于地理。在郭嵩焘出使以前，清政府曾有三次派遣外交人员出国；他们都留下了亲历目睹的记录，因而和前此的载籍有所不同。这三次是：同治四年（1865）派斌椿和同文馆学生出国“游历”，斌椿著有《乘槎笔记》，同文馆学生张德彝著有《航海述奇》；同治六年（1867）派志刚、孙家谷随蒲安臣出使订约各国，志刚著有《初使泰西记》，孙家谷有《使西书略》，他们的随行人员张德彝有《再述奇》；同治九年（1870）为天津教案派崇厚到法国“修好”，其随行人员张德彝著有《三述奇》。在郭以前以非外交人员身份出国而有著述的可举三个人为代表：容闳出国的时间（1847）在近代比谁都早，但他的《西学东渐记》要到二十世纪初才写；王韬出国（1867）也较早，他的《漫游随录》中的大部分篇幅是记国外游踪的；李圭和郭同年出国（1876）而早几个月，他著的《环游地球新录》郭曾读过。和郭同时出国而在驻英使馆任职的还有副使刘锡鸿，著有《英轺日记》；参赞黎庶昌，他的《西洋杂志》中有驻英期间的记事；翻译张德彝，著有《四述奇》。以上就是在郭以前和与郭同时出国的一些代表人物以及他们的记述国外闻见的著作。除了容闳的著作此时远未出世外，拿其余著作和郭的《日记》中的海外部分相比较，不能不承认后者在认识世界情况的丰富和深刻上是超过了别的著作的。

强烈的对比：一边是朝气蓬勃、锐意精进、还在兴旺时期的几个主要西方国家；一边是暮气沉沉、颟顸懵懂的老大的中国。本来在出国以前他对这样一个对比已经有着一定的概念，现在由于在西洋的亲历目睹而更觉断然不疑。他在钦佩、赞赏西方各国的繁荣富强之余，不禁为中国的国势陵夷而深深叹息。他对中国士大夫的顽固保守、不求前进特别感到痛心疾首。《日记》充满了像下面这样遇事兴感的对比的慨叹："泰西遇事求进无已，中土人士无以希其万一也。（光绪四年九月十六日）"英法两国制造、学问，穷极推求。法国立国尤久，其学馆书籍亦驾欧洲。以二千余里之地，称雄海外，非无因也。日本晚出，汲汲仿西效之，其向学之精且锐，日进无穷。中国乃一以虚骄之大言当之，吾其无如此蚩蚩之士大夫何矣！"（光绪三年十二月初八日）特别是日本的学习先进、迎头赶上的劲头，给他印象很深，同时也使他深深为中国危惧："日本大小取法泰西，月异而岁不同，泰西言者皆服其求进之勇。中国寝处积薪，自以为安，玩视邻封之日致富强，供其讪笑，吾所不敢知也。"（光绪五年正月廿六日）对于俄国，他也了解了彼得一世变法图强的功业，在日记中几次提到，加以肯定。

和英、法、日、俄成为对比的是土耳其和印度：它们是反面的借鉴。有一次他听人说起土耳其的现状："政刑一切废弛，百官俸禄不足以养廉，皆务为贪私，恬然不以为非。虽有一二廉者，不胜其风俗之敝也。"他的反应是："闻此仿睹中国情形，相与慨叹不已。"（光绪三年二月十六日）他认为中国如不振兴，将成为印度之续。

他看到了资本主义国家的强盛，也看到了国际上强凌弱、大吃小的现象。他认为这种现象的产生是自然的，也就是说无从避免的。当时英国正谋侵吞南非的苏禄，他认为苏禄的衰弱与昏乱是它召致危亡的原因。《日记》中这样写道："书曰：兼弱攻昧，启乱侮亡。无乱亡之征无由致侮，而非昧不足以召攻。强者糜烂，弱者兼之：此人事自然之理，无古今中外一也。"（光绪五年二月初七日）我们在他对苏禄的议论后面发现了中国的影子。所谓"乱亡之征"，所谓"昧"，正是他常常指出的中国的现象。有了这种现象，加上本来国势衰弱，就难免要灭亡。他想的仍是自己的国家。而如果我们再拿这段话和严复在《天演论》中所发的那些自强保种的议论相比较，就会发现它们的相似之处。然而无论是赫胥黎在牛津大学作《进化论与伦理学》的讲演（1893—1894），或严复在天津水师学堂根据这些讲演译著《天演论》（译序系年：1896），都是十余年后的事情。

**（四）论英国富强之源在于设巴力门（Parliament）和买阿尔（Mayor）**

由于对中西情况的观察和比较，郭嵩焘达到了一些就中国封建正统思想看来可以说是"离经叛道"的观点和结论。

他认为西方资本主义国家之所以先进和中国之所以落后，根源是在于政治制度。他特别赞赏英国的议会政治和城市自治的制度，并认为前者是"君民争政"、激烈斗争的结果，得来很不容易。他有这样一段"略考英国政教原始"的日记最值得注意："计英国之强，始自国朝。考求学问以为富强之基，亦在明季，后于法兰西、日耳曼诸国。创立机器，备物制用，实在乾隆以后。其初国政亦甚乖乱。推原其立国本末，所以持久而国势益张者，则在巴力门（Parliament。英国国会——引者）议政院有维持国是之义；设买阿尔（Mayor。市长——引者）治民，有顺从民愿之情。二者相持，是以君与民交相维系，迭盛迭衰，而立国千余年终以不敝。人才学问相承以起，而皆有以自效。此其立国之本也。而巴力门君民争政，互相残杀，数百年久而后定，买阿尔独相安无事，亦可知为君者之欲易逞而难戢，而小民之情难拂而易安也。中国秦汉以来二千余年适得其反。能辨此者鲜矣。”（光绪三年十一月十八日）又一天，在和使馆人员议论西洋各国强盛的原因时，他举出了这样几条：第一、“国政一公之臣民，其君不以为私”；第二，“其择官治事亦有阶级资格，而所用必皆贤能，一与其臣民共之，朝廷之爱憎无所施；臣民一有不惬，即不得安其位”；第三，“自始设立议政院，即分同、异二党，使各竭其志意，推究辨驳，以定是非”；第四，“其民人周旋，一从其实，不为谦退辞让之虚文。国家设立科条，尤务禁欺去伪。自幼受学，即以此立之程，使践履一归诚实。而又严为刑禁，语言文字一有诈伪，皆以法治之，虽贵不贷。”这四条，前三条说的都是制度，末一条说的一半是制度，一半是风俗，而风俗又是制度促成的，“世安有无政治教化而能成风俗者哉？”有了这样好的制度、风俗，所以，“西洋一隅为天地之精英所聚，良有由然也。”（光绪三年十二月十八日）值得注意的是，他甚至还说过西方国家“用人行政一与民同，而议绅得制其柄，则又有可为程式者”（光绪四年四月十八日）这样的话。

为什么说“中国秦汉以来二千余年适得其反”呢？他在另一天的日记中作过解释。他从中国“三代有道之圣人”谈起，说：这些“圣人”诚然是西洋比不上的：“三代有道之圣人，非西洋所能及也。”但是，“圣人”之治和西洋之治有大不同，因而成效也就各异。不同在哪里？他的看法是：“圣人以其一身为天下任劳，而西洋以公之臣庶。一身之圣德不能常也；文、武、成、康四圣，相承不及百年。而臣庶之推衍无穷，愈久而人文愈盛。”因此，他甚至“颇疑三代圣人之公天下，于此犹有歉者。”至于三代以后就更糟了：“秦汉之世，竭天下以奉一人。李斯之言曰：有天下而不恣睢，命之曰以天下为桎梏。恣睢之欲逞，而三代治天下之道于是乎穷。”（光绪四年五月二十日）他对儒家的最高政治理想——“三代圣人之公天下”，以及德治、人治等儒家政治学说的精义都产生了怀疑和动摇。

现在看来，郭嵩焘虽然不知道我们今天所用的术语，他所谈的问题却正是资产阶级民主政体和封建主义专制政体的区别和比较。后者由于比前者整整落后了一个社会发展阶段，在现实生活中当然要漏洞百出，处处都相形见绌，较量之后，不免于最后的失败。郭嵩焘意识到了并且用他自己的语言明白说出了两者的优劣，虽然他并没有能够将这个问题更深入地钻研下去。

**（五）外交思想核心：值衰弱之时，不能以侥幸图一战之功**

在对外关系方面，特别是在和战问题上，日记表明郭嵩焘也有自己的独立思考和见解，其中最突出的思想是：不要轻易言战。在第二次鸦片战争时期，他就根据自己的切身经验发表过这样的意见：“值衰弱之时，外有强敌，而侥幸一战之功者，未有能自立者也。故中外之相制，强则拓地千里，可以战，可以守，而未始不可以和，汉之于匈奴、唐之于回纥吐蕃是也。弱则一以和为主，南宋之犹赖以存是也；而终南宋之世，二百余年亦未尝废战。史册具在，可考而知也。而论控制夷狄之大，常一以守为本，计战与和二者，存乎当国者之运量而已。”（咸丰十年八月初五日）

从此以后，他没有改变过这个“以和为主”、“以守为本”的见解，并且越到后来，他的主和论也越是坚决。例如在光绪六年（1880）沙皇俄国为迫使清廷承认崇厚签订的卖国的《里瓦几亚条约》而威胁要发动战争的时候，在光绪十年（1884）法国为了并吞安南而悍然挑起战争的时候，清朝统治集团中都有一部分人主张备战御侮，反抗侵略，而他都坚决反对，主张和议。《养知书屋遗集·奏疏》卷十二中所收的《论俄事疏》《论法事疏》，反映了他在这两次事件中的意见。他担心："衅端一开，构难将至无穷。"（《论俄事疏》）他呼吁："不宜率尔用兵，终至无以善其后而贻累无穷。"（《论法事疏》）在日记中，他更直率地多次指名斥责在这两次事件中的主战派如左宗棠、李鸿藻、曾纪泽、彭玉麟等人，说他们的主战言论是"虚言争胜"、"矜张无实"、"阔达无稽之论"、"一片梦呓之言"、"假战以为名高"、"取声名于棼棼泯泯之天下"等。① 他把那些主战的人比作在宋代因对金国用兵而败绩的宰相韩侂胄。在中俄关系紧张时，日记中有一段这样的自述："偶阅杨诚斋传：家人防其忧国悲愤，凡邸报皆不一告，忽族子至，语及侂胄用兵事，遂至痛哭失声，取纸书：'韩侂胄用兵残民，谋危社稷，报国无路，惟有孤愤。'区区孤愤，正与此同。"（光绪六年十一月十八日）可见他反对战争态度的坚决。

郭嵩焘反对战争有许多理由，但是由上可见，他的主要理由是认为中国当时已处于衰弱之世，深恐像两次鸦片战争那样，一战而败，将陷于不可收拾的局面。特别是在他亲到外国、实地考察之后，他对西方之强和中国之弱，更加坚信不疑，从而反对对外战争也更加坚决。但是他很少想到当时的对外战争几乎都是侵略者强加给中国的，要想躲避也不可能，屈辱和忍让只有引起进

① 这些引文见于《日记》：光绪六年八月廿六日、九月廿三日；九年五月十一日；十年二月四日、五月十二日。

一步的觊觎和更多的贪欲。其次，他只看到了中国的衰弱而没有看到中国的力量，因而在战争结局问题上总是悲观的。恩格斯曾经期待第二次鸦片战争将是一个“Pro aris et focis〔为了保卫社稷和家园〕的战争”、一个“为了保存中华民族的人民战争”①而林则徐所做过的事证明了即使是王朝的上层统治者也可能在一定程度上看到人民的力量，并在外国侵略者入侵时动员民众而进行一场保家卫国的伟大战争。事实上，在八十年代的中俄交涉中，正是由于中国的积极备战态度而多少争回了一些被崇厚误国而断送的领土和主权，而在中法战争中，正是由于中国的屈服议和，以致在战胜以后也还订立了丧权辱国的条约。我们不能说郭嵩焘在这两次事件中的主和论是正确的，正如我们不能说当时的主战派是错误的一样。

**（六）内政思想核心：办洋务要分清本末；舍本逐末，无由富强**

在这方面，《日记》对李鸿章、左宗棠、沈葆桢、张之洞等人的洋务措施都曾提出过批评。在伦敦时，有一天他看到李鸿章关于办理洋务的一封信，“凡分五条，累累数千言。一条购铁甲船……第二条购水雷……第三条购亨利马提尼枪……第四条照料学习（即照料其时在英、法学习的中国留学生——引者）……第五条延订矿师。”他看了之后说道：“观其勤勤之意，是为能留意富强者，而要之皆末也，无当于本计。”（光绪四年二月二十一日）他批评左宗棠：“季高近日在德国购买机器，织布、织羽呢，招集西洋工匠至二百人，真是一力干将去。然吾尤惜其舍

① 恩格斯：《波斯和中国》。《马克思恩格斯全集》第十二卷，人民出版社1962年版，第二三二页。

本而务末。即其末节，亦须分别轻重缓急。织布、织羽呢，何关今时之急务哉！吾于洋务稍能窥见其大，自谓胜于左季高。”（光绪五年闰三月廿三日）沈葆桢死后上了一道遗疏，“所言铁甲船一事而已，其意以为日本用兵，未宜轻发，当俟购求铁甲船乃可议之。”《日记》就此评论说：国家当前有更重要的事要做，而沈的遗疏却全未提到，“舍本而求末，据一隅之见而忘全局之忧……即是亦见幼丹（沈葆桢字——引者）根柢酝酿之浅、阅之为增惋惜。”（光绪五年十二月十四日）他对于张之洞在湖广总督任上的洋务措施也很有讥评，那是因陈三立（伯严）的父亲陈宝箴（右铭）的一封信而引起的：“伯严见示其尊人右铭廉访信，言鄂中近事：殚竭府库之财，搜括及绅民，提取存典公款，以事机器，为织造洋布之计。亦太不谙事势矣。”（光绪十六年四月十七日）“张香涛（即张之洞——引者）亦不得谓为能知洋务者，可笑亦可叹也。”（光绪十六年四月二十三日）①

他对于严复的一次评论也很值得注意。严复驳斥了张力臣所著《瀛海论》中的一些保守言论，如反对兴筑铁路、制造机器、建设海防等。《日记》就此评论说：严复的驳斥虽然是对的，但也未必就是非常高明的特见，因为他只看到了铁路、机器、海防等要急办，却没有看到要办这些东西还须有根本的条件，而中国是缺乏这样的根本条件的。《日记》写道：“西洋制造亦自有本

① 《日记》对张之洞的洋务措施的批评没有提到本末问题，但其意自见。《养知书屋文集》卷十三《致李傅相》一篇中同样有对张之洞的洋务措施的批评，说得比较明显：“鄂中新政，稍闻其略。于湘事专主开采矿铁，购置机器而急行轮船，凿通宝庆滩河以资转运。又欲为两湖总建书院，依仿广雅规模。其发扬蹈厉，为能有豪杰之风，而所行亦实切要便民。独其为富强之计，则固未尝就中外情势参稽互证，以辨其缓急轻重之宜也。”这里提出张之洞办洋务不知分辨“轻重缓急之宜”，也就是批评他不知本末之分。

末。中国大本全失，西法从何举行？勉强行之，亦徒劳耳。”（光绪四年二月初九日）

那么，究竟什么是“本”，什么是“末”呢？根据《日记》多次作过的解释，“本”就是政教吏治、纪纲法度、人心风俗等。“中国大本全失”是什么意思呢？对此，《日记》中有大量的具体的说明，概括起来就是：朝政昏浊、吏治窳败、纪纲法度一切废弛、人心风俗江河日下。在这样的政治、社会情况下，勉强向西洋学一点铁路、开矿、机器、枪炮，以为就可以致富强，这不是自欺欺人，就是痴心妄想。郭嵩焘说：“今言者动曰取法西洋制造乃能致富强。人心风俗、政治法令阘冗如此，从何取法西洋乎？”（光绪六年四月十八日）“泰西制造机器所应取效者，岂值〔止〕枪炮而已哉！人心风俗，偷敝至于此极，即有枪炮，亦资寇兵而赍盗粮而已。”（光绪五年二月十三日）这种看法，就其反映了中国封建王朝末世的不可救药的根本败象来说，应该认为是很深刻的。

怎样才能救治这种现象呢？我们从《日记》看到：他虽然也曾赞赏过英国的议会政治，而他实际开出的药方，却仍然只能是以儒家的“人治”学说为中心的那一套政治方案，什么“求人才、清吏治、裕国计、通民情”（光绪五年十二月十四日）等等。这一类意见在戊戌变法以前有无数人提出过，但都因为没有能够触及政治制度这一个根本问题，也就谈不上有效的救治。

他也曾提出过教育这一味药。但他对教育的主张，竟是如此的缓进，使我们觉得奇怪。他的言论是：“故尝论泰西勤求武事，万难及其百一。然有贤者起，竭三十年之力为之，亦可望有成效。制造之精，竭五十年之力为之，亦庶几什一望见其涯略。若此者，其源皆在学校。学校之起必百年而后有成。用其百年之力以涤荡旧染；又用其百年之力，居一世之人才而磨礲之；又用其百年之力，培养渐积以使之成。以今日人心风俗言之，必有圣人接踵而起，垂三百年而始有振兴之望。”（光绪六年二月十三日）要三百年才能有振兴的希望！俟河之清，人寿几何？无怪乎他要“俯仰今昔慨然伤怀”（同前日记）了。他是一个努力追求希望而又觉得希望实在渺茫的人。

洋务运动的历史功过，历史学家们自有公正的论断。但是就郭嵩焘来说，至少他是怀着一颗关切国家命运之心来谈洋务、搞洋务的。他的一段日记写得很感人。那是光绪五年四月初二日，那时他刚从国外回来：

“小垣嘱见人不谈洋务。吾谓：并不见人，然固不可不谈洋务。所以谈者，欲使人稍知其节要，以保国有余。苟坐听其昏顽而已，不动兵则坐削，一旦用兵，必折而为印度。此何等关系，而可不言乎？……夫惟其知之也，以先知觉后知，以先觉觉后觉，予于此亦有所不敢辞，于区区世俗之毁誉奚校哉！”

由此可见他的爱国思想。

下面再引一段《日记》，并以作本文的结束：

“香荪见示小诗云：‘飓风吹浪浪滔天，簸跌江湖大小船；渔父不知溪水涨，芦花深处独酣眠。’吾谓此诗有外视天下之意。方今天下一家，治乱同之，岂视〔容?〕外视。因和云：‘挐舟出海浪滔天，满载痴顽共一船；无计收帆风更急，那容一枕独安眠！’”（光绪六年八月十七日）

1980 年 12 月

［原载《中国历史文献研究集刊》（第二集），中国历史文献研究会编，湖南人民出版社 1981 年 12 月出版］

# 《郭嵩焘诗文集》点校后记

## 一

近几年中整理出版的郭嵩焘的著作，已有《郭嵩焘日记》和《郭嵩焘奏稿》两种。这一部《郭嵩焘诗文集》是第三种。

郭嵩焘死后由王先谦、杨书霖等给他编定刊行的《养知书屋遗集》，内容分为奏疏、文集、诗集三个部分。王先谦在为这部《遗集》写的《总序》中说："（嵩焘）殁后，哲嗣炎生等出其丛残稿本视余，遂与杨商农孝廉次为奏疏十二卷、文集二十八卷、诗集十五卷。"《郭嵩焘奏稿》就是经过增补的《遗集》的"奏疏"部分。《郭嵩焘诗文集》则是《遗集》的"文集"部分和"诗集"部分的合集，内容没有增减。在国务院批准的《古籍整理出版规划（1982—1990）》中，列有《郭侍郎奏疏》一种，又有《养知书屋文集》一种。《郭嵩焘奏稿》和《郭嵩焘诗文集》正与《规划》所列的两书相当，不过将"文集"扩大成了"诗文集"。这样，历史上只在清光绪十八年（1892）印行过一次的《养知书屋遗集》，就在将近一个世纪之后分为两部书而重新出版了。

将奏疏和诗文作为两部分而分别出版的做法，与郭嵩焘的原意倒是符合的。这可以从清光绪六年（1880）刊行的《湘阴县图志》中的两条著录得到证明。

一条是："《自订奏稿十六卷》，郭嵩焘撰。"——见于图志·艺文志·史类。

另一条是："《养知书屋诗文集十二卷》，兵部左侍郎郭嵩焘撰。"——见于图志·艺文志·集类。

这部《湘阴县图志》的作者不是别人，正是郭嵩焘自己。由此可见，他本来也是想把奏疏和诗文作为两部书分别出版的。事实上，他也的确已为这两部书做了一些编辑工作，虽然并未蒇事，因而上述著录只是反映了他曾经有此出书的计划，而不是说当时已经实有其书了。然而他所自定的这两部书的卷数却和王先谦等后来编定的卷数相差很远——奏稿自定为十六卷，王等编定为十二卷；诗文集自定为十二卷，王等编定为文集二十八卷加诗集十五卷共四十三卷——这是什么原因呢？

关于这个问题，奏稿部分我们已在《郭嵩焘奏稿》一书的《辑补后记》中试作了回答。就诗文部分来说，其原因除了《湘阴县图志》刊行的时间较早（距郭嵩焘之死还有十一年），他的诗文后来续有写作，因而可能增加编集的篇什，以及他所设想的卷帙和王先谦等实际编定的卷帙，篇幅大小当然会有参差外，还有一个重要原因是：郭嵩焘对自己诗文的编选是从严要求的。他曾经说过这样的话："予自三十六七以来，遂废诗文之业，盖谓今之为诗文者徒玩具耳，无当于身心，无裨于世教，君子固不屑为也。"（"诗集"《自序》）可见他对诗文写作主张采取严肃的态度。虽然后来由于与世委蛇，对此未能彻底躬行，但写作自写作，至于所写的是否都要保存下来，在他心目中则是另一回事。郭群在《湘阴郭氏遗书提要》（见1949年版《湖南文献汇编》第一、二辑）一文中说他："诗文皆不肯作一平庸语，故生平积稿虽多，而芟削最夥。”这是一个旁证。他对自己的诗文只打算编十二卷，当然是想认真甄选一下的。然而岁月蹉跎，在他有生之年终于未能编定这个集子，只好把未了之愿托付给后来人了。等到王先谦等为他编集时，他们已经没有必要，甚至也没有权利再加甄选。他们对于他的诗文遗稿，大概是交出多少算多少，一无芟削就全部付梓的。虽然我们有幸因此多读到了一些郭嵩焘的诗文篇什，但是由于没法看到他曾想亲自编定的《养知书屋诗文集》，恐怕不免觉得是一个小小的遗憾。

## 二

本书编次是：先“文集”，后“诗集”。这和《遗集》中的次序一样。两个集的篇目排列，也完全没有变动。只是《遗集》中的“文集”部分原有比较详细的、以篇为单位的目录；“诗集”部分则原来的目录很简略，仅在卷次之下写着“古近体诗若干首”字样，并无各首的题目。当时这样做大概是为了节省纸张，或者是由于惮烦省事；现在看来则检索翻阅，诸多不便。因此这次就仿照“文集”的做法，另制一个详细的目录，胪列所有的篇题，以便于阅读、研究，也使目录的格式归于一致。

至于篇目的编排方法，“文集”和“诗集”也本不相同。“文集”是依类分编的，这是出于郭嵩焘本人生前的安排。他在光绪十七年五月廿八日（去世前半个月）的日记中写道：“检取现存文稿，以类订成六本，求益吾鉴定。”六月初七日又写道：“复王益吾信，并以杂文一卷，属之清缮。”现在我们看“文集”二十八卷篇目的排列，正是分为六个大类，最后是一批杂文，也可以说是第七类。其情况如下：

第一类：考、释、论、辨——第一、二卷；

第二类：序、跋——第三、四、五、六、七、八卷；

第三类：书牍——第九、十、十一、十二、十三卷；

第四类：赠序、寿序——第十四、十五、十六卷；

第五类：行状、传略——第十七、十八卷；

第六类：墓志铭、神道碑——第十九、二十、二十一、二十二、二十三、二十四卷；

第七类：杂记、祭文、铭、箴、赞、书后、举例、问、议——第二十五、二十六、二十七、二十八卷。

经过考察知道：以上的编法，类别虽然分明，但在每一类中的各篇，却并不都是依写作时间的先后排列的。这是“文集”编排的情况。

“诗集”和“文集”不一样。它的篇目采取了按写作时间先后编排的原则，但有一部分编排得不好。“诗集”共十五卷，前九卷和后六卷的编排情况相差很远。前九卷是郭嵩焘早年所作的、经过整理的诗稿。光绪十七年六月初二日（去世前十一天）他的日记写道：“致李佐周信，以四十以前抄存诗稿九卷属其鉴定。”这便是“诗集”的前九卷。这九卷前有“序”，后有“记”，自为起讫，因而知道是认真编定过的。那时他正当盛年，记忆力也好，当然编排得比较细致、完善。至于后六卷可不同了；有些诗篇按其写作时间来看，编排得不但不够准确，而且颠倒错乱得很厉害。现在举第十卷中连排的几首诗为例。下面逐一抄下这些诗的题目（参看本书目录）。诗题前的数字表示它们的排列次序，诗题后的年月日是考查到的它们的写作时间：

一、《大行皇帝挽词》——咸丰十一年八月初九日；

二、《胡恕皆中丞招（隐）〔饮〕次研生韵》——咸丰十一年九月廿二日；

三、《意城四十生日》——同治元年正月十七日；

四、《辛酉元旦》——咸丰十一年正月初一日。

五、《重感》——咸丰十一年正月初七日；

六、《感事辛酉十一月十一日作》——咸丰十一年十二月二日；

七、《由粤东假归述怀留别四首》——同治五年四月廿九日；

八、《述怀》——咸丰十一年十一月廿六日；

九、《题曾劼刚〈归朴斋诗抄〉并以为别即效其体》——光绪四年十二月十七日。

这九首诗，如果按其写作时间的先后重新加以编排，就应该是这样的次序：四，五，一，二，八，六，三，七，九。而且九首诗中最早的一首和最晚的一首相隔竟有十八年之久，其间还应有多少首诗须要插入！像这样的地方已经谈不上编排的合理，而只仿佛是信手拈来，随便杂凑在一起而已。

哪末，能不能查出每一首诗、文的写作时间，将它们重新编排一次呢？回答是：虽然有一部分诗、文的写作时间可以查出来，但是还有很大一部分是查不出来或者至少在短时内是很难查出来的。如果不能全部查出而整个加以重编，倒还不如仍其旧贯而暂时不动。因此在这里只限于指出像上面所说的那种舛错情况，而没有做较此更多的事情。

## 三

如前所述，《养知书屋遗集》只在清光绪十八年（1892）刻印过一次。在这个刻本的“奏疏”、“文集”、“诗集”三个部分的封里，各印有“光绪壬辰孟秋月刊”字样。本书即按这个壬辰刻本的“文集”和“诗集”，用简化字，加标点分段排印。避讳字均予改正。凡原刻本中只占半格的小字，排印时也仍用小一号的字体。原刻偶有讹、夺、衍、倒等情况，点校时并不径改，只用小号字将误文置于圆括弧中，另用方括弧收入改正或增补的字，紧接其后，如：

圣人观象系词，(非必)〔必非〕苟焉而已。——“非必”为“必非”之误。

焦氏循《易通释》，其辞博辨而不穷矣，而颇病其舍本义而专〔取〕义于互卦。——脱“取”字。

《穀梁传》曰：“水北为阳，山南为(阴)〔阳〕。”——“阴”应作“阳”。

扪天一啖堕尘世，秋霜满鬓风(飔风)〔飔飔〕。——字书无“飔”字，有“飔”字；“风”在这里也不叶韵。“飔风”疑应作“飔飔”。

衡山李(沁)〔泌〕知此意，相呼岩下栽松柏。——“沁”为“泌”之误。按此处所用为唐李泌隐居衡山故事。

深(渐)〔惭〕褊性输公量，文采风流亦我师。——“渐”为“惭”之误。

原刻本中的舛误，有的非常明显，一望而知；有的需要经过查考，才有确证。凡属后一种情况，大都用页注说明改正的依据或理由。如以上的前四例，在页末即均有小注，以资查证。

另外需要说明的事，还有以下几点：

一、郭嵩焘的原稿，对同一人名的写法常常并不一致，甚至在一篇之中也是如此。如文集卷七《〈款冬禅室诗抄〉序》，全文不到二百字，提到这部诗抄的作者共四处，一处作“鹤傭”，三处作“鹤慵”。同卷《板桥〈周氏族谱〉序》，提到周氏的一位先人，第一次写作“仕广”，第二次则写作“广仕”。胡林翼的字，在文集卷十七《赠总督湖北巡抚胡文忠公行状》中说是“一字润之”，在文集卷十九《胡文忠公神道碑铭》中则说是“一字润芝”。文集卷七又有《黎肇琨〈读史法戒论〉序》一篇，在文中这部书写作《读史法戒录》。对于这种情况，在一篇之内的，都已作了页注说明，在诸篇之间的，或恐未能检查周到。

二、书中有些“□”的记号，均系原刻如此，只有一处例外：诗集卷二《访陈慧基常德兼晤吴□□》，这里“吴”字以下应有两个字，原板残缺，排印时也用“□□”代替。

三、书中有两处“下缺”字样，一处在文集卷十九《诰授光禄大夫刘公墓志铭》之末，一处在文集卷二十三《黎母宋孺人墓志铭》之末。疑两文原稿不全，这“下缺”字样，是《遗集》原编者所加。

以上是点校时所遇到的一些具体问题，在此作一总的交代。本书工作中的缺点错误，敬希读者指正。

1983年10月

（《郭嵩焘诗文集》，杨坚点校，岳麓书社1984年10月出版）

# 《郭嵩焘奏稿》辑补后记

国务院古籍整理出版规划小组1982—1990年的规划（草案）中列有《郭侍郎奏疏》一种。郭侍郎即郭嵩焘（清嘉庆二十三年至光绪十七年，1818—1891），湖南湘阴人。他在清末以宣传洋务和出任我国第一任驻外公使而闻名，最后官至兵部左侍郎。《郭侍郎奏疏》是在他死后由别人编定刊刻的集子。他的奏疏集过去只有这一个版本，而且这个版本在初刻以后就从来没有重印过。但是，这部奏疏集在内容方面至少有三个缺点：一是编定者对郭的奏疏有所删除；二是删除的数量不少；三是被删除的都和洋务有关，而这种删除是作者本人不会同意的。因此，传世的《郭侍郎奏疏》不是一个完善的本子。

《郭侍郎奏疏》是由王先谦主持编定的。郭嵩焘临终时，曾托王整理和刊刻他的遗文。他在光绪十七年五月二十七日（去世前半个月）的日记中写道："以文稿检交益吾，为身后之托"，指的就是此事。益吾是王先谦的字。第二年，王就为他编印了一部遗集，用他生前书室之名，命名为《养知书屋遗集》，自己写了一篇总序，弁于卷首，其中提到这部遗集的编定经过时说："（嵩焘）殁后，哲嗣炎生等出其丛残稿本视余，遂与杨商农孝廉次为奏疏十二卷、文集二十八卷、诗集十五卷。"这些就是《养知书屋遗集》的三个组成部分。奏疏是其一，但也可以分出而独立。它的内封面上刻写着：《郭侍郎奏疏十二卷》。

但是这个奏疏集是有删削的。这个情况早就有人指出过。四十年代由旧“湖南省文献委员会”刊行的《湖南文献汇编》第一、二辑中连载有郭群的《湘阴郭氏遗书提要》一文，胪列湘阴诸郭遗著而略加说明。其中关于郭嵩焘的著作，在《养知书屋文集二十八卷、诗集十五卷》一条之后，有《养知书屋奏疏十二卷》一条，说明如下：“公自通籍后，供奉南斋，开府粤东，奉使海外，关怀国计，陈奏独多，惟曲高和寡，名与谤随，时不能用。此刻亦王葵园及参赞子瀞公厘定，去其有为时忌者若干篇，盖不及原稿十之五六，然非公志也。”

郭群文中所说的《养知书屋奏疏》，也就是《郭侍郎奏疏》。葵园是王先谦的号，参赞子瀞公是郭嵩焘之侄郭庆藩。郭群的这段文章证明了我们前面所说的郭嵩焘的奏疏集曾经有过删削的事实。

郭嵩焘本人撰写的、在光绪六年刻印的《湘阴县图志》，在其卷三十·艺文志·史类中著录了县人的各种历史著作，其最后一种是他自己的《自订奏稿十六卷》。我们看到，收入《郭侍郎奏疏》的许多奏稿的篇末都还保留着郭嵩焘所写的“自记”。这些“自记”，有的说明某稿起草时的历史背景；有的追忆某稿出奏后朝廷的反应；有的是自己的表功；有的则是自我揭露，说疏中所陈多属铺张之词，甚至干脆是对朝廷的欺骗（因为他的许多奏疏是与别人联衔会奏的，因而对其内容并未能完全做主）；还有更多的是借此舒愤懑、泄怨怼，对当时的上司和同僚大发牢骚，强烈的个人色彩跃然纸上，说明这些意见是多年垒块，一吐为快。这些“自记”表明：郭嵩焘确曾对他的奏稿进行过认真的审阅编订，《自订奏稿十六卷》这一条著录就是在这样的基础上产生的，但它的卷数比《郭侍郎奏疏》的卷数要多四卷。

郭嵩焘日记的发现，使我们对情况有更多的了解。从日记中看出，郭嵩焘对他历年所撰的奏稿，大致都有记载，遗漏极少。日记的年代是从咸丰五年到光绪十七年（1855—1891），包括了他的职衔许可他专折奏事的全部时期。日记中对“自订奏稿”一事虽然并无记载，但他一生所写的奏稿总数却约略可以统计。他所撰写的奏稿可分两类：一类是照例的题本，如每年的元旦贺折，帝、后万寿贺折等；一类是特陈的奏疏，如报告工作，呈复朝廷的委任和质询，遇有问题请旨施行的折片等。除了前一类多是官样文章，可以略而不计外，后一类奏稿据日记所载共约三百件左右，而《郭侍郎奏疏》中所收的却只有一百八十八件。这两个数字之比，和《自订奏稿十六卷》与《郭侍郎奏疏十二卷》两书的卷数之比基本相近。可以设想，当郭嵩焘“自订奏稿”时，他并未有所删汰，或至少是删汰极少的。

在《郭侍郎奏疏十二卷》、一八八件中，属于咸丰、同治时期的有一七九件，属于光绪时期即郭嵩焘出使和出使回来以后时期的一共只有九件。王先谦等所删削的奏稿以后一个时期为多，是没有疑问的。

为了弥补这一缺陷，现在以《郭侍郎奏疏》为基础，除了从《郭嵩焘日记》了解奏稿撰写情况外，更从《清实录》查找线索，然后从《清季外交史料》中辑录了折片十六件，又从《中国近代史资料丛刊·洋务运动》中辑录了条议一件，从《瞑庵杂识》一书中辑录了奏疏一件，补入之后，使奏稿的总数增加到二〇六件。所有补辑之件都用附注说明来源，它们都是属于光绪时期的。

在编排上，《郭侍郎奏疏》只分卷次而不标年份。现在的编法是系年而不分卷，按时间先后将所有奏稿分别系于所属的年份之下。这些年份是查考郭嵩焘的日记或根据其他资料确定的。这样，眉目似较清楚，也便于研究使用。

最后一事是书名。郭嵩焘在《自订奏稿十六卷》中采用“奏稿”字样而不用“奏疏”字样是有道理的，因为他所准备收录的并非全是既经出奏之件，而是也包括了虽然起草但因故而未经出奏之件（这种情况他在各该件后写的“自记”中有所说明），以全体包部分，“奏稿”之名自较“奏疏”为符合实际。事实上，《郭侍郎奏疏》中也仍然保留有这些草稿，因此，一概名之曰“奏疏”是不妥当的。现在重编的此集，对于这些草稿也仍然予以保留，所以书名还是用郭嵩焘自定的“奏稿”字样为好。此外，本书既属新编，“郭侍郎”之名似也无须再加沿用，因此索性就叫《郭嵩焘奏稿》。

除了辑补、系年、命名三事外，本书在整理时进行了标点并分了段，改正了一些误字，有的地方作了一些校勘，并加了一些附注。个别奏稿内的“□□”，系原板如此，现也一仍其旧。点校工作中的缺点错误，在所难免，敬希读者指正。

1982 年 12 月

（《郭嵩焘奏稿》，杨坚校补，岳麓书社 1983 年 7 月出版）

# 《刘蓉集》点校后记

刘蓉（1816—1873），字孟容，号霞仙，湖南湘乡人，清代咸（丰）同（治）年间因太平天国战事而崭露头角的许多湘籍人士之一。他的仕宦始末和事绩概略已见本书附录的《国史馆本传》和郭嵩焘作《陕西巡抚刘公墓志铭》。这里再就他的学术渊源和性格特点，结合《传》《志》稍作分析补充。综四者而齐观，将更能加深对其人其书的了解。

当时湘军崛起，名闻天下，但许多将领只是由于历经战役，以军功而显达，而其初出来担任要职，识拔提携这些将领的则都是读书人。这些读书人从小熟读儒家经典，在学术趋向上崇奉程、朱理学，而又强调实践笃行，反对迂疏空谈，主张经世致用。这一学术趋向从明末清初的王夫之（船山）起即十分显著，其流风余韵，传承推衍而成为湖湘士子的一大特色。例如曾国藩、罗泽南、胡林翼、左宗棠，莫不如此。他们出而带兵，是所谓儒生治军，因此不但注意将略，而且也重视品行，重视学术。刘蓉也属于这一类儒生、读书人。

刘蓉对程、朱理学的尊崇信奉是十分专笃的。他曾对一位学术思想比较庞杂的朋友说："圣贤往矣，其言之著于六籍者，可考而知。自汉、唐来，学者辈起，然道裂言庞，述而明者卒寡。程、朱出而《六经》《语》《孟》之旨灿如日星，苟有目者皆得见焉，非其心体而躬诣之，乌能昭晰若是？夫程、朱于孔、孟不可知，然述孔、孟而能明焉，则其于孔、孟也几矣。”他认为孔、孟已逝，自汉、唐以来学者辈出，但只有程、朱才能绍述阐明孔、孟之道，近乎（“几矣”）孔、孟之道。他规箴这位朋友：“吾与子生晚近而与有闻，谁实启之？乃弗尊闻行知以承洛、闽之绪，顾挟一知半解之私，訾其失而议所不足，不亦左欤？夫程、朱卒不可议，议程、朱者非妄则诞，愿吾子审思焉！”（《文集卷二·书陈懿叔赠言后》）从刘蓉一生的行事看，他对程、朱理学也确能“尊闻行知”（尊其所闻，行其所知），言行合一，而且终身不渝。至于程、朱理学之弊，则刘蓉自难思辨及之，因为他毕竟是功利境界中人，他的信念、识力不能逾此而有所突破，那也几乎是必然的。

刘蓉出身稍晚，但升擢很快。他虽在咸丰三年即以诸生从戎，先在曾国藩幕，继隶胡林翼军，都很受重视，但其间因弟蕃战死，老父弃养，两次回乡，家居多年。直至咸丰十年，湖南巡抚骆秉章奉调入蜀任四川总督，聘刘蓉为之赞襄谋画，给以信任支持，于是使他获得了一个足以充分施展学识才能的舞台。在他的大力整顿下，四川军务吏治，振刷一新。咸丰十一年。秉章论功奏荐，朝旨命以知府选用。翌年，同治改元，授蓉四川布政使。二年，授陕西巡抚。刘蓉在短短三四年内，由知府而藩司而抚台，这种破格提拔，实出于骆的大力保举。史称骆秉章“公忠诚亮”，“所论荐人才，悉被任用，有勋名。”（《清史稿·骆秉章传》）刘蓉就是他以公忠之心所论荐的人才中的十分卓异的一个。

刘蓉受命抚陕时，太平天国还占有东南半壁，清军围攻南京，相持不下。陕西有回民的大举起义，捻军的飘忽驰突，西北局势也非常危急。刘蓉在地方凋敝，兵、饷两缺的情况下竭力筹维，克尽厥职。最为难得的是，他虽在敌情紧急，军务倥偬之际，仍能时刻关怀民生，注意抚恤穷黎，赈济医药，调节水利，举办屯垦。有关的办法、章程，都由他亲自写定，颁布施行，体现了他拯饥救溺、康济斯民的抱负和心肠。其治军、察吏、安民、兴利的种种事绩，见于他的奏议及文集、诗集。《刘中丞奏议》二十卷，包括三百九十四件正折、附片，除了前三件是在四川藩司任内所作外，其余都作于陕抚任内。而他从同治二年七月受任陕抚到六年正月以革职之身拜发最后一件奏折止，为时仅三年有半，平均每年要发折、片一百一十余件。从这些奏议可以看出，他的勤奋治事的精神是异乎寻常的。

但是，刘蓉就任陕抚不过年余，就发生了翰林院编修蔡寿祺奏劾他的事件。蔡在奏疏中说薛焕、刘蓉二人："挟重赀而内膺重任，善夤缘而外任封疆。"前句指薛，后句指刘。朝廷览奏降旨："薛焕、刘蓉，均系朝廷大臣，如于蔡寿祺所奏不予查办，何以重名节而重纪纲?"命二人"明白回奏"，不得欺饰，如经查出，从严惩办。

在这一蔡寿祺事件中，刘蓉的性格开始充分显露出来。

蔡寿祺说刘蓉是"善夤缘而外任封疆"。何谓"夤缘"? 综合《辞源》《辞海》的解释，夤、缘二字都有攀附之义："夤缘"连用，意思是攀附上升，比喻为攀附权要，以求仕进，或凭借关系，进行钻营。《宋史・神宗纪一》："秋七月庚辰，诏察富民与妃嫔家婚姻，夤缘得官者。"富民与妃嫔家联姻后，走她们的后门而得官，神宗皇帝要下诏查察。如今蔡寿祺说刘蓉是"善夤缘而外任封疆"，就是说他的官职是专靠拉关系、走后门而得来，而且居然做到了陕西巡抚，封疆大臣。

以刘蓉的人品、官守，为什么会遭到蔡寿祺这样的奏劾呢?

他的“明白回奏”，见于《奏议卷八》的《明白回奏恳赐查办疏》及《附陈蔡寿祺挟嫌构陷疏》。原来，蔡寿祺是他在四川任职时遇到的一位陕西籍翰林。翰林本是所谓清华高贵之官，而蔡在四川的行为却十分卑污，劣迹多端，早经前署川督崇实参奏，奉旨驱逐回籍，不准逗留川省。但到刘蓉入川时，蔡仍留在成都，继续招摇生事。于是刘蓉明令将他驱逐，并对众声言：如再不回籍，将不予姑息。蔡乃被迫返陕。未几，刘授陕抚，到西安履任。蔡自知难容，于是束装进京，仍任翰林。然后就发生了这一奏劾的事件。

刘蓉从小受理学的熏陶，对一生的名节看得很重，对个人的进退出处尤其认为是名节之大端，不容有丝毫玷污。他在回奏的正折和附片中历述自己的出身、经历和在咸、同两朝的考勤事迹，直至前年诏旨“特授陕西巡抚，以重事权”等始末缘由，说明自己不但无夤缘交结之事，而且无希荣慕禄之情，“洁白无滓之操，坚贞不屈之志，昼不歉于旦明，暮无惭于梦寐，方寸之地，皎如白日，确然有以自信而不疑”。并指出蔡寿祺是以不肖之心，作诬罔之谤，恳求朝廷细加察核，以杜倾陷。如果自己稍有暧昧之情、交纳之迹，即请从严治罪。为果查察结果，自己“幸不玷于官箴，尚无亏于大节，亦乞圣主天恩，悯臣孤危，放归田里，俾遂还山之愿，长为击壤之民”。他的这一折一片，据情直陈，剖心自明，态度光明磊落，措辞理直气壮。当时曾国藩在南京，读后非常赞赏，说：“见刘霞仙所作辨蔡寿祺诬劾一疏，置身甚高，辞旨深厚，真名作也。”（岳麓书社版《曾国藩全集·日记》同治四年五月十二日）曾国藩深知刘蓉。他对刘蓉的评骘，由知其人而论其文，是十分平允公正的。

但是朝廷却不这样看。刘蓉疏入之后，上谕首先斥责了他的言语和态度：“折内有请归田里等语，词气失平，殊属非是！”接着就有御史闻风承旨，奏参他：“放言高论，妄自尊大，请旨严行治罪，以为大臣轻量朝廷者戒！”朝廷命骆秉章查明刘蓉所言蔡寿祺在川招摇各款是否属实，秉章复奏，谕旨虽将蔡革职，但仍以刘蓉疏辩“语多过当，有乖敬慎”，交部议处。部议的结果是：“降一级调用，不准抵销。”诏如所请。（本段引文均见《国史馆本传》及《奏议卷十二·请假回籍修墓疏》）曾国藩对此的反应是：“霞仙以本年复奏一疏降调。如此名奏议而反以获谴，颇不可解。”（同治四年八月十七日日记）

这一类言官参劾、朝廷究办的事，是封建官场所常有。言官所参，哪怕仅仅出于风闻，皇上也照例要降旨究办。被参者如果确系冤抑，据情回奏，落实之后，也就无事。但回奏的态度必须恭慎，措辞必须谦卑，即使十分冤枉，也须表示诚惶诚恐，个人毫无怨尤，悉听朝廷处断。否则，奏语一不小心，触犯忌讳，本来是针对言官的辨诬，却被视为对皇上的不敬，事情就麻烦了。刘蓉的获谴，正是因为按照当时官场的习俗和惯例，他的回奏的态度比较躁急，语言也比较激切的缘故。

受了降调处分之后，刘蓉即请假回籍扫墓。朝旨先予允准，后又收回成命，要他“仍带革职留任处分署理陕西巡抚”。他一面谢恩，一面又告病乞休。数月后，同治五年七月，他又奏自己病难痊愈，请开缺（离职）回籍调理，并请将巡抚关防暂交藩司林寿图护理。但朝廷十月仍谕：“刘蓉俟（新任巡抚）乔松年到任后，仍当与之会办军务，不得置身事外。”

刘蓉是个实心实意、顾全大局的人。尽管自己已经告病乞休，而且新抚已经到任，但朝廷还未允他脱身，他一日在职，一日仍尽心竭力地办事。他在“革职留任”后所上的许多奏议，清楚地表明了这一点。然而正是所谓“困于株木，入于幽谷”（《易·困》初六）吧，蔡寿祺的诬劾已使他的处境如株木挡道，新抚乔松年的排挤却使他走入了更加幽暗的低谷。原来，他和乔共事不久就发生了龃龉，弄到双方都到皇帝那里告状。关于这一桩官司，《清史稿·乔松年传》只有短短几句话：“松年初至，与蓉意见不合，奏劾蓉军政隳坏，留陕无益，蓉亦劾松年掣肘，贪利徇私。”《清史稿·刘蓉传》则只有“蓉与松年议不合”七个字的记载。《国史馆本传》且不着一字。但保留在刘蓉《奏议卷二十》最末篇幅中的三折、六片，却清楚地表明了双方互劾的原委和实质。简言之，一个是出以公心，一个则多存私意；一个是鲠直任事，一个却巧猾推延。其间，刘蓉因事权不一，多方掣肘所造成的困境，令他缚手缚脚，无法施展，由此而支左绌右，瞻前顾后，事功难集，自在意中。对此，朝廷本已对他十分不满。同治五年十二月十六日上谕切责：“选次谕令刘蓉出省督剿，该前抚置若罔闻，高卧省城，养贼自重，以致军无统率，任贼纷窜，不知是何居心！”（《奏议卷二十·复奏未即出省情形疏》）可以看出：这样的切责后面隐现着乔松年告讦的影子。刘蓉不得不上疏说明自己未即出省城的为难原因（见同疏）。然而正在这时，捻、回攻及渭南、临潼，逼近西安城垣。于是刘蓉督师奋战，最初获胜，进而追击，不料于十二月十八日在灞桥遇伏惨败。

这是一次震动全国的大败仗，所谓“灞桥之溃”，在《清史稿》刘蓉传、乔松年传中都有记载。曾国藩日记（同治六年正月初一日）也写下了这次惨败的大概，并由此推测它可能产生的后果：“未刻阅本日文件，见秦兵于十二月十八日大败，几于全军覆没。贼势日盛，深恐其渡河窜晋，震惊京师。”比较详细的败况，据刘蓉的奏报是：总兵萧德扬及其以下升用提督、记名提督等战将多名阵殁，伤亡员弁兵勇近三千人。战败的原因，刘蓉自己检讨是由于指挥失当，轻率追进，又值风雪凄迷，遇伏无路突围，致在灞桥附近几乎全军覆没。从指挥心理上看，他的急切追进，似乎与诏旨迭次严促“出省督剿”，不无关系。至于他以儒生带兵，非同沙场宿将，老练沉稳不够，自亦咎无可辞。

灞桥在西安府城东北二十里，是历史上有名的古迹。不著撰人的古书《三辅黄图》最早记载此桥，说：“霸桥在长安东，跨水作桥。汉人送客至此，折柳赠别。”自后屡见文人吟咏，像杜甫的“怅望东陵道，平生灞上游”、岑参的“初行莫早发，且宿灞桥头”，都是唐人留连咏怀的名句。如今严重的败衄恰又落在这个著名的古迹上，重重获谴自在意中。谕旨严斥，但也是最后一次的严斥了：“刘蓉以获咎之身，特令署理陕西巡抚，暂留办理军务，倚任不为不专。乃屡谕该署抚出省督剿，置若罔闻，以致官军挫失，捻势愈张，贻误地方，实堪痛恨。刘蓉着即革职，毋庸再留陕西！”（《国史馆本传》）刘蓉的仕途也就从此结束了。

综观刘蓉一生的为人行事，他的性格方正刚严。对自己，出处行藏，一丝不苟；对别人，直道而行，邪曲难容，甚至疾恶如仇。这种人只宜在书斋里埋头做学问，出而问世，则周旋应接，实非所长。同治四年四月二十三日适逢他五十初度，时在西安。他怅触平生，赋诗八章。其第二章追怀亡父，悯叹己身，解剖自己性格和才力的短长，很能说明问题：“壮岁传经尚激昂，早烦庭训决行藏。名山或许千秋业，瀚海终非一苇杭。疾恶范滂嫌已甚，忧时郭泰果无方。慈颜寂寞今黄土，回首湘山泪数行。”首联说自己壮岁能以经学授人，表现良好，父亲早为其决定了一生事业的方向；次联述自己的才力，于著述或可有成，对茫茫世途则犹如瀚海一苇，非所能航；三联更剖析自己性格及才具之短，引东汉名士自喻：疾恶如范滂而犹嫌太过，忧时如郭泰却应变无方；末联以深情缅怀亡父作结。这章诗后面还有几句注，更加直白："先赠公（蓉父曾被追赠光禄大夫）尝语小子曰：'尔无应变之才，而疾恶已甚，将不能有为于世。惟努力穷经，或尚有著作传于后耳。'"（《诗集卷一·同治乙丑四月二十三日为予初度之辰枨触平生感而有赋率成七言近体八章》）刘蓉在家乡所居的堂屋，额曰"养晦堂"，也是他父亲所命名。"承家严命，揭其额曰'养晦'，盖欲其务韬晦以自修，故寓意以示警耳。"（《文集卷四·复曾涤生侍讲书》）父亲对儿子的性格知之甚深而戒之尤切。谚云"知子莫若父"，这是一个适例。

刘蓉的性格大约在当时就很出名，但对驳蔡、劾乔一类事，一般人往往只就其后来的结局，用乡愿的眼光，发庸俗的议论。郭嵩焘曾经记述当时在京的湘籍官僚的一些风气和议论："京师局面，一循道光末年之风气，而相奖为无用。如刘霞仙、曾沅甫之为人，但以'有脾气'三字了之。"（湖南人民出版社版《郭嵩焘日记》，同治十二年六月初八日）这段话的意思是：北京的情况，是循袭道光末年（万事苟且敷衍）的风气，互相奖劝，只求做个保住官位然而无所作为的庸人。如对刘蓉、曾国荃的为人，全不问事情的是非曲直，而只说两人"有脾气"。曾国荃（沅甫）同治五年任鄂抚时与他的顶头上司湖广总督官文不协，奏劾后者"贪庸骄蹇"，自己也不久去职，行迹与刘蓉相类。（见《清史稿·曾国荃传》）郭嵩焘深知刘，也知曾。他对京师那班浅人的俗论，表示不以为然。

曾国藩、郭嵩焘都是刘蓉的知交。刘和曾在道光十三年（癸巳，1833）即已相识，十七年（丁酉，1837）再见于长沙，郭嵩焘来会。其时曾廿七岁，刘廿二岁，郭只廿岁。三人由于志趣相仿，意气相投，遂结拜为兄弟。忆某书记载曾有人见过他们结拜时所写下的金兰谱，惜已忘为何书。但从下面所引刘诗“合作金兰契”之句，可知这次结拜当是事实。原来，这次相聚分手后五年，刘蓉写诗给曾、郭，诉说自己的思念，回忆当时的印象，深情地铭记着这一郑重的盟誓：“人生谁百年，忍此长途别。一别五载余，尚能几良觌？万里一相思，长风起天末。孤灯亘长夜，梦想见颜色。……二君命世英，而我独顽劣。探怀出肺肝，相视成莫逆。重以松竹盟，合作金兰契。手足自相依，宁论胶与漆！”（《诗集卷一·寄曾涤生侍讲兼柬郭筠仙孝廉》）青年时代的纯真友谊是最坚贞的。三人从此成为生死之交，互相勖勉，互相关怀。经过数十载的颠顿沧桑，同治十一年（1872）曾国藩先殁。第二年（1873），刘蓉在由陕回湘仅仅六年之后也告病故，时仅五十八岁。郭嵩焘为曾作了墓志（铭辞是刘蓉所作），为刘作了墓志铭。他又在曾的专祠附设了思贤讲舍，以求传承曾的学术，并刻印了刘蓉的遗著。先绪十七年（1891），郭嵩焘自己也倦极思归，溘然长逝。他没有辜负和曾、刘的金兰之盟。

刘蓉的遗著四种，刻印时本来都各有封面，独立成书。《养晦堂文集》《养晦堂诗集》的书牌上各镌有“光绪丁丑仲春思贤讲舍校刊”字样，即刊刻于光绪三年（1877）。《刘中丞奏议》和《〈思辨录〉疑义》的书牌上镌的是“光绪十有一年思贤讲舍校刊”，即1885年。《〈思辨录〉疑义》是刘蓉早年的一部著作。据卷首自序，系作于道光二十六年丙午（1846），他三十一岁。《思辨录》著者陆世仪，号桴亭，江苏太仓人，明清之际学者，明亡，不应科举，授徒讲学。他为学恪守程、朱，主张敦守礼法，施行实政，不空谈心性，不虚言诚敬。《思辨录》是他记述师友问答及平生闻见的一部札记。由于内容繁冗，于清初经张伯行删汰编次为《〈思辨录〉辑要》三十五卷，录入《四库全书》。刘蓉所见，即这一部。《四库全书提要》谓陆氏“于近代讲学诸家，最为笃实”，“其言皆深切著明，足砭虚憍之病”。这种学术品格，也是刘蓉所最敬仰的。但他仍对陆氏所讲有关“性命之本原、学问之旨要”的许多论点，间有所疑，就条举驳难。其方式是先撮述陆文，再申明己说，共四十一条，凡二万一千余言。也像陆氏原著一样，是一部纯粹的学术著作。

郭嵩焘所作的刘蓉墓志铭说：“公所著：奏疏若干卷；《养晦堂诗文集》十四卷；《〈思辨录〉疑义》二卷；经史撰论甚繁，皆未成书。”按思贤讲舍刻本凡《奏议》二十卷，《诗集》二卷，《文集》十卷，《〈思辨录〉疑义》则并不分卷；书名、卷数，间与郭氏所述有所参差，盖因郭氏作《志》时刘蓉遗著当未编定，故只大概言之。至于刘蓉是否还有其他遗稿，则至今未有发现。《诗集卷二》有《废簏中得旧稿数卷聚而燔之》一首，说明他无意存留自己的旧作。又《文集卷三・致某官书》文末有曾纪泽按语云：“公晚年焚弃旧日诗文，什芟六七”，芟除而焚弃者如此之多，则未芟之三四，大概就是现存的诗集二卷和文集十卷了。曾国藩在殁前数月读到了刘蓉的芟余之作，同治十年十月十九日日记云：“二更后读霞仙所作近年诗文，渊（意蕴深厚）懿（词翰优美）畅（思路开展）达（笔致明快），较昔年已大进。”他所作的今昔之比，似乎已在不经意间道出了刘蓉焚弃旧稿的原因。至于奏议，从其全部内容综合考察，也许一篇也未缺少，那是他抚陕三载的实录，为官施政，问心无愧，必须留诸后世，以待论定的。要知道，他去世时还背着革职离陕的处分。这对一个重视出处于藏进退辞受的儒生，自难于恝然置之。《诗集》的末篇是《杂兴》五首，大概也即是他的绝笔吧，中有句云：“寓世已如将断梦，著书欲付未来生。丈夫磊落从吾好，那计千秋不朽名？”感情复杂而且矛盾，自云不计千秋不朽之名，也许正是因为还有千秋之名的念头。又云：“后世可能传断简，当年曾是枕长戈。悲来掩卷空垂涕，肠断阴山《敕勒歌》。”则对抚陕经历沉痛之感，跃然纸上。后来诏令刘蓉开复原官，又在陕西、四川得以入祀名宦祠，虽都是死后之事，也算是还他以历史的公正了。

本书将上述四种刘蓉遗著合为一书，题曰《刘蓉集》，点校出版，是思贤讲舍刻本后的第一次重印，也是第一次的刘蓉全集。原刻少数剥蚀朽坏之处以及漫漶难辨之字，均以白匡□□表之，有一处原刻为整行墨格，似是刻竣检视，因故又将文字删去，书中已作注说明。至于对原刻讹、脱、衍、倒的处理，大致仍循当前点校古籍的通例，以方、圆括弧分别表示拟改、须改的文字，有存疑者，则于方括弧中加一问号，偶亦于页末出校作注。本书承杨云辉同志作为责任编辑，对照原刻，仔细勘对，得以改正许多讹体别字和标点错误，补苴罅漏，提高质量，谨于此申以谢意。

2007 年 7 月

（《刘蓉集》，清・刘蓉著，杨坚校点，岳麓书社 2008 年出版）

# 《瞑庵杂识　瞑庵二识》合刊本前言

《瞑庵杂识》四卷、《二识》二卷，朱克敬著。克敬，字香荪，晚年失明，因自号瞑庵。他原籍甘肃皋兰，早岁援例捐官，得任湖南龙山县典史，咸丰十一年曾在当地抵抗过太平军的进攻。后来因病目乞休，于同治十年到长沙，曾一度参与撰修省志，不久脱离。他无财无官，几个友人同情他的困穷，给他凑了一千银两，使他得以在长沙定居下来，于光绪十三年病故。

朱克敬虽然位卑职微，却很关心国家大事，好议论时政，勇于发表自己的见解，诗也写得很好。他和郭嵩焘非常相契。当郭由英、法驻使任上归来，保守的长沙士民甚至拒绝他的轮船泊岸的时候，朱克敬却写了一首热情的诗赠给他："朝来庄舄抛藜杖，喜见班超入里门。体国经纶公未老，避仇身世我犹存。忧心悄慢逢春剧，热泪淋浪带酒吞。莫更裂眦谈往事，肯容疑谤道才尊。"郭很感动，说这首诗是："气格苍老，字字惬心。"郭也曾有诗给朱："眉目生尘面着苔，百年怀抱向谁开。使君风义自终古，今日衣冠无此才。挂壁长弓壮士卧，戛枝枯叶朔风来。寒天欲至头先白，痛饮狂呼三百杯。"这些唱和说明他们在思想感情上有很大的共鸣。

当时外患日亟，有志之士忧国心切，洋务是他们共同关心的题目。湖南在魏源的著作，特别是在郭嵩焘的宣传的影响下，读书人的眼界渐开，保守气习有所改变。在此期间，朱克敬著有

《鹧言》内外篇，批评士大夫中的错误思想，并提出自己的洋务意见。他还辑有《边事汇抄》《柔远新书》等书，搜集中外关系史上的史料，以备观览和研究。就当时的闭塞情况而言，这些书的启迪作用是应予肯定的。

朱克敬还写了好几部笔记体的著作。《瞑庵杂识》《瞑庵二识》就是其中的两种。这两种书，虽然所记的多为掌故轶事、见闻杂录，但论其时代则立足于“今”，论其笔墨又着眼于“史”，因此保存了一些有价值的史料，排沙简金，时有可采。例如记湖南厘金的一则，在湘军与太平天国作战时，湖南号称以一省所入支柱东南半壁，在这一则笔记中所录的传为郭崑焘起草的湘抚某的奏疏，对湖南厘金的缘起与抽收办法有详细的说明。又如记郭嵩焘请以王夫之从祀文庙的一则，船山思想在清末旧民主主义革命中曾起过很大的作用，而对它的提倡鼓吹，实发源于湖南，这则笔记中所录的郭嵩焘的奏疏，不见于《郭侍郎奏疏》中，因此也很可重视。此外如衡州民教的纠纷，长沙官绅的倾轧，笔记中也都备录有关文件，富有史料价值。

朱克敬所著、所辑的书籍，后来大部分都被收入《挹秀山房丛书》。这次点校的《瞑庵杂识》《瞑庵二识》的底本，即取自这一丛书。原书有些刻误的字，现都加以改正；还有一些方框代表缺字，是原有的，现也一仍其旧。

1983 年 1 月

（《瞑庵杂识　瞑庵二识》，朱克敬著，杨坚校点，岳麓书社 1983 年 6 月第一版）

# 《儒林琐记　雨窗消意录》合刊本前言

在《瞑庵杂识　瞑庵二识》(《近代湘人笔记丛刊》之一)的前言中，我曾经提到这两种书的作者朱克敬字香荪，号瞑庵写过好几种笔记体的著作。这里重印的《儒林琐记》和《雨窗消意录》就是另外的两种。关于朱氏其人其事，在上述那篇前言中已略有介绍，这里不想赘述。现在只就这两种书的内容和有关故实，再说几句。

《儒林琐记》四卷，杂采自明末清初以迄道、咸、同、光的文士共一百零二人的逸事琐闻，人自一则，合为一编。卷首有朱氏写的《叙》，认为这些记载虽然“无益文献之徵，庶几贤于博奕。有心人触类引伸，因一节而想其生平，即过举以窥其心术，亦论世知人之一助也。”于自谦之中，见自许之意。《郭嵩焘日记》中曾经提到过这部书，光绪五年六月初一记：“朱香荪《儒林琐记》四卷，卷末录阎季容〔蓉〕文二篇，其《送龚南翘序》贬刺左季高，谓湖北巡抚与有连，假重金赂言事者，举左君才可大用，天子为宽其罪。并胡文忠亦加贬刺。其时按狱者为钱萍江，以主湖北乡试，受命治樊燮之狱，文忠公以馈遗主考例厚结之，而以左君为属。其荐左君者潘伯寅也，嵩焘时与同值南斋，语南事甚详，伯寅据以入告。季蓉既未考知其底蕴，又并两事而混为一，而遂以失之诬矣。文人记录与史异者，固未必可据以为信也。”这里指出阎季蓉名正衡所作的《送龚南翘序》一文，在有关左宗棠字季高的一段史事上记载失实，而且还诬蔑了胡林翼谥文忠。现在我们所见的《儒林琐记》刊本，在关于阎正衡的这一则中只录了他一篇文字，而又并非《送龚南翘序》。可见此文曾经一度收录过，后来却去掉了。这一删改的情况，虽然极有可能与郭嵩焘的批评意见有关，从朱克敬这一面来说，却是他写作本书态度比较严肃的证明。

郭记称本书“四卷”，实际上它分为两个部分：题作《儒林琐记》者三卷，末有《儒林附记》一卷。所以朱的《叙》中只称其书“凡三卷”。《琐记》《附记》体例相同，都是一人一则，以事系人。但《附记》所记的十三个人（黄文琛海华、杨彝珍性农、杨翰海琴、刘熙载容斋、郭嵩焘筠仙、张修府东野、龙汝霖皞臣、邓辅纶弥之、陈宝箴右铭、邓绎保之、王闿运壬秋、朱克敬香荪、阎正衡季蓉）都是同、光间湖南思想学术界的有关系人物，有的在当时或后来还具有全国影响，他们虽然并不全部是湖南籍贯，却都在湖南仕宦，甚至去官后也还在湖南寄寓，这些人在朱克敬写作本书的光绪初年都还在世，大约这就是《附记》区别于《琐记》之所在。又《琐记》各卷卷次下均署“朱克敬暝庵著”，而《附记》却署作“餐霞馆辑”。餐霞馆又是谁呢？《郭嵩焘日记》光绪五年八月初十记云：“朱香荪见示新刻《晦鸣录》，杂录各家文而以所著近文附其后。谬入拙文数篇，则近所录示也。”这部《晦鸣录》题下也署“餐霞馆辑”，书首有“餐霞翁”的“自识”。可见餐霞馆、餐霞翁也就是朱克敬。其所以要用此代称，大概是因为《晦鸣录》在杂录各家文章之外也同时收入了朱氏自己的文章，而《附记》所记的十三个人中也有朱氏一个，于是两书就不好再署朱克敬之名，而改由“餐霞馆”出面了。

《雨窗消意录》四卷，各卷卷次前均有“甲部”二字，作：

《雨窗消意录甲部卷一》，以至卷二、卷三、卷四，这反映了作者原有一个较大的写作计划，但我们没有发现“乙部”之书。又原书卷次下均署“牛应之戏编”字样。牛应之就是朱克敬，这也见于《郭嵩焘日记》。

本书格调不高，有不少宣传封建文人落后思想的片段，又体例不精，内容过于芜杂。自称“戏编”，是纪实也。但也时有极好的片段，可供采择、研究。例如卷二有记湖南官绅之争的一则：“咸丰初，张亮基为湖南巡抚，时承平久，官益尊，政益敝，民隐不得上闻，巡抚教令中隔，拱立受所司欺谩。亮基乃聘左宗棠入幕，使通宾客，日夜访民疾苦，吏有奸，山泽有盗，巡抚辄知之，远近骇以为神。及骆秉章再任，益遵张法，练兵、转饷、防寇，多参用士人，事皆办，颇胜他省，由是湖南名闻天下，天下皆以为强国。久之，吏恶其害己也，争为蜚语撼上官，而绅士所为又不能尽如前日，于是官湖南者皆以屈抑绅士为先务……”这里反映了自从太平军兴，湖南绅士势力逐渐强大、与官斗争的情况。同卷还有一则，记在张、骆之后的另一位湖南巡抚的事：“某公附肃顺，得湖南巡抚。既至，恶绅与官事，谋尽去之，凡骆秉章、左宗棠所用官绅，皆批报督过。于是湖南诸将方经营江浙，为天下倚重，闻某所为则大怒，巡抚所劾，皆奏调赴军，且日求某阴事，将共奏之。会巡抚以国丧娶民女，为属吏所讼，乃大窘，更诣诸绅谢，任以事，又加礼焉……”这里所描述的则已不仅是官绅相争，而是绅强官弱、绅胜官败的形势了。在湖南开始的近代中国的中央势力和地方势力的斗争和消长，后来演变为各省军阀割据的状态，支配中国政治达数十年之久。因此，通过这两则杂记透露出来的消息是耐人寻味的。

本书还有一些片段，反映了作者对某些世态人情的不满，可作社会批评、文化批评史料看。例如其中对科举时文的鞭挞；对谀墓恶习的针砭；形容倾轧小人的险恶，则有弈棋心计今胜于古之喻；揭露道学先生的虚伪，则有读书修养人不如魅之讽……。类此的则数不少，有些大概是作者杜撰的寓言或杂说。

《儒林琐记》和《雨窗消意录》两书，也和《瞑庵杂识　瞑庵二识》一样，是据朱克敬所辑的《挹秀山房丛书》本排印的。点校时没有发现别的疑问，只一个小地方需要说明一下：《雨窗消意录》中有一则是记道光进士、湖南著名学者孙鼎臣死后的家庭情况的。朱克敬写道：孙死后遗下两个儿子，“皆端介好学，家居贫甚，亲故无相问者。”他还记下了自己为此而写的一首诗，其中有句：“科名记在同人贵，车笠盟荒古道赊”，以示对孙的友辈不念旧谊的讽刺。这一则杂记之末却有这样一条小字注：“按二子后皆入翰林，先时李概尝赒之，朱诗不尽确也。”这是两部书中唯一的一处他人窜入的文字，而注者没有署名。从注文的口气和郭嵩焘看过《雨窗消意录》以及他和孙鼎臣也很熟识的事实来猜想，这条注文的作者极有可能是郭嵩焘。

1983 年 2 月

（《儒林琐记　雨窗消意录》，朱克敬著，岳衡　汉源　茂铁点校，岳麓书社 1983 年 7 月第一版）

# 《吕氏春秋　淮南子》合刊本前言

我国古代学术，在原始社会集中于觋巫，到奴隶社会为王官所掌握。及至周室衰微，贵族凌夷，学术也逐渐下移，而成为民间的事业。春秋末年，孔子首开私家讲学之风，至于战国而诸子蜂起；与政治上群雄争霸的局面相适应，在学术上出现了百家争鸣的时代。孟子所谓“圣王不作，诸侯放恣，处士横议”，就是这一历史情景的写照。但经春秋战国五百余年，建立封建大一统帝国的机运也在日臻成熟。与之相应，学术上也就产生了总结诸子百家、为新的经济政治形态服务的要求。这在荀卿的《非十二子》和庄子的《天下》篇中已见端倪。至秦皇、汉武之际的一百年中，《吕氏春秋》和《淮南子》这两部杂家著作的出现，更是鲜明地表达了这样的要求，虽然前者成书（秦王政八年。公元前239年）方值百家之盛日，而后者问世（汉武帝建元元年，公元前140年）却已届诸子的绪风。又过了几年（汉武帝元光元年，公元前134年），皇帝就罢黜百家，独尊儒术了。皇帝的“总结”，显然比杂家更有权威，因为他用的是政治的力量。

最早表达杂家定义的《汉书·艺文志》说：“杂家者流，盖出于议官。兼儒、墨，合名、法，知国体之有此，见王治之无不贯，此其所长也。及荡者为之，则漫羡而无所归心。”这里三句话：第一句是说杂家的历史渊源，其是非姑置不论；第二句是说杂家之长，在于兼容并包诸家学说，能够看到它们各各都是国体治道的一个方面；第三句是说杂家之短，在于作者没有自己的宗主，因此尽管拼缀了繁富的资料，却看不出有什么中心思想。这里所指出的杂家的长处和短处，是很精辟的。杂家之书，从知识材料的储存来看是宝库，从思想体系的构筑来看却是陋屋。

《吕氏春秋》和《淮南子》是由秦相吕不韦和汉淮南王刘安分别组织宾客所写的著作。是集体编纂，而非个人创作；是摭拾拼合，而非研精覃思；同时，两位领衔者本人，一个潜移王祚，一个谋夺帝位，他们的权术作用也不能不在简册上打下深深的烙印。因此全书思想杂采百家而庞然无统——虽然也有所畸重——就是可以理解的。

但对两千多年后的今天的读者来说，使人更感兴趣的，乃是两部书中所积累的非常丰富的古代历史文化资料：大量的神话传说，旧史佚闻，前人遗语，古代的科学知识，以及不少早已湮没的家派学说。清代学者徐时栋曾对《吕氏春秋》中的这些广征博采的内容作过一段生动的述评：“考其征引神农之教，黄帝之诲，尧之戒，舜之诗，后稷之书，伊尹之说，夏之鼎，商、周之箴，三代以来礼乐刑政，以至春秋、战国之法令，《易》、《书》、《诗》、《礼》、《孝经》、周公、孔子、曾子、子贡、子思之言，以及夫关、列、老、庄、文子、子华子、季子、李子、魏公子牟、惠施、慎到、宁越、陈骈、孙膑、墨翟、公孙龙之书，上志故记，歌诵谣谚，其捃摭也博，故其言也杂，然而其说多醇而少疵。”《淮南子》征引之富，也与此相类。应该指出，它们所收的这些内容，并非都能见之于其他古书。清代学者毕沅说：“不韦书在秦火以前，故其采缀，原书类亡，不能悉寻其所本”，“淮南采用诸书，能详所自出者十尚四五。”原来它们所收录的，有那么多都是始见于此、仅见于此的独家资料！无怪历代学者无不为之倾倒，要夸之为“物事之类，无所不载”（高诱序《淮南子》），甚至要给以“牢笼天地，博极古今”（刘知幾评《吕氏春秋》）这样极高的赞语了。

附带说一句：这两部书的文章，也都叙事简洁，说理晓畅；《淮南子》尤其写得词翰美富，色彩缤纷。读之不但可以益智怡情，而且也可以偶拾华芬，为写作之助。

《吕氏春秋》和《淮南子》早在汉时即有注本，而年代渺远，写刻多谬，颇舛讹脱，积久弥甚。自清朴学兴，始有专治两书者，而以王（念孙、引之）、俞（樾）为最。自是诸儒继起，纠谬正讹，艰涩大去。今为便于普及而作白文本，必须首先选择底本，然后尽量利用前人校勘之功，改正底本错误，使之文从字顺，以便阅读。本合订本于前者采用陈奇猷的《吕氏春秋校释》，于后者采用刘文典的《淮南鸿烈集解》；两本皆博洽精严，便于利用。凡其中所指出之原本讹、脱、衍、倒，已有定说者，排印时均用圆括弧小号字标出，而以方括弧大号字表示所增改或乙正的文字；其有诸家见仁见智、说不一致者，则斟酌以定取舍。陈书刊于1984年，其中引用前人校说凡一百二十六家，后此尚无新出之校勘专书。刘书刊于1923年，则其后又有杨树达之《淮南子证闻》，时有创见，颇胜前修；又有吴承仕之《淮南旧注校理》、马宗霍之《淮南旧注参正》，虽其所治在于旧注，而亦时时涉及正文。本书亦皆加以参考。由于凡所校改，其根据皆出于上述诸书，遂亦不再分别作注，而仅于此作一总的说明焉。

至于两书之标点、分段，《吕氏春秋》已有陈氏之创始，为本书所沿用；《淮南子》则由本书参考前人圈点进行标点及分段。凡有错误，敬希读者不吝指正。

1988 年 6 月

（《吕氏春秋　淮南子》，杨坚点校，岳麓书社 1989 年 3 月第一版，2006 年 11 月第二版）

# 《二十五史精华》编校后记

本书是一部旧籍，但又是经过重编重校的新版。

它的前身，是上海教育书店在1937年出版、由王无咎（守训）题耑的《二十五史精华》。王氏有序，落款是该年五月。大约出版不久即抗战军兴，因此原书流传不广。然而至今尚未有内容相似、编选更精的替代物，就使它还有重印的价值。

原书所谓二十五史，是取清乾隆钦定的二十四史，而加以魏源的《元史新编》。这次新版，保留了二十四史，抽去《元史新编》，而代之以《清史稿》，仍为二十五史。虽然二十四史中的《元史》，由于明初成书仓卒，而有体例欠精，史实有误、译名不统一等缺点，因此后来出现了不止一种的改编或新撰之作，这是王氏在二十四史之外另加魏源元史的原因。但本书旨在提供一部纵观全史的读物，读者只泛览大要，不极钻细部，当不以某史有某些瑕疵为嫌。且平心而论，众多正史果何一能臻完美？虽以“史家绝唱”之《史记》，尚且不断有人非议，何况其余。因此，原来的二十四史既到《明史》为止，则于今日而举二十五史之目，自当补以最末王朝之《清史稿》，方为顺理成章。这样，就体例之善与内容之完而论，新版已大不同于原书了。

我国自古重史。传说黄帝已立史官，其后列朝、列国皆有史书。到西汉司马迁，通黄帝、尧、舜至于秦、汉之世，勒为一书，产生了我国第一部通史著作：《史记》。到东汉班固，究西都之首末，穷刘氏之废兴，包举一代，撰成一书，又产生了我国第一部断代史著作：《汉书》。这是我国正史的两大开山。晋时已两书并称，谓之“《史》、《汉》”。后来加《后汉书》、《三国志》，合称四史。在几个世纪的南北分裂中，正史完成者仅三数种。迄唐之兴，始补缺辑残，广修自晋至隋诸史，于是以《史记》《汉书》《后汉书》《三国志》《晋书》《宋书》《南齐书》《梁书》《陈书》《魏书》《北齐书》《周书》《隋书》为十三史。至宋，又加《南史》《北史》《新唐书》《新五代史》，号十七史。明世以十七史加宋、辽、金、元四史，为二十一史。至清乾隆四年，《明史》既成，诏增《旧唐书》《旧五代史》，称二十四史。旧史种类繁多，而书目皆以正史为首，则因其体虽有缺陷，然论系统之条贯与资料之丰富，究为各类史书之本。究源竟委，自当以此为始。

但二十五史合计三千七百七十六卷，一般读者既难通读，且亦无需，于是而有取于一个汰芜存菁的精华本了。原序于此有一段说：“纵览全史，凡叙帝王后妃则曰纪，录公侯臣民则曰传，记礼、乐、兵、刑、天象、地理、河渠、舆服、食货之类则曰志，明载系统、列表记事则曰表。其间篇幅之富，独推列传；而除一般者外，复据史实，分门别类，有忠义、孝友、卓行、隐逸、游侠、儒林、文苑、道学、循吏、酷吏、伶官、宦者、滑稽、货殖、党锢、列女、奸臣、逆臣、外夷之类。今是编采撷英华，纲举扼要，于各家作风，原有体裁，悉保存不失，而曼妙之叙述，凄厉之悲剧，滑稽诡异之故事，尤多入选。此精华也，苟以全史目之，殆无不可。”按原书编选虽未尽当，但这一段对正史体裁及这个精华本的作用，却说得非常明白，这就不用再辞费了。

本书的编校出版，实因当前国人的读史热潮而发意，由老中青几代学者编者的合作而完成。前辈周谷城、蔡尚思、谭其骧、王蘧常、钱仲联诸先生惠予题耑、题词，使本书为之生色。原书所据版本非佳，误植尤多，统计不下万数，赖有中华书局出版的各史标点本，得以据改，《元史》译名亦据以统一。以上皆当于此鸣谢。至于校读，则分别为：《史记》胡渐逵；《汉书》喻岳衡；《后汉书》梅季坤；《三国志》胡本昱；《晋书》夏剑钦；宋、南齐、梁、陈四《书》邓云生；《魏书》《北齐书》《周书》《南史》何慎怡；《北史》《隋书》朱悦；新、旧《唐书》胡遂；新、旧《五代史》胡渐逵；《宋史》杨坚；辽、金、元三《史》包启新；《明史》潘运告、刘柯；《清史稿》朱子南。自各方之组织联系以至出版发行，则以朱悦出力为多。蒇事之余，同人以为应于本书性质、旨趣及编校经过有所说明，乃为略缀数语如上。

1989 年 4 月

（《二十五史精华》，岳麓书社 1989 年 6 月出版）

# 《希腊罗马神话》译者后记

本书曾于1987年由湖南人民出版社初次印行。我在书末所附《译后记》中，曾向读者作过一些告白，其主要内容是：

——关于原著及其作者的简介。本书是用英语写作的一本有名的神话故事集。作者托马斯·布尔芬奇（Thomas Bulfinch，1796—1867），是美国的神话学者和古典神话知识的普及作家。他这本书取材于古希腊罗马诸伟大史诗和其他古典著作，内容丰富，叙述确切而不走样，文字流畅优美，因此自1855年问世后，就赢得了广大的读者和声誉，此后以各种版本不断重印，迄今不衰。我所见的有三个版本，即：Viking Penguin 本（以下称企鹅本）、Modern Library 本和 Airmond Library 本。书名原作《神话时代》（The Age of Fable），共分四十一章。其中前三十三章，即全书篇幅的绝大部分，是希腊罗马的神话故事；后八章的内容比较零碎，写的是神话起源的理论，埃及、波斯、印度、条顿族和开尔特族的神话，中世纪的约翰教王的传奇，以及某些传说中的生物如凤鸟、怪蜥蜴、独角兽和火蛇等。企鹅本的编者删去了后八章，同时将书名改为《希腊罗马神话》（Myths of Greece and Rome），这样就既保留了原书的精华，又突出了原书的重点，是可取的做法。布尔芬奇在写作时广泛摘引了英国、美国以及德国诗人引用神话的名篇佳什，大大增加了本书的文学性和趣味性。新版编者又为它添加了许多美术图片：从古希腊罗马的雕像、瓶饰，到文艺复兴时期诸大师的杰作，以至近代欧美名家的精品，于是使本书进一步获得了新的面貌，形成了一个诗篇画幅相助张目而又浑然融合的整体。这种做，也将为译本所传承。

此外还有：

——关于文字的订正。译者翻译时取各本对校，发现正文偶有不一致处，例如在第八章，企鹅本有句云："Schiller, in his poem *The ldeal and the Life*……"，译出来应该是："席勒在《理想与生活》一诗中……"但据其他两个本子，这一句都作"Schiller, in his poem *Ide - als*……"，译出来是："席勒在《理想》一诗中……"作者在这句话的下面，引了席勒的两节诗。今按：席勒有一首诗题作《理想与生活》，又有一首诗题作《理想》。这里所引的实是后一首而不是前一首，因此企鹅本是错误的。译文已据上述其他两个本子予以订正。

——关于译诗的推敲。本书引诗约四十家，一百六十余节。这些诗包括各种体裁，有无韵的英雄史诗体；有十四行诗体，而其中韵脚又有变化；有韵脚为 ababbcbcc 的斯宾塞诗节；有诗人在作品中随意创造的诗节，如《唐璜》中的 ababcc 式；有每节八行，隔行用韵的八行节；还有自由诗体等等。在句式上有三步句，四步句，五步句，六步句。多种多样，纷然杂陈。翻译时，基本上都追随了原诗的体裁和格律。

——关于注释的来源。本书原有一些注释，是作者布尔芬奇所作。翻译时，译者也作了一些自己认为是必要的注释。凡译者所作的新注，末尾都附"译注"二字，以示区别。

——关于专名的翻译。专名的翻译要求规范化，主要依据遵循的是《中国大百科全书·外国文学卷》，其次是外语教学与研究出版社出版的《希腊罗马神话和〈圣经〉小辞典》，间或也参照其他书籍中的译法，个别实在找不到先例的才自己创译。但译者所奉为依据而欲遵循的，有时其自身也有所歧出，未能统一。在这种情况下，只好由译者斟酌决定。例如尤利西斯的著名贤惠的妻子 Penelope，在《中国大百科全书·外国文学卷》中，一处译作“佩涅洛佩”，又一处则译作“珀涅洛珀”。现在采取的是第一处的译法，因为它和《希腊罗马神话和〈圣经〉小辞典》上的译法“佩涅罗佩”基本相同，虽然“洛”与“罗”也还有一字之差。译名五花八门，常使读者头痛，这是译者主观上希望尽量予以避免的。

——关于翻译时所得的友谊的帮助。原《译后记》有云：“在修订的过程中，译者在诗文的翻译方面得到了金发燊、张若衡、杨全的帮助，在美术家和美术品收藏处的译名查考方面得到了詹鸿昌、陈行、王平的帮助，谨此致谢。”这一段，也仍应移置于此，以志不忘。

——最后，书末所附的“神祇谱系表”是有的本子所有，可增加阅读的兴味并提供参考之便；“专名索引”是译者所编，目的是为了使读者便于从汉语寻找对应的英语词汇。

以上这几项，似也都应在此提及。

初版出书后，曾获第二届全国图书“金钥匙”纪念奖，并得到了读者的一些好评，见诸文字，现在选择三件附记于此——

1987 年 12 月 19 日孙犁先生致译者信：

“神话一书，印得华贵典雅，为近年罕见之出版物，且为甚有用之书。你的译文，畅达秀美，尤为难得。得此厚赠，十分高兴。”（此信亦见《孙犁文集·续编三》，天津人民出版社版，第 440 页）

1988 年 1 月 6 日罗念生先生致杨德豫信：

“购得《希腊罗马神话》，甚喜。我曾在清华选此书为读物。译文甚好。只是插图过多（缺少古瓶画），书价太高。如用普通纸单印译文，或可普及。

“哈尔滨少儿出版社要我找人写一本希腊罗马神话故事书，字数六至十万，多加童话（*märchen*）。请您转问杨坚同志愿不愿意写。”（此信复印件由杨德豫兄见赐）

1988 年 2 月 9 日张舜徽先生致译者信：

“捧读大札，并承惠赠《希腊罗马神话》译本一册，谢谢！如此巨制，竟能以业余时间完成之，且译笔清新雅洁，非一般译书者所能逮。印刷装潢，均极精美，纸墨并佳，影照逼真，湖南人民出版社乃竟有如此出版水平，尤可喜也。”（此信由译者保存）

以上三位都是我的前辈。罗念生先生是我国著名的古希腊文学翻译家和研究家、希腊雅典科学院“最高文学艺术奖”的获得者，可惜一直无缘谋面。其余两位，孙犁先生是白话文大师，张舜徽先生是文言文大师，都曾有过面聆謦欬和书函往来的因缘。他们对这个译本的译文赐予褒奖，这也是对我个人的荣宠。现在三位都已物故，重读这些信札，使我在感激之余，又满怀悼念之情。

或曰：这本书的翻译还在数十年前，尽管有如许专家学者欣赏，但是至今视之，难道没有可以改进的吗？这个问题提得很好。谁敢如此自封自满，以致贻笑大方呢？但这里有个客观情况，就是：痴长今年已经八十有七岁了，而且还担承着更重要的本职任务，必须完成。自觉体脑两枯，精力就衰，只能权衡轻重，顾其一头。因此，虽然料想旧译瑕疵，可刮磨处肯定不少，但已没法打开原文，一字一句再作推敲。只得听之任之于无奈，仍其旧貌而付印了。这是万分的不得已，希望读者体察、见谅、批评、指教。

还有一个新提出的问题也需在此略作说明。本书各章之下，也或有些小节标题。但这种小节标题的用字，往往与各章总题上的字样并不一致。有读者以此为疑，询问原故。读书细心，深可钦佩。译者以为这种现象大约主要和各章所收种种神话故事繁简不等的情节有关，因此作者有时就加个小节标题将正文隔开一下。隔开的地方，或者将有长篇异彩，表示强调；或者皆属细故末节，表示总括；如此等等。小题用字要与所隔开处的文情语境相适应，就不能总与各章总题上的字样一致了。其实细察这些小题，我们发现作者还是写得很讲究、很地道的。在隔开的地方，有小题比没有要好，虽然这些小题的用字似乎呈现了某些随意性。译者理解如此，不知合乎事实情理否。

面对旧本，抚今追昔，我还要提出它的原创设计者，当时的美术编辑童清明同志和在他离去后继续担任此书装帧设计的李余生同志。由于他们的努力，使此书初版外观的优美得以与其内容相称。我还要在此悼念初版的责任编辑唐荫荪同志，他也和罗念生先生等前辈一样，已于数年前因病谢世，令我抚书独坐，弥增人琴寂寞之叹。

现在岳麓书社决定重印此书，我十分高兴。此事发端于2005年，当时曾由丁双平同志签订合同。后因人事变动，工作停滞。此次始由曾德明同志委托胡颖同志继续从事，顺利竣工。再版的此书，在装帧设计和编排款式上保持了原有的格调，在其内容的重要组成部分即插图方面，则又通过博采优选而增添了新的画幅，通过技术处理而改进了旧的画幅的风致，从而更加彰显了本书固有的图文并茂的特色，大大提高了全书的质量，这是应该特别在此提出的。默瞩即将问世的再版新书，译者谨向前后关心支持此事并为之付出无名劳动的所有同志，表示衷心的感谢！

2009 年 5 月记于长沙

[《希腊罗马神话》（插图本），（美）托·布尔芬奇著，杨坚译，湖南人民出版社 1987 年初版，岳麓书社 2009 年 9 月再版]

**卷五**

# 编辑修养

# 关于标点王船山的一个文句的讨论

## ——对胡渐逵《十年方悟一读讹》一文的质疑

### 一

胡渐逵先生的《十年方悟一读讹》一文（首先发表于《中国编辑》2003年第2期，后又作为附录收入他所著的《船山全书点校勘误》一书，甘肃人民出版社2004年出版），说的是他历时十年才“真正读懂了”王船山著作中的一个句子，从而把先前“用错了”的一个标点符号纠正过来。因此他体会很深，这样写道：“本文说的纠正一个标点讹误之事，看来似乎微不足道，然而却由此可知，整理古籍，只有真正弄懂了作者原意，才能下笔标点。若仅凭一己之一知半解，即率尔操觚，则将定错无疑。”

然而笔者读了他的文章却很惊疑，因为他在“真正弄懂了作者原意”之后，却把正确的和错误的弄颠倒了：十年前所用的标点符号本来不错，十年后经他“纠正”过来，却反而成了错的。此外，胡氏文中还用较多篇幅论及一位前辈学者在船山这一文句上的断句错误。对此，笔者也有一些话想说。因此不揣冒昧，撰为此文，贡其一得，以期引玉。

## 二

下面就是胡氏文中所叙述的事实：

“终风风之，曀阴阴之，绨绤之凄其，非荣公带索之日也。”

“终风风之，曀阴阴之，绨绤之凄其，非荣公带索之日也？”

以上是王船山的著作《诗广传》中论《诗·邶风·柏舟》的一句。两种读法，差别只在句末的一个标点符号。前者以句号结尾，是叙述句；后者以问号结尾，是疑问句。据胡氏说：“1992 年我点校《诗广传》时，将‘非荣公带索之日也’一语误施句号，直到 2002 年校《诗古微》时（笔者按：魏源著的《诗古微》中节录了船山的《诗广传》，含此句)，才真正读懂了船山所说的这句话，因而将原句号改为问号。标点此语，由原误至纠误，时间竟达十年之久。”为此他写了《十年方悟一读讹》之文，备述经过，并志心得。

但是，依笔者所见，胡氏以为是“原误”（施句号）者本不误，而他的“纠误”（改施问号）却实在是纠错了。理由何在？申述如下：

《柏舟》是《诗·邶风》的第一篇。这是一篇什么样的诗呢？是一篇贞静自守、忧怀伤己的女作者所写的诗。诗的首句“泛彼柏舟，亦泛其流”，即以柏木之牢实自喻节操之坚贞，以舟之泛流无依比自己时运之舛与忧思之深。那么诗的作者是谁？宋朱熹在其《诗集传》中疑是春秋时卫庄公的夫人庄姜，因为诗篇的“辞气卑顺柔顺”，与排在它下面的《绿衣》《终风》等篇相类，而《绿衣》《终风》则都是庄姜所作的诗。庄姜为什么要作这些诗呢？朱《传》在述《绿衣》篇时说：“庄公惑于嬖妾，夫人庄姜贤而失位，故作此诗。”庄姜作为国君夫人而失宠见弃了，但她德性贞静，别无他想，只能怀着深深的忧思，哀痛伤悼，发而为诗。这就是《绿衣》篇以及其后的《终风》篇的主旨。朱熹认为《柏舟》的辞气与之相类，所以疑它也是庄姜的诗。《柏舟》之句，如“耿耿不寐，如有隐忧”；朱《传》：“耿耿，小明，忧之貌也。隐，痛也。”当代《诗经》白话翻译者程俊英、蒋见元先生译这两句为：“两眼炯炯不成眠，多少烦恼积心头。”又如“静言思之，寤辟有摽”；朱《传》：“辟，拊心也。摽，拊心貌。”“拊”的意思是轻击。程、蒋二位译这两句为：“仔仔细细想一想，梦醒痛苦把胸敲。”总之，朱熹疑《柏舟》的作者也和《绿衣》《终风》一样，是卫庄姜；诗的主旨也和《绿衣》《终风》一样，在于表示她的深哀大痛、忧伤无已。

明末王夫之（船山）著《诗广传》，即据朱熹的这一看法，直认《柏舟》的作者即是庄姜，而在其书的《论柏舟》一节中借用了《绿衣》《终风》两篇的词汇，说庄姜所处之时是：“终风风之，曀阴阴之，絺绤之凄其，非荣公带索之日也。”“终风”、“曀阴”，见《终风》篇“终风且暴”、“曀曀其阴”等句；“絺绤”、“凄其”，见《绿衣》篇“絺兮绤兮，凄其以风”等句；“荣公带索”是见于《列子·天瑞》篇的一则故事。

对船山这句话的理解，胡氏说：

“末句‘非荣公带索之日也。’其句号应改为问号，只有这样，才能准确无误的表达船山说这句话的原意。为何这样说呢？因为，此处的荣公，指春秋时隐士荣启期。《列子·天瑞篇》说荣启期‘尝行乎郕之野，鹿裘带索（系着绳索)，鼓琴而歌’。曀指天色阴沉多风，絺綌为细、粗两种葛布，凄其乃寒凉之意，而末句‘非荣公带索之日也’的‘也’同‘耶’，系疑问词（从唐代陆德明至现代杨树达，历代语言学家对此均有论述)。因此，这句话是反问句，不是否定句。这几句话的大意是：整天刮着风，天色阴沉沉，葛衣透凉意，不正是荣公系绳索之日吗？……末句原施句号，则成了否定句，它的意思就变成了‘不是荣公系绳索之日’了。如此标点，岂不与船山原意乖违甚远，恰恰相反吗?”

请原谅笔者无法用很少的文字来综括胡氏的思维逻辑与论据。为免下面论证的失实，所以抄了这么多。但在另一方面，他对船山那句话的前半所引《绿衣》《终风》两篇词句的解释是基本正确的。借助于他的解释，拙文可以省些笔墨。这样，就不免多抄了一些。

然而仔细研究一下，与船山原意“恰恰相反”的正是胡氏所改施的这个问号。胡氏文中对船山《论柏舟》的全篇旨意并无一语涉及，这当然也会影响他对篇中之句的解悟。这里姑先就句论句，其错也是很明显的。错误的关键，是在他对“荣公带索”典故的理解，特别是对“带索”一词的诠释。为了弄清问题的原委，有必要将《列子》的相关全文引用如下：

“孔子游于太山，见荣启期行乎郕之野，鹿裘带索，鼓琴而歌。孔子问曰：‘先生所以乐，何也?’对曰：‘吾乐甚多。天生万物，唯人为贵，而吾得为人，是一乐也。男女之别，男尊女卑，故以男为贵，吾既得为男矣，是二乐也。人生有不见日月、不免襁褓者，吾既已行年九十矣，是三乐也。贫者士之常也，死者人之终也，处常得终，当何忧哉！’孔子曰：‘善乎！能自宽者也。’”（《列子·天瑞》第七章）

根据上面所引《列子》故事的全文，知道荣启期（即荣公）的性格突出了一个字：“乐”。翻阅古籍，在《列子》以后，凡称引荣启期的，无不明确这一点，于是在诗文中都是用的此义。以写“闲适”诗著称的唐朝白居易尤其常常引用荣启期的典故，如：“抱琴荣启乐，纵酒刘伶达”（《醉吟先生传》。刘伶，晋代“竹林七贤”之一，作《酒德颂》）；“张翰一杯酒，荣期三乐歌”（《偶作》。张翰，晋代名士，因秋风起而思念家乡的莼羹鲈脍之美）；“荣先生老何妨乐，楚接舆歌未必狂”（《吾土》。接舆，春秋楚人，佯狂避世，曾歌而过孔子，见《论语》）。船山称引荣公不止一处，也都取义于“乐”。例如《五十自定稿·山居杂体卦名》：“益知荣公乐，渐看卜子肥。”（卜子，卜式。《汉书·卜式传》：武帝时，式为郎，牧羊，“岁余，羊肥息”。“息”言羊生之多。）又如《编年稿·拟阮步兵咏怀》：“荣公乐天年，申徒哀不息。”（申徒，见《淮南子·说山训》：“申徒狄负石自沉于渊。”高诱注：“殷末人也，不忍见纣乱，故自沉于渊。”）船山这一联以荣公之乐与申徒之哀对比，使人想起《淮南子·主术训》里也有一个类似的对比：“夫荣启期一弹而孔子三日乐，感于和；邹忌一徽而威王终夕悲，感于忧。”（击弦曰弹，循弦曰徽，都是鼓琴的动作。邹忌见《战国策·齐策》。他进谏齐威王，使威王以忧而悲，譬如抚琴之能予人以悲感。）这里也是以乐与悲对比而言的。

孔子赞荣启期："善乎！能自宽者也。"杨伯峻先生译这两句为："好呀！这是能够自己宽解的人。"（见其所著《白话列子》）荣启期不但有其三"乐"，而且把"贫"看作"士之常"，把"死"看作"人之终"，而说"处常得终，当何忧哉！"他对一般人认为不幸的事也能看得稀松平常，顺其自然。所以孔子赞他能够自己宽解。无论处于何种境地，他都是"乐"的。

至于"带索"的意思：带是"围绕"；索的初义是"草有茎叶可作绳索"（见《说文》）。把索泛指一切绳索是后来的事。荣公"鹿裘带索"，不过是披着鹿皮而外扎一根草绳而已。将"带索"与"鹿裘"相偶而作名词看，当然也是可以的。细读《列子》荣启期故事的全文，"带索"除了表示装束，似乎别无其他奥义。它本是一个中性词语，但由于和荣启期连在了一起，后人在使用它时往往也赋予它以"乐"的意味。如晋·陶潜的"荣叟老带索，欣然方弹琴"（《咏贫士七首》之三），固然仍将"带索"与荣启期并提，但像下列诸人的诗文，就不提荣启期而只用"带索"来表示"乐"的意味了，如南朝宋·谢惠连的"穷欢极乐，带索披裘"（《为学生祭周居士文》）；唐·王维的"六时自捶磬，一饮常带索"（《咏燕子龛禅师》。释氏分一昼夜为六时；捶磬是佛门功课。两句表示禅师佛事之勤与闲适之乐）等都是。

据上所述，"荣公带索"的含义既明，船山之句的原意可知。"终风风之，曀阴阴之，绨绤之凄其，非荣公带索之日也。"其意就是：庄姜终风曀阴、绨绤凄其之时，绝不是荣公带索，鼓琴歌乐之日。句末所施的只能是一个句号。

但在胡氏那里，荣公所代表的却不是快乐而是悲苦；特别是，他给"带索"一词加上了它本来没有的痛苦凄惨的意味，这也许就是造成他的错误的原因。他在所引《列子》句的“带索”后面加了一个括弧，说是“系着绳索”，其后又把船山句中“荣公带索之日”解说为“荣公系绳索之日”，从而形成了他对船山全句的这样的理解：“终风风之，曀阴阴之，絺绤之凄其，非荣公带索之日也?”——句末施了问号。（胡氏认为此时句中“也”的作用和“耶”相同。）换句话就是：庄姜终风曀阴、絺绤凄其之时，不正是荣公系着绳索之日吗？穿着“絺绤”的庄姜和系着“绳索”的荣公处境相似而同归于悲苦。这哪是荣公故事的本义，又哪是船山之句的原意呢?

船山论《柏舟》之文，其实也并非单说庄姜。他所大说特说的是伯夷。伯夷处商周易代之际，不食周粟，饿死首阳山。虽然孔子说他是：“求仁得仁，又何怨乎!”但为他作传的太史公司马迁却根据他的遭遇与他的《采薇歌》中“神农、虞、夏忽焉没兮，我安适归矣？于嗟徂兮，命之衰矣!”等句，表示怀疑说：“由此观之，怨邪非邪?”船山对伯夷的遭遇有深切的同感。他也认为，伯夷是不能无哀怨、无忧思的，而且不能自己宽解自己。他说：“古之有道者，莫爱匪身。臣之于君委身焉，妇之于夫委身焉，一委而勿容自已，荣辱自彼而生死与俱，成乎不可解，而即是以为命。然而情睽而道苦焉，哀恶从而遣、思恶从而为之度哉?”古来有道之人，莫不自爱其身。但君臣、夫妇关系既定，则臣于君、妇于夫就必委身相从，不容自了，荣辱生死，相关相联而不可解脱，并即以此作为自己的定命。然而情事睽违而不可通，则臣、妇所以自处之道是痛苦的，其哀怨又何从排遣，忧思又何从而为之节度呢？这里船山隐寓着自己在明清之际的亡国之哀和对永历皇帝的去后之思。他的《诗广传》原不是单说《诗》篇的就事论事之作，而是广论历史、社会，寄托个人身世以抒胸臆的大著。

那么，伯夷与庄姜又有何关涉呢？船山在论述伯夷之后接着说："庄姜与伯夷，其有同情乎！"他指出：庄姜之情，是和伯夷相同的吧！庄姜也非不知哀可有遣，思可有度，但她无法宽解自己。她也大可像《卷耳》（《诗》篇名）中的那位思念君王的后妃那样"我姑酌彼金罍，维以不永怀"（言其且酌酒以自宽怀），但她不能；她也大可像《泉水》（另一《诗》篇名）中的那位想归宁而不得的思妇那样"驾言出游，以写我忧"（言其可出游以自销愁），但她不愿。至此，船山紧接着说的就是这一句："终风风之，曀阴阴之，绨绤之凄其，非荣公带索之日也。"庄姜风霾葛衣、沉痛忧思之时，绝不是荣公鹿裘带索、鼓琴而歌之日啊。

由此可知，要"真正读懂"船山的这句话，似乎还当以读懂这句话所在的全篇为基础。如果舍全篇旨意而只论单句，恰恰又对句中的典故、词汇莫知其义，如此而欲求解其句，则鲜有不犯错误的。再进一步说，要"真正读懂"船山的《论柏舟》，又须以读懂《诗·柏舟》一篇之义为前提。不能说胡氏对这两篇全未读懂，但在他的讨论中，竟对《诗·柏舟》之义与船山《论柏舟》之旨意全无一语道及，这使笔者不免觉得有些奇怪。

所以，船山的这一句话不能读成问句，句末不能用问号。至于胡氏在阐述他的错误读法时还提出了一个小论据，说是"末句'非荣公带索之日也'的'也'同'耶'，系疑问词（从唐代陆德明至现代杨树达，历代语言学家对此均有论述）"，这就更觉牵强而无说服力了。古书中虽有许多用"也"同"耶"的句例，却不能说在船山的这一句中也一定能用"也"同"耶"。具体情况当具体对待。这就不必再多说了。

## 三

以上是就胡氏《十年方悟一读讹》一文所提出的一个标点符号问题所作的讨论，本已结束。但重读一遍他的文章，觉得还有一些意见，似乎也不妨说说。

胡文一开头说：船山《诗广传》最早的标点本是中华书局1964年出版的王孝鱼先生的点校本。接着说："1992年4月，岳麓书社出版了我点校的《诗广传》，该书收入《船山全书》第三册。我点校《诗广传》时，参照了中华本《诗广传》，因而发现纠正了该书点校方面的一些讹误。1993年，我在中华书局出版的《书品》该年第二期上，发表了一篇题为《中华本〈诗广传〉点校献疑》的文章。"下面，他重抄了《献疑》的一段，起句说："中华本《诗广传》标点讹误较多，其中有几处破句。"而所举的例子，却就是前面讨论的这一句，不过"破"在另外一处地方。

这一句，王孝鱼先生在数十年前是这样标点的："《终风》风之曀阴，阴之绨绤之凄其，非荣公带索之日也。"但他于此有一条校注："按：'阴之'二字疑当作'《绿衣》'。《绿衣》末章：'绨兮绤兮，凄其以风。'此句正与上句言《终风》者相偶，以言庄姜所遇之时，故下云'非荣公带索之日'。但《周校》亦作'阴之'，不敢径改，姑存备参。"（中华本《诗广传》第十六页）对于王氏的"疑"，《献疑》并未予以解答，只是从正面指出这一句当点作"终风风之，曀阴阴之，绨绤之凄其，非荣公带索之日也"。为此说了好几条理由，如"终风"之义为终日之风，在此不作篇名；"风"、"阴"叠用，其第二字是作动词用的；“终风风之，噎阴阴之”的句式亦可见于其他古书，如《史记·淮阴侯列传》中的“解衣衣我，推食食我”等。

但依笔者之见，胡氏在其《十年方悟一读讹》文中重抄《献疑》的这一段是不必要的，是脱离了主题的枝蔓。原因很清楚：胡文要谈的是他对船山这一句的结尾该用句号（作叙述句）还是问号（作疑问句）的问题，而王孝鱼先生的点校，尽管是“讹误”，是“破句”，却和胡氏此文的论旨毫无关系。不是吗？

然而胡氏既已提出来了，笔者对此却想说得再深细一些。

从王氏的这条校注看来，他虽然没有将船山此句点好，但他对船山此句的原意是了解的。他知道船山将《柏舟》与《绿衣》《终风》看作同是庄姜的诗，而《终风》有“终风且噎、噎噎其阴”之句，《绿衣》有“絺兮绤兮，凄其以风”之句，因而疑“阴之”或当作“《绿衣》”，船山之句或当作《终风》风之噎阴，《绿衣》絺绤之凄其，非荣公带索之日也”。这样，“《终风》”、“《绿衣》”两句相偶，而且全句未离经文另添一字，仍然表达了船山的原意。他的“疑”是有道理的，他的据其所“疑”而标点之句是可以成立的。王氏当时思路所注在此，没有想到这一句还可以有别的点法。从事文字笔墨工作者，是往往偶而会有这种迷失的。

王氏的吃亏，在于他未能亲见《诗广传》的一个旧抄即船山五世从孙嘉恺的抄本。他在中华本《诗广传》书首的《点校说明》中说：“本书以金陵刻本为底本，参照周调阳依嘉恺抄本所作的校勘记（即他的校注中所说的“《周校》”）加以勘正。”嘉恺抄本并不像金陵刻本那样全无句读，它是句句都打了圈的。像论《柏舟》这一句，在嘉恺抄本里的面貌是：“终风风之。噎阴阴之。絺绤之凄其。非荣公带索之日也。”四句，句句有圈。

但《周校》则只举文字异同，未及句读圈点。如果王氏能亲见此抄，看到这四个圈圈，就必能恍然大悟，从而不会点此“破句”了。而胡氏在“点校”《诗广传》时客观条件却优越得多。据《船山全书》第三册《诗广传编校后记》所述，当时用以参照比勘的共有抄本两种、印本四种，前人校记三种。抄本之一就是嘉恺抄本。因此胡氏能将抄本的圈圈与中华本的标点相对比，由此发现了后者的“讹误”、“破句”。

王孝鱼先生是什么人呢？他从上世纪三十年代起就是王船山学术的专门研究者，有撰述，到五十、六十、七十年代，为中华书局点校了多种船山著作，是普及船山学术的一大功臣。岳麓版《船山全书》第十六册刊载了他的著作《船山学谱》的自序，并有一条附注介绍他的名字事绩说：“王永祥，名孝鱼，山西榆次人，近代船山研究者。中华人民共和国成立后，中华书局自五十年代起开始出版船山著作之标点本，以视过去全无句读，实为船山著作出版史上之一大革新。其点校工作多属王氏之劳绩。累计已出版之点校本及未及出版之点校稿达数十种，或有题记，或有校注，皆已于编辑《全书》时加以利用，并识之于各书之《编校后记》。”（该册第九七六页）而《船山全书》第三册所收的《诗广传》，其底本正是王氏所点校的中华本。（见该册的《诗广传编校后记》，第五二三页。）对于王孝鱼先生来说，他在点校船山这一句上的“讹误”，不过是千虑之失，原不必一再重复予以提出，何况胡文《十年方悟一读讹》所要表达的，本是他自己对这句话所施的一个标点符号由“原误”到“纠误”的问题，根本不是王氏的这个“破句”问题呢！

古语有云：“筚路蓝缕，以启山林。”后人对前人创始的艰辛，应该怀有体谅和尊重之心。古语又云：“譬如积薪，后来居上。”任何学术或事功，总是后人站在前人肩膀上，才能看得更远，做得更好。关于船山这一句的标点问题，如果胡氏能够根据历史主义的观点，考虑到王孝鱼先生当时未能亲见嘉恺抄本的这一具体情况，再认真研究一下他对这句话的理解，肯定他的怀疑和据此怀疑而作的标点有其正确的一面，细说几句，多说几句，而不只是简单生硬地指出这是“讹误”，是“破句”，这样，也许会使王氏在地下更加折服，也将使读者由此得到更多的启发吧。

（据作者手搞收入）

# 关于“𣏌”和“杞”的是非的误勘

《船山全书》中有“卢𣏌”、“𣏌人忧天”、“𣏌柳”诸词，皆含“𣏌”字。胡氏凡遇此字，必断之曰：“‘𣏌’字误，当作‘杞’”；以至凡遇“采芑”、“芑草”诸词中之“芑”字，亦皆断之曰：“‘芑’字误，当作‘芑’。”其所勘此“误”凡13条（92，101，110，204，206，207，208，209，210，211，212，247，261）。兹照录其第92条对卢𣏌的“𣏌”字之《勘误》按语如下：

逵按：“卢𣏌”之“𣏌”字误，当作“杞”。所以然者，唐大臣卢杞，字子良。“杞”字“从木，己声。”（《说文·木部》）杞是一种优质木材，故古人以杞喻优秀人才，如《国语·楚语上》：“晋卿不若楚，其大夫则贤。其大夫皆卿材也，若杞、梓（按：也是优质木材）、皮革焉，楚实遗之。”又如《晋书·陆机陆云传评》：“观夫陆机、陆云，实荆衡之杞、梓。”正因为这样，所以卢杞取名为杞，字子良。“𣏌”字同“相”，相即耜（si）。《集韵·止韵》：“相，田器。《说文》：‘臿也。一曰徙土輂。齐人语。’或作𣏌。”明乎此，则知卢杞之名当作杞，不当作𣏌矣。

这一条的卢𣏌，见于船山所著的《尚书引义》。到了第261

条，他所勘的“误”恰恰又是卢杞。但这一次已是在船山的《读通鉴论》书中，而且该书所有“杞”字不止一个，经胡逐页翻检，据谓“共计误37个”，均应改正作“杞”云。

有这么多的误字吗？那就太不像话了。但是，且慢！他这个“误”，其实是勘错了的。

暂不说其勘错之理。且先为船山找找“同道”，辩解辩解吧！《船山全书》中的《读通鉴论》，是以中华书局出版的《读通鉴论》为底本而重印编入的。这个中华本中竟然满目都是“杞”字，没有一个“杞”字。

再把找找“同道”的范围扩大一些，索性来看看当代通行的，也是中华书局出版的《十三经注疏》吧！两巨册，亿万字，其中竟也只有“杞”字，没有一个“杞”字。

按照胡氏的断言，就都是“‘杞’字误，当作‘杞’”了。

但是，当代权威的出版机构，权威的古籍版本，居然成百上千个“杞”都错了，没有一个不错的“杞”！什么原因？显然，这么一个巨大严重的问题，就凭《逵按》所举的“杞是良木，杞是田器”这么一条单薄脆弱的证据理由，是无法断案，也不足以解释清楚的。

这里所需要的是一点关于文字训诂学的历史主义观点和知识。

原来，汉语文字历史悠久，情况复杂，许多字是多音多义的。古汉语中本来只有一个“杞”字（右边非“巳”，非“己”，而作“已”）。请翻《康熙字典》（至清初而集汉字之大成的总结性字典）的木部，其中就只有“杞”，没有“杞”，也没有“杞”。其“杞”字的义项为：

一、音“墟里切”（读如“起”）：

1. 植物名：如枸杞、杞柳、杞梓等；

2. 国名；

3. 以国为氏的姓。

二、音“象齿切”（读如 sì）：同梠，田器，一曰徙土葦也。

三、音“下楷切”（读如“骇”）：臿也。

一个“杞”字，五个义项！古人对《诗经》中的“杞”字的多义，曾经说过“《诗》有三杞”（宋·严粲：《严氏诗缉》）这样的话。在《康熙字典》里，则已是“五杞”。而1994年由中华书局、中国友谊出版公司出版的《中华字海》，除上述“五杞”外，又添了“杞 zhī，音之，同卮”一义，则竟成为“六杞”了。

读者不禁要问：那么：《逵按》所举的这个“杞”字是从哪里来的呢？原来，它是迟至中华人民共和国成立以后，方始定为规范汉字而列入字书的。直到《辞源》（1979年出版）、《辞海》（1979年出版）、《汉语大字典》（1986年出版）中，才有这个“杞”字。《汉语大字典》有“杞”，有“杞”，二字兼收，义项赅备，最为正确。《辞源》《辞海》只有“杞”字，没有“杞”字，以今废古，是欠妥的。特别是《辞源》，要求作为一部“内容充实的古汉语词典”（《出版说明》）而没有“杞”字，很不应该。又台湾版《中文大字典》也只有“杞”字而无“杞”字，但其“杞”字条下影印的此字古今字体沿革业已表明，它的“杞”字也即“杞”字，其“杞”所有义项亦即《康熙字典》“杞”之所有义项，一无增删。但是，凡此已属题外赘文，不必多讲了。为防无谓夹缠，故亦附带述及。

综上可知，《逵按》所声言的“‘杞’字误，当作‘杞’”的判决是完全错误的。窃谓重印古籍，首宜尊重底本，切勿妄施窜改。对于异文歧字，必须酌情识事而谨慎处理，切忌盲目言“误”而卤莽笔削。上述中华书局所印诸书正是先进的典型，后学的楷模，可资仿效，可供研玩。而胡氏的做法则恰恰相反，简单粗暴。如此“勘误”，会勘出何等严重糟乱的后果来呢?!

附记：此文既毕，偶翻中华书局标点本《史记》第一册，观其对一个字的三种形体的不同处理，极有意味。略加转述，可作余兴。封面手写体“史记”二字，当出顾颉刚老先生手笔，苍貌劲骨，“记”字右边作“已”；他还是按照《康熙字典》的，亦即从古如斯的传统形态写的。《出版说明》第一页首句“《史记》原名《太史公书》”之“记”，右边是“己”；这是今人作文，故从今体。《目录》第三页第九行“陈杞世家第六”、“杞”字右边作“巳”，则是中华本《史记》的底本、清代金陵书局本《史记集解索隐正义合刻本一三〇卷》的原字。请看，三个偏旁字，一个作“已”，一个作“己”，一个作“巳”，各从其主，各得其宜。这才是正确的位置。而轻易雌黄妄改其中的任何一个，则都是错误的!

# 关于诸多“避讳”字样的误勘

《船山全书》（后或者称《全书》）在编校中对不同版本的异文歧字，已予逐处出校说明。但胡氏则谓：这些异文歧字中有不少的字是作者当初为了避国讳（帝王名讳）或家讳（父辈名讳）而在写作时作了适当改变处理，《全书》仅予出校列异是不够的，还应将避讳之字指出，为之“辨明是非”云。因此胡氏为之一一指出，总共是19条，其中关于避国讳（帝王名讳）者15条（胡书第2，31，63，90，127，138，143，166，197，201，226，227，305，311，312条），关于避家讳（父辈名讳）者4条（胡书第138，199，360，364条）。

胡氏数落《船山全书》编校工夫之不足，愿意指出船山所用“避讳”字样的本字，以飨读者，以扩见闻，本来也是一件好事。但说来却是太奇怪了，因为无论关于前一类（避国讳）或后一类（避家讳），船山究竟所避何字？胡氏所指出的竟无一条是信史实证，全是瞎猜臆断，令人不懂他究竟是怎么一回事。

现在先谈其前一类，再谈其后一类。

前一类之首条——胡书第（2）条原文如下：

（2）“诚”者，心之所信，理之所信㊀，事之有实者也。（船山传文）（以下着重号系本书著者所加）

㊀“信”：守遗经书屋本、金陵本作“允”。（校）

（同上六二页六至七行并页末校记㊀）

逵按：此句船山所释者，乃经文“修辞立其诚”之“诚”。此处“‘诚’者，心之所信”的下句，校者是依底本嘉恺抄本作“理之所信”，还是依守遗经、金陵二清刻本作“理之所允”？若以变文避复而论，上句既已言“心之所信”，则下句当作“理之所允”，不当作“理之所信”而于“信”字犯复，更何况《尔雅·释诂上》云：“允，信也”呢？然而以避讳而论，此处却当作“理之所信”。何以？若作“理之所允”，则犯明惠帝朱允炆之名讳矣。忠于明王朝的船山公撰文，是断不会如此的。须知，行文素好变文避复的船山先生，于此处是宁肯于文犯复，也定要避明帝名讳的。编校者于此处将“允”作“信”的异文列于校记中而不置可否，乃因不明船山此处作“信”的异文列于校记中而不置可否，乃因不明船山此处作“信”犯复，系避明惠帝允炆名讳故也。更何况这种当辨明是非，却仅列异文的校记（《全书》甚多），亦有乖《全书》校勘体例呢？

胡氏所举之句，为《船山全书·周易内传》（《全书》第一册）之一句，隔线下之校记㊀即《全书》对此句之校记，见该册第六二页。“船山传文”括弧下又有括弧云“以下着重号系本书著者所加”，此“著者”则胡氏自谓，“本书”即指其《船山全书点校勘误》一书。但在这条《逵按》中却又未加一个着重号，大概是本来想加，而终又未加，又忘将此括弧删去吧？此类疏忽，在其书中是不一而足的，就不必多论了。

胡氏此条《逵按》所指摘者为：船山“心之所信，理之所信”两句，其中第二个“信”字重复了。这第二个“信”字本有不同版本异文作“允”。胡氏以为：此字若作“允”，“则犯明惠帝朱允炆的名讳矣。忠于明王朝的船山公撰文，是断不会如此的。”他认为对这一点，《全书》编校者本应着重指出，但却没有这样做。

今按：此类论辩涉及历史问题较多。就本条而言，就须首先明确两个问题，才谈得上判断各方的正误是非。这两个问题是：

（一）首先对明代诸帝的世系、名讳，要有一个明确的概念；如果对诸帝次序，谁先谁后都弄不清楚，就不好继续往下讨论。

（二）然后还要明确，到了崇祯年间（即船山写作的当时），朝廷对历世诸帝御名的避讳，有何具体规定。

关于第一个问题，兹依明代诸帝世系，为之编列一个庙号、年号、名讳表如下：

**明代诸帝庙号、年号、名讳表**

| 世次 | 一 | 二 | 三 | 四 | 五 | 六 | 七 | 八 | 九 | 十 | 十一 | 十二 | 十三 | 十四 | 十五 | 十六 |
|---|---|---|---|---|---|---|---|---|---|---|---|---|---|---|---|---|
| 庙号 | 太祖 | 惠帝 | 成祖 | 仁宗 | 宣宗 | 英宗 | 代宗 | 宪宗 | 孝宗 | 武宗 | 世宗 | 穆宗 | 神宗 | 光宗 | 熹宗 | 思宗 |
| 年号 | 洪武 | 建文 | 永乐 | 洪熙 | 宣德 | 正统 天顺 | 景泰 | 成化 | 弘治 | 正德 | 嘉靖 | 隆庆 | 万历 | 泰昌 | 天启 | 崇祯 |
| 名讳 | 元璋 | 允炆 | 棣 | 高炽 | 瞻基 | 祁镇 | 祁钰 | 见深 | 祐樘 | 厚照 | 厚熜 | 载垕 | 翊钧 | 常洛 | 由校 | 由检 |

关于第二个问题，则需要查考前贤的有关文献。明末清初三大儒之一的顾炎武，在其名著《日知录》中有“已祧不讳”一条，中云：“崇祯三年，礼部奉旨颁行天下：‘避太祖、成祖庙讳及孝、武、世、穆、神、光、熹七宗庙讳。’——正依唐人之

式。惟今上御名亦须回避，盖唐、宋亦皆如此，然只避下一字，而上一字天子与亲王所同，则不讳。”《日知录》于此还有一个“钱氏曰”的补注：“明季刻本出‘太常寺’作‘太尝’，‘常熟’作‘尝熟’，汲古阁《十三经》于‘由’字皆作‘甴’，则上一字亦有回避者。”（上述引文均见《日知录集释》，岳麓书社1994年版，第八一九页）

将顾氏所说与上列明代诸帝世系名讳表一对照，就知：到崇祯帝时，所须避讳的除太祖、成祖外，就是他自已和他以上的孝、武、世、穆、神、光、熹七宗。——这就是所谓“七庙”避讳之制。至于宪宗以前诸宗神主，因已迁入远祖之庙（即所谓“祧庙”），故其御名也不必再讳避了（即所谓“已祧不讳”）。顾炎武指出这不只是明制，而是唐、宋以来就如此的。胡氏如果对“七庙”还觉得缺少一点直观的形象感觉，建议他去翻一翻《中华大字典》第三五五页“庙”字条下所附的《七庙图》，那图上的“七庙”排列整齐，井然，翼然，看了之后印象就深刻了。因为也许胡氏对“七庙避纬”等问题脑子里并不清楚，所以他的有关的十五条指摘竟没有一条是指摘得对的！

前面所附《逵按》第（2）条，说船山要避明惠帝朱允炆名讳云云，就是胡氏不懂“七庙避讳”之制的明证。惠帝是明帝中的第二帝，照崇祯时的礼部奉旨，则其名已无需再避。胡氏却说船山“断不会”犯朱允炆的名讳云云，并大发议论，侃侃而谈——说了一大堆无的放矢的废话！

他的第（63）、（90）、（127）三条，犯的是同样的错误。（63）条说船山为讳宣宗瞻基“基”字，“其稿本此处当作‘期’。”（90）条及（127）条说船山为讳英宗祁镇、代宗祁钰“祁”字，“此处船山稿本当作‘圻’。”但宣、英、代三宗作为明室的第五、六、七帝，到崇祯时也都已不必避讳了。胡氏断言，“船山稿本此处当作……”云云，同样归于臆想瞎说。

那么，他的其余各条是否也还有说对了的呢？

第（31）条所举者为船山《周易内传》中的“重屋（后）〔厚〕障，不能见远”一句（见《全书》第一册第四四六页），编校者据它本之“厚”字，取代了底本之“后”字。胡氏乃谓：“明世宗嘉靖帝名厚熜，船山因避其名讳，故将‘厚障’写作‘后障’。”今按：明世宗嘉靖帝所讳御名实在并非“厚”字，而是“熜”字。试查《明史·诸王世表四及五》，其时与厚熜辈分同为“厚”字、第二字为“火”旁的亲王不知有多少！——康王厚煜、康端王厚炣、端顺王厚燔、恭和王厚爆，还有厚焆、厚炼、厚燀、厚炯……。要说避讳，正是《日知录》所谓“上一字天子与亲王所同，则不讳”了，而王彦坤编《历代避讳字汇典》中则收有嘉靖时讳御名“熜”字之例（中州古籍出版社，1997 年版，第六九页）。因此，胡氏所谓船山讳“厚”之说，又落了空！

其第（143）、（201）、（226）三条说的都是船山为避熹宗天启帝由校、思宗崇祯帝由检，以及南明弘光帝由崧、永历帝由榔等四帝“由”之名讳而改字的问题。（143）条说船山改字之法是书“由”作“繇”，（201）条说船山将“由”添笔作“甹”以表讳避，（226）条说船山是将“犹”作“由”，以表避讳，“此于避讳学叫改字避讳”云。看来胡氏认为船山避讳是随处肆应，毫无章则，“灵活”得很的。

按上述诸种讳“由”之法，除了“由”、“繇”是古文通用，当时已通行天下改“由”为“繇”外，余皆胡氏捏空之说。而且船山书“繇”也未必即是为了避讳。胡氏第（143）条引明人何楷之言："古文由、繇通用（《逵按》将此首句六字删去，实在不当）。考《说文》有'繇'字，以'行繇径'为义，音与'由'同。然则凡用由字者，大抵从繇通之耳。"要说《说文》将"行由径"写成"行繇径"，也是在避某某之讳，那就是天下之笑谈了。那么船山对"由"字是如何讳避的呢？幸而至今尚有痕迹遗留可寻。前引《日知录》所言明季所刻"汲古阁《十三经》，于'由'皆作'甴'"，盖即船山讳避之法。何以言之？《全书》第十四册收船山《楚辞通释》一书，其中屈原之《远游》篇有句曰："内惟省以端操兮，求正气之所由。""由"字下有一条校记："草堂本作甴，中间之一直因讳短缺。"（见该册第三五〇页）按草堂本即船山之子王敔于清康熙四十八年（1709），即前距船山逝世之康熙三十一年（1692）才十七年时刻于衡阳船山故居湘西草堂之王氏家刻本，世称"湘西草堂刻本"。这个时间最早、也是最忠实于船山的王氏家刻本证明了船山讳"由"的写法也即是"甴"。这一点小小历史事实的查得，至今看来，倒也很富意趣。

其第（166）条云：船山书"常"作"尝"，乃"避明光宗泰昌帝朱常洛名讳故"；其第（327）条亦为同样之内容，用的几乎是同样的词句。这里他又是凭空瞎说了。船山讳"常"字，是写作"尚"的，即"常"字缺末笔，而并不写作"尝"。见《王船山手迹》（岳麓书社 1982 年版）第一一八、一一九页，原文为船山端楷之《噩梦》手迹。其右页第三行末一字即"尚"。又其左页倒数第二行第九字"聃"，则属船山家讳，对此字胡氏之所言亦误，见后。

其第（197）条云："船山因避明神宗万历帝朱翊钧名讳，故引《左传》栾武子语'善钧从众'之'钧'作'均'。"按：

这又是瞎说，万历帝朱翊钧的“钧”字怎么避讳？有典可考。王彦坤编《历代避讳字汇典》（中州古籍出版社1997年版）“钧”字条引〔清〕周广业撰《经史避名汇考》卷二三引《六书正义》云：“今万历皇帝讳翊钧，用古‘鈞’。”

其第（311）条引柳亚子《南明史料书目提要》中的一段话：“尤奇者，昭宗御讳由榔，见于清代所修《明史》，自黄宗羲《永历纪年》、钱澄之《所知录》、无名氏《行在阳秋》、温睿临《南疆逸史》、李瑶《南疆绎史》，以至徐鼒《小腆纪传》，均无异词，本书（“书”字，胡误抄为“节”）独作由根，与珠江寓舫《劫灰录》同，未知何故。”其第（312）条引谢国祯《增订晚明史籍考按语》中所说数语：“永历帝名由榔，神宗孙。是书作由根。”按柳、谢二先生所称“本书”、“是书”，都指船山之《永历实录》；两段引文均已收入《全书》第十一册末之《〈永历实录〉附录》，分见该册第五七三、五七四页。二先生均以永历帝之名或作由榔，或作由根，众说纷纭，莫衷一是，而暂无文献可以考定，故柳云“未知何故”，谢则兼举并存，以待续考，表现了前辈学者“多闻阙疑，慎言其余”的科学谨严态度。而胡氏却说得那么简单，其第（305）条：“王船山为何将永历帝的名字写作‘由根’呢？盖以‘根’作‘榔’之缺笔，避永历帝之名讳故也。对此，编校者应出校说明，其所以未如此作，乃因不明乎此，惜乎！”第（311）条：“柳亚子不知明昭宗朱由榔之名于王船山《永历实录》中何以作‘由根’。对此，编校者应出校说明。”第（312）条：“此条亦当作说明如上条。”这就不但《全书》编校者为其所讥，连柳、谢二位也都微讽在内了。今按：二位先生何尝不知“根”是“榔”的缺笔，然而并不作出“根”是“榔”的避讳的判断。对照胡氏一未举出文献证据，二未考查史实真相，就贸然作出“桹”是“榔”的缺笔避讳的论断，这其间所显示的学养、襟度层次之悬殊，其不可以道里计！

以上论析胡氏关于船山避国讳（帝王名讳）之十五条“勘误”既毕，以下再论析其关于船山避家讳（父辈名讳）之四条“勘误”，相形之下遂觉十分简单。

船山之父名朝聘，船山是如何避其父之名讳呢？

胡氏第（138）条云：“庿”即古“廟”字，“船山遗著中‘廟’其所以作‘庿’，并非他好写古字，乃因其父名朝聘，而廟字内有朝字，故船山逢廟字即写作古体庿，以避乃父名讳。”——这条是说，船山所讳者为“朝”字。

其第（199）条与上条内容悉同，不再繁引。

其第（360）条论《全书》引王粲《赠文叔良》诗中“君子于征，爰甹西郊”之句而疑“甹”为误字，乃曰：“‘甹’并非误字，乃避讳字也。盖因船山之父名朝聘，船山为避乃父名讳，故将‘聘’字去其左之‘耳’，缺笔作‘甹’（pīng）字。”——这条是说，船山所讳者为“聘”字。

其第（364）条记《全书》引有梁简文帝《汉高庙赛神》“玉驮鼂行动，阊阖旦应开”之句，乃曰：“只因船山之父名朝聘，为避其父名讳，故船山将‘朝’字改作通假字‘鼂’。”

综上四条，胡氏之说为：船山对“朝”“聘”二字均有所讳，而其避讳之法，于“朝”则避之作“鼂”，于“聘”则去“耳”作“甹”。

然而，他又都说错了。

首先，船山并不讳“朝”字。请看《王船山手迹》第五九页《礼记章句·檀弓第十七章》“丧之朝也”一节，多个“朝”字，亲笔书写，何尝有讳？

其次，船山确讳“聘”字，但其避写之法，并非如胡氏所说去“耳”旁作“甹”，而是减末笔作“聘”。证据即在影印船山手迹《噩梦》。请看其左页倒二行第九字，其“聘”赫然在焉。

至此，胡氏对船山书中诸多“避讳”字样之“勘误”，俱已论列。盖凡国讳、家讳，大共十九条，胡氏所勘，无一条而不误，亦太奇矣。至其原因，前已略论，兹亦不再赘说。再，胡氏《逵按》文字亦偶有只语片言之微中，本文则只直抉其要，不必面面俱到，免枝蔓也，又及。

# 今古三人名考

## ——驳胡渐逵《船山全书点校勘误》中的有关论说

《船山全书》第十六册之末出现了三个人名，由现今往上推，依次为：当代船山研究专家萧箑父，明末抗清遗臣堵胤锡，南唐词人冯延巳。胡渐逵《船山全书点校勘误》书中认为《全书》对这三个人名的写法都是错的：萧箑父当作萧萐父，堵胤锡当作堵胤锡，冯延巳当作冯延己。本文即为对胡氏有关论说的驳辩，皆属考证范围，或者亦为“有点考据癖”（胡适语）的读者所不弃乎！以下各段，均先录其《勘误》条目之全文，以免失真，然后再施驳辩，庶读者可以清楚对照，并且作双方是非之判断。

关于萧箑父者凡两条：

(412) 萧箑父

（目录六〇页八行）

逵按：此处“萧箑父”之“箑”字误，当作“萐”。萧萐父先生，四川成都市人，1924年生，1947年毕业于武汉大学哲学系，后任武汉大学哲学系教授、博士导师至今。萧先生于船山哲学思想素有研究，著有《船山哲学引论》等。萧先生台甫人们常吟念作 jié fù，实则误矣。所以然者，《说文·艸部》：“萐，萐莆，瑞草也。尧时生于庖厨，扇暑而凉，从艸，疌声。”许氏继而又云：“莆，萐莆也，从艸，甫声。”“萐”字段注云：“《白虎通》曰：‘孝道至则萐莆生庖厨。萐莆者，树名也，其叶大于门扇，不摇自扇，于饮食清凉，且供养也。”段氏又于“萐”字“从艸，疌声”下注音曰：“山洽切，八部。”由此可知，“萐”字“从艸”取瑞草之义，以“疌”（山洽切，读shà）表音。然则萧老何以名“萐父”？盖因“父”通“甫”，乃男子之美称，故萧老以“萐父”名之。1992年10月，我应邀赴船山故乡湖南衡阳，参加纪念船山逝世三百周年学术研讨会，幸会萧老，曾将上述其台甫之来由当面请教，得其嘉许。萧老曰：“先父系四川大学文字学教授，故以《说文》萐莆瑞草，‘肇锡余以嘉名’。又以‘父’易‘莆’，以表男子美称之意。但时人知此意者甚少，由他去吧！”虽然如此，但萧老书写己名，却仍谨遵父命，屡承赐函，署名均作“萐父”。今《船山全书》第十六册多处将萧老台甫误作“箑父”，是大不敬也。“萐莆”虽亦作“箑莆”，但箑乃竹制之扇，萧老取名瑞草，其“萐”岂可从竹作“箑”？

（424）萧箑父

（一三三八页一行及该页校记㊀之一行、一三三九页至一三七一页书眉）

逵按：自一三三八页一行及该页校记㊀之一行，一三三九页至一三七一页书眉共十九处，其“萧箑父”之“箑”均误，均当更正作“萐”，本书412条业已详论其理，敬请参看，兹不赘述。

胡氏于此两条，对萧箑父教授之大名当用萐（读shà）字而非箑（读jié）字，对二字何故并不相同等，畅述己见，并引萧老自谓其名当用萐字之言为证，说“今《船山全书》第十六册多处将萧老台甫误作‘箑父’，是大不敬也”（412条），“其‘萧箑父’之‘箑’均误，均当更正作‘萐’”（424条）云云。

今按：胡氏这两条“勘误”，毛病极多，因其所缕述的内容，一不合萧老的写作履历，二不合萧老的亲口言说，三不合箑、萐二字的诠释和考证，因而是不足信的，是错误的。试为依次述论如下：

一、萧老为研究船山哲学之专家，成名甚早。今所得见者，1962年即著有《浅论王夫之的历史哲学》一文，收入中华书局1965年出版之《王船山学术讨论集》中，署名萧箑父（见其书下册第三〇七页）。其后著述极勤，成果累累。《船山全书》第十六册除辟有其著述资料之专辑外，又录有《中国大百科全书·哲学卷》中其所著条目凡十余，照录书中署名，均作萧箑父。萧老研究船山哲学之著作，后经集印为《船山哲学引论》一书（江西人民出版社1993年元月第1版第1次印刷），是书版权页作者仍为萧箑父，封面著者则署作萧萐父（关于此点之解释详后），书中亦屡见其早年著作皆署箑父之遗痕，如第一九〇页《与许冠三先生论船山史学书》，作于1979年5月16日，署名“萧箑父”，而所附许氏同年5月28日写于香港中文大学之复书，上款亦作“箑父教授”；标题曰《许冠三复萧箑父》，度亦出萧老手笔。同书第一五三页又有《王夫之——为L. Boia教授主编之〈国际史学家辞典〉撰稿》一文，此稿不知如何署名，但其文末所附“参考书目”之一为“萧箑父：《王夫之的人类史观》，湖南《求索》1983年第1期”，则似亦当署作萧箑父，庶正文署名与参考书目之署名不致歧出，亦属情理之常。若果如此，则可证萧老直至 1983 年，其为国际友人撰稿亦仍署萧箑父也。

二、至于萧老本人究竟如何读这个“箑”字，幸而典型不远，咳唾非遥，当时耳闻目击者颇有人在，其言均可征信。笔者最近获识萧老之再传弟子刘文同志，承告尝闻其师郭齐勇先生（萧老弟子，武汉大学哲学学院教授）云：“萧老名字，无论萧老本人及其夫人及萧老之两位尊人，皆念 jié 音，写作箑。”又告：某次开会，郭念萧老名字音 shà fǔ，曾受萧老批评。又告：武大中文系曾有人撰文揶揄萧门弟子，说箑应读 shà，读 jié 是错的，但萧老则说应读 jié。凡此诸说，加以上节所述，则萧老之名当作“箑”字而读“jié”音，可谓文献班班，无疑义矣。

三、至于箑、萐二字在文字学上之关系如何，则其结论有非常明确者，即二字乃同源、同义、同音。前辈学者早已有见于此。杨树达先生《积微翁回忆录》1938 年 12 月 20 日一条云：“阅《说文》。萐莆，萐训扇暑而凉，于箑训扇同源。”（北京大学出版社，2007 年版，一〇二页）盖二字之义同出于“扇”，故云同源。至二字读音之相同，则从各种字书亦可考知。查《汉语大字典》注二字读音相同，即俱读 shà。《中华大字典》则注箑可有数读，其一为“色甲切，音霎”（拼音 shà）；又一为“疾叶切，音捷”（拼音 jié）。其注萐亦可有数读，其一为“色甲切，音翜”（拼音 shà），又一为“色辄切，音歃”，而歃字通唼，后者见《汉书·扬雄传》：“灵修既信椒兰之唼佞兮”，注：“《集韵》云：同捷、倢（拼音 jié）。”是萐字亦可有两种读法：或 shà 或 jié 也。萧老早年著文均署“箑父”（读为 jié fǔ），是其习惯，晚年或署“萐父”（仍读为 jié fǔ），读音亦并无二致。

至其大著《船山哲学引论》一书封面著者署“萧萐父”，封底版权页作者又作“萧箑父”，或者亦有意示人以吾名二字并用，其实则一字也——于此聊一悬揣，借供进一步深研之参考，究竟如何，暂不可知也。

按萧老生前亦为《船山全书》顾问，笔者曾多次向其请益。第十六册所载拙撰《船山全书编辑纪事》中录有其回信五封，聊存雪泥鸿爪。《船山哲学引论》亦蒙题字惠赠。某年来长，又承其夫人为我二人拍照留念。交往之中，从未闻其有名字是“萐”而非“箑”之言（彼时亦并未以为问题）。胡氏乃于萧老身后忽作其名是“萐”而非“箑”之怪论，可谓无事自扰。其所转述以萧老台甫向其“当面请教，得其嘉许”之言，“请教”容或有之，“嘉许”盖不足信。夫萧老岂肯违心认同与自己生平所言所称大相违背之说？读者将相信胡氏死无对证的一面之词乎？抑上述种种切实之文（书面）献（口头）证据乎？

查胡氏引述资料，每凭主观，只取有利于自己立论者，摒弃不利于自己立论者。于此箑、萐二字，胡氏亦读《说文》，亦阅《段注》，而并不能实事求是，兼容并顾，所得遂为片面武断之结论。其《勘误》一书凡数百条，十九如是。此种作风做法，即其错误之根源，而亦治学之大忌，可资炯戒。

综上所述，胡氏两条《逵按》所言《船山全书（初版）》自书眉、校记至正文“其‘萧箑父’之‘箑’均误，均当更正作‘萐’”之说，自属完全错误。《全书》重版，于萧老姓名字样皆一仍初版之旧，不改划一，请读者谅察，并此附告。

关于堵胤锡者一条：

（416）督帅何腾蛟、堵胤锡不相能

（六八六页五行）

逵按：此处“督帅何腾蛟、堵肻锡不相能”，系清初湖北学政孔祥麟奏折中语。据此《船山全书》第十六册六八三页校记㊁云：“此折自《邗江王氏五修族谱》所载转录。”此“堵肻锡”之“肻”，显系避清世宗胤禛（即雍正帝）名讳之缺笔字，今录其语，自当复该字原形作“胤”。当今出版之书，摘录古籍中语，岂可仍避帝王之名讳而缺笔照录其字乎？

今按：《邗江王氏五修族谱》有王闿运民国四年《叙》云：“故其族重修谱牒，必欲余序之”，知修谱当在清末民初之时。《全书》据此谱所载转录（《逵按》作“所转载录”，当乙正）之湖北学政孔祥麟奏折，则是清光绪间事（《逵按》谓是“清初”，亦是失考之言，因其中说此折系会同湖北巡抚谭继洵合奏；继洵即谭嗣同之父，任鄂抚在光绪年间）。但无论民初修谱，已无避清讳之必要，即在清末修谱，“肻”亦决非避讳之字。查清时避雍正帝名胤禛之讳，胤字皆作“允”，无作肻字者，如陈垣先生《史讳举例》所云：“清世宗胤禛，胤以允字代。《明史》张佳允、申佳允、堵允锡，《进士题名碑》本作胤。”陈氏所举之堵允锡，《进士题名碑》作堵胤锡，亦即孔祥麟奏折中之堵肻锡；“允”是避讳字，“胤”与“肻”则并非避讳字，而“肻”即“胤”字。何以言之呢？查《汉语大字典》有肻字，释曰：“同胤。《说文》作胤。《潜夫论·五德》：‘周公之肻。’晋夏侯湛《抵疑》：‘世臣之肻。’明余继登《典故纪闻》：‘获其遗肻。’”可见肻乃实有其字，非胤字之故意缺笔，二者皆非避雍正帝名讳之字。胡氏所云"此'堵胥锡'之'胥'，显系避清世宗胤禛（即雍正帝）名讳之缺笔字，今录其语，自当复该字原形作'胤'。当今出版之书，摘录古籍中语，岂可仍避帝王之名讳而缺笔照录其字乎？"实皆失考无据之言，《全书》不能从也。读者察之。

关于冯延巳者一条：

（426）"冯延己"改为"冯延巳"

（一四九四页十四行《船山全书》第一册至十五册第一版第一次印刷本勘误表）

逵按：此乃《船山全书》第十六册之末（亦即《全书》之末）所附勘误表之文字。此处所勘之误，乃《全书》第十一册二五页六行之"冯延己"之"己"字。编校者以为其"己"字误，当作"巳"，故将"冯延己"置于"误"之栏中，而将"冯延巳"置于"正"之栏中。

冯延己之"己"误乎？对此，北京大学著名教授吴小如先生，曾于《文史知识》2001年第3期发表过《就古人姓名读音问题答读者问》一文。全文三问三答，第一问即"五代南唐词人冯延巳，或作冯延己。'到底是冯延巳还是冯延己'"？吴老答道："自南唐迄今，已逾千年。凡旧时古籍，皆作'冯延己'。至20世纪中期，夏承焘先生撰《唐宋词人年谱》（1955年11月上海古典文学出版社出版），在《冯正中年谱》中对'己'字提出不同意见。其《冯谱》正文云：'冯延巳字正中，一名延嗣。'然后夏先生考证说：'焦竑《笔乘》，释氏六时，'可中时，巳也。正中时，午也。'字正中，则为辰巳之巳。巳、嗣亦同音。（第三五页）

其意盖谓冯字正中，而‘正中’依‘佛氏六时’之说为午时，把‘巳’时‘延’伸，即达‘正中’，则名与字义相配。冯一名延嗣，‘巳’与‘嗣’又同音。有此二证，故夏承老定冯氏之名为延巳。自此说一出，近半个世纪晚出之书都采用夏说作‘冯延巳’。五十年代末，俞平伯先生始撰《唐宋词选》，初稿亦从夏说作‘延巳’（见中国社会科学院文研所内部排印本《唐宋词选》）。到八十年代，人民文学出版社决定公开正式出版《唐宋词选释》（在原书名后面加一‘释’字），俞平老却把‘冯延巳’又改成‘冯延己’。我曾就此事面叩平老，平老当时曾列举《论语》、《孟子》、《左传》及大小戴《礼记》多处文字，以证冯之名作‘延己’与其字作‘正中’恰好相配。事隔多年，今已不能悉记。就我记忆所及，如《孟子·公孙丑上》‘射者正己而后发’与《礼记·射义》‘射求正诸己’等语，皆足以说明之。至于俞老不同意夏承老之说，当时也亲口对我讲过。其大意是：夏说据焦氏《笔乘》引佛家语，出典甚偏僻，且可能晚出，冯正中当时亦未必得见佛书。何况焦竑乃明代人，不能以晚出之书证前朝事。至于一名延嗣，似尚有据，因‘巳’、‘嗣’同音。然古人命名，本可不止一名，亦不必名皆同音。反不如引群经中语以证其名字相配，似更稳妥。事有凑巧，当《唐宋词选释》正在付排之际，有一天我正在俞平老家中陪老人闲话，人民文学出版社一位编辑先生来访，力主把‘冯延己’改回‘冯延巳’。平老开始向他分疏理由，而来人却坚持己见。平老不悦，乃对客默然无语。我为打破僵局，便对那位先生说：千年以来，古书一直作‘延己’；而主张‘延巳’之说，不过是近几十年的事。

相比之下，不见得古人都是错的。所以俞先生的意思，仍以慎重稳妥一点为好。最后来人同意俞说，故《唐宋词选释》仍从旧说作‘延己’。我以为这个名字只宜两存其说。惟不管作‘己’或作‘巳’，均应略加说明，并标出‘一作某字’。”

上述《船山全书》勘误表中所言第十一册二五页六行“冯延己”，乃船山所著《宋论》卷一“太祖”第四论《太祖誓不杀士大夫》中语，其所论者，乃五代末、北宋初之士大夫。其文曰：“……其他如和凝、冯延己、韩熙载之俦，沈酣倡俳之中，虽无巨慝，固宜以禽鱼畜玩而无庸深惜者也。”诚如上引吴小如先生所言：“自南唐迄今，已逾千年。凡旧时古籍，皆作‘冯延己’。”生活于明清之际的船山先生，其所著《宋论》作“冯延己”，正表明其时人们言及冯氏，均作“延己”。且今所见《宋论》十三种版本亦均作“延己”，无一作“延巳”者。更何况经俞平伯先生考证，作“冯延己”，有确凿可据之“群经中语以证其名字相配”，其“延己”之“己”，又何误之有？况且夏承焘先生以为作“冯延巳”，也仅是可备一说而已。既然如此，又岂能以此为凭，以为船山作“冯延己”为当勘之误而列于勘误表中，而以今人可备一说之“冯延巳”“正”之，从而苛责厚诬先哲船山先生？

今按：胡氏抄录成书，按语冗长而无剪裁，但表明了实际上有两个问题：（一）关于冯氏其人倒底是作冯延巳还是冯延己，这是一个史实考证问题；（二）关于《全书》改冯延己为冯延巳倒底是否有误，这是一个校勘工作问题。两个问题有区别，但有关联，当依次述论。

兹先述论第（一）个问题如下：

胡氏所录吴小如先生长篇《答问》要点为：

一、转述俞平伯先生意见，谓冯氏为南唐词人，“自南唐迄今，已逾千年。凡旧时古籍，皆作冯延己”；

二、自上世纪中期夏承焘先生撰《唐宋词人年谱》，始据焦竑（明万历中人）《笔乘》之说，主其人当名冯延巳。惟俞氏以为焦书晚出，不能以晚出之书证前朝之事。

三、吴氏本人之意，以为这个名字只宜两存其说，或巳或己，均应略加说明，并标出“一作某字”。

至于《逵按》，倒是力主冯延己的，因其不但赞成“自南唐迄今，已逾千年。凡旧时古籍，皆作冯延己”之看法，而且进一步说：“生活于明清之际的船山先生，其所著《宋论》作冯延己，正表明其时人们言及冯氏，均作延己。延己之己，又何误之有?”

今按：对此问题，俞平老“自南唐迄今，已逾千年。凡旧时古籍，皆作冯延己”之言，实为判断是非之关键。如俞平老之言是实，则作延己有充分之证据；反之，如果提出了反证，证明自南唐以来之古籍，甚至在南唐时期即有书籍是写作冯延巳的，则俞平老之言已属非实，主延己之说亦不攻自破。而此反证则今可提出，而且不止一个。陈述如下：

一、《逵按》所录吴小如先生长篇《答问》之后，本来还有一段“附记”，却被胡氏删去不录，这是不应该的。现在补录如下：“八十年代出版的《夏承焘文集》，夏先生于《年谱》中增加了两段考证：‘明天启刻本曾慥《类苑》卷十五引《侯鲭录》卷二十引《南唐近事》，冯延巳皆作巳，不作己，乃予说一证。

友人王冀民君曰，《玉篇》释巳：嗣也，超也；是巳、嗣亦同义。’则夏说亦自有据，故不宜偏废。”

二、笔者所见中华书局版《新五代史》（《出版说明》云，是书“以百衲本（影印南宋庆元本）为工作本，对校了贵池本（清贵池刘氏影印南宋本）……”，其卷六十二《南唐世家第二》中冯名数见，均作延巳，不作延己。

这两条证据，“附记”所提到的《南唐近事》作者郑文宝就是南唐时人，他在南唐仕至校书郎，入宋，官至兵部员外郎，他写冯延巳，正是当时人记当时事；又中华版《新五代史》是以影印南宋庆元本为工作本，其冯氏之名亦均作延巳。它们都已证明了俞平伯先生所言“自南唐迄今，已逾千年。凡旧时古籍，皆作冯延己”之说，并不符合史实。因此，笔者之意和胡氏附和平伯先生力主延己反对延巳之意相反，以为两说之中，当以主延巳之说为长，主延己之说则已失去立论之前提。

至于胡氏所言“船山先生，其所著《宋论》作冯延己”、“今所见《宋论》十三种版本亦均作延己，无一作延巳者”云云，则已进入前面所说的第（二）个问题，即《全书》校改《宋论》中的冯延己为冯延巳倒底是否有误这一个校勘工作问题。兹亦略加述论如下：

按胡氏在其《勘误》中常有信口开河、大言欺世之病，于此亦复重犯。其言“所见《宋论》十三种版本均作延己”，试问他是否一一见过、查过这十三种版本，就敢这样说呢？笔者倒是一一见过、查过的。这十三种版本有作冯延巳的，有作冯延己的。正因为有版本依据，所以就能以较好的版本校改较差的版本。拙撰《宋论编校后记》（《全书》第十一册第三四五至三五二页）曾列举这十三种版本之名，各有考论，评其源流、优缺，并借以订正底本文字凡一百五十二处，改延己为延巳即其中之一。当然，如果在各种版本之外另有根据证明己是而巳非，则此一订正是错误的，应予否定。所有此类细微琐末，俱见《宋论编校后记》，此处即不再枝蔓。

结论是：胡氏所“勘”非是，故《全书》仍主巳字，不必变动。

冯延巳为人虽不足道，文采倒是有的。他臣事南唐主李景（即著名词人李后主煜之父），曾有“风乍起，吹皱一池春水”的名句。景曾戏对延巳说：“吹皱一池春水，干卿何事？”延巳答：“未若陛下‘小楼吹彻玉笙寒’特高妙也。”君臣雅谑，成为传诵后世的词坛佳话，论争之余，贡此掌故以作谈助，未知何如？

（原载冯天瑜编《人文论丛［2009年卷］》，中国社会科学出版社2010年11月出版，本书据作者手稿收入）

# 编辑工作与知识积累

人们在不同的行业里，对社会负有不同的责任，要作出不同的贡献。因此对知识的价值观念就不同，所需知识的性质也不同。关于辨别猪鬃规格的知识，对打字员毫无用处，可是对土特产出口商品检验局的检验员是非常重要的。天文工作者需要知道各种星座以至每一颗小行星的名字，但这对炊事员却毫无意义，因此他也从来不去留心。

由此可以推论：对一个人的知识水平的评价，例如说某人知识丰富或知识欠缺，也常常必须联系他的社会责任和社会职能来看。爱因斯担在《相对论》中提到飘浮在特拉法加（Trafalgar）广场上空的一朵彩云，又讨论了笛卡儿（Descartes）的数学观念。作为德国人的爱因斯坦，把特拉法加这个西班牙语源的地名和笛卡儿这个法国人的姓氏拼错了，大概没有人会大惊小怪。因为在语种繁多的欧洲，拼错了字这一类事是不足为奇的。可是，如果一个出版社的编辑处理稿子而看不出拼法错误，让它照样印出来，就不免招来批评和议论。为什么呢？这就是因为人们只把爱因斯坦看作科学家，所以准备原谅他可能产生的拼法错误，而对编辑则不会原谅，因为他的职责之一就是审订这一类错误。

编辑除了要有新的知识外，还要有各种旧知识、死知识、琐屑的知识、“无用”的知识，因为他在书稿中遇到的问题，有时需要这样的知识才能解决。例如，过去星相家的封建迷信知识，对于编辑也是有用的。星相家说每人都有十二宫，决定着这个人的一生境遇。十二宫是命宫、官禄宫、福德宫、财帛宫、田宅宫等等，还有一个奴仆宫。这也是知识，但这是与我们的现实生活多么悬隔的知识啊！可是，有一次我靠着这个关于奴仆宫的知识，解决了书稿中的一个问题。前年，在给新编辑讲些什么的时候，我曾经谈过这一次小小的经历。

所以，编辑需要知识是为了解决书稿中所遇到的各种问题，这和政治家需要知识以指导现实，科学家需要知识以研究事物，性质大不相同，而其有用于人则同。这种情况是由社会分工的需要决定的。从这个角度来说，编辑的知识应该比作者更丰富些，才能看出和解决书稿中的各式各样的问题，才能使自己的劳动为作者从而也为读者所信服。然而我们现在还不能说人人都做到了这一点，编辑社会地位的提高，和这种情况的改变也有关系。

其次，由于近几百年直到近几十年所形成的种种历史原因，我国人民除了遭受物质贫乏以外，也遭受着知识的贫乏。编辑也不能独免于这个共同的命运。为此就应该急起直追。每一位编辑同志，特别是年轻的编辑同志，不但要和国内的同行比，而且也应该和国外的同行比。能够意识到这一点，对于我们立志提高自己的知识水平，将会起激励奋勉的作用。

所以我们谈编辑的知识积累，第一要眼界开阔。下面分五个小题来谈，以供参考。

## 一、器识与文艺

唐朝的裴行俭是古代中外交通史上有名、对祖国具有勋劳的人。在唐朝对外开放、声威远扬的太宗、高宗时代，他守卫西北边疆，曾奉诏册送波斯王回国，而且做过安抚大食使，率军深入万里；他还平定过二蕃部落，在碎叶城立碑纪功。（碎叶城故址在今苏联吉尔吉斯共和国北部托克马克附近。从唐太宗到玄宗初年，碎叶和龟兹、于阗、疏勒是唐的安西四镇。因十余年前郭沫若考证李白出生于碎叶说而重新知名。）他有一句名言，叫做“士先器识而后文艺”。这是在批评初唐四杰王、杨、卢、骆等人时说的。但这是被压缩整齐以后的文字，原话还要长些。据《新唐书》记载，有关的一段是：“士之致远，先器识，后文艺。如勃等虽有才，而浮躁炫露，岂享爵禄者哉！”这话的后半部分对王勃等人的评论当否且不说，而前半部分实在包含着很好的意见。如果我们不去计较裴行俭所谓“器识”、“文艺”的具体历史内涵，而把“先器识后文艺”作为一般的原则来看，那么他这意见至今也还是值得重视的。

什么叫“器识”呢？“器”是一个人的思想、度量、德性、风格的综合表现，“识”就是识见或见识。“文艺”在古代是泛指文章之事。我们现在对编辑的基本要求中，首先是要有一定的马克思列宁主义水平，要坚持四项基本原则，要能执行党的出版方针，要有强烈的事业心和高度的政治责任感，要走又红又专的道路。这些要求，向来统叫做“德”。“器识”这个范畴似乎比“德”更广泛些。我们当编辑，理想如何？志趣如何？对于读书和知识积累，方向怎样？途径怎样？以至在日常生活、工作中，怎样处理公和私、人和己、名和实、才和位的关系？怎样对待得失、成败、毁誉、苦乐、从顺境到逆境和从逆境到顺境的变迁？怎样在对人对事中通达是非、情理，而不硁硁于一得之见、一是之说？这里面都有着器识的主宰和导引。而其中最重要的，是我们对于马克思主义的理解程度、信仰程度以及实际掌握和运用的程度。过去推崇过“朴素的阶级感情”，认为只要有朴素的阶级感情，就可以保证跟着党走。通过十年内乱可以看到：这种朴素的阶级感情纵然可贵，却不可靠。所以对于马克思主义，第一可贵的是那种通过学习和躬行实践而达到的深刻的理解。理解是信仰的基础，而无知只能产生盲从。理解和信仰又是实际掌握和运用的基础。对于马克思主义的理解、信仰以及实际掌握和运用的程度，直接决定了一个人的世界观、人生观的面貌，也是构成他的器识的主要内容。如果在这方面弱了，在别的方面强，有时是很危险的。

所以讲知识积累而首先谈器识，并不是题外之言，而是题中应有之义。当然，所谓“先器识而后文艺”，也不能作机械的理解，认为一定要先搞好了器识然后才能搞文艺。这里只是强调一下器识的重要罢了。

至于裴行俭说王勃等“浮躁炫露”，这是性格问题，虽然和器识有关，但对这样的批评又需要作具体的分析。文人性格，激烈的居多，许多人的脾气坏得很可以，因此他们在旧社会，经常是本无可死之理而又有取死之道。鲁迅说《昭明文选》的作者至少有一半不得好死。他们的死就大都是含冤的，屈原被封建卫道者贬为“露才扬己”（班固《离骚序》），嵇康被和他同时的人贬为“言论放荡，非毁典谟”（《晋书》本传中记钟会语），他们就是《文选》的作者中不得好死的两位。但是广大群众总是主张公道、喜爱才情的，因此千古的同情总是向着他们。

## 二、资质与工夫

这个小标题的字面是从朱熹的一条语录取来的。朱熹是理学的祖宗，但也是个大学问家。现在不谈他的理学的功罪，而只从他的为学求知中汲取些教益。他有一条语录说："今之学者，本是困知勉行底资质，却要学他生知安行底工夫。便是生知安行底资质，亦用下困知勉行工夫，况是困知勉行资质！"（《朱子语类》卷八）这是宋朝学者的口语，现在也不大顺口了，需要稍微解释一下。

朱熹所说的"生知安行"、"困知勉行"两个短语，出自《中庸》："或生而知之，或学而知之，或困而知之"；"或安而行之，或利而行之，或勉强而行之"。这里把人的知和行依其难易程度和思想上的顺适状态，分为三等。能"生而知之"，又能"安而行之"，就是"生知安行"，这是指那些天赋高、资质好的人；能"困而知之"，又能"勉强而行之"，就是"困知勉行"，这是指那些天赋低、资质差的人。还有更多的人是属于中间一档的。这是《中庸》作者的看法。我们且不论《中庸》的整个思想体系如何，只谈它这两句。它认为在求知和力行方面，人的资质和天赋是有差异的，这乃是合乎实际的见解。朱熹的话就是据此以告诫学者：即使自己有"生而知之"、"安而行之"的优秀资质，也应该痛下功夫，何况还是"困而知之"、"勉强而行之"的平凡资质呢？他还有一条语录说："大抵为学，虽有聪明之资，必须做迟钝工夫始得。既是迟钝之资，却做聪明底样工夫，如何得！"（同上）意思也完全一样。他是觉得那时的一些读书人，本来聪明未必过人，却又不肯切实用功，因此谆谆予以告诫。他自己的资质是很聪明的，史书说他刚学话的时候，父亲指着天对他说："这是天。"他就问："天的上面还有什么？"可见他从小敏慧，肯动脑筋。他是历史上少有的大学问家。可是他说自己："吾于学乃铢积寸累而得之。"就是说他的学习是从点点滴滴的工夫入手的。

伊索寓言中有一则《龟兔赛跑》，是尽人皆知的。我国古代的荀子，他所说的劝学名言特别多。他写的书共三十二篇，第一篇就叫《劝学篇》。针对人的资质、才性高下不同，说过："故跬步而不休，跛鳖千里；一进一退，一左一右，六骥不致。"这个"跛鳖"和"六骥"的比喻，和"龟兔赛跑"有异曲同工之妙。东方和西方的两大哲人，在公元前几百年，对资质和工夫的关系问题，分别写出了意思完全相同的精妙的寓言，这实在是很有意思的。

前些时候，看到一篇文章，也是谈求取知识的。文章的作者把求取知识的要诀一概名之曰"术"，如知识猎取术、知识分类术、知识存储术，等等。满篇是"术"，固然不错，但是我觉得还应该用一个字来把它统帅一下，这就是愚公移山的"愚"字。如果缺少愚公精神，纵然是浑身法术，也不容易有切实收获的。

所以积累知识必须舍得下苦功。要多做些愚公一样的事情。多读书，多做笔记，多向人请教。宁可以愚笨自居，不可为聪明所误。从前有许多人，不耻自居于愚，他们的字或号，往往就取作愚夫、愚士、愚卿、愚叟、愚庵、愚斋、愚山、愚溪等等。现在有很多人则讳言这个"愚"字，其实可以不必。

现在回到题目上来：资质是靠不住的，工夫才是靠得住的。资质虽好，工夫不够甚至不下工夫，就会华而不实、苗而不秀。资质好，又肯下工夫，前途就不可限量了。

## 三、博涉与专攻

这是关于知识积累的一个老问题。有人提出所谓"T"形的知识结构：横线表示广博，或者用个新名词，叫作非定向积累；纵线表示专深，或叫作定向积累。这个比方十分形象生动。问题是：在编辑工作的实际中，如何正确认识和处理博与专的关系？再换一个提法就是：如何使自己的知识结构具有适应编辑工作的最佳性？

学科的高度分化是最近几个世纪来社会分工、科学发展的一个重要特点，由此出现了单科独进而不博不通的弊病。这里所说的通，是纵通横通、通才通识的通，也就是指知识面的广。从编辑必须接触多方面的书稿、使用多方面的知识这一特殊要求来看，我们在博通方面多侧重一些是非常必要的。由于博涉不够，知识不丰，有时难免闹出常识性的笑话。有人曾经叹道："昭明太子的《文选》的确选得很好，可惜没有将班固的文章选进去。"别人说："《文选》的第一篇就是班固的《两都赋》，何以说没有选进去呢？"他回答道："那是班孟坚的文章，和班固有什么关系！"这个笑话要加些注解，才能明白为什么可笑。原来班固字孟坚，而《文选》中署作者的名，大都只用他的字，而不用其名的。昭明太子在《两都赋》的题目下面，给作者署的名字是班孟坚，于是害得这位不知道班孟坚就是班固的先生闹了这样的笑话。

在我们处理书稿时，常常会遇到各式各样的知识性问题，需要解决。平时如果涉猎广些，解决这些问题也就容易一些，否则就会感到困难，甚至全然束手无策。我这几年在编辑《船山全书》中，就常常感到船山的学问博大精深，自己在古代学术知识上记闻不博，学养不深，因而工作比较吃力。庄子说："水之积也不厚，则其负大舟也无力；风之积也不厚，则其负大翼也无力。"当一个编辑，如果知识的积累不厚，也是无力编出好书的。编辑的才能之一，就表现为解决书稿中的各种疑难问题的能力。所谓“博学强识，以待问也。”（章学诚：《文史通义》）这应该是编辑的职业才能。而这种才能的大小，是与平时的博涉与否大有关系的。有人说梁启超的为学是“务广而疏”，梁自己也承认这一点。但这样的评价是从学术成就的角度来说的。当一个编辑，如果能像梁启超那样广博，就很不容易了。他也是编辑，而且是他那个时代只有其一、更无其二的编辑，这是和他的知识面的广博分不开的。

当然，每个编辑还有他所学习和钻研、分管和主编的那一个专科，例如专编科技书，科技书中又专编数学书等。这个专科专业，就是自己的本行，放松不得。但是千万不要弄得单干独枝，除了自己的专业以外，别的什么也不懂，一个人在分工很专很细的部门可以有良好的表现，而对于出版社的编辑工作却未必能够适应；如果知识面太窄，就与编辑工作的性质和要求不合。所以我们除了自己的专业知识外，要多注意各科知识的联系和综合的方面，要尽量扩大自己的知识面。这种努力，和自己的专业方向看似相反，实则往往相辅相成，不会是徒劳的耕耘。

## 四、国学与外语

这是编辑知识积累中的两大领域，本来也属于“博涉与专攻”的范围；只是鉴于它们的重要性，才单独提出来强调一下。

“国学”是过去的名词，意思是中国固有的文化学术。这里借用一下，因为它使我们回想起我们国家过去的命运。这个名词的创始大概是在清末。当时有些提倡者也确是出于爱国的好心。但是在清末那种风雨飘摇、国步艰难的时代，提倡“国学”，只使人觉得不合时宜。

可是现在，时代不同了。我国已经由一个半殖民地半封建的积弱国家变成了社会主义强国，不但能够主宰自己的命运，而且还对世界、对整个人类的未来负有不可推卸的责任。“国学”中有我们的优秀文化遗产，我们要继承它，发扬它。在我国悠久卓越的精神文明中，有许多独到的精义，是全人类的财富。有的学者曾经说过：西方的物质文明有长处，但也有偏颇；我国的精神文明可以弥补其不足。将来的人类更高级的文明，可能是这两种文明相互融合的结果。现在出版的许多书稿中，提到我国古代的典籍史册、朝章国故、诗词格言、名物训诂的，越来越多，更不必说专门整理出版的古籍了。这反映我国的优秀文化遗产正在日益发扬光大。所以我们必须了解和熟悉“国学”即我国固有的文化学术，才能开拓胸襟，丰富知识，做好编辑工作。

在这方面要有系统的自修计划。大家读一读蔡尚思教授的《中国文化史要论》这本书，就能了解在“国学”知识方面最重要的人物和图书是哪些。这本书列举“国学”要籍一百二十多种，对一般人来说可能多了些，因此后来他又在《哪些书最能代表中国文化》一文中，提出了四十种书目。我们不妨看看他开的到底是哪些：

哲学思想类：《论语》《墨子》《孙子》《老子》《庄子》《孟子》《荀子》《韩非子》《论衡》《金刚经》或《六祖坛经》《化书》《焚书》和《续焚书》《明夷待访录》《读四书大全说》《四存编》《太平天国文选》《清代学术概论》《孙中山选集》《五四运动文选》。

史学类：《左传》《史记》《史通》《徐霞客游记》《廿二史札记》《帝王春秋》。

文学类：《诗经》《楚辞》《李太白诗集》《杜工部诗集》《白香山诗集》《韩昌黎文集》《宋元戏曲史》《水浒》《红楼梦》《鲁迅杂感选集》。

科学类：《梦溪笔谈》《农书》《本草纲目》《天工开物》。

开“国学书目”的历史，如果不算张之洞的《书目答问》，而从胡适的《一个最低限度的国学书目》算起，也有半个世纪多了。梁启超当时写了一篇《评胡适之的〈一个最低限度的国学书目〉》，从学术观点来评论胡的书目开得是否精当。对蔡尚思所开的四十种书目（后来他又压缩成为二十种），也很有些不同的意见。要开好一张众论咸洽的书目大概是不很容易的。但我们从积累知识和了解我国优秀文化遗产的角度来说，则这样的书目与其隘些毋宁广些。书目上开到的书，固然要好好读一读，就是没有开到的也不妨读一读。为了能够顺畅地浏览古书，还要有些文字、训诂、音韵方面的知识，这些也都是“国学”的基本知识。

外语知识也很重要，甚至当一个古籍编辑也应当懂些外语。国务院古籍整理出版规划小组组长李一氓前几年在谈到培养古籍专业人才时曾特别提出：“希望学好一种至两种外语。”他还说过这样的话：“就中国文化而论，它已具有世界意义，所以才在外国出现了 Sinology 这门专科，即一般所谓汉学。如果我们不懂外文，就会在学术视界上受到很大的限制，不能成为这方面的全才。”（《再论古籍和古籍整理》）外语中使用最广泛的是英语。现在长沙的商店、餐厅、机关匾额也有很多附加英文的了。出版物中也有外文，不幸常常发现错误。偶见一本湘版书，其中附记了“不以规矩不能成方圆”这样一句古语的英译是：Without rules a - nd campasses one cannot formssquares and circles. 一句话里就出现了三个错误。首先是在 a－nd 这个字上，由于转行的缘故而用了一个 hyphen，把它分成两截了；其实外文转行都在音节上断开，and 这个字只有一个音节，所以三个字母要末统统挤到上行，要末统统移到下行，它们是从来不分开的。其次是 compasses 这个词错了一个字母。最后是 forms 在情态动词 cannot 之后，应该用动词原形，但在这里却给它加了人称和数的变化，是不对的。

在《郭嵩焘日记》第三卷中有许多英语的汉字对音。郭嵩焘不懂英语，依靠译员将英语的发音用汉字写出，他就抄进日记。这些汉字对音，有的还容易懂，有的则必须将它们回译一下，才便于阅读和理解。例如有一段日记：“（英国）又有七日新闻报凡三：曰斯伯格对得，曰撒得对尔日溜，曰贝勒墨勒太至得。”他说的是什么？不太好懂。但如果知道英语，就可以读出这三种报纸来：一是 Spectator，观察报；二是 Saturday News，周末报；三是 Parliamentary Test，议院纪抄。这一类历史上的专名，又往往都有一个规范译法，例如 Saturday News，如果你译作《星期六新闻》，谁也不能说你不对；但如果已有规范译法或习惯译法在先，则一般不宜再标新立异，以免造成混乱。这三种报纸的规范译法是从《马克思恩格斯全集》的中文版中找得的。郭嵩焘在伦敦的那几年，马克思恩格斯也正在伦敦。《全集》中也记述了这三种报纸。因此我们的汉译自然应当统一于《全集》的译法，而毋庸再自己新创了。

由此可见，外语知识，即使对于古籍编辑，有时也是需要的，更不用说对于其他学科的编辑了。

## 五、方法与恒心

做什么事都要讲究方法。从这个需要出发，有人说，“最有价值的知识是方法的知识。”这是对的。但是，无论什么有效的方法，它的基础总是细密与条理，而实行这些方法又需要认真与坚韧，才能卓有成效。也就是说：智生于愚，巧生于拙。例如自然科学中最常用的几种基本方法：观察、实验、分类、比较，其出发点都是细致严密的研究，而成功率则有赖于刻苦努力的实践。

至于有关知识积累的方法，就纲领来说，不外乎博学、审问、慎思、明辨、笃行；就实行的细目来说，也不外乎：

（一）多读多看，而又区别地对待不同的图书资料，例如采用蜜蜂、蝴蝶、蚂蚁式的方法等；

（二）“子入太庙每事问”，多向别人请教求益，质疑问难；

（三）作笔记以钩玄提要，作卡片以分类归总；

（四）利用图书馆，学会使用各种工具书；

（五）作有心人，随时随地注意点滴的积累；

（六）学而时习之，温故而知新，使自己掌握的知识，务继增而继长，勿旋得而旋忘；等等。而实行这些方法要有收获，也非谨严与刻苦不可。

在读完一本《知识积累方法大全》以后，到底采用什么方法为好，仍要根据自己的具体情况决定。从实际出发，任何时候都是最好的方法论。当然，听别人谈谈也是好的，也许有时可以触动、提醒、对照、借鉴一下，所谓“他山之石，可以攻玉”吧！

据个人的体会，一个编辑应该牢记、熟悉一些最基本的知识，放在脑子里，可以不假思索地立时应用，同时就利用这些记忆作为基础，更广泛地汲取知识，就像“子母珠”中的母珠吸引子珠一样。从前读书人是讲背诵的。有人统计，《四书》（《大学》《中庸》《论语》《孟子》）不过五万〇九百七十六字。所有读书人都从小背熟，并不困难。《五经》（《周易》《尚书》《毛诗》《礼记》《春秋左氏传》）多些，有三十八万四千八百九十六字，也有很多人背诵的。《四书》、《五经》一共才四十余万字。有这四十多万字的最基本经典烂熟于胸，封建时代的知识分子就几乎可以处理一切知识问题而左右逢源了。现在我们的知识领域和知识总量比古代要大到不知多少倍，但是牢记以至背诵一些最基本的东西仍然非常必要。曾见有人在书稿中写道：“鲁迅说：‘辱骂和恐吓绝不是战斗。’”当编辑的看到这里，如果他是对鲁迅著作比较熟悉的，马上就知道这一句直接引文里有了错字，就会动笔替他改过来。但是，如果对这句名言记得不确切，对上述引文看起来觉得不太像，而又没有把握，不敢肯定它是否有错；这时，听之任之于心不安，只好去查一查，这就不知要费多少时间了。由此可见，牢记与不牢记，差距是难以计算的。至于全然不知道这引文是否有错，又没有查对，以致留着这个错直到图书出版，使读者觉得作者写作不谨严，编辑也没有尽到责任，这又是性质不同的另一回事了。

所以就一个文科图书的编辑来说，像无产阶级经典作家的许多至理名言；历史上的许多诗文名篇、成语格言；重要事件的年代；著名帝王的年号、庙号和名讳，以及其他历史人物的字、号、里、爵、谥、重要事迹和代表性的著作；著名的山川都城及其有关数字；外国历史人物的原名和缩写；以至自然科学方面的一些常识性的公理、定律、术语、数据等，最好都能记在心里。现在是信息时代，人人有紧迫感，想把工作做得快些、多些、好些；但这种紧迫感还必须和踏实的劳动结合起来，才能卓有成效。花工夫多记一些基本知识，就是踏实的劳动项目之一。所谓“不积跬步，无以至千里；不积小流，无以成江海”，这个道理是不用多说的。

再讲一点关于有恒的话。持之以恒，也是知识积累的基本方法。古往今来，勉励人们要有恒心的格言不计其数。但怎样才能做到有恒呢？我想还是决定于个人的志趣。我们要在知识领域里做水击三千、扶摇九天的鲲鹏，而不应该像斥鹖一样伏处蓬蒿，跃起来不过几尺。在我们中间应该产生许多名编辑、名出版家，编印出许多能够传世的名书、好书、奇书，为此就要长期不断地付出辛勤的努力，不能三日两断，不能一暴十寒。韩愈是一个非常勤奋的人。他在《进学解》中的那几句自画像式的文章，是大家都熟知的：“口不绝吟于六艺之文，手不停披于百家之编，记事者必提其要，纂言者必钩其玄，贪多务得，细大不捐，焚膏油以继晷，恒矻矻以穷年。”可是他在三十八岁时，却觉得自己渐渐起了变化，没有年轻时的那种发愤精神了，因此他写了一篇《游箴》，自警自勉：

“余少之时，将求多能，早夜以孜孜。余今之时，既饱而嬉，早夜而无为。呜呼余乎！其无知乎！君子之弃而小人之归乎！”

他严厉批评自己今时不如少时，认为长此以往，恐将见弃于君子而终归于小人。韩愈能够文起八代之衰而勇夺三军之帅，绝不是偶然的，而是学养有素的结果。让我们也时时警惕自己的懈怠，用“活到老学到老”的精神来追求学问与知识，做好编辑工作，为“四化”多作贡献！

（原载《书刊编辑工作入门》，湖南省出版工作者协会编辑学研究会编，中国书籍出版社　1988年5月第一版）

# 话说引文

“阳彭山上游览多，彭阳山下风日和。”

明末诗人何絜有一首题为《西园歌舞》的诗，是在易代之后，为怀念旧日镇江的繁华而作的。南京有一位已故学者在他的一篇遗稿中引用了这首诗。稿子是抄件。它的头两句就是这样写的。这篇遗稿将在《中国历史文献研究集刊》第二集发表。

可是问题来了。在上面这两句诗中，第一句是：阳彭山；第二句是：彭阳山。显然它们说的是同一座山。那么，到底哪一个名字对呢？二者必有一误，这是可以肯定的。

由于遗稿没有交代这首诗的出处，难以径自查对。向学者的家属去询问吧，很怕辗转费事。因此我宁愿把问题交到武汉的中国历史文献研究会去，请他们解决，因为《集刊》本来是他们的会刊。可是他们也无法立即解答这个疑难，而书稿交印的时间却很迫促了。于是，只能根据经验，经过捉摸、推敲，最后暂定这座山为：彭阳山。因为看起来，“彭阳”比“阳彭”似乎更“顺”一些，也更“像”一些。这样，就把这两句诗暂改为：

“彭阳山上游览多，彭阳山下风日和。”

表面上的矛盾解决了，然而，这并不落实。

果然，临发排时，我收到了研究会的回信：

“前日出图书馆，翻到《分省地志——江苏》一书，其中有镇江图，城南标有阳彭山。”

我的第一个反应是：这才是严肃认真的态度！因为如此才有坚实的根据，把这两句诗定为：

“阳彭山上游览多，阳彭山下风日和。”

这样，可以对得起死者与生者——作者与读者了。

引文应该绝对准确，绝对忠实于原著。这不仅是一个体现文章质量的问题，尤其是一个表明作者学风的问题。特别是，谈的是文献，弄的是学术，发表的是自己潜心研究的成果而不是草率敷衍的急就章，就更应如此。当读者从一篇著作中看到第一个引文差错的时候，他会说一声：“疏忽！”当他看到第二个引文差错的时候，他会说：“怎么搞的？又是一个！”当他看到第三个引文差错的时候，他对作者的敬意就消失了大半。谚语说：“好的引文是文中的钻石。”至于错误累累的引文，那就不过是一堆砾石罢了。读者有理由因此怀疑著作的质量。为什么？“文且未亨，理将安托”嘛。

在《集刊》第二集的全部稿件中，有许多篇是谨严细致、一字不苟之作；但也有些篇比较毛糙，对引文必须忠实、准确，注意不够，因之纰缪时见，成为文章的一大缺陷。有六篇文章，每篇有十处以上有缺点的引文。有一篇文章是专门研究前人的某种著述的。文章的作者说，他所应用的这一著述的本子，是“四部丛刊缩印本”。拿这个本子一一核对文章中的引文，发现引用不准确的竟有二十五处之多。整个集子的引文差错共有一百二十二处。有的稿子是假手于人的抄件，抄完后，作者并未细看，就匆匆忙忙地交了出去。这些抄稿上的错误，当然仍应由作者负责。

不要以为引文上的差错是微不足道的事情。一部著作的学术声誉是离不开这等“小事”的。马克思、恩格斯为了《资本论》

中一条引证的确切性受到诽谤和诬蔑，整整作了二十年斗争。恩格斯在宣告这一斗争的最后胜利时说：这些诽谤者和诬蔑者“在马克思著作中的成千上万条引文里只是像水蛭那样紧紧地吸住这唯一的一条引文，这一情况证明，他们非常清楚地知道‘卡尔·马克思是怎样引证的’，——也就是说，他的引证是正确的。”

坚决杜绝哪怕是千分之一、万分之一的差错：马克思的这种对待引文的精神，永远是每一个研究者、写作者的楷模。

（原载 1981 年第 10 期《湖南出版工作》）

# 别字、破句的辨认和文史常识

拿一段古文放在面前，其中有“别字”（把字弄错了），有“破句”（句子点得不通）。怎样才能看出这些“别字”和“破句”的错误呢？这有赖于总的古文基础，其中包括对文史常识的掌握的程度。下面举一些实例，其中字和句的错误涉及古文中的天文、地理、干支、职官、器物、动植、称谓、名字等方面的常识，亦即文史常识。

（一）东有启明，西有长康。

这是《诗经》里的两句，其中有一个错字——“康”是“庚”之误。启明、长庚都是金星的别名。金星黎明见于东方，叫启明；黄昏见于西方，叫长庚。

（二）俄罗斯已侵占二城，又南侵至希拉特、乌梁海。

这是说的上一世纪帝俄侵略我西北边疆的史实。有一个标点错误——“希拉特、乌梁海”中间的顿点不能要。希拉特乌梁海是一个完整的地名，不是两个地方。

（三）甲午战争前一年为癸己。

句中“癸己”应为“癸巳”。我国的干支纪时法，干是甲乙丙丁戊己庚辛壬癸十个字，所以叫十干；支是子丑寅卯辰巳午未申酉戌亥十二个字，所以叫十二支。在十干中取一字，又在十二支中取一字，配合起来就叫干支。干永远在前，支永远在后。“癸己”的“己”属于十干，如今却在后面，所以知道有错，又按干支次序推算，知道“己”应是“巳”。

“己”和“巳”在干支纪时中常常混淆搞错。旧版《辞源》有“癸己类稿”这一个条目，下面解释道：“刻在癸己之岁，故名。”这个条目和这个解释中的“己”字，就都是“巳”字之误。

（四）访周荇农、少农，尚高卧未起。

这是《郭嵩焘日记》中的一句；其中有一个标点错误——顿点不能要。封建朝廷中央有礼、户、吏、兵、刑、工六部。各部长官正的叫尚书，副的叫侍郎。但各部尚书、侍郎又各有别称。户部尚书、侍郎别称大司农、少司农。少司农又简称少农。“访周荇农少农”，也就是访周荇农户部侍郎。由于这位周侍郎之名“荇农”和他的官职的别称“少农”恰好后一个字都是“农”，标点者弄不明白，还以为荇农、少农是两兄弟，就在它们中间加了一个不必要的顿点。

（五）世人莫惜匏奠尽，还有葡萄酒可沽。

句中有一个错字——“奠”是“尊”的误看误抄。匏是葫芦，尊是酒器，匏尊就是用葫芦做的酒器，也就是《水浒传》里林冲“把花枪挑着酒葫芦”的那个酒葫芦。这两句诗的意思是：不必惋惜你的酒葫芦已经喝干，还有葡萄酒可以买来解馋。

（六）羊、豕、骛、鸡、米、面、蔬、果。

八种食品中，有一种写了别字。“鹜”就是鸭，下半边从鸟。上面写作“骛”是错的。“好高骛远”——这里的“骛”才是从马。

（七）月樵、少安、乔梓见访。

（八）郭舜民、慕徐、竹林至。

（九）湘士、理卿、昆玉回拜。

以上三句，每句有两个顿点，其中第二个顿点都不能要。“乔梓”的意思是父子，“竹林”的意思是叔侄，“昆玉”的意思是兄弟。这些都是在古书中常见的亲属关系的代称。至于为什么要这样称谓，可以从词典之类的工具书中得到解释。

（十）范搏九

这是一个古人名，一看就知道：其中有一个字被抄错或印错了。古人取名大多从典籍中找字眼，有一定的含义。这位范先生的名字的出处是《庄子》写鲲鹏的一句话：“抟扶摇羊角、而上九万里”。他在这句话中先取一个“抟”字，又取一个“九”字，合成了他的名字——“抟九”，意思是勉励自己有鲲鹏之志。“搏九”就不知何意了。当代的世界杯赛运动员如果给他或她的孩子取名“搏九”，以纪念自己拼搏九次的胜利，这名字倒也不错。但这是今典，不是古典。我们阅读古文时，千万不要忘记它的时代背景。［按：抟（tuán），盘旋的意思。搏（bó），搏斗。激烈地对打的意思］。

（原载 1987 年第 1 期《湘图通讯》）

# “齐、清、定”体会点滴

“齐、清、定”是印刷厂向出版社编辑部门提出的合理要求。他们的工作开始于我们结束的地方，所以三字要求以“齐”为首。其实就编辑人员看来，一部书稿的案头工作不如说要以“定”为重。所以，我的体会也谈此独多。

## 开宗明义，起例发凡

即将出版的影印本《王船山手迹》，收解放以来新发现的船山手迹十一种，书末还有一个附录，把这些手迹用铅字排印，以便读者对照阅读。这个附录的准备曾经费过一些周折。

王船山的著作大部分过去已经流传，或手抄，或木刻，或铅印。如今影印的这十一种手迹，其中也有一半以上是已经有手抄本、木刻本或铅印本的。但拿手迹的文字和这些本子的文字相对照，却发现了不同。特别是，手迹的文字有脱漏、有笔误，而这些本子的文字倒是完善的。显然是经过了补正，至于如何补正则各本也未尽一致。那么，这个附录的文字应以何为准呢？是从手迹，还是从已发表的本子？如果从已发表的本子，则各本互异，又从谁呢？如果说择善而从，究竟哪一种是最善的呢？不言而喻，这就需要有细致的考究。

由此可见，对这个附录可以有两种要求。一种是仅仅把手迹逐字誊抄，排成铅字，使附录的文字和手迹的文字完全一致；一种是要对手迹进行校勘整理工作，这样，附录的文字将和手迹的文字不尽相同。那么，是哪一种要求更合适、更恰当呢？由于没有首先明确这一点，曾经一度造成了附录文字的混乱。

不论对于什么书稿，在能够顺利地进行编辑加工以前，总要不同程度地做些定宗旨、订章程的事。否则，以后的工作就会茫无目标，漫无章法，随心所欲，信笔改来，于是书稿中前后参差、互相矛盾的情况就会不断地发生。《郭嵩焘日记》卷首有十条凡例，其中规定了对这部日记编辑的要求和在校点工作中可能遇到的二十多种情况的具体处理方法。虽然日记出版后还有缺点，但它的这个开宗明义、发凡起例的做法是不错的。这是实现“齐、清、定”特别是“定”的前提。

## 关于是正文字的问题

《郭嵩焘日记》的定稿工作有些麻烦，原因之一是日记中有许多误字，必须加以说明，否则读者将大惑不解。例如有一天郭氏记述他与曾国藩辩论事情，有这样的几句：

> 此死胸中无所不有，前与我辨论，特故作狡狯耳，乃此老之谲也。

“死”字下面的着重号是现在加的。这个“死”字是怎么一回事呢？从全文，特别是从末尾“乃此老之谲也”一句看，它实在应该是个“老”字，它是作者一时的笔误。但是，日记是历史文献，既然作者这样写了，我们已无权擅改，只好照样印出，而另用方括弧注明正字，成为："此死〔老〕胸中无所不有……"用这个方法，来补作者之失，并以祛读者之疑。

可是，也很有一些处所，虽然明知作者有误，那方括弧却不容易加。例如郭氏在伦敦时，有一天的日记记着横跨泰晤士河的许多大桥的情况。他写道：

东第一桥曰伦敦大桥。桥北金维良模街，桥北波老孚扫甫华克。

着重号也是此刻加的。金维良模街和波老孚扫甫华克是两个地名。两地都在桥北是可以的，但文章却没有这样奇怪的做法，显然这里又有了问题。从文气和文法看，两地当是一在桥北，一在桥南。因此必须查它一查，解决这个问题。可是到哪里去查呢？省图书馆和省出版局都没有一张比例尺稍大的英国地图，更不用说伦敦地图了。外文书店也没有这种地图卖。另外问了一些单位，也没有。这个问题最后是从一张直接由英国寄来的伦敦详图才获得解决的，其中的一个"北"字的确应该是"南"字，真所谓"定"一字之正误，乞万里之丹方了。

## 标点符号也足以困人

在书籍的总字数中，有一部分是标点符号的占格数。如果将古籍加以标点，则其中文字和标点符号占格数之比，大致为六比一左右。例如《王船山全集》没有标点时的字数如为六百万，则标点后将为七百万左右。白话文的句子要长些，标点符号占格数也会相应地少些，但总也占着一定的比例。因此，要做到书稿的“定”和“清”，是不能忽视标点符号的“定”和“清”的。

可是有时，要确定一个标点符号实在也很为难。我在最近发稿的《中国历史文献研究集刊》第三集中就碰到一件这样的事情。有篇文章在谈到北宋一位大文献学家宋敏求（字次道，官至龙图阁直学士）时，引用一段旧闻说：

> 宋次道龙图云：校书如扫尘，随扫随有，其家藏书皆校三五遍者。世之蓄书，以宋为善本。居春明坊昭陵时，士大夫喜读书者多居其侧，以便于借置故也。

这一段话读起来似很顺畅，可是其中有一个不大好解的结。引者在“居春明坊昭陵时”这一句的坊、昭二字之间，先点了一个逗号，后将它改为句号，后又涂去，后又重点。这样翻覆几次，把这一处稿面弄得邋遢，看也看不清。原来，究竟这个地方是要点呢？还是不要点？如果要点，是用逗号吗？还是用句号？他感到困难，一时决不下。这种困惑就在稿面上反映了出来。

再看下面这个例子：

> 秃发氏始居廉川，后取凉州、洪池、岭南、广武、西平、东都、湟河、浇河五郡，是为南凉。

明明写着秃发氏取五郡，怎么又点出八个来了呢？因此大概必须在上面勾掉三个顿号。但要勾得不错，也不是随便可以办到的。

所以标点符号也很重要，有时必须通过研究、查考，才能弄得正确。在这里同样也要：先“定”，后“清”。

# 末了还应该通读一遍

书稿怎样才算“定”了呢？我想，当编辑将全书加工完毕，特别是消灭了其中的差错、解决了其中疑难问题之后，再将全书通读一遍，觉得已经理达辞举、文从字顺了，至少在自己的水平上认为已不存在悬而未决的问题了，那么，这部书稿在这位编辑手中就算“定”了。

末了这一遍通读是很重要的：它是检查的手段、补救的良机、通过综观引发创见的触媒，可以发觉曾经被忽略了的一句、一字、一个标点符号的微疵，也可以对原来认为已很完善的前言，进行修改或增添一些重要的思想。类似这样的问题的解决，都很有赖于最后一遍的通读。

然而人情常慎于图始而忽于持终。恩格斯有次对劳拉·拉法格说：“开头和末尾通常是薄弱的环节，因为开头你工作还没入门，末尾你已经有点疲倦了……”人们常常因感到生疏和困难而在开头特别努力，又常常因看见大功将成而在末尾自然地松劲。这最后一遍的通读，实在是做好“齐、清、定”所不可缺少的。

（原载 1982 年第 9 期《湖南出版工作》）

# 丰碑的竣工

## ——学习恩格斯整理出版《资本论》札记

今年（1978）11 月 28 日，是伟大的无产阶级革命导师恩格斯诞辰一百五十八周年。

恩格斯和马克思一起创立了马克思主义。在马克思生前，他和马克思并肩战斗，共同领导国际工人运动；在马克思逝世以后，他一个人继续担任各国社会主义者的导师和顾问。同时，用极大的精力承担了马克思的遗著，特别是《资本论》未完成的各卷的整理出版工作。他对在世的马克思无限热爱，对逝世以后的马克思无限忠诚。他的深情真挚的心，在《资本论》的继续整理出版工作中得到了充分的表露。这项工作的本身，就是一曲革命友谊的动人赞歌，值得后人永远纪念。

### 宏伟的纪念碑

伟大的无产阶级革命导师马克思用了四十年的时间写作《资本论》。这部巨著的意义，正如恩格斯在《资本论》第一卷出版时所说的："自地球上有资本家和工人以来，没有一本书像我们面前这本书那样，对于工人具有如此重要的意义。"（《马克思恩格斯全集》——以下简称《全集》，第十六卷六三页）

《资本论》全书共分四卷，构成了一个宏伟严整的理论体系。它以马克思主义的剩余价值学说为基石，围绕着资本和劳动的关系这一轴心，对资本主义社会作了最深刻最彻底的剖析，揭示了它的发生、发展和灭亡的规律，得出了共产主义必然要取代资本主义、无产阶级必然要战胜资产阶级的结论。它的第一卷研究资本的生产过程，表明了资本家怎样从工人那里榨取剩余价值；第二卷研究资本的流通过程，表明了最初包含在商品里的剩余价值怎样转化为货币；第三卷研究整个资本主义生产，分析了工人所创造的剩余价值如何通过商业利润、企业主收入、利息、地租等形式，分别落入资产阶级各个集团的腰包，揭示了“资本家在他们的竞争中表现出彼此都是虚伪的兄弟，但面对着整个工人阶级却结成真正的共济会团体。”（《全集》第二十五卷二二一页）这三卷构成《资本论》的理论部分；第四卷是全书的历史部分，在这里，马克思围绕着剩余价值理论这个经济学的核心问题，对全部资产阶级政治经济学进行了历史的分析批判。《资本论》是近代最伟大的政治经济学文献，是科学性和革命性相结合的典范。它是无产阶级革命的强大精神武器，是科学社会主义的坚实的理论基础。

但这部巨著，在马克思生前只出版了第一卷。它的其余各卷在马克思逝世的时候还只是一大堆没有整理好的草稿。把第二、三卷整理出版，并把第四卷清理出来使之具有出版的基础，这是恩格斯的劳绩。而这工作是异常艰巨的，它耗费了恩格斯在马克思逝世以后的所有余生——整整十二年时间。有一次恩格斯在怀念马克思谈到《资本论》时说：“这部书将成为他的纪念碑，这是他自己树立起来的，比别人能为他树立的任何纪念碑都更加宏伟。”（《全集》第三十六卷二八六页）然而，这座纪念碑的最后竣工者，是恩格斯。

## “使摩尔永世长存”

1883年3月14日，马克思由于积劳成疾，体力衰竭，在伦敦寓所溘然长逝了。他在逝世前不久曾说过，要他的小女儿爱琳娜和恩格斯共同处理自己的全部遗稿。这是因为恩格斯对马克思的思想、学说最清楚、最了解，四十余年患难与共的革命斗争生涯，使他们俩建立了非常崇高的亲密友谊。所以，很自然，马克思要把自己身后最终完成《资本论》的工作付托给恩格斯。恩格斯责无旁贷的承担了这一历史任务。他在向全世界报道马克思逝世情况时庄严宣告：“他亲口指定他的幼女爱琳娜和我为他在著作方面的遗嘱执行人。”（《全集》第十九卷三八三页）

恩格斯知道继续整理出版《资本论》对无产阶级革命事业有着多么重大的意义，因而在私人来往的场合，特别是在最亲近的人面前，总是带着十分强烈的感情来谈论整理马克思遗稿的事情。他用沉痛而又坚定的语言对马克思的二女儿劳拉这样说道：“我们都在努力以应有的方式使摩尔永世长存，这将由而且应该由发表他的遗著开始。让我们尽我们的力量为达到这一目的而共同努力吧。”（《全集》第三十六卷四四页）

摩尔就是马克思，这是他在极亲近的人们中间的称呼。使摩尔永世长存，也就是使马克思创始的工人阶级的革命事业发扬光大，直至取得最后的胜利。恩格斯就是怀着这样的对于亡友的深沉悼念和对于他们的共同事业的坚定信心，在马克思逝世以后立即开始了整理出版《资本论》第一卷以下各卷的工作。

# 第二卷的整理和出版

马克思为《资本论》第一卷以下各卷留下的亲笔材料是一个真正的深山大泽和密林丛莽。恩格斯曾经在《资本论》第二卷的序言中对它们作过一番详细的描述。它们包括几千页写得密密麻麻的对开纸、四开纸手稿，还有供整理时采用的许多提纲、笔记和摘录。全部材料是这样丰富、浩繁，以致恩格斯在没有把它们通读一遍以前简直无法提出应该如何整理的意见。

原稿的笔迹很潦草，恩格斯曾以“看不懂的天书”来形容它，并说：“如果我没有完成这些工作就去世的话，那就没有其他人能够辨认这些手稿，这些手稿连马克思本人也往往在事后认不出来，大概只有他的夫人和我才能够辨认。”（《全集》第三十六卷一六五页）这是一种什么样的手稿呢？这是一个伟大的头脑的运动速度远远超过他的手的运动速度的纪录。当他的思想犹如怒潮奔腾向前的时候，手里的笔就怎么也配合不上，于是就出现了字写得小而密，加上许多缩写的字，以至整个缩写的句子，此外，还有使得字迹更加不易辨认的涂改，而且一改再改，这就给整理工作带来很多困难。必须首先把它誊写清楚，然后再整理加工成可以付印的本子。但是，正当恩格斯努力誊写第二卷的手稿的时候，他的一种叫做腹股沟疝的老毛病发作了，这使他每天大部分时间必须仰面而卧，不能伏案工作。真叫人心焦！“咳，这个第二卷！”他对人说道：“我的老朋友，您不知道，我是多么希望尽快地把它整理出来啊！可是我那该死的病却使我不得不失去半年的时间。”（《全集》第三十六卷一〇一页）为了争取时间，恩格斯不得不请了一位秘书，向他口授马克思的手稿，让他笔录下来，然后自己再在笔录的稿纸上整理修订。

马克思给第二卷留下了八个手稿本，各本内容、篇幅不一。全书材料的主要部分虽然在实质上已经大体完成，但有些地方阐述还不完全，另一些地方则只作了提示。从形式上看，全部材料还没有加工整理，有的部分有四、五种异文，个别部分甚至有六种稿本，文字没有经过推敲，也不讲究文体。

恩格斯给自己的整理工作确定了一条原则：要使印出来的这本书，“即成为一部连贯的、尽可能完整的著作，又成为一部只是作者的而不是编者的著作”。这条原则后来恩格斯把它写在这一卷的序言的开端（见《全集》第二十四卷三页）。为什么要确定这样的原则呢？恩格斯曾多次说过理由，说得最详细的一次是在后来他为《资本论》第三卷写的增补中。他在那里列举了三条必须这样做的理由，其中最重要的是：“像马克思这样的人有权要求人们听到他的原话，让他的科学发现完完全全按照自己的叙述传给后世。”（《全集》第二十五卷一〇〇五页）

根据这样的原则，恩格斯尽可能把他的工作限制在单纯选择各种文稿方面。他综览和对比了这八个稿本，根据马克思的提示考虑和确定了全书的结构，然后从不同的稿本采取最佳的章节，把它们编辑成为一部完整的著作。在第二卷的序言之后，正文之前，恩格斯专门附了一页关于这种采选和编次的说明。从这一页说明可见整理工作是多么认真和细致。

在文体上，恩格斯仅仅改动了他认为马克思自己也会改动的地方，只是在绝对必要而且意思不会引起怀疑的地方，才加进几句解释性的话和承上启下的字句。意思上只要略有疑难的句子，他就宁愿原封不动地编入。“只有第一篇和第三篇出现了实际的、不仅仅是技术性的困难；而这种困难也不小。我总

是设法完全根据作者的精神去解决这些困难。”（《全集》第二十四卷九页）

第二卷的整理出版，花了恩格斯两年时间。1885 年 2 月 23 日，恩格斯给汉堡的迈斯纳出版社寄出了最后一批付印稿。5 月 5 日马克思的生日这一天，恩格斯写完了第二卷的序言。这篇序言，除了缕述整理情况外，并对那些妄图诬蔑马克思及其伟大著作的资产阶级学者进行了义正辞严的驳斥和批判。7 月上旬，人们渴望的《资本论》第二卷终于问世了。

## 第三卷的整理和出版

第三卷首先仍然是由恩格斯口授、由秘书笔录马克思的原稿，然后再根据记录的稿子加工整理的。口授从 1885 年 2 月开始，到同年 7 月结束，花了不到半年的时间。①

恩格斯是《资本论》第三卷的第一个读者。他一边读着原稿，一边不时发出由衷的赞叹：“我钻研得越深，就越觉得《资本论》第三册伟大……一个人有了这么巨大的发现，实行了这么完全和彻底的科学革命，竟会把它们在自己身边搁置二十年之久，这几乎是不可想象的。”（《全集》第三十六卷二八五页）

---

① 苏联列·阿·列文《马克思恩格斯著作的发表和出版》（周维译，三联书店 1975 年版）叙述《资本论》第三卷原稿口授笔录的时间说：“转抄工作整整进行了 1885 年一年的时间。”（第八八页）这是不正确的。据恩格斯 1885 年 2 月 22 日致海·施留特尔的信中记载：“《资本论》第二册手稿的最后部分明天寄出，后天我就开始搞第三册。”（《全集》第三十六卷二八四页）第三卷的原稿的口授笔录工作，应是在 2 月 24 日才开始。到同年 7 月 24 日，在致奥·倍倍尔的信中，恩格斯已经宣告第三卷的“手稿已经誊写清楚”（同上第三四四页）。可见，这一工作从开始到结束，只有整整五个月的时间。

“它是卓越的，出色的。这对整个旧经济学确实是一场闻所未闻的变革。只是由于这一点，我们的理论才具有不可摧毁的基础，我们才能在各条战线上胜利发动起来。”（《全集》第三十六卷二九三页）并说：“这是一部光彩夺目的著作，在学术上甚至超过第一卷。”（《全集》第三十六卷三二五页）

但是，马克思的手稿虽然誊清了，整理工作却因恩格斯领导国际工人运动和其他事务的繁忙而耽搁下来。同时，从原稿的情况来看，整理第三卷的工作较之第二卷也不知要艰巨多少倍。

第三卷只有一份原稿，而且极不完全。全卷共计七篇、五十二章，虽然每一篇的开头通常都经过细心的撰写，但是越往下就越是带有草稿性质，就越不完全，越显得枝蔓。恩格斯逐篇逐篇地予以加工，从材料的组织剪裁，文字的订正修改，思路的衔接连贯，引证的取舍补充，一直到整章整段的重新撰写——例如第一篇第四章（《周转对利润率的影响》），马克思就只留下一个标题，以致恩格斯不得不根据马克思的设计亦即整个研究过程的逻辑发展，亲自执笔写成这一章。

凡是恩格斯的改动或增补已经超出单纯编辑范围的地方，他就用方括弧把自己加进的文字括起来，并附上他的姓名的缩写：弗·恩·。

最困难的是第五篇。这一篇是研究作为产业资本的派生形式的生息资本，即借贷资本的。它不但没有现成的草稿，甚至没有可以提供轮廓以便加以充实的纲要，只不过是开了一个头，不少地方只是一堆未经整理的笔记、评述和摘录的资料。恩格斯作了艰苦的努力，“钻进银行、信用、货币资本、利息率的丛林”（《全集》第三十九卷三二页），经过好几次失败的尝试，才把马克思留下的材料整理完成，并作了一些必不可少的补充。在第五篇上丧失的时间，也是第三卷出版推迟的主要原因之一，因为这一篇的主要工作直到1893年春天才完成，这时距开始整理第三卷的1885年春天已经整整八年了。

这一卷的第六、七篇，即最后两篇，经过一年多的时间，也就整理完毕。最后一批付印稿于1894年5月11日寄出。同年10月4日，恩格斯完成了为这一卷所写的序言，详细说明了对原稿的整理加工情况，并用很大的篇幅对资产阶级学者在价值规律和平均利润率的关系问题上的错误论点，从学术上进行了批评。12月初，恩格斯开始收到出版社寄来的新书，并把它们陆续分送给各国友人。

为了排除对第三卷内容理解上的困难，强调其中某些重要的观点，并根据最新事态作个别较为重要的补充，1895年，恩格斯决定为第三卷撰写几篇增补。一篇题为《价值规律和利润率》，一篇题为《交易所》。前一篇于同年5月写成，后一篇还只拟了一个提纲。由于身体相当不好，病情恶化，他来不及看见已经写成的那篇增补的发表，于8月5日就与世长辞了。

第三卷的出版，恩格斯整整花掉了十年的时间，这表明《资本论》这部巨著的理论体系的完成是多么艰巨啊！这是恩格斯的不朽功勋！

## 第四卷的出版准备工作

《资本论》第四卷又名《剩余价值理论》，虽然恩格斯生前未能将它付印出版，但是也已为之做了许多准备工作①。

早在1884年春天，恩格斯就在一封信中谈到这一部《剩余价值理论》，并有出版它的计划："我和迈斯纳现在已一致同意，先单独出版《资本论》第二册，接着是第三册和作为第二卷后半部的《剩余价值理论》。"（《全集》第三十六卷一三二页）那时离马克思逝世不过一年，还没有"第四卷"这个名目。到同年年底，恩格斯正式把它称为"第四册"："最后，第四册，《剩余价值理论》……这是一部大约有一千页四开纸的写得密密麻麻的稿子。"（《全集》第三十六卷二六四页）

从此以后，恩格斯就不断提到这个"第四册"（后来改称"第四卷"，有时也仍称"第四册"），但是由于《资本论》第三卷的工作正在进行，还没有充分时间来顾到它。1889年初，恩格斯考虑到自己眼睛有病，至少在几年内还不能给人口授第四卷的手稿，而且除了这一部手稿，马克思的其他手稿也必须同样能为人们所利用。因此，他想教会一些人辨认马克思的笔迹，然后首先把第四卷的手稿转抄出来。这个计划在得到爱琳娜等赞同后就立即付诸实行。随着第三卷的即将出版，他着手准备第四卷的心情就更加迫切了。正如他在一封信里所表明的："完全有把握期望第三卷的漫长的胎儿期终于要结束了，所以对我说来，重要

① 关于恩格斯为《资本论》第四卷所做的准备工作，有几种著作都说得很不确切。德意志民主共和国海·格姆科夫等著的《恩格斯传》（易廷镇、侯焕良译，三联书店1976年版）说："恩格斯……已经为第四卷做好了准备工作。"（第四九五页）苏联列·阿·列文所著《马克思恩格斯著作的发表和出版》一书中说："恩格斯……考虑了关于第四卷（《剩余价值理论》）的准备工作，但是这一工作因恩格斯的逝世而中止。"（第九〇页）实际情况是：恩格斯并未为第四卷"做好了"准备工作，但也不是仅仅"考虑了"准备工作。他为第四卷的整理出版做了许多准备工作，但没有最后完成。

的是掌握第四卷的材料。”（《全集》第三十八卷五五五页）

1894 年秋，《资本论》第三卷出版后，《前进报》（德国社会民主党中央机关报）发表了一篇报道，其中对第四卷手稿的性质作了一些不正确的说明，并且毫无根据地猜测恩格斯放弃了出版第四卷的意图。恩格斯为此专门写了一篇短文：《关于马克思的〈资本论〉第四卷》（见《全集》第二十二卷五八八页），提醒读者说，在《资本论》第二卷的序言中就有关于第四卷手稿的具体说明，并作了要出版这一卷的预告。

直到 1895 年 4 月 10 日，在距自己去世不到四个月的时候，恩格斯还在提起关于出版《资本论》第四卷的话（《全集》第三十九卷四四二页）。

总之，恩格斯对于准备出版第四卷是花费了不少心血的。他把这部稿子从马克思的全部手稿中清理出来，确定了它在《资本论》全书中的位置；他认真地阅读过这部手稿，并且还在上面作过修改（见《全集》第二十六卷第一册一七页上的影印插图）；他教会别人辨认马克思的笔迹，使这部手稿得以誊写出来，以供阅读和整理……所有这些，都为第四卷的出版打下了良好的基础。

综上所述，恩格斯在马克思逝世以后，进行了大量的工作，使《资本论》的未完成部分得以根据作者的精神整理出版（第二、三卷），或为这样的整理出版创造了条件（第四卷），从而实现了马克思未竟的遗志，为共产主义事业作出了重要的贡献。因此可以说：在《资本论》这座伟大的丰碑上，不但永远镌下了马克思的金光闪闪的名字，而且也永远镌下了恩格斯的金光闪闪的名字。

在马克思、恩格斯生前，有组织的国际工人运动刚刚开始，创立和完备马克思主义革命理论是历史的要求，而《资本论》是马克思主义革命理论中最主要的著作，是无产阶级革命运动的理论基础。因此，恩格斯从整个无产阶级革命事业出发，鞠躬尽瘁地进行了整理出版《资本论》的工作，把历史的要求和现实的需要、从全局考虑和从实际出发做到了高度完美的统一。恩格斯作为无产阶级革命导师的这种卓越品质，以及他在整理出版过程中所表现的那种忠于马克思原著的认真负责态度和踏实细致的工作作风，对于亡友的生死不渝的革命情谊和自我牺牲的高贵精神，都将永垂史册，使后人深受教益，深受鼓舞。在我国人民为完成新时期的总任务而万众一心迈步前进的时候，我们更要从恩格斯的伟大榜样中吸取无穷的力量，忠实继承毛主席的遗志，努力完成毛主席的未竟事业，完整地准确地理解和创造性地发展毛泽东思想，为实现四个现代化的宏伟事业作出更大的贡献。

（原载 1978 年第 12 期《新湘评论》，署名燕婴）

卷六

# 书信辑存

# 致黎维新（一通）

维新同志：

新年好！

《船山全书》第十五册已于去年年底出书，另包寄奉，请察收。这一册是船山的诗文总集，在《全书》中，船山本人的著作止于此。（第十四册已成型，即可付印。）第十六册是附录性质，是有关船山的各种研究资料，现在我正赶编这一册。

专此，并颂

健安！祝　夫人好！

杨　坚上

1994. 1. 10.

又告，我自骨折后不常去社，赐示请寄“银盆南路湖南出版社杨小慧转”　（邮编：410006），较为妥便。她是二小女，并闻。

# 致朱正（三通）

## （一）

朱正兄：

过去每次承赐　大作，都没有像这一次这样读后使我深深感动。你为一次重大的历史事件写了一部真正的实录。虽然现在活着的六七十岁老人都亲历过这一事件，但恐未必都清楚这一事件的全貌，像我就只有很多零碎的印象，而没有一个全面的、深入的了解。年轻些的就更不必说了。然而对具体历史事件的正确认识和评价只有掌握全部有关材料后才可能获得。人们已经不但厌弃而且痛恨那种只给你有限的甚至歪曲的事实就要你接受结论的愚民做法。所以你的书就为当代也为后代认识如评价反右派斗争做了一件大好事。从那大量的引述可以看到你付出的时间和精力。尽管对这一事件不同的人还会有不同的说法，但材料具在，事实已经抹杀不了。

虽然我老早就对反右派斗争的正确性有所怀疑，但因从未看过足够的系统的事实材料，我又怀疑于自己的这一怀疑。现在我坚定了这样的看法：反右派斗争作为政治运动是应该完全否定的。尽管在1957年夏季有必要斗争极少数右派分子，但也绝无必要发动这样一场大规模的反右派斗争。当时号召反对主观主义、官僚主义、宗派主义，反右派斗争恰恰就是这三个主义发展的顶峰。

维持既得利益的心态，对知识分子存在着自卑和恐惧交织的情结，对阶级斗争学说的曲解和滥用，权力的不受制约，都是可得而数的原因，特别是毛个人的领导品格和作风，在这一场罪恶发动中起着决定的作用。它在一个真正民主的社会绝不可能发生。

我佩服你的良心、血性和胆识。这是当代史研究者的第一重要的品质。没有这样的品质，首先就不可能有客观公正的历史叙述，更谈不上历史眼光与见解。

在我阅读时顺手记下一些排印的错误，另纸附上，供重印时参考。① 有些属于直接引文，恐须核对。有一处我打了问号，那虽是间接引述，似也须查对一下。

敬祝

保重身体

杨　坚上

1998. 6. 26.

| 页 | 行 | 字　　句 |
|---|---|---|
| 120 | 7 | 乃早回头（直接引文）　（“乃”应作“及”） |
| 126 | 2 | 就《党和政府……》　（“就”下脱“是”） |
| 129 | 倒 8 | 为算帐则而算帐（直接引文）　（“则”应删） |

① 《1975 年的夏季——从百家争鸣到两家争鸣》，朱正著，河南人民出版社 1998 年 5 月第一版第一次印刷。勘误表原件多以编辑符号示误，不便录入，现由编辑加上叙述文字，以仿宋字体加括号附在各条之后。致任继愈先生第五信后附表亦照此例处理。

| 页 | 行 | 字　　句 |
|---|---|---|
| 131 | 倒4 | 冒味　（“味”应作“昧”） |
| 135 | 2 | 毛主席说，全国不许有饿死一个人　（“有”应删） |
| 178 | 6 | 这时也顺便说说　（“时”应作“里”） |
| 269 | 倒10 | 免于起诉　（“于”应作“予”） |
| 306 | 倒9 | 作了这样了定性　（第二个“了”应作“的”） |
| 308 | 倒6 | 黄伯瑕小学（拼错。实应作瑕） |
| 359 | 倒9 | 最主要的是写出来作品来（直接引文）　（第一个“来”字应删） |
| 362 | 10 | 又在于审查丁玲（直接引文）　（“在”应作“由”） |
| 387 | 倒10 | 存在着各种缺陷”（直接引文）　（引号应删） |
| 393 | 倒3 | 时人有主张收（直接引文）　（“人有”应作“有人”） |
| 421 | 倒5 | 立法成就及（直接引文）　（“及”前脱“，和苏俄在十月革命后第一个五年计划的成就”计一个逗号和十九个字） |
| 439 | 倒4 | 站着许等待质问（直接引文）　（“许”后脱“多”） |
| 444 | 9 | 第二届第三全体会议　（“三”后脱“次”） |
| 449 | 4 | 如果不般走　（“般”应作“搬”） |
| 444 | 1 | 副省冷遹　（“省”后脱“长”） |
| 465 | 倒4 | 姑息宽容。对斗争采取（句号要改，但这是直接引文） |
| 470 | 6 | 领导下之　（“下之”应作“之下”） |
| 481 | 4 | 向党发攻猖狂进攻　（“攻”应作“动”） |
| 507 | 9 | 这间的疑似分子　（“这”应作“之”） |
| 510 | 倒11 | 第二条的监督劳动　“的”应作“是” |
| 512 | 14 | 阿尔志跋夫　（“跋”后脱“绥”） |

## （二）

朱正兄：

最近陆续收到尊夫人和令爱送来大作多种。德豫兄告诉我他在第一次收到时就给你回了信，后来又复了明信片。而我却稽迟到今。别的原因没有，就是懒，懒到最起码的礼貌也不顾了。看在老友份上，免罪免打吧。

我没有每本认真的读，因为去年我的读书时间都花在几部大书上了，包括李慎之的纪念集，他的文集（先是国内的两大册自印本，后来又得到一部香港版文选，正续三本），高文谦的《晚年周恩来》，还有京夫子四卷五大本的宫廷小说（李慎之曾提到“至今还没有谁能说得清楚的高饶事件”，我看这部书也许说得大致不离），还有章诒和的《往事并不如烟》。最近我在看一本康正果的《我的反动自述》，是港版“往事并不如烟系列”之一种。这本书的前勒口上印着收入该系列的书目，还只一种，就是你的《反右派斗争始末》。我真为你骄傲！不是为了这本书在不同地方的一再重版，而是为了书中的血泪（写者和被写者的）终于能扩大影响，将有助于铸造这个时代的信史。我曾在《新民晚报》上读到关于你的一幅文人画像，附有几个人的评语，仁智多见，但我愿再补充一则：你是一位有良心、有血性的作者，所以能够面对真实，并敢于写出真实。我在看到这部书的原稿时在平日积累的印象上突然明确和坚定了这一点。听郑老师说你身体不错，头脑清晰。我为你祝福。

《书话》表明你是毛边党。你的最初的、也许是毕生唯一的崇拜对象一直都在培养着你的志气，陶冶着你的情趣。这两本毛边就胎孕于此，而诞育于今吧。对你来说，必须要有一部的；但恐也不会有二了。这种趣味现在一般读书人已很难了解，更无从领略。不过也无须顾及。我给你辩护，这是个人的私爱，企生吾兄有狂气，嗜好与俗殊酸碱罢了。只是几个封面题字实在稚嫩，就像某贵人的三峡大坝题字一样令人看了难受。

你在《我怕欠债》文中说，现在电话方便，千里之遥亦可如晤对一室。但我总觉电话难与书信比，所以宁愿写信，而又因为老惫，信也写得很少。即如这封信，原想要它赶在除夕前寄到，也算一个新春祝贺，如今看来似乎不可能了。实在该死，歉之歉之。

前岁之冬，德豫兄七十五寿辰。我曾写了四首诗送他。当时曾复印几份。一份请他转交德嘉，是第二位读者。刻下征得他的同意，也寄你一阅，是第三位。亲近者看看，聊博一粲而已。为我藏拙，勿与外人道也。就此打住，并祝

节下愉快，阖家安康！

杨　坚

2005. 2. 4 夜　长沙

附复印纸两页。①

---

① 附页系摘录《船山全书编辑纪事》之一段（“作家朱正之友谊……以志友朋切磋之乐也。”），已见本书第224页，此处从略。

## （三）

朱正兄：

迭接你在收到我批胡稿后的复信，及托丁双平社长带回的《船山全书》第一册，俱感欣慰。

胡颖同志曾来找我谈关于《跟鲁迅学改文章》中的一处差错问题。现经拟好修改方案，另纸附呈，请审定、示复。① 此书开本宜稍横宽，他说也可考虑。老胡是我在岳麓书社几十年的老同事，难得的敦厚踏实，包括为人、做事。你的书由他担任责编是可以放心的。

专此，即颂

健安！

杨　坚

2005. 09. 12.

并问尊夫人及令郎合家好！

此信即请胡颖同志代寄。又及。

页一九五，左栏，末行，“掣”改“蹩”。

页一九六，注⑥，原注文划去，改排为：

改“弄蹩扭”为“来博斗”，语气更加严正。“蹩扭”，今通作“别扭”。

（新注文仍可排一行，不动原来款式。）

---

① 《跟鲁迅学改文章》，朱正著，岳麓书社 2005 年 2 月第一版第一次印刷。

# 致任继愈（十通）

（一）

任老：

值此新旧世纪递嬗之际，谨向您致以诚挚的问候，祝愿您健康、长寿，欣然阅历新的世纪，继续启迪后进，传播真知；传受薪火，建树文明。

前因《中华读书报》关于《船山全书》来稿之事，冒昧渎扰，辱蒙赐书为之主持公道。您老对此书能见其大，衷心窃慰，十分感佩。其时张岱老亦适赐书，所见略同（附复印件备览），于是一并寄示《读书报》，迄未见复，度此事当已了结矣。

此信只申问候之意，请您老不必回信。

敬祝

新禧！

杨　坚上

2000. 12. 22

（二）

任老：

数岁未能趋谒函候，惟在电视荧屏时得遥接仪容，欣睹丰采如旧，神明不老，窃慰下怀。伏愿起居纳福，颐养永年，长以谆诲后进，植树文明，衷心至望，为颂为祷。

最近岳麓书社拟再版重印《船山全书》，以坚前为责任编辑，不嫌菲才，仍以相委，以夏剑钦同志协助。因此自三月份起即每日去社。(因天热，目前只去上午。)您老为《全书》顾问，1984 年坚来京谒见，即蒙谕以临事而惧之义，诚恳坦切，回顾如昨。其后编辑事务，实皆懔遵斯教，屈指二十有一年矣。此次再版，事体亦巨，端赖先识之指导，以为实施之准则。自惟才虑短浅，故欲再承明教，未知您老肯拨冗赐见否？如蒙俞允，坚当即日来京，期获亲炙，必可委曲详尽，为《全书》再版重印之基础。

《全书》于 1997 年获国家大奖，实惟您老及张岱老等前辈陶成之力。近阅《魏源全集》发布会您老之发言记录，得悉当日评议经过，感荷莫名。此书于学术界似罕闻贬刺，亦偶有爱者撰文指出其中校点之误。坚身为责编，而绠短汲深，虽常以勤慎自饬，而终亦讹错难免，故于高明之指正皆所乐闻。然亦有一二人出于意气，过事吹求，语多不实。近胡某更撰《船山全书点校勘误》一书，全国扩散，口气甚大。《自序》中以“德”自命，按语中则以非为是，妄讥其师而以“真理”自居（例 43）。其附录三自谓近年曾发表有关古籍整理之“学术短论”百余篇；偶所闻见，则皆指摘《全书》，而多不中事理。虽识者以为不足道，而一般读者或将致疑，以为《全书》之误恐真不少，船山所谓“虽千秋之昭晰难欺，而一时之波涛亦沸”也。坚近重读《全书》第一册毕，对其中文字、标点之误续有发现，不上十处，自当一一改正。于胡《书》所勘第一册之七十六例亦逐一细阅，究其确凿无误者，不过九例，其余则皆武断偏执，蔽于一曲，甚至以误为正，而不自知。于以知其书之张狂夸诞，似亦太过。向于其所谓百余篇之“学术短论”，从无一字一句之回应。此次又勒为专书，自难再默。故拟即以第一册为范围，作一《析论》，本实事求是之原则，为虚衷客观之分析，于其正确者借鉴改进，于其错误者亦据理申论，明辨是非；七十六例例例作答，庶无挂一漏万之憾，而免逃重就轻之讥。今谨以拙文之目次一页，已成之章节四篇，先呈备览，并乞赐教。自惟浅薄，益加惭惶。顾以您老对《全书》之重视，或亦关心于所谓“批评”“勘误”之是非究竟。是以考虑再三，辄敢冒昧渎陈。殷切下情，当蒙鉴谅。

时维盛夏，暑气多沴，至希注意珍摄保健。空调温度不宜过低，时间不宜过长。眠、食、午休，想都安善，定符私祝。

专此，即颂

健安！

杨　坚

2005. 7. 6　长沙

另封内拙文目次一页，已成之章节四篇，胡《书》一册，与此函同时寄出。

又，拙文中未言书名之页码，均属《全书》第一册；胡《书》则因所勘各例均有序号，易于检寻，故不再标页码。又，第一册之《易》著四种，《内传》《外传》均以船山五世从孙嘉恺之抄本为底本；《大象解》《稗疏》之底本则为金陵本，见于四种书末之《编校后记》，拙文《小引》中当予说明。又，胡《书》虽以“著”为名，实属撰录性质，书中搜录他人之说颇多，拙文随时加以区分，有时似亦必要。

又，坚到社办公系临时腾房，并无电话，然走廊对面各室均有，代为呼唤，数步可到。号码如下（前加长沙区号0731）：

（略）

## 附　任继愈先生来信

杨坚同志：

您好！

得来函，得悉《船山全书》再版，仍由您负责，此书已有很好的基础，百尺竿头更进一步，成功可期，预为祝贺。

您退休后壮心未已，精神可嘉。关于修改工作，我为您作了一个初步设想，有几点不成熟的意见，仅供参考。

胡氏等人对此书有所“勘误”，欢迎他们提出意见，可取者，采纳，不可取者，可置之，不必为此逐一辩驳。为此大动笔墨，不值得。

出版社既然委以重任，重聘出山，就把精力用在再版出书方面。我个人及周边同仁们看过您们主编的这部大书的，都基本上肯定，认为迄今为止，整理船山遗著中这是最好的。这个基本评价，足以说明此书的学术价值。

标点可上可下的，不必改；标点明显有误的，必改，不改会影响原义。

字句有歧异，两者均可通的，可以酌情采择，以备读者参考。

异体字，来自不同的版本的，经常出现，一般不改，以存不同版本原貌，对读者反倒有益。

注释，近人成果，明显优异，有创见的，可增入。

不大改，不牵动原来的框架，不大改，只改其所必改者、明显错字、漏排等硬伤。

期限，估算工作量及您个人及同事的人力、时间，定出完工期限。这与当年编辑时条件不同。当年出差普查、鉴别、采择，均费时，这些时间均可节省。（也有出差，对外联系的工作，不会太多），你们共同会商，订出工作进度，计日施工，避免拖延。使这个班子保持紧张战斗精神状态。修订时间不宜太长。

现在人们的生活节奏比十几年前大大加快，印刷淘汰了铅字，技术大有改进，听说您的身体也比当年差些，有了期限，等于给自己下了进军令，激励自己也鼓舞战友。

我期待着你们再打一次大胜仗。

京湘虽路远，但联络方便，电话随时商谈，传真可交换稿件。您不必远道来京，充分利用现代工具，可事半功倍。

祝

好！

任继愈

2005. 8. 10

## （三）

任老：

您好！

八月十日来示敬悉。《船山全书》复承奖饰，并其再版事宜亦蒙惠予指导，自修改重印之大体以至字句斟酌之末端，莫不代为擘画，亲切如晤，详密有加，具见您老对此书之重视与关爱。

雒诵之余，至为感奋。当即持与丁双平社长、夏剑钦同志共阅，并以复印件各与一份。自兹方针既定，只须勤慎将事，力求速效，以毕全功。您老对“期限”之要求，以激励鼓舞之词，寓鞭策督课之意，而以“再打一次大胜仗”为廑注厚望之所归。重念“临事而惧”之谕，弥深“终始以惧”之诫。经与丁、夏等初步商定，拟于后年（2007）竣工出书，以“好”为准，能“快”些则更佳。不知以为可否？

至对胡氏等人之“勘误”，坚意本当析论其是非，以澄清其不良之影响。今既来示以为不值为此大动笔墨，拟即暂停。除有一节已完稿在印外，其余不再续写矣。

近观荧屏《去大后方》节目，您老音容，宛如亲觌，岳麓衡湘，实驻履痕（其时则多草鞋，甚至赤脚也）。抗战、二战之胜利，瞬已六十周年。媒体多纪实之篇，贤哲睿思，当有超乎史事之具体者矣。此信到日，已届两节，秋风乍起，至希珍摄。

专此，即颂

健安！

杨　坚

2005. 9. 9

## （四）

任老：

您好！

时光迁流，又复一年。名德硕学，与岁增寿！谨贺新年，并祝春节！伏念您老关心文化，耄勤堪敬，然以九秩高龄，必当重视保健，注意起居饮食，调节体脑劳逸，庶几安善恬适，盈缩由我。北望惓惓，为颂为祷。

《船山全书》再版，前蒙指示綦详。坚有复函，想早达览。目前复阅定稿者，已有一、二、九、十诸册，已发排者两册。顺此附闻。

并颂

新禧！

杨　坚

2006. 1. 12　长沙

## （五）

任老：

您好！

坚于农历元宵后到社上班，收到您老题赠的《皓首学术随笔》及《老子绎读》两书。犹忆1995年到京领韬奋出版奖，曾造府面谒，蒙赠《学术论著自选集》，亦系亲题，至感荣宠。

《霜后草》读过，觉其各篇皆着眼于古为今用，而建设社会主义新文化，实为全书思想之归趋。行文如高屋建瓴，一种浩荡充沛之气势，自非综览百代，积学深思者莫办。自序之末强调“经历了新旧社会的爱国文化人的骨气和对中华民族的责任感”，盖文化建设赖乎人，而文化人之骨气实为其从事建设成败得失之关键。经验教训，历历在目。您老此言，寄托遥深，期望尤殷。读后感受如斯，自知肤浅，冒昧渎陈，不顾夫子之哂之也。

书中似有少数排误，随手录出，未敢自是，附呈备览，供重印参考。①

又据末篇《修订本〈二十四史〉及〈清史稿〉的现实意义》，知诸书正在（或即将）修订。不知是否有体例或章程或讨论此类问题之会议记录等文件，能否赐寄一份，俾供学习参照？

专此。并祝

健康长寿！

杨　坚

2007. 03. 22

| 页 | 行 | 疑误及拟改 |
|---|---|---|
| 5 | 9 | Auretius Augustinus　l（小写 L）　（t 改为 l） |
| 62 | 15 | 夹刑赏之柄　（“夹”改为“挟”） |
| 65 | 9 | 邬元祟　（“祟”改为“崇”） |
| 69 | 7 | 玄藏　（“藏”改为“奘”） |
| 79 | 11 | 利举考试　（“利”改为“科”） |
| 96 | 7 | 追修学者　（“追”改为“进”） |
| 102 | 9 | 遂流通马　（“马”改为“焉”） |
| 102 | 15 | 均封《赵城金藏》　（“封”改为“对”） |
| 103 | 4 | 太祖明韶首班　（“韶”改为“诏”） |
| 105 | 14 | 退了一步　（“退”改为“迟”） |
| 105 | 22 | 粘速成块　（“速”改为“连”） |
| 113 | 6 | 若世人之兄常也（79 页第二段有同一引文）（“常”改为“长”） |
| 115 | 倒 10 | 爱自东汉，方被中华。（未检原文，但凭语意，爱、爰形似致误）（“爱”改为“爰”） |
| 115 | 倒 6 | 下下大定（未检原文）　（“下”改为“天”） |

① 《霜后草》是任继愈先生应中华书局邀约而自编的文集（约 25 万字），出版时用的书名改为《皓首学术随笔·任继愈卷》，中华书局 2006 年 10 月出版。

| 页 | 行 | 疑误及拟改 |
|---|---|---|
| 116 | 倒3 | 当时为能实现 （“为”改为“未”） |
| 120 | 8 | 不但否认个人存在的真实性（自无） （“自无”改为“无自”） |
| 125 | 倒5 | 皆先开示本性。方今依性修禅。 （“。”“今”？分别改为“，”“令”） |
| 137 | 倒6 | 透过现象进一步探寻佛，教的 （“，”去掉） |
| 139 | 5 | 炙瘢上更着艾爝 （“炙”改为“灸”） |
| 147 | 6 | 隔约外界 （“约”改为“绝”） |
| 163 | 倒5 | 为封建统治阶级的政治及思想统治的要求的。（据文意擅增，请酌。） （“要求”后面加“服务”） |
| 165 | 16 | 僧壑、僧肇诸人所作经序（172页10行有僧叡经序语） （“壑”改为“叡”） |
| 167 | 6 | 《放光殷若》 （“殷”改为“般”） |
| 178 | 4 | 《阻符经》 （“阻”改为“阴”） |
| 178 | 12 | 被选入《四库全书》的佛教典籍仅2 [4] 种（《总目》载著录13种，存目12种） |
| 183 | 17 | “内丹说”” 在道教 （反引号去掉一个） |
| 187 | 1 | 儒敦 （“敦”改为“教”） |
| 188 | 倒5 | 大道汜兮 （“汜”改为“氾”） |
| 188 | 倒4 | 故能为百谷之。 （“之”改为“王”） |
| 190 | 2 | 以其让食税之多 （“让”改为“上”） |
| 190 | 3 | 慧智出，有大伪 （“慧智”改为“智慧”） |
| 199 | 2 | “人之生来也柔弱（引文） （“来”字去掉） |
| 199 | 6 | “……心善渊，言善信”（逗号后加“与善仁，”）（下段释读有“交友要像水那样相亲”之句，即释此三字。） |
| 199 | 6 | 故无忧。” （“忧”改为“尤”） |
| 199 | 9 | 言语要相水那样真诚 （“相”改为“像”） |
| 199 | 15 | 受国不详 （“详”改为“祥”） |
| 199 | 21 | 弱着道之用 （“着”改为“者”） |
| 201 | 1 | 先道而后才有德 （“先”改为“失”） |
| 201 | 9 | 是治无国的最好原则 （“无”字去掉） |

| 页 | 行 | 疑误及拟改 |
|---|---|---|
| 201 | 14 | 其弟亲而誉之　（“弟”改为“次”） |
| 205 | 倒 4 | 更仆难馨　（“馨”改为“罄”） |
| 210 | 3 | 它即可以　（“即”改为“既”） |
| 210 | 14 | 金朝对汉文化的接解　（“解”改为“触”） |
| 212 | 3 | 汉代开始废除诸侯地割据的世袭制　（“地”后面加“方”字） |
| 213 | 15 | 科场舞弊受牵吃了官司　（“牵”后面加“连”字） |
| 214 | 2 | 不归易则归墨　（“易”改为“杨”） |
| 214 | 11 | 奉申贽敬晚生文八股顿首拜　（敬后面加“。”） |
| 217 | 16 | 广开求学门踋　（“踋”改为“路”） |
| 217 | 20 | 而且具有中学学校专业辅导的能力　（“学”改为“等”） |
| 217 | 倒 5 | 科学馆的实验要取一下的成本费（据语意擅改，请酌。）　（“收取一点”） |
| 218 | 10 | 科学取仕制度　（“仕”改为“士”） |
| 239 | 8 | 教人安、知足　（“、”改为“分”） |
| 239 | 倒 5 | 人文字科　（“字”改为“学”） |
| 247 | 15 | 结果当年宗教曾负担过的职能　（“结果”改为“接过”） |
| 249 | 7 | 哲学中。　（“中”改为“史”） |
| 251 | 4 | 自已去判断。　（“已”改为“己”） |
| 251 | 11 | 墓土已拱　（“土”改为“木”） |
| 253 | 15 | 有关于印度哲学罗的　（“罗”改为“史”） |
| 256 | 倒 1 | 能过现代手段　（“能”改为“通”） |
| 257 | 倒 2 | 文、吏、哲　（“吏”改为“史”） |
| 259 | 8 | 经叙此土大德　（“经”改为“历”） |
| 259 | 倒 4 | 受过现代科学训练的史学家的哲学史家　（“的”改为“和”） |
| 260 | 16 | 未公开出版 1982 年，　（版字后加“。”） |
| 262 | 倒 6 | 他在佛教史撰写的背后？埋藏着　（“？”改为“，”） |
| 262 | 倒 5 | 驰聘自如　（“聘”改为“骋”） |
| 262 | 倒 1 | 我们中自人　（“自”改为“国”） |

| 页 | 行 | 疑误及拟改 |
|---|---|---|
| 263 | 10 | “清淡”之学 （“淡”改为“谈”） |
| 263 | 16 | 《章氏从文》 （“从文”改为“文丛”） |
| 265 | 6 | 从不自翊 （“翊”改为“诩”） |
| 265 | 16 | 他抬学谨严 （“抬”改为“治”） |
| 268 | 8 | 北大本文科研究所规定 （“本”字去掉） |
| 269 | 14 | 更生于一层反感 （“于”改为“出”） |
| 270 | 倒 11 | 汪于嵩 （“于”改为“子”） |
| 276 | 7 | 为此春情岂易遭（疑为原稿“如”之误认） |
| 280 | 倒 5 | 讲《论语》“胁肩谄笑，病于夏畦”这一章（见《滕文公下》） （“论语”改为“孟子”） |
| 283 | 13 | 墨于 （“于”改为“子”） |
| 283 | 17、18 | 《YankeeDoodle》（两个单词，中间要隔开） |
| 284 | 1 | “puton your foot”（两个单词，中间隔开） |
| 284 | 4 | 《Quaity》“ai”中间加“l”（小写 L。据本段末句“质量好”云云，知此字当为 Quality） |
| 287 | 倒 6 | 拼合的字体。其形体结构均要求 （“。”改为“，”） |
| 295 | 11 | 汉、唐盛业 （“业”改为“世”） |
| 303 | 4 | 继续整理、编目新收集的敦煌文书 （“目”改为“录”） |
| 308 | 10 | 能使座在最后排的听众 （“座”改为“坐”） |
| 309 | 倒 9 | “普诺米修斯从天上盗火 （引号去掉） |
| 310 | 5 | 像隋、唐的皇帝，其的母系中是少数民族 （其的母系“的”字去掉） |

## （六）

任老：

您好！

久未问候，又到冬去春来的佳节了。远方无缘面谒，只得借数行芜词，聊申愚衷：敬祝身体安康，心神恬适，合宅清吉，至为颂祷！

旧岁之初，承赐《皓首学术随笔》及《老子绎读》各一册。坚于拜读《霜后草》后，曾草函致谢，略述所感，并附鄙见错字勘误数纸，借供以后重印时之参考。以平邮寄出，想所邀览。

《船山全书》之重读，2007 年颇有耽误。缘坚八十年代初曾点校有《养晦堂全集》一书，尚欠数卷，因故中辍。年来我省启动《湖湘文库》工程，又命收入此书（改名《刘蓉集》）。坚乃续竣其事，并为草一后记，然已耗时数月矣。《船山全书》凡十六册，已读毕者十二册，其余今年可完。自 2005 年至 2008 年，平均每年只读四册。旷日持久，殊感惭惶。兹附最近读毕之第十五册《重读记》一篇，可知重读大致情况。又我省近出《我与湖南出版》一书，版协命题作文，收有拙稿一篇，系前年所写，亦并呈览。两篇均属汇报性质，但欲报闻其事。您老阅读费力，置之可耳。

专此，并贺

子年新禧！

杨　坚

2008. 01. 20

再，我社装修房子后，坚之办公室有一电话，号码为……（周一至五上午 8:00 - 11:30 坚均在此）。家中电话号码为……。并此附告。

## （七）

任老：

您好！

上月廿七日接电话，知坚旧年复谢赐书之函，竟未递到，不悉何故。所幸存有复印件，遵即寄呈，此次当用挂号，免再失落。其中《疑误拟改》数纸，密行细字，前所寄者为原稿，似尚清晰，复印之件则嫌模糊矣。虽于“疑误”之处均录其前后文字，“拟改”意见偶亦有括弧加注，然恐仍费目力，您老或命一年轻后生阅之可也。

电话中又曾询及坚之工作、生活情况，并呼拙妻申我以不要生气、不要着急之诫，告之以高桶热水泡脚安眠之法，关爱入微，至为感谢！坚偶冒昧一问，始知您老三年前鼓盆之感。事后思之，未免惶悚，以恐勾惹隐痛，重启耄龄之悲怀也。继复思《霜后草》中所见恢弘博大之胸襟与夫文化学术上之责任心、使命感，窃意您老于先师母之化去，当亦有善于自处之道，方之庄生知命之论，纯从个人意识出发之排遣，实未可比类而语。鄙见如此，亦无异以蠡测海，不自知其浅与愚也。

再，拙函末段关于修订二十四史及《清史稿》体例之问，其后已从《古籍整理出版情况简报》获睹会议之发言记录，可以不为赐复矣。

专此，即颂

春安！

杨　坚

2008. 2. 4

附旧函一通两页，又表格四纸，均复印件。又，此函投邮恰临除夕，延误恐或难免，惟求不复失落而已。

## （八）

任老：

您好！久未函候，不悉起居何若？农历十月俗谓小阳春，日暖人爽，惟卜您老体气舒泰，心神怡悦。大德硕望，天实佑之。

日前偶获湘省安化高深山区所产新茗，言者谓是上佳之品，敬奉数盒，至祈哂纳。视其生产时日，虽属今年，实已后期，香味似当稍逊，未知能邀清赏否？快递寄呈，并请察收为荷。

专此，即颂

冬安！

杨　坚

2008. 10. 26

## （九）

任老：

您好！

久疏函候，想必神明开朗，体态安健，未能趋谒，至为颂祷。数月前曾奉茶叶数盒，亦邮国家图书馆转，料可收到。兹有我社印就之贺年信一封，另寄呈览。时下风气，讲求便易，表面堂皇，实质苟简。此等贺年信一切现成，寄者无须构思遣词，以申诚悃，只要签个名字即可。如今我社一些青年编辑，已只用电脑，不兴书写。许多大学毕业者书法拙劣，如小学生。窃念此种现象，实非弘扬中华文化之道，亦非国家民族久远之福，不知是否有人注意及之也。年头岁尾，谨祝　您老安恬纳福，阖宅清吉，百忧消歇，万事顺利！

杨　坚

2009. 1. 12

## （十）

100081　北京中关村白石桥路国家图书馆任继愈先生家属台鉴：

惊悉任老逝世噩耗，不胜哀悼。任老生前与湖南出版界，尤其于岳麓书社，联系密切，垂注独多。我社所编《船山全书》，自始即蒙大爱关怀，殷切指导，遂得顺利进行，以底于成。任老不仅力主其获国家图书奖，且有“岳麓版船山全集可以传世”（1991 年 1 月 7 日赐函）之极高赞誉。近年《船山全书》准备再版，任老又再次表示：“我个人及周边同仁们看过您们主编的这部大书的，都基本上肯定，认为迄今为止，整理船山遗著中这是最好的。这个基本评价，足以说明此书的学术价值。”（2005 年 8 月 10 日赐函）他对如何修订，标点、字句、异体字、注释等都作了具体的规定，极细极密，亲切殷勤之至。以上缕述任老对于我社之关系，不惟表现于工作，且有极深之感情，至矣尽矣！而今哲人云亡，人天永隔，翘首北望，悲痛何极！敬致唁电。

湖南岳麓书社全体同人敬启

2009. 7. 13

# 致顾明训（一通）

明训兄：

那天从铁臣处知道了你的电话号码，得以和你通话，心里非常高兴。在懿德级同学中铁臣和我很好，所以数十年来我和他有着虽然很疏，但却终未断绝的联系，这在解放后的社会状态下要算很难得的了。改革开放以来虽然空气宽松了些，但一般知识分子却还不能立即从多年的禁锢和压抑中复苏过来，而很快地我们发现自己已坠入老境，活力减少，这就是我所理解的老同学们很少见面的原因。此外还有行业畛域和机缘的不凑巧。1984 年我曾到长春开过一次会，勾留四五天，空闲时候很多，却不知道你和铁臣就在同城，真是失之交臂，十分遗憾。那时东北师大历史系有一位颜中其，现在大约早是教授了，和我很熟，也是无锡人，你认识吗？

铁臣向我索取近照，我特地去照了一张，现在也寄一张给你。两照后面，各附小诗一首，请你们哂阅、存念。你有近影吗？如有，我也想要一张。另外附上我的名片一张，你看了可以知道我的工作领域和职业。我在 1982 年即成为编审（教授），到 1994 年才离休，而手头工作并未结束，因此两项国家级荣誉都是离休后所得。印这张名片是为了离休以后的社会交往，非敢向老同学炫耀。上面的通讯处和电话是靠得住的。你如写信来，不要寄我单位，因我很少去，信件防失落。通讯处上的转信者是我的女儿，由她转比较可靠。

敬祝

近好！

杨 坚

2001.02.08

# 致谢铁臣（一通）

铁臣：

半月前通话后我一直非常高兴。你曾两次中风，又使我为你担忧。但愿吉人天相，你能常保无恙，我在这里为你祝福。

1949 年长沙见面后，三十年中我活得并不舒畅，至今将这一段生命视作彻底的浪费，不愿回顾。自从改革开放以后我总算略得伸展，二十年来一直在出版社工作，1982 年被评为编审（教授），附上我的名片一张，上载我所得的荣誉，足以告慰故人。但因此我也很劳累，很辛苦。

但这一切都无非为挣一口气而已。现在年纪大了，一切又都看淡，觉得挣气与否也无所谓了。所愿民主步伐加快，封建遗毒扫净，那么我们的子孙可以腰杆更挺直一些。现在想起那些人不像人的生活，“夹起尾巴做人”之类的训斥，还觉得窝囊、气愤、恶心。唉，不说也罢。

1984 年我曾来长春开会，停留了四五天，而不知你和明训就在长春，失去见面机会，真可扼腕。今后大约已很不容易见面，但愿还有一个机会！我在初七这天照了一相，现在寄上一张，请你存念。你有近影，也请给我一张留念。你的身体最近怎么样？从电话中我觉得你的声调沉静缓慢，有时显得迟钝，的确我们都已老了，在此惟有为你祝福，“但愿人长久，千里共婵娟”！嫂夫人是姓郑吗？我在电话中问了，你回答好像是的，那么我没有记错吧？她是哪里人？身体好吗？你们有几个孩子？是否都在身边？你是宜兴人吧？回去过没有？在那里还有亲人吗？我是绍兴人，在杭绍一带还有亲眷（有一弟是浙大教授，去年退休），今年如身体许可（我在1999年患了膀胱癌，现在是术后患者身份），我想到江浙一走，以偿乡思之债。能否成行，届时再说吧。

你如动笔不便，此信不必复我，电话里说声收到就行。我是数十年的文字工作，所以笔头还快，但现在也愈懒得很，不大想伏案动笔了。

祝你长命百岁，并问嫂夫人和孩子们好！

明训那里，我也同样一照一信，和你这一封同时投邮，所以你们将同时收到。

我的电话号码你有，通信处请照名片写，勿寄离休单位，因我很少到单位去。名片上转信者是我女儿，寄她比较稳妥。

杨　坚

2001.02.08

## 致林甝（一通）

林甝：

我在春节时照了一张相，正拟寄上，忽接实君电话，说你和他通了话，并问起我何时来杭。我在本月十三日去做了一次膀胱镜检查，结果是：并无肿瘤复发现象（记得已告诉你：我是膀胱癌患者，1999 年割治，迄今仍定期镜检、灌药），因此我就可再放心一时。我想在四月间来杭，因为怕冷，太早了恐怕不行。这次行程，我把它叫做宁沪杭绍之旅，或者简称江浙之行，记得前信曾写过：这几个地方是我出生和青少年时期成长、居住、读书之地。我这次来，更多地是为了访旧（旧人、旧居、旧事、旧物，尚存在者）、吊旧（已消失者），可以说是为了抒怀旧之郁念，解流寓之乡思，这是和一般旅游观光者微有不同的。

上次打电话，使我得到一个印象：你行步困难，而且好像还要走过一个房间才能行近话机似的，所以我不再打电话来了。你的腿脚好些了吗？千万注意保重为要！令兄兢身体如何？1995 年我去京时曾到他家拜见，给我的印象是身轻脚健、精神矍铄。我觉得你和兢兄是属于面容清癯而腰板硬朗的这样一个家族，这个特点乃长寿之徵。兢兄主持校友会之事，真是一大功德，否则，我们怎么能像现在这样互相闻问呢？请代我向他致意、问好！

春节前，已有好几年没有通问的长春谢铁臣忽来电话，并问我有无近照。谢和我在实中较接近，1949 年又在长沙相见，此后也有断断续续的联系。我就去摄了一影，并附一诗寄去。他说起顾明训（女）亦在长春，因而我也寄去一相，也附一诗。昨天和实君通话后，也即寄去一相一诗。此外和我有联系的同班同学还有顾玮琳和孙振绂，也拟寄相并各系诗。现将给你的照片题诗寄来，并将写给他们五人的诗也一并呈上，以博一粲。你对写旧诗这样的玩意儿有兴趣吗？我是既老且朽，已属胸无大志，有空看看杂书，也偶然学学写诗而已，其实学无根柢，老同学前不敢瞒也。

祝

健！

杨　坚

2001.03.20

## 致顾玮琳（一通）

玮琳兄：

今年春节，我接到谢铁臣的电话（我和他在实校较接近，1949年在长沙重逢，此后有虽疏而未断的联系），说起你刚和他通过话，你的境况还好，曾和许大业见面并合影等。他问我有无最近的照片，我就去照了一张，缀一小诗寄去。他说顾明训也在长春，于是我也寄相附诗。后来我又把这相寄给黄实君、林兟，也各系诗。此外还有孙振绂，也拟寄去。现在寄一张给你，同样附诗一首，并将其他五首一并抄录寄上，请指正。我不知道你一直从事什么工作，对于旧体诗这类古董有兴趣吗？我是解放后一直在文化部门工作，喜欢阅读文史，偶而兴之所至，也写点旧体诗，但根柢很浅，请勿见笑。

你的电话不知是怎么一回事。我打了两次，都无人接。最近这一次是3月21日下午四时半。我拨的号码都是025－3615763。《离校六十周年纪念册》上你的电话号码本来铅印的是3302750，却又用铅笔改为3615763，我想问题也许就出在这里。寄上名片一张，我的电话号码和通讯处都在上面。信件勿寄单位，因我很少到单位去，防失落。名片上印着我所获得的国家级荣誉，是为了离休后还有一些社会交往，可以节省些口舌辞费，不敢在老同学面前自炫。我的经历，前三十年坎坷平庸，不愿回首，改革开放后好些。1979年调到出版部门，1982年评为编审，以后得到一些荣誉。老来回顾，一生七颠八倒，都不过造化小儿的播弄而已。

我是绍兴人，离乡多年，很少回去，年龄日大，乡思弥深，现在想在春暖后回去看看，非为观光游览，只为访旧吊旧。届时如果能来南京，就可以和你见面。我对挹江门（旧居在此门内）、大石桥、六朝松、中山陵等也很怀念。读了《拉贝日记》，想想自己也是日军占领前的南京居民，真觉前尘如梦。我们的同班同学现在还在南京的，恐怕只有你一个人吧？请略告情况，慰我思念。有哪几位家人和你住一起？我有三个女儿，但住在一起的只有老伴。如果你来电话而没人接，那就是两人都出去了，换个时间再打可通。当然，出远门除外。

祝

合家安好！

杨　坚上

2001.03.25

P.S.写信中又接铁臣3月15日信，说“这几天又收到顾玮琳来信”，想来你和他联系比较密切。同班同学和你联系的，还有什么人么？

# 致翁心钧（一通）

心钧：

收到你3月21日的信，非常高兴。天天都在想要立刻回信，但因锁事丛脞，直到今天才能动笔。看了你的半身照片，我猜想你身体不错。如六十多年前我的邻座（关于这一点我已记不起了，但我相信你的记忆）相比较，头部轮廓仍旧，相貌也依稀仿佛。但岁月如流，瞬已年老，我近来收到几位老同学的照片，已都是颓然老者的形象，令人感叹。

你看到了我当年投笔从戎的通讯，不知是在什么时候、什么刊物上？1942年春我在江西吉安于高中毕业后考入军校，1949年春又从上海通过长江封锁线到北平去考入华北大学，这是我一生采取的两次大行动，都是爱国的。非常遗憾的是前一次行动因政权更迭而不被认可，因此解放前三十年我备受冷遇，卑贱不足道。直到改革开放以后才改变这种不合理的现象。1979年结束了文革期间的审查和下放，被调到湖南出版部门工作。1982年被评为编审，1988年入党，1994年离休。寄上名片一张，上面记载了我所获得的国家级荣誉，因为还有一些社会交往，可以用它代替自我介绍，省些口舌辞费。不敢在老同学面前自炫。

我的工作一直非常紧张，离休后还继续伏案，直到1998年才真正离开岗位，回家休息，从而有时间和亲友交往。中大实校的同学现在和我联系的，上信已经相告，最近又拟加陈善魂。其中谢铁臣在校时和我较熟，1949年在长沙重逢，以后有虽疏而终未断的联系。今年春节他电话通问，要我的近照。我于正月初七去照了一张，题诗寄去。以后又陆续以此照题诗分寄余人，现在也寄一张给你，给其他诸人的题照诗也一并抄呈，请指正。（你对旧体诗这类古董有兴趣么？）黄实君在长沙，是解放后同班中唯一和我见面者（见我给他的题照诗），但也不过一年两三次而已。李炜却从无联系，我也全无记忆。我曾问过实君，他也不知道，并也无探问之意。

我少小离家，乡思弥切，最近拟作一次杭绍宁沪之行。如到上海，想来看你，不知有无不便？请告。你没有给我电话号码，是否怕打扰之故？如果没有别的原因，则请来信告我，（我想在本月15至20日间离长东行）电话联系较快速方便。我的通讯处和电话见名片，转信者是我女儿，比较可靠。离休单位因距离较远，我不大去。

我怎样问你的好呢？既然我仅知道和你在一起的只有一个小孙子，学你的，也写一个

俪安！

杨　坚

2001.04.04

# 致汪澍白　张慎恒（一通）

澍白、慎恒同志：

久未联系，您们身体想必康健？谨祝平居安善，心神怡悦，新春万福！12 月 15 日所赐照片早已收到，承以白傅《赠梦得》句为祝，十分感谢。暮年对琐屑万事已不关心，惟于世之清平则常不能释然，目前有讴歌“太平盛世”者，皆梦呓也。贱躯于癌症术后情况尚好，但颇惫懒，然亦无大碍也。去夏曾到江浙旅行，意不在山水之间，惟多访亲戚故旧，共叙契阔，少小离家老大回，为数十年来一大快事。历时百日，而未能来厦趋谒，思之缺然。附呈俚句一首，未翻韵书，口音杂凑而已，敬乞哂正，并颂

俪安！

早岁接丰采，频年慕景行。
澄心研哲理，傲骨拒嚣狺。
正直尊衡岳，谦卑爱洞庭。
书来牵百忆，翘首望南闽。

杨　坚上

2002. 01. 26

## 致杨德豫（二通）

### （一）

德豫兄七十五周岁，敬奉四绝，芜词俚句，然皆纪实也

昔有七龄咏凤凰，怜君髫龀亦成章。
乃翁日记恬恬墨，留得麟儿口吻香。

少年血性岂庸常，天下兴亡独敢当。
水木清华非所恋，毅然掷笔赴戎行。

备豫不虞故训长，奈何劫数本难详。
鸣虫落叶无眠夜，回首鲤庭只自伤。*

* 君尝言：遇夫先生赐字曰善虞，义本《左传》"备豫不虞，善之大者也"，以故不行。然其事富情趣，家乘之美闻也。

当今谁复严林手，一卷拜伦冠众芳。*
岂为雕虫销日月，摩罗诗力待张皇。

* 君曾获首届全国鲁迅文学翻译奖，其最为传诵者拜伦诗也。

癸未岁嘉平月（公元2003年12月）杨坚于望月湖

## （二）

德豫兄：

承嘱重读尊翁回忆录，此亦我所最乐为，不仅读其学问，尤在读其品行之纯粹与性情之真率，以为老辈传统、大家风范，至于尊翁及寅恪先生而已成绝响，后此不可几矣。犹忆五十年代在文化局，一日随人进山，于某屋前见一老者，谓即尊翁，当时无缘晋谒，今日读此书而形象活脱，和易肫挚，胜于面接謦欬也。自惭浅学，未能摘出此本或有之讹错俾于重印时改进，只就所见数端另纸录奉，叨在老友，当不以薄陋见诮也。顺颂

健安大吉！

坚上

2007.09.03

附印本献疑五纸。

近年手大抖颤，老境日逼，无可逃矣。又及。

## 回忆录[1]正文

二六页，八月一日。“刘楚青（树杞）”。杞当作杞。按古书杞杞不分。《说文》只一“杞”（右边作巳，非己非巳），其音义随上下文而异。至《康熙字典》仍只一“杞”，而详述其为一字数义（枸杞，草；杞梓，木；杞亦国名；杞亦农具）。至近代始将杞字分为杞杞二形，而取消杞形。刘字楚青，其名当为杞，自

---

① 《积微翁回忆录》，杨树达著，北京大学出版社2007年5月第一版第一次印刷。

“杞梓，楚材”取义。遇翁手书或仍作杞或杞，然本书于《康熙字典》之前三义均已作杞，后文数见，故此处亦应作杞也。

三一页，五月八日。“《新五代史·刘仁瞻传》”。瞻当作赡。

三五页，倒六行。“牌字”。应作“牌子”。其前三行、后二行均有“牌子”一词。

四一页，首行。“《汉俗史》讲议。”议当作义。按上页十一月廿六日正有“《汉俗丧礼考》讲义本”之语。

同页，第二行。“短丧者不去官，为翟方进……”

为当作如，似系据手书形似而误。按第三行有“去官者必三年，如薛修……”，为对句。

五五页，二十七日，第二至三行。“《说文》髲训益髲，而然则鬗亦益髮也。”而字疑衍。如手书有此字，则应出校。

六七页，四月一日。“撰《说丨篇》。”丨应占足一格。

七九页，三月十三日。“武汉大学出版部寄余撰《十文说义》单印本来。《释贩》、《释诗》以下十篇也。”《十文说义》书名号宜删，按书中书名号不洽者颇多，不备举。

八三页，七月七日，末行。“良友肫縶之意，既感且惭。”縶似为手书摰之误认。

一〇〇页，倒三行，“诗为‘岳麓曾都晦庵诗，《元史》胸罗使节间’，文理皆不合。”为当作如。又两句诗宜多标引号，因其并不相连也。又第一句“都”字，似亦有误。

一一二页，第四行。“《诺巳解》。”巳当作已。按前一一一页第三行有“《公羊传诺已解》”。“诺已”见公羊僖元年。

一七六页，廿四日，第二行。“诸雲保辟者，皆保相也。”雲当作云。

一七八页，第四行。“意在读余书”。读当作续。下行有

“妄有续貂”语。

一七九页，廿二日，第三行。“以其所叙世系考云，实充国之来孙也。”云当作之，亦形近致误。

二一四页，六月四日，第五行。“太史公掌天宫阴阳。”宫当作官。

二三六页，二十三日，第三行。“甲文假舌为涉，从舌之字多读入添，为帖之对转”。添后之逗号当移于入后，句作：“从舌之字多读入，添为帖之对转。”读入谓读入声，如舚 舔 䑙 䑛等，皆僻字。对转谓添（tian）帖（tie）以主要元音 i 相同而产生韵尾（an）与（e）之转换关系。添之（an）换为（e）则读帖。

二三八页，三十日，第二行。“湘绮王氏为《湘中贤母传》，所率华庑腴门，号为明诗习礼……者尔；而于庸言庸行屏弗道。”第二句“所”下当漏一字，例如所举、所录之类。

二四三页，二月三日，第五至六行。“榇外椁四重……每重问时有距离，置殉品。”问当作间。

二六九页，第三行。“遇新政委周小舟，乃师大同学云，曾听余修辞学。”当以“乃师大同学”为句，“云”属下，云者，周自云也。

同页，二十六日，“题《今桐乡遗爱图》云”。此句不知有脱误否？

# 致李冰封　廖世英（二通）

## （一）

冰封同志、世英大姐：

收到您们亲制的贺岁画片已经一个多月了。我先是觉得，如果仅仅用电话告谢一声，实在不够恭敬，而且似乎有好些话要说，一个电话说不尽，也说不清。于是决定写一封信，可这样就一拖拖到现在，请原谅！

您们身体都好吧？今年春节不离开长沙吗？我还好，不过进入2007年，按江浙一带的习惯算法，我是八十五岁了，自然免不了按自然规律的衰老，行动蹒跚些，反应迟钝些，除了肺部有些毛病，其它器官倒也没有什么。不过免疫力差了，容易感冒，一次就是一个多月，缠绵拖延，不肯全愈。2005年患了两次，2006年又患了两次，两年都引发了肺结核（TB）宿疾，都服了九个月的雷米封（治TB的特效药）。但医生说像我这种年龄的TB已是很不要紧的了，所以也只由它。老伴殷克知也还好。有一个钟点工每天来做晚饭。日常生活，两口子互相招护罢了。

我从2005年起，由于《船山全书》要再版，要重新审读一遍，消除差错，于是一直在做这件事。2006年10月由于社的房屋装修，回家办公，直到现在。我的脑子特别是眼睛已经不大得力了，再加家中地方窄小，参考书籍摊不开，从一千万字的篇幅来看，速度显得慢了，不过今年大约总可完工吧。

此外，我比较关心国家的事情，因为从小受的是“天下兴亡匹夫有责”式的传统教育，“文革”中曾经流传的陆游诗句“位卑未敢忘忧国”似乎是个终身的情结，行动的指针，幼年如此，至老未变。前几十年中我也被另眼相看，近乎贱民，连这点胸怀也全予否定，说你不配，好像当初到解放区来找共产党完全是为了个人生活和出路。这是使我感到最受侮辱、最为悲哀的一点。现在海内外有一个普遍话题是中国如何走向民主。不管采取何种途径，最后必须取消专政是肯定的。我这几年读了一些好书，最近的一本是章诒和的《伶人往事》，由湖南文艺出版社出版，其中有一篇谈马连良的，前曾在港刊发表过，后来收入也是在港出版的作者的另一本书《一阵风，留下了千古绝唱》中。偶然两相对照，发现湖南文艺版又做了删节。看看这一类随意践踏宪法、蔑视公民人格尊严的行动，大家已经司空见惯，不以为奇了，真是令人气短。我们的民主途程实在还很艰难漫长吧。

冰封同志近来又写了哪些好篇什？能给改革的大潮流助些势头，哪怕只是一点一滴的力量，也是好的。当年鲁迅写《呐喊》也就是这样的心情。衷心祝愿您的散文随笔第四集早日问世！世英大姐一直在潜研画艺吧！今年的这幅红梅黄鹂，似乎比去年的那一幅花石双鹊境界要更高些：一是画面空阔，雍容大方；二是事物简洁，花鸟已经足够。去年物事稍杂，鹊立悬崖也不很自然；三是技法很好，红梅挺倔，两个黄鹂尤觉妩媚可爱。（去年的双鹊也很矫捷。）每次寄片的信封似乎都是世英大姐所写，如果能挤些时间再练练书法，在画上题句诗，就更好了，我国的传统是诗、书、画三绝归于一身。书不尽意，浅见勿笑。敬祝健康长寿！

杨　坚

2007.02.02

## （二）

冰封同志：

现将那封失落的信的复印件寄给您，这次总不致再失落了吧！

滦湾镇邮局（望月湖也有一所邮局，但我不大信任它，因此总是跑到滦湾镇邮局去寄）邮箱的开启每日两次，上午十时和下午二时。现在已是下午一时多，赶不上开箱时间了，索兴再写几句，一并寄出。记得您某次电话讲到欧洲的社会民主党，在许多国家都搞得不错，其实它们奉行的都是议会政治策略，而抛弃了武装斗争策略。它们的旗帜是恩格斯生前组织的第二国际，当时的领袖就是考茨基和伯恩斯坦。列宁在俄国十月革命胜利后组织了第三国际而把二人称为叛徒。但是，议会斗争策略在欧洲许多国家取得了成功。恩格斯生前也没有说这不是马克思主义思想。在共产主义运动的大旗帜下，第三国际是不必把第二国际视为自己的死敌的。恩格斯本人，在他直接领导下于1889年成立的第二国际，根据当时的形势在指出必须建立无产阶级政党，为实现工人的政治要求而斗争的同时，并未强调必须通过武装起义夺取政权，相反，大会还接受了通过立法手续制定八小时工作制的要求。后来欧洲各国社会民主党就是根据这样的精神进行政治斗争，并有不少由于斗争胜利，掌握了政权而得以实行自己的主张，造成了为数不一的福利国家。后来只有俄中两国是用武力夺取政权，但两国都有特殊的国情。俄国不了解。我们中国则只是农民起义，虽然由于有了卓越的领袖而取得了成功，但仍不能改变农民起义的实质，建立的是农民的政权，实行的是农民的理想和政策（大跃进、人民公社、大革文化命等）。这很奇怪，不是说工人阶级领导吗？谁知实质、本质、素质是不会依任何人为的力量而改变的。我记得解放前，有张报纸发表过文章，说中国的农民是个沉重的大包袱，国民党未能解决，反而为渊驱鱼，如今共产党要胜利了，这个包袱由它来背，未知前途如何？建国以后三十年的历史说明，不但这个包袱没有解决，而且竭力以为是在解决这个包袱的人本身却仍是在这个包袱中。幸而只有三十年，由于太砸痛了自己的脚而憬悟，于是才有后来的决心和现在的局面。目前正在着力解决三农问题。但望天从人愿，真正彻底解决十亿农民的一穷二白，那就是天大的成功了。回到开头那个话题，就是要和谐，不要斗争，讲斗争就要有对象（梁漱溟语）。如果实际生活中没有对象，千万不要去主观地“一抓就灵”。这还是就出于公心而言，如果挟有私心而玩弄权术，就更卑劣不足道了。

冰封同志，乱写几句，勿罪为幸。祝

健安，并问世英大姐好！

杨　坚

2007. 03. 07

# 致钟叔河（二通）

## （一）

叔河兄：

虽在同城，似乎多年未通音问了。那天在湖湘文库会上总算见了面。遥看你似稍增老态，而敏捷伉爽如昔。说话中有两点犹存记忆。一是你说你今年七十六岁，当时还是 2006 年，你说的是虚岁，是我国传统纪岁之法，这很正确，过去因为划一，从而便当。现在人把纪岁数和算实足年龄混淆起来，增加了很多麻烦。二是你提到那件林屋卷子，当年辱承题赠一本，我看过一遍，记得还有谢信复你。写此信时想再翻翻，却不知塞到哪里去了，有些怅怅。但翻出了一本《偶然集》，你也在扉页写了两句，落款是 12 月 19 日。查出版日期，该是 2003 年。那么，不是仅仅四年时间吗？为何我却如此恍惚好像与你暌违多年了？老惫可叹。

年初接奉你的哀启，一封两份。嘱交杨德豫的，立刻就转给了他。“三不”叮咛，自当谨遵，但总还想略表故友的关怀。德豫兄说，可托德嘉，看机会面致我俩的同情和劝慰。后来据说德嘉已经做了。现在我和克知在这里还要向你谨致慰问，都是衷心的。死生亦大矣，何况是五十余年的患难夫妻。但是朱纯，我想，是去得安心的；你，我想，是知道所以自处的。这样，任何套话都不用说了。这张哀启我会保存起来，你用自己的风格留驻了朱纯的丰神。信封也是你的亲笔，四个字写的十分端正，都值得我永作纪念。现在起居如何？女儿是否经常在侧？言不尽意，诸祈珍摄，为道自爱！

我从2005年起为《船山全书》要再版而重读、改错，每天上午到社上班，下午则仍在家。最近在看第十五册诗文集，发现了你的两页信，是收到我寄此册后所写，其中说《南岳赋》中“慈明狎虎，芭蕉浴雷”两句（第一七二页第十一行），慈明也应加人名线，引了丁福保《佛学大辞典》第二三二二页泉大道来参慈明圆禅师事：“（问答之际）泉作虎声。师打一坐具，泉推倒慈明，明亦作虎声。”但你想，“作虎声”是学虎，非狎虎也。一虚一实，船山岂能如此不文。翻翻我的编校后记，恰亦对此有所说明：“至第一句‘头陀既景’及第七句‘慈明狎虎’虽亦各有专指，而‘头陀’已非专名，‘慈明’则指僧德，遂皆不必标线。”（第一〇二四页首段）至于此僧法号事迹，则我现无书，没法提供了。老友相忆，读尊札如面对，但感关切之高谊，不笑你疏阔也。

上周岳麓社庆祝廿五年，宣传部长的贺信及还有一二人的讲话中提到“岳麓人”时都列举三位“先生”：你、我、邓。龙首凤尾，自各克当，而我为马腹，殊不相称，惭惶而已。

这封信写得拉拉杂杂，几件事一处说，不免辞费。写后却很愉快，得以一倾积愫，友朋之乐，约莫如此吧。我的电话是：×××××××。望月湖邮递似乎全无规章，所以通讯处只能是岳麓书社，好在最近这两年还要每日去社，如赐函即寄此处吧。谨祝

健康。

杨　坚

2007. 04. 20

第三段以后系另一时所写，手颤得厉害，你察觉否？补白，又及。

## 附　钟叔河先生复信

杨坚同志：

谢谢来信，近年虽少联系，但相知贵在知心，相交不在多言，有大事能够真的关心，也足见故人情谊了。朱纯之死，对我的打击的确是沉重的，此不单是由于五十四年夫妻情分，而且这半个世纪也就是我们这一代读书人生命的主要部分的确是太不一般，太不能够忘怀了，自始至终一直同行同历这五十四年的人的离去，的确有些难以承受。没有这种经历的人也许难解，而你当然是能够了解的，来信即是证明也。犹忆八十年代初和你在蔡锷路（?）小餐馆中的那一次谈话，那时我刚五十出头，你也还不到六十吧。我们谈到过马克思传记、谈到过翻译工作，谈到过在编辑职业外各人做一点什么“自己的”事情为好，那大概是我们彼此相知的开始，可惜这样的交谈机会后来反而难得了，但这样恐怕也不是坏事吧。

岳麓之庆，曾主陶同志曾来邀约赴会，终因家兄病重须往探视不克前往，所以也失去了和你一见的机会，我现在还在看看笔记一类的书，也偶而还写点小文字，聊遣有涯之生而已。两三年前重编过一部周作人全集（散文），重点在蒐辑集外文、未刊稿，此全出于个人兴趣，广西师大出版社正在录入出样，但社中校对质量太差，我虽无校对的责任，但不忍见其出错，仍不能不

“介入”此事，全书十五卷，还有两卷的清样要看，等朱纯百日过后还得把它做完，时间却不免大大推迟了，知注并陈。船山书善始善终，极有意义，你于此功莫大焉。我好几年前讲过几句什么无关痛痒的话，如今竟已经记不得了，来信指出我的疏阔，甚佩精审。字迹洁秀如昔，看不出“手颤”，可见你的精力仍然弥满，我也放心了。专此，即请

双安

钟叔河

4．25

## （二）

叔河兄：

久未联系，只一次在电视上得睹丰采，肌肤似稍宽弛，然舌华快捷，语调神情平生一贯，不啻亲觌，佩而且慰。我的希罗神话最近再版，奉赠一册留念。有名家偶赞其译文者，所歉惟念楼之品题耳。你身体好否？闲中以何消日？我周一至五上午上班，为《船山全书》再版重读，改正错误。惟觉老年喘嗽，出气不赢，余无大碍，可请放心。此册托社里找人专呈，想可妥收。

专此，并颂

研安

杨　坚上

2009. 11. 20

办公室电话：××××××××

# 致孙铭（一通）

孙铭兄：

您好！

这信的开头，我要重新提出：您以后来我处，请千万不要再带东西来了。过去每次，我都是受之有愧，于心不安。自己无法到您家来还礼，一次一次受您的，心头包袱越来越重。这点务必请您理解、采纳。我在这里再次说声谢谢！

上次您来时，我请您看两篇文章，一篇是去年《船山学刊》发表过的，还有一篇是打印件。这篇打印件，当时也有向《船山学刊》投稿的意思，但因《学刊》去年已给我发了一篇，所以我又有些犹豫，怕您为难，没有开口。这篇打印件我也寄给武汉大学哲学学院的郭齐勇教授看了（内有关于他的一些言谈事迹），他倒比较欣赏，说可以给我寄某刊物发表。所以您那里请不必再考虑了。但仍请您看看，有什么缺点错误，希望直率地批评指正为感。

二十年前湖南人民出版社曾给我出过一本美国学者著的《希腊罗马神话》的译本，图文兼备，印了一万五千册，反应还好。待要重印时，出版社说底稿胶片不知去向了，如何失去，也不清楚。但后来某次我到大连开会，看见一个人手上拿了一本书，开本比我的译本小，封面图照却就是我的译本的图照（一幅非常热闹的神话故事画）。虽然心存疑惑，因人不相识，不好贸然去问，终于不了了之。现在岳麓书社想把这书重印一下，我当然很高兴。出版以后，当奉送与您，作为纪念，并请指教。

我的通信处请照信封所示。办公室电话是×××××××，周一至五上午八至十一时半我都在此伏案，很少离开。

平志嫂身体好吗？《船山全书》第十六册（最后一册，附录性质）所收资料，一大部分来自社科院图书馆。那一年我住在社科院招待所，白天到图书馆翻书，夜间在招待所整理。多亏平志嫂的热心帮助使我完成了任务，至今十分感谢难忘。

余容后叙，敬祝

俪安！

杨　坚

2009. 04. 22

我的隔壁办公室有一位蒋浩女士，说认识您，并说您曾建议她去一佛教机构工作。不知您还记得她吗？她现在是我社文史编辑部编辑。又及。

# 致邹国珍（一通）*

国珍妹：

您好！长久没有联系了，最近有些珍贵的回忆触发了我，因此很想写信给您谈谈。首先想起的是育杭兄的旧情。1980 年我出差到了上海（开国以后第一次出省），见了面，当然高兴。他带我转悠了他的码头，看了电影《红菱艳》，给我一支巧克力糖吃，还说："吃了脸就会红些的。"他的性格总是那么温和、体贴，好像从小这样。当时我们两家住在南京龙池庵，背山而面野，空旷的地上并排立着两座房子，就是您家和我家，延伸过去有一个饼干厂，空地对面是英国壳牌石油公司的房屋。育杭和我就是这样熟识、结交，直到后来又在新民小学一道毕业而义结金兰（育杭老大，我老二，傅应秋老三）。那次在上海，育杭还带我去见过大姐（大哥、二姐其时好像已经去世，但这一节我现在记不清楚了）。我想看看育沪，但育杭不要我去，说他精神有病。1949 年春天我从上海到北平去参加革命，原与育沪约好同行的，由于动身时机不凑巧（那时过江要有便人带，时间急迫），我和另一位同志先走了一步，育沪后一脚到了苏北，想不到竟有其后的不幸。从上海回长沙时，育杭又送了我几包奶粉。后来还曾寄过三段布来，是给我的三个女儿一个做一件衣服的。

---

* 据作者底稿录入，原件未署名和写作日期。

这些事情，现在都成了我的珍贵的记忆。

育杭殁后某年，我又一次出差，到了南京，曾到龙池庵去凭吊过。地名还在，只是地上的面貌已经不同了，多了房屋，少了空地。但还有一块镌着“龙池庵”三个大字的铜牌，挂在巷口。我就站在牌前照了一个相，以作纪念。

我又想起当年我们两家，似乎父辈就有来往。我常到您家来，伯父伯母总是用红茶兑了咖啡给我吃。伯父是海军军官，有着英国人的喝茶习惯是很自然的（当时挹江门内离龙池庵不远有个海军司令部，伯父就在那里工作）。我至今还记得伯父伯母七十年前的面容，安静而又慈祥。但愿他们好好安息！时光就是这样无情地流驶向前，消灭许多东西，使老人空存记忆！我不信灵魂，而又盼有灵魂，心想能和死者再在一起叙叙旧，该多好！

写到这里，我还没有问问您的情况呢。您的身体好吗？有人作伴吗？日常如何生活？暇时如何排遣？那年您给我带过一大包花生米的事还记得吗？您曾告我说有两宗爱好：摄影和烹调。此外还有没有呢？看些什么书报呢？琦珍姐仍在加拿大吗？近来是否见过面？我都很想知道。傅应秋现仍在武汉，他是黄埔同学会和其他两三个社会团体的会员，曾到香港去过。我是一直在这纸天头所印的这个单位（一家古籍出版社）工作，每周一到五上午仍到那里做些事。我的身体，除了因肺气肿而有气喘病外，其他还好，只是气力太差，也无办法。

附上近照（2007 年摄）和名片各一张。名片上有我的单位地址，可以通信，但为稳妥起见，可加写为“长沙、河西、新民路、岳麓书社”我收。有家中电话，但最近听说长沙电话号码要由七位数升为八位数了，不知确否？（升位的办法是在头上再加一个 8，成为 8×××××××）我的耳朵不大好，不大接电话，再加下午要睡觉，所以接话的该是一个女声，就是我的老伴。她叫殷克知，曾参加过抗美援朝，在朝鲜负过伤。我身体不好，多亏她的帮助照料。信就写到这里，祝您健康长寿，一切都好！

# 编辑后记

杨坚先生1923年6月出生于浙江省绍兴县一个职员家庭。1949年3月考入北平华北大学政治学院，同年8月，南下湖南，到宁乡县第四区担任文教助理。1952年4月调入湖南省文化局，1969年起在湖南省五七干校学习劳动，1975年调入津市文化馆任编辑。1979年调入湖南人民出版社任编辑，1983年1月转入新组建的岳麓书社，同年5月被评为编审，并担任湖南省出版局审编委员。在此期间杨先生历时四载，主持整理校勘了《郭嵩焘日记》，于1983年10月出版。随后，杨先生投入《船山全书》编校工作，历时十余载于1996年出齐。此间杨先生还整理编校了十余种地方古籍文献和据英文版翻译了《希腊罗马神话》。湖南省重点文化工程《湖湘文库》项目启动后，杨先生又担负了《船山全书》的修订校勘工作，直到2010年初因病入院。2010年3月16日杨坚先生病逝，终年八十七岁。

杨坚先生去世以后，有关领导和不少同事就有一个共同的愿望——为他编一本纪念集，同时将他的遗文搜集起来编成集子，以彰显他在编辑岗位上劳作的成果与精神。纪念集《追思集》已经出版，本书则是杨坚先生编辑生涯中为书而写的文字，说是全部，我们心里没有底，但从杨先生的工作历程估计，其数量大概差不多了。

“文存”共分六卷。

卷一《千秋船山》。收入杨先生为《船山全书》写作的全部编校后记。杨先生曾穷搜船山著作的各种抄本和刻本，逐字逐句勘对比较，寻求最佳，以为定夺。这卷文字大致记述了这一过程，较为全面地展现了《船山全书》的整体面貌。

卷二《札记船山》。杨先生在《船山全书》编校过程中，时有心得，随手札记，即时刊发于《船山学报》《船山学刊》。这部分文字的写作，贯串于《船山全书》编辑工作的始终，反映了杨先生编辑此书的工作过程，展示了这一段工作的未曾间断的轨迹，是《船山全书》编校史的翔实文献。“札记”内容不少被分别吸收进了《全书》各有关著作的编校后记，但是，彼此或内容各有侧重，或观点另有新意，或措词更有订补，等等。两相对读，可以窥见杨先生的思考过程。

卷三《重读船山》。《船山全书》决定再版，岳麓书社返聘早已离休的杨先生回社修订，遂于2005年开始重读，此卷文字便记录了重读的成果，包括纠正初版的差错或不足，回应读者的不同声音。

卷四《书前书后》。杨先生的编辑生涯中，还陆续编校过不少旧籍，并为其中若干种写了“前言”“后记”，本卷即为这些文字的结集。卷首两篇（《船山全书从事记略》《关于郭嵩焘日记》）虽未被直接用作“前言”、“后记”，但文字性质相近，遂以类相从，置于本卷。

卷五《编辑修养》。杨先生具有丰富的编辑工作经验。由于他全神贯注于具体工作，未能腾出手来写成文字系统总结，幸亏他还是留下了本卷所收的几篇，弥足珍贵，是后辈编辑工作者学习的好教材。另有四篇是专门回应胡渐逵先生的。杨坚先生在《船山全书重读记》中坦言：“众人对改正意见每不一致，有我以为正而人以为误者，也有人以为正而我以为误者，且有写作《船山全书点校勘误》专书，凡数百条，此次一一核实，则十有九皆其自误……”杨先生除在“重读记”中作辨析外，另撰专文深入讨论，这就是本卷收入的四篇。胡先生素为笔者所敬重，他的专著早已公开出版，杨先生的回应文字公开发表的仅有一篇，借此次“文存”出版的机会，得以全部面世。杨先生已经仙逝，不知道老人家已经把意见说出了几成？

卷六《书信辑存》。书信是最能表现人的个性的文字，杨先生这些信件，除了向友人坦露心迹，回应友人赠书的几封着实令人感动。某些人得到友人赠书，道谢之后即束之高阁，甚至还有流入旧书肆者。而杨先生得到赠书，都要认真地逐页细读，深谈感受，匡正错误。这无疑是对作者的高度尊重，值得每个接受过作者赠书的人学习。我们把这些是正文字一并收入，既可供拥有这几本书的读者参考，更可以让大家感受到杨先生的精神。

杨先生去世以后，湖湘文库项目部安排笔者接手《船山全书》修订的扫尾工作。可能是考虑到笔者对杨先生关于《船山全书》“编校后记”搜集起来较为熟悉和方便，老社长夏剑钦先生推荐笔者来责编这部“文存”。笔者出于对杨先生的尊敬，毫不犹豫就接受下来。为逝者编遗集的事笔者做过几回，接手为杨先生编遗集的任务后，却发现事情并没有当初想象的那么简单，在遗文搜集、文字校订和确定全书体例诸方面都遇到了意想不到的繁琐复杂的困难。幸亏有杨先生的业绩支持笔者克服了这些困难，顺利将“文存”编定，奉献在读者面前。

关于杨先生在工作中一以贯之地表现出来的敬业、细心乃至献身的精神，湖南省新闻出版局老局长李冰封先生在为本书作的序言中已经做了全面而切当的评价。下面笔者仅就编辑工作的具体问题，作些说明。

一，由于本书系杨先生遗文的辑录汇编，涉及多种书籍的页码、注释以及序号的标示方式。尤其是岳麓版《船山全书》和胡渐逵先生《船山全书点校勘误》，杨先生在辨析过程中交叉引用甚多。为使读者便于分辨，本书对于胡先生书的勘误编序，保留胡先生原用的阿拉伯数字，其他（除公元年月日和本书自编注码使用阿拉伯数字外）则依《船山全书》之例，使用汉字。

二、杨先生在《船山全书重读记》中坦言，“各份标题及写作体例并不一致”，“最初并未考虑要怎样写”。因而《第一册重读结果》的写法与其后各册的“重读记”写法大不相同。“文存”依手稿原样刊出，读者若不能把《船山全书》初版和2011年再版本对照着看，则不容易看得清。好在本篇读者多是相关专家和编辑，有足够的智慧克服这点困难。而且自《第二册重读记》开始，写法益臻完善，读者到《船山全书》对应处查核就全无问题了。

本书在编辑过程中，杨夫人殷克知老师倾全力给予指导，岳麓书社老社长夏剑钦先生协助搜集杨先生遗文，并就编辑体例出了很多主意，湖南出版集团领导和岳麓书社领导都给予了极大关注，湖南省出版局老局长李冰封先生还赐予了深情的序言。这些，都足以告慰长眠的杨坚先生。

至于编辑工作方面的不足，那完全是编者的责任，欢迎广大读者指出。

朱树人

2012 年 6 月

**图书在版编目(CIP)数据**

杨坚编辑文存/杨坚著. —长沙:岳麓书社,2012.11
ISBN 978-7-80761-991-8

Ⅰ. ①杨...　Ⅱ. ①杨...　Ⅲ. ①编辑工作—文集
Ⅳ. ①G232—53

中国版本图书馆 CIP 数据核字(2012)第 237934 号

YANGJIAN BIANJI WENCUN

# 杨坚编辑文存

编　　者:朱树人
责任编辑:曾德明　朱树人
封面设计:胡　颖
责任校对:舒　舍

岳麓书社出版发行
地址:湖南省长沙市爱民路 47 号
直销电话:0731—88804152　88885616
邮编:410006
岳麓书社网址:www.yueluhistory.com
岳麓书社淘宝网:http://ylbooks.taobao.com

2012 年 11 月第 1 版第 1 次印刷
开本:890×1240　1/32
印张:22.625
字数:508 千字
印数:1-1,500
ISBN 978-7-80761-991-8/G・1123
定价:68.00 元

承印:湖南天闻新华印务有限公司

如有印装质量问题,请与本社印务部联系
电话:0731—88884129